ISBN 978-0-282-08530-8
PIBN 10605158

1 MONTH OF
FREE
READING

at
www.ForgottenBooks.com

By purchasing this book you are eligible for one month membership to ForgottenBooks.com, giving you unlimited access to our entire collection of over 700,000 titles via our web site and mobile apps.

To claim your free month visit:
www.forgottenbooks.com/free605158

English
Français
Deutsche
Italiano
Español
Português

www.forgottenbooks.com

Mythology Photography **Fiction**
Fishing Christianity **Art** Cooking
Essays Buddhism Freemasonry
Medicine **Biology** Music **Ancient**
Egypt Evolution Carpentry Physics
Dance Geology **Mathematics** Fitness
Shakespeare **Folklore** Yoga Marketing
Confidence Immortality Biographies
Poetry **Psychology** Witchcraft
Electronics Chemistry History **Law**
Accounting **Philosophy** Anthropology
Alchemy Drama Quantum Mechanics
Atheism Sexual Health **Ancient History**
Entrepreneurship Languages Sport
Paleontology Needlework Islam
Metaphysics Investment Archaeology
Parenting Statistics Criminology
Motivational

(Wiedergabe einer Farbenstudie von Hermann Frobenius.)

Letzte Zufluchtsorte altatlantischer Kultur; Berberburg am Felsrande des Bassira.

Auf dem Wege nach Atlantis

Bericht
über den
Verlauf der zweiten Reise-Periode der
D.J.A.F.E. in den Jahren 1908 bis 1910

Von

Leo Frobenius

Chef der Deutschen Inner-Afrikanischen Forschungs-Expedition

Herausgegeben von Herman Frobenius, Oberstleutnant a. D.

Mit 48 Tafeln, 27 Illustrationen,
einem bunten Bild und 2 Karten

Vita Deutsches Verlagshaus, Berlin - Charlottenburg

पा.6.6
F १८८

DT527
F 7

Inhaltsverzeichnis.

Verzeichnis der Illustrationen und Karten.

Vorwort.   Seite

Erstes Kapitel: Ueber die Bedeutung: „Atlantis"   1

Zweites Kapitel: Die Ausfahrt 15

Drittes Kapitel: Die Aufnahme in den Geheimbund 28

Viertes Kapitel: Das Leben in Sans = Souci 50

Fünftes Kapitel: Wanderschaft in der Beschneidungszeit 65

Sechstes Kapitel: Weiter südwärts bis Kankan 80

Siebentes Kapitel: Zur liberianischen Grenze 96

Achtes Kapitel: Erste Urwaldwanderung 113

Neuntes Kapitel: Wildnis und Wilde 124

Zehntes Kapitel: Aus dem Urwalde zurück bis Bamako 142

Elftes Kapitel: Von Bamako stromab, altem Kulturland entgegen 152

Zwölftes Kapitel: Das Märchenland Farala 177

Dreizehntes Kapitel: Timbuktu 194

Vierzehntes Kapitel: Regentage in Mopti 215

Fünfzehntes Kapitel: Abmarsch ins Bergland 233

Sechzehntes Kapitel: Wanderung zu den Gräbern der Vorzeit 251

Siebzehntes Kapitel: Die letzten Schädeltürme 269

Achtzehntes Kapitel: Zum ersten Mossikönige 288

Neunzehntes Kapitel: Harte Zeiten 305

Zwanzigstes Kapitel: Hinüber in die deutsche Kolonie 323

Einundzwanzigstes Kapitel: Die Kulturbeziehungen der Völker Togos . . 342

Zweiundzwanzigstes Kapitel: Reisen durch Togo bis zur Küste 365

Dreiundzwanzigstes Kapitel: Von der Frühlingsfahrt 1910 386

Namen= und Sachverzeichnis 401

Druckfehlerberichtigung 411

□   □

Verzeichnis der Illustrationen.

(Wo zwei Seitenzahlen angegeben sind, befindet sich das Bild zwischen diesen Seiten.)

Letzte Zufluchtsorte atlantischer Kultur, Vortitel.   Seite

Aus eurafrikanischer Kulturvergangenheit: Dolmen   1
Aus eurafrikanischer Kulturvergangenheit: Steinkreis (Tafel 1) 4/5
Atlantische Kulturerbschaft: Bronzeschmucke (Tafel 2) 8/9
Die Bronzekunst des alten Atlantis, Schwertgriffe   14
Segelboote auf dem Oberen Senegal   15
Heimstätte alter Kultursitze: Tafelberg bei Bafulebe (Tafel 3) 16/17
Meine besten Leute vom Oberen Senegal (Tafel 4) 24/25
Maskenstudien   28
Der König von Beledugu (Tafel 5) 32/33
Der Theaterplatz vor den Toren von Kumi (Tafel 6) 40/41
Bamako: Charakteristisches Straßenbild (Tafel 7) 48/49
Grundriß der Station Sans-Souci   50
Bamako: Islamitisches Leben (Tafel 8) 56/57
Bamako: Straßenleben (Tafel 9) 64/65
Bild aus dem Familienleben der Malinke   65
Maskenspiele zur Beschneidungszeit (Tafel 10) 68/69
Galeriewaldlichtung am Wege nach Kankan (Tafel 11) 72/73
Der große Barde Kankans   80
Aus dem Marschleben: Dritter Uebergang (Tafel 12) 80/81
Aus dem Marschleben: Die Nachzügler (Tafel 13) 88/89
Umgegend von Fabala   96
Bergstöcke der westafrikanischen Aufwölbung (Tafel 14) 104/105
Auf dem Grenzmarkte Boola   113
Boola am Nordrande Liberias (Tafel 15) 120/121
Französische Tirailleure   124
Im liberianischen Urwalde (Tafel 16) 128/129
Aus dem Lagerleben (Tafel 17) 136/137
„Flunsch", ein unliebenswürdiges Kind Liberias   142
Flußschiffahrt: Die „Flotte" vor der Abfahrt (Tafel 18) 144/145
Freuden der Flußschiffahrt (Tafel 19) 152/153
Handelsboote auf dem mittleren Niger   159
Hausbau in der Station Sans-Souci (Tafel 20) 160/161
Stationsleben in Sans-Souci (Tafel 21) 168/169
Auf der Fahrt nach Timbuktu: Ein Segelboot der Eingeborenen (Tafel 22)   176/177
Unsere Nigerfahrt: Das „Flaggschiff"   177
Aus der großen Vergangenheit Farakas (Tafel 23) 184/185
Timbuktu von ferne (Tafel 24) 192/193
Kamele mit Salzbarren   194
Wohnungen von Forschungsreisenden in Timbuktu (Tafel 25) 200/201

Das Haus, das Heinrich Barth in Timbuktu bewohnte (Tafel 26) 208/209
Architekturbilder aus Timbuktu: Der verlorne und wieder entdeckte alte
    Baustil (Tafel 27) 212/213
Städtchen am Bani 217
Architekturbilder aus Timbuktu: Blick durch eine Außengalerie (Tafel 28) 216/217
Alte Städte in Faraka: Straße in Djenne (Tafel 29) 224/225
Alte Pony-Rasse aus Borgu 232
Maskentänzer aus den Vororten von Bandiagara 233
Aus dem Felsenlande bei Bandiagara: Der Tafelberg bei Songo (Tafel 30) 240/241
Aus altem Kulturland: Ruine einer Habé-Siedelung 251
Aus dem Felsenlande bei Bandiagara: Der alte Schamane tanzt (Tafel 31) 256/257
Aus dem Felsenlande bei Bandiagara: Skelett des Lebendigvermauerten
    (Tafel 32) 264/265
Das Totental bei Kani-Bonso 269
Der Weg in das Totental von Kani-Bonso (Tafel 33) 272/273
Die in den Höhlen eingesammelten Schädel werden zu Tale geschafft (Taf. 34) 280/281
Landesübliche Begrüßung 288
Typen des Mossilandes (Tafel 35) 296/297
Moderne Anwendung alter Bronzegußkunst: „Mossiorden" 305
Aus dem Zeremonialleben der Mossi (Tafel 36) 312/313
Auf dem Marsche nach Togo (Tafel 37) 320/321
Der Oti oberhalb Tschopowar 323
Die Oti-Ebene bei Santanne Mangu (Tafel 38) 329/330
Deutsches Leben in Togo: Hauptmann Mellins Truppe (Tafel 39) . . . 336/337
Deutsches Leben in Togo: Regierungsrat Dr. Kerstings Baltenschloß
    (Tafel 40) 340/341
Der Oti unterhalb Tschopowar 341
Verschlagene Rette höherer Baukunst in Togo 342
Architekturbilder Nordtogos (Tafel 41) 352/353
Volkstypen aus Togo (Tafel 42) 360/361
Deutsche Siedlungen in Togo: Eine Straße in Atakpame 365
Deutsches Leben in Togo: Das Stationsassistentenwohnhaus in Sokode
    (Tafel 43) 368/369
Deutsches Leben in Togo: Der letzte Gruß (Tafel 44) 376/377
Deutsches Leben in Togo: Blick von Palime auf Misahöhe (Tafel 45) . . 384/385
Abschied von Togo: Hindernisrennen 385
Architekturbilder vom Nordrande der Sahara: Der Marktplatz von Duleb
    Djellal 386
Architekturbilder vom Nordrande der Sahara: Ueberdeckte Straße in
    Litschina (Tafel 46) 388/389
Architekturbilder vom Nordrande der Sahara: Speicherturm in Tolga
    (Tafel 47) 392/393
Architekturbilder vom Nordrande der Sahara: Fassaden am Marktplatz von
    Duleb Djellal (Tafel 48) 396/397
Meine Reisebegleiter in Bassira 399
Tafel Nr. 1. Reisewege der Deutschen Inner-Afrikanischen Forschungs-Expedition; vor
    Seite 1.
Tafel Nr. 2. Grenzgebiet Liberias östlich des St. Paul River; am Schluß.

□   □

Ein Gruß aus Atlantis

gezeichnet von C. Arriens.

Sinngemäße Zusammenstellung von Ornamenten des Atlantischen Kulturkreises, aufgefunden während der derzeitigen dritten Reiseperiode.

Vorwort.

Nach meiner Berechnung wird dieser Bericht über die zweite Reiseperiode der D. J. A. F. E. so im Frühjahr etwa der Welt übergeben werden. In dieser Welt soll das Buch sich dann einen Platz suchen, und die Welt wird es dann schon irgendwo unterbringen; ich, sein Vater, kann dann dem Kinde noch weniger helfen, als ein anderer Autor seinen Geschöpfen, denn ich weile dann, wie in diesem Augenblick, noch für längere Zeit außerhalb solcher Gegenden, wo man Bücher herausgibt, liest, bespricht und unterbringt. Ich bin nun schon seit Monden wieder in jenen Gefilden, in denen ich meinen roten Faden spinne.

Mein roter Faden! Mancher versteht darunter vielleicht jene Linien, die den Weg des Wanderers auf den Karten kennzeichnen. Das ist nur äußerlich. Der rote Faden meiner Arbeiten liegt mehr im Wesen der Sache, und wenn ich mir einen Punkt als Lagerstätte der Expedition eintrage, dann surren mir gerade besonders lange Fäden auf die Spindel, während sie sich nicht wie dem Kartographen füllt, wenn wir über Breitengrade hin durch das Land eilen.

Noch immer stellen sich breite Schichten unseres Volkes den Forschungsreisenden als einen Menschen vor, dessen Beruf nur mit den weißen Flecken auf den Karten etwas zu tun hat, der Gebirge und Ströme entdeckt, der möglichst nah zu einem der Pole vor= bringt, der, bewaffnet mit vielen Instrumenten und Schießwaffen, in ununterbrochenem Kampfe mit wilden, widerspenstigen Elementen der Natur sich herumschlägt, und dessen ganzes Wirken darauf hinaus= läuft, neue Tatsachen der Erd= und Naturgeschichte, lange Tabellen von meteorologischen und ähnlichen, sicher sehr wertvollen Beob= achtungen heimzubringen. — Würdig und königlich, preiswert und wirklich verdienstvoll scheint vielen nur das Werk solcher Forschungs= reisenden, die Kartenflecke füllen.

Wer den Bericht über solche Tätigkeit von mir erwartet, lege das Buch beiseite. Das fachmännisch=geographische Sonderwerk der hier beschriebenen Reise wird mein Assistent, Dr. Ing. Hugershoff, veröffentlichen. — Wer schauerliche Kämpfe mit wilden Bestien und Völkerschaften erhofft, der klappe es schnell zu. Es steht in diesem Sinne Aufregendes nichts darin.

Mein roter Faden zieht sich nicht über die Karten und leeren Flecke, er zieht sich durch den Werdegang der Menschheit.

Gegen Ende seines arbeitsvollen Lebens hat der große Geo= graph Karl Ritter einmal gesagt: „Und das Gesicht der Erde wird uns doch nur bedeutungsvoll durch seine Beziehung zum Menschen." Vielleicht gedachte er damals gerade ähnlicher Ansichten Goethes. Jedenfalls haben die Geographen aller Zeiten irgendwann und irgendwo wieder an den Werdegang der Menschen angeknüpft, wenn sie dem lebendigen Wesen der Erdschicht sich näherten.

Und darauf hinaus zielt auch dieses Buch, zielt alles das, was ich im Nachfolgenden erzähle — zielt auch der Titel dieses Buches, der manchen wunderlich berühren mag. Denn: ist es überhaupt eine Möglichkeit, daß jemand auf dem Wege nach Atlantis wandeln kann? Gab es denn ein Atlantis?

Ich sitze da an meinem wackligen Schreibtischlein in der Stroh= hütte in der alten, verfallenen Stadt Mokwa nördlich des Niger — ich sitze in Innerafrika, kaue auf dem Ende eines alten Federhalters und suche mir klar zu machen, was wohl meine europäischen Freunde und andere — und auch ganz Gleichgültige sagen werden, wenn sie lesen:

„Auf dem Wege nach Atlantis"!

Gottlob bin ich, wie die meisten Forschungsreisenden, Optimist. Im allgemeinen reicht mein Optimismus ziemlich weit. Ich werde nicht die Hoffnung aufgeben, daß ganz ungünstige Situationen sich bessern können, daß Menschen, die mir übel gesinnt sind, weil ich einmal ihren Unwillen erregt habe, oder weil sie mich aus einem anderen Grunde nicht leiden mögen, oder weil sie mich eben nicht begreifen können, doch noch eines Tages einen Ausgleich mit mir finden. Ich bin also ein unheimlicher Optimist, aber — ich kane in Molwa am Niger in Innerafrika am Ende meines Federhalters und kann absolut nicht finden, daß mein Buch Aussicht auf wohlwollende Aufnahme hat.

Es ist ja auch zu toll! — Atlantis, das Land, das schon den Alten ein Fabelland war! Atlantis, das Land, aus dem spiritistische und andere Gesellschaften Weisheit schöpfen! Atlantis, das Land, das im Schlamm versackt ist! und dahin will jemand unterweges sein?!

Und das sollte mir nicht verargt werden? Ich bin sehr Optimist, und der „Globus" und die „Kölnische Volkszeitung" haben mich schon sehr oft schlecht rezensiert, aber — hier muß selbst m e i n Optimismus versagen.

Aber!

Wie wäre es denn nun, wenn ich Beweise aus Stein und Bronzeguß, alte Ziegel und schöne Porträtköpfe, Glaswaren und Perlengeschmeide aus westafrikanischem Morast emporziehen könnte? Wenn ich eines Tages eine Poseidonstatue in Westafrikas Ländern nachweisen kann? Wäre es dann nicht anders mit den Aussichten des Buches beschaffen?

Und ich sitze hier in Molwa mit meinen beiden Kameraden, dem Maler Carl Arriens und dem Ingenieur Albrecht Martius, weil ich uns eine Ruhepause gönnen muß, denn das Auffinden der Poseidonstatue, das Suchen nach den alten Ziegeln und schönen Tanagrafiguren hat uns etwas mitgenommen. — Wir haben inzwischen eine Stadt des alten Kulturkreises Atlantis, eine Poseidonstadt entdeckt!

Das aber scheint mir so sehr erfreulich: Was wir gefunden haben, wie wir's gefunden haben, das war kein Zufall! Es hat Astronomen gegeben, die haben berechnet, daß da und da ein neues

Gestirn stehen müsse, wenn man es auch noch nicht sehen könne. Und es ward gefunden, wenn auch viel später erst gefunden!

Wir aber haben Atlantis gefunden, nachdem ich auf theoretischem Wege berechnet hatte, daß es da und da liegen müsse. Das vorliegende Buch habe ich im September vorigen Jahres abgeschlossen — und die atlantische Stadt entdeckten wir am Ende desselben Jahres. Das also ist das Erfreuliche und Wesentliche. Ich bin dafür sehr dankbar, denn wenigen Gelehrten ist es vergönnt gewesen, die tatsächliche Bestätigung ihrer Erkenntnisse einzuheimsen. Ohne Glück geht es nun einmal nicht. Und das Glück war mir hold!

Das mag fürs erste genügen, und der Leser wolle sich an der Titelvignette erfreuen, die aus Ornamenten der Nachkommenschaft atlantischer Kultur sinngemäß zusammengefügt ist. Doch lassen wir die Jetztzeit und die Zukunft! Ich wandere weiter nach Innerafrika hinein und der Leser vertieft sich vielleicht in das erste erklärende Kapitel.

*

Zum vorliegenden Werke und Bericht über die zweite Reiseperiode habe ich nun noch folgendes zu bemerken: Die hauptsächlichen Kosten der zweiten großen Reise — Senegambien, Togo — brachten das Reichskolonialamt, das Museum für Völkerkunde in Hamburg, die Museen für Völker- und für Länderkunde in Leipzig, die Rudolf Virchow-Stiftung und die Karl Ritter-Stiftung auf. Die Kommerzienräte Herren Carl Craemer in Sonneberg und Goerz in Grunewald wandten uns private Gaben zu; Herr Paul Staudinger ermöglichte die Anlage einer durch mehrfache Zerstörung leider recht mangelhaften Schmetterlingssammlung, die dem Berliner Museum für Naturkunde überwiesen wurde.

Ich spreche allen diesen Förderern unseren verbindlichsten Dank aus. — Meine Assistenten dieser Reise, die Herren Hugershoff und Nansen, haben sich stets bemüht, die wissenschaftlichen Aufgaben zu fördern und sich nützlich zu machen, wo es eines jeden Vermögen und Kenntnisse gestatteten. Ihnen gebührt der Dank der Wissenschaft und des Staates.

Den Abschluß der zweiten Reiseperiode führte ich mit einem Abstecher nach Nordafrika herbei. Zu meiner großen Freude begleitete mich meine Frau und mein Bruder, der Kunstmaler Herman Frobenius. So verlief diese Fahrt in einer sorglosen Harmonie,

wie sie Afrikaforscher sonst wohl selten erleben. — Meinem Bruder
verdanke ich das bunte Bild neben dem Titel und die Zeichnung des
Umschlages; den größten Teil der Illustrationen zeichnete Herr
Nansen unterwegs; die Randleiste über diesem Vorwort führte heute
mein derzeitiger Assistent, Herr Arriens, aus. Die kartographischen
Ausführungen übernahm Herr Dr. Groll; die photographischen
Bilder habe ich mit Goerz-Apparaten aufgenommen.

Die Erwähnung meiner guten Goerz-Apparate führt mich zu
der Betonung der Wichtigkeit solcher wertvollen Ausrüstung. Maler
und Zeichner sind wichtig mitzunehmen, aber deswegen wird der
kleine (9 zu 12) wie der große (13 zu 18) Goerz doch nie ent-
behrlich sein. Das wird der Zeichner und Maler am besten verstehen. Es ist ebenso, wie mit dem Edison-Phonographen. Es mag
jemand ein guter Musikant sein; deswegen braucht er den Edison-
Apparat zum Aufnehmen doch, und wenn er auch selbst Flöte, Guitarre
oder Geige zu handhaben weiß, läßt ihn doch das musikalische Bedürfnis immer wieder die Orchester- und Cello-Rollen u. dgl. auf
den Apparat schieben. Denn wenn solch Instrument daheim auch
manchen wie Banalität berühren mag, hier draußen wird er es
bald schätzen lernen.

Zuletzt, aber nicht am wenigsten habe ich dem Verlag für die
sorgfältige Ausführung und Ausstattung des Buches und meinem
Vater, dem Oberstleutnant a. D. Frobenius, zu danken. Er hat
nicht nur stets die Geschäfte der Expedition während unserer Abwesenheit geführt, sondern sich auch der Mühe unterzogen, dieses
Werk zu redigieren und mit einem Namens- und Sachverzeichnis
zu versehen.

Wem ich sonst noch alles zu danken habe, kann ich gar nicht
aufzählen. Gar mancher findet seinen Namen in diesen Blättern
erwähnt.

Nun aber ade! Der Leser möge vorurteilslos in das Innere
des Buches, ich will weiter in die weiten Gebiete Afrikas eindringen.

Mokwa im Nupeland.

5 Grad ö. L., 9 Grad 15 Min. n. B.
10. Februar 1911.

Leo Frobenius.

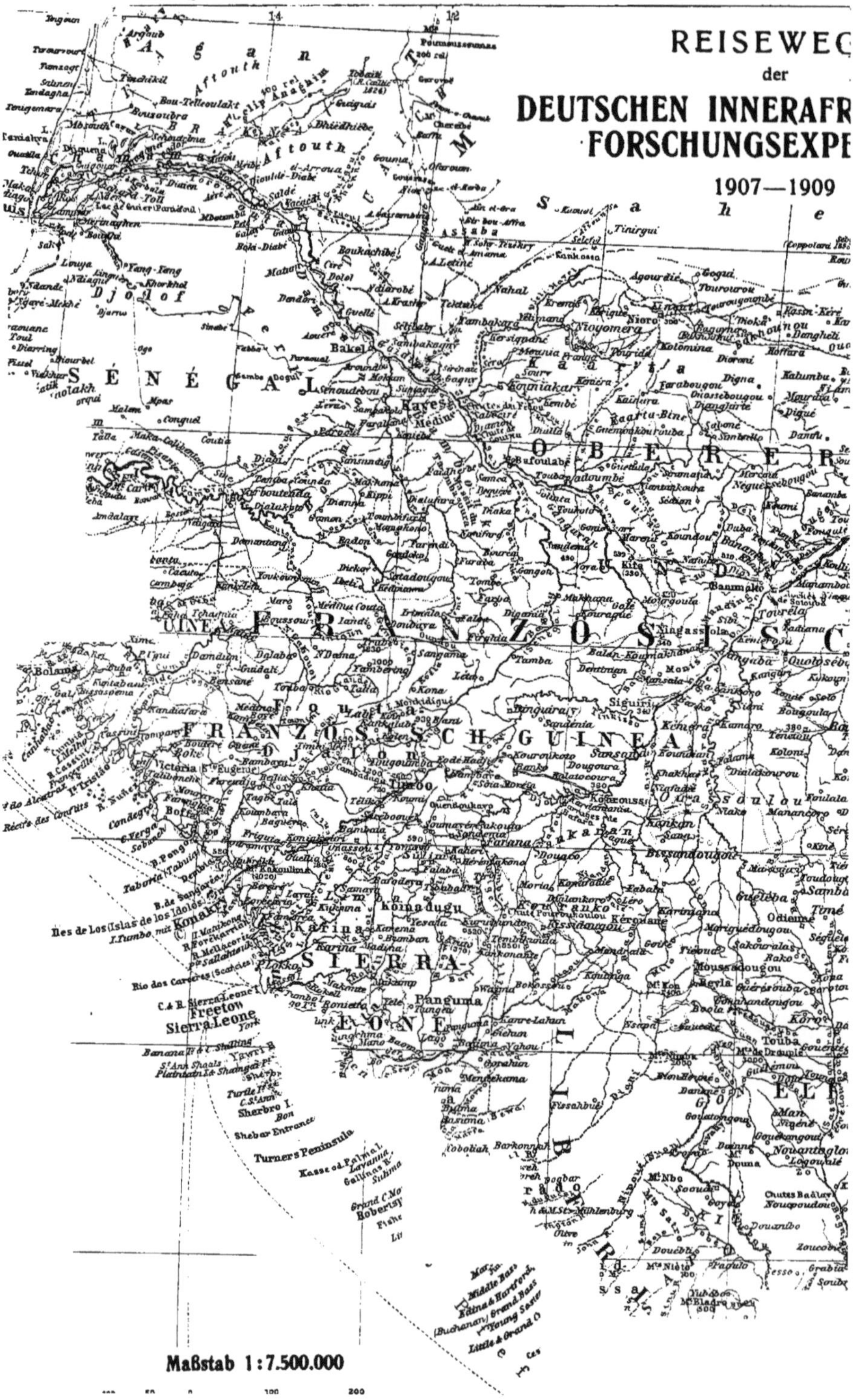

REISEWEG
der
DEUTSCHEN INNERAFR
FORSCHUNGSEXPE
1907—1909
SÉNÉGAL
FRANZÖSISC
FRANZÖSISCH GUINEA
SIERRA LEONE
Djolof
Fouta Djalon
Bakel
Kayes
Médine
Kita
Bamako
Siguiri
Kankan
Timbo
Konakry
Freetown
Sierra Leone
Sherbro I.
Turners Peninsula
Panguma
Maßstab 1:7.500.000
100
200

Aus eurafrikanischer Kulturvergangenheit; Dolmen auf dem Tafelberg bei Kulikorro am Niger. Gezeichnet nach photogr. Aufnahme von L. Frobenius.

Ueber die Bedeutung: „Atlantis".

Es ist noch nicht allzu lange her — wir brauchen nicht weiter zurückzugehen, als zur Jugend unterer Väter — daß auch die tiefer denkende, klassisch gebildete Menschheit Troja und den Sang der Ilias als eine Frucht künstlerischer Fantasie erachtete. Ein schönes Märchenland und ein farbenreiches Gedicht! Dann kam Schliemann, und wir Jüngeren lernten auf der Schule und Hochschule schon die

geschichtliche Bedeutung, das Auf= und Abwellen der Troas als
Basis historischer Weiterforschung kennen. Das wolle man im
Auge behalten.

Als ich seinerzeit den afrikanischen Kulturbesitz seiner Ab=
stammung und Zugehörigkeit nach zu zergliedern begann (vgl. „Der
Ursprung der Afrikanischen Kultur" und die vorhergegangenen
Arbeiten in „Petermanns geographischen Mitteilungen"), bemerkte
ich schon eine ganze Reihe von Eigenarten, die mit den altbekannten
Beziehungen und den von Osten und Nordosten eingedrungenen
Kulturströmen nicht in Zusammenhang stehen konnten. Als dann
später die durch uns von der Kongoreise heimgebrachten Kultur=
güter auf ihre Verwandtschaft hin untersucht wurden, ergab sich
ein Anschwellen dieser ihrer Abstammung nach zunächst unerklär=
lichen Eigenarten, und so ward ich gezwungen, wie schon in den
Berichten von 1906 (vgl. „Zeitschrift für Ethnologie") angedeutet
wurde, dem nördlichen Afrika mehr und mehr meine Aufmerksamkeit
und theoretisches wie praktisches Studium zu widmen. Die Frag=
mente eines zerschellten, verwitterten und verwehten Kultur=
besitzes tauchten deutlicher und immer deutlicher auf, so daß zuletzt
eine festere Formung und Festlegung des Gewonnenen notwendig
ward, und daß ich dann im Jahre 1907 die im vorliegenden Werke
geschilderte Reise antrat, die zu einer weiteren Verdeutlichung der
aus dem Nebel der Vergangenheit auftauchenden Umrisse einer
untergegangenen Hochkultur führte.

Diese Hochkultur habe ich denn nach griechischem Vorbilde die
„Atlantische" genannt. Damit knüpfe ich an das sagenhafte, oftmals
mißhandelte und mißbrauchte, aber hoffentlich nunmehr bald ge=
rettete „Atlantis" des alten Plato an. Was mich dazu geführt
hat, wie ich das meine, und in welcher Weise ich unsere Hoffnung
rechtfertige, das soll in diesem ersten Kapitel berichtet werden. Meine
Darlegungen müssen und sollen nach wissenschaftlicher Arbeitsweise
kritisch erwogen werden, jedoch darf der Leser das Beispiel der Be=
urteilung der Ilias, das ich oben erwähnte, nicht vergessen. Einige
Leute, die Schliemanns Behauptung, Troja habe existiert, mit Hohn=
lachen begegneten, haben sich bekanntlich unsterblich blamiert.

Den Bericht über das alte Atlantis und die Atlanten, der von
jeher als der wichtigste galt, den Bericht Solons hat Plato in seinem
„Kritias" verwendet. Da er der älteste und fürs erste anscheinend
wichtigste ist, möge er nach der Uebersetzung von Otto Kiefer (Ver=
lag von Eugen Diederichs, Jena 1909) auszugsweise in Folgendem
wiedergegeben werden. Plato berichtet:

„Vor allem wollen wir zunächst ins Gedächtnis zurückrufen, daß im ganzen 9000 Jahre vergangen sind, seitdem, wie erzählt wurde, jener Krieg zwischen den Menschen außerhalb der Säulen des Herakles und allen denen, die innerhalb derselben wohnten, stattfand, von dem ich jetzt genau berichten werde. Ueber die einen soll unser Staat geherrscht und den ganzen Krieg zu Ende geführt haben, über die anderen die Könige der Insel Atlantis. Diese Insel war, wie bemerkt, einst größer als Asien und Libyen zusammen, ist aber durch Erdbeben untergegangen und hat dabei eine undurchdringliche, schlammige Untiefe hinterlassen, die jeden, der die Fahrt in das jenseitige Meer unternehmen will, am weiteren Vordringen hindert. Von den vielen übrigen barbarischen Stämmen und allen den hellenischen Volksstämmen, die es damals gab, wird der Laut unserer Erzählung, wie es gerade die Gelegenheit mit sich bringt, berichten. Zunächst jedoch müßten wir die Heeresmacht und die Staatsverfassung der damaligen Athener und ihrer Gegner, mit denen sie Krieg führten, besprechen. Unter ihnen gebührt der Schilderung der einheimischen Zustände der Vorrang.

Die Götter verteilten einst die ganze Erde nach ihren einzelnen Gegenden unter sich, ohne Streit, durch das Los. So bekamen denn die einen Götter dieses Land, die anderen jenes und ordneten es. Hephästos und Athene, die ja schon von Natur zusammengehörten, teils als Geschwister von väterlicher Seite, teils wegen ihrer gleichen Liebe zur Wissenschaft und zur Kunst, hatten unser Land Hellas als gemeinsames Eigentum erhalten, das ja schon von Natur dazu geeignet war, eine ihnen verwandte und angemessene Tüchtigkeit und Weisheit hervorzubringen; und sie bevölkerten es mit edlen und ureingeborenen Männern und legten in ihren Geist den Sinn für ein geordnetes Staatswesen . . .

Wir wollen die Zustände schildern, wie sie sich bei ihren (der Griechen) Gegnern vorfanden und von Anfang an bei ihnen entwickelten. Ich hoffe, daß mich mein Gedächtnis bei dem, was ich schon als Knabe gehört habe, nicht verläßt, damit ich auch euch, meinen Freunden, alles genau mitteilen kann. Nur noch eine Kleinigkeit muß ich meinem Bericht vorausschicken, damit ihr euch nicht wundert, wenn nichthellenische Männer hellenische Namen führen. Ihr sollt den Grund davon erfahren. Da nämlich Solon diese Erzählung für seine Dichtung verwerten wollte, stellte er genaue Untersuchungen an über die Bedeutung der Eigennamen und fand, daß jene alten Aegypter, die sie zuerst aufzeichneten, sie in ihre Sprache übersetzt hatten — daher nahm er selbst ebenfalls den Sinn jedes Eigennamens vor und schrieb ihn so nieder, wie er in unserer Sprache lautet. Diese Aufzeichnungen befanden sich denn auch bei meinem Großvater und befinden sich jetzt noch bei mir, und ich habe sie schon als Knabe genau durchforscht. Wundert euch also nicht, wenn ihr auch dort Eigennamen hört, wie hierzulande. Ihr wißt ja jetzt den Grund. Doch nun zu unserer langen Erzählung, deren Anfang etwa folgendermaßen lautete: Wir haben schon berichtet, daß die Götter die ganze Erde untereinander teils in größere, teils in kleinere Lose verteilten und sich selber ihre Heiligtümer und Opferstätten gründeten: so fiel dem Poseidon die Insel Atlantis zu, und er siedelte seine Nachkommen, die er mit einem sterblichen Weibe erzeugt hatte, auf einem Orte der Insel von folgender Beschaffenheit an: An der Küste des Meeres gegen die Mitte der ganzen Insel lag eine Ebene, die nach allen die schönste und fruchtbarste gewesen sein soll; am Rande dieser Ebene befand sich, etwa 30 000 Fuß vom Meere entfernt, ein nach allen Seiten niedriger Berg. Auf ihm wohnte Euenor, einer der zu Anfang aus der Erde entsprossenen Männer, mit seinem Weibe Leukippe; sie hatten eine einzige Tochter: Kleito. Als das Mädchen herangewachsen war,

ftarben ihr Mutter und Bater, Poteidon aber entbrannte in Liebe für fie und
verband fich mit ihr; er befeftigte den Hügel, auf dem fie wohnte, ringsum durch
ein ftarkes Schußwerk; er ftellte nämlich mehrere kleine und größere Ringe, zwei
von Erde und drei von Waffer, rings um den Hügel herum her, jeden nach allen
Richtungen hin gleichmäßig von dem anderen entfernt, fo daß der Hügel für
Menfchen unzugänglich wurde, da es in jener Zeit Schiffe und Schiffahrt noch
nicht gab. Diefen Hügel, der fo zu einer Infel geworden war, ftattete er aufs befte
aus, was ihm als einem Gott keine Schwierigkeiten bereitete. Er ließ zwei Quellen,
die eine warm, die andere kalt, aus der Erde emporfteigen und reichliche Früchte aller
Art ihr entfprießen. An männlicher Nachkommenfchaft erzeugte er fünf Zwillings-
paare, ließ fie erziehen, zerlegte fodann die ganze Infel Atlantis in zehn Teile und
verlieh dem Erftgeborenen des älteften Paares den Wohnfiß feiner Mutter und das
umliegende Gebiet, als den größten und beften Teil, und feßte ihn zum König über
die anderen ein; diefe machte er aber ebenfalls zu Herrfchern, und jeder bekam die
Herrfchaft über viele Menfchen und ein großes Gebiet. Auch gab er allen Namen,
und zwar nannte er den Aelteften, den erften König, der damals herrfchte, Atlas,
von dem die ganze Infel und das Meer ihren Namen erhielten. Deffen nachgeborenen
Zwillingsbruder, der den äußeren Teil der Infel, von den Säulen des Herakles bis
in die Gegend des heutigen Gadeira, erhielt, gab er in der Landessprache den Namen
Gadeiros, auf Griechifch: Eumelos, ein Name, der zu jener Benennung des Landes
führen wollte. Von dem zweiten Paar nannte er den einen Ampheres, den anderen
Euaimon, von dem dritten den erftgeborenen Mnafeas, den jüngeren Autochthon,
vom vierten den älteren Elafippos, den jüngeren Meftor, und vom fünften endlich
erhielt der ältere den Namen Azaes, der jüngere Diaprepes.

Diefe alle fowie ihre Nachkommen wohnten viele Menfchenalter hindurch auf
der Infel Atlantis und beherrfchten auch noch viele andere Infeln des Atlantifchen
Meeres. Sie hatten aber ihre Herrfchaft auch bis nach Aegypten und Thyrrhenien
ausgedehnt. Von Atlas ftammte ein zahlreiches Gefchlecht ab, das nicht nur im
allgemeinen fehr angefehen war, fondern auch viele Menfchenalter hindurch die
Königswürde behauptete, indem der Aeltefte fie jeweils auf feinen Erftgeborenen
übertrug, wodurch diefes Gefchlecht eine folche Fülle des Reichtums bewahrte, wie
fie weder vorher in irgendeinem Königreiche beftanden hat, noch in Zukunft fo leicht
wieder beftehen wird; auch waren fie mit allem verfehen, was man in einer Stadt
und auf dem Lande braucht. Führten doch auswärtige Länder diefen Herrfchern
gar manches zu, das meifte jedoch lieferte die Infel felbft für die Bedürfniffe des
Lebens. So zunächft alles, was der Bergbau an gediegenen oder fchmelzbaren Erzen
darbietet, darunter befonders eine Art Meffing, jetzt nur noch
dem Namen nach bekannt, damals aber mehr als dies, das man
an vielen Stellen der Infel förderte, und das die damaligen
Menfchen nächft dem Golde am höchften fchäßten. Die Infel erzeugte
aber auch alles in reichfter Fülle, was der Wald für die Werke der Bauleute bietet,
und nährte wilde und zahme Tiere in großer Menge. So gab es dort zahlreiche
Elefanten, denn es wuchs nicht nur für alles Getier in den Sümpfen, Teichen und
Flüffen, auf den Bergen und in der Ebene reichlich Futter, fondern in gleicher Weife
auch für diefe von Natur größte und gefräßigfte Tiergattung. Alle Wohlgerüche
ferner, die die Erde jetzt nur irgend in Wurzeln, Gräfern, Holzarten, hervorquellenden
Säften, Blumen oder Früchten erzeugt, trug und hegte auch die Infel in großer Menge.
Ebenfo auch die „liebliche Frucht" und die Frucht des Feldes, die uns zur Nahrung
dient, und alle, die wir fonft als Speife benutzen und mit dem gemeinfamen Namen

Tafel 1.

Aus eurafrikanischer Kulturvergangenheit: Steinkreis, den ich in Nordliberia entdeckte.

(gez. von Fritz Nansen.)

Gemüse bezeichnen, ferner eine baumartig wachsende Pflanze, die Trank, Speise und Salböl liefert, und endlich die rasch verderbende Frucht des Obstbaumes, uns zur Freude und Lust bestimmt, und alles, was wir als Nachtisch auftragen, erwünschte Reizmittel des überfüllten Magens für den Uebersättigten — also dies alles brachte die Insel, damals noch den Sonnenstrahlen zugänglich, wunderbar und schön und in unbegrenzter Fülle hervor.

Ihre Bewohner bauten, da ihnen die Erde alles bot, Tempel, Königspaläste, Häfen und Schiffswerften, richteten aber auch sonst das ganze Land ein und verfuhren dabei nach folgender Anordnung: Zunächst bauten sie Brücken über die Kanäle, die ihren alten Hauptplatz umgaben, und schufen so eine Verbindung mit der Königsburg. Diese Königsburg erbauten sie gleich von Anfang an auf eben jenem Wohnsitz des Gottes und ihrer Ahnen; — der eine erbte sie vom andern, und jeder suchte nach Kräften ihre Ausstattung zu erweitern und seinen Vorgänger darin zu überbieten, bis dann endlich ihr Wohnsitz durch seine Größe und Schönheit einen staunenswerten Anblick bot. Zunächst führten sie vom Meere aus einen 300 Fuß breiten, 100 Fuß tiefen und 30 000 Fuß langen Kanal bis zu dem äußersten Ring und ermöglichten dadurch die Einfahrt in ihn von der See aus wie in einen Hafen und machten ihn genügend breit, so daß auch die größten Schiffe einlaufen konnten. Sie durchbrachen aber auch die Erdwälle zwischen den ringförmigen Kanälen unterhalb der Brücken und stellten so eine für eine einzelne Triere genügend breite Durchfahrt zwischen den verschiedenen Kanälen her; diesen Durchstich überbrückten sie dann wieder, so daß man mit Schiffen darunter durchfahren konnte, denn die Erdwälle waren hoch genug, um über das Meer hervorzuragen. Der breiteste von den ringförmigen Kanälen war 1800 Fuß breit; dieselbe Breite hatte der folgende Erdgürtel. Der nächste kreisförmige Kanal war 1200 Fuß breit, und dieselbe Breite hatte der sich an ihn anschließende Erdgürtel, der innerste Kanal endlich, der die Insel selbst umgab, war 600 Fuß breit, und die Insel, auf der die Königsburg sich erhob, hatte 3000 Fuß im Durchmesser. Diese Insel sowie die Erdgürtel und die 100 Fuß breite Brücke umschlossen sie ringsum mit einer steinernen Mauer und errichteten auf den Brücken jeweils gegen die Durchfahrt vom Meere zu Türme und Tore. Die Steine hierfür, weiße, schwarze und rote, wurden an den Abhängen der in der Mitte liegenden Insel und unten an den Erdwällen an deren Innen- und Außenseiten gebrochen. Dadurch bekamen sie zugleich auf beiden Seiten der Erdwälle Höhlungen für Schiffsarsenale, die vom Felsen selbst überdacht waren. Für ihre Bauten benutzten sie teils Steine derselben Farbe, teils benutzten sie auch zum Genuß für das Auge verschieden gefärbte Steine zusammen, wodurch sie ihnen ihren vollen natürlichen Reiz verliehen. Die um den äußeren Erdwall herumlaufende Mauer übergossen sie mit Zinn, die Burg selbst mit Messing, das wie Feuer leuchtete.

Der Königssitz innerhalb der Burg war folgendermaßen eingerichtet: Inmitten stand ein Tempel, der Kleito und dem Poseidon geweiht — er durfte nur von den Priestern betreten werden und war von einer goldenen Mauer umschlossen — in ihm war einst das Geschlecht der zehn Fürsten erzeugt und geboren worden. Alljährlich sandte man dahin aus allen zehn Landgebieten die Erstlinge als Opfer für einen jeden von ihnen. Ferner erhob sich dort der Tempel des Poseidon, 600 Fuß lang, 300 Fuß breit und entsprechend hoch, in einer etwas fremdländischen Bauart. Die ganze Außenseite des Tempels war mit Silber überzogen, die Zinnen mit Gold. Im Innern war die Decke von Elfenbein, verziert mit Gold und Messing, im übrigen die Mauern, Säulen und Fußböden mit Messing bekleidet. Goldene Bildsäulen stellten sie darin auf: den Gott selbst, auf seinem Wagen stehend und sechs Flügelrosse lenkend, so groß, daß er mit dem Haupte die Decke berührte, rings um ihn herum hundert Nereiden auf Delphinen; denn so viel, glaubte man damals, gäbe es. Außerdem befanden sich noch viele, von Privatleuten geweihte Standbilder im Tempel. Außen standen rings um ihn herum die goldenen Bildsäulen der zehn Könige selbst, ihrer Frauen und aller derer, die von ihnen stammten, sowie viele sonstige Weihgeschenke von den Königen und von Privatleuten aus der Stadt selbst und aus den von ihnen beherrschten auswärtigen Gebieten. Auch der Altar entsprach seiner Größe und seiner Ausführung nach dieser Pracht, und ebenso war der Königspalast der Größe des Reiches und dem Prunk der Heiligtümer angemessen.

Sie benutzten auch die beiden Quellen, die warme und die kalte, die in reicher Fülle flossen und ein wohlschmeckendes und für jeden Gebrauch wunderbar geeignetes Wasser boten: sie legten rings um sie herum Gebäude und passende Baumpflanzungen an und richteten Baderäume ein, teils unter freiem Himmel, teils für den Winter zu warmen Bädern in gedeckten Räumen, die königlichen getrennt von denen des Volkes, sowie besondere für die Frauen, und Schwemmen für die Pferde und andere Zugtiere, und statteten alle diese Räume angemessen aus. Das abfließende Wasser leiteten sie teils in den Hain des Poseidon, in welchem Bäume aller Art von besonderer Schönheit und Höhe infolge der Güte des Bodens wuchsen, teils ließen sie es durch Kanäle über die Brücken weg in die äußeren Ringkanäle fließen. Dort waren Heiligtümer vieler Götter, viele Gärten und Uebungsplätze angelegt, eigens für die Menschen und für die Wagengespanne auf den durch die Erdwälle gebildeten Inseln; eine besondere Rennbahn aber befand sich in der Mitte der größeren Insel, 600 Fuß breit und ihrem ganzen Umkreis nach für Wagenrennen eingerichtet. Um diese Rennbahn herum lagen die Wohnungen für die meisten Mitglieder der Leibwache. Die zuverlässigsten unter ihnen waren auf dem kleineren, der Burg näheren Erdwall als Posten verteilt; wer sich aber ganz besonders durch Treue hervortat, der wohnte auf der Burg in nächster Nähe des Palastes.

Die Schiffsarsenale waren voll Trieren und allem zur Ausrüstung eines solchen Schiffes gehörigen Material, das in gutem Zustande bereit gehalten wurde. Derart war also die Einrichtung der königlichen Wohnung. Hatte man aber die drei außerhalb derselben befindlichen Häfen hinter sich, so traf man auf eine Mauer, die vom Meere begann und im Kreise herumlief, vom größten Ring und zugleich Hafen überall 30 000 Fuß entfernt, — sie endete an derselben Stelle bei der Mündung des Kanals in das Meer. Den ganzen Raum nahmen viele dichtgedrängte Wohnungen ein; die Ausfahrt und der größte Hafen waren reich belebt mit Schiffen und Kaufleuten aus allen möglichen Gegenden, und es herrschte bei Tag wie bei Nacht lautes Geschrei, Lärm und Getöse jeder Art.

Damit wäre nun so ziemlich alles mitgeteilt, was mir seinerzeit über die Stadt und jene einstige Wohnung der Könige erzählt wurde. Ich muß nun auch noch versuchen, über die natürliche Beschaffenheit und Verwaltung des übrigen Landes zu berichten. Zunächst stieg, wie es heißt, die ganze Insel sehr hoch und steil aus dem Meere auf, nur die Gegend bei der Stadt war durchweg eine Ebene, ringsum von Bergen, die bis zum Meere hinabliefen, eingeschlossen; — sie war ganz glatt und gleichmäßig, mehr lang als breit, nach der einen Seite hin 3000 Stadien lang, vom Meere aufwärts in der Mitte 2000 Stadien breit. Dieser Teil der ganzen Insel lag auf der Südseite, im Norden gegen den Nordwind geschützt. Die ringsum aufsteigenden Berge sollen an Menge, Größe und Schönheit alle jetzt vorhandenen übertroffen haben; sie umfaßten eine Menge reich bewohnter Ortschaften, Flüsse, Seen und Wiesen mit genügendem Futter für alle möglichen zahmen und wilden Tiere, und endlich auch große Waldungen, die in der bunten Mannigfaltigkeit ihrer Bäume Holz für alle möglichen Arbeiten lieferten.

Dies war also die natürliche Beschaffenheit der Ebene, an deren weiterem Ausbau viele Könige gearbeitet hatten. Sie bildete größtenteils ein vollständiges Rechteck — was noch daran fehlte, war durch einen ringsum gezogenen Kanal ausgeglichen — was über dessen Tiefe, Breite und Länge berichtet wird, klingt fast unglaublich für ein von Menschen hergestelltes Werk, außer allen den anderen Arbeiten — dieser Graben war nämlich 100 Fuß tief, überall 600 Fuß breit und hatte in seiner Gesamtheit eine Länge von 10 000 Stadien. Er nahm die von den Bergen herabströmenden Flüsse in sich auf, berührte die Stadt mit beiden Enden und mündete in das Meer. Von seinem oberen Teile her wurden von ihm aus ungefähr 100 Fuß breite Kanäle in gerader Linie in die Ebene geleitet, die ihrerseits wieder in den vom Meer aus gezogenen Kanal einmündeten und voneinander 100 Stadien entfernt waren: — auf diesem Wege brachte man das Holz von den Bergen in die Stadt, ebenso aber auch alle anderen Landeserzeugnisse durch Kanäle, die die Längskanäle der Quere nach miteinander und ebenso die Stadt wieder mit diesen verbanden. Der Boden brachte ihnen jährlich zwei Ernten: im Winter infolge des befruchtenden Regens, im Sommer infolge der Bewässerung durch die Kanäle. Hinsichtlich der Zahl der Bewohner war bestimmt, daß in der Ebene selbst jedes Grundstück einen kriegstüchtigen Anführer zu stellen hatte; — jedes Grundstück aber hatte eine Größe von 100 Quadratstadien, und die Zahl der Grundstücke war 60 000. Auf den Gebirgen und in sonstigen Landstrichen wurde die Zahl der Bewohner als unermeßlich angegeben, alle jedoch waren nach ihren Ortschaften je einem dieser Grundstücke und Führer unterstellt. Je sechs Führer mußten einen Kriegswagen stellen, so daß man im ganzen 10 000 solcher Wagen für den Krieg hatte, — ferner jeder zwei Pferde und Reiter sowie ein Zweigespann ohne Sitz, das einen mit kleinem Schild bewaffneten Krieger sowie den Wagenlenker trug, außerdem zwei Schwerbewaffnete, je zwei Bogenschützen und Schleuderer, je drei Stein- und Speerwerfer und endlich noch vier Matrosen zur Bemannung von 1200 Schiffen. Das war die Ordnung des Kriegswesens in dem königlichen Staat; in den übrigen neun Staaten herrschten andere Bestimmungen, deren Erörterung uns zu weit führen würde.

Die Verhältnisse der Regierung und der Staatswürden waren von Anfang an in folgender Weise geordnet: Jeder einzelne der zehn Könige regierte in dem ihm zufallenden Gebiet von seiner Stadt aus über die Bewohner und stand über den meisten Gesetzen, so daß er bestrafen und hinrichten lassen konnte, wen er wollte. Die Herrschaft über sie selbst und ihren wechselseitigen Verkehr bestimmte das Gebot Poseidons, wie es ein Gesetz ihnen überlieferte, von ihren Vorfahren auf einer Säule von Messing eingegraben, in der Mitte der Insel, im Tempel des Poseidon. Dort kamen sie abwechselnd bald alle fünf, bald alle sechs Jahre zusammen, um der geraden und der ungeraden Zahl gleiches Recht angedeihen zu lassen, und beratschlagten in diesen Versammlungen über gemeinsame Angelegenheiten, untersuchten aber auch, ob keiner von ihnen ein Gesetz übertreten habe, und fällten darüber ein Urteil. Wenn sie im Begriff waren, ein Urteil zu fällen, gaben sie einander zuvor folgendes Unterpfand der Treue. Sie veranstalteten unter den Stieren, die frei im Heiligtum des Poseidon weideten, eine Jagd ohne Waffen, nur mit Knütteln und Schlingen, und flehten zu dem Gotte, es möge ihnen gelingen, das ihm wohlgefällige Opfertier einzufangen; — den gefangenen Stier brachten sie dann zu der Säule und opferten ihn dort auf dem Knauf derselben, unmittelbar über der Inschrift. Auf dieser Säule befand sich außer den Gesetzen eine Eidesformel,

die gewaltige Verwünschungen über den aussprach, der ihr nicht gehorchte. Wenn
sie nun nach Bräuchen beim Opfer dem Gotte alle Glieder des Stieres geweiht hatten,
dann füllten sie einen Mischkrug und gotten in ihn für jeden einen Tropfen Blut,
alles übrige aber warfen sie ins Feuer und reinigten die Säule ringsumher. Darauf
schöpften sie mit goldenen Schalen aus dem Mischkrug, gotten ihre Spenden ins
Feuer und schwuren dabei, getreu den Gesetzen auf der Säule ihre Urteile zu fällen
und jeden, der einen Frevel begangen habe, zu bestrafen, in Zukunft keine jener Vor-
schriften absichtlich zu verletzen und weder anders zu herrschen noch einem anderen
Herrscher zu gehorchen, als dem, der nach den Gesetzen des Vaters regierte. Wenn
dann ein jeder von ihnen dies für sich selbst und für sein Geschlecht gelobt hatte,
trank er und weihte darauf die Schale als Geschenk für den Tempel des Gottes; —
dann sorgte er für sein Mahl und für die Bedürfnisse seines Körpers. Sobald es
dunkel wurde und das Opferfeuer verglommen war, kleideten sich alle sofort in ein
dunkelblaues Gewand von höchster Schönheit, ließen sich bei der Glut des Eides-
. Opfers nieder, löschten dann alles im Heiligtum aus und empfingen und sprachen
Recht in der Nacht, so oft einer von ihnen den anderen einer Gesetzesübertretung be-
schuldigte. Die gefällten Urteile schrieben sie, sobald der Tag anbrach, auf eine goldene
Tafel und weihten diese samt jenen Gewändern zum Andenken.

Es gab noch eine Menge anderer Gesetze über die Rechte der Könige im besonderen. Das wichtigste lautete: Keiner sollte jemals gegen den anderen die Waffe
führen, vielmehr sollten alle einander helfen im Falle, daß etwa einer von ihnen
den Versuch machen sollte, in irgendeiner Stadt das königliche Geschlecht zu stürzen.
Nach gemeinsamer Beratung, wie ihre Vorfahren, sollten sie über den Krieg und
alle anderen Dinge beschließen, den Vorsitz und Oberbefehl dabei aber dem Ge-
schlechte des Atlas übertragen. Das Recht, einen seiner Verwandten hinrichten zu
lassen, solle einem einzelnen König nur dann zustehen, wenn es der größere Teil
der zehn genehmigt hatte.

Diese Macht, die damals in jenen Landen in solcher Art und solchem Umfange
bestand, führte der Gott gegen unser Land, durch folgende Umstände der Sage nach
dazu veranlaßt: Viele Generationen hindurch hatten sie, so lange noch die göttliche
Abkunft in ihnen wirksam war, den Gesetzen gehorcht und waren freundlich gesinnt
gegen das Göttliche, mit dem sie verwandt, — ihre Gesinnung war aufrichtig und
durchaus großherzig — allen Wechselfällen des Schicksals gegenüber sowie im Verkehr
miteinander zeigten sie Sanftmut und Weisheit, — jedes Gut außer der Tüchtigkeit
hielten sie für wertlos und betrachteten gleichgültig und mehr wie eine Last die Fülle
des Goldes und sonstigen Besitzes, — ihr Reichtum berauschte sie nicht und vermochte
ihnen die Selbstbeherrschung nicht zu nehmen noch sie zu Fall zu bringen, — mit
nüchternem Scharfblick erkannten sie vielmehr, daß alle diese Güter nur durch gegen-
seitige Liebe, vereint mit Tüchtigkeit, gedeihen, durch das eifrige Streben nach ihnen
aber zugrunde gehen und mit ihnen auch die Tüchtigkeit. Bei solchen Grundsätzen
und der fortdauernden Wirksamkeit der göttlichen Natur in ihnen gedieh alles, was
ich früher geschildert habe, aufs beste. Als aber der von dem Gott stammende Anteil
ihres Wesens durch die vielfache und häufige Vermischung mit dem Sterblichen zu
verkümmern begann und das menschliche Gepräge vorherrschte, da waren sie nicht mehr
imstande, ihr Glück zu ertragen, sondern entarteten. Jeder, der sähig war, dies zu
durchschauen, erkannte, wie schmählich sie sich verändert hatten, indem sie das Schönste
unter allem Wertvollen zugrunde richteten; — wer aber nicht imstande war, zu durchschauen, was für das Leben wahrhaft zur Glückseligkeit führt, der hielt sie gerade damals für besonders glückselig und edel, da sie im Vollbesitz ungerechten Gewinnes und

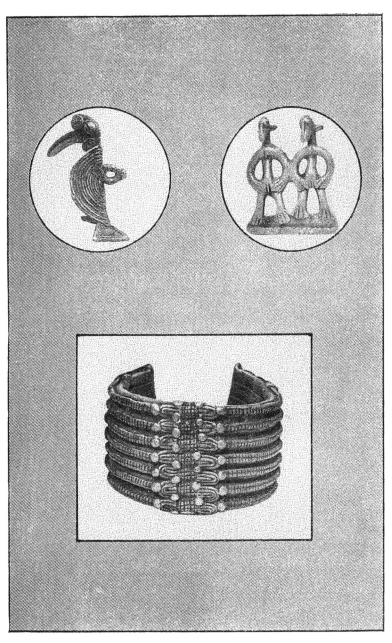

Atlantiſche Kulturerbſchaft; Bronzeſchmucke der Bobo ſüdlich Timbuktus.

ungerecht erworbener Macht waren. Aber Zeus, der nach ewigen Gesetzen waltende Gott der Götter, wohl imstande, solches zu durchschauen, faßte den Beschluß, da er ein tüchtiges Geschlecht so traurig entarten sah, sie dafür büßen zu lassen, damit sie, zur Besinnung gebracht, zu ihrer alten Lebensweise zurückkehrten, — er versammelte daher alle Götter in ihrem ehrwürdigsten Wohnsitz, der in der Mitte des Weltalls liegt und einen Ueberblick über alles gewährt, was je des Entstehens teilhaftig wurde, und sprach . . ."

Dieser Bericht oder vielmehr das von ihm erhaltene Fragment ist nicht der einzige, der über das alte Atlantis uns hinterblieben ist. Sowohl Herodot als besonders der Sizilianer Diodor haben sich über die Atlanten oder Atalanten oder Ataranten, die Nachkommen des Atlas, ausgesprochen, und beide Darstellungen stimmen in dem einen Punkte überein, daß diese Menschen auf dem Festlande der Libyer, also in Nordafrika, säßen. Aber in einer anderen Hinsicht widersprechen sich beide. Herodot, der sie die einzigen „Namenlosen" unter den Menschen nennt (siehe auch Heinrich Barths Sprachwerk, Eingangsworte zum Kapitel Haussa), schildert sie als verhältnis= mäßig recht niedere Geschöpfe, über die etwas wesentliches nicht zu sagen ist, wogegen Diodor die Atlantäer ausdrücklich als die kulturreichsten unter allen Menschen darstellt. Diese scheinbar un= überbrückbaren Gegensätze — hier Inselbewohner, dort afrikanische Festlandsinsassen — hier Kulturarmut, dort äußerste Kulturhöhe — sind leicht zu erklären. Wir brauchen uns nur zu vergegenwärtigen, daß Herodot seine Kunde auf dem Landwege, durch die Wüste, erhielt, daß er ausdrücklich von den wüstenbewohnenden südöst= lichen Ataranten berichtet, während Solon und Diodor von den küstenbewohnenden, den dem Atlantischen Ozean zunächst benach= barten Stämmen sprechen. Die Atlanten waren vor allem ein schiffahrendes Volk, und dadurch erklärt sich der Irrtum in der Solonischen Ueberlieferung. Wohl war eine ihrer Hochburgen „draußen" vor den Säulen des Herakles, nur erreichbar auf Schiffs= planken nach der Fahrt durch die Enge von Gibraltar, aber die Insel, „die größer war als Asien und Afrika (Libyen) zusammen", war nichts anderes als Nordwestafrika, dessen Zugehörigkeit zu diesem Erdteil nur noch nicht erkannt wurde.

Mit dieser Tatsache kann man verschiedene andere Angaben und Fehlerquellen erklären und richtigstellen. Solon will seine Angaben von altägyptischen Priestern erhalten haben. Das ist wenig wahrscheinlich. Man darf nicht vergessen, daß es damals schon sehr Mode war, die von ägyptischer Weisheit abstammenden Angaben als besonders „alt" und „wichtig" zu erachten. Somit

mag man Traditionen dadurch als wertvoller hingestellt haben, daß
man sie als ägyptische ausgab, so wie bei uns vor noch nicht langer
Zeit ein Rotwein erst dann höher eingeschätzt wurde, wenn er die
Aufschrift „Bordeaux" trug. Diejenigen, die in den älteren Zeiten
Nachrichten aus dem westlichen Teile des Mittelmeeres nach Osten
mitbrachten, waren nicht die Aegypter und auch nicht die Griechen,
sondern die Phönizier, die ihrerseits jede Kunde als Geschäfts=
geheimnis mit Vorbedacht vor den nachrückenden Griechen ver=
heimlichten. Und ein Geschäftsgeheimnis verband die Kultur des
alten Atlantis mit der des westlichen Mittelmeeres. Solon verrät
es da, wo er von den Produkten des alten Atlantis spricht und
sagt: „besonders eine Art Messing, jetzt nur noch
dem Namen nach bekannt, damals aber mehr wie
dies, daß man an vielen Stellen der Insel (will
sagen: des Landes) förderte, und daß die damaligen
Menschen nächst dem Golde am höchsten schätzten".

Es ist nicht meine Absicht, in diesem Kapitel all die vielen
und eigenartigen Einzelheiten, die diese Berichte der Alten bergen,
zu besprechen. Die vorliegende Angabe ist aber einer der Angel=
punkte, in denen die Tür des Verständnisses für biete Dinge und
Verhältnisse hängt. Messing und Bronze, die Erzeugnisse des Geld=
gusses, wurden in jenen älteren Zeiten so hoch bewertet, sie spielten
in ihren Kulturschätzen eine so hervorragende Rolle, daß sie unserer
Kenntnis und Kritik der ganzen Zeit den Namen aufdrängten, denn
wir sprechen von der damaligen als von der „Bronzeperiode".
Wir wissen, daß zu den Ländern, in denen die für den Bronzeguß
benötigten Erze gewonnen wurden, ganze Völkerwanderungen unter=
nommen wurden. In Ostafrika drangen die alten Erythräer bis
nach Katanga vor (siehe Petermanns geographische Mitteilungen
Heft 166), und hier in Nordwestafrika, im Inlande der Spanien
gegenüber gelegenen Länder, hat der Kupferhandel noch bis in die
arabische Zeit hineingereicht. Bronze repräsentiert als Schmuck den
Reichtum und als Waffe die Kraft jener älteren Kulturen von Nord=
europa bis zur Sahara hinab. Nach der Bronze trachteten die alten
Phönizier, als sie die Säulen des Herakles durchfuhren; und als
ihnen in jener alten Stadt des Poseidon die rotgelben Metallwände
im Sonnenschein entgegenblinkten, da mag ihr Kaufmannsherz vor
Freude gezittert haben.

Was die alten Berichte von geistiger und sozialer Kultur Nord=
westafrikas und der Atlanten erzählen, läßt sich bislang schwer durch
Funde erhärten, aber in dem Bericht über die bronzenen Mauern

der Stadt in Atlantis haben wir tatsächliches, handfestes, greifbares
Material. Hier können wir eine Entwicklungslinie verfolgen vom
alten Atlantis — bis in die Jetztzeit. Nicht, als ob die Bronzeplatten
der Mauern der Poseidonstadt im Original wieder aufgefunden
wären! — Mit der Erhaltung solcher Bronzeplatten hat es seine
eigene Bewandtnis. Wenn je ein Steger eine Bronzestadt eroberte,
war wohl das erste, daß er die Bronze herabriß, heimschleppte und
— umgoß. Die Leichtigkeit des Umgießens ist das Unglück der
Bronzeforschung, und auch von den Platten, die Homer zufolge an
den Wänden des Phäakenpalastes prangten, ist leichter in irgend=
einem heurigen, zum hundertsten Male umgegossenen Gegenstande
etwas zu finden, als im Schutt des Palastes selbst.

Aber der Gedanke ist oft haltbarer und dauerhafter als die
Materie. Der materiell denkende Mensch der Neuzeit wird diete
Tatsache nicht ohne weiteres glauben können und hinnehmen. Hier
ist aber einmal wieder ein Beweis dafür. Als die nordischen Kauf=
fahrer den Weg des Hanno und wer weiß wie vieler der Geschichte
entschlüpften Nachfolger fuhren, trafen sie in Nordwestafrika auf
eine Stadt, die hieß Benin. Die Chroniken vermelden, daß die
Architektur dieser Stadt, zumal des Königspalastes, vielfach mit
Bronze prunkte. Einige Berichte sprachen von den messingenen
Mauern. Sie fanden im wesentlichen so wenig Beachtung wie die
Bronzemauern des alten Atlantis. Als ich im Anfang der neunziger
Jahre dem alten Bastian in Berlin von Bremen aus offiziell ein
Gesuch einreichte, man möchte mich mit den nötigen Mitteln aus=
statten, um die Bronzeplatten von Benin aufzusuchen, lehnte er
kopfschüttelnd ab. Nicht einmal er glaubte daran. Die Absage wurde
mir ein wesentlicher Beleg bedauernswerter Ungläubigkeit auch
fachmännischer Leitung, denn einige Jahre später stürmten die Eng=
länder das bisher verschlossene Benin und fanden unter Schutt
und Lehm in allen Winkeln aufgespeichert die ganze eminente Pracht.
Und der Nachfolger Bastians mußte dann ungeheure Summen auf=
wenden, um einen Teil dieser Schätze zu erwerben, deren Ein=
heimsung mir wahrscheinlich ziemlich leicht und ohne Hundert=
tausende gelungen wäre.

So sind denn in gewissem Sinne Benin und Atlantis für mich
mehr, als für irgendeinen anderen, identisch und gleichwertig ge=
worden als Vertreter ererbter Reihenfolge in Kulturbesitz, Kritik
und Kulturhöhe. Nicht als ob ich so närrisch wäre, anzunehmen,
die Mauern Benins erhöben sich auf den Trümmern der alten
Poseidonsburg, oder der Bronzeschatz Benins sei das fortgeschwemmte

Mauerprunkwerk der alten Atlanten! Nein, aber diese Idee einer
Mauerkrönung mit solchem Stoff, der Metallschmuck der Erdmauer,
das ist gleiche Verwandtschaft, und darin besteht die Erbschaft Benins
aus atlantischer Herkunft. Jedoch außer dem Problem der tech-
nischen und formalen Uebereinstimmung wollen wir uns auch klar
darüber bleiben, daß Angaben älterer Schriftsteller mehr Wahrheit
und Sicherheit bergen, als der skeptische Moderne glaubt. Troja
ward wiedergefunden, Benin ward bestätigt, Atlantis und sein Wesen
soll und kann wieder entdeckt werden.

Nun aber zweigt sich die Arbeitsweise des Ethnologen von der
des Historikers und Prähistorikers ab. Dieser will den Platz und
die Trümmer der alten Poseidonsburg finden, ihn verlangt danach,
die Glieder und den Schädel dieser verstorbenen Größe aus dem
Schutt der alten Werkstatt und Heimat aufzufinden. Ganz anders
der Ethnologe. Für ihn ist es eine wichtige Tatsache, daß Atlantis
außerhalb des Gebietes liegt, über das seit Alters her eine Völkerwelle
über die andere im Sturmausbruch hinwegfegte. Atlantis lag nicht
im Bereich älterer oder mittelalterlicher, ununterbrochener Um-
wälzung. Es lag außerhalb der Oekumene unseres modernen geschichtlichen Werdeganges oder wenigstens an deren Rande und hatte
somit in Nordafrika ein Einflußgebiet, in dem seine Nachkommenschaft und Erbschaft wenig Zerstörungsgefahren ausgesetzt waren.
Auf Deutsch: „Das größere Atlantis", „the greater Atlantis" muß
noch bestehen. Aber man verstehe mich recht!

Als ich im Jahre 1905 während der Kongoexpedition vor den
wundervollen Plüschgeweben der Pianga, vor den feingliedrigen
Skulpturen der Buschongo stand, da wußte ich, daß hier ein Schatz
von Erbgut aus der Verwandtschaft Benins und des „größeren
Atlantis" gehoben war. Dann arbeitete ich ein Jahr in der
Heimat, und aus den Schätzen der Museen und Bibliotheken schwoll
mir die Erbschaft aus Atlantis immer gewaltiger entgegen, bis ich
der Flut entfloh in die inneren Länder Afrikas, bis ich die Reise
antrat, die auf den nachfolgenden Blättern geschildert ist. Ich
begab mich auf den Weg nach Atlantis. — Aber ehe der
Leser mir auf diesem Pfade folgt, will ich noch kurz auf die Stellung
hinweisen, die diese alte Kulturzentrale im Rahmen der älteren
Entwicklung der Menschheit einnahm.

Da zumal von den Gelbgüssen hier die Rede war, mag man am
Schluß dieses Kapitels eine Abbildung betrachten, die anzeigt, wie
die gegossenen Schwertgriffe vom Benne in Innerafrika der Abstammung nach dem sogenannten Antennengriff der Bronzezeit West-

und Nordeuropas gleichen. Bis in anscheinend unwesentliche Kleinigkeiten hinein reicht die Uebereinstimmung. Das Schwert und das Messer des größeren Atlantis sind die Nachkommen bronzezeitlicher Waffen.

Und die Verbreitung derartiger Wesenszüge, deren lebende Vertreter heute noch im vorbezeichneten Raume im Gebrauch sind, gemahnt uns daran, daß hervorragende Belege älterer Zeit im gleichen Umkreise nachgewiesen wurden. Es gab eine Zeit- und Kulturperiode, wo die Menschen gewaltige Felsmassen auftürmten oder aneinander reihten. Dolmen und Steinkreise fanden ihre Verbreitung am Westrande Europas von Norwegen her über England, Westdeutschland, Frankreich bis nach Afrika. Ich fand ihre Ausläufer in den Nigerländern und sogar in schöner Erhaltung noch im westafrikanischen Urwaldstreifen Liberias. Man prägte seinerzeit das Wort „Eurasien“ und sprach von eurasischer Kultur als Zusammenfassung von europäischen und asiatischen Eigenarten und Aeußerungsformen. Europa ward hierbei als Halbinsel Asiens aufgefaßt und ist oftmals in seiner kulturgeschichtlichen Abhängigkeit von diesem Mutterboden aller jüngeren Kultur behandelt worden.

. In Gegensatz hierzu will ich fortan den Kulturboden „Eurafrika“, das eurafrikanische Gebiet stellen, dessen Früchte nicht unbedingt von asiatischen Feldern zu stammen brauchen, das vielmehr eine solche Fülle eigener Zuchtergebnisse hervorgebracht hat, und, nachdem es lange Zeit unter asiatischem Uebergewicht gestanden hat, jetzt wieder hervorzubringen bereit scheint, daß man sehr wohl die Frage aufwerfen kann, ob der Erdball nicht ein Hin- und Herschwanken der Kräfte erlebt haben mag. Muß zu allen Zeiten alles Kulturheil von Osten nach Westen gewirkt haben? oder haben die Zeiten solchen Druckes mit Perioden abgewechselt, in denen die Wucht aufstrebenden Wachstums die Bahn in entgegengesetzter Richtung belebte? Hier stehen Probleme vor den Pforten der Ueberlieferung und Betrachtungsweise, die mit Gewalt Eintritt fordern und vielleicht manchem alten Dogma an den Lebensnerv rühren.

Eins ist jedenfalls auffallend. Sowohl Solon als vor allen anderen Diodor künden von einem gewaltigen Ringen zwischen der atlantischen Westkultur und der athenischen Ostkultur. Amazonenheere strömten von West nach Ost siegreich weiter und weiter, bis sie im Osten sich auflösten. Und die Ahnen aller hohen Götterschaft sollen im Anbeginn im westlichen Nordafrika heimisch gewesen sein. Das aber erinnert uns daran, daß auch der kundige Herodot mit allen seinen Zeitgenossen darin übereinstimmt, daß die In-

landftämme Nordafrikas die frömmften aller Menfchen gewefen feien.
Solches find zwingende Hinweife. Inwieweit die Nordweftafrikaner
mit den Nordweft= und Wefteuropäern zufammengehangen haben
können, das vermochte kein alter Grieche zu bedenken, denn folche
Frage lag außerhalb feines Gefichtsfeldes. Daß er aber der Süd=
gruppe eurafrikanifcher Bevölkerung und Kultur folche hohe Stellung,
fo wichtigen Vortritt in der Vorhalle des Tempels einräumte, fagt
unendlich viel.

Dies find einige der Gedanken, Ueberlegungen und Ergebniffe,
die mich im Jahr 1907 auf den Weg nach Atlantis drängten. Der
Lefer muß fie kennen, und ich bitte, fie fich einzuprägen, damit fie
in feinem Unterbewußtfein in ihrer eminenten Bedeutung lebendig
bleiben, wenn das lefende Auge den bunten Karnevaltanz modernen
Sudanlebens an fich vorüberziehen läßt. Die Maffe der kleinlichen
Eindrücke und Schilderungen des „Heute" möge ihn die größere
Vergangenheit und kulturgefchichtliche Höhe nicht vergeffen laffen,
die mir, dem Forfcher felbft, immer den Hintergrund des Gemäldes
bildeten. Wenn der Bardenfang an das Ohr fchlägt, wenn die
Bundesgottheit den Nachtreigen tanzt, wenn die Könige fprechen
und Palaftbauten auftauchen, die heute Mofcheen find, dann mag
es ja unfchwer fein, vergangener Herrlichkeit zu denken. Aber auch
im kleinlichften Tageswerke und im Strudel ringsum erfchallenden
Negergeklappers blieb mir mein Ziel vor Augen, die Suche nach
dem größeren Atlantis, nach der Wiege der Götter, nach der Erb=
fchaft aus vorklaffifcher Herrlichkeit.

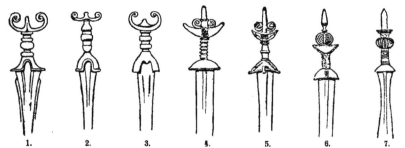

1.　　　2.　　　3.　　　4.　　　5.　　　6.　　　7.

Die Bronzekunft der alten Atlantis und ihre Verwandtfchaft; gebogene Schwertgriffe
aus der europäifchen Bronzezeit (1—3) und vom Benue in Innerafrika (4—6), fowie
ein letzter Ausläufer vom Kongo Kwango (7). Nach Sammlungsmaterial.

Segelboote auf dem oberen Senegal.

Zweites Kapitel.

Die Ausfahrt.

So schnell, wie wir dachten, ließ uns Europa nicht frei. Die „Duala", das Schiff, das uns die Hamburg-Amerika-Linie für die Ueberfahrt in entgegenkommender Weise zur Verfügung gestellt hatte, konnte den Hafen nicht verlassen, weil der große Antwerpener Streik ein Anlaufen im belgischen Hafen nicht ratsam erscheinen ließ und somit die Ankunft der dorthin verfrachteten Güter abgewartet werden mußte. Die so entstehende Frist nutzte ich, um schnell noch einmal nach Berlin zurückzukehren. Meinen Assistenten gab ich mehrere Aufgaben, die in Hamburg bewältigt werden konnten, und ließ sie bei dem Studium einiger wissenswerter Handfertigkeiten zurück. Daheim konnte ich noch mehreren Freunden aus Kollegenkreisen die Hand drücken, die eine oder die andere Aufgabe mit ihnen besprechen, einige letzte

Einkäufe machen und so eine Abrundung schaffen. Am 26. abends verbrachten wir mit Hamburger Freunden vom Museum und aus der geographischen Gesellschaft einige anregende Stunden, und am 27. mittags fuhren wir endlich die Elbe hinab.

Die „Duala" war nicht für Passagiere eingerichtet, und nicht ohne Beschränkung für die Offiziere des kleinen Steamers ward uns Raum geschaffen. Wir waren die einzigen Passagiere; das kam meiner Arbeit zugute, und wir konnten so die Zeit bis zur Ankunft in Datar, soweit sie nicht durch die sehr schlechten See-verhältnisse charakterisiert oder durch den Aufenthalt in Funchal und Las Palmas ausgefüllt wurde, mit allerhand Studien ver-bringen. Die Gottheiten der See waren uns leider nicht sehr gnädig, und ich will nicht verschweigen, daß mir bei dem Rollen unseres Dampferleins manche ernsten Gedanken aufstiegen, die der Kapitän teilte. Und unsere Befürchtung war sehr berechtigt, da zwei Schiffe, deren Kurs wir kreuzten, in diesen Tagen unter-gingen.

Die Zeit des Aufenthaltes auf Madeira und in der Umgebung von Las Palmas wurde mir wieder lehrreich. Ich bewunderte das Herumflanieren der spanischen und portugiesischen Jünglinge, die ein gigerlhaftes Aeußere mit absoluter Gleichgültigkeit für geistige Interessen und mit einer prinzipiellen Abneigung gegen jede Arbeit und jede Bildung verbinden. Wir unternahmen einen von einem Deutschen, der uns in herzlicher Weise Gastfreundschaft zuteil werden ließ, arrangierten Spazierritt in die Berge. Da oben konnten wir die großartigen Bewässerungsanlagen aus alter Zeit bewundern. Welcher Gegensatz! — Diese großartige Kolonialleistung der west-romanischen Nation in älterer Zeit und die kulturwidrige Stutzer-haftigkeit in unseren Tagen! Ich habe eine Reihe solcher Kolonien gesehen und immer wieder dieselbe Beobachtung gemacht: Vieles wird zu großartig, zu pompös, zu protzenhaft angefangen. Es fehlt die Kraft zur Durchführung. Es ist ein Anlauf, dem kein Aushalten entspricht. Mögen doch die nordischen Völker sich ein Beispiel nehmen an dem unseligen Schicksal dieter unglücklichen Kolonien! Man soll nicht Kolonien gründen mit riesenhaftem äußerem Prunke, um vor der Welt zu glänzen, sondern stets die wirtschaftlichen und erzieherischen Faktoren in Betracht ziehen. Besonders die letzteren soll man nicht vergessen. Funchal und Umgebung weist etwa 90 v. H. Analphabeten auf. Daraus spricht genug. Es kommt nicht allein darauf an, ob das Mutterland genügendes Kapital als Grundlage für die Kolonialbildung leihen

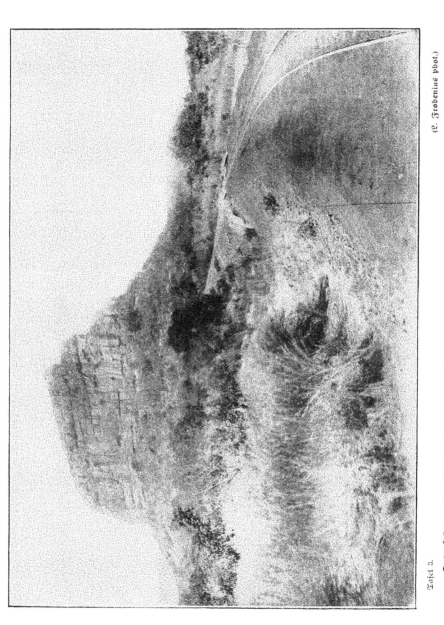

(E. Frobenius phot.)

Tafel 3.

Heimstätte alter Kulturfiße an der Senegambischen Eisenbahn; Tafelberg bei Bafulabe.

kann, ob es über genügende Menschenproduktion für die Auswanderung verfügt, sondern auch darauf, ob der Intelligenzsamen,
der hinausgetragen wird, genügende Lebenskraft besitzt, um drüben
aufzugehen und Früchte zu tragen, die wiederum Keimkraft haben
und ihrerseits eingeborene Früchte zu zeitigen vermögen. Das
ist die Quintessenz der Kolonisationskraft. Die portugiesischen und
spanischen Kolonien geben abschreckende Beispiele dafür, wie es
nicht sein soll. Oben über Las Palmas wohnen in muffigen
Höhlen Nachkommen der alten, eingeborenen, einst so stolzen
Guanchenvölker. Sie hocken in jämmerlicher Kleidung, beschmutzt
und zum größten Teil mit Schweiß und ekelhaften Krankheiten
behaftet, umher, wie Wundertiere angestaunt von den Fremden.
Es gibt für die Kolonisten nur zwei Möglichkeiten: Entweder sie
erziehen das eingeborene Volk zu einem gesunden Bürgertume, oder
sie vernichten es, wenn es für sie durchaus nicht brauchbar ist.
Es ist das ein barbarisches, aber sehr natürliches Kulturgesetz. Viel
grausamer ist es, jene alten Inhaber des Landes in diesen verächtlichen Zustand zu bringen und derart verkümmern zu lassen.
Da lobe ich mir noch das Verfahren der Engländer in Australien,
wo sie die unbrauchbaren und nicht erziehungsfähigen Neuholländer
wenigstens in anständiger Form pensionieren sollen. Die Schwarzen
sind dort in einigen Distrikten in Reservation zurückgedrängt und
werden von der Regierung ernährt und gekleidet. Da nun das
Volk untätig weiterdämmert, atrophieren alle Kräfte, und es muß
aussterben. Es ist ein „Zutodefüttern", aber die Methode ist
anständig. —

Dakar. Als ich Dakar am 13. Oktober wiedersah, war ich
erstaunt über die Veränderung, die seit meinem letzten Besuche
hier — im Juni 1906 — vor sich gegangen war. Die bewunderns-
werte Kraft, die die Franzosen für ihr zentralafrikanisches Vor-
bringen einsetzen, kommt hier so recht deutlich zum Ausdruck. Im
Hafen knarrt und rasselt eine ganze Zahl von Baggern. Mit
Brummen und Pfeifen rauschen schwerfällig die Krankähne hin
und her, die mächtige Zementblöcke zum Molenbau schleppen. Am
Ufer surren Feldbahnen auf und ab. Sie führen Steine und Erde
zum Dammbau. In den Straßen halten Karrengäule mit Waren.
Züge von Fußsoldaten, Kavallerie und Artillerie üben oben auf
den Befestigungen und um das stolze Palais der General-Gouver-
neure der gewaltigen westafrikanischen Kolonien. —

Ist Dakar schön? Es ist eine wunderliche Sache um das Schön-
heitsgefühl der historisch sehenden Menschheit. Das Zerfallende,

2

Zusammenbrechende, dem Untergange Preisgegebene zieht nicht
selten an. Das Alternde ist ausgeglichen und ebenmäßig. Einheit
spricht aus dem Wesen sterbender Städte, und wie die Maler hinziehen und wieder und wieder alte, zerfallene, morsche Wassermühlen,
die von Moos und Gras überwachsen sind, abkonterfeien, so
wandert der moderne Europäer mit Vorliebe zu den „alten" Städten,
aus deren Toren und Straßen Todesblicke starren, deren Bedeutung
aber im Verrauschen der Zeit ausgelöscht wurde. Funchal, Las
Palmas, St. Louis sind wohl „alte Nester", aber Dakar, das auf-
strebende, großartige, ist häßlich. Es sieht aus wie ein großer
Bauplatz. Und ein Bauplatz ist nie schön, wenn wir auch die
Genialität der Architekten, die Organisation der Arbeiter, das regel-
mäßige Gleiten der Entwicklung bewundern. Wenn wir das heutige
Bild, die Ebenmäßigkeit der Glieder, das Leben des heutigen Organismus sehen, können wir doch ein vollendetes Gefühl des Wohl-
behagens in diesem Milieu nicht finden. Noch strotzt es von
Gegensätzen. Da ist das wundervolle, prunkende Palais — in
dem sicherlich stets herrlich gespeist wird — unten unser schmutziges
Hotel, in dem wir zum ersten Male unser schlechtes, wenn auch
an Gängen reiches Diner einnahmen. Oben die prächtige, platte
Avenue, unten die holperige, schlechte Straße zur Mole. Dakar
wird einst eine sehenswerte Stadt werden, denn Kraft und ein
starker Wille herrschen hier. Und der Blick über das Meer, zur
schönen Goree-Insel, zu den Almadie-Riffen, ist wunderschön. Aber
heute ist es noch ein wirres Durcheinander von neuem Prunk und
unfertigem Wegräumen. Das Neue ist noch nicht vollendet, und
das Alte noch nicht vernichtet. Erst wenn eine gereifte Aus-
geglichenheit diesem jungen Gemeinwesen den Ausdruck der Einheitlichkeit verliehen haben wird, erst dann werden wir uns in
Dakar wohlfühlen.

St. Louis. Der Generalgouverneur hatte mir einen sehr
wohlwollenden Empfang zuteil werden lassen. Er ließ mir Emp-
fehlungsbriefe für alle auf unserer Route in Frage kommenden
Administrateure anfertigen, und als sie mir am 16. abends übergeben waren, konnte ich am 17. früh mit meinen Herren den
Hafenplatz verlassen. Ich konnte mit ruhigem Herzen abreisen,
denn auch meine Ausrüstung, die infolge gütiger Empfehlung
seitens unserer Gesandtschaft und der französischen Minister in
Paris ohne Oeffnung die Zollinie passiert hatte, lief in einem
eigenen Wagen in unserem Zuge. Aber der Weitertransport dieser
Bagage, die hier schon drei Tonnen, von St. Louis, wo ich große

Einkäufe machte, aber zehn Tonnen ausmachte, bereitete mir viel
Schwierigkeit. Die Erfahrung meiner früheren Reisen hatte mich
gelehrt, daß der Reisende bis zur Ankunft im eigentlichen Inlande
sich nie ungestraft von seinem Gepäck trennt. Entweder es wird
von den gleichgültigen Agenten liegen gelassen, oder aber es wird
bei dem Umladen schlecht behandelt. So standen wir denn immer
daneben, wenn aus- oder eingeladen wurde, und riefen unser
„doucement, doucement" gar häufig dazwischen.

Die Bahnfahrt war ebenso interessant wie angenehm. Es ist
eine sehr schöne, breitspurige Eisenbahn, die in zehn Stunden den
Weg von Dakar nach St. Louis zurücklegt. Nachdem man das
flache Land mit dem Saum von Elaeispalmen durchfahren hat,
erreicht man das höhere, durch unzählige Affenbrotbäume charakterisierte und von großen Rinderherden belebte Gelände und trifft
sehr bald in Thies ein, das ein hochbedeutsamer Kreuzungspunkt
zu werden verspricht. Von hier aus wird nämlich eine Anschluß-
bahn bis Kayes geführt, so daß nach Vollendung dieses großen
Werkes Dakar durch Schienenweg direkt mit dem oberen Niger
verbunden sein wird. Der Gouverneur des Senegal sagte mir,
daß man hofft, diese Strecke in 4—5 Jahren eröffnen und die
Tonne Waren dann von Dakar bis Kayes für 20 Fr. schaffen zu
können. Bei dem enormen Eifer, mit dem die französische Sudanpolitik arbeitet, ist es nicht ausgeschlossen, daß dies erste Ziel annähernd erreicht wird. Wie es mit dem zweiten, dem Frachtsatz-
punkte, werden wird, das ist allerdings eine andere Sache, und
da zwingen uns die bestehenden Verhältnisse doch einige Skrupel auf.

Daß diese Bahn eine Notwendigkeit ist, und daß die Fracht-
sätze andere sein müssen als auf der Strecke Kayes—Bamako, das
geht aus der Natur der Verhältnisse hervor. Bislang werden
alle Lasten für den Sudan über St. Louis zu Schiffe auf dem
Senegal bis Kayes gebracht. Der Senegal ist aber ein unsicherer
oder vielmehr in seiner Fehlerquelle leicht allzu sicherer Kantonist.
Nur wenige Monate im Jahre fahren die größeren Dampfer bis
Kayes. Schon in der Mitte des September können sie wegen
Wassermangels nur bis Bakel kommen. Dann kommen die kümmerlichen „Monorous" in Tätigkeit, und das hört auch einmal auf,
so daß man am Ende der Trockenzeit — also im Mai — den
größten Teil der Reise für Stoßbootbeförderung berechnen muß,
was in Bergfahrt etwa vier Wochen ausmacht. Da nun der
ganze Sudanhandel und die Existenz der Stationen im Inlande
an dieser Verkehrslinie hängen, so ist bei einer günstigen Ent-

widlung der Verhältnisse dieser Zustand unbedingt unhaltbar. Deshalb ist die Bahnlinie Dakar—Kayes notwendig, und daher glaube
ich, daß diese Linie allerdings möglichst schnell hergestellt wird —
schon allein aus militärtechnischen Gründen; denn im Falle des
Ausbruches eines um sich greifenden Krieges mit den Völkern des
Sudan wäre die Armee im Inlande während der Monate März,
April, Mai, Juni sehr schlecht mit der Heimat verbunden.

Anders verhält es sich mit dem Frachtsatz. In den Monaten
guten Wasserstandes ist die Eisenbahn gezwungen, der Konkurrenz
der Wasserstraße zu begegnen und die Preise niedrig zu halten.
Aber es entspricht wohl nicht der französischen Sudanpolitik, wenn
mir ein höherer Beamter sagte, man könne die Preise zur Zeit
des Wasserhochstandes niedrig und zur Zeit des Tiefstandes dann
entsprechend höher ansetzen. Ich hoffe und glaube es nicht, daß
diese Idee wirklich zur ernsten Erörterung kommt, denn das hieße
den Teufel durch Beelzebub austreiben und jedes Jahr einmal dem
Kolonialmarkte für einige Monate gründlich den Blutkreislauf
unterbinden. Aber andererseits entspricht der Gedanke den energisch
durchgeführten Grundsätzen der französischen Kolonialpolitik im
Sudan, die zielbewußt darauf hinausläuft, daß ein möglichst großartiges, größeres Frankreich in Innerafrika, zunächst auf Kosten
der Innerafrikaner und des innerafrikanischen Handels, gegründet
werde. Wir werden den Grundsatz mehrfach wieder antreffen. In
der Eisenbahnfrage lernte ich ihn zuerst kennen, als ich bis zu
600 Fr. per Tonne als Fracht von Kayes bis Bamako zahlen
mußte. Für den größten Teil der Waren beträgt die Einfuhr
1 Fr. per Kilo. Das belastet den Handel recht stark. Doch will
ich in diesen Auseinandersetzungen nicht zu weit gehen.

St. Louis ist der Gegensatz zu Dakar: Erst sahen wir den
jungen, aufstrebenden, im Aeußeren noch charakterlosen Empor-
kömmling, hier dagegen die bald zum Tode verurteilte, alte, behagliche, aber verarmte Patrizierdame, die einen starken Eindruck des
Herabgekommenen machte. Eine recht malerische Stadt, fast mehr
orientalisch, als für eine europäische Kulturstadt wünschenswert
erscheint. In Dakar stört der sehr achtbare Stand und das auf-
dringliche Angebot der Arbeiter, hier mehr der ehrwürdige Schmutz
des Verfalles und der Duft der Unreinlichkeit. Unser Hotel
bezeichnete ein mit uns ankommender Franzose etwas drastisch aber
nicht ganz unrichtig als: „Misthaufen", der sich von anderen Ge-
bilden dieser Art nur durch die Kostspieligkeit der Einnistung unterschiede. In den sieben Tagen unseres Aufenthaltes vermochte ich

es nicht zu erzielen, daß die Leute des Hotels unsere Zimmer reinigten. Das Klosett dieses einzigen „Hotels" in St. Louis war absolut unmöglich. Alle Welt war entrüstet, aber keiner sagte etwas.

Ich bin erstaunt gewesen über den Zustand der Gasthäuser in diesen Gegenden. Erst dem Inlande zu, da, wo die Anlage und der Betrieb jung waren, wurden sie besser. Hier in St. Louis war der Zustand ein direkt jämmerlicher. Das Gasthaus spiegelte hier die allgemeinen Verhältnisse wider. Wie gesagt: eine dem Untergange geweihte Stadt. Schon seit die Eisenbahn St. Louis—Dakar fertig wurde, ist ihre Bedeutung gesunken. Wenn erst die Dakar—Thies—Kayes-Linie eröffnet sein wird, dann dürfte sich der größte Teil der jetzt in St. Louis angesessenen Handelshäuser aus dem Orte zurückziehen. Dann werden die vielen Hunde, die heute schon ähnlich wie in Konstantinopel lungernd die Straßen durch- ziehen, des Aufenthalts in dem verflossenen Ausgangspunkt der französischen Sudankultur satt werden. Außer den Handelshäusern wird sich aber noch ein „Kulturfaktor" verziehen, — der einer weiteren Kreisen zugänglichen Damenwelt.

Damit bin ich bei einer sehr merkwürdigen Sache angekommen. Kokotten gibt es bekanntlich nicht nur in Europa, sondern auch in den Kolonien, — aber ich habe es noch nicht erlebt, daß die Kokotten Kulturträger sind. Als solche muß ich sie aber im fran- zösischen Senegal ganz entschieden in Anspruch nehmen. Ich darf diese Erscheinungen nicht aus dem lebenden Bilde, das ich hier aus den Gestalten des kolonialen Küstengebietes stelle, heraus- lassen. Wir sahen diese die Allgemeinheit wie deren Geldbeutel gemeinsam liebenden Wesen zuerst in St. Louis. Wir sahen sie im Hotel und Café mit den Offizieren in Uniform flirten. Eine solche Gestalt fuhr in unserem Zuge mit nach St. Louis und ver- fehlte nicht, auf jedem Bahnhofe mit den Beamten und sonstigen Herren zu plaudern und ein Schälchen mit ihnen zu leeren. Andere Damen, die hier „zu Besuch" waren, übten ihre Anziehungskraft in unserem Hotel. Andere trafen wir in Kayes, eine schon in Bamako, und eine folgte liebenswürdig der Einladung eines Freundes und scheute nicht die Reise in das unwirtliche Innere. Kurz, wir trafen auf sie überall längs der Dampfer- und Eisen- bahnlinie, und überall waren sie Mittelpunkte freudvoller kleiner Gelage und Uebungsobjekte charmanter Liebenswürdigkeit. Alle Welt schien sie gerne zu sehen, und jedes Hotel umwehte der Duft der französischen Halbweltdame. — Und doch sage ich, daß sie Trägerinnen einer gewissen Kultur, wenn auch einer etwas

äußerlichen, waren. Die meisten „Kolonialmenschen" neigen ein
wenig zur Barbarei. Ein etwas rauhes Wesen und rauhes Aeußere
stellen sich im rauhen Leben schnell ein. Nun, diese Damen, die
in Paris oder Bordeaux wohl keine höhere Stellung einnehmen
dürften, als die von Kellnerinnen, Konfektionsarbeiterinnen u. dgl.,
diese werden hier behandelt, wie wirkliche Damen. Und sie spielen
die Rolle nicht schlecht. Sie verbreiten sogar eine Art hoheits-
voller Atmosphäre um sich und beweisen den alten Satz, daß der
Mensch, allgemein betrachtet, das auch zu werden pflegt, als was
er betrachtet und behandelt wird. Jedenfalls sah ich oft, daß höhere
Beamte und Offiziere diese Damen zum Diner einluden, daß dann
auch die Herren der Schöpfung ihre Toilette eingehender beaugen-
scheinigten und daß ein „distinguierter" Ton gepflegt wurde.

Hat der Franzose auf solche Weise durch Verpflanzung dieser
bei uns recht vulgären Blume eine höhere Art erzeugt, so kann
ich andererseits nicht verschweigen, daß mir seine Erziehungskunst,
soweit sie an der Küste an Schwarzen geübt wurde, zwar teilweise
recht bedeutende Resultate erzielt, aber n i c h t durchweg glückliche
Wege eingeschlagen zu haben scheint. Als bedeutendstes Ergebnis
bezeichne ich die Einführung der französischen Sprache. An allen
wichtigeren Plätzen bestehen im Senegalgebiete heute Schulen, an
denen die schwarzen Lehrer die französische Sprache und die Grund-
begriffe des zivilisierten Lebens (Lesen, Schreiben, Rechnen) beibringen. Aufgefallen ist mir, daß die französische Sprache gut
gesprochen wird. Die so herangebildeten Jünglinge, die meist aus
Tjolof (dem Lande des Wolof) stammen, arbeiten auf den Bureaus
der Bahn, der Post, der Kaufleute und haben auch vielfach eigene
kleine Läden. Allen Respekt vor dieser Leistung, bei der die Mis-
sionare weit weniger beteiligt sein sollen als die staatlichen
Beamten! Aber die Einführung der europäischen Sprachen in die
afrikanischen Kolonien und für die Eingeborenenerziehung stellt nun
eben eine Klippe dar, die schwer, sehr schwer zu umschiffen ist.
Sobald die Neger die Sprache ihrer Kolonisatoren beherrschen,
fühlen sie sich ein wenig oder gar vollkommen ebenbürtig. Der
Fortschritt auf diesem Gebiete ist immer begleitet von der Unverschämtheit, die bei allen kulturellen Parvenu-Erscheinungen stets
um so gröber sein wird, je niedriger vorher die Machtstellung
war, und je ärmer der Gehalt bleibt. In der Tat waren sich
alle Franzosen, mit denen ich über diesen Punkt sprach, darüber
einig, daß die Neger des Senegal heute eine fast durchweg
unverschämt freche und eingebildete Gesellschaft sind. Ich habe

einen Jungen in Dakar, zwei in St. Louis angeworben, und zwei davon flogen sehr bald wieder hinaus. Bezeichnenderweise drohte mir jeder, nachdem er bei Lüge oder Diebstahl ertappt war, daß er sofort zum Tribunal gehen würde, wenn ich ihn etwa schlagen sollte, noch ehe ihm damit auch nur gedroht wurde. Aehnliche schlechte Erfahrungen machten einige Franzosen, die mit uns ankamen, so daß die Allgemeinheit des Uebels erweislich war. Die französische Kolonialregierung wird gut daran tun, dafür zu sorgen, daß das Ansehen des Europäers gewahrt wird. Sollte beim Fortschreiten der Kultur in das Innere diese „Küstenkrankheit", wie ich sie nennen möchte, weiter um sich greifen, so möchte es um die Haltbarkeit der europäischen Kultur in diesen Ländern schlecht bestellt sein.

Nachdem unsere Zeit in St. Louis infolge der freundlichen Bemühungen der jungen Herren des Hauses Maurel & H. Prom, uns mit Land und Leuten bekannt zu machen und uns die Arbeit des Umladens möglichst zu erleichtern, angenehm und lehrreich verflogen war, bestiegen wir am 24. Oktober den Dampfer „Bani" und fuhren aus dem Lande des Erdnußhandels den Senegal hinauf in das Innere ab. Der Dampfer fuhr bei Tag und Nacht, machte nur an wenigen Punkten für einige Stunden Halt, und so kamen wir schnell vorwärts.

St. Louis—Bamako. Auf den, der die Fahrt auf den mächtigen Wasseradern des zentralen Afrikas gewöhnt ist, macht der Senegal einen durchaus armseligen Eindruck. Wenige hundert Meter an der Mündung breit, gleitet er stets in schmalem Bett zwischen den niederen, mit Steppe bewachsenen, oft fast kahl erscheinenden Ufern hin. Der erste Tag führte durch weithin überschwemmtes Land, am zweiten und dritten Tage hoben sich die Ufer um etwa drei, am vierten Tage um etwa fünf Meter Höhe. Erst jetzt erschienen neben Gräsern und den gewöhnlichen Savannenbüschen Palmen in größerer Anzahl. Da war nirgends etwas von dem üppigen, dunkelgrünen Rahmen der an steiler Böschung sich hinaufziehenden Galeriewälder zu sehen, wie ich es vom Kongo und seinen Nebenströmen gewöhnt war, — an die Stelle der dort herrschenden rechteckigen Satteldachhäuser waren hier runde Hütten mit Kegeldach, an die der dort üblichen Kaufmannsfaktoreien die halbwegs zu Ruinen zusammengesunkenen Kastelle aus der großen Zeit Faidherbes und an Stelle der armselig gekleideten Kongoneger die in langen, wallenden Mantel gehüllten Fulbe mit ihren großen Rinderviehherden getreten.

Als wir am 28. spät abends in Bakel ankamen und die Offiziere
mit roten Köpfen bei einem kleinen Jeu saßen, kam der hier diri-
gierende Administrateur an Bord und eröffnete mir, wir müßten,
wenn wir die Gelegenheit benutzen wollten, umgehend an Bord
der bereitliegenden Monorou „Sikasso" steigen und in zwei Stunden
nach Kayes abfahren, denn der Gouverneur habe den Befehl erteilt,
die Europa-Post, die wir an Bord des „Bani" hätten, sogleich
weiterzusenden. Das gab nun eine schöne Hetzjagd! Da der größte
Teil des Gepäckes zurückbleiben mußte, stürzten alle in die Lade-
räume des „Bani", und jeder warf die Gepäck- oder Frachtstücke
nach Belieben und hastig durcheinander. Als man mich von der
Eigenart des Umsteigens benachrichtigte und ich in die Lager-
räume herabkam, da lagen meine Koffer und Kisten sowie die Kolli
mit Waren, die ich in St. Louis getauft hatte, so wild und wirr
durcheinander, daß ich einen gewaltigen Schreck bekam. Denn ich
kannte ja den Zustand einer gründlich mißhandelten Ausrüstung
leider allzu gut aus Erfahrung. Schützend stürzte ich mit meinen
Herren herzu und verhinderte ein weiteres derartiges Verfahren.
Als aber dann alles einigermaßen in Ordnung war, ließ ich
Dr. Hugershoff bei dem Gepäck zurück und bestieg mit Nansen
den „Sikasso".

Auf was waren wir da geraten! Ich traute meinen Augen
kaum. Die Monorou sind Heckraddampfer ganz flacher Bauart.
Ladung und Gepäck wird nicht in dem Bauch der Schiffe verstaut,
sondern auf dem Unterdeck, auf dem auch die Neger logieren. Die
Europäer wohnen und schlafen auf dem Oberdeck, dessen Vorderteil
von den schwarzen Steuerleuten eingenommen wird. Ein Weißer
dirigiert nicht an Bord. Das sollten wir bald merken. Auf dem
25 m langen und 2,30 m breiten Deck wurden 25 Europäer transportiert. Wer es hatte, schlug ein Feldbett auf, die anderen lagen
auf Langstühlen oder auf dem Boden, alle Passagiere durcheinander,
hie Männlein, da Weiblein; es war ein wundervoller Anblick, der
mehr an ein Leben abenteuernder Goldsucher als an den Transport
von höheren Beamten usw. einer großen Kolonie erinnerte. Aber
der Höhepunkt der Situation war noch nicht erreicht. Als wir
abdampften, befahl plötzlich der schwarze Steuermann (der vorn
auf dem Schiffe stand) die Moskitonetze (hinter ihm) fortzunehmen,
sie störten ihn. Und siehe: hohe und höhere Beamte fügten sich
willig der drolligen Laune des Herrn Kapitäns. — Am anderen
Morgen entwirrte sich alles, und nun kam heraus, daß nicht ein
Tropfen reinen Wassers an Bord war. Also ließ jeder, der etwas

(L. Frobenius phot.)

Tafel 4.

Meine besten Leute vom oberen Senegal; der alte Nege Dambele Traore und der junge Karimacha Djaora.

Derartiges besaß, sich Tee mit schmutzigem Senegalwasser herstellen. Es berührte mich unangenehm, daß mein Boy mit dem
Waschwasser eine tote Ratte auffischte und mehrere krepierte
Ochsen an mir vorüberglitten. Später kam der „Herr Kapitän“
und ließ jeden sich ein Billett selbst ausschreiben. Er konnte weder
schreiben noch lesen und auch nicht rechnen, so daß jeder, der keine
richtige Münze hatte, aus seinem Beutel Wechselgeld nach Belieben
zurücknehmen konnte. Das war derselbe Herr, der am Abend die
Laune gehabt hatte, einen gewissen Mißwillen gegen Moskitonetze an den Tag zu legen. —

Am anderen Nachmittag trafen wir in Kayes, dem damaligen
Sitz des Gouverneurs des Sudans, ein und wurden im Gasthof
„Zum teuren Belgier“, auch wohl „Zum kleinen Jeu“ oder „Zur
freundlichen Damengesellschaft“ betitelt, mit der Nachricht empfangen, daß für uns kein anderer Platz als das Dach über Klosett
und Küche frei sei. Also schliefen wir über Klosett und Küche,
und das war eine beinahe meteorologisch-psychologische Beobachtungs-
station. Denn nun konnten wir mit geschlossenen Augen und ohne
besonders weit geöffnete Nüstern feststellen, von welcher Seite der
Wind kam.

Wir waren in Kayes in keiner Weise auf Rosen gebettet. Der
belgische Wirt martierte im Interesse seiner anderen Kundschaft
kräftig und — wie die Franzosen meinten — ganz unnötigerweise
den Teutschenhasser, und der hiesige Hauptagent von Maurel
& H. Prom versuchte das auch, bis ich andere Saiten aufzog,
worauf der Vertreter des Handelshauses glatter und der Wirt sogar
sehr höflich wurde, ja, uns sogar gestattete, uns Wasser in das
Zimmer, das ich endlich ertrotzte, kommen zu lassen. Diese und
andere kleinen Abenteuer, die ich in Kayes erleben mußte, waren
mehr komischer als ernster Art. Hier wie überall bestätigte sich
die Erfahrung, daß die aus fremden Ländern stammenden Bürger
eines Staates sich viel „tüchtiger“ gegen die vermeintlichen fremden
„Eindringlinge“ wehren als die alten Staatsangehörigen. Man
soll aber aus diesen Zeilen nicht etwa entnehmen, daß mich die
französische Regierung und die französische Beamtenwelt im Sudan
nicht freundlich aufgenommen hätte. Im Gegenteil!

Infolge freundlichen Eingreifens des Gouverneurs wurde der
Befehl gegeben, daß Dr. Hugershoff mit dem Gepäck einige Tage
später mit dem Monorou „Timbuktu“ nach Kayes gebracht wurde,
so daß wir an das Verladen in die Eisenbahn, an Absendung und
Abfahrt nach Bamako gehen konnten. In zweitägiger Fahrt legten

wir am 3. und 4. November biete Reise zurück. Es war eine interessante Fahrt. Zum ersten Male sah ich auf der Wasserscheide
zwischen den Quellströmen des Senegal und Niger jene eigentümlichen, riffartigen, zweistufigen Tafelberge, die sich weit hinüber
nach Osten ziehen. Zum ersten Male sah ich die kleinen weißen
Muscheln, die dieses Land so weithin zeitigt, hier verwendet als
Untergrund für die auf Schienenschwellen gebettete, ausgezeichnet
gelegte Bahnstrecke. Wie einen alten Bekannten begrüßte ich
andererseits in dem roten, klippenartig zerrissenen Usergelände
echten Laterit, der am Bafing besonders auffiel. Vom 3. zum 4.
übernachteten wir in Tokoto, zum ersten Male, seit wir die afrikanische Küste betreten hatten, in einem anständigen Hotel, einem
verpachteten Staatsinstitut. — Als ich am anderen Abend um 7 Uhr
in Bamako dem Zuge entstieg, fiel mein erster Blick auf einen
wohlgeordneten, großen Stapel am Bahnsteig: mein Gepäck. Es
war vor mir angekommen. Ich atmete erleichtert auf, denn diesmal
war mit der Ankunft in Innerafrika meine größte Sorge
geschwunden. —

Bamako. Nach einer tadellos verbrachten Nacht suchte ich
am anderen Tage sogleich den Administrateur, Herrn De Labreteche,
auf und überreichte ihm meine offiziellen Empfehlungsschreiben.
Mein erstes Gesuch, mir ein entsprechendes Quartier zu geben,
wurde in freundlicher Weise sogleich erfüllt: ich erhielt ein staat-
liches Doppelgehöft, dessen Grundriß Seite 50 abgebildet ist. Ich
will sogleich in die Signatur dieses unseres ersten afrikanischen
Lagers einführen.

Der Platz der deutschen Station, der nur durch ein kleines
Gehöft vom Administrationsgebäude getrennt liegt, umfaßt zwei
Höfe. Den hinteren, auf dem keine Gebäude standen, ließ ich zunächst frei bis auf eine Ecke, an der ich einen Abort für uns
Europäer anlegte. Das große Gebäude im Vorderhofe richtete
ich als Speisesaal und einen Gang als Schlafzimmer, das dahinter
gelegene Häuschen als Dunkelkammer, den hinter ihm liegenden
Raum als Sattelraum und Phonographenaufnahmekammer, das
zweite links als Arbeitszimmer für Dr. Hugershoff und meteorologische Station, das rechts schräg von dem Haupthause als
Zimmer für die Boys ein. Für mich selbst ließ ich die Segel meines
großen Zeltes als Arbeitszimmer, nach rechts, mehr dem Eingange
zu, gegenüber der Phonographenkammer, vor der Boystube, auf-
schlagen.

Wir waren in Innerafrika angelangt. Das Lager ward sogleich eingerichtet. Das Personal, das diese Arbeit leitete, war von Kayes mitgebracht. Da waren vor allen Dingen 1. Nege, ein Malinke von 40 Jahren, ein Vertrauensmann, chef de convoi und unter uns „Häuptling von Kapernaum" genannt, 2. Mballa, ein Mann von gleicher Rasse, verwaltete zunächst die Küche, 3. Karimacha, ein Edler aus dem Sonninke-Volke, zwar höchstens 14 Jahre alt, aber hochgewachsen, stolz, sekundanerhaft vornehm, — daher „grünes Laub" oder „Provinzialsekundaner" betitelt, — mein persönlicher Adjutant, Mythenübersetzer und Vertrauensmann, endlich 4. Schamba Taku, der letzte Mohikaner aus St. Louis, ein frecher Fulbeknabe, zunächst „Lausbub", später, nach völliger Entschleierung seines edlen Charakters, „Lausejunge" benannt, bei mehrfachem Diebstahl ertappt, überführt, verprügelt und nach der Kumi-Reise hinausgeworfen. — Dieses ist die Heldenschar (zu der schleunigst fünf Arbeiter kamen), mit der die Station gegründet ward.

Um 11 Uhr war das Zelt aufgeschlagen. Die Fahne Deutschlands ward auf der einen, die Flagge Frankreichs auf der anderen Seite aufgezogen. Schnell ist ein einfaches Frühstück bereitet. Die erste deutsche Forschungsstation im französischen Sudan ist eröffnet. Mit einem Becher Wein stoßen wir an auf das Wohlergehen der beiden großen Nationen. —

Drittes Kapitel.

Die Aufnahme in den Geheimbund.

Die wenigen Weißen und die vielen Hunderte von Schwarzen, die die Stadt Bamako bewohnen, gingen einige Tage erstaunt und wohlwollend lächelnd an der Haustür der deutschen Station vorbei. Sie hatte den Namen: „Château Sanssouci" erhalten, und das stand in großen Lettern über dem Tore an der Straße. Es trat alsbald eine emsige Tätigkeit ein, die sich von selbst ergab, denn meine Herren hatten ebensowenig wie ich Lust, auch nur eine Minute Zeit zu verlieren. Die lange Zeit, die wir nun seit der Abreise von Berlin verbracht hatten, war uns gewissermaßen wie eine verlorene vorgekommen. Den monatelangen Vorbereitungen in der Heimat waren die Studien auf der Reise gefolgt, und nun drängte es uns, jetzt einen ernsten Anfang machen zu können. Das Auspacken der Ausrüstung, die ersten Ueberblicke über den vorhandenen Besitz haben einen eigenartigen Reiz. Man kann disponieren, wie man es selbst für recht und sachlich hält, und ist nicht mehr angewiesen auf Eisenbahn, Hotel und fremde Bedienung. Also ist diese erste Zeit eine gar köstliche.

Leider entsprechen die Gesundheitsverhältnisse nach der Ankunft in Afrika im allgemeinen diesem ersten Arbeitseifer nicht. Jeder muß die Akklimatisationsperiode überwinden, und fast jeder lernt

ste in ihrer Scheußlichkeit fürchten. Da ist zunächst eine ständige
Bereitschaft zum Schlafen, eine merkwürdige Müdigkeit, der nach
meiner Erfahrung nicht unbedingt nachgegeben werden darf. Dann
kommen die Aklimatisationsfieber, Kopfschmerzen, Augenbrennen,
der „rote Hund" u. a. m. Einen Teil dieser Erscheinungen glaube ich
auch dem ungewohnten Genusse des Chinins zuschreiben zu müssen.
Wir traten in diese Periode zu verschiedenen Zeiten ein. Ich selbst
begann mit kleinem Fieber schon in Datar, Nansen in Kayes, Hugershoff in Bamako. Am schwersten litt entschieden der Maler, aber
am meisten mitgenommen wurde Dr. Hugershoff, dessen Körper
zunächst eine sehr geringe Widerstandskraft zeigte. Diese machte
mir anfänglich bange, bis ich zu der Entdeckung kam, daß er einen
recht schwachen Magen besaß, eine Sache, deren Gefahren durch
eine gut geregelte Diät leicht zu überwinden waren. — Im übrigen
sind diese Erfahrungen nicht durch ein besonders schlechtes Klima
dieser Länder bedingt. Im Gegensatz zu der in Europa allgemein
gültigen Anschauung erachte ich die Gesundheitsverhältnisse heutzutage am Senegal nicht für schlecht. Kayes ist wegen der jährlich drohenden Ueberschwemmungen und wegen eines Sumpfes, der
es durchzieht, kaum als sehr gesund zu bezeichnen. Aber an allen
anderen Orten und auch in Bamako verriet eigentlich nirgends
ein besonders schlechtes Aussehen der Weißen oder deren Klagen,
mit denen bei einiger Berechtigung ja nicht sehr gespart wird,
einen bedenklichen Gesundheitszustand. —

Diese mit mehr oder weniger Geduld ertragenen kleinen Unannehmlichkeiten waren störend, aber nicht hindernd. Dr. Hugershoff packte alsbald seine Instrumente aus, begann mit Zeit- und
Ortsbestimmung und richtete eine kleine meteorologische Kontroll-
station ein. Der Maler wurde durch das „Chinesengesicht" des
Kochs Mballa in Begeisterung versetzt, vertiefte sich in Bleistift-
und Malkasten und verbreitete einen lieblichen Geruch von Terpentin
und Farbe im Hause. Ich selbst war leider am meisten behindert,
denn die Einrichtung der Magazine, Dunkelkammer, Phonographen-
stube usw., die termitensichere Unterbringung der Koffer und Kasten
übernahm ich im großen und ganzen selbst. Immerhin hatte ich
doch wenigstens die Abende frei und konnte dann in altgewohnter
Weise die Alten und Jungen des Landes um mich versammeln,
mit ihnen über die ethnologischen und geographischen Verhältnisse
plaudern und mir von ihnen vor allen Dingen Legenden und Fabeln
erzählen lassen. Karimacha bewährte sich bei der Uebersetzung und
linguistischen Erklärung vorzüglich, so daß dieses Werk flott von-
statten ging und bis zu meiner Abreise nach Kumi schon zwei Hefte

Fabeln in Reinschrift fertiggestellt waren. — Den Verkehr mit den
wenigen Europäern, die in Bamako angesiedelt sind, vermied ich
nach Möglichkeit, und auf diese Weise lebten sich auch meine Herren
außerordentlich schnell ein.

Unser Haushalt vervollständigte sich bald. Hie und da ward
nach genügender Beobachtung ein Arbeiter fest angenommen und
vor allem für den Ankauf der nötigen Reittiere Sorge getragen.
Da Hugershoff ein bedeutender Reiter und Pferdekenner vor dem
Herrn schien, so legte ich diese Angelegenheit vertrauensvoll in
seine Hände, und eines Morgens zogen dann fünf derartige Be-
wegungsorgane in unsere Station ein, von denen allerdings
höchstens drei den Namen „Pferd" verdienten, während Nr. 4 merkwürdig an eine trächtige Kuh und Nr. 5 an eine abgemagerte
Ziege gemahnte. Für die beiden letztgenannten zoologischen Wesen
ward je ein Mandingo-Sattel besorgt. Staat konnte man mit
diesen nicht machen, sie waren mir aber schon als ethnographisches
Belegstück von vornherein sympathisch, und die beiden Leute, die
auf ihnen Platz nehmen sollten: Nege, der Chef des Zuges, und
Karimacha, der Interpretadjunkt, waren so schlechte Reiter, daß diese
großvaterstuhl-ähnlichen Gebilde schön genug genannt werden
mußten.

Von vornherein trug ich für die Durchführung einer entsprechenden Teilung der Expedition Sorge. Meine Absicht war,
Dr. Hugershoff möglichst häufig zu Detachierungen zu verwenden.
Die Arbeitsteilung dachte ich mir sowieso derart, daß ich die mir
gewohnte und, wie sich nach Ausarbeitung der Kongoroute heraus-
gestellt hatte, bislang auch mit ziemlichem Glück durchgeführte Arbeit
der Routenaufnahme beibehielt und meinem Geodäten die Fixierung
bestimmter Punkte sowie detaillierte Geländestudien übertrug.
Augenblicklich war eine Teilung um so notwendiger, als die einzelnen
Instrumente auf dem Transport doch ihre Eigenarten etwas verändert und mancherlei Schäden erlitten hatten. Somit stieß die
Längenbestimmung von Bamako auf unvorhergesehene Schwierigkeiten, und ich mußte Dr. Hugershoff einen Raum von vier Wochen
für Instrumentenbeobachtung und die Festlegung der Basis Bamakos
gewähren. Er blieb somit als Leiter der Station am Platze, und
ich engagierte noch für ihn den edlen Koch Selim und den braven
Knaben Samoku. Für meine erste Reise ward ich dann am
19./20. November 50 Träger, kaufte die notwendigen Waren und
packte die Reiseeffekten.

Die ersten Reisen in bieten Ländern auf den westlichen Ufern des oberen Niger waren notwendig. Ich unternahm sie nicht in großer Begeisterung, sondern folgte der Pflicht. Ich konnte nicht hoffen, wesentliche neue wissenschaftliche Tatsachen beibringen zu können, denn die Mandingovölker galten als recht gut bekannt. Meine Pflicht war es aber, deren Studium obzuliegen, denn diese Stämme repräsentieren für mich gewissermaßen das Material der ethnologischen Nachprüfung historischer Ueberlieferungen. Ich selbst sehnte mich nach dem Osten. Aber es half nichts. Und die ehrliche Erfüllung dieser Pflicht ist dann gut belohnt worden. — Zunächst richtete sich meine Reise nach Norden, nach Kumi, der heutigen Hauptstadt der großen, alten Provinz Belebugu, zu den Bammana.

Der Natur der Verhältnisse hätte es vielleicht entsprochen, wenn ich gleich nach dem Süden, zu den Mali-nke, aufgebrochen wäre. Wie ich nach Kumi kam, will ich sogleich auseinandersetzen. Gerade bei den Mandingoleuten bestehen noch heute jene interessanten Gruppen von altertümlichen Vorkommnissen, die man unter dem Stichwort: „Geheimbünde und Masken" zusammenfassen kann. Ihr Wesen zu studieren, war zunächst so ziemlich meine Hauptaufgabe auf dieser Seite des Niger; denn ich erwartete, hierin Aufklärungen über soziale Verhältnisse und religiöse Vorstellungen aus einem uralten, nun längst verflossenen Kulturzeitalter kennen zu lernen. Sofort nach meiner Ankunft in Bamako erhielt ich erstens die Bestätigung des Vorkommens im allgemeinen, zweitens als Namen der Bünde „Nama" und „Komma", und endlich die Angabe, daß heute als zentraler religiöser Ausgangspunkt aller dieser Einrichtungen Kangabá gelte. Als praktisch erfahrener Ethnologe sagte ich mir sogleich, daß für's erste in Kangabá, dieser Hochburg, für mich nichts von diesen Dingen zu holen sein dürfte, daß aber nicht ausgeschlossen sei, in die Geheimnisse dieser verrufenen und gefürchteten Bünde einzudringen, wenn es gelingen sollte, die Mitgliedschaft zu erwerben. In diesem Sinne hielt ich Ausschau. Infolge eines guten Nachrichtenwesens erfuhr ich, daß einer der Bünde im Süden bei Kangabá einen Mann getötet habe, und daß deshalb große Furcht herrsche, die französische Administration könne sich mit diesen Dingen befassen. Da war also sicher nichts zu machen. Hingegen erzielte ich bald bessere Botschaft aus dem Norden. In Kumi, so berichtete Nege, habe er einen Freund namens Nene, der früher als Tirailleur gedient und einen großen Einfluß im Komma habe. Kumi lag im Zentrum des echten Bammanalandes, das ich sowieso besuchen wollte, — also war die Parole: „auf nach Kumi!" —

Am Donnerstag, dem 21. November 1907, war wenig nach sieben Uhr die Kolonne bepackt und marschbereit. Ich reichte meinem kleinen Doktor noch einmal die Hand und führte die Expedition zur Stadt hinaus, zunächst im Nigertale hin, dann das Plateau hinauf bis Safo, wo wir unser erstes Lager aufschlugen. Wir waren in „Beledugu", dem „Lande der Steine", angekommen.

Wie ganz anders spielen sich diese Märsche in der Steppe ab, wenn man sie zu Pferde erledigen kann, als die Fußwanderungen im waldigen Süden! Dort unten ein ständig auf wenige Meter beschränktes Ausschauen, ein ständiges Stolpern und ewige Einengung — hier von hohem Pferde herab ein Blick weit über das Land! Ein angenehmes Getragenwerden und somit eine ausgezeichnete Oekonomie der Kräfte. Allerdings will auch die Routenaufnahme nach meinem alten System vom Pferde aus neu gelernt sein. Denn nun habe ich in der Hand 1. das Notizbuch, 2. den Bleistift, 3. die Uhr, 4. den Kompaß, 5. die Reitpeitsche, wozu häufig noch 6. ein Aneroïd mit 7. der Lupe kommt, — und doch will das Pferd beobachtet, in der Geschwindigkeit reguliert und vor allem vor dem Stolpern auf dem teilweise mit eisenhaltigen Konglomeratballen übersäten Boden bewahrt werden. Wozu vor allem also 8. die Zügel kommen. Mit einem heftigen, rassigen, temperamentvollen Pferde ist das überhaupt zunächst nicht zu machen, und somit ist man auf ein ruhiges Tier angewiesen, das dann aber wieder die Eigenschaft zu haben pflegt, stolperig zu gehen. — Also will das auch gelernt sein. Und ich habe es gelernt.

Beledugu — um so dem Lande gleich einige Worte zu widmen — führt seinen Namen nicht umsonst. Das Land ist wirklich recht steinig, ohne eigentlich einen gebirgigen Charakter zu tragen. Nur 50 bis 75 m hohe, leicht geböschte und die einzelnen, jetzt hier bis auf wenige sumpfige Stellen festgetrockneten Täler trennende Hügelreihen durchziehen den Mittelteil, den wir nach Kumi marschierten. Auf den Hügelkuppen treten die Sandsteine hervor, deren Schalen an gesenkten Flächen vielfach in große Blöcke zersprengt sind. Darunter lagert ein Konglomerat von Kieseln in schwer eisenhaltiger Mischung braunroter Farbe. In den Wadis tritt dieses Material als gut abgewaschene, anstehende Schicht zutage, an den Talböschungen zeigt es aber eine andere Gestalt. Hier kann man unterscheiden: Blockgruppen, Bomben-, Bohnen- und Staubfelder. Die ersten drei entsprechen etwa der Höhenreihenfolge. Den Hügel

Der König von Beledugu.

hinaufsteigend schreitet man nun über ein Feld mit „Eisenbohnen".
Es ist ein eigentümlicher Anblick. Die zerfallene Masse ist hier
in besonders großen Kügelchen absolut glatt ausgebreitet. Diese
Bohnenfelder sind kahl. Nur hier und da wächst ein einsamer
Grashalm. Außer der absoluten ebenen Glätte zeigen sie aber noch
zwei Eigenschaften, nämlich einmal eine große Menge kleiner,
grauer Termitenhügel, und zweitens Windbahnen. Ich bemerke,
daß ich in diesen Bohnenfeldern, besonders aber auf den Bomben-
feldern oft unzählige solcher kleiner, grauer Termitenhügel sah,
nie aber die hier 1½ m hohen roten, die ihrerseits immer in der
Anlehnung an Bäume auf fruchtbarem, grauem Boden gefunden
werden, dem seinerseits die grauen Pilze fehlen. Ich überlasse es
den Fachgelehrten, diese interessante Gegensätzlichkeit im Farbenspiel
aufzuklären. — Diese grauen Böschungsflächen nun liegen gewöhnlich der kahlen Bomben- und Bohnenseite gegenüber, sind fruchtbar,
mit hier bis zu 3,50 m hohem Grafe und vielen Bäumen umstanden
und von den Eingeborenen für den Feldbau verwendet. Ich hatte
den Eindruck, daß diese fruchtbaren Böschungen zum Teil durch Auf-
wehung des anderweitig zersetzten Materials vom Winde geschaffen
wurden.

Der Wind setzt in diesem Lande und zu dieser Zeit stets etwa
um ½10 Uhr ein und schwängert die Luft bis etwa 11 Uhr fo energisch
mit Staub, daß man nichts photographieren, ja kaum schreiben
kann, da unumterbrochen Staub in die Tinte, auf das Papier und
über die feuchte Feder fällt.

Außerordentlich und angenehm fällt der Mangel an Feld- und
Wald-Insekten auf. Während der ganzen Kumi-Reise beobachteten
Nansen und ich gemeinsam nicht mehr wie fünf Mücken. Wie
oft ist mir in den Waldländern am Abende beim Scheine der
Laterne die Suppe verdorben worden, weil Hunderte und Tausende
von Insekten über uns herfielen. Das gibt es hier nicht. Aber
ebenso selten bemerkt man Schmetterlinge, und die Heuschrecken,
die die Steppen am Rande der großen Wälder zu Millionen beleben,
fallen hier nicht auf. Ich glaube, daß hierfür verschiedene Gründe
angeführt werden können. Einmal befinden wir uns in der
Trockenzeit, die für das Insektenleben dieser Art nicht sehr günstig
ist, dann fehlen alle fließenden Gewässer und sind sogar die kleinen
Sümpfe in den Talbetten selten, und endlich herrscht in diesem
Lande die Vogelwelt fo enorm vor, daß es kein Wunder ist, wenn
die Insektenwelt, die den befiederten Buschbürgern die Nahrung
liefert, arg dezimiert wird oder sich nur in Formen erhält, die

verstedt leben. Daß wir keine für Beobachtung der Insektenwelt
geeignete Zeit hatten, geht übrigens daraus hervor, daß wir überall
im engeren und weiteren Umkreise der Dörfer unzählige Bienenkörbe in den Baumzweigen sahen, ohne auch nur eine einzige
Biene zu Gesicht zu bekommen. Dagegen umgab uns ständig eine
wimmelnde, zwitschernde, singende, hüpfende, kreischende Vogel-
schar, deren Fittiche in den wunderlichsten Farbenzusammensetzungen
schillerten. Aufgefallen ist mir, wie unter diesen, meist von den
Sorghum- und Pennisetumäckern der Eingeborenen lebenden Vögeln
die Langschwänze vorherrschen. Wir haben unter den Fliegern
Europas eigentlich nur den Fasan als langbeschwänzten Steppen-
vogel. Hier aber wachsen die wunderlichsten Schwanzverlängerungen
aus allerhand Verwandtschaftstypen hervor. Mit diesen oft unendlich zierlichen Federn schwänzeln die graziösen Tiere, auf Sorghum-
halmen oder trockenen Aesten hockend, gar kokett hin und her.

Die Vegetation bietet die Reize der Steppe — zu unserer
Zeit die der trockenen Steppe. Die Aecker sind meist nur mit
Stoppeln bedeckt, die hohen Gräser an vielen Stellen nieder-
getreten, so daß der Blick ungehindert zwischen den mehr oder
weniger krüppelhaft gewachsenen Bäumen und Büschen hingleitet.
Das wasserreiche zentraläquatoriale Westafrika ist baumreich und
trägt ständig ein dunkelgrünes Kleid. Es ist kein farbenreiches Land,
kein Land der mit den Jahreszeiten wechselnden Bilder. Die Steppe
Nordafrikas ist aber jetzt bunt, bunt wie der Herbst im Norden.
Brauner und roter Blätterschmuck prangt neben noch grünen,
auch wieder grünenden Zweigen. Viele nackte Arme reckt dieses
Savannengestrüpp zur Trockenzeit gen Himmel, und über den Boden
rascheln wie bei uns trockene Blätter — ein Geräusch, das ich
im Kongogebiet kaum je hörte. Aber es ist doch nicht unsere Pflanzenwelt, und wenn unser Auge im Vergleich mit Eichen, Linden und
anderen Bäumen des Nordens bis zur Ueberzeugung großer Aehnlichkeit gekommen ist, dann prallt uns ein splitterkahler Ast entgegen, von dessen grauschwarzer Rinde sich unvermittelt ein knall-
roter Blätterzauber oder im Morgensonnenschein goldgelb gefärbte
Blumen ohne grünes Unterlaub abheben. — Das ist doch nicht
das, was wir in der Schulstube lateinisch benennen lernten. Das
haben wir nicht gehabt.

Der Buschbestand ist oft parkartig, aber eigentlich nie recht
zu guter Baumbildung entwickelt. Es mag das am dichten,
schmarotzenden Unkraut, an mangelnder Feuchtigkeit des Bodens
und an den herbstlichen Waldbränden liegen. Denn sobald der

Mensch andere Vorbedingungen schafft, entwickeln sich andere Verhältnisse. Vor den Toren der Städte gedeihen auf den umliegenden
Feldern wundervolle Bäume, herrliche Gestalten. Hier ist das
Unterholz vernichtet, hier fehlt der Waldbrand, und hier ist durch
die regelmäßig vor die Tore der Stadt sich begebende Bevölkerung
eine Zufuhr von Düngemitteln geschaffen, die Erfolge erzielen muß.
Bemerkt mag übrigens werden, daß die Brotfruchtbäume nur in
der Nähe der Städte oder an alten Ruinen gefunden werden. Die
Eingeborenen haben mir bestätigt, daß der Baum seiner Frucht
wegen regelrecht gepflanzt und gepflegt wird.

Nicht uninteressant mag es sein, hier einmal die beiden Haupt-
typen der afrikanischen Bäume nebeneinander zu stellen, den der
äquatorialen, der Galeriewälder und den der Steppen. Der zweite
ist nicht nur auf die halbe Höhe des ersteren beschränkt — am
Stamm gemessen nur ein Viertel — sondern ist auch in seiner Kronen-
form ganz verschieden. Der Steppenbaum gleicht im Umriß einer
Linde. Eine mächtig ausgedehnte Krone verbreitet einen wohltuenden Schatten, den der Waldbaum nie bietet. Der Waldbaum
ist der richtige Lichtsucher, der zu seinem Ziele nur kommt, wenn
er, mächtig aus dem tiefeingeschnittenen Tale aufschießend, zwischen
den Brüdern mühsam ein Plätzchen für sein Krönchen errungen hat.

Solcher Art war das Land, das wir auf der Reise nach Kumi
durchwanderten, nachdem wir das Plateau, vom Nigertale aufsteigend, erreicht hatten. Stumm die Sieblungen und Menschen
und das Tagesleben. Welch wunderliche Wohnstätten hatten diese
Menschen hier sich erkoren! Eng aneinandergekleistert, nur getrennt
durch kleine Höfe und schmale Straßen, klebten in Menge kleine
kubische Lehmkästen und mannshohe Lehmmauern aneinander, —
das Ganze war umgeben von einer ordentlichen Stadtmauer und
machte den Eindruck eines Abschnittes aus einer Wabe. Ich nenne
deshalb diesen Typus von Ansiedlungen „Wabendörfer". Man wird
bei ihrem Anblick an die Termitenbauten draußen vor den Toren
der Stadt erinnert, die aus gleichem Stoffe gebildet sind; und
wie in einem Ameisenhaufen geht es hier auch zu. Wenn abends
die Leute von den Feldern heimkommen, wenn das Rindvieh in
die Höfe getrieben ist und die Ziegen, die sich draußen tagsüber
unbewacht herumtrieben, in ihre Heimstätten getrottet sind, dann
entwickelt sich eine ungemeine Lebendigkeit. In diesem an sich
gleichförmigen, für uns aber neuartigen Treiben verbrachten wir
eine Zeitspanne von drei Wochen. Ich werde einige Skizzen aus
dem Bereich unserer Erfahrungen entwerfen.

Wir sind in Safo angekommen. Der stattliche kleine Trägerzug schlängelt sich durch fast menschenleere Straßen, zwischen den
tot daliegenden Gehöften hin. Auf dem kleinen Markte sitzt ein
Djulla, ein wandernder Kaufmann, der vor sich in kleinen Häufchen
Salz, einige wenige Kolanüsse, einige Stücke Baumbutter (Schi-
butter) und einige europäische Kerzen aufgeschichtet hat und
geduldig auf einen möglichen Käufer wartet. Hie und da hockt
eine alte Frau, spinnt Fäden oder entsamt Baumwolle, kleine Kinder
laufen bei unserer Annäherung schreiend von bannen, und einige
eingeborene Dorfköter heulen wütend hinter uns her. Auf dem
engen Dorfplatze angelangt, empfangen uns dann einige alte Leute,
denen Nege würdig auseinandersetzt, daß wir ein gutes Haus zum
Schlafen brauchten, daß wir für uns Hühner und Milch, für die
Pferde Hirte, für die Arbeiter aber Kuskus (Brei) brauchten. Das
alles würde bezahlt werden, denn wir seien anständige Leute. Vor
allen Dingen aber sollten die Leute am Abend einen Tanz aufführen, und wir erwarteten von ihrer Gastfreundschaft, daß auch
irgendeine Maskenzeremonie vorgeführt werde, was ein besonderes
Geschenk unsererseits zur Folge haben würde.

Die Alten sehen sich erstaunt lächelnd an. Antwort: alles sei
gut, der Dugutigi (Dorfschulze) noch nicht da, und keinerlei Masken-
werk im Dorfe zu Hause. Ich kenne das von früher. Die Sache
wird immer gut genannt, aber nicht immer gut erledigt, der
Dorfhäuptling erscheint meistenteils ein wenig später, und Masken
„sind nie da", werden aber von den geschickt geschulten Leuten
des Ethnologen unter Mitwirkung von dessen wünschelrutenartig
wirkender Nasenfunktion entdeckt.

Also in Safo: die Milch wird gebracht, der alte Dugutigi
erscheint, das Dorf beginnt sich mit Menschen zu füllen, ein Huhn
wird gebracht, geköpft und gegessen, und als ich dann mit
Nausen studierend im Dorfe umherziehe und meinen Leuten Belehrung im ethnologischen Beobachten zuteil werden lasse, — da
entdecken wir zwei wunderhübsche Aufsatzmasken von mir unbekannter
Gestalt. Ein Hurra! Im Jubel wird den beschämten Stadtvätern
von Safo mitgeteilt, daß wir den „Tschiwarra", wie das Ding
hieß, entdeckt hätten, und daß es nun an ihnen sei, durch sach-
liche Vorführung am Abend ihren Ruf wiederherzustellen.

Wir aßen in der Dämmerung unser zweites Huhn, saßen,
behaglich eine Pfeife qualmend, vor unserem Phlonenhaus, sahen
dem Einzuge der jetzt allseits vom Felde heimkehrenden Bauern
zu und verbrachten die von uns später als „In Erwartung" benannte

Stunde. Die Stunde „In Erwartung" war sehr verschieden an
Länge, je nachdem die Franen mit dem Essen fertig waren.
Denn ehe die wirkliche Vorstellung, „das Theater", beginnen kann,
wird gegessen, muß gegessen worden sein. — Also wir saßen und
rauchten und warteten. In der Entfernung ward eine Trommel
probiert, ein Mann kam mit einer eisernen Oellampe und steckte
ihren Fuß vor uns in die Erde, — eine ungeahnte Menschenmenge
versammelte sich rechts und links, die Trommelkapelle erschien.
Frauen ließen sich auf Schemelchen, Männer auf Matten nieder,
und langsam stampfte sich die Kapelle in Takt. Dann aber entwickelte sich zum ersten Male jenes entzückende Bild des graziösen
Mädchentanzes und danach das groteske Gespringe, Radschlagen,
Ueberschlagen und Geturne der Burschen. Beide Aufführungen
wechselten ab, und Meister Nansen zog bald das ethnologische
Skizzenbuch hervor, um einige Bewegungen festzuhalten. — Eine
Pause! — Dann trottet eine fremdartige Gestalt herbei, ein
Tschiwarra, der Hyäne heißt, eine Antilopenmaske trägt, einen
Vogelmantel schwingt und bald Vogelartigkeit, bald Vierbeinigkeit
imitiert! Armer Ethnologe! Was soll das für ein wirres
Studium geben!

Ich schüttele mein Haupt, verbringe nach Verscheuchung der
Tanzmenge mit Nansen noch die „Kaffeestunde" (bei der ein
„Tiergartenmischung" getauftes Produkt aus nach Stearinlichten
und Seife schmeckendem Tee und sauer gewordenem Wein genossen
wird) und gebe mich dann dem letzten Genusse hin: der Betrachtung der Geschenkszene! — In großer Würde und mit einem
bedeutend zur Schau getragenen Amtsgesicht hat Nege eine Pferde-
decke ausgebreitet und darauf einen Haufen Salz, einige Meter
Stoff, Tabakpfeifen, Cartes (Baumwollentkerner), Zuckerhütchen
und dergleichen ausgebreitet, und jetzt, nachdem die Dorfbewohner
ihre Pflicht getan, für unser täglich Brot, unser Obdach, unser
Studium und unsere Unterhaltung gesorgt haben, jetzt werden sie
belohnt werden mit diesen Gaben. Sie wissen das auch ganz genau,
und der Herr Dugutigi schlürft, wenn auch mit dem gleich-
gültigsten Gesicht von der Welt, heran, um bei der Gabenvorbereitung
dabei zu sein, wenn die Herren auch der Sitte entsprechend über
ganz andere Dinge sprechen, anscheinend an Nege und seinem Kram
vorbeisehen, um nur wie zufällig Blicke darüber hingleiten zu lassen.
Es sind geborene Schauspieler. Nege versteht sein Handwerk aber
nicht minder brav. Wie er jetzt majestätisch anhebt, von innerer
Zufriedenheit zu sprechen, unsere Größe und Güte zu loben! Ich

habe manchmal Karimacha hinter mich treten und mir einen Sermon
übersetzen lassen: „Denn der Herr ist nicht Franzose, sondern
Deutscher, aber er ist gut und verlangt nichts Schlechtes. Er ist
von Deutschland hierhergekommen, um euch und euere Tänze zu
sehen. Er hat nun euer Huhu gegessen und schläft in euerem Haus.
Das ist eine Ehre für euch. Er schenkt euch auch etwas. Hier sind
kleine Tabakspfeifen, aus denen man Tabak raucht. Hier ist der
Tabak, nicht euer schlechter Landtabak, sondern Tabak, der in
Deutschland gebaut ist (NB.: es war in Wahrheit Virginia und
nicht Pfälzer! Ich sage das, damit ich nicht in schlechten Geruch
komme!) Wenn ihr diesen Tabak aus den kleinen Pfeifen raucht,
so wird euch wundervoll werden (Na na!). Hier ist weißer Stoff.
Es ist ein Pferd darauf gezeichnet, alle Welt weiß, daß das der
beste Baumwollstoff für die Neger ist. (Verfluchte Schwindelei! Der
Stoff war natürlich viel schlechter als die Stücke, die die Leute
selbst weben!) Dieser blaue Stoff kostet selbst in Europa so viel,
als ein Mensch in einem Monat ißt! — — —" Und so geht das
weiter. Die Mummelgreise nicken, als glaubten sie alles. Als die
Gabe fertig gepriesen ist, nehmen sie alles zusammen, murmeln
einige Male „Hennisegge! Hennisegge! Barka, ko Barta, a Hennessu,
Hennessu, Barka a Buka usw.", lauter schöne Grüße und Dankes-
worte, und stopfen alles eilig zusammen, um den Raub heim-
zuschleppen und zu teilen. Vielleicht bringt der eine oder der
andere noch einen schüchternen Wunsch nach Absinth heraus; denn
der wird in der Nähe der Faktoreien nachts stets gern getrunken.
Ich werde nachher manche Absinthszene zu schildern haben, über-
gehe auch die Beschreibung der weiterhin folgenden ähnlich vor sich
gehenden Beschenkung der Kapelle und widme nur noch ein paar
Worte unserer „Nachtruhe" —, wobei ich die „Ruhe" absichtlich
in Strichelchen setze, denn sie ist zuweilen fragwürdig ruhig. —
Ich war zunächst erstaunt, daß Nege sich immer für unser Nachtlager einen der Durchgangsbauten geben ließ, durch die allein die
Türen in die Gehöfte führen. Es ist in diesen Pylonen schön kühl
und luftig, und deshalb gab ich mich anfangs zufrieden. Aber
nachts entwickelte sich gar häufig eine merkwürdige Störung
unterer Ruhe: bald liefen einige Hunde den ihnen gewohnten Weg
durch unser „Schlafzimmer", bald hüpften einige verliebte Ziegen-
pärchen mit entsprechendem Mangel an Grazie und Schmiegsam-
keit und desto energischerem Wohlgeruche herein, und in Sirakorro
ward ich durch das Horn einer noch mehr erschrockenen Kuh unangenehm erweckt, die meine Bettstelle in ihrem Wege fand und auf

mein erstauntes Auffahren hin es vorzog, zur Seite zu springen, unseren Reisetisch umzuwerfen und dann wie von Furien gejagt auf der anderen Seite davonzurasen. Ich will es nicht weiter aus- führen, wie die edlen Dorfbewohner beiderlei Geschlechts — zur Ehre der Damen Belebugus sei berichtet, daß die Männer weit in der Mehrzahl waren — sich abends unseren Phlonentüren gegen- über versammelten und mit unverhohlenem Interesse unserer regel- mäßig vor dem Schlafengehen absolvierten Badeszene zusahen, — wie nachts bald die Hunde über den Tod eines Genossen jammerten und uns damit recht ärgerten, — wie einmal eine „lionne ou le loup — c'est la même chose —" nach Rege (in Wahrheit eine Hyäne) unsere Stadt umklagte, — wie wir nachts froren, — wie Meister Nausen mir jeden Morgen um 5¼ Uhr stöhnend ver- sicherte, seine Mutter würde glücklich sein, wenn sie wüßte, daß er jetzt endlich einmal früh aufstehen müßte, — wie wir dann wieder das nach Seife und Stearinlichten schmeckende Huhn hinunterwürgten, auf den Boy schimpften, der Nausen den letzten Zucker für den Kakao gestohlen hatte, und ähnliche Sachen mehr, die alle für die Forschungsgeschichte weit gleichgültiger waren, als die Tatsache, daß unsere Skizzen- und Notizbücher sich schneller als erwartet füllten.

Es waren herrliche und erfrischende Tage, und mir bereitete es große Freude, einen jüngeren Genossen in die Geheimnisse und Reize des Buschlebens einzuführen und in der Unterhaltung, die wir bei der Mahlzeit, „In Erwartung" oder in der Kaffeestunde pflogen, die einzelnen Erlebnisse durch Verschiebung der Gesichts- punkte in eine entsprechende Perspektive zu bringen. Leider hielt der anfangs noch recht gute Gesundheitszustand meines Assistenten nicht vor. Schon einen Tag vor dem Eintreffen in Kumi packten ihn Augenschmerzen; Schweißlosigkeit und schwere Mattigkeit, ver- bunden mit leichtem Fieber, Kopfschmerzen und schwachem Puls, kamen als charakteristische Zeichen dazu, und so sah ich mich genötigt, am vierten Tage eine energische Chininkur mit Kalomel und jeden Tag Aspirin zu verordnen, worauf eine Krisis eintrat, und die gewünschte Heilung erfolgte. Es war ein schönes Zeichen, daß Nansen trotz seines schlechten Zustandes doch kräftig arbeitete, was ihm entschieden mit zur Besserung verhalf. Ich bedauerte übrigens sehr, daß ich damals kein schweißtreibendes Mittel bei mir hatte.

Unsere Lager waren Safo, Dioma, Uossombugu, Uolodo, Sira- korro, Kumi. Man sieht, ich machte zunächst kleine Märsche. Das Leben der Tage spielte sich in großer Gleichmäßigkeit ab. Es war eben eine rechte Studienreise, und der größte Teil des Tages ward dazu verwendet, in Gehöften und Hütten herumzukriechen, wobei jeder noch unbekannte Gegenstand Veranlassung zu langen Verhandlungen über Herstellung, Namen, Herkunft und eventuelle Verkäuflichkeit gab. Leider war es um die letzte Sache, die Erwerbung einer Sammlung, sehr, sehr schlecht bestellt. Die Bammana von Beledugu sind echte Hackbauern mit großen Schätzen an Korn und Aeckern; sie haben viel Vieh, das sie von Fulbehirten hüten lassen, aber sie besitzen sonst keine materiellen Reichtümer. Sie sind im Tagesleben höchst prosaische Menschen, die keinen rechten Sinn haben für besonderen Schmuck oder irgendwelche Verzierung des Gerätes. Nur hier und da ist ein hübsches Türschloß angebracht, und die ethnologisch wertvollen bedruckten Frauenstoffe entdeckte ich erst nahe Kumi, ohne aber zunächst ihren Einkauf erreichen zu können. Denn so trocken und einfach, banal und wertlos an sich dieser Hausrat auch war, die Leute wollten nichts, gar nichts verkaufen. Mit dem Trotze des Bauern lehnten sie dann auch den Verkauf eines Gegenstandes ab, wenn ich das Fünffache des einheimischen Wertes andot. Zunächst glaubte ich die falschen Waren bei mir zu haben. Das war aber nicht der Fall. Wirklich, die Geduld, Ausdauer und Geschicklichkeit des sammlungsheischenden Ethnologen ward auf eine harte Probe gestellt. Dann wurde die Sache noch dadurch erschwert, daß meine Leute hinsichtlich der Sammlungsverwertung sehr schlecht funktionierten. Sie hatten nicht nur kein Interesse für die Sache, sondern sie sahen mit großer Verachtung auf dieses „jämmerliche" Bauerngerät, betrachteten es als eine Schädigung meiner Besitzverhältnisse, wenn ich solchen Kram teuer kaufte, und schämten sich, überhaupt einen solchen Handel zu vermitteln. Es ist direkt bemerkenswert, wie schwer mir diese Angelegenheit gemacht wurde, aber es ist bezeichnend und lehrreich, zu beobachten, mit welcher Verachtung die in städtischen Interessen groß gewordenen Leute auf diesen kommerziellen Nonsens, den ich da durchführen wollte, herabblickten. Wunderlicherweise brachten sie der noch schwierigeren und heiklen Sache des Maskenankaufes ein weit größeres Interesse entgegen, und es war sehr auffällig, wie emsig und sogar opferfreudig Nege dieser Sache oblag. Ja opferfreudig, denn er opferte die Hälfte seiner Nachtruhe. Wenn spät abends, während der „Kaffeestunde", die Trommler belohnt wurden, erkundigte er sich gleich eingehend nach der „Adresse" der Maskentänzer. Da er das mit der Absicht, ein Geschenk hinbringen zu wollen, begründete, ward sie nicht ver-

Tafel 6.

Der Theaterplatz vor den Toren von Kumi; rechts vorn die Gallerie für die

(L. Frobenius phot.)

schwiegen. Er ging hin, holte die Leute und begann dann vor
unserer Haustür die Verhandlung. Bis gegen Morgen hörte ich
gewöhnlich das Hin= und Herreden und die bekannten Redensarten
des Schacherhandels. Das Interesse für diese Sache kann ich un=
schwer erklären. Meine Leute hatten, wenn sie sich auch noch so
stolz Marabut und Mohammedaner nannten, einen heillosen Respekt
vor diesem halb mythischen Maskenwesen. Diese Gestalten waren
ja teilweise in die Gewänder der Toten gehüllt. — Huuuuh! das
ist schauerlich, prickelnd. Es überzeugt, daß da eine große Zauber=
kraft dahinterstecken muß, und der Marabut mag noch so ver=
ächtlich auf den Zauber des Heidenvolkes blicken, je grausiger er
auftritt, desto sicherer wird er ihn zu erwerben suchen. Ich werde
nachher schildern können, wie weit diese Gedankenfolge Nege tried,
als einmal eine ganz große Sache in Betracht kam. —

Man wird die große Sorgfalt, mit der ich sogar das Empfinden
und Funktionieren meiner eigenen Leute studierte, um mein Vor=
gehen dementsprechend einzurichten, um so mehr verstehen, wenn
man bedenkt, wie wichtig diese erste Zeit für das innere Wesen
der Kolonne und für ihr und mein äußeres Ansehen war. Sicher
ist, daß meine Leute mich ebenso genau beobachteten wie ich sie,
und es ist eine bekannte Sache, daß Schüler und Untergebene jeder
Art die Schwächen ihrer Lehrer und Vorgesetzten viel schneller
erfassen als umgekehrt. Das ist nun einmal die Betätigung der
Massenpsyche. Ferner waren wir Deutsche in einer französischen
Kolonie, und wenn man glaubt, die Neger wären sich nicht der
Delikatesse dieser Angelegenheit bewußt, dann irrt man sich sehr.
Man beobachtete uns aus den Augen der Schwarzen sorgfältiger
als vom Palaste des Gouverneurs aus. Weiterhin: Eine richtige
Expedition soll von einem Geist mit einem bestimmten Charakter
belebt sein. Ein Geist, dessen charakteristische Ausdrucksformen
Disziplin, Zuversichtlichkeit, Arbeitsfreudigkeit, geistiges Interesse
und auch Sinn für Humor waren, sollte hier wieder ins Leben gerufen
und dann festgehalten werden. Das war mir seinerzeit im Kongo=
staate geglückt, und als ich die Kolonne 1906 beim Abschied auf=
löste, da kam es mir fast wie ein Jammer vor, daß nicht ein
Nachfolger da war, der das Geschaffene weiterführte. Wenn ich
beim ersten Ausrücken aus Bamako meine zusammengewürfelte
Kolonne übersah, dann kam sie mir vor wie ein zufällig zusammen=
geblasenes „Etwas", aber nicht wie meine wissenschaftliche Ex=
pedition. Zu meiner großen Freude gelang es mir aber hier viel
schneller als seinerzeit im Süden, meine Absicht zu verwirklichen.

Als ich nach dreieinhalb Wochen nach Bamako zurückkehrte, da war jenes notwendige Zusammengehörigkeitsgefühl und der Sinn für meine Bestrebungen endgültig ins Leben gerufen. Charakteristisch hierfür ist, daß von den 50 Leuten der Reise sich 45 für ständige Arbeit meldeten, daß die 25, die ich auswählte, sich ohne weiteres unter die Zucht und Ordnung der neu ernannten Zugführer fügten, und daß auch bei der Rückkehr in die Station und bei dem Aufenthalte in der Hauptstadt Bamako der Ton nicht litt. Dazu brachte ich von der Reise ein anständiges Ansehen und einen guten Ruf mit heim und hatte noch meine Sammlung erzielt. — Auf welche Weise? — Wer die Kunst beherrscht, den Neger zum Lachen über seinen Trotz zu bringen, der hat gewonnen. —

Angelangt in Kumi, der Hauptstadt Beledugus und in der Residenzstadt des französischerseits anerkannten Königs, sollte nun eigentlich der Ton meines Berichtes ein anderer werden, und es wäre recht verlockend, alles Weitere in den Versformen der Jobsiade zu schreiben, was aber für einen wissenschaftlichen Forschungsreisenden nicht wohlanständig und darum nicht angängig ist. Aber wenn vor meinem geistigen Auge die Gestalt des edlen Herrschers und Völkerleiters Djossé Traoré und des Zuges der ihm ständig folgenden Mummelgreise erscheint, dann wird mir stets die wichtige Miene des gelehrten Schilderers schwierig werden. — Wir ziehen in das Dorf ein: da sitzt der lange, magere Mann in würdiger Haltung — die ist ihm zunächst nicht abzustreiten — umgeben von der fast noch würdigeren Greisenschar, und wiederholt oftmals die bekannten Begrüßungsformeln, wozu der Chor der Alten Beifall und Wiederholung murmelt. Dann aber spricht er gleich vom „Apperitif". — Halb so hastig, Alter! Erst einen guten Lagerplatz, denn wir wollen hier einige Zeit bleiben. Wir werden gut installiert. Vor den Toren, dicht neben uns, sind die vier „edlen Rosse" angebunden, zwischen unseren Hütten werden auf energisch vorgetragenen Wunsch einige Schattendächer aufgeschlagen. Nansen erhält eine Hütte, Nege mit den Burschen eine zweite, und ich beschließe, zunächst unter einem Schattendach im Freien zu kampieren. Kaum ist das alles angeordnet, da erscheint auch der Dugutigi mit Hammel, Hirte, Hühnereiern und — Sitzmatten und dem Chor der Unvermeidlichen. Sie nehmen Platz. Nege holt die Absinthflasche. Er will zum starken Schnaps das Wasser gießen, — der Herrscher winkt energisch ab. Er ist ein starker Mann. Seine alten Kumpane sind starke Leute. Wozu das viele Wasser? Man trinkt seinen Absinth. Man hält herrliche Reden, richtige Schnapsreden,

denn Herr Djossé liebt das Reden außerordentlich und weiß auch,
zumal beim soundsovielten Glase, durch Kunstpausen, hackende
Betonung, Absätze, Abwechslung von Stärke und Schwäche der
Stimme bedeutende rhetorische Effekte zu erzielen, so daß die
weisen Stadtväter, halb beseligt durch den Genuß des süßduftenden
Giftes, halb begeistert im Stolze über den redegewandten Führer,
die bezipfelmützten Häupter vor- und rückwärts beugen und einstimmig vielmals Barta (danke) brüllen. Es versteht sich von selbst,
daß alles, was Nege in meinem Namen an Wünschen geäußert
hat, versprochen wird, — und natürlich auch, daß keiner von beiden
Teilen daran denkt, daß ein Versprechen ohne weiteres erfüllt wird.
Ich weiß es genau und bin darauf vorbereitet, daß ein geistiges
Wettringen stattfinden muß, wenn es gelingen soll, meine Pläne
in Kumi zu verwirklichen. Ich kenne aber auch afrikanische „feine
Sitte". Ich weiß, daß ich diese Ueberzeugung jetzt nicht aussprechen
darf, denn es versteht sich von selbst, daß es so ist. Wir trennen
uns. Der betrunkene Häuptling wird von den betrunkenen Weisen
von dannen geführt.

Weit mehr Wert schrieb ich einem ganz im geheimen vor sich
gehenden, sehr ruhig verlaufenden Besuche Nenes, eines sehr
wichtigen Mitgliedes des Kommabundes, zu. Es handelte sich bei
der nun anhebenden Verhandlung um die Frage, ob sich die Aufnahme in den Komma würde durchtrotzen lassen. Die Sache war
sehr unsicher, ein entschieden neuer Fall, ein schwieriges Problem.
Denn es mußten außer Nene mitstimmen die Alten, der Dorf-
herr und der eigentliche „Maskenbesitzer". Boten und Verhandlungen flogen hin und her, herüber und hinüber. Es lagerte sich
während dieser Tage wie ein schwerer Druck auf das allgemeine
Stadtleben. Alles sah mich ein wenig schen an, — Nege selbst
verriet große Unruhe, und seine gedämpfte Stimme tibrierte bei
den Verhandlungen oft vor Aufregung; die Frauen durften eigentlich überhaupt weder etwas wissen vom Komma, noch darüber
sprechen, aber ich beobachtete von meiner Arbeitsstätte aus, wie
sie zischelten und nach mir hinsahen, und ich hörte oftmals in
den Straßen das Wort „Komma". — Nun, ich habe es durchgesetzt und bin heute Mitglied dieser „geheimnisvollen Genossenschaft". Es kostete mich eine schwere Buße, aber mein und meiner
Assistenten Namen wurden beim Schlachten der Opfertiere, einer
Ziege und eines roten Huhnes, gemurmelt, und so war denn das
große Ereignis geschehen. Nun konnte ich jeden Augenblick verlangen, den Komma selbst zu schauen, und es versteht sich von

selbst, daß ich die Vorführung für den Tag nach unserer Aufnahme ansetzte.

An dem Abend dieses Tages leerten sich die Straßen und
Höfe Kumis merkwürdig früh, — ein wunderliches Schweigen
hüllte alles ein, und nur das Kläffen und Heulen der Hofhunde
unterbrach die allgemeine Ruhe. „In Erwartung" saßen wir heute
sehr lange. Wir waren von unserem, gewöhnlich abends ein-
genommenen Platz am äußersten Ende unseres Lagerhofes sehr früh
durch Nene verjagt worden. Es lag da nämlich ein mit Matten
verschlossenes Haus, das uns Nege gleich am ersten Tage gezeigt
hatte, mit der Bitte, nicht hineinzugehen, denn es hingen die großen
Baschi (Zaubermittel) der Stadt darin. Ein verstohlener Blick, den
mein forschendes Ethnologenhaupt einmal wagte, als wir un-
beobachtet waren, zeigte mir, daß das Haus neugestrichene, helle
Wände, rings herum einige alberne Kleinigkeiten (Fellbeutel,
Knochen, Hörner usw.), an einer Seite aber ein mächtiges, mehrere
Meter langes, von der Decke herabhängendes Mattenpaket aufwies.
Heute nun wurden wir von dem Platze vor der Hütte weggejagt,
und dann sah ich, daß das Paket heraus- und über die Mauer
weggereicht wurde. Wir hatten also, wie ich richtig schloß, vor
der Haustür des Komma gelebt.

Es dauerte von 7 bis 10 Uhr, bevor sich weiteres ereignete.
Um 10 Uhr kamen aber die alten Leute und führten uns durch
die Stadt. Leuchter, Tisch, Stühle wurden hinter uns hergetragen.
Auf dem Platze vor dem Hause des „Königs" ließ man uns eine
Weile warten, dann wurden wir aber unter Schweigen weiter-
transportiert aus dem unserem Hofe entgegengesetzten Ende der
Stadt hinaus unter einige alte Bäume. Da standen schon die
Trommeln, da saßen rund herum viele Mitglieder des Komma und
darunter — ich war nicht wenig erstaunt — der größte Teil meiner
Leute, mit Nege an der Spitze. Wie oft hatte ich nach dem
Wesen und der Eigenart des Bundes geforscht, — immer hatte man
mir gesagt, man könne nichts wissen, und nun zeigte sich die
Tatsache. Nege sagte mir sogleich, er hätte mir nichts sagen
dürfen, weil ich nicht Mitglied gewesen sei. Jetzt sei es etwas
anderes. Nun, — ich begrüßte sie lachend als meine „Bundes-
brüder" und wartete.

Die Feierlichkeit ließ allmählich nach. Man plauderte ganz
gemütlich, bis plötzlich ein meckerndes Kreischen aus dem nächtlichen Schatten der entfernteren Bäume in unseren Lichtkreis drang,
worauf die Trommler ihren Rhythmus anschlugen und die Männer

in die Hände zu klatschen begannen. Dann schob sich aus den
unklaren Umrissen der Bäume die mächtige, gegen 4 m hohe
Gestalt des Komma hervor. Ein Mann mit einer Eisenglocke ging
läutend wie ein Bärenführer vor ihm her. Die Gestalt tanzte
schwerfällig auf dem Platze. Der Mann mit der Glocke hielt eine
singende Ansprache. Aus dem Innern des hohlen Federkleides
klang die meckernde Antwort. Dann beugte sich die Maske vor.
Sie schritt mit groteskem Tanzschritt beinahe vierbeinig einher.

Zunächst hatte die Sache wirklich etwas Feierliches. Aber bald
legte sich der Ernst, den der Neger nur schwer festhalten kann, und
gemütliches Schmunzeln, leise, lustige Bemerkungen führten in einer
Pause, in der die Maske sich seitwärts unter den Bäumen niederlegte, zu gemütlichem Zwiegespräch. Kurz und gut, es ward ein
Maskentanz, der sich von anderen dieser Art nur dadurch unterschied, daß Kinder und alles Weibliche im Umkreis fehlten. So
endete er auch, und wir gingen, da wir etwas von Suggestion,
Hypnose, gransiger Feierlichkeit und allgemeiner Mystik erwartet
hatten, etwas enttäuscht nach Hause. Immerhin war ich froh, meinen
Zweck und den Zutritt zu diesen Dingen erreicht zu haben. Da
ich übrigens Nene vergebens im Umkreis gesucht hatte, schloß ich
richtig, daß er der Maskentänzer gewesen sei, und deshalb ließ
ich ihn am anderen Tage zu mir kommen, um ihn über weitere
Gebräuche, Einrichtung und Zauberkram des Kommas aus-
zufragen. So gelang es denn, in weitere Einzelheiten ein-
zubringen, die in dem ethnographischen Bericht niedergelegt sind.

Der Komma ließ es aber nicht ungestraft vorübergehen, daß
ich der Aufklärung seines Wesens so energisch nachging. Die Nächte
auf dem Plateau von Beledugu waren recht kalt, und des Morgens
um 4 Uhr hatten wir nicht mehr als 13° — was noch angenehm
war gegenüber der Temperatur, die ich auf der Wasserscheide in
Sunjikenji erlebte, nämlich 8,75° — so daß ich in meinem Bett
im Freien recht fror. Als ich nun Mitglied des Komma war und
sah, daß die Maske nicht wieder in die schöne, unbewohnte Hütte
hinter unserem Abendplätzchen Einzug hielt, beschlich mich die
Sehnsucht nach einem behaglichen Schlafgemach gar mächtig, und
ich fragte Nene schüchtern, ob ich wohl im Kommazimmer schlafen
dürfte. Nene meinte zunächst, es wären „die Baschi (Zaubermittel)
und die Dedi" (?) darin. Wenn Baschi die Zaubermittel und dies
das Haus des Komma war, dann mußte Dedi auch etwas ganz
besonders Schönes sein. Um Nene nicht stutzig zu machen, fragte
ich nicht nach der Bedeutung des Wortes, sondern gab nun erst

recht meinem Wunsch Nachdruck. Und leider, leider wurde er
erfüllt. Die erbärmlichsten Nächte verbrachte ich in dem Loch. Ich
konnte nicht schlafen, weil mich irgend etwas biß. Ich blieb darin,
um Gelegenheit zu haben, nach den Debi zu suchen, bis mir Nege
am vierten Tage ein kleines Tier vom Anzug nahm und sagte:
„Ah! Debi!" Das Tier war eine Wanze. — Na, mein ganzes
Bett war voller Debis. Eine Woche kämpfte ich mit Sonne und
Medikamenten gegen das Ungeziefer, ehe ich dieser Rache des Komma
zu entfliehen vermochte. So wurde mein Eifer bestraft. Ich aber
zog schleunigst wieder mit meinem Bett unter mein Schattendach.
Nege eröffnete mir aber nunmehr, daß er uns eben, weil alle
Wohnhäuser Beledugus von „Baschis und Debis" belebt seien,
immer die Hallenbauten am Toreingang besorgt hätte, wenn die
Gemütlichkeit des Aufenthaltes in ihnen auch zuweilen von Ochsen
und Hunden gestört werde.

Es gab noch andere Unterbrechungen unterer forschenden und
schildernden Tätigkeit in Kumi. Durch Boten ließ ich zweimal aus
Bamako Waren holen. Darunter beorderte ich auch einige Dosen
Sardinen als Beigabe zum üblichen Brei. Als sie angekommen
waren, verschwanden sie sehr schnell, und es erwies sich, daß Schamba
Talu, der letzte, aus St. Louis stammende Fulbeknabe, die Sardinen
aufge„fressen" (er sagte selbst „bouffé") hatte. Er entschuldigte sich
damit, daß die Oelfische doch nicht für mich, sondern für Nege
und die Boys bestimmt gewesen wären. Da das nach afrikanischen
Begriffen ein geradezu gemeines Vergehen gegen die Kameradschaft-
lichkeit war, so verprügelte ich den Jungen ganz gehörig und kümmerte
mich nicht um sein Geschrei, demzufolge er es dem Tribunal an-
zeigen wollte. Mochte er! — Vor allen Dingen sollten meine
Leute sehen, daß ich für einen anständigen afrikanischen Korps-
geist eintrat.

Des Breies wegen, dem die Sardinen zur Geschmacksverbesserung
dienen sollten, hatte ich anderen Aerger. Eines schönen Abends
kamen an Stelle von 20 Kalebassen mit Kuskus nur vier Häuflein
an. Damit konnte ich meine 50 Leute natürlich nicht nähren, und
da auch keine Breinahrung zu kaufen war, mußte ich Abhilfe
schaffen. Ich beschloß eine Staatsaktion. Am anderen Morgen
wurden alle Träger zusammengerufen und die Boys samt
„Stab" versammelt. Nansen nahm meine Aktenmappe unter den
Arm, ein Boy die „sella curulis", meinen Thronsessel, je ein Boy
eine Flasche Absinth. So zogen wir in langem Zuge nach der
„Hofburg" und drangen energisch bis zum Herrscherhause vor. Der

Dugutigi hatte eben seine Edlen versammelt und aß im Nacht-
gewande Erdnüsse. Mit finsterer Miene nahm ich Platz. Auf die
eine Seite ward die Aktenmappe gelegt, auf die andere die Schnapsflaschen gestellt. Nege stellte sich als Dolmetscher auf und über-
setzte — allerdings ohne zu wagen, den Herrscher anzusehen —
mit abgewandtem, in zornige Falten gehülltem Gesichte meine
Philippika. Inhalt: 1. Der Herr Dugutigi habe von mir vielen
Schnaps, Stoff und Salz erbettelt. 2. Meine Leute hätten Hunger
und bekämen im Dorfe nichts Rechtes zu essen. 3. Er wisse genau,
daß ich das Essen bezahlen würde, denn so hätte ich in allen
Dörfern verfahren. 4. Ich wäre ein Freund der französischen
Regierung und hätte einen warmen Empfehlungsbrief in der Tasche,
ich brauche mich nur um Vermittlung an den Administrateur in
Bamako zu wenden, in welchem Falle es mit Absinth und Freund-
schaft zu Ende sein würde. Also 5. Entweder Essen für meine
Leute und Absinth oder Brief an den Administrateur und keinen
Schnaps mehr. — Der Blick des Herrschers, der unter dem Druck
dieter Rede an Gestalt und Miene immer kleiner und kümmer-
licher wurde, ruhte träumerisch auf den Schnapsflaschen. Er
wollte eine seiner schönen Reden halten, doch ich erhob mich, die
Boys nahmen alle Sachen und ich rauschte stolz aus dem Haute.
Ein wehmütiger Blick des Königs folgte mir, und am gleichen Vormittag erhielten die Leute — 90 Schalen mit Brei. Nun erfuhr ich
auch den Grund dieter eigentümlichen Zurückhaltung in der
Nahrungslieferung. Alle diese Nahrungsmittel werden nicht im
Haushalte des Dorfschulzen allein hergestellt, sondern von allen
Familien zusammengebracht. Bis vorgestern hatten sich alle entsprechend daran beteiligt, aber dann hatte der Dugutigi sich von
mir eine Flasche Schnaps schenken lassen und diese allein geleert,
ohne seinen Edlen davon abzugeben. Das hatte diete verbittert,
und so hatten sie beschlossen, dem Herrscher, der ihnen nicht von
meinem Schnaps zukommen lasse, auch keine Unterstützung durch
die Arbeit ihrer Hofleute zuteil werden zu lassen.

Allgemach mußte ich nun auch an den Heimweg denken. Aller-
hand Nachrichten, die ich von wandernden Kaufleuten und alten
Bammanen einziehen konnte, ließen es mir ratsam erscheinen, über
Banamba, eine nach Südost verschobene Enklave von Soninke im
Bammanagebiet, und dann am Niger entlang zurückzukehren. Ich
bestellte deshalb in Bamako entsprechende Waren. Leider aber war
Dr. Hugershoff inzwischen daheim erkrankt und vergaß im Fieber
die Absendung, so daß ich nichts erhielt. Also blieb mir nur der

Südweg. Ich beschloß aber eine Aenderung und machte zunächst
einen Bogen nach Westen über Dikoma und später von Tinezala
wieder einen solchen über Kati. Ich wollte es vermeiden, in denselben Orten wie beim Ausmarsche zu rasten, wollte Städte, die
abseits der großen Handelsstraße lagen, kennen lernen, wollte nach
Möglichkeit die Wasserscheide zum Senegal hin zu erreichen suchen
und an dem Marsche von Kati nach Bamako an der Bahn entlang
die Geschwindigkeit meiner Kolonnenbewegung feststellen. Auf solche
Weise erweiterte ich meine Kenntnisse nicht unwesentlich, sah, daß
die Städtchen im Inland ziemlich kümmerlich und im Rückgang
begriffen sind, daß Täler und Hügelketten nach der Wasserscheide
zu kräftiger ausgebildet sind und daß ich eine Marschgeschwindig-
keit zwischen 10¼ und 10¾ Minuten für einen Kilometer erreichte.

Vor allen Dingen aber gelang es mir in Tinezala, auch in
die Geheimnisse des zweiten großen Geheimbundes, des schwer-
gefürchteten Nama, näher einzudringen, und das kam so: Jede
Stadt dieses Landes beherbergt in ihren Mauern einen der beiden
Bünde. Dicht vor den Toren liegt gewöhnlich ein kleines Gehöft,
das kein Uneingeweihter betreten darf. Darinnen lebt der Geist
des Bundes. Die Gebräuche des Nama unterscheiden sich nun von
denen des Komma dadurch, daß eine kleine Hütte vor jenem Gehöft
errichtet ist, deren Spitze ein Stoffstück umgibt. Solche Hütte hatte
ich vor den Toren Tinezalas wahrgenommen. Und als wir nun
das Lager aufgeschlagen hatten, schlich ich mit Nansen, der sich
mit Begeisterung an dem Abenteuer beteiligte, auf einem gehörigen
Umwege dorthin. Wir untersuchten Hütte und Gebüsch und entdeckten, wohlverwahrt in einem Bienenkorbe, den ganzen geheimnisvollen Zauberkram des Nama mit Masken und allem Zubehör.
Wir jubelten, und Nansen zeichnete schleunigst alles ab. Dann
packten wir die Sachen wieder ein. Wir kamen zurück und erzählten
Nege die Angelegenheit. Der aber ließ trotz geschickt vorgetäuschten
Gelächters sogleich unverkennbare Zeichen von Angst merken. Er
schwieg eine Weile und erklärte dann sehr energisch, nun wir die
Gegenstände gesehen, angefaßt und gezeichnet hätten, müßten wir
sie auch unbedingt mitnehmen; denn sonst hätte der Nama Macht
über uns und alle Leute der Expedition, und die Sache könne
dann schon einige Menschenleben kosten, — denn wenn er sich ja
natürlich als Islamit gar nicht davor fürchtete, so seien doch die
Baschi des Nama sehr stark usw. Natürlich widersetzte ich mich dem
zunächst, bis ich merkte, daß es Nege heiliger Ernst sei, und bis er
mir versprach, er wolle, wenn wir die Sachen erst hätten, sicher

(L. Frobenius phot.)

Bamako; charakteristisches Straßenbild mit Moscheeturm im Hintergrund.

unter der Hand mit einigen alten Leuten wegen des Preises ver=
handeln. — Ganz recht war es mir nicht, und als wir nun wie
die Buschräuber zu dreien zum Diebstahl aufbrachen und ihn auch
glücklich ausführten, legte ich ein gutes Stück Geld in den Korb.
Nege hat nachher mit den Alten wirklich verhandelt, sie zufrieden=
gestellt, und danach erhielt ich für diese wertvollen ethnologischen
Belegstücke glänzende Erklärungen.

Die Leute von Tinezala ließen nichts hören und merken. Sie
mögen mit dem reichlich vergüteten Verluste einverstanden gewesen
sein. In unserem nächsten Nachtlager studierten Nansen und ich
nochmals den Nama, und dann zogen wir heim und kamen am
10. Dezember glücklich wieder in Bamako an, wo wir unseren nur
allzu gelb dreinschauenden Hugershoff begrüßten und hörten, daß
in Bamako der Komma und in Kangabá der Nama von der fran=
zösischen Administration gefangen gesetzt seien, weil ihnen ein
Menschenleben zum Opfer gefallen war.

Wir hatten unsere Studien genau vor Toresschluß ausgeführt.

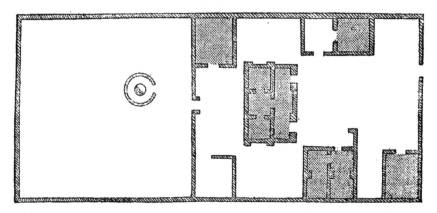

Grundriß der Station Sans=Souci in Bamako. Aufgenommen von Dr.=Ing. Hugershoff.

Viertes Kapitel.

Das Leben in Sans=Souci.

Die erste Reise im Sinne der Forschungsexpedition war ab= geschlossen. In erfreulicher Weise waren Notizbücher und Skizzen= hefte gefüllt; manches war noch im Unreinen, vieles schon aus= geführt, das Ganze machte aber jenen Eindruck der Verworren= heit, den auf der Route eingeheimstes Material immer hervorruft. Gar mancher Reisende ist mit derartigen, zusammengerafften Auf= zeichnungen heimgekehrt, hat daheim die Arbeit des Ordnens vor= genommen und dann mit Schrecken gesehen, wie „fast zufällig auf= gerafft" solche Ergebnisse ausschauen. Daher hört man so oft den Ausruf: „Wenn man nach Europa heimgekehrt ist, muß man ordnen und dann noch einmal in das gleiche Gebiet zurückkehren, um das Fehlende zu ergänzen." Mehr oder weniger wird es jedem so gehen, und je sorgfältiger später durchgearbeitet wird, desto mehr Lücken werden gefunden werden. Immerhin sollte ein Zurückkehren zum notwendigen Ergänzen nicht in Frage kommen. Es muß ein ge= schlossenes Werk sein, das heimkommt, — schon wenn es heim= kommt, und ein „Zusammenstoppeln", wie es leider allzu häufig stattfindet, sollte nicht in Betracht gezogen werden. Das kann aber der, der so dicke und wohlausgefüllte Aufgabenbücher mit hinaus= nimmt wie wir, nur dann erreichen, wenn er von Zeit zu Zeit

sichtet und in Ordnung bringt. Bitte langweilen Sie sich nicht,
verehrter Leser oder Kollege, wenn Sie einen Hinweis auf diese
Tätigkeit in meinen Reisewerken öfter finden.

Also Ordnen und Sichten der Aufzeichnungen und Skizzen.
Danach begann das Ergänzen. Mehrmals am Tage wurden
Bammana unter meinem Dache versammelt und ausgefragt. So
manche Ergänzung zu meinen Erfahrungen über die Tänze der
Bewohner Beledugus wurde mir da zuteil, und somit war ich nach
dieser Richtung für das entsprechende Weiterstudium im östlichen
Bammanagebiet sehr gut vorbereitet. Größere Schwierigkeiten aber
bereitete mir die Verfolgung der historischen Erinnerungen der
Völker. Vereinzelte Angaben hatten ja schon die älteren französischen Reisenden beigebracht. Der Charakter ihrer Nachrichten
ließ mich aber vermuten, daß darin nur Bruchstückwerk und nicht
die Berichte selbst wiedergegeben seien. Es drängte mich, einige
Originalberichte zu erlangen. Fraglich war es mir natürlich, ob
es gelingen werde, Wesentliches aufzufinden; denn ich mußte mir
immerhin sagen, daß ich nur kurze Zeit unter diesen „legenbarisch",
wenn nicht historisch denkenden Völkern weile und so an irgendeine
Vollkommenheit in diesem Studium nicht denken dürfe. Aber eine
Probe wollte ich hören. Also nur eine Probe!

Zunächst sandte ich Karimacha auf die Suche. Wurde nichts.
Ich sandte Mballa, Nama, ja Nege. Keiner fand etwas. Man
brachte mir Leute, die niedliche kleine Legenden erzählten, aber
die Region der historischen Ueberlieferungen blieb mir ein gänzlich
verschlossenes Gebiet. Ich hatte den Anfang mit der Suche schon
in Kayes gemacht. Vor dem Aufbruch nach Kumi wurde es nichts.
Auf der Kumireise selbst ward es nichts. Jetzt, während meines
zweiten Aufenthaltes in Bamako, mußte es gelingen. Aber, wie
das anfangen? — Nun, es gelang auf eine sehr originelle Weise.
Ich wußte, daß unsere sämtlichen Boys, Capitas (Kolonnenführer),
Interpreten, also der ganze Stab und die ganze Arbeiterschaft aus
Horro und Numu, aus Vornehmen und Industriellen bestand. Eines
Tages engagierte ich den Boy Kalfa, der angab, ein Kuloballi zu
sein. Einige Stunden nachher kam aber Karimacha verächtlich
lachend zu mir und erklärte, dieser Knabe tauge nicht viel für
uns; denn er habe eine Mutter, die eine Dialli (also aus der
Bardenkaste) sei. Wenig später erschien Nege und sagte mit etwas
verlegener Miene, ich solle nur Kalfa entlassen, denn es werde
Streitigkeiten in der Kolonne geben, da dieser Bursche „nur" ein

4*

Dialli sei und die anderen Mitglieder des Stabes nicht gerne mit
ihm aus einer Schüssel würden essen wollen.

Sobald ich das hörte, entstand in meiner schwarzen Ethnologen-
seele ein recht schöner Plan. Ich erklärte, daß ich mir die Sache
überlegen wolle und ließ sie damit auf sich beruhen. Nun war
unter meinen jugendlichen, allabendlich erscheinenden Geschichten-
erzählern ein junger Mann, der ein echter, reiner Dialli war. An
diesem Abend, als alle zum Geschichtenerzählen bei mir versammelt
waren, fragte ich diesen Knaben in Gegenwart des rund herum
hockenden Stabes, ob er in meinen Dienst treten wolle, um Ge-
schichten zu sammeln und vorzutragen. Der Junge sagte: „ja"!
Ich setzte hinzu, er solle heute nach Hause gehen und mit seiner
Mutter darüber sprechen. Am anderen Tage solle er um 10 Uhr
wiederkommen, und man könne dann weiter darüber verhandeln.
Der Knabe ging. Meine Leute sahen mich mit Erstaunen und
Verwunderung, ja mit etwas Entsetzen an. Sie mußten sich ganz
folgerichtig sagen, daß dieser Schritt, den ich vorhatte, irgendeine
ganz besondere Veranlassung haben müsse, da sie mich doch gerade
an diesem Tage darüber unterrichtet hatten, daß sie nicht einmal
einen Diallimischling unter sich sehen wollten. Es mochte auch
wohl eine gewisse Ahnung in ihnen dämmern. Natürlich kümmerte
ich mich nicht um ihre Mienen, sondern ging zu Bett. Wohl aber
hörte ich noch lange bis in die Nacht hinein aus Neges Haus
ein Rechten und Sprechen und heftiges Parlamentieren, wobei der
Name der „Dialli" oft genannt wurde. Am anderen Morgen erschien der junge Dialli pünktlich, ebenso pünktlich trat aber auch
Nege an und fragte, weshalb ich diesen jungen Mann engagieren
wolle. Sehr ernst erwiderte ich dem Guten, ich hätte, seit ich
angekommen und seitdem er mir selber gesagt habe, daß es früher
ganz anders hier gewesen und dies Alte im Gedächtnis der Dialli
aufgespeichert sei, oft nach einem Dialli gefragt, der die alte Geschichte kenne. Ich hätte aber keine Auskunft erhalten. Nun wolle
ich diesen Jüngling anwerben, um Beziehung zu dieser Kaste zu
erhalten. Prompt erfolgte die zweite Frage: „Willst du auf den
Jungen verzichten, wenn ich dir einen alten Dialli bringe, der
alles weiß und dir erzählen wird?" Antwort: „Ja". — Punkt
⁸/₄11 Uhr hielt der alte Barde Korongo aus Segu bei mir Einzug.
Rechts und links von ihm nahmen Karimacha und Nege Platz, und
dann begann Korongo zu erzählen: „Von Uranfang" an, — erzählte er, erzählte, erzählte! Mittendurch nahm ich in einer Pause
ein schnelles Gabelfrühstück und Kaffee ein und ließ dem edlen

Sänger auf seinen Wunsch Schnaps vorsetzen. Dann ging es weiter
bis zum Abend. Da konnten wir alle nicht mehr, und Korongo
war infolge häufiger Auffüllung von Absinth vollkommen betrunken.
Leider hatte er noch Geistesgegenwart genug, ein Honorar von
14 Fr. zu fordern. Das ging nun so Tag für Tag.

Erst war ich mir nicht recht klar, was das bedeuten solle, was
da der edle Sänger mir verriet. Ja, ich mißtraute anfangs sogar
seinen Versicherungen und Berichten. Denn er hub nicht nur mit
einer „Ode auf den Schnaps" an, sondern bekräftigte die Behauptung, daß er „das alles" wissen müsse, damit, daß er auf
seine allerdings recht alte Guitarre hinwies. Diese Guitarre,
betonte er immer wieder, habe er dem größten Dialli, der je gelebt
habe, nämlich dem Führer der Dialli in Segu, schon vor 20 Jahren
gestohlen. Deswegen habe er aus Segu fliehen müssen, und deswegen könne er dahin nie wieder zurückkehren. Deswegen wisse
er aber auch „alles" sehr gut, denn sein Meister habe alles gewußt,
und diese Guitarre stamme von seinem Lehrer in Segu. — Diese
in schöner Negerlogik vorgetragene Nachricht befestigte nicht das
geringe Zutrauen, das ich Korongo anfangs entgegenbrachte. Aber
ich ward in angenehmster Weise enttäuscht.

Was Korongo mir von den Stammherren der Malinke vor-
trug, das war wahrhaft prächtige, echte, alt-mythische Historie, die
teilweise an polynesische Traditionen, teilweise an biblische Geschichte erinnerte. Es war wundervolle Wandersage, in der mytho-
logische Vorstellungen sichtlich mit historischen Erinnerungen ver-
knüpft waren, ein Produkt, das wir Ethnologen als Goldkörner
der Wissenschaft nicht hoch genug schätzen können. Und wie wuchs
daun mein Erstaunen, als am fünften Tage der Bericht über die
Sage der Soninke begann: Darin war manche Tiefe und Größe
der Auffassung, manche Klarstellung der Vergangenheit, Volks-
auffassung und Volkssitte enthalten, die Licht nach allen Seiten
verbreitete. So merkte ich denn, daß die französischen Reisenden
nur das Datenmäßige der Wiedergabe für wichtig erachtet hatten,
oder aber, daß ihnen nie der ganze Bestand vorgeführt worden
sei. Das, was ich da aufzeichnen konnte, war wunderbare Weisheit, und ich beschloß, dieser Sache doch mehr Zeit zu opfern, als
ich vorher gewollt hatte. Ich werde nachher zu berichten haben,
wie dieser Fund meine ferneren Reiseabsichten wesentlich beeinflußte.

□   □

Zunächst war allerdings nicht an ein so schnelles Abreisen behufs
Weiterführung der Kolonne, wie anfangs beabsichtigt, zu denken.
Als ich von Kumi nach „Sans-Souci" zurückkam, fand ich meine
kleine Station in einem nicht sonderlich guten Zustande vor. Die
Ecken und Winkel waren verschmutzt, die Wände der verschiedenen
Häuser mit Termitengängen bedeckt. Auch in Kisten und an Koffer-
wänden hatten sie sich eingesiedelt, und außerdem fehlte, nach dem
muffigen Geruch zu schließen, ein kräftiger Verkehr mit Waffer
und Besen. Die ganze Station machte so etwas den Eindruck eines
Schlosses Dornröschen, in dem während langer Zeit kein wirkliches Leben mehr pulsiert hatte. Und dieser Eindruck ward ver-
stärkt, als ich, über den toten Hof reitend, vor dem Hause des
Doktors anhielt und abstieg. Der da herauskam, der — fast hätte
ich gesagt: alte — Mann mit den eingefallenen Wangen, mit den
matten Augen, aus denen nur flaue Blicke herausflatterten, der
Mann mit der gebückten Gestalt und dem schleifenden Gange, der
kam mir vor wie einer, der lange Zeit in einem Zauberschlosse
vertrauert hatte, ein Mann, der ausgegraben wurde, aber nicht
wie der frische, tatenlustige kleine Hugershoff, an dessen frischer
Hoffnungsfreudigkeit sich in Berlin alle Welt ergötzt hatte. Das
halbeingesunkene Zelt, der alternde, schlaffe Doktor, der träumerische
Schmutz, — das paßte vorzüglich zueinander, und ich mußte gleich
einmal aufseufzen. Da galt es ja schleunigst zu reparieren und auf-
zuräumen, in diesem Manne und in dieser Station, und das nahm
meine Zeit gehörig in Anspruch. Mein kleiner Doktor war im
wissenschaftlichen Uebereifer — das war mir nach fünf Minuten
Unterhaltung klar — verbüffelt.

Na, da wurde denn natürlich die kleine Welt, die uns umgab,
etwas umgekehrt, so daß das Unterste zu oberst, das Oberste zu
unterst kam. Bei dem einfachen Ordnungschaffen ließ ich es nicht
bewenden. Alles, was in den Häusern lag und stand, kam ins
Freie; die Mauern wurden abgekratzt und innen mit einem Putz,
aus Lehm, Asche und Petroleum gemischt, überzogen. Mußte ich
doch daran denken, daß ich in einigen Wochen für etwa ein halbes
Jahr nach dem Innern abreisen wollte, daß die Station dann
als Magazin, und als solches vielleicht auch in der Regenzeit, aushalten sollte. Da mußte gründlich vorgesorgt und von oben bis
unten alles aufgefrischt, gegen Termiten und Nässe geschützt werden.
Einige Häuser sollten außerdem mit Tür- und Fensterverschluß versehen und einige provisorische Bauten für Nansen und mich überhaupt neu errichtet werden. Arbeit genug für einen halben Monat,

in dessen Verlauf außerdem noch umfangreiche ethnologische Arbeit zu erledigen war.

Mir ward die Leitung der Arbeit zunächst durch meine Unkenntnis der Arbeitsweise der Sudanneger erschwert. Daß die Leute ganz anders funktionierten als die West- und Zentralafrikaner, war mir schon während der Reise nach Kumi klar geworden. In welcher Weise aber die Unterschiede ausgenutzt, die Einwirkungsform auf die Menschen umgeändert und Ansprüche herauf- oder herabgesetzt werden müßten, das konnte ich bei dem Umbau der Station Sans-Souci, im Dezember 1907, kennen lernen. Ich habe in dem Werke über die erste Reise der D.-J.-A.-F.-E. geschildert, wie ich die Arbeitsweise der Kuilineger untersuchte. Es konnte der große Unterschied zwischen freiwilliger und dienstlicher Arbeit genau charakterisiert werden. In „Sans-Souci" beobachtete ich die Arbeiter des Hausbaues in Dienstbarkeit, und in Kumi, später nach Kankan zu und andernorts die freien Arbeiter im Hausbau. Zunächst sei betont, daß ich die spielerische Form der Arbeit auch beim freiwilligen Hausbau n i c h t wahrnahm, ich habe sie auch bei anderen Tätigkeiten nicht gesehen. Wenn der Mussonge, der Muluba, Mujansi webt, dann tut er das eine Zeitlang, nicht allzu lange. Sobald irgendwo etwas im „Dörfle" passiert, wenn zwei sich streiten, wenn irgendwo einer mit Jagdbeute auftaucht, wenn an der Ecke des Dorfes die Hunde eine kleine Bataille liefern — also bei jeder Kleinigkeit — erhebt sich der „emsige Weber", geht zu dem Spektakulum und ist innerlich so froh über die schöne und nichtige Unterbrechung des Alltagslebens und — der Arbeit, daß er an dem Tage sicher nicht mehr zu der Weberei zurückkehrt, da für die Weiterführung des Stückes ja unendlich viel Zeit übrig ist. Wie anders die Frau dieses Kassaimannes, die vom frühen Morgen bis in die späte Nacht hinein beim Ackerbau, beim Kornstampfen, Kochen, d. h. bei zum Teil wirklich sehr anstrengender Tätigkeit beschäftigt ist und dabei noch die Kinder wartet oder ein keimendes Wesen in sich herumschleppt. Diese Frau arbeitet, — sie kann arbeiten. Ich habe die Westafrikanerin als Arbeiterin hochschätzen und achten gelernt, während ich ihrem Manne, dem Westafrikaner, die „Kenntnis der Arbeit", das „Arbeitenkönnen" abstreite. Genau das gleiche war es seinerzeit im Grunde genommen beim Arbeiten an meinen Stationshäusern, und nur da, wo der Arbeitszwang durch Dienstverpflichtung eintrat, war die Leistung eine bessere. Der Schluß, der hieraus zu ziehen ist, zielt nicht dahin, daß die Frau von Natur besser arbeiten kann, sondern hat dahin zu erfolgen, daß

die Frau zur Arbeit erzogen worden ist, und zwar durch eben
diesen Mann erzogen, der als Stärkerer durch das schwache Geschlecht die gleichlaufende, wenn auch körperlich anstrengendere
Arbeit des Gartenbaues ausführen läßt.

Mit diesem Beobachtungsergebnis verglich ich nun die Tätigkeit
des Sudannegers, wie ich sie in den Mandingoländern kennen
lernte, und ich fand einen sehr, sehr großen Unterschied. Ich sah
hier Weber in den Dörfern bei der Arbeit, die fast ohne Unterbrechung, ohne aufzustehen, ihrem klappernden Handwerke vom
Morgen bis zum Mittage, vom Nachmittage bis zum Abend oblagen.
Mochte irgendwo ein Krawall entstehen, eine große Karawane
durchkommen, eintreffen oder abmarschieren, was alles den Westafrikanern willkommene Abhaltung von der „Arbeit" für mindestens
ein bis zwei Tage geboten hätte, so störte das den Weber oder
den Lederarbeiter oder den Schmied hier nicht im geringsten. Er
sah nicht einmal auf und unterbrach nicht einmal seine Tätigkeit.
In gleicher Emsigkeit arbeiten die Bauern auf dem Felde, arbeitet
alles, was jung und kräftig ist, und nur das Alter hockt stumpf-
sinnig oder kannegießernd auf den Dorfplätzen, der Galla oder vor
den Häusern. Das war für mich als Bauherrn ein ganz anderes
Arbeitermaterial. Der Baustoff für ein neues Spitzdach (Stroh,
Bambus, Rindenstreifen als Verbandmittel) wurde von vierzehn
Mann in zwei Tagen beschafft und dann an einem Tage ver-
arbeitet. Sie banden das Stroh am Vormittag, bauten das Gerüst
binnen drei Stunden am Nachmittage, deckten es in weiteren zwei
Stunden und hoben es am gleichen Abende noch auf das Wandwerk.
Achtzehn 2,50 m lange, 25 cm starke Gabelhölzer schlugen 14 Mann
in zwei Tagen und lieferten sie am zweiten Tage abends in der
Station ab. Man vergleiche damit das Arbeitsergebnis gleicher
Art am Kuilu. („Im Schatten des Kongostaates" S. 104 ff.) Gewiß
waren hier die Instrumente besser, und ein wenig muß auf diese
Tatsache Rücksicht genommen werden. Aber damit läßt sich der
bedeutende Unterschied der Leistung nicht erklären. Es kommt noch
eine ganze Reihe von Gründen des Unterschiedes dazu. Zunächst ist
der Sudanneger kräftiger oder geübter als der Westafrikaner. Das
kann man beim Tragen, bei der Handhabung schwerer Werkzeuge
und anderem mehr sehen. Es ist das nicht erstaunlich; denn die
Arbeit des Ackerbaus hat die Glieder des Volkes gekräftigt, und
die Nahrung des Sudan, vorzügliche Hirse, ist nach meiner Ansicht viel vorteilhafter als der bevorzugte, wabblige, wässrige Maniok-
brei Westafrikas.

Tafel 8.

(L. Frobenius phot.)

Bamako; islamitisches Leben; das große Gebet.

Vor allen Dingen aber ist die Arbeitsform der Sudaner eine organisierte, und zwar eine sehr gut organisierte. Der einzelne Mann ist arbeitsfreudiger, emsiger und viel williger. Die Arbeit ist etwas Selbstverständliches, nichts Ungewöhnliches. Jeder findet es ganz natürlich, daß alle jungen Männer kräftig tätig sind. Und hierfür habe ich eine Erklärung gesucht und glaube ich eine gute Begründung bieten zu können. Anfangs meinte ich, sie in dem Berufe der Hackbauern finden zu können; denn vielleicht war mit dem Hirsebau eine Arbeitserziehung geboten. Aber das ist nicht richtig; denn der Hirsebau, den im Sudan zumeist die Männer betreiben, erfordert weniger Anspannung der Kräfte als der Urwaldgartenbau, der in den Händen der Westafrikanerinnen liegt. Nein, das ist es nicht! Vielmehr glaube ich, daß es der Männerarbeit im Sudan ebenso gegangen ist wie der Frauenarbeit in Westafrika. Dort wurden die Frauen von den Männern erzogen, hier die Männer von fremden Unterdrückern.

Der westliche Sudan ist, soweit es sich um die Mandingoländer handelt, durchweg versklavt. Mit Erstaunen ersieht man aus den alten, halb heiligen Sagen, daß die edlen Geschlechter der heute teilweise noch im Sudan regierenden Horro (Edlen, Adligen) von Sklaven der alten Könige abstammen. Diese alten Könige repräsentieren aber ein Unterdrückervolk, das heute selbst in den Reihen der Vornehmen aufgegangen ist. Welle auf Welle brach aus der Wüste, ein Herrenvolk nach dem anderen über diese Länder herein. Die Gesänge erzählen vom ersten Auftauchen und gewaltigen Siege des ersten Reitervolkes. Wir kennen einen Teil der historischen Vorgänge, aber nur einen Teil. Aber dieses uns Bekannte läßt genug von Unbekanntem ahnen. Man denke an den Tyrannen Samory, der Tausende und Hunderttausende in die Sklaverei führte, — man denke an die Stadt Uassulu, die gar volkreich war und mit einem Schlage leer und vereinsamt wurde, als diesen Sklaven die Freiheit geschenkt wurde. Es war, als sei ein schwerer Windhauch über das Land hingefahren und als seien diese Menschen Spreu gewesen, die nun weggefegt ward, — so wirkte die Freiheitsbotschaft.

Die Sklaverei des westlichen Sudan war eine schwere, schwere Geißel. Diese Sklavenkriege haben unendlich mehr Unheil über diesen Teil Afrikas gebracht, als Europa je — soweit wir historisch denken können — erlebt hat, aber immerhin, es war nicht ein Sklavenhandel wie der der Portugiesen in Westafrika, die das Menschenmaterial ausführten und so die Kraft dem Erdteil entzogen, — es war nicht die Sklaverei der Araber Ostafrikas, die

ihre Leute nur zu Raubkriegen und Elfenbeinschlepperei, sehr selten
aber zum Anbau verwandten. (Wer weiß allerdings, ob sich hier
nicht auch im Laufe der Zeit eine günstigere und wertvollere
Schulungssklaverei eingestellt hätte, wenn Europa nicht ein-
gegriffen hätte?!) Nein, im westlichen Sudan ist die Sklaverei zur
Völkerschule geworden. Hier hat sie zu einer Form der Organisation
geführt, die zuletzt dem Volke von Segen war. Die Schulstunde wurde
mit Blut und Schändung bezahlt. Das ist wahr und traurig. Ja,
es ist möglich, daß mancher der erbärmlichen und schwächlichen
Charakterzüge der Negerrasse auf das Konto dieser Erziehung zu
bringen ist. Ich glaube es. Denn die Negernatur ist im großen
und ganzen heute eine Sklavennatur. Aber trotz und wieder trotz
alledem kam der Segen der Arbeitserziehung über das Volk und
in das Land. Die Arbeit ist also heute als eine in diesen Ländern
durchaus einheimische und zugehörige Pflanze zu bezeichnen. Diese
Völker brauchen den schweren Arbeitszwang nicht mehr, der den
Westafrikanern dringend nottut, wenn man sie den europäischen
Völkern erhalten will. Denn entweder lernt ein Volk arbeiten oder
es geht unter der Kulturwelle Europas zugrunde.

Deshalb sind die Aufgaben der kolonisierenden Völker Europas
in diesen Ländern andere als in den Gebieten Westafrikas, denen
die Verschreibung des Arbeitszwanges noch zuteil werden muß. Der
Sudanneger des oberen Niger hat in der Sklaverei arbeiten gelernt,
aber er hat ein gut Teil der Menschenwürde verloren. Das ist es,
was ihm wiedergegeben werden muß, und es soll mir eine wertvolle und ernste Aufgabe sein, zu der Lösung dieses Problems einen
Beitrag zu liefern. Indem ich diesen Betrachtungen und Gedanken
während der Beobachtung meiner Bauarbeiter nachhing, erschlossen
sich mir Ausblicke auf ernste Probleme.

□   □

Aber auch Sorge und Aerger gab es in dieser Zeit des Aufenthaltes in Bamako. Sorge bereitete der Gesundheitszustand
meiner Herren. Es wurde schon geschildert, in welcher Verfassung
wir Hugershoff antrafen. Schon in Kumi hatten mich allerhand
Gerüchte über seinen Zustand und Lebenswandel erreicht, und somit
war ich vorbereitet. Der Zustand Hugershoffs war mir annähernd verständlich, und sehr beklagte ich die Abwesenheit des
Regierungsarztes von Bamako, der, selbst leidend, vor einiger Zeit
der Küste hatte zueilen müssen. Dr. Hugershoff hatte während der
ganzen Zeit unserer Abwesenheit das Gehöft kaum verlassen und

meist beobachtend, arbeitend und rechnend auf seinem Stuhl im Hause gesessen. Anscheinend hatte er auch in Ahnung einer nahenden kräftigen Malaria allzuviel Chinin geschluckt. Das Pferd hatte er nur im Hofe bewegt, nachdem es im Anfange unserer Abwesenheit einmal schlechte Charakterzüge hervorgekehrt hatte. So hatte ihm jede gesunde Bewegung gefehlt, — infolgedessen war der Appetit weggeblieben und die ewige, muffige Lehmbudenluft sowie die Einsamkeit hatten das notwendige Letzte getan, was noch fehlte, um ihm die Frische des Geistes zu rauben. Da gab es nur eines: hinaus auf die Wanderschaft, Klimawechsel! Sobald er also seine Sachen leiblich verpackt und die letzten notwendigen Arbeiten abgeschlossen hatte, sandte ich ihn voraus nach Sigirri am oberen Niger und betraute ihn mit landeskundlichen Aufgaben für diese Region in der Annahme, daß ein vielfaches und lang-ausgedehntes Umherpilgern ihm die beste Auffrischung bieten würde. Ich verabredete Fußmärsche und untersagte das allzu starke Rauchen.

Kaum war am 17. mein eines Sorgenkind mit Mühe und Not in Bewegung und fortgebracht, da begann das andere, mein fröh-licher, frischer, kleiner Nansen, wie in Kumi, wieder über Glieder-schmerzen, Schlaf- und Appetitlosigkeit zu klagen. Obgleich er offenbar sehr litt und einem schweren Fieber anheimfiel, ging er doch kräftig gegen die Erschlaffung an und arbeitete, so gut es ging, man kann sagen, aus Leibeskräften. Glücklicherweise erkannte ich diesmal den wahren Charakter einer echten Malaria und konnte demnach die entsprechenden Gegenmittel ergreifen, so daß ich die Freude hatte, ihn am Weihnachtsabend zwar noch schwach, aber frischer auf den Beinen zu sehen. Ueber Krankheiten in der Kolonne hatte ich übrigens nicht sehr zu klagen. Alle paar Tage bei diesem oder jenem ein kleines Fieberchen, bei Karimacha ein Bandwurm, bei einem der Pferdejungen im Januar Lues, dann einige harmlose Beulen und verschiedene Verletzungen leichter Art. Das war alles, für die nun allmählich anschwellende Kolonne und einen Zeitraum von etwa zwei Monaten gerechnet nicht viel.

Dann einiger echter kleiner Kolonialärger. Bei dem Vertreter des Hauses Maurel & H. Prom, dem ich einen großen Teil meiner Mittel anvertraute und bei dessen Agenten ich deshalb den größten Teil meiner Bedürfnisse deckte, hatte ich in großer Vertrauens-seligkeit meine Waren entnommen und machte nun die Ent-deckung, daß dieser edle Krämerjüngling, Herr Brell, sie mir kisten- und ballenweise teurer berechnete, als er sie in seiner Budike stück-weise verkaufte. Natürlich gab es eine kleine Auseinandersetzung,

und die Folge davon war, daß für etwa 500 Fr. eine Ermäßigung
von rund 100 Fr. eintrat. Also echter Kolonialkleinkram, den ich
nur deswegen hier wiedergebe, um Kollegen und Kameraden zu
warnen. Ich habe schon oft gefunden, daß die koloniale Kaufmann=
schaft in den Küstenregionen der Ansicht ist, Forschungsreisende,
zumal Gelehrte, wären gut melkende Kühe, unpraktische Menschen,
die von Geldeswert und Wirtschaftsleben nichts verstehen und ent=
weder reich genug sind oder auf Staatskosten reisen, so daß sich
an ihnen jeder in mehr oder weniger anständiger Weise ein wenig
bereichern kann.

Abgesehen von diesen wenig angenehmen Ereignissen, führten
Nansen, ich und das Korps der Schwarzen ein so behagliches, echt
afrikanisches Stationsleben, wie man es sich nur denken kann. Tags=
über gab es viel Arbeit und Bewegung, denn der Ethnologe benötigt
eines regen Verkehrs mit allerhand verschiedenen Leuten aus allen
Schichten und Kasten der Völker. Dazu denke man sich die rege
Bautätigkeit, das Abgehen und Eintreffen von Boten (die nach den
verschiedenen Seiten entsandt wurden, um Kundschaft einzuziehen,
geschickte Arbeiter anzuwerben oder alte, natürlich schwarze Kenner
des Landes zum Umtrunk einzuladen, bei dem dann auch aller=
hand Weisheit fließt), die Verhandlungen mit meinem Dialli und
last not least ein dazwischen herumwirbelndes fröhliches Tier=
leben. Eine echt afrikanische Station muß ein Tierleben auf=
weisen, ich meine natürlich nicht Parasiten, Termiten, Ameisen und
Kakerlaken, die in unseren alten Buden lebendiger waren, als uns
lieb war, sondern ich meine in unserem Falle eine Varanus, eine
Antilope und eine kleine Affenherde, die ganz entschieden zu unserem
afrikanischen Wohlbefinden wesentlich beitrug. Die Varanus war
cholerisch und ständig verärgert, zischte alle Welt von der Mauer
her, an der sie angebunden war, gräulich an, spielte „Drachen im
Kleinen" und forderte als echter Misanthrop direkt zum Anärgern
heraus. Ob sie daran starb, daß Nansen und ich diesem behaglichen
Sporte dann und wann nachgingen, wie dies ein mehr sentimental
veranlagtes Expeditionsmitglied behauptete, ob infolge mangelnder
Nahrungszuführung, ließ sich auch beim Abbalgen nicht feststellen.
Diesem alten cholerischen Gesellen gegenüber repräsentierte
„Hänschen", eine ganz kleine Antilopengrazie, fröhliche Harmlosig=
keit und Schüchternheit. Sie kam so jung zu uns, daß sie erst einige
Wochen lang mit Milch genährt werden mußte, was der halbwilde
Knabe Samoku mit großem Geschick ausführte. Er füllte eine
flache Schale mit Milch, tauchte den Zeigefinger hinein und ließ

nun das Tier am Finger saugen. Indem er ihn dann schnell an
die Oberfläche der Flüssigkeit führte, eine Bewegung, der das
saugende Tierchen sofort folgte, erreichte er, daß die Nase mit in
die Milch kam, und nun sog das Tier an dem Finger, schlürfte
aber unwillkürlich aus der Schale seine Nahrung. Es dauerte noch
Wochen, ehe das kleine Geschöpf sich entschloß, direkt aus der Schale
zu trinken. Es beanspruchte mit Energie und heftigem Zustoßen
diesen kleinen Betrug. Dem freundlichen Wärter belohnte es aber
seine Sorgfalt durch große Anhänglichkeit. Es lief dem Manne
ständig nach, wie das Kitz dem Muttertier.

Die Komik vertrat natürlich die Affengesellschaft. Aus Belebugu
brachte ich drei verschiedenartige, aber sämtlich junge Husarenaffen
und einen ganz jungen Hundskopf mit. Um sie zu „zivilisieren",
wurden sie zunächst angebunden gehalten und erhielten nach Möglichkeit von mir selbst ihre Nahrung: Erdnüsse, Reste alten Brotes,
Fruchtschalen. Da der kleine Hundskopfaffe — „Lieschen" genannt —
sich infolge seiner ganz unmädchenhaften Rauhbeinigkeit, Zappelei
und Zerrerei an den Weichen durchrieb, ward er sehr bald
freigelassen und erhielt damit die Möglichkeit, seine ruppigen und
kindlich unverschämten Charakterzüge unbeirrt wirken zu lassen. Und
diese Möglichkeit nutzte „Lieschen" mit einer frappierenden Un-
verzagtheit aus.

„Lieschen" gegenüber fielen „die drei Husaren" an Originalität
vollständig ab. Was sie unterschied, respektive einem von ihnen
einen etwas ausgeprägteren Charakter verlieh, das bestand darin,
daß dieser eine das einzige Männchen im Affentheater zu Sans-Souci
darstellte, — als solcher auch eine tüchtige Männlichkeit an den
Tag legte, seine Schnur durchbiß und durchriß, besonders frech
grinste und grimmig die Brauen hochschob. „Lieschen", das trotz
seiner Jugend doch schon dem größten Husaren an Größe recht
nahe kam, hatte die Angewohnheit, sich irgendeinem der Gespielen
an den Leib zu hängen, sich fest um ihn zu klammern und sich
dann von dem Armen im Bereiche von seinen Stricken und Fesseln
herumschleifen zu lassen. Nur bei dem Männchen kam es schlecht an.
Das Männchen biß ganz gehörig und zeigte sich dadurch jeder
mütterlichen Betätigung durchaus abhold. Wenn „Lieschen" so
gebissen wurde, — oh, dann konnte es schreien, daß man meinen
konnte, es wäre halb auf den Spieß geschoben. Dann verkroch
es sich entweder in irgendeiner Ecke, oder es klammerte sich schnell
an Nansens und meine Beine, Schutz suchend und schluchzend, gleich
einem kleinen Kinde. Natürlich dauerte das nie lange, und schon

wenige Minuten später konnte man aus der absoluten Schweig-
samkeit, in die sich das „arme Kind" plötzlich gehüllt hatte, den
richtigen Schluß ziehen, daß es irgendwo eine Rüpelei beging,
z. B. in der Küche stahl, die arme Antilope an einer unnennbaren
Stelle an den Härchen ziepte, im Eßzimmer eine Zigarre zermalmte,
ein Notizbuch „studierte" oder einen unserer Stühle als Klosett
benutzte, was alles „Lieschen" recht sehr liebte. — Im übrigen
war, wie gesagt, „Lieschen" nicht ganz sauber, und wenn man es
nur irgendwie hart anfaßte, so öffnete es unter dem Angstdrucke
sogleich irgendeine Körperschleuse und ließ Stoffe entgleiten, die auf
keinem Parfümmarkte der Erde gut im Kurse stehen.

Als bemerkenswert bezeichne ich, daß „Lieschen", der Hundskopf, die Neger nicht liebte und die Europäer bevorzugte, während
die Husaren ihre Liebe andersherum verschenkten. Wenig schön,
aber auffallend fand ich es ferner, daß „Lieschen" und der junge
Husar trotz ihrer beiderseitigen Rassenfremdheit und Jugend nach
wenigen Tagen ihre Geschlechtsverschiedenheit entdeckten und darauf
eine Freundschaft gründeten, die einen modernen Dichter vielleicht
hätte veranlassen können, ein Stück: „Frühlingserwachen im
Affenpark" zu verfassen.

◻ ◻

In erfreulicher Weise herrschte Vater Frohsinn bei uns. Ich
hasse jenen berühmten Faktorei- und Stationston, der sich damit
brüsten mag, „daß nie ein Neger geschlagen würde", der aber für
jedes Mitglied der dunklen Rasse nur schroffen Ruf und Befehl,
kalte, verächtliche Sarkasmen und im besten Falle eine Art des
„Spaßes" übrig hat, der lediglich geeignet ist, das betroffene Individuum zu demütigen und es die Würdelosigkeit seiner Rasse
recht fühlen zu lassen. Ich hasse diesen Ton, und er hat auch
in Bamako oft genug mein Ohr verletzt. In Sans-Souci fand er
keinen Eintritt. Hier gab es wohl dann und wann eine ordent-
liche hinter die Löffel, dafür aber um so mehr herzliches Lachen,
das eine für Geist und Körper auch des schwarzen Gesellen notwendige, erfrischende Arbeitszugabe sein soll. Tagsüber, wenn die
Bauarbeiter und Pflanzer ein- und ausgingen, war ja wenig Zeit
zu besonderer Fröhlichkeit. Abends aber, wenn (um etwa ½6 Uhr)
das Gros der Leute entlassen war, wenn der „Stab" mehr hervortrat und von auswärts männlichen und weiblichen Freund-
schaftsbesuch erhielt, da flog über den Vorderhof manch witziges
Wort, auch aus Negermund geschossen, und wenn es so recht traf,

dann ward es, gleich, ob es dem Chef oder dem Pferdejungen galt, sicher mit fröhlichem Lachen und Gegengeschoß quittiert.

Das gibt Zusammengehörigkeitsgefühl, und Nansen und ich hatten die große Freude, immer wieder feststellen zu können, daß der Geist der „Diase" ganz ausgezeichnet gedieh. Am besten kam das bei dem kleinen Weihnachtsfest zum Ausdruck, das ich in Wahrung guter Tradition am Abend des 24. Dezember arrangierte. Es ward ein wohlgelungenes kleines Fest. Die Arbeiterschaft ward eine halbe Stunde früher als sonst und mit doppelter Ration entlassen, und sobald es dunkelte, begab ich mich mit einigen Lichtpaketen und Kästen voll kleiner Gaben in den Hinterhof, der am Tage vorher fertiggestellt war. Um das Brunnenloch war ein sauberes Mäuerchen gezogen, an den Mauern entlang eine Reihe von Bananen gepflanzt, die zwar noch ein wenig schwindsüchtig und embryonenhaft dreinschauten, aber doch jetzt schon die grauen Mauern mit angenehmen Farben unterbrachen, den guten Willen erkennen ließen und den Geist einer gewissen Hoffnungsfreudigkeit ausströmten. Sie umgaben die neuerrichtete runde Halle, die mit dem Weihnachtsfest eingeweiht werden sollte. Während Nansen auf dem vorderen Hofe die genau wie unsere Kinder sich gebärdenden schwarzen Bürschchen festhielt — einige klatschten in die Hände, hopsten herum und rieten, „was es wohl gäde", andere spielten würdig die Gleichgültigen, ohne eine gewisse Aufregung ganz verleugnen zu können — baute ich hinten auf kleinen Tischen rundherum viele Lichter und meine Kleinigkeiten: einige Messer, Scheren, dicke Hemden, Zigarren, Streichhölzer usw., auf, für jedes Mitglied der engeren Umgebung und für die Zugführer je ein Häuflein.

Als die Gesellschaft dann, von Nansen geleitet, in den Lichtkreis trat, sich genau so anstellte wie Dienstboten in Europa in gleicher Lage, als sie sich, vielmals „Barka" murmelnd und glückstrahlend, entfernt hatten und ich mit Nansen am Tisch in der Mitte, einer gefüllten Ente gegenüber, Platz nahm und der Phonograph neben uns „O Tannebaum, o Tannebaum, wie grün sind deine Blätter" spielte, — da waren keine Tannennadeln, kein Tannenduft, nicht Weib, nicht Kind, nicht Eltern, da war aber im französischen Sudan am oberen Niger echte, deutsche Weihnachtsstimmung eingezogen, und ich drückte Nansen die Hand, und ich glaube, wir freuten uns an diesem Tage recht sehr, ein gutes Verständnis füreinander gefunden zu haben.

Das war etwa der Abschluß meines zweiten Aufenthaltes in Bamako.

□ □

Am 26. Dezember brachen wir zur zweiten Reise in das „Innere"
auf. — Ursprünglich war meine Absicht gewesen, auf dem linken
Nigerufer nach dem berühmten Orte Kangabá, aus dem Komma
und Nama nach Norden eingeführt waren, und dann dem Süden
zu nach Sigirri weiterzugehen, also Hugershoff zu folgen. Dann
aber hörte ich, daß diese Südroute eine in den letzten Jahren recht
vielfach beschrittene, breit gebaute und für meine Interessen recht
wenig bietende Route sei. Dazu kam, daß mir die Kangabáleute
sagen ließen, ich sei zwar nun Mitglied des Komma, aber sie, die
Kangabáleute, wollten von solchen Dingen nichts mehr wissen, da
der Staat eine Namamaske beschlagnahmt hätte. Bestimmend und
ausschlaggebend wurde jedoch, daß ich sehr viel von einem sehr
weisen Dialli hörte, der die Geschichte dieser Länder gut „singen"
könne und in Kankan im Süden heimisch sei, und endlich die Nachricht, daß in den Ländern östlich des Niger jetzt die Beschneidungs-
zeremonie gefeiert und unter großer Festlichkeit begangen werde.

Also ward ich denn weitere 30 Träger für den Marsch nach
Osten und überschritt am 26. Dezember 1907 bei Bamako zum
ersten Male den Niger.

(gez. von Fritz Nansen.)

Fünftes Kapitel.

Wanderschaft in der Beschneidungszeit.

Von Sans-Souci zum Niger führt etwa einen Kilometer weit
eine breite Straße, dann ist man am Ufer des hier zurzeit etwa
750 m breiten, majestätischen Stromes angelangt. Damit hat auch
fürs erste die Schönheit der Verbindung ein Ende. Wenn man
bedenkt, wie viele Dutzend großer und kleiner Karawanen der Djulla
(wandernde Krämer) mit und ohne Esel und Ochsen und Pferde
jeden Tag über den Niger setzen und so die Verbindung mit der
großen Straße nach Sikasso und dem weitausgedehnten Handels-
gebiet des südwestlichen Sudan aufrechterhalten, — wenn man
das bedenkt und beobachtet und dann bei Bamako an das Nigerufer
kommt und die Ueberfahrtsgelegenheit sieht, — nun, dann schüttelt
wohl jeder leiblich vernünftige Mensch den Kopf. Ich glaube, eine
richtige Mittelstraße zu gehen, wenn ich sage; daß bei Bamako jeden

Tag etwa 50 bis 100 Transporttiere gelegentlich des Uebersetzens über den Niger sich die Beine lahm schlagen; denn sie werden wie Mensch und Last in Booten von hoher Wandung mittels Bambusstangen hinübergestoßen. Wie ein Tier verladen und wieder herausgebracht wird, ist direkt grausam. Es wird am Schwanz, Bein, Hals, Mähne gepackt, gehoben, gerauft, gestoßen und gehauen, bis es in höchster Angst und Bedrängnis den Satz über die Bootswände auf den aus Stangen und krummen Brettern gebildeten Bootsboden hinab wagt. Jedes Tier schlägt die Läufe kräftig gegen den Bootsrand. Als ich meine vier Pferde drüben besichtigte, waren alle blutig. Mit einem gewissen Wehgefühl sah ich zu dem neuen Palaste des Gouverneurs über Bamako hinauf, für den Millionen ausgegeben waren, während die Mittel für eine einfache Zugfähre mit Lande- brücken anscheinend nicht aufgebracht werden können.

Vergeßt es nicht: Verkehrsmittel und Verkehrswege heben den Verkehr — und den Handel! Den eingeborenen Handel zu heben, ist aber das natürliche Gebot jeder Kolonialwirtschaft im Sudan. Dieser Mangel einer großen Fähre erscheint um so auffallender, als, wie ich nachher schildern werde, die französische Regierung eine wundervolle Straße von hier aus nach Sikasso angelegt hat, die in das Herz des Sudan führt. Das ist aber eine andere Sache. Die Straße kostet nicht viel, die müssen die Eingeborenen auf Regierungsbefehl anlegen, und die Trassierung wurde gleichzeitig mit der Anlage der Telegraphenlinie geschaffen. Die Fähre würde aber ein kleines Anlagekapital erfordern.

Meine Boten hatten mir berichtet: „Morgen werden die kleinen Mädchen von Kalaba beschnitten, und dann tanzen die Suguni-kun (Masken)." Kalaba liegt ein wenig südlich von Bamako auf den westlichen Uferwiesen des Niger, und die Suguni-kun-Masken wollte ich natürlich kennen lernen. So zogen wir, nachdem wir über zwei Stunden für den Stromübergang verwendet hatten, dem Weiler Kalaba zu, der auch bald in großer Einsamkeit und Ver- lassenheit vor uns lag. Kein Menschengewühl, kein Trommel- wirbeln, kein Biergeruch, dagegen auffallende Oede in den Höfen. Also wir waren angeführt. Ich ahnte sogleich, daß die Beschneidung irgendwo anders stattgefunden habe und daß dies der Grund für die Menschenleere des Dorfes sei. Nach zwei Stunden hatte es Nege heraus: In Sanu, an der großen Karawanenstraße, waren die Leute aus vielen Dörfern vereinigt.

So brachen wir denn am anderen Morgen in dieser Richtung auf und marschierten die Talböschung des Niger hinauf. Und richtig:

wir waren noch eine gute Stunde von unserem Ziele Sanu entfernt, da konnte ich schon Trommelklänge vernehmen, die über die
schweigsame Steppe herüberschallten. Wir zogen ein. Volksfest
in Sanu!

Lieber Leser: „Freimarkt" in Bremen, „Kirchweih" im Süden,
„Messe" in der Mitte, das „Kirschenfest" in Naumburg a. d. Saale
und das „Beschneidungsfest" in Sanu oder Falaba im oberen
Nigerlande, sind sich im wesentlichen gleich. Man arbeitet nicht,
trinkt viel, treibt Tollheiten, tanzt und begeht Tag und Nacht
allerlei, was gegen die sonst herrschende bürgerliche Sitte und
Ordnung verstößt. Also wir kommen an und werden auf dem
Dorfplatz sogleich von einer umfangreichen und dichten Staubwolke
umhüllt. Undeutlich erkennt man eine große Menschenmenge, die
um ein freies Plätzchen dichte Wände bildet, und auf diesem
Trommeln, klatschende Frauen und — die Maskentänzer. Herz,
bändige deine Ungeduld! Jeder Mensch leidet, glaube ich, an irgend-
welcher krankhaften Ideenverbindung. Wenn ich z. B. Masken
sehe, schieben sich vor mein geistiges Auge sogleich ein Skizzenbuch
und der Begriff anzufüllender Museumsschränke. Das ist chronisches
Leiden bei mir, und der nervöse Reiz, dem ich beim Anblick von
Maskierten anheimfalle, wird erst gebannt, wenn Freund Nansen,
mit den Zeichnerwaffen ausgerüstet, neben mir vor den Masken-
tänzern sitzt, und das Leiden ist ganz überwunden, wenn Nege
mir meldet, daß der Maskenkram in meinem Sammelkorbe untergebracht ist.

Nansen tut mir oft leid. So nach einem heißen Marsche, in
der Sonnenhitze, im Schweißduft der Menschenmasse und im
wirbelnden Staube eine flotte Zeichnung eines Tänzers zu schaffen,
immerhin ein kleines Kunstwerk, das ist eine andere Sache als
eine manuell geschickt in der behaglichen Ruhe des Studierzimmers
oder des Lagerhauses gefertigte Darstellung, — solches Schaffen
stellt Ansprüche an Nerven, Augen, Luftröhre und vor allem Geistes-
konzentration. Oftmals mußte Nansen die Arbeit unterbrechen und
die dicke Staubdecke vom Zeichenblatte streichen. Aber Nansen ist
ein gutmütiger, eifriger Mann, und ich hatte ihm während dieser
Reise noch manches Mal für die Opferfreudigkeit, mit der er sich,
seine Augen und seine Kunst in den Dienst meiner chronisch krankhaften Ideenverbindungen gestellt hat, zu danken. Besonders in
dem ethnographischen Bericht wird der Leser viele dieser schönen
Kunstwerke finden. Hier nur einige Proben.

Am Nachmittag erreicht der Trubel seinen Höhepunkt, als die „Gabendarbringung" stattfindet. Die hochweisen Stadtväter sitzen unter dem Baume und schauen schmunzelnd und oftmals mit der Trinkkalebasse in den Dolotopf greifend (Dolo = Bier) dem Treiben der Jugend zu. Der Staub ist allerdings sehr dick, und wenn man Stadtvater ist und ihn mit starkem Hirsebier hinunterspült, betrinkt man sich selbstverständlich. Inzwischen tanzen die Verfertigerinnen dieses Getränkes, die alten Damen, mit flatternden Busen und Steißschütteln, kleine Gaben verteilend, herum. Mütter, die vor ihren beschnittenen Knaben walzen, vergehen fast vor Stolz und Tanzgier, solche, die neben ihren beschnittenen Töchtern hocken und Kaurigaben (Kauri ist hier Muschelgeld) einsammeln, suchen die ebenso beschäftigte Nachbarin zu beschuppen, indem sie für ihre Tochter aufgrabschen, was für das Nachbarskind bestimmt war. Folge: Krach, Weibergeschrei, Tränen. — Burschen, die ein Gewehr haben, knallen ordentlich herum und sind stolz, wenn jeder zweite oder dritte Schuß wirklich losgeht. Das ist aber selten.

Es ist eben Volksfest. Wir waren vom Sehen und Zeichnen und Notieren recht müde, als wir um 10 Uhr das Lager aufsuchten, und ebenso ging es wohl einem guten Teil der Sanu-Völker. Also wanderten alle früh zu Bett und schliefen auch wohl schnell ein.

Die Nachrichten, die ich von den halbbezechten Brüdern von Sanu empfangen hatte, veranlaßten mich, am anderen Tage (28. Dezember) die breite Straße nach Uolossebugu einzuschlagen. — Wir erreichten dies am 30. Dezember, — dann waren unsere Pferde und die Beine unserer Träger „kaputt", wir mußten wohl oder übel in dem ungemütlichen Uolossebugu liegen bleiben, um den Schaden ein wenig zu reparieren, und haben dann, um weiterem Uebel vorzubeugen, den schönen Staatsweg verlassen. Vom Standpunkte des Reiters und routenaufnehmenden reitenden Geographen betrachtet, ist dieser Weg herrlich, nämlich auf lange Strecken schnurgerade und fast von der Breite einer Chaussee. Ebenso grausam ist er aber für Pferdebeine, Stiefel und Träger; denn er ist heute noch, wie viele neue Wege, mit unendlich vielen tanzenden kleinen Steinchen besät und hat noch nicht die Abgeschliffenheit eines guten alten Negerpfades. Dazu kommt, daß der steinige Weg infolge der Breite von den seitwärts stehenden Büschen gar keinen Schatten erhält und deshalb eine glühende Hitze ausstrahlt. Wenn der Weg erst alt und abgetreten sein wird, und wenn die Kolonialregierung die Eingeborenen veranlaßt, an den Rändern schattenspendende Bäume anzupflanzen, dann wird die Straße wundervoll werden.

Maskenspiele zur Beschneidungszeit; Sugunitänzer.

Wir verließen sie also, wie gesagt, nachdem sich die Kolonne drei Tage lang (Nachtlager: Sanu, Djallakorro, Duguruna, Uolossebugu) darauf hingeschleppt hatte. Die Dörfer, die an ihr liegen, sind charakterisiert durch den starken Verkehr; denn täglich passieren mehrere Djullakarawanen die kleinen Märkte. Die Bewohner sind im allgemeinen freundlich. Uolossebugu fällt gegen alle anderen drei Ortschaften unangenehm auf. Als Binger seinerzeit einen etwas unfreiwilligen Aufenthalt hier verbrachte, war es noch ein Platz von einiger Bedeutung. Heute pulsiert in den zerfallenen Mauern nur noch ein kümmerliches Leben. Die Leute waren unfreundlich und, obgleich auch heute noch die drei Dörfer der alten Zeit bestehen, nur mit Mühe zur Lieferung genügender Nahrung für unsere Leute zu bestimmen. Als Grund wurde von einigen Kennern des Landes versichert, daß die Leute Uolossebugus und der letzten Dörfer, die wir passiert hatten, sowie auch Tenetus, nicht Bammana, sondern „Kokoroko" seien, die durch ihre Unfreundlichkeit und die Bevorzugung des Hundefleisches bekannt und an einer gewissen Haarlocke zu erkennen seien. Die Kokoroko hätten sich durch ihre Unfreundlichkeit schon manche schlimme Lehre zugezogen. So hätte Samory damals, als er gegen Tieba bei Sikasso Krieg führte, den Kokoroko Tenetus befohlen, den Nahrungsmittelnachschub für die Armee zu übernehmen. Sie hätten sich aber geweigert, und darauf sei Samory zurückgekehrt und habe Tenetu gründlich zerstört, so daß es sich nie wieder ganz von dem Schaden erholt habe. Im übrigen seien die Kokoroko Numu, wenn auch keine Numu, die Schmiede- und Holzarbeit verrichteten. Sie sollen nur Waren „transportieren", und infolge ihres Wanderns sei auch Uolossebugu so leer.

Leider hatte ich keine Gelegenheit, allen diesen Angaben auf den Grund zu gehen, da die Eingeborenen sich mir sorgfältigst entzogen und mit dem bekannten Geschick der Primitiven, das das größte Hindernis der ethnologischen Forschung ist, jede Antwort von Wert vermieden. Desto glücklicher waren wir endlich beim Herumstreifen. In einer abgelegenen Hütte, die im übrigen die üblichen Trommeln enthielt, war ein vielversprechender, reich beladener Hängeboden angebracht und im Dachgesparre steckte eines der bekannten Zaubergeräte, — der Nama. Das war unser Fall. Ein herumspionierender und uns ständig folgender Eingeborener ward herangezogen und nach Sinn und Bedeutung der Hütte und der Last auf dem Hausgestänge befragt. Da der Mann, wie vorherzusehen war, sich mit der Erklärung, alles das habe nichts zu

bedeuten und sei wertlos, der Sache zu entziehen suchte und fort-
gehen zu wollen erklärte, ließ ich eine Flasche Absinth holen, mit
der hier immer viel zu erreichen ist. Die Folge war, daß der
Mann beim Anblick des silberverschlossenen süßen Giftes sich zu
bleiben entschloß und lachend seine Genehmigung zu weiterer
Nachforschung erteilte.

Also ein kühner Griff in den von Spinnen, Kakerlaken, Wanzen,
Ohrwürmern und sonstigen, mehr zoologisch als ethnologisch wertvollen Studienobjekten wimmelnden Kram! Eine Staubwolke
verzieht sich und zum Vorschein kommen erst einige Gonsonkun,
wie die Tschiwarramaske hier heißt, dann einige Federsachen,
endlich eine Namamaske und zum Schluß ein schweres Körbchen.
Je ängstlicher der Mann wurde, desto mehr wuchs mein Interesse. Er erklärte, alles andere könnten wir vom Besitzer der
Masken kaufen, er wolle es wohl vermitteln, das Körbchen aber
gehöre dem ganzen Dorf, wäre heilig und unverkäuflich. Nun
hatten die guten Uolossebuguer meine Sympathie durch Unfreundlichkeit gründlich verscherzt, und ich kümmerte mich wenig mehr um
ihre Empfindungen. Wenigstens ansehen mußte ich die Sache. Also
herab mit dem Körbchen! Noch war ein Widerstand zu überwinden, — einer unserer eigenen Knaben meinte, wir könnten tagsüber nach dem Anblick vielleicht sterben — wir wollten doch jetzt
gehen und am Abend wiederkommen! Der Gute! Als ob am Abend
nicht alles weggeräumt sein würde! — und dann lag der Inhalt
des Korbes offen vor mir — über 30 hölzerne und eiserne Schwirrhölzer! Das war ein herrlicher Fund, der mir mancherlei bisher
unverständliche Angaben betreffs der mystischen Geräusche beim
Umzug der Nama durch das Dorf erklärte. Allerdings bedeutete
die Absicht der Erwerbung dieses Schatzes einige Arbeit und auch
einen tiefen Griff in meine Expeditionskasse, die auf so große Ausgaben nicht vorbereitet war. Es war für mich sehr unangenehm,
daß alle Dörfler an der großen Straße für jeden Gegenstand Geld
beanspruchten, was stets unverhältnismäßig teurer wird als Zahlung
in Tauschwaren.

Der Silvesterabend verlief im öden Uolossebugu recht triste,
und wir waren alle froh, als wir am 1. Januar 1908 die große
Straße verlassen und dem freieren Süden, dem wahren „Inlande“,
zumarschieren konnten. Ich hatte meine ursprünglichen Pläne über
den Haufen geworfen. Nicht allein die Erfahrungen, die ich auf
der großen Straße gesammelt hatte, bewogen mich, den weiten
Bogenweg über Uassulu nach Kankan aufzugeben. In Sanu hatte

mich ein Bote erreicht, den Mballa, Hugershoffs treuherziger
Koch und Haushaltsvorstand, schon vor der Ankunft der Seiten-
kolonne in Sigirri heimlich und ohne Wissen des Doktors an
mich abgesandt hatte, um mir sagen zu lassen, Hugershoff befände sich sehr schlecht, äße nicht, läge von der Ankunft nach
den ständig kleinen Märschen ab auf dem Bett und stöhne viel.
Ich möchte also ja kommen und mich nach seinem Zustande um-
sehen. Sogleich beschloß ich, den kürzesten Weg Nigerland aufwärts nach Sigirri einzuschlagen, und die Erkenntnis, daß ich auf
der großen Straße zu viel Zeit für Reparatur der Träger- und
Pferdebeine verbrauchen würde, bestärkte meinen Entschluß, nach
Süden auf die guten Pfade der Eingeborenen abzubiegen.

Der Weg über Falada ward gewählt, weil hier wieder ein Beschneidungsfest zu beobachten war. Der Trubel, den wir hier erlebten, unterschied sich vom Volksfest in Sanu recht wesentlich; hier
hatten wir Malinke, wenn auch Bammanadialekt redende Leute vor
uns. Die Maskentänze waren hier nicht mehr in Schwung, statt
dessen führten die Trommler selbst eigenartige Reigen auf. Die
Nacht ward unangenehm dadurch unterbrochen, daß fortwährend
von allen Seiten aus befreundeten Dörfern trommelnde Deputa-
tionen eintrafen, und der folgende Tag, den wir der Botschaften
wegen, die uns hier erreichten, in Falada verbrachten, wurde durch
die halb wahnwitzigen Tänze der in allen Gehöften bettelnden
Sklavenweiber charakterisiert. Für uns war es ein Freudentag;
denn es kam ein Expeditionsbriefbote aus Bamako, der erstens ein
erfreulich klingendes Telegramm Hugershoffs und dann die Korrespondenz aus Europa mitbrachte. Zu meinem Erstaunen verkündete
das Telegramm meines Assistenten, daß es ihm gut gehe, während
allerdings ein gleichzeitig abgesandter und sehr schnell in Bamako
eingetroffener Botenbericht angab, daß er sich auf der Route sehr
schlecht befunden habe.

□   □

Mit dem Abmarsch von Falada, Nordfalaba, wie ich es in
meinen Kartenarbeiten nenne, hud ein Hin- und Herziehen, ein
Parlamentieren betreffend die gangbaren und nächsten Wege nach
Sigirri an, das mich an Reisen in ganz unerschlossenen Ländern
erinnerte. Die Karten, über die ich verfügte, ließen mich im Stich.
Sie wiesen an Stelle brauchbarer Angaben eigentlich nur weiße
Flecke, Ungenauigkeiten und Fehler oder gestrichelte Linien auf.
Trotz der guten Nachricht im Telegramm beschloß ich, eine Zusammen-

kunft mit Hugershoff anzuberaumen, und sandte deswegen auf dem
sicheren Wege auf dem linken Nigerufer die Order an ihn, sich
über den Strom zu dem ihm schräg gegenüberliegenden Südfalaba
zu begeben und mich daselbst zu erwarten. Selbst dahin zu kommen,
erwies sich schwieriger als ich erwartet hatte. Nachdem ich am
3. Januar mit der Kolonne den hier etwa 150 m breiten Sankarani
watend und schwimmend — ein Boot war nicht vorhanden — überschritten hatte, begann die Schwierigkeit des Pfadsuchens. Am
mittleren Sankarani, der Breite nach südlich von Sigirri, liegt
die Goldsucherstation Sibikila. Nach Sibikila führt von Nordfalaba über Niani und von Sibikila nach Sigirri ein vielbegangener
Weg, der für uns natürlich einen Umweg von etwa fünf Tagen bedeutet
hätte. Auf diese Straße wollten uns die Eingeborenen stets drängen.
Den direkten Weg wollten sie uns aus Gründen, die ich erst später
kennen lernte, nicht zeigen.

Zuerst brachten sie uns nach Selefu und führten uns dann in
südöstlicher, also sicher falscher Richtung nach Falaba-Kurra, wo
wir gegen Mittag des 4. Januar, und ich selbst so ziemlich am
Ende meiner Geduld, anlangten. Hier begann ich jene mir schon
recht geläufige bekannte Unterhaltung, in deren Verlauf der Reisende
mit der Erklärung beginnt: „Ich will", auf die die Eingeborenen-
schaft ruhig und bestimmt erklärt: „Es geht nicht!" Es ist wundervoll zu beobachten, mit welcher Geduld und Ruhe der Neger das
Nichtvorhandensein und Nichtkennen eines Weges erlügen kann. Er
sieht so harmlos und unschuldig dabei aus, wie ein neugeborenes
Kind. Dann gilt es das „Warum" zu erfahren. „Warum kann
ich nicht in jener Richtung reisen?" Antwort: „Weil kein Mensch
da reist." Also anders herum: „Wenn du auf die Jagd gehst und
gehst in dieser Richtung, worauf kommst du dann?" — Als ich
das fragte, fiel mir auf, daß zwei Alte sich verständnisvoll ansahen — aha! Da lag der Hase im Pfeffer! Also da erstreckte
sich das Jagdgebiet dieser Dörfler. Zunächst die Antwort: „Dahin
geht man nicht jagen." „Warum nicht?" „Weil da ein breiter,
breiter Strom ist, der so breit ist, daß man ohne Boote nicht
hinüberkann. Es sind sehr viele Keimanna drin." Und mit
besonderem Nachdruck noch der Zusatz: „Wenn du hinüber willst,
wirst du von Bamma (Keimann) gefressen!"

Die Geduld darf bei solchen Fragen nicht erschlaffen. Man
spricht am besten eine Weile von etwas anderem, dann beginne
ich von neuem: „Wie heißt denn dieser breite Fluß mit den Bamma?"
„Er heißt Fiö." — Aha, nun weiß ich Bescheid, der kann gar so

(L. Frobenius phot.)

Tafel 11.

Galleriewaldlichtung am Wege nach Kanfan.

(Der Mann im weißen Kittel unten in der Mitte über dem ✕ gibt einen Maßstab zur Beurteilung der eminenten Größe dieser Waldtrümmer.)

breit nicht sein; denn er entspringt weit nördlicher als der Sankarani.
Ich mache nun einen Gedankensprung, gehe zunächst nicht weiter
auf die Frage des Uebersetzens ein und frage daun weiter: „Zu
welchem Dorf kommt ihr denn, wenn ihr auf dem anderen Ufer
des Fië in dieser Richtung weitergeht?“ „Dann kommen wir zum
großen Dorfe Samaja, das ist aber sehr weit, und es ist nie jemand
zum Uebersetzen da, wenn man an diesem Ufer des Flusses an=
kommt. Man geht vom Fië nach Samaja vom Morgen bis zum
Mittag. Man kann natürlich von diesem Ufer bis dahin nicht rufen.“
Aus dieser tröpfchenweis herausgepreßten Erklärung geht vor
allen Dingen hervor: 1. daß die Leute den Weg kennen, 2. daß
es Boote auf dem Fluß gibt, 3. daß die Leute uns den Weg nicht
gerne zeigen.

Ich erkläre also ganz ruhig, daß ich auf jeden Fall am anderen
Tage den Fië überschreiten werde, worauf nur noch der Einwand
erfolgt, daß so viele Sümpfe und fließende Wasser im Wege wären,
daß kein Pferd und kein Europäer hinüberkommen und daß man
an einem Tage Samaja nicht erreichen könne, so daß, da auch
keine Dörfer mehr am Wege lägen, alle Welt hungernd und frierend
die Nacht im Sumpfe verbringen müsse. Denn es sei so naß,
daß kein trockenes Holz zu finden sei und brenne, und dazu gäbe es
noch allerwärts die Bamma. Das letztere ist alles für meine Leute
berechnet und verfehlt auch leider seine Wirkung nicht. Einige Träger,
die die Unterredung mitangehört haben, machen allsogleich einige
Bemerkungen wie: „wir gehen nicht dahin, wo es nichts zu essen
gibt“, „wir wollen in Dörfern schlafen, und überhaupt gibt es hier
sehr viele Löwen im Busch“, und vor allem: „einen Fluß, in
dem es viele Bamma gibt, kann man nicht einmal auf Booten
überschreiten.“ Nun, in alledem sah ich kaum Gefahr; denn in
diesem Lande sind meine Träger auf mich angewiesen. Einmal
gibt es hier ohne Zahlung kein Essen, und dann ist die Regierung
so weit entfernt, daß die Sklaverei noch blüht.

Dafür hatten wir selbst schon einen Beleg kennen gelernt. Am
vorhergehenden Tage hatte ich mir von dem Herrn eines seitwärts
im Busche liegenden Gehöftes einen Führer bis zum Nachtlager
von Selefu geben lassen. Der Mann war ein Höriger des Guts=
herrn. Als wir morgens von Selefu abmarschierten, war der Mann
nicht nach Hause zurückgekehrt, sondern wollte sich offenbar unter
meinen Schutz stellen, um so bis zur nächsten Regierungsstation
zu kommen und sich befreien zu lassen. Leider fing er das sehr
ungeschickt an. Als ich schon eine Weile abmarschiert war, sah ich

von links über die Felder das betreffende Individuum auf mich
zulaufen. Hinter ihm her rannte der Gehöftsherr, der, nichts
Gutes ahnend, sich abends zur Verfolgung auf den Weg gemacht
hatte, als sein Sklave nicht zurückgekehrt war. Jetzt stürzte er sich
einige hundert Meter von mir entfernt auf sein Opferlamm und
schlug es kurzerhand zu Boden. Der arme Leibeigene erreichte
mich also leider nicht, und ich hatte somit keine Gelegenheit, seine
Rede anzuhören und ihn unter meinen Schutz zu nehmen. Als
ich diese brutale Szene auf der Wiese bei Selefu sah, stieg mir das
Blut zu Kopfe, und ich merkte wohl, wie auch den braven Nansen
der Zorn überkam. Als verantwortlicher Leiter sagte ich mir aber,
daß ich in diesem Lande und unter diesen Leuten vorsichtig sein
müsse und mich in nichts hineinmischen dürfe, was mich nichts
anging, einmal der französischen Kolonialregierung wegen, der
gegenüber ich mir nichts herausnehmen durfte, was als Takt-
losigkeit hätte aufgefaßt werden können, dann aber auch, weil ich
mich nicht unnötig mit den vornehmen Mali-nke-Familien über-
werfen wollte, die in corpore diesen Eingriff in ihr altes Herren-
recht übel vermerkt hätten. Da der Mann nicht bis zu mir vorgedrungen war, mußte ich die Sache übersehen, und ich tat es.

Aber dies Ereignis, das von den Leuten den ganzen Tag über
besprochen wurde, hatte das eine Gute, daß die Kolonne sich in
diesen etwas unsicheren Ländern unwillkürlich fester zusammen-
schloß, und daß der Gedanke, etwa davonzulaufen und diese Straße
allein zurückzugehen, sehr wenig verlockend war. Ich brauchte also
die Drohung der Gesellschaft, mir nicht weiter folgen zu wollen,
nicht so ernst zu nehmen, holte am anderen Morgen persönlich
einen als sehr tüchtig und erfahren bekannten Jäger aus dem
Schlummer, damit er das Amt eines Führers übernähme, und
ritt, als die Träger einen letzten schüchternen Versuch machten und
erklärten, sie wollten nicht mit und lieber über Niani reisen, mit
spöttischem Achselzucken ab. — Natürlich folgte der ganze Troß so
brav und bieder, wie nur irgend denkbar.

Wir haben dann auf diesem Marsche eine außerordentlich
wichtige geographische Grenze überschritten. In Beledugu und bis
Falaba-Kurra hatten wir nur Bachbetten überschritten, die jetzt,
in der Trockenzeit, versiegt waren. Dem entsprach der Landschafts-
charakter. Die kümmerlichen Bäumchen der Steppe kahl und braun,
die Blätter unter den Pferdefüßen wie trockene Nußschalen knatternd,
ein „vertrocknetes" Insektenleben und an Wild nur Feld- und Perlhühner, — das war die Umgebung, in der wir lebten. Wie ganz

anders entfaltete hier, südlich des zehnten Breitengrades, die Natur ihre tropischen Kräfte. Die Bäche zwischen hohen Bäumen und grünenden Bambusstauden munter über Baumstämme plätschernd, die Steppe noch nicht abgesengt, ja teilweise noch in altgrünem Schmucke, und da, wo sie schon abgebrannt war, wieder junggrünend. Auch flossen die Bäche nicht über Felsplatten, sondern waren 3 m tief in schwarzer Erde versenkt und ihr Boden dem Ufer zu mit Humus bedeckt. Wenn der Bodenduft, der Erdgeruch, die Bach- und Waldluft mir entgegenströmten, dann wurde mir wohl zumute; ich kam mir bis jetzt nicht heimisch in der Steppe vor, und hier war etwas, das mich stark an mein feuchtes, üppiges Westafrika erinnerte.

Dazu ein herrliches Tierleben. Den Steinhöhen zu trollten Rudel von großen Hundskopffamilien, hier sprang ein Hase, dort ein Wildschwein, jenseits einige kleine Antilopen auf. In der Uferwiese des Fië jagte ein Rudel von etwa 15 Springböcken von dannen, kurz hinter Falaba-Kurra konnten wir ein Rudel schwerer Antilopen im Kreisspiele beobachten, und Nansen kam auch wieder auf Perlhühner zum Schuß. Einige große Vögel tummelten sich im Bachgelände, und endlich bezeugten zahlreiche Fährten, daß auch der Elefant kein unbekannter oder seltener Gast in diesen Ländern sei. So kann es nicht wundernehmen, daß wir einige Tage später auch frische Löwenspuren und bei Balandugu auch die Zeichen eines stattgehabten Kampfes zwischen Löwe und Ochsen sehen konnten.

Nur von einem Tiere sahen wir nichts, absolut gar nichts, ich meine das gefürchtete Bamma. Na, überhaupt! Die gefürchteten Sümpfe waren entzückende Bäche, die uns nur Gelegenheit zu einem Fußbade gaben, — die schreckliche „Menschenöde" wurde ausgefüllt durch poetische, kleine Jägergehöfte, in deren einem die feine Nase der Expeditionsleitung einen vorzüglichen, wenn auch oberirdischen Bierkeller entdeckte, — so war während einstündiger Ruhepause Gelegenheit zu einem außerordentlich gelungenen Frühschoppen geboten! — Und der unüberschreitbar breite, tiefe Fluß erwies sich als ein wunderschön in dickes Busch- und Baumwerk gehülltes Flüßlein von 15 bis 20 m Breite. Ein „Bamma" sahen wir nur wohlgeschnitzt an einem Boote, das allerdings am anderen Ufer lag. Aber ein biederes Mitglied des Fischervolkes der Boffo, das im Dienste der deutschen Wissenschaft gewöhnlich den Koffer mit dem großen photographischen Apparate trug, übertrug Nansen die Aufsicht über diesen und schwamm, nachdem ich mehrfach in das Wasser geschossen hatte, hinüber. Schußbereit stand ich derweilen am

Ufer, die Mordwaffe in der Hand, um gegebenenfalls dem etwa
meinem Schwimmer nahenden Saurier einen Halbmantel in die
Decke zu senken. Aber der Mann kam unbehelligt hinüber, löste
mühelos drüben den Einbaum, stieß ihn zu uns, führte einen
Transport nach dem anderen aufs gegenüberliegende Gestade, ein
Pferd nach dem anderen, bis endlich über den Rest der Leute großer
Mut kam und sie hinüberwateten. Wie wurden da die Angsthasen
von heute morgen verspottet!

Das Boot ward wieder angebunden, ein Pferd nach dem anderen
die steile Uferböschung hinaufgezogen und dann über die weiten
Vorlandwiesen, die überall mit seinem Grase bestanden waren, an
den Talrand hinaufmarschiert. Auch jetzt erwies sich die Angabe
der Falabakurraner als eitel Schwindel, — noch ehe die Sonne
ihren scharfen Talmarsch antrat, langten wir in dem kleinen Bauern-
weiler Siramana an.

Siramana war keine bedeutende Kulturstätte, und der Streu-
sand der Völkerschicksale wird seine Existenz weggespült haben, ehe
noch ein Historiker Gelegenheit gefunden haben wird, seiner Existenz
einen Tropfen Tinte zu widmen, aber das Lager in dem Weiler
hat Nansen, mir und ich glaube auch manchem meiner Leute einige
sehr behagliche Stunden gespendet, so daß wenigstens wir ihm ein
treues Andenken bewahren werden. Siramana ist kein eigenes
Gemeindewesen, sondern nur eine Pflanzerkolonie des alten Dorfes
Samaja, welches so alt ist, daß der Boden rund herum „verbraucht"
ist. Nun sind diese Bauern an das fruchtbare Uferland der Wildnis
am Fië hinabgesandt und gründeten hier eine Kornkammer der
Hauptstadt. Kind und Kegel, Katz und Kuh sind mitgenommen,
Hund und Huhn haben die Hyänen geholt; der Behaglichkeit aber,
die in diesen Bauerngehöften herrscht, der kann kein Raubzeug etwas
anhaben. Natürlich gibt es keine weiten Fremdenhallen, keine Häupt-
lingsburg, keine großen Tanzplätze. Alles ist ein wenig zusammengedrängt, aus Bambusgeflecht und Stroh gebaut, aber dafür steht
rundherum auch an Stelle einer einengenden Verteidigungsmauer,
„tata" genannt, ein Rain von hohem Maniok, ein Baumgarten,
in dem Bohnen und Kürbisse an den Stämmen sich emporranken.
Hier liegt ein Gehöft, drüben eins, im ganzen an Zahl sieben,
aber diese sieben Höfe schafften mehr und gehäuftere Kalebassen mit
gutem Mehlbrei für meine Leute herbei als zuweilen die großen
Städte. In den Städten herrscht aber der Geist abgemessener
Profitsucht, simulierender und superkluger Altmännerweisheit, wogegen hier nur frische Jugendkraft lebt und diktiert; und die

strömt stets mehr Freigebigkeit und wertvolle Menschheitsgefühle
aus, als das zusehende und schmarotzende Alter.

Die Jugendkraft regiert hier! Kein altes Weib zu sehen! Nur
junge Mütter, teils vor, teils nach der bekannten schweren Stunde.
Es wimmelt von Kindern, jedermann ist hier für keimendes und
sich entwickelndes Leben besorgt. Nicht nur die Aecker sollen in
solchen Landdörfern Früchte tragen! Einige junge Männer spielen
scherzend mit kleinen Hosentrompetern, die nur deswegen verhältnismäßig reinlich sind, weil sie keine Hosen tragen und weil die Mama
sie morgens und abends sorgfältig in eine große Kalebasse setzt
und abwäscht. Draußen, im Acker, ist eine regelrechte kleine
Seifenfabrik, und das kommt der Sauberkeit der Kleinen in Siramana sehr zugute.

Nachher zieht rechte Lagerbehaglichkeit in Siramana ein. Auf
der kleinen Galla vor uns hocken die dunklen Honoratioren der
Kolonie, rauchen den guten Tabak, den ich ihnen zur Feier dieses
Tages, an dem sie kennen lernten, daß unser Wille dem der Eingeborenen überlegen ist, schenkte, und besprachen die Ereignisse und
die Erlebnisse, den Versuch der Träger zu streiken, die flimmernden
Bäche und Bachwaldungen, die Antilopen, den Flußübergang usw.
Die Träger selbst haben sich große Aeste und Baumstümpfe geholt
und einen Halbkreis von Feuer entzündet. Dicht neben uns
scherzt ein junger Familienvater mit seinem dreijährigen Jungen,
und die vollbusige junge Mutter wäscht das Jüngste noch einmal
gründlich ab. Vom Nachbarweiler her wiehern unsere Pferde und
scharren auch ein wenig, denn es ist kalt. Möglich, daß — wie die
Leute sagen — in der Nähe später auf Raub ausgehende Hyänen
ihr häßliches Kriegsgeheul sangen, daß nachts die Kinder ein wenig
ihre Sprechorgane übten. Wir wissen es nicht; denn wir
schlummerten in unseren braunen, kleinen Eingeborenenhütten gar
herrlich und ununterbrochen.

□   □

Nachdem der Uebergang über den Fiē glücklich gelungen und
die herrlichen Jagdgefilde der angrenzenden Hügelländer durch-
kreuzt waren, war es keine große Schwierigkeit mehr, schnell nach
Südfalaba zu gelangen. Um Hugershoff nicht in Ungewißheit über
mein Kommen zu lassen, sandte ich einen Boten voraus, und dann
marschierten wir selbst dem Süden zu. Marschierten — denn unsere
Pferde konnten nicht mehr! Die Strapazen waren für die guten,
nicht ganz jungen Tiere allzu große gewesen. Meines zeigte außer
beweisenden Merkmalen der Schwäche eine größere Schwellung

der hinteren Fesseln. Also hieß es absteigen und zu Fuß marschieren. Uebrigens bekam uns das sehr gut. Ich halte ein ordentliches Marschieren als Abwechslung für sehr geeignet, da dadurch das Blut ganz anders in Zirkulation kommt und der Verdauungsapparat angeregt wird, was beim ewigen Hocken auf dem Gaule nicht der Fall ist. Besonders bei Nansen konnte ich eine unverkennbar günstige Wirkung feststellen.

Uebrigens war der schlechte Zustand der Pferde sicher zum Teil auch auf das Konto unserer mehr oder weniger als minderwertig sich erweisenden Pferdejungen zu schieben. Bei dem einen hatte ich Charakterzüge wahrgenommen, die ich beim Neger früher nie bemerkt habe. Als er sich mehrmals Insubordinationen gegenüber Nansen hatte zuschulden kommen lassen und zur Strafe dafür von mir dazu beordert worden war, zwei Stunden lang sich als Träger zu betätigen, rächte dieser abscheuliche Kunde sich dadurch, daß er mir den einen Steigbügelgurt mit einem Messer halb durchschnitt, das ich ihm zu Weihnachten geschenkt hatte. Als wir mittags nach dem Uebergang über den Fië in Samaja ankamen, entdeckte ich diese Roheit und sandte ihren Urheber mit einer Ration, die für die Rückreise nach Bamako reichen mußte, heim. Er erhielt die Order, sich beim Herrn Administrateur zu melden.

Noch am gleichen Tage trafen wir am Nigerufer ein und zogen nun am 6. und 7. teils über die Talwiesen, teils über die höheren Uferböschungen hin dem Ziele Südfalaba zu. Gerade dieser Marsch lehrte mich erkennen, daß wir in eine wasserreichere Gegend gekommen waren; denn alle ein bis zwei Stunden galt es, einen Sumpf oder ein fließendes Gewässer zu durchwaten. Uns sagte dieser abwechslungsreiche Weg recht zu, die Träger aber waren damit weniger zufrieden. Glücklicherweise (kann ich in unserem Interesse sagen) waren wir jetzt in einem Lande angekommen, in dem der König der Tiere gewaltig und gewaltsam herrschte. Oftmals trafen wir seine Spuren, und das veranlaßte die Kolonne, sich möglichst eng zusammenzuschließen und schneidig vorzurücken. Ich reckte zudem meine Beine zu dem sehr sympathischen 5 km-Tempo, und die Folge davon war, daß wir in einer frühen Nachmittagsstunde des 7. Januar in Südfalaba, dem für die Zusammenkunft mit Hugershoff bestimmten, früher sehr bedeutenden Ort eintrafen.

Zu meinem Erstaunen war der Doktor noch nicht da. Er erschien erst am nächsten Tage mittags und bereitete mir gleich bei seinem Eintreffen einen nicht geringen Schrecken. Als ich in Bamako an-

kam, war ich schon über sein Äußeres sehr bestürzt; hier fand ich zunächst keinen Ausdruck für das Bild, das er mir bot. An einer akuten
Krankheit schien er nicht zu leiden, wohl aber an einer gehörigen
Blutarmut. Er war so schwach, daß er für den Weg von Sigirri bis
Südfalaba (etwa 20 km) zwei Tage gebraucht hatte. Er klagte nicht
über Fieber und über schlaflose Nächte, erzählte aber von fantasie-
vollen Träumen. Schon nach wenigen Stunden des Zusammen-
seins mit ihm wurde mir klar, daß ein großer Teil der Quellen seiner
Zustände beseitigt werden konnte, wenn der gute Wille vorhanden
war. Er war wieder verbüffelt und dem „Bubenstudium" anheim-
gefallen, hatte sich nicht genug Bewegung gemacht und somit noch
nicht die rechte afrikanische Aktivität erreicht. Und doch bedurfte
sein Körper offenbar einer frischen Tätigkeit. Ich beschloß deshalb,
einige Tage an diesem Orte zu bleiben, um ihm einerseits Gelegenheit zu geben, sich in unseren frischen, fröhlichen Expeditionsgeist
hineinzudenken, ihn zweitens zu beobachten und ihm drittens neue
Verhaltungsmaßregeln zu erteilen. Kein Vater kann, glaube ich,
liebevoller mit seinem Sohne reden, alles durchgehen und die Zukunft besprechen, als ich es in diesen Tagen versuchte.

Eigentümliche Verhältnisse lernte ich im „Staatsorganismus"
von Südfalaba kennen. Das Dorf machte einen zurückgekommenen
Eindruck, und der Eindruck entsprach den Verhältnissen. Der
energische Dorfchef war vor etwa Jahresfrist gestorben und hatte
die Regierungsgeschäfte seinen lieben, uralten Brüdern überlassen,
die so alt und verkommen waren, daß sie nicht mehr aus ihren
Hütten kamen und sich von einem jüngeren, etwas stupiden Manne
vertreten ließen. Dieser brachte gleich am ersten Abend eine unverhältnismäßig kleine Portion Essen für unsere Leute und erklärte,
nach dem Grunde dieser Vernachlässigung befragt, wir hätten an
den Aermeln gar keine Gallons (Aermelstreifen der französischen
Beamten und Offiziere), gar keine, wären also nicht einmal Unteroffizier, und da wir sogar nicht einmal Kaufleute wären, so gut
wie nichts. —

Sehr liebevoll! Innerhalb einer halben Stunde war die Menge
der gebrachten Lebensmittel aber vervierfacht. Die Unverschämtheit
war um so unverständlicher, als sich die Nachricht natürlich schon lange
im Lande verbreitet haben mußte, daß wir alles und jedes sehr
gut bezahlten. Aber da ein gehöriges Donnerwetter im Mali-nke-
Lande noch nicht über meine Lippen gekommen war, so fehlte bei
diesem minderbegabten, unverschämten Herrn der Maßstab, den er
dann aber bis zu unserer Abreise nicht wieder verlor.

Der große Barde Kankans, der Malinke Hansumana Kuate.

Sechstes Kapitel.
Weiter südwärts bis Kankan.

Die Bammana-Belebugu hatten mir erzählt: „Wir müssen unseren Acker sehr gut bearbeiten und haben doch wenig Erzeugnisse; die Mali brauchen das nicht, — sie haben ein Baschi (Zaubermittel), das nennen sie Sankalimá-Kaba, das schafft ihnen viel Regen,

Tafel 12. Aus dem Marschleben; dritter Übergang der Expeditionsspitze über den Fiä.

Fruchtbarkeit und reiche Ernte. Wir haben schon Reisen unternommen, um Sankalimá-Kaba zu erwerben, aber die Mali sagen,
sie wollten sie nicht geben, denn sie würden nur im Malilande und
am Niger bei den Bosso gefunden. Auch die Uassulu haben viele
Sankalimá-Kaba."

Solche Nachricht ist recht interessant und kann ein Ethnologen-
herz zu allerhand Unternehmungen anreizen; denn die Sankalimá-
Kaba mußten sich, linguistisch betrachtet, als „die Blitzsteine" unseres
eigenen Landvolkglaubens erweisen, und als daraufhin die in meinem
Dienste stehenden Mali befragt wurden, bestätigten sie mir, daß
diese Amulette die schneidenden Steinwerkzeuge darstellten, die der
Donner des Gewitters herniederwürfe. Uebrigens gäbe es in Uassulu
mehr Sankalimá-Kaba als bei den Mali. —

Also auf zur Suche nach Sankalimá-Kaba! Ich beschloß, mich
wieder mehr nach Osten ins Fië-Sankarani-Land zurück zu begeben
und hier die entsprechenden Nachforschungen im Uassululande an-
zuheben. Ein gemütlicher Marsch brachte uns am 11. Jannar bis
Banamfulla, ein zweiter, etwas schärferer, am 12. bis nach Keniera,
das nahe dem Fië liegt. Die Wasserscheide zwischen Niger und
Fië war höchst bequem zu überschreiten. Parklandschaften, Termiten-
pilzfelder, abgebrannte Savannenländer wechselten in charak-
teristischer Weise ab.

In einem mehrere hundert Meter breiten Tale, das seine
Regenwässer — wie ich auf einem Ausflug am anderen Tage feststellen konnte — in den nahe fließenden Fië entsendet, lagen einige
Ortschaften, — mehrere Häuflein kümmerlicher Gehöfte, die traurigen
Reste des einst so großen und bedeutsamen Keniera. Von großer
Vergangenheit sprach nur noch der weite Umkreis einer arg zer-
schlissenen Tata (Umwallung), und vom Alter der eine oder andere
noch in der Blüte angepflanzte Baumrecke. Sonst war es ein ver-
gnügliches Völkchen, das uns in seinen heruntergekommenen, aber
von Kindern wieder einmal wimmelnden Mauern sehr freundlich
aufnahm.

Am anderen Tage saß ich erst längere Zeit beim Dorfchef und
ließ mir von alten Zeiten erzählen: Wie Samory einst heran-
gerückt sei, wie sie damals zu einem französischen Kapitän nach
Kankaba gesandt hätten, wie der dann nicht gekommen sei, — sei
es, weil er sich zu schwach fühlte, um sich mit dem trotzigen Almanny
zu messen, sei es, daß es etwa nicht in die damalige Politik paßte, —
kurz, wie dann nach langer Belagerung die Festungswerke er-
brochen worden seien und aller Glanz der alten Handelsstadt ein

6

Ende genommen habe. — Wie manchen von diesem „glücklichen
Räuberhauptmann" überrannten Stadtwall, wie manches von ihm
gründlich zerstörte alte Gemeinwesen habe ich seitdem noch gesehen.
Ich werde Gelegenheit haben, von diesem Helden Almanny Samory
noch manches zu erzählen.

Nach dieser Unterhaltung hub die Promenade durch die einzelnen Gehöfte, das Einblicken in die verschiedenen Häuslichkeiten,
an. Na, und dann fand ich auf einem Korbe mit Saatkorn das
erste Sankalimá-Kaba, das erste Steinbeil! — Es war dieses erste
Sankalimá-Kaba kein besonders schönes Stück, es war sogar recht
charakterlos, aber ich kann es nicht leugnen, daß sich mein Herz
doch etwas bewegt fühlte, was leider auch mit dem Preise zusammen-
hing; das erste recht charakterlose, dumme Steinbeilchen hat mich
20 Fr. gekostet. Das war bitter, — meine Hoffnung, eine umfangreiche Sammlung dieser Art heimbringen zu können, sank bis unter
den Gefrierpunkt. Aber ich blieb standhaft, gab meine Hoffnung
auch in diesem erstarrten Zustande nicht auf und drückte mit Zähigkeit und unbekümmert um weinende und dem traurigen nächsten
Ernteergebnis entgegenwimmernde Familienmütter den Preis
herunter.

Von diesem Augenblicke des ersten Erschauens eines leib-
haftigen Steinbeilamuletts an bekam die Physiognomie meiner Arbeit
einen neuen Charakterzug. Wenn es nun aber gelang, im Laufe
der kommenden Monate Tausende solcher unscheinbaren Juwelen
ans Tageslicht zu bringen, so haben meine braven Schwarzen dabei
ein ganz hervorragendes Verdienst. Bald entdeckte ich verschiedene,
für solche Sammeltätigkeit ganz hervorragend geeignete Köpfe. Da
war eine Gruppe von solchen, die durch Findigkeit ausgezeichnet
waren und als harmlose Spaziergänger die Saatkornvorräte mit
den darauf liegenden Sankalimá-Kaba entdeckten. Eine andere
Kategorie ward besonders dadurch wertvoll, daß ihr Mund- und
Mienenspiel sie zu vorzüglichen Ueberredungskünsten geeignet
machte, die den Besitzerinnen der steinernen Schätze den vorzu-
ziehenden Wert meiner Stoffe und unserer Tama (Frank-Stücke)
klarmachten. Mir selbst aber fiel die Arbeit des Verpackens und
Ordnens zu. Es wurden für jede Ortschaft oder Gegend kleine
Säckchen genäht, die das erworbene heilige Gut aufnahmen.

Zwei Tage verweilten wir und warteten eine Sendung ab,
die ich durch Hugershoff aus Sigirri beordert hatte; am 15.
wandte ich mich dann dem Osten, dem „vielgefürchteten" Nassulu,
zu. Die Leute waren mit diesem Besuche der Landschaft zwischen

Fië und Sankarani nicht einverstanden. Sie sagten, wir würden nicht genügend Nahrungsmittel vorfinden, und im übrigen sei das Land steinig und für Pferde sehr schwer passierbar. Die braven Leute meinten, wenn sie von den Strapazen der Pferde sprachen, immer die eigenen Beine, hatten aber mit der Gegenüberstellung recht, denn Pferd und Träger teilen in diesen Ländern meist alle Freuden und Leiden nach gleichen Maßen. Während die Burschen sich aber eifrig von den Kenieraleuten Sandalen als Sohlenschutz herstellen ließen, mußten die 16 Pferdebeine unbeschuht bleiben und waren somit gezwungen, die bösen kommenden Tage so gut oder so schlecht zu überwinden, wie es ihre Natur eben zuließ.

Anfänglich ließ sich der Marsch am 15. Januar recht gut an. Aus dem Kenieratale ritten wir ins ungemein breite Fiëtal, das, nach den eingetrockneten Fährten zu schließen, in der Regenzeit außerordentlich reich an schwerem Wild und auch an Elefanten sein muß, durchquerten die etwa 1½ km breite Sohle und standen zum zweiten Male am schönen Fië, der ohne Schwierigkeiten überschritten wurde. Das Fiëtal zeigte auch hier die bekannte Erscheinung: Leichte Randhöhe (8 bis 15 m), breite Wiesenniederung (2 bis 3 km), das Flüßchen selbst etwa 7 m versenkt und die Böschungen im Gegensatz zum Vorland mit Baum und Busch bewachsen. Am anderen Ufer erreichten wir bald das letzte Malinkedorf (Magana), rasteten hier, und dann war es auch mit der Annehmlichkeit des Weg= zustandes zu Ende. Die Durchwanderung des Geländes zwischen Fië und Sankarani nahm nur zwei und eine halbe Stunde in Anspruch, aber dieser Marsch genügte, um mich davon zu über= zeugen, daß die Befürchtungen der Leute berechtigt gewesen waren. Steine, Steine, Steine, — Kieselscherben mit eisenhaltigem Lehm zu festem Konglomerat verbunden, — schichtenweise gelagert, — von schmalen und schroffböschigen, wenn auch gar nicht tiefen, jetzt meist trockenen Bachbetten durchzogen. — Und doch war das noch der angenehmste im Vergleich zu den folgenden Märschen, und im Verhältnis zu dem, was wir einige Monate später auf dem Wege nach Liberia erleben sollten, das reine Kinderspiel.

Das Dörflein Diamana war der erste Weiler der Uassulu=nke, einer Fulbe=Mandemischung, die durch die starke Durchsetzung mit allerhand Sklavenblut charakterisiert wird. Hier schon sah ich, daß es mit dem Fulbestudium in Uassulu nicht viel werden würde, und somit setzte ich die Reise am anderen Tage am Sankarani hin mit wenig Hoffnung auf Erfolg in dieser Richtung fort. Den Sankarani zu überschreiten und in diesem von Samory durch und durch ver=

6 *

sklavten und durch die Sklavenbefreiung der Franzosen fast gänzlich
entvölkerten Lande noch weitere Reisen zu unternehmen, gab ich
unter diesen Umständen sogleich auf. Wir zogen am linken Sankarani-
ufer, den starken Bogenwindungen entsprechend, auf dem Uferrande hin, krazelten die steinigen Wände der Seitenbäche ab und
auf, ließen die Stiefel von den Steinkanten zerschneiden und waren
froh, als wir die Pferde noch in leiblichem Zustand vorwärts
brachten. Meine Absicht, diese unwirtliche Gegend möglichst schnell
zu verlassen, war aber nicht so schnell zu verwirklichen. Als wir
am 17. von Morobugu nach Faransegela vorrückten, hatten wir
uns noch nicht sehr weit vom Sankarani entfernt und noch schlechteres
Terrain zu überwinden.

Am 18. besserte sich bei energischem Festhalten der Ostrichtung,
nach Ueberschreiten des hier recht kümmerlichen, jeden Ueber-
schwemmungsboden baren Fiës der Weg in etwas, und als wir
im ersten Malidorfe Kumoma eintrafen, waren wir den unwirt-
lichen Gegenden glücklich entronnen. Leider aber waren die Pferde
auch so mitgenommen, daß ich einen Ruhetag einschieben mußte,
der sehr erfreuliche ethnographische Ergebnisse einbrachte, denn in
Kumoma waren einige alte Leute, die mit wirklichem Behagen alle
Einzelheiten im Verlaufe von Beschneidungs-, Verlobungs- und Ver-
ehelichungszeit mitteilten, so daß ich eine gute Schilderung der
Sitten und Anschauungen in diesen Dingen geben kann. Zuletzt
ist das, was der Fremde von diesen Dingen sieht und miterlebt,
immer nur Aeußerliches, und es bedarf des Einblickes in das Innere
der Auffassung, den nur behagliche Plauderstunde gewährt.

Der Marsch vom 20. Januar brachte mir eine große Ueberraschung nach zweierlei Richtung. Ich erlebte an diesem Tage zum
ersten Male in Afrika einen ausgesprochenen Frühlingstag. In
den westlichen und äquatorial-feuchten Ländern der Guinea- und
Kongozone gehen die Jahreszeiten so unmerklich ineinander über,
außerdem sind sie dort so wenig unterschiedlich, daß sich dem bloßen
Auge eigentlich immer das gleiche Dunkelgrün dietet. Ich habe
wenigstens einen wirklich ausgesprochenen Jahreszeitwechsel am
Kongo-Kassai weder in dem Landschaftsbilde der Flußwälder noch
in dem der Landdickichte wahrgenommen. Hier im Suden war
das nun ganz anders, und gerade in den Morgenstunden des
20. Januar habe ich darin für mich eine Entdeckung gemacht. Die
Morgentemperatur war nicht nur um einige Grade höher, sondern
der Windhauch, der gegen 6 Uhr morgens über das Laub hinstrich,

war von jenem wundervollen Duft, jenem frischen Erd- und
Pflanzengeruch erfüllt, den wir in unserem nordischen Europa alljährlich mit so großer Freude begrüßen. Dann traten wir in ein
heiteres, lieblich gewelltes Plateau-Gelände ein, dessen Gebüsch-
gruppen und Baumkronen regelrechte Frühlingssprossen zeigten.

Mir ist diese Tatsache so auffällig gewesen, daß ich wirklich
das Gefühl hatte, aus dem trockenen, dürren Winter in den lieblichen Frühling getreten zu sein. Ich betone ausdrücklich, daß bis
dahin und noch lange nachher keinerlei Regen im Lande fiel. Vielmehr war es ein einfacher nächtlicher Südwind, der diesen Einfluß ausübte. Daß wir uns an dieser Stelle des Landes, zwischen
Fië und Milo, übrigens unter ganz besonderen geographischen Verhältnissen bewegten, und daß dieser Fleck von den Naturverhältnissen
der westlichen Höhenränder ganz besonders abhängig war, muß auch
als charakteristisches Merkmal angeführt werden, auf die Gefahr
hin, daß ich fürs erste den afrikanischen Frühlingszauber für meine
Leser störe: Aber alsbald fiel es mir auf, daß alle Quertäler nicht
mehr den Laubbestand des Sudan, sondern den der Westküste boten.
In gewaltiger Höhe ragten die Baumwollbäume und andere
Giganten des West-Ur- und Galeriewaldes an den Böschungen
empor. Es war eine wahrhaft tropische Pracht, wie ich sie im
Sudan nicht gesehen hatte und wie sie Nansens staunendem Auge
hier überhaupt zum ersten Male und gleich in großer Vollkommenheit sich darbot.

Aber noch mehr: in den Bachgründen gaukelten nicht mehr
die großen, braunen, mehr oder weniger einförmigen Sudan-
schmetterlinge, die unserer europäischen Lepidopteren-Fauna so sehr
zu gleichen scheinen, daß es fast langweilig ist, — sondern Papilio
erschien in voller Schöne, grüne und blaue Schwalbenschwanzarten
und verschiedene andere ausgesprochen westafrikanische geflügelte
Schönheiten tänzelten hier herum. Aber auch damit ist noch nicht
alles gesagt.

Am bezeichnendsten für Klima und Flora ist es, daß in diesem,
am 20. Januar durchwanderten Landstriche sogar der Schimpanse
heimisch ist. Ich hörte ein offenbar altes Tier hier zum ersten Male
rufen und bellen, und ich hörte auf meiner Umfrage in den Dörfern,
daß der Kobo (in Fulfulde) oder Uorong (im Bammanankmang und
im Malinkankmang), wie ihn die Obernigervölker nennen, hier
allerdings sein nördlichstes Standquartier hat, daß er wohl einmal
einen Ausflug in den Flußwäldern weiter nach Norden zu unter-

nehme, daß er aber weder am Sankarani noch am Fië und Milo, noch am Niger selbst so weit nach Norden zu ansässig sei wie gerade hier.

Ich durchschnitt also eine Zunge der Zone westafrikanischer Naturverhältnisse und erlebte hier aus denselben Gründen, die diese erhalten haben, auch das erstemal just hier Frühlingswind und Frühlingssprossen, die ich in dem südlicher gelegenen Kankan erst viele Wochen später wahrnahm, nämlich als wir aus Liberia wiederkamen und kürzlich die ersten Gewitter niedergegangen waren. —

Auch das Dorf, das wir an diesem Tage erreichten, Koba mit Namen, zeichnete sich nach verschiedenen Richtungen hin auffallend vor den anderen aus, nämlich durch eine sehr interessante, ziemlich reine Fulbebevölkerung, sehr schöne Wohnhäuser, im alten Schutt ausgegrabene, alte Tabakspfeifen, wie sie heute hier nirgends mehr in Gebrauch sind, und einen Verein von „anciens tirailleurs". So blieben wir einen Tag liegen, sammelten bei den Leuten die anscheinend ein wenig heilig gehaltenen Tabakspfeifen, schliefen einmal aus, übten die Leute im ethnologischen Fragespiel und gaben dem Verein der „anciens tirailleurs" einige Glas Absinth, worauf Herr, Diener und Roß gut, sogar recht gut mit Nahrung versehen wurden. Diese „alten Tirailleure" sind in den Ländern des oberen Niger eine merkwürdige Einrichtung, sie nehmen nach der Rückkehr vom Dienst eine Stellung in ihrem Heimatdörfchen ein, die stark an die Bildung der Ruma, der angeblichen Nachkommen der marokkanischen Eroberungssöldlinge, erinnert, was die soziale Stellung dieser Leute vielleicht ein wenig verständlich macht. Als alte Krieger der heutigen Eroberer repräsentieren sie fast eine ganz besonders geachtete Kaste und treten überall neben den Häuptlingen und Aeltesten — trotz ihrer Jugend — als angesehene, weltkundige und einflußreiche, — ich glaube auch recht oft als ausschlaggebende Berater auf. Wir haben solche Tirailleure im Dienste kennen gelernt und gesehen, wie eigenartig sie den „modernen" Geist verkörpern. Wir können hier eine Erfahrung machen, die für die Fragen historischsozialer Entwicklung sehr wichtig ist: der europäische Kolonisator bildet sich im neuen Lande eine Söldnerschar aus, die ihm Werkzeug im Kriegswerke ist. Wenn er aber das Werkzeug beiseite legt, dann wirkt dies selbständig, wie mit eingeborener, magnetischer Kraft, fort und zwingt die anderen in seinen Bann. — Ich habe den Einfluß der alten, ausgedienten Soldaten in Kumi, Koba und sonst gesehen und kann nur darauf hinweisen, daß die „guterzogenen" einen sehr wertvollen, die „schlechterzogenen" und sich selbst über lassenen eventuell einen sehr schlechten Einfluß im Lande ausüben können.

Am 22. Januar brachen wir um ½7 Uhr von Koba auf, zogen auf ebener Straße zum Milo, überschritten ihn und erreichten wenig später die breite Hauptstraße, die Sigirri mit Kankan verbindet. Mittags rückten wir in Kankan ein.

☐ ☐

Schon aus der Entfernung von mehreren Kilometern machte Kankan mit seinen vielen Kegeldächern, inmitten eines Saumes von uralten Bäumen, einen imposanten Eindruck. Vom Miloflusse sah man von der Seite, von der wir kamen, nichts, wohl aber überschritten wir jenen Seitensumpf des Flusses, der in der Legendengeschichte des Landes eine bedeutende Rolle spielt. Zwischen zwei mächtigen Bäumen, unter denen einige alte Weiber Früchte des Melonenbaumes feilboten, zogen wir dann ein, ließen die alte Moschee links liegen und bogen zur Rechten in das Gehöft des Gemeindevorstehers ein.

Eine Zeitlang mußten wir in der Empfangshalle warten, bis der recht alte und gebrechliche, aber äußerst vornehm dreinschauende Herr erschien; denn ich wies es ab, mit seinen Söhnen zu verhandeln. Um die Zeit zu kürzen, ließen wir einen Tee brauen, zündeten ein Pfeifchen an und machten es uns in dem wohl 8 m im Durchschnitt messenden Raume behaglich. Diese gemächliche Einbürgerung, wie überhaupt der Umstand, daß ich nicht zuerst zu den Europäern, die auf der anderen Seite Kankans wohnen, weiter ging, ferner der Umstand, daß ich weder bei der Administration, noch bei einem Kaufmanne, noch im öffentlichen Lager abstieg, erwarb uns sogleich eine gewisse Verwunderung und auch ein ganz ausgesprochenes Wohlwollen bei den Einwohnern. Sogleich trat aber auch eine markante Eigenschaft der „Kankaner" in nicht ganz angenehmer Weise zutage: ihre beispiellose Neugier. Dies ist der Zwiespalt, den jeder wandernde Ethnologe mit Geschick überwinden lernen muß: Tritt er in ein neues Gebiet, so wird er im allgemeinen infolge der soeben überwundenen Strapazen und Reiseschwierigkeiten etwas ermüdet sein und sich auf eine Ruhestunde in Einsamkeit freuen, die der Theorie nach um so berechtigter ist, als ein Erwägen der Sachlage für die Durcharbeitung eines Angriffsplanes und das Erforschen der Volkseigenarten nur ersprießlich sein kann. Bei den düsteren Waldstämmen, denen man sich nur mit großer Vorsicht und langsam nähern kann, ist solche Erwägung am Platze. Bei den aufgeweckten, beweglichen Steppenstädtern ist aber gerade diese erste Stunde die wichtigste und ihre richtige Aus= nutzung für den Erfolg des Studiums die entscheidende. Aeußert sich hier nicht gleich im ersten Augenblick ein wirkliches Interesse, so ist die Sache sowieso wenig aussichtsvoll. Denn das Phlegma dieser Neger kann nur im ersten Sturme überwunden werden, und wenn der Schwarze nicht vom ersten Augenblick an an die Inter= essen der Weißen gefesselt und dann sorgfältig an diese Interessen= gemeinschaft gewöhnt wird, so ist die Arbeit eine sehr schwierige. Also heißt es, Müdigkeit, aufsteigenden (durch etwaigen schlechten Gesundheitszustand noch gesteigerten) Ekel vor der Menge über= winden und sogleich zupacken, — natürlich unter Wahrung des Ab= standes, der zwischen Weiß und Schwarz stets aufrechterhalten werden muß. Die Neugierigen und Interessierten sind sonst schnell zudringlich, neigen zu Uebergriffen und Ueberschreitung der sozialen Schichtgrenze und werden leicht unverschämt, in welchem Falle der ganze Vorteil im Handumdrehen verloren ist.

Wir saßen bei Tee und Pfeife in der Empfangshalle des Ober= herrn von Kankan, und vier Türen sowie eine mächtige, von Antilopenfellen belegte Bodenfläche zwischen den Wänden gaben für außerordentlich viel Volk Gelegenheit zum Nähertreten, Platznehmen, Anstoßen, Glossieren usw. Kinder, denen außer dem Lendenschurz keine Verschönerung der Naturformen zuteil geworden war, kamen auch in Scharen heran und herein, und bald wären wir gewiß in einer schönen Platz= und Interessenbedrängnis gewesen, wenn ich nicht sehr schnell eine gehörige Ordnung geschaffen hätte. Ich verbot den Kindern und jungen Leuten das Zunaherücken und forderte die alten Herren auf, sich Platz zu machen und den Gruß der Fremden zu erwidern. So kam ich sogleich in Berührung mit den angesehenen und für mich wichtigen Leuten der Stadt, und dies hatte zur Folge, daß der würdige Kreis der alten Herren durch das Auftreten des Herrschers selbst die erwünschte Bogenkrönung erhielt. Er wollte nämlich erst nicht kommen, sondern mich durch Botschaft abspeisen lassen. Als er aber hörte, daß sich alle Welt durch meine Handlungsweise geschmeichelt gefühlt und insgesamt eingestellt habe, da rückte er denn auch heran und begrüßte mich in würdiger Weise.

Wir verhandelten über die Wohnungsfrage, erörterten das Problem der Nahrungs= und Fouragelieferung, und dann trennten wir uns. Trotz zweimaligen längeren Aufenthaltes habe ich den alten Mann nicht wieder zu Gesicht bekommen, denn er sandte in

Tafel 13.

(L. Frobenius phot.)

Aus dem Marschleben; die Nachzügler überschreiten das Sumpfland bei Kankan auf der Knüppelbrücke.

durchaus höflicher und sachlicher Weise jeden Tag mehrmals einen seiner Söhne zu mir. Morgens, um sich nach meinem Befinden zu erkundigen, mittags, um außer dieser offiziell höflichen Frage noch Huhn, Orangen, Zitronen, Melonenfrüchte usw. zu über- mitteln, und abends, um 40 schwere Eßschüsseln für das Personal darreichen zu lassen. Außerdem kamen wir nur noch dreimal in Verhandlung, zweimal je am Ende meines Aufenthaltes, wenn ich mein reichlich bemessenes Gegengeschenk überliefern ließ und er dafür in schmeichelhaften Ausdrücken seinen Dank zurücksandte, und einmal etwa acht Tage nach meiner ersten Ankunft, zu einem Zeit- punkt, als das Interesse und das Wohlwollen des Volkes und der Volksführer auf einem gewissen Höhepunkt angelangt war. Da- mals bekam ich durch seinen ältesten Sohn folgende, etwas eigen- tümliche Nachricht überbracht: „Er, der Herrscher, wäre in seiner Jugend kriegerisch gewesen, er hätte große Kriege geführt und nach der Unterweisung Samorys Kankan zur Blüte gebracht. Jetzt sei Friede, und. es würden viele Kinder in Kankan geboren, woran er, der Herrscher, sich wegen gewisser inzwischen eingetretener Schwächung seiner „Gesundheit" nicht mehr beteiligen könne, und darum möchte ich, der ich doch so sehr gute Medikamente besäße, ihm ein Mittel senden, das ihn in den Stand setze, sich an der Vermehrung des Kinderreichtums auch noch einige Jahre zu be- teiligen." Um dem alten Herrn einen Gefallen zu erweisen, sandte ich ihm eine harmlose Brauselimonade, d. h. Natron bicarbonicum mit Zucker und Zitronensäure, und die Anweisung, wie das zu mischen sei. Ich setzte hinzu, ich sei mir sehr wenig sicher, ob es hülfe, da ich ihn ja wegen seines Fernbleibens nicht selbst sehen könnte, möchte aber sagen, daß, wenn es in zu erhoffender Weise doch nützen sollte, dieser Erfolg nicht vor einem halben Jahre zu er- warten sei. Damit glaubte ich den hübschen, kleinen Zwischenfall erledigt und war zunächst nur sehr befriedigt, zu hören, daß der edle Alte den Trank selbst gemischt und mit viel Genuß und Hoff- nung geschlürft habe. Nicht gering war mein Erstaunen, als einige Monate später, da ich aus Liberia nach Kankan zurückkam, der Alte mir ein Geschenk in Gestalt einer Ziege zustellen und die Mitteilung überbringen ließ: das Mittel wäre sehr gut gewesen und finge auch „langsam an zu wirken". Ich war etwas beschämt, und um mich vor mir selbst zu rehabilitieren, ließ ich antworten: „er solle nicht vergessen, daß Allah schon viel größere Wunder habe geschehen lassen". Dabei verwies ich auf die Geschichte Abrahams, die den Mohammedanern bekannt war. —

Mohammedanern! Damit ist das für Kankan gegebene Schlag-
wort gefallen. Wir haben hier inmitten einer Vorpostenkolonie
dieser Religion lange gelebt, lange genug und genügend nahe dem
Herzen dieses Geistes — unsere Wohnung lag keine hundert Schritt
von der Moschee und vom Hause der Kirchenleiter entfernt —
um ein wenig vom Leben in solcher Region und Religion zu hören
und sagen zu können. Ich erachte das Problem des Vordringens
der verschiedenen Religionen und der damit verbundenen Auf- und
Abwellungen der Rassen- oder Volksenergien für eines der wichtigsten in der Kolonialpolitik und nicht nur in der Völkerkunde. Wir
haben in der christlich-religiösen Bewegung, die sich unter den Süd-
afrikanern der Neuzeit abspielt, ein wichtiges Beispiel, wie plötzlich
und unheimlich und auch unheilsam Religionsideen und Rasseninstinkte sich verbinden können. Mit Interesse nahmen wir wahr,
daß heute noch aus alter Zeit ein Rest christlich-religiöser Kolonialbildung in Abessinien in unser Leben herüberragt, und wir hören
von arabischen Schriftstellern, daß bis nach dem Jahre 1000 am
Nigerbogen die christliche Religion lebendig gelehrt, verbreitet und
erhalten war, — bis sie dann durch den Andrang des mohammedanischen Fanatismus verdrängt wurde. Das sind Tatsachen der Vergangenheit, die uns lehren, nicht gedankenlos und
ohne Berücksichtigung der Zukunft an den Erscheinungen der Gegenwart vorüberzugehen, auf daß wir nicht unsere modifizierte
Steuerkraft auszunutzen verpassen, die stark genug zu sein scheint,
wenigstens nach einigen Richtungen hin die Verhältnisse der Zukunft zum Besten der höheren Entwicklung der Menschheit zu beein-
flussen. Aus diesem Gedankengange heraus habe ich der Lebensweise des Mohammedanismus besondere Beachtung geschenkt, und
besonders, wenn es mir nicht versagt sein sollte, auch in nördlichen und östlichen Ländern des Sudan gleiche Beobachtungen an-
zustellen, hoffe ich einigen Beitrag zur Beurteilung solcher Fragen
beibringen zu können.

Die Bewohner Kankans und der die Stadt umgebenden Land-
dörfer mögen insgesamt eine Volksmenge von 16 bis 18 000 Köpfen
ausmachen. Der weitaus größte Teil rechnet sich zur Mali-nke-
„Rasse" (wie weit dies zutrifft, werde ich im Hefte: „Geschichts-
überlieferungen" zeigen) und zur mohammedanischen Religions-
gemeinschaft. Die Leute nennen sich „Moriba", also Marabuten,
und mit dem Namen, dem Einhalten der Gebetstunde, dem Vermeiden von Schnaps, Wein und Bier (Palmwein gilt als erlaubt)
sowie den entsprechenden Waschungen, ferner im möglichst osten-

tativen Zurschautragen der Gebetschnur usw. erschöpft sich die
äußere Ausdrucksform der hochgelobten Religion Mohammeds im
westlichen Sudan. So weit das Aeußere, von dem ich sagen kann,
daß es die Hauptsache ist. Besonders das „Müllern", wie wir es
fast unwillkürlich nannten, das Zeremoniell des Gebetes, die
Knickserei, das zeremonielle Handstreichen, Knien, Aufstehen, das
Spielen mit schwellenden und sinkenden Tonmelodien beim Gebet
machte den Leuten eine gewisse Freude. Und damit ist auch so
ziemlich alles gesagt.

Innerlich lebt nichts von Fanatismus, dogmatischer Ueberlegung oder irgendwelchem tieferen Religionsgeist in ihnen. Bei den
Fulben in Futa-Djallon soll es anders sein. Da soll mehr Sinn
im kindischen Spiele sein. Hier im Mali-nke-Gebiet habe ich in
ernsthaft angeregter Unterredung nichts Tieferes gefunden. Zudem
mag bemerkenswert sein, daß der Mohammedanismus eigentlich nur
„an der großen Straße" und in den Städten festen Boden hat.
Auf dem Lande, in den Dörfern wird nicht „gemüllert". Das ist
aber eine bezeichnende Erscheinung der Geschichte dieser Religion
im Sudan, daß sie sich immer in den Städten festsetzt und das
Land den alten Glaubensformen überläßt. Keine einzige Stadt
hat der Islam im Sudan gegründet, soviel ich hier jetzt über-
sehe, nicht einmal Timbuktu; überall hat er sich immer nur in
den schon vorhandenen Handelsemporien eingenistet und breit-
gemacht.

Wenn ich somit dem gegenwärtigen Zustand des Islam im
Mali-Gebiet keine religiös wesentliche Bedeutung zumesse, so will
ich nicht etwa gesagt haben, daß er keine Gefahr bietet, — ganz
im Gegenteil! Merkwürdigerweise ist diese absolut äußerliche
Religion, die in „Müllerei" und Gebetsplärrerei ihren Triumph
feiert, eine Nationalgefühl spendende Kraft. Die Belege, die ich
hierfür gefunden habe, sind schlagend. Schon in einfachsten Aeußer-
lichkeiten kommt das zum Vorschein, z. B. im Namen. Die Völker
in diesem Gebiet nennen sich ursprünglich selbst Mali-nke. Sowie
sie aber Mohammedaner sind, weisen sie diesen, den „Heiden" zukommenden Ausdruck zurück und bezeichnen sich als „Moriba". Die
Völker in den später bereisten südlichen Provinzen Torong und
Konian nennen sich Soni-nke. Sowie sie aber Mohammedaner sind,
weisen sie diesen, den „Heiden" zukommenden Ausdruck zurück und
bezeichnen sich als Moriba. Und so geht das weiter.

Mit dem Namen ändert sich in diesen Ländern aber auch entschieden das Zusammengehörigkeitsgefühl. Die Moriba sind eins

unter sich, und man braucht nur einen einzigen großen Salaam
mit Aufmerksamkeit zu beobachten, um sich zu vergewissern, wie
diese gleichzeitige „Müllerei" der Hunderte und Tausende von einem
stolzen und verächtlichen Herabschauen auf die „Heiden" begleitet
ist. Also die Idee der Zusammengehörigkeit ist hier weder religiös
noch sozial, sondern national. Ich sage, sie w i r d es nicht erst,
sondern sie i s t es schon. Nicht nur, daß die Leute danach trachten,
ihre Legenden mit mohammedanischen Beziehungen zu schmücken,
sondern sie schließen sich, wenn sie sich am dritten Orte treffen,
über Familie, Rasse und Staatszugehörigkeit hinwegsehend, den
„Heiden" gegenüber zusammen. Am deutlichsten wird diese Macht
dadurch bezeugt, daß sie sogar imstande ist, die Kasten zu über-
brücken; denn in stark mohammedanistischen Städten des Mandingo-
landes trifft man schon die früher so verachteten Dialli (Barden
und Lederarbeiter) und Numu (Eisen- und Holzarbeiter) unter den
angesehensten Bürgern. Und das ist für jeden, der weiß, wie
weit sonst diese Völker den Abstand zwischen Edelmann und Barde
oder Handwerker bemessen, ein charakteristisches Zeichen.

Liegt in dieser nationalisierenden Eigenschaft des Mohammedanismus schon eine Beunruhigung, so muß doch gesagt
werden, daß zwei andere Tatsachen den Tatbestand noch wesentlich ungünstiger erscheinen lassen, nämlich: 1. daß der Mohammedanismus fraglos um sich greift, und 2. daß sich ihm die geistig
und wirtschaftlich kräftigsten Elemente anschlossen. Da der erste
Punkt durch den zweiten genügend erklärt wird, brauche ich nur
dem zweiten einige Worte der Erläuterung zu widmen. Ich sagte
schon oben, daß der Islam sich mehr in den Städten als auf dem
Lande ausbreite. Einmal bewirken das die Schulen, die in den
Städten errichtet werden, in denen Schreiben, Lesen und einiges
andere auswendig gelernt wird, zum anderen die wirtschaftliche
Gesamtgrundlage der Mandingo-Kultur. Die Schulen fördern langsam, anscheinend sehr langsam, aber doch sicher. Es werden nicht,
wie in älterer Zeit, große Gelehrte und dogmatische Recken erzeugt,
dafür genügt eben weder die Negernatur noch die von außen
kommende geistige Werkzeugszufuhr an Literatur. Die wissenschaftliche Gesamtgrundlage ist der Religion aber desto günstiger.

Drei starke Kräfte leben im Neger: Bauernnatur, Handels-
trieb und Handfertigkeit. Von diesen ist die letzte leider im Lanfe
der europäischen Kolonisierung immer mehr brach gelegt worden,
während der ersten bis in die letzte Zeit keine genügende Förderung
zuteil wurde, wogegen die Einfuhr europäischer Waren und fort-

schreitende Sicherung und Verbesserung der Straßen und Kara-
wanenpfade einen Aufschwung des dem Neger sehr sympathischen
Kleinhandels begünstigte. Der Handel kommt sowohl im Markt-
verkehr der großen Straßen als in der Karawanserei zur Entwicklung. Beim Handel wird (nach Negermaßstab) ziemlich viel verdient. Nun, und der Handel liegt fast gänzlich in den Händen
von Mohammedanern. So sind sie die wirtschaftlich Starken und
Mächtigen, die auch den Bauern gar manches Mal ihre Uebermacht
mögen fühlen lassen, die aber jedenfalls, wenn es einmal zu
einem Ausbruch des Fanatismus kommen sollte, ihr wirtschaft-
liches Uebergewicht zugunsten ihres national-religiösen Gedankens
in die Wagschale werfen werden und damit gar bald Anführer
auch ziemlich beträchtlicher Bauernheere werden können.

□ □

Es war ein heiteres Leben in unserem Lager in Kankan.
Zwischen den auf freiem Platz angebundenen Pferden tobten Hunderte
von, wie schon gesagt, bis auf die Lendenschurze fast unbekleideten
Kindern umher und versuchten, in meinen kleinen Hof und in mein
großes, aber seiner beiden sehr niedrigen Türen wegen recht
dunkles und luftloses Haus einzudringen. Es gab viel zu schauen
und zu hören. In einer Ecke saß ein Capita und handelte die
Sankalimá-Kaba ein, die auf Suche ins Land gesandte Kundschafter
entdeckt hatten. Schon dieser Winkel war belebt genug. Wie emsig
es zuging, kann man danach abmessen, daß etwa 1200 heilige
Steingeräte in diesen Tagen erworben werden konnten, die auf
einem Umkreis von höchstens 8 km gefunden waren. Kankan, an
der Grenze der Schiffbarkeit des Milo gelegen, war aber wohl
schon in uralten Zeiten eine wichtige Zentrale, zur Steinzeit vielleicht ein Handelsplatz für Steinwerkzeuge, die in den südlichen
Bergländern, in Kissidugu und Konian, im alten Tukorro hergestellt wurden. Auf diese Vermutung wird im Bande über die
Prähistorie einzugehen sein.
Eine andere Szenerie, die alt und jung immer gleich stark
lockte, war die „Vernehmung" des alten Geschichtskenners und
Barden Hausumana Kuate, des kenntnisreichsten Dialli, dem ich
in den südlichen Mandeländern habe Volksüberlieferung ablauschen
können. Ob der alte Herr über ein altes, bis dahin unbekannt
gebliebenes Manuskript verfügte, habe ich nicht ergründen können;
jedenfalls wies er zuweilen auf das, „was seine Väter aufgeschrieben
hätten", hin und entwickelte außerdem eine Kenntnis in diesen

Dingen, die geradezu verblüffend war. Er kam täglich für eine
oder mehrere Stunden, und nie allein, sondern stets gemeinsam
mit seinen Söhnen oder anderen Dialli und manchem anderen
angesehenen Manne, der von dem Geschichtsunterricht profitieren
wollte. Solche „Stunden" sind übrigens nichts weniger als billig;
mancher deutsche Privatdozent wäre mit dem Honorar, das der
alte Hausumana Kuate bezog, zufrieden, es betrug nämlich 5 Fr.
pro Stunde. Und in einer Stunde kommt bei den vielen unvermeidlichen Fragen nicht so sehr viel heraus, jedenfalls muß alles
mehrfach wiederholt werden, da hier mehr Mißverständnisse vor-
liegen können als anderweitig.

Wiederum ein anziehendes Objekt für die Menge stellte eine
Strohveranda dar, die ich auf dem Hofe hatte errichten lassen,
damit Nansen für seine Kunstfertigkeit ein gutes Lichtfeld habe.
Wie drängten sich die Zuschauer manchmal um des jungen Meisters
Porträts und Zeichnungen!

Als nun ein Ueberblick über das, was in den Mandeländern
bis dahin geschaffen war und in Zukunft noch zu schaffen sein
könne, gewonnen war, arbeitete ich ein Projekt für fernere Tätigkeit aus. Für die Sankalimá-Kaba war mir die geographische Basis
nicht breit genug. So beschloß ich denn, wenn auch der dadurch
bedingten Kosten wegen mit schwerem Herzen, eine Reihe kleiner
Sammlerexpeditionen in die Lande zu senden. Verfügte ich doch
jetzt über ein ausgezeichnetes Führer- und Trägerpersonal, so daß
bei guter Aufgabestellung etwas Ordentliches zu leisten sein mußte.
Zunächst sandte ich an Dr. Hugershoff die Weisung, so schnell wie
möglich auf der breiten Straße von Sigirri nachzukommen. Einmal bewog mich hierzu der Wunsch, ihn gründlich untersuchen zu
lassen, dann die Hoffnung, seine erschlafften Lebensgeister durch
energische Aufgabenstellung zu erneuter Anspannung anzuregen.
Richtig hatte ihn der mehrtägige scharfe Marsch, zu dem ihn meine
Marschorder zwang, auch schon aufgefrischt, und er machte bei seiner
Ankunft einen weit gesunderen Eindruck als in Südfalaba. Die
Untersuchung durch den Regierungsarzt von Kankan ergab ein sehr
günstiges Resultat, nur wurde eine gewisse Nervosität festgestellt.
Ich ließ ihn also innerhalb zweier Tage eine Breitenbestimmung
und genaue Aufnahme der alten Moschee von Kantan vornehmen
und sandte ihn dann mit Mballa und Kuntigi, einem neuen Koch,
und mit neuem Trägerpersonal nach Sikasso. Eine zweite Kolonne
rückte mit dem Auftrage der Sammlung von Sankalimá-Kabas
unter Leitung des gewissenhaften Capitas Buda nach Westen (nach

Futa Djallon), und dann erwog ich ernsthaft, was ich selbst zu Nutz und Frommen der Völker- und Länderkunde im Oberniger- lande ausführen könne.

Es gab hier im Süden so vielerlei und wichtige Arbeit zu erledigen, daß die Wahl des nächsten Weges nicht ganz leicht war. Es war ausgeschlossen, jetzt nach Bamako zurückzukehren, da ich hier an der Grenze älterer, wichtiger, nach Süden verschobener Kulturen angekommen war, und konnte nur in Frage kommen, ob ich mich dem englischen Sierra-Leone-Gebiete, dem freien Liberia oder der französischen Elfenbeinküste nähern sollte. Entscheidend ward mir endlich, daß seinerzeit Professor Schweinfurth in Berlin mitgeteilt hatte, daß, aus den Aufzeichnungen und Sammlungen des un- glücklichen Professors Volz zu schließen, in den Grenzländern Liberias wichtige Aufgaben zu lösen seien. Diese Ansicht fand ich durch die Auskünfte des alten Hausumana Kuate über die geschicht- liche Vergangenheit des Sudan bestätigt. So ward der Aufbruch nach diesen Ländern und das Anschließen unserer Reise an die Arbeit des alten Andersen und des jüngeren Volz beschlossen.

Der Leser würde einem Irrtum anheimfallen, wenn er glaubt, daß die gesamte Zeit unseres Aufenthaltes in Kankan nur dem harten Studium der Steine, der Festlegung der trockenen Geschichts- überlieferung und der Beobachtung des antialkoholischen Mo- hammedanismus gewidmet gewesen sei. Vielmehr erlebten wir hier herrliche Prassereien, denn außer dem Herrn Administrateur und seinen Adjutanten kamen besonders die Herren Bourgeois, Dr. Joheux und Empereur, uns aufs allerherzlichste entgegen, was zur Folge hatte, daß in den damals etwas wackeligen Räumen der Administration allerliebste kleine Symposien abgehalten wurden.

Wenn wir dann abends Abschied nahmen, geleitete uns ein freundlicher Zug liebenswürdiger Geister das lange Ende bis in unser Lager. Außer den genannten drei Freunden, die wir nie vergessen werden, gingen noch äußerlich außerordentlich ernst dreinschauende schwarze Fackelträgerinnen am Rande des Weges einher, und wenn wir dann in unserem Lager noch einen Ab- schiedsschoppen zu uns nahmen, dann war die Vergnüglichkeit eine ganz ungemeine, und es war ein Glück, daß die leuchterhaltenden Karyatiden gar so ernst und gar so schwarz waren.

Kurz und gut, wir haben in Kankan gearbeitet, aber Philister wurden wir doch nicht.

■ ●

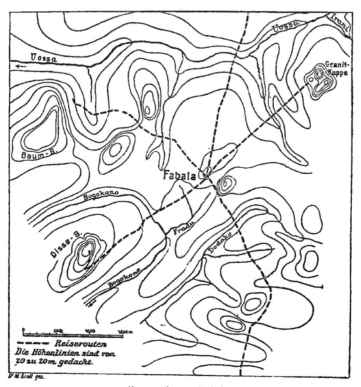

Umgegend von Fabala.

Siebentes Kapitel

Zur liberianischen Grenze.

Am 7. Februar 1908 marschierten wir durch Kankan an das Ufer des Milo. Ich hatte jetzt eine stattliche Kolonne bei mir, da ich für die Reise in den Südländern alle Tauschwaren und die notwendigsten Nahrungsmittel mitschleppen mußte. Außer dem üdlichen Stab von Dolmetschern, Oberleitern, Capitas waren etwa 100 Träger benötigt und noch einige „zivilisierte" Tomma angeworben, die sowohl die Sprachen Liberias als die geläufigen nördlichen Mandingodialekte beherrschten. Alle bisherigen Sammlungen und alles nicht dringend Nötige war unter bester Hut, nämlich in den Lagerräumen der Administration, zurückgelassen worden.

Der Milo hatte in jenen Tagen eine Breite von etwa 50 m, und sein Spiegel war ungefähr 7 m unter dem ebenen Lande gelegen. Die Landschaften dieses Flusses werden wir recht gut kennen lernen, wenn unsere Talfahrt auf einem Stoßboote, unsere Rückreise nach Bamako, zu schildern sein wird.

Der Marsch dieses ersten Tages ließ sich recht gut an, denn noch war das Gelände angenehm gleichförmig. Auf dem rechten Miloufer stiegen wir eine sanfte Hügelwelle empor, die den Milolauf schnitt und so auch hier die Grenze der Schiffbarkeit charakterisierte. Der Zug schlängelte sich durch kleine Landweiler, über langgestreckte, mit Termitenpilzen übersäte Kiesel=Konglomerat= Plateaus, durch üppig belaubte, etwa 15 m versenkte Bachtäler und langte so nach der Mittagshöhe in Tinti=Ule an. Dieser Ort hat seinen Namen von in einiger Entfernung auftretenden roten Böschungen (Tinti = Böschung oder Bergwand, ule = rot), an deren Abhang das Städtchen früher lag. Tinti=Ule war ein stark mohammedanischer Flecken, dessen Bevölkerung stolze Miene und möglichst „zivilisiertes" Exterieur liebte und es nicht besonders gerne sah, daß wir für den Abend eine Tanzvorstellung wünschten. Ueberhaupt fiel es mir auf, daß uns während des Marsches nach Süden überall weit weniger Wohlwollen und Zutrauen entgegengebracht wurde als später auf dem Rückwege, in dessen Verlauf wir so viel Freundlichkeit erlebten, daß ich sehr bedauerte, so schnell, wie die Verhältnisse es bedingten, durch das Land jagen zu müssen.

Am zweiten Marschtage ging es durch ziemlich ähnliche Landschaft, aber die Zahl der Bäche mehrte sich, die Höhen stiegen, die Böschungen wurden steiler, und ehe wir am Nachmittage in der früher so mächtigen Stadt Bissandugu Einzug hielten, gewann ich nach Osten hin einen weitreichenden Fernblick in das östliche Talgelände des Fië, aus dem einige ansehnliche Hügelspitzen emporragten. Es war klar, daß wir auf einer Plateau=Stufe angelangt waren, auf der ersten Stufe des südlichen Berglandes. Aber auch hinsichtlich der Ansiedlungen trat nun ein merkbarer Unterschied gegenüber dem Besiedelungsstande des Milotales hervor: alle Anzeichen der Verarmung und Entvölkerung. Bissandugu, die früher so berühmte Stadt, entpuppte sich als ein ganz jämmerliches Hütten= häuflein, — es schaute um so kümmerlicher drein, als die gewaltigen Bäume, in deren Schatten es zusammengedrückt lag, im

abendlichen Windesrauschen von stolzer Vergangenheit und großem
Alter zeugten. Der Ort barg für uns überhaupt nur zwei kaum
mögliche Hütten, die außerdem noch durch den Dorfchef von einigen
Wanderburschen befreit werden mußten. — Auf alle meine Fragen,
womit dieser kümmerliche Zustand des von der Natur fraglos reich
gesegneten Landes zu erklären sei, erhielt ich den Hinweis auf
Samori oder Samory.

Auf allen Karten vom Ende des vorigen Jahrhunderts finden
wir „das Reich Samoris" oder des Almami, wie er sich nennen
ließ, in mächtiger Ausdehnung eingetragen, und einige Autoren
haben so glänzende Darstellungen dieses mächtigen und gewaltigen
Kriegsherrn geliefert, daß seine Erscheinung wohl einiges Interesse beanspruchen darf. Da ich außer den sehr sachlichen und
möglichst objektiven, aber vielleicht auch nicht ganz richtigen Angaben Bingers keinerlei der offenbaren Wahrheit entsprechende
Schilderung kenne, so mögen die Mitteilungen, die ich über den
„Almami" hier im Lande Tamg, in seiner Heimat, über ihn erhielt,
ihre Wiedergabe finden. Man hat an „schönen" Gründen für das
Emporkommen dieses Mannes so viel wie möglich zusammengetragen,
und das ist um so verständlicher, als der Almami eine Zeitlang
ein Verbündeter Frankreichs war, und so niemand eine Interesse
daran hatte, der wahren Natur dieser Erscheinung auf den Grund
zu gehen. So hat man z. B. geschildert, wie der junge Samori
als emsiger und harmloser Wanderkaufmann seine Laufbahn begonnen, wie seine Mutter, die er über alles liebte, von einem
starken Unterdrücker gefangen genommen wurde, wie er dann als
guter Sohn, edler Regung folgend, sich selbst als Gefangenen für
Freilassung der Mutter erbot usw. Folgen wir demgegenüber den
Schilderungen der Ueberlebenden aus der Zeit des Helden, d. h.
solcher Leute, die in seinen Dörfern mit ihm lebten und ihn in
guten und schlechten Tagen kennen lernten.

Samori wurde etwa 1840 geboren. Sein Vater war Lawéa
Turre, ein Wanderkaufmann von anscheinend anständigem Charakter,
aber großer Armut. Dagegen wird Samoris Mutter, eine Frau
aus Keblés (siehe Geschichtsüberlieferung) — also Kamara-Verwandt-
schaft, von den eigenen Verwandten als eine Ränkespinnerin und
ein ungewöhnlich schlaues Weib bezeichnet, die der Turre nur deswegen zur Gattin erhielt, weil sie im Heimatdorfe mehrfach gestohlen und mit ihrem eigentlichen Zukünftigen deswegen zerfallen war. Samori, der spätere Almami, wurde in Minianblabugu, einem Weiler in der Nähe Bissandugus, geboren und wuchs

erst daheim als Ackerbursche, später als Begleiter seines Vaters
auf. Turre aber soll schon der Streiche wegen, die der junge
Bursche in den auf der Wanderschaft berührten Dörfern ausführte,
viele Unannehmlichkeiten gehabt haben.

Als Samori etwa 20 Jahre alt war, hatte er sich schon zum
vollkommenen Gauner ausgebildet. Ein Talent muß er fraglos
besessen haben, nämlich Kameradschaft für seine Streiche zu finden.
Er wanderte mit einigen Spießgesellen im Lande umher und lag
dem äußeren Anscheine und Aussehen nach dem Hühnerhandel ob.
Erst war er in Farabana, dann dehnte er seine Reisen bis nach
Kayes aus. Dem äußeren Anscheine entsprach aber das Wesen der
wahren Tätigkeit dieser Burschen gar nicht. Sie waren nichts
anderes als Tagré oder Guána-nja, d. h. Wegelagerer, Buschräuber, wie die Mali-nke — und Djabajá, wie die Bammana diesen
edlen Beruf bezeichnen. Sie reisten besonders gern zur Zeit des
frühstündigen Mondaufganges, in welchen Perioden die kleinen
Karawanen abends im Busch lagern, um noch in der Nacht wieder
die Wanderung aufzunehmen, während sie die heißen Stunden des
Tages im kühlen Schatten der Dorfbäume verschlafen.

In solchen schönen Mondnächten betrieb Samori vorzugs-
weise sein Handwerk, und zwar zunächst mit großem Erfolge, —
bis ihn sein Schicksal eines Tages erreichte. Die Kassonke waren
die ersten, die hinter einen Raubmord des jungen Samori kamen
und ihn gefangen nahmen. Er mußte sich hier herauszureden. Aber
damit war es mit der Wirksamkeit seines Glückssternes für einige
Zeit vorbei. Als er sich nach seinem Heimatstädtchen zurückziehen
wollte und Bissandugu (die Hauptstadt seines Distriktes) passierte,
hielten ihn einige Boten, die Verwandte durch Samoris Ueber-
fälle verloren hatten, fest und setzten ihn und die ihn als „Wanderkaufmann" begleitenden zehn Spießgesellen fest. Die schlaue Mutter
des Helden scheint es gewesen zu sein, die ihn und sieben seiner
Spießgesellen in listiger Weise befreite.

Nun floh Samori in das Dorf seiner Mutter. Hier aber war
auch schon genug von seiner Tugendhaftigkeit bekanntgeworden, und
die Folge war, daß er von Keblé in Djerrabugu selbst gefangen-
gesetzt wurde. Der alte Keblé, der ein ebenso vornehm gesinnter
Herr gewesen zu sein scheint wie seine Söhne, deren ich mehrere
kennen lernte, überließ es den angesehenen Leuten (den ältesten
der Kamara), über den Raubmörder zu beschließen, und forderte
sie in einer Versammlung auf, keine Rücksicht darauf zu nehmen,
daß dieser Bursche durch seine Mutter mit seiner, des alten Fürsten

Familie, verwandt sei, vielmehr sollten sie rücksichtslos urteilen und
dann nicht vergessen, daß auch seine Mutter nicht viel tauge. Keblé
sagte: „Er selbst könne nicht richten, weil der Verbrecher sein
Verwandter sei." Vornehme Gesinnung des einen erzeugt vornehme
Handlung des anderen, und so ließen sich die Edlen des Kamara
leider dazu bestimmen, den Vagabunden freizulassen und nur des
Landes zu verweisen.

Samori floh. Er war nun zunächst in allen Westländern unmöglich geworden, da der Ruf seiner Schandtaten, Schicksale und
seines Charakters als eines ganz gefährlichen Buschräubers sich
alsbald über das Land verbreitete. So entfloh er denn nach Osten
und vollzog den Umschwung, der ihm allein wieder zu Macht
und zu Ansehen verhelfen konnte: er begab sich unter die Schülerschar eines angesehenen kriegerischen Apostels seiner Religion und
erwarb sich bei dessen Zügen und Unternehmungen dessen Freundschaft und Wohlwollen. Leider vermochten mir die Leute in Torong
und Konian den Namen dieses anscheinend seinerzeit sehr angesehenen Mannes nicht zu nennen, aber die Angabe Bingers,
daß der mohammedanische Lehrer Samoris Sori Ibrahim oder
Todé Birama gewesen sei, halte ich für durchaus richtig.

Dagegen wußten meine Berichterstatter sehr wohl zu erzählen,
daß Samori unter dieser Maske und unter dem Schutze seines Be-
lehrers sein Handwerk eines Buschräubers fortsetzte und unter der
Schülerschar des fanatischen Apostels einen Zweigverein für Raubmord gründete. Eines Tages nun, als der weise Frömmigkeitsprediger
dahintergekommen war, wie die Sache stehe, soll er Samori haben
auf den Boden werfen und ihn auspeitschen, dann sich aber von
seinen Versprechungen der Besserung haben betören lassen. — In
gleicher Nacht aber sammelte Samori alle seine Spießgesellen,
alle nahmen Pferd und sonstigen Besitz mit, und damit jagten sie
so schnell wie möglich von dannen. Samori leitete den Zug seiner
alten Heimat, der Stadt Bissandugu, zu. Er war angeblich
der erste, der in diesen südlichen Ländern Pferde einführte. Mir
wurde das überall, von Kankan bis nach Liberia, einstimmig
versichert.

Man mag sich also den Eindruck vorstellen, den er mit seiner
Kavalkade und seiner stattlichen Macht hervorrief, und man wird
es ohne weiteres verstehen, daß er zum Herrn der Stadt gewählt
wurde, ohne daß man weiter nach seinem etwas dämmerhaften
Ursprunge, seinem früheren Leben oder nach der Methode, die ihm
zu seinem Ansehen verholfen hatte, fragte. Seine Macht ver-

stärkte sich auch hier wieder, indem er kleine Dialli (Bänkelsänger)
und Maniá (arme Leute) bestach und sich so in der breiten Schicht
der Bevölkerung eine gewisse Popularität erwarb.

Als seine Macht solcherart genügend gewachsen war, rief er
eines Tages alles nach Bissandugu, wo heute noch ein 15 m messender
Tumulus an seine Greueltat erinnert. Er rief alle Häupter der Städte
und Familien Torongs zusammen und stellte zu ihrem Entsetzen
diesen guten, aber schwerfälligen Bauersleuten die knappe Frage:
„Wer ist der Vater, wer ist die Mutter aller jungen Leute in Torong?“
— Man vergesse nicht: Samori war nun angesehen und wohlhabend,
als Herr von Bissandugu geachtet und als Führer seines, vorzüglich durch Reiterei ausgezeichneten, kleinen Heeres außerordentlich
gefürchtet. So kann denn die Antwort nicht verwundern, die vielleicht zögernd dem späteren Almami zuteil ward: „Du bist Vater
und Mutter von Torong!“

Dann kam die ganze Brutalität dieser rohen Buschräuberseele
zum Durchbruch. Samori erklärte: „Wenn ich Vater und Mutter
Torongs bin, dann sind die anderen alten Leute hier überflüssig.“
— Und er ließ alle diese Leute totschlagen und am selbigen Orte
in einem Massengrabe verscharren. Man muß erfahren haben, wie
tatsächlich in diesem Lande der Familienälteste ein omnipotens ist,
wie abhängig alles Getriebe von seinem Willen und Wollen ist,
um es verstehen zu können, wie diese grauenvolle Mordtat das
ganze Torong verwaisen konnte. Die Erschütterung solcher Art hätte
in einem nordischen Lande den Zusammenbruch der Macht des
Thrannen zur Folge gehabt. Hier war das Gegenteil der Fall.
Hier spielte der gemeine Staatsstreich dem Despoten unbeschränkte
Macht in die Hände. Bald war Samori Herr von Torong und
Nordkonian. Diese Grundlage seiner Macht schuf er, als er etwa
33 Jahre alt war, also bis zum Jahre 1873.

Alle weiteren historischen Daten sind von Binger zusammengetragen, der genau angibt, wie er, von Stufe zu Stufe steigend,
sein Reich gründete. Wir sehen ihn als einen Flüchtling auf dem
Rückzuge vor der endlich gegen sein Treiben aufgebotenen französischen
Armee wieder in Torong einziehen und nun auf dem letzten
Plünderungszuge das Land und den Süden von Grund aus vernichten. Diese ganze Erscheinung, die es vielleicht Frankreich ver-
einfacht hat, den westlichen Sudan zu binden — denn infolge ihrer
war das Land ausgepumpt und ausgesogen, matt und schlapp —
ist aber nicht nur von diesem Gesichtspunkte aus interessant. Nehmen
wir Samori als Typus und die Quintessenz seines Schaffens und

Wirkens als Beispiel für anderes, so bleibt die Schlußfolgerung
übrig: er entstand, ward groß und verging als Räuberhauptmann.
Seinem Reiche, einem großen unter den ausgedehntesten des
Sudan, war und ward nie ein anderer Gedanke zuteil, als der
des Räuberlebens. Als der Mann klein war, war er ganz gemeiner
Buschräuber, als er groß und reich war, Sklavenhändler en gros
und en détail. Er hat nie etwas anderes organisiert als Räuberei,
und wenn man historisch so gerne mit dem Satze: „Wem Gott
ein Amt gibt, dem gibt er auch Verstand" spielt, wenn man immer
wieder auf den Persönlichkeitskultus zurückverfällt und in der Entwicklung großer Schöpfungen das Bindeglied von Machtentfaltung
und Gedankenvertiefung sieht, so sei hier wieder einmal ein krasses
Beispiel dem Fantasiegalopp solcher Gedankenspielerei zwischen die
Beine geworfen.

Kulturwidrig war der Beginn dieses Buschrecken, kulturwidrig die falsche Ausspielerei des Gläubiggewordenen, kulturwidrig sein endlicher Machtausbau. Mir ist es wichtig, diese Erscheinung des Almami charakterisiert und verstanden zu sehen, denn
im Verlauf dieser Reisearbeit ist das Werden und Vergehen großer
Völker und Staaten, von Kulturgemeinschaften und Nationalitätenbildungen zu vergleichen und zu bedenken. Unwillkürlich wird der
Gedanke auftauchen, die großen Gestalten und Ereignisse der Vergangenheit mit den gleichen Vorgängen gegenwärtiger Zeit in
Parallele zu stellen und vielleicht auch Schlußfolgerungen für die
Zukunft aus solchen Tatsachen ziehen zu können.

Und hier setzt meine Warnung ein. — Die Geschichte Samoris
ist nichts als ein Ausdruck der Jämmerlichkeit der Kultur- und
Nationalitätenbildungen auf einem unreifen Volksboden. Wenn wir
in der der Geschichte gewidmeten Arbeit dem Gange der Ereignisse
durch die Jahrhunderte folgen, werden wir sehen, daß in diesem
Teil des Sudan die höhere Kultur im Norden einzog, die Volks-
kraft allmählich nach Süden strömte, daß aber die Kultur dieser
Verschiebung des Kraftreichtums nicht zu folgen vermochte. Im
Süden gewann daher endlich die Idee der Großstaatenbildung,
gänzlich bar allen Kulturgehaltes, Gestalt, und die Ausdrucksform
dieses hohlen, nur in Machtsucht sich dokumentierenden Gedankens
ist das Reich des Almami.   ☐   ☐

Das Gelände gewann auf diesem Marsche mehr und mehr an
Interesse. Kurz nachdem wir am 9. Februar Bissandugu verlassen
hatten, stiegen wir die erste Querwelle von grauem Granit hinan

und sahen dann von rechts die erste Bergwand näher heran=
kommen, an deren Fuß das Dorf Farabana lag. Als wir dieses
passiert hatten, galt es, die etwa 100 m hohe Stufe empor=
zuklimmen und dann befanden wir uns auf der zweiten Terrasse
des Berglandes, die an sich ziemlich eben dahinlief, aber durch
die etwa 30 m tiefen Einschnitte der zum Uossa=Milo abfließenden
Bäche vielfach gegliedert war. Hier schon tauchten nach Westen
zu höhere Erhebungen auf, die aber der Landschaft den Eindruck
der Hochebene nicht zu rauben vermochten. Erst als wir uns dem
Uossabach näherten, verlor sich dieser Charakter. Vor uns ent=
wickelten sich kulissenartig dreinschauende Rücken, und als wir in
Fadala ankamen, war das gesamte Bild so verändert, daß ich be=
schloß, zwei Tage dem geographischen Studium des Geländes zu
widmen.

In dem recht behaglichen Lager von Fadala, dessen Chef übrigens
kriechend höflich, aber offenbar von ausgesprochenem Uebelwollen
beseelt war, verbrachten wir dann den 10. und 11. Februar mit
allerhand interessanten kleinen Unternehmungen, die darauf hinaus=
liefen, die Natur, und wenn irgend möglich, auch die Vorgeschichte
hiesiger Gegend etwas aufzuklären. Während dieser Tage gewann
ich durch einiges Umherpilgern und Peilungsarbeit das Material
zu meiner Skizze, der einige Worte der Erklärung beigefügt werden
mögen.

Der auffallendste Punkt war ein von mehreren Seiten aus
sichtbarer, im Osten gelegener Granitkopf, der die ganze Gegend
beherrschte, und dessen düstere Gestalt durch ein Gemälde Nansens
recht wirksam dargestellt werden mag. Dieser einsame Kopf
erweckte mein Interesse um so mehr, als ich mit dem Fernglase
schon aus großer Entfernung einige Vertiefungen oder Höhlen in
den schroff abfallenden Wänden wahrgenommen hatte, die aus der
Natur des Gesteins schwer zu erklären waren und auf Menschen=
arbeit schließen ließen.

Zu diesem trotzig über die nach Osten hin sich weit aus=
dehnende Ebene schauenden Punkte führte uns demnach unser erster
Spaziergang. Richtig entdeckte ich auf der Ostseite des Hügels denn
auch allsogleich eine „heilige" Opferstelle, an der in alter Zeit jähr=
lich unter Hühner= und Reisopfern die Zukunft befragt wurde. Das
Dorf Fadala hatte vordem unten (im Osten) in der Ebene gelegen
und nicht, wie jetzt, im Westen des Granitkopfes. Und in dieser
Zeit war Fadala die Hauptstadt eines alten Königreichs gewesen.
Es wurde nun heimlich die aufgeschichtete Steinmasse auseinander=

genommen und einiges von dem im Innern gefundenen Opfer-
gut für das Museum entwendet. Es bestand in Eisengeld, eisernen
Pfeilspitzen, Messingringen, eisernen Hackenblättern usw. Dazwischen gemengt waren große Mengen von Reis und weißem
Hühnergefieder.

Hierauf schritten wir zur Untersuchung der Höhlen, von denen
leider nur einige auf der Nordseite befindliche erreichbar waren,
da die schönste der Westseite zu hoch lag und der Aufstieg zu ihr
über eine Steilwand geführt hätte. Diese Höhlen waren dadurch
bemerkenswert, daß sich im Innern der Ausbauchungen sehr tief
hineinführende und offenbar künstlich hergestellte Bohrlöcher fanden,
die den gleichen Kanälen unseres Pulversprengverfahrens ähnlich,
aber im Durchmesser weiter gehalten waren. Die Höhlungen boten
keinerlei anderen Inhalt als Lösung irgendeiner Hyänenart, sehr
viel Guano und einige unbebrütete Eier. Glücklicher war ich im
Auffinden von Resten alter Ansiedlung, als ich am Rande des Kopfes
und oben zwischen den beiden Spitzen in den von Erde gefüllten
Felsnischen nachgraben ließ. Hier fanden wir reichlich Topfscherben, und zwar betreffs ihrer roten Farben sowie der Zier-
muster, mit denen sie zum Teil bedeckt waren, von Farbe und
Muster verschieden, wie sie die Töpfereiprodukte der heutigen Bewohner dieser Gegend und über das Süd- und Nordland hinaus
auszeichnen.

Ganz anderer Art waren die Hügelrücken, die sich im Nordosten
von Fabala erhoben. Es sind auf meinem Kartenblatte vier solche
dargestellt. Sie bestehen aus jenem eigenartigen Gemenge von
Kieseln und eisenhaltigem Lehm, aus Sandsteingemenge usw., das
ich nun schon oftmals zu erwähnen hatte. Man könnte auf den
Gedanken kommen, sie als mächtige Tumuli anzusprechen. Aber
hier, im Zusammenhang mit den anderen zugehörigen Eigenschaften einer genügend charakterisierten, geologisch klaren Landschaft, scheint es mir näherliegend, ihre schlichte Natürlichkeit nicht
zu bezweifeln. Wenn man auf das Kugelgerölle, das die Oberfläche bedeckt, hinweist und behauptet, dies sei ein Beweis für künst-
liche Aufschüttung, so muß ich bemerken, daß die lateritartige Zer-
setzung dieser Oberflächen genau mit den Ballen- und Bomben-
bildungen übereinstimmt, die ich auf den Ebenen von Beledugu
gefunden und als für jene Gegend charakteristisch bezeichnet habe.
Ich muß also verschiedene französische Freunde, die diesen Erscheinungen kulturelle Bedeutung zuschreiben wollen, warnen, sich
in dieser Richtung allzu großen Hoffnungen hinzugeben. —

Bergstöcke der westafrikanischen Aufwölbung

(gez. von Frith Nansen.)

in Konian und Nordliberia.

Uebrigens werden auf unseren Kartenblättern die Verhältnisse um so selbstverständlicher, als die Hügel hier die charakteristische Wasserscheide zwischen den Zuflüssen zum Jamanutu und denen zum Uossa darstellen.

Als wir am 12. unseren Marsch fortsetzten, empfanden wir eine Steigerung in den Beschwerlichkeiten des Landes sehr unangenehm. Die Konglomerat-Kulissen wurden mächtiger und länger, am ausgesprochensten zwischen den Bächen, die zum Diassa abflossen; es tauchten im Süden mächtige Berglinien auf; der Himmel zeigte ein immer unfreundlicheres Gesicht. Hier die Uebersicht für die meteorologischen Ereignisse dieser Tage:

8. Februar 08. — Nachmittags schwere Luft, etwas Wolken.

9. Februar 08. — Mittags schwere Luft, um 2 Uhr im Süden eine Wolkenwand.

10. Februar 08. — Mittags schwere Luft, um 2 Uhr im Süden eine wuchtige Wolkenwand, und von 8 bis 10 Uhr abends Niederschlag, leichter Regenschauer, offenbar Rest von zerteilten Gewittern, denn er kam aus dieser Richtung.

11. Februar 08. — Mittags um 12 Uhr Aufsteigen von Gewitterwolken im Süden, um 3 Uhr starke Verdunkelung und erster Donner, $\frac{1}{2}4$ bis $\frac{1}{2}6$ Uhr Gewitterregen bei schwachen Entladungen.

12. Februar 08. — Mittags stärkere Aufgrauung des Himmels von Süden her, den ganzen Nachmittag, entsprechend unserem Vorrücken, zunehmende Schwüle. Um 4 Uhr 20 Minuten, also kurz nach unserem Eintreffen, Niedergang eines schweren Tornado, der bis $\frac{1}{2}7$ Uhr währt und dann in einen bis in die Nacht anhaltenden Regen übergeht.

Wir erlebten also am 10. Februar, nach einer Pause von etwa drei Monaten (wir hatten seit dem Betreten des afrikanischen Kontinents überhaupt nur einmal, am 15. (?) November, ein vereinzeltes Gewitterchen beobachtet), den ersten Regen, der uns wie eine gottbegnadete Erfrischung vorkam. Die interessantesten Momente der derzeitigen meteorologischen Verhältnisse mögen hier gleich in einigen Worten erwähnt werden. Die Reise war insofern interessant, als wir das Einsetzen der Regenzeit an mehreren Punkten wenigstens annähernd feststellen konnten und somit für die regionale Verteilung ganz hübsche Vergleichsmomente erhielten.

Die Gewitter entwickelten sich stets auf den Höhen der Wasserscheide zwischen den nach Süden fließenden Gewässern und den nach Norden entströmenden Nigerzuflüssen. Solange wir nördlich dieser Wasserscheide waren, stiegen sie von Süden auf; sobald wir

in Boola (also südlich) waren, bis zur Rückkehr nach Beela fast
täglich (mit und ohne Entladung), im Norden.

In Kankan scheint (die Angaben meiner dortigen Freunde
waren allerdings nicht ganz genau) der erste Regen erst einige
Tage nach dem 12. Februar eingetreten zu sein. Die Zahl der Nieder-
schläge bis zu unserer Rückkehr, nach der wir ein Gewitter erlebten, betrug nur sechs. — In Sigirri traten Ende Februar
einige Gewitter auf, dann war die sogenannte „kleine Regenzeit",
die dem starken Anheben der Regenzeit im Sudan entspricht, zu
Ende. In Bamako fiel dagegen kein Regen, kein Tropfen zwischen
dem 10. November 1908 und dem 17. April 1909. Dieser letzte,
ein Nachmittagsregen des 17. April, war leicht. Er kam ebenso
wie ein leichtes Nachmittagsgewitterchen am Montag, den 4. Mai,
von Norden her.

Leider war unser „Logis" in Garantumma recht traurig, und
als ich, an der Tür unseres jämmerlichen Hüttleins sitzend, noch
meine geographischen Tagesaufzeichnungen schwarz nachzog, fegte
mir ein unfreundlicher Wind die Frühlingsperlen des Regengottes
über den erhitzten Leib. In dieser Durchnässung sowie in dem
Verweilen in dem Erdgeruch beim Höhlenausgraben (bei Fadala)
sehe ich die Prädisponierung für die Krankheiten, denen ich in
Bälde anheimfallen sollte. Zunächst marschierten wir allerdings in
großer Gemächlichkeit am folgenden Tage nach Karawani oder
Kernane (letzteres die französische Schreibweise). Es war ein ganz
wundervoller Marsch, nicht so anstrengend wie die vorhergehenden
und reich an landschaftlichen Genüssen. Bald hinter Garantumma
passierten wir das Gononkobatal, das infolge seiner wundervollen
Urwaldvegetation echt westäquatorialen Charakter trug; und dieser
wurde noch dadurch vertieft, daß heute infolge des gestrigen Ge-
witterregens die Natur triefte; auch verbreiteten einige üppige,
blütenübersäte Büsche berauschenden Duft, und in den Zweigen
flötete jener bekannte Vogel Westafrikas, dessen langgezogene, in
regelmäßigen Abständen wiederholten Töne, melodisch auf-
schlagenden schweren Wassertropfen ähnlich klingen.

Darauf war das Gelände frei von den Eisenkonglomerat-
Kulissen, auf den Wegen trat reiner Quarz auf, wir schritten über
langgestreckte, sanftgebogene Rücken, und immer näher von links
heran trat die klobige, langgestreckte, in scharfer Kontur abschneidende
Masse des Guégebirges. Die Weiler waren gar ärmlich und, wenn
auch zuweilen unter mächtigen, seit Urzeiten angepflanzten Bäumen
gelegen, gar klein, jedoch waren die Menschen freundlich und ent-

gegenkommend, denn es waren ganz junge Ansiedlungen befreiter Sklaven, die im harten Frondienst eine ernste Schulung zu angenehmer Bescheidenheit durchgemacht hatten. Sie erklärten mir gerne die Beziehung der Höhen und Gewässer, so daß ich eine gute Vorstellung gewann, und in dem Augenblick, als auch zur Rechten am Horizonte zackige Gebirgskonturen erschienen, ward mir klar, daß diese Scheidemauer jenseits des Milo liege, und wir konnten somit nicht allzu weit vom heutigen Reiseziele Karawani entfernt sein. —

Der Milo tritt oberhalb Karawani mit einer etwa 5 oder 6 km breiten Talsohle aus dem felsigen Gebirge der Wasserscheide zwischen Sudan und Westafrika heraus. Die westliche Höhenlinie heißt Gus oder Guën, die östliche Turru. Bei Karawani nun öffnet sich die Talbreite noch ganz bedeutend und gibt einem herrlichen, östlich des Milo sich ausbreitenden Becken Raum, in dessen Mitte ein Hügel liegt, gekrönt mit der alten Stadt Karawani. Es ist ein herrlicher Platz für Gründung und Erhaltung eines starken und wohlzuverpflegenden Gemeinwesens. Und so erklärt sich aus dieser Lage, daß das, was Mussadugu für das südliche, Karawani für das nördliche Konian gewesen ist. Nur ist es bezeichnend, daß Mussadugu, trotzdem es südlich lag, die Hochburg eines fanatischen Islam ward, während Karawani anscheinend stets Soni-nke (Heiden) beherbergte.

Der Milo selbst enttäuschte uns etwas. Wir glaubten die Eingeborenen richtig verstanden zu haben, indem wir ihre Angaben dahingehend deuteten, daß hier Wasserfälle vorhanden sein müßten. Allerdings ward mir das beim ersten Anblick des Tales sogleich sehr unwahrscheinlich, und als wir dann, um die Sache zu prüfen und um ein Bad zu nehmen, zum „Flusse" herabstiegen, wurde die Berechtigung der Skepsis erwiesen: ein Flüßchen von nicht mehr als 15 bis 20 m Breite, lief der unscheinbare Milo etwa 15 m unter der Uferböschung zwischen Sandsteinen recht beschaulich dahin. Er zeigte auch nicht annähernd so viel Charakter und so viel Sonderheit wie der St. Paul-River, den ich wenige Wochen später weiter im Süden kennen lernte oder wie dessen Nebenflüsse: Logo und Loffa. — Mit Geringschätzung wandten wir dem langweiligen Gesellen den Rücken.

Da die letzten Tage recht anstrengend für Pferde und Mannschaft gewesen waren, beschloß ich einen Ruhetag einzuschieben, denn nachher galt es schnell das Gebirge zu überschreiten und die Grenze zu erreichen. Klang doch jetzt schon manches Wort von

Umkehrwünschen und Urwaldgefahren, Schwierigkeiten im Gebirge und Kämpfen mit den wilden Tomma, — was alles einen peinlichen Beigeschmack hatte und nach Trägerflucht roch. Richtig waren auch einen Tag später schon vier Leute „verschwunden", und ich bin sicher, daß ein weiterer Ruhetag uns gänzlich aller Träger entblößt hätte. Und doch wurde mir das Aufbrechen von Karawani recht schwer.

Als ich am Vormittag nach unserer Ankunft alle Einzelheiten des Gepäcks gewohnheitsgemäß revidierte und die Pferde besichtigte, entdeckte ich, daß mein armer Gaul einen stark aufgeriebenen Rücken hatte, also weitere Dienste als Reittier fürs erste sicher nicht zu leisten imstande war. Als ich das merkte, befiel mich eine gewisse Beklemmung, und eine Blutwelle zuckte mir, hervorgerufen durch diesen kleinen Aerger, durch den Kopf, die mich sogleich vermuten ließ, daß ich für Fieber oder sonstige Krankheit gut vorbereitet sei. Alle Gegenmaßregeln kamen zu spät. Noch am gleichen Abend wurde mir das Sprechen und Schlucken schwerer, und als ich mich um 6 Uhr niederlegte, trat ein sehr schweres Fieber ein. Als ich noch vor dem Verlieren des Bewußtseins eine Messung vornahm, ergab sich eine Temperatur von 42,5°.

Damit ist dann ein absoluter Schnitt für mich eingetreten. Von dem Augenblick an befand ich mich während vier Tagen entweder im Delirium oder in absoluter Stumpfheit. Ich selbst weiß von den Tagen nur noch sehr, sehr wenig, — so viel wie nichts. Sie sind aus meinem Bewußtsein weggewischt. Aber der trampfhaft durchgeführte Wille, vorwärts zu kommen, blieb lebendig, und wenn ich auch nur turze Märsche zu Fuß und in der Tipoha machen konnte — später wurde ich nämlich auf Nansens freundliche Veranlassung getragen — so ließ ich doch mit Sicherheit vorrücken. Wie schwierig das Gelände war, und welche Anstrengungen der Uebergang über den Guën für Leute und Pferde bedeutete, werde ich dann erst schildern können, wenn ich den Rückmarsch beschreibe. Im übrigen weiß ich, daß ich nachts alle möglichen sehr schmerzlichen Träume hatte, und daß ich mich tagsüber krampfhaft bemühte, ein vergnügtes Gesicht zur Schau zu tragen, weil die Furcht nicht von mir wich, daß etwa die Leute diese Situation nutzen könnten, um auszureißen und so der gefürchteten Reise nach Liberia zu entgehen. Wie ich aus meinen Tagebüchern ersehe, habe ich sogar Kompaß= und Aneroïd-Aufnahmen gemacht und verschiedentlich gepeilt; daß aber solche Arbeit keinen Wert haben kann, versteht sich von selbst.

Zum vollen Bewußtsein kam ich erst wieder am Tage nach der Ankunft in Beela, und zwar am 20. Februar. Am 19. machte ich mit Nansen bei den hier stationierten Regierungsbeamten einen Besuch und soll mich hier so leiblich benommen haben, daß die Herren nichts von meinem Zustande verspürten. Charakteristischerweise trat sogleich eine Besserung in meinem Befinden ein, als ich von einem der Herren die beruhigende Nachricht erhielt, daß — wenn meine Träger ausreißen sollten — hier in Beela neue Mannschaft aufgebracht werden könne. Da wich es wie ein Alp von mir und — einen Tag später hatte ich meine Gesundheit wiedergewonnen, wenn ich auch noch schwach war. Ich konnte sogar meine geschäftlichen Verhältnisse ordnen und mit den außerordentlich liebenswürdigen Herren der Regierung, Herrn Liurette und Guhotjeannin, einige reizende Stunden verbringen.

□   □

Am 21. Februar brachen wir nach Bogola oder Boola auf, das wir am 22. Februar nachmittags erreichten. Das durchwanderte Land war mehr hydrographisch als orographisch interessant. Seit wir das Guëngebirge passiert hatten, befanden wir uns im Abwässerungsgebiet des Sankarani. Und das Quellgebiet dieses Flusses war es auch, das wir zunächst hinter Beela durchwanderten. Erst gegen Mittag überschritten wir am 21. März den Boreani, einen 3 m breiten Bach, und das war der erste Zufluß zum Feredeguba. — Damit hatten wir die westafrikanische Wasserscheide zwischen Niger und Küstenflüssen erreicht. Die sämtlichen, sehr zahlreichen kleinen Bäche, die wir nun bis Boola querten, ergossen sich die ersten in den Feredeguba, die anderen in den Guan, welche beiden sich zu dem Hauptstrome der Elfenbeinküste, der Sassandra, vereinigen. Boola selbst liegt im Guantale. Auf dem Rückmarsche fiel mir besonders auf, daß die Wasserscheide zwischen Guan und Feredeguba viel ausgesprochener hervortrat als die zwischen Feredeguba und Sankarani — wenigstens auf dieser Straße.

Es ist ein anziehendes Bild, das sich den Reisenden eröffnet, wenn sie, von Norden kommend, an den Rand des breiten Guantales treten. Außerordentlich massige Berge, hier und da gekrönt von zackigen Sandsteinwänden und bis weit hinauf in allen Einschnitten ausgefüllt mit hochaufstrebenden westafrikanischen Waldbeständen, steigen neben den Tälern empor, und bei dem wirren Durcheinanderrinnen der regellos verteilten Seitentäler des St. Paul-River oder Diani (wie ihn die hiesigen Eingeborenen nennen), ist

es kein Wunder, wenn das Auge zunächst keine Gesetzmäßigkeit im
Aufbau zu entdecken vermag.

Mir ging das Herz auf bei diesem schönen Bilde, und ich war
von ganzem Herzen froh, dieses Land haben aufsuchen zu können.
Auch als später Krankheit und andere Schwierigkeiten, Müdigkeit,
komplizierte geographische Aufnahmearbeit und Aergernisse mit den
düsteren Eingeborenen zusammenkamen, um uns die Reise und den
Aufenthalt nach Möglichkeit zu erschweren, verließ die freudige Anspannung der Nerven uns nie, wir waren sehr glücklich in diesem
Lande, und wenigstens ich habe nachher mit schwerem Herzen Abschied genommen, als wir zu der so unendlich viel einförmigeren
Steppe des Suban zurückkehrten.

Nach der Vereinbarung von 1902 ist Boola der Grenz- und
Zollposten des französischen Machtbereiches, und wenn alles seinen
von Natur und internationaler Uebereinkunft bedingten Weg ginge,
würde das Land jenseits Boolas auch der Republik Liberia zu-
fallen. Ich werde Gelegenheit haben, auf die etwas verwickelten
und sehr wirren Verhältnisse, in die wir selbst durch den Zufall
hineingespielt wurden, näher einzugehen. Hier will ich nur einige
einleitenden Worte zur Erklärung des Sachverhaltes und der Bedeutung Boolas einschieben und von vornherein betonen, daß ich
weit entfernt davon bin, der ausländischen, hier etwas energisch
vorgehenden Kolonialpolitik auch nur den geringsten Vorwurf zu
machen. Wenn England und Frankreich von Sierra-Leone und dem
Sudan aus allmählich die Grenze ihres „Interessengebietes" immer
weiter nach Liberia hinein verlegen, so halte ich das für durchaus
günstig im Sinne der internationalen Kolonisation Afrikas. Denn
Liberia ist, als Staat betrachtet, ein so jämmerliches, unvollkommenes
Gebilde, ein so unglückseliges Zerrbild unserer nordischen Kultur-
zustände, daß es mir ganz und gar nicht geeignet erscheint, neben
den europäischen Kolonisatoren eine Rolle als besitzende und ver-
waltende Macht zu spielen. Für Europa und dieses reiche Land
Liberia wird es gut sein, wenn die Großmächte so bald wie möglich eine Neugestaltung der Verhältnisse herbeiführen.

Boola liegt also offiziell als letzte Station des französischen
Regimes an der Grenze der Wildnis, und seine Eigenschaft als
Zollstation verleiht ihm einen ganz besonderen Charakter und
einen ganz eigenen Reiz. Denn damit ist die Bedeutung, die Boola
mit seinen Donnerstag-Märkten schon von altersher hatte, noch
wesentlich gehoben worden. . Das A und B des Handels in Boola

diktiert die berühmte Kolanuß, das allbeliebte Schlecker= und Reiz=
mittel des Sudan, deffen Genuß dem Tabakkauen an die Seite
zu ftellen, aber überaus appetitlicher ift.

Die Kolanuß wird nur in Weftafrika angebaut, und zwar in
der Waldregion. In diefer Waldregion wohnen im allgemeinen
nur jene, durch verkehrsfeindlichen, jeder Berührung mit der
Außenwelt abgeneigten, mürrifchen Sinn ausgezeichneten Stämme,
die ihr Heimatland nie verlaffen. Um zu feiner Kolanuß zu kommen,
muß der Sudanneger felbft den Süden auffuchen, und fo kommt
es, daß fich einige vielbegangene Straßen gebildet haben, auf denen
die Djulla, die fahrenden Kaufleute, ihre Waren, zumal Barren=
falz (denn das will der Weftneger vor allem haben), aus dem Norden
herunterbringen um dafür Kolanüffe nach dem Norden auszu=
führen. Sie kommen mit Efeln, feltener mit Ochfen als Tragtieren
nach dem Süden. Sie felbft überfchreiten die Grenzftation Boola
eigentlich nie, ja der größte Teil führt feine Transaktionen in
Beela aus, und viele vollziehen das Taufchgefchäft, wenn auch natür=
lich mit weit geringerem Nußen, fogar in Kankan.

Den Zwifchenhandel zwifchen Kankan und Beela einerfeits und
dem Kolalande andererfeits haben die Konianleute, die Konianke,
in Händen. Diefe dringen weit in Liberia ein, fetzen fich auch
wohl in den weltverlaffenen Dörfern der Tomma ufw. feft und
bringen die Kola nach Boola, Beela und Kankan in Rückenhucken
auf den Markt. Sehr intereffant ift es, daß die Konianke noch
ein anderes Zahlungsmittel in Umfatz bringen, nämlich zwei Sorten
von Eifengeld. Die Völker des Urwaldes, des Tukorro, wiffen die
Metalle nicht zu gewinnen, oder vielmehr, es fcheint im eigent=
lichen Waldlande kein abbauwürdiges Material vorzukommen, woran
das Konianland dagegen fehr reich ift. Salzbarren und Eifengeld=
forten find die wichtigften Taufchartikel; Stoffe fpielen erft in
unferer Zeit eine auch nicht fehr hervorragende Rolle.

Solche Donnerstagsmärkte find ftark befucht. Hunderte von
Menfchen kommen zufammen, die Konian und Tomma bringen
Kola und Palmöl aus dem Süden. Die Sudankaufleute, Neger,
ja in neuerer Zeit fogar Mauren und wiederum Konianke, bringen
Salzbarren, Eifengeld und Stoffe aus dem Norden. Zwifchen
Boola und dem französifchen Konian fitzt die Zollfpinne und alles,
was nach Norden fein Kola oder fein Palmöl trägt, muß bezahlen.
Diefe Zolleinnehmer bringen Frankreich ein fchönes Stück Geld ein.
Wenn ich nicht irre, beträgt der Zoll für die Einfuhr nach Konian
für 1000 Kolanüffe 10 Fr. und für 20 kg Palmöl 1,50 Fr. Da

nun die Last, je nach Schwere der einzelnen Exemplare zwischen
2000 und 3000 Stück beträgt, so bringt jede Last Kolanüsse etwa
25 Fr.

Wir wollen diesen Handel noch ein wenig weiter verfolgen und
uns den Gewinn ansehen, den die kleinen Kolahändler erzielen.
Man zahlt in Boola für 2000 Kola (nach eingeborener, also 1600
nach unserer Art gerechnet) etwa 40 Fr., der Zoll beträgt etwa
20 Fr. Der Träger der Eingeborenen (Sklave) oder er selbst verbraucht von Boola bis Bamako in 3—4 Wochen kaum mehr wie
3—5 Fr. an Nahrungsmitteln, also kommt er in Bamako bei einer
Ausgabe von 65 Fr. mit 1600 Kola an, die einen Wert von mindestens
100 Fr. repräsentieren. Dazu kommt als Ausgleich für die Ausgabe der Südwanderung und als weitere Einnahme der höhere
Wert des Barrensalzes in Boola, so daß gegenüber ca. 70 Fr.
Ausgabe ca. 140 Fr. Verkaufswert stehen. Allerdings erfolgt im
Sudan noch der Marktzoll. Der Inhaber eines Kolaverkaufs-
standes, d. h. jeder Verkäufer zahlt an die Regierung etwa 20 Centimes
Tagesabgabe, und jeder, der einen Laden hat, pro Tür und Monat
10 Fr. Wer dagegen seine Last unter der Hand an Detaillisten
absetzt, spart diese Ausgaben. Dafür verliert er aber auch die Ein-
nahmeerhöhung von 20 und sogar 25 Centimes für große und ganz
große Exemplare.

Gegenüber dem Häuschen des Zolleinnehmers von Boola, innerhalb der Zollgrenze, aber hart neben dem großen Markt, bezogen
wir am 22. Februar 1908 unser Lager. Wißbegierig schauten wir über
das Marktgetriebe hinweg zur Bergwelt Liberias hinüber.

Auf dem Grenzmarkte Bogola oder Boola.
Skizze von Fritz Nansen.

Achtes Kapitel.

Erste Urwaldwanderung.

Wir waren nun an der Grenze des ersehnten Waldgebietes angekommen, aber so außerordentlich glücklich wie unser Gefühl, war unsere Gesamtlage nicht. In Kankan sowie in Beela, wo wir mit den Regierungsbeamten die Reise über die Zollgrenze ins liberianische Gebiet besprochen hatten, hatte man uns darauf aufmerksam gemacht, daß die Bevölkerung dieser Länder nicht gerade absolute Garantie für unsere Sicherheit biete. Wir wurden jedenfalls darauf hingewiesen, daß wir nicht sorglos sein dürften. Ich hatte darauf geantwortet, daß uns als friedlichen Leuten, die Steine, Mitteilungen über Sitten und Gebräuche, Ethnographika und Schmetterlinge sammelten, viel weniger Gefahr drohte, als den Herren des Landes diesseits und jenseits der Grenze, und ich berief mich auf meine Kenntnis der Waldvölkerart und darauf, daß die Eingeborenen aller Kolonien den Forschungsreisenden fremder Nationalität stets lieber sehen, als die ihnen selbst vorgesetzte Behörde. Und das ward mir auch von den Herren unbedingt zugegeben.

Ich erachtete diese Gefahr nicht groß, eine zweite, die wir leider kennen lernen sollten, kannte ich nicht, und die dritte, die

8

ich sehr wohl kannte, bereitete mir genügend Sorge. Diese letzte
Sorge verursachte mir die Angst unserer Leute vor den bösen
Menschenfressern. Leider vernahm Karimacha eine Unterhaltung
darüber und, wenig begabt mit der Kraft des Mutes, hatte er nichts
Eiligeres zu tun, als mit den anderen von der Unterhaltung zu
sprechen. Und das hatte zur natürlichen Folge, daß am Abend,
als wir zwischen Beela und Boola lagerten, eine Abordnung von
Trägern erschien, eine schöne Rede mit Hinweis auf wenig Nahrung
am heutigen Tage und voraussichtliche Fortsetzung des Mangels
im fernen Süden anhub und mit der Erklärung, man ginge doch
wohl nicht bloß nach Boola, endete. Da der Sprecher, sonst ein
ganz famoser und bei uns beliebter Mann, einen recht unver=
schämten Ton anschlug, so verfuhr ich nach Buschrecht, sprang mit
einer Rute auf ihn zu und hieb eilig auf die Hinterseite der so
schnell wie möglich auseinanderstiebenden Meuterer. Da ich dazu
noch einige, allen bekannte Scherzworte fallen ließ, so entstand daraus
eine große Fröhlichkeit, und da diese einmal erreicht war, so war
fürs erste jede üble Stimmung beseitigt.

Ich war mir aber sehr wohl darüber klar, daß die gute
Stimmung nicht lange vorhalten würde, und daß es hier un=
bedingt hieß: Eisen hämmern, so lange es glüht. Einen Tag blieb
ich nur in Boola, ordnete noch in derselben Nacht die Lasten und
brach am 23. Februar 1908 zum Weitermarsch nach Süden auf. In
dieser einen Nacht waren aber schon zwei Leute entschwunden.
Karimacha, dessen Schwatzhaftigkeit und Angstgefühl ich am meisten
fürchtete, ließ ich als Herrscher des Lagers mit genügendem Personal
zurück, und dann ging es ein Seitental des Guan aufwärts in das
Gerßegebiet. Denn die Gerße waren als weniger bösartig, ihr Land
weniger schwer zu bereisen, geschildert, und derart wollte ich den
Leuten von der Leichtigkeit des Reisens hier unten einen Beweis
erbringen.

Die Landschaft bot am ersten Tage ein klares Bild: rechts
und links Höhenzüge, aus deren Falten die zum Guan (also der
Sassandra) abfließenden Quellen hervortreten. Wenig bemerklich
machte sich aber auch hier die Wasserscheide zwischen den Guan=
und den Logoja=, also Diani=St. Paulszuflüssen. Uenso selbst, unser
erstes Lager, war eigentlich noch allzu nahe dem großen Marktplatz
Boola gelegen, um irgendwie eine nationale Sonderheit ganz klar
hervortreten zu lassen, und doch machte allein schon die mächtige
Stadtmauer mit ihren gewaltigen Holztoren einen imposanten Ein=
druck. Auch machte Nansen mich auf einige reichlich vorhandene

kleine Löcher in den schweren Torflügeln aufmerksam, die kaum von etwas anderem herrühren konnten, als von guten Büchsenkugeln, so daß die teilweise niedergerissene Stadtmauer und die vielen, teils noch mit Blei angefüllten Löchlein im Tore davon Zeugnis ablegten, daß hier zwei Völker etwas vom modernen Kriegshandwerte verstanden, daß aber dem einen die Verteidigung nicht gelungen, dem Angreifer also der Sieg verblieben war.

Und doch waren die Kämpfe, die sich hier abgespielt hatten, belanglos gegenüber dem starken Ringen, das vor nicht vielen Monaten im Osten zwischen französischen Truppen und Tomma stattgefunden hatte.

Wir schreiben hier nicht Völkerkunde; wer über unsere diesbezügliche Arbeit nachlesen will, muß sich schon an die Sonderhefte und Sonderarbeiten, die wir auch noch hoffen, in Druckwerk vorlegen zu können, wenden. Aber von Natur- und Menschenart, vom Menschen in der Natur wird hier gesprochen, und die gewaltige, eingestürzte Stadtmauer, das zerschossene Tor, die groben, plumpen Gestalten, die engen Hütten usw., das gehört alles so ausgerechnet und eingepaßt in diese wuchtige, äquatoriale Berg- und Urwaldnatur, als habe hier ein ganz besonders geschickter Mechaniker ein feines, zierliches Werk ausgemessen und so zusammengefügt, daß es, obgleich ein Spiel aus vielen Teilchen, doch wie ein in eins gegossenes Stück dreinschaut. Aber diese Natur, die Menschen und ihr Gehabe und Wohnsitz hatten doch wieder so wenig mit einem mechanisch-zierlichen Kunstwerk gemeinsam, — das alles wirkte so grob und starkknochig, so breit und urwüchsig, daß man das ganze Stück gleich zu einem einzigen Charakter ausgebildet erkannte, und erst näher und scharf hinsehen mußte, um das wahrzunehmen, was meines Berufes ist, daß das alles aus vielen Quellen, Regungen und Kräften der Natur und Kultur zusammengeströmt und aus dem Chaos dies Gegenwärtige als Eins hervorgegangen sei. In dieser Gegenüberstellung, die durchzudenken ich hier ganz besonders angeregt wurde, und die sich hier ganz von selbst ergab — denn diese gleichen, groben, ins urwaldige Bergland so fest hineingewachsenen Eingeborenen mußten von ihrer Herkunft aus der ältesten, vielleicht feinsten und inmitten einer sonnigen, ewigen Steppe gelegenen Urheimat zu reden — ist ein Stück Geschichte meiner Wissenschaft und aus ihr ein Dogmenstreit angedeutet, der ganz natürlich ist. Wurde dem Menschen seine Kulturart zuteil, weil die direkt auf ihn wirkenden Naturgesetze seines Wohnsitzes ihn hierzu erzogen, oder ererbte der Mensch

einer vom anderen, der Nachbar vom Nachbar, der Sohn vom
Vater? Hier predigt man selbständige, ortsentstammte Erfindung,
dort Ererbung aus weiter Zeit. Des Streites mußte ich aufs neue
gedenken, denn hier war vieles aus anderem Naturbereich herbei=
getragen und dann so umgebildet, daß es doch dieser Natur
entsprach.

Drängte sich hier so mancher Gedanke auf, der auch dem der
Sache Fernerstehenden vielleicht einiges Interesse abgerungen
hätte, so war doch im Grunde genommen nicht viel Zeit für Re=
flexionen. Denn der eine meiner Tomma=Interpreten erwies sich
als so geschickt in seinem Fache, daß dem Leben und Treiben der
Gerße schon an dem ersten Tage ein gut Teil des Interessanten
entrungen werden konnte. Carpe diem hieß es einmal wieder, und
bis in die Nacht hinein saßen Nansen und ich bei Notiz= und
Skizzenbuch, und außerdem ließ die Stärke der neuen Eindrücke
und des heute Gelernten uns schwer zum Schlafen kommen. Mög=
lich, daß in dem schlechten Schlafe schon nahe bevorstehende neue
Erkrankung den Schatten ihres Nahens vor sich her warf.

Der 24. Februar führte uns auf einem breiten, wunderbar
schattigen Waldwege zunächst zum Logo, einem starken Dianitributär,
den wir in den nächsten Tagen mehrfach überschreiten sollten, und
dann in das Dorf Dulengalla, das vielleicht gänzlich gleichgültig
für uns geblieben wäre — dem ich auch zunächst nicht eine einzige
interessante Besonderheit ablauschte — wenn sich hier nicht zwei
Ereignisse abgespielt hätten, die mich den Ort immer im Gedächt=
nis werden festhalten lassen. Das Ereignisreiche knüpfte an eine
Maske an, die durch Zufall nach Norden verschlagen, von mir dem
Besitzer entliehen und in Boola meinem Tommainterpreten gezeigt
worden war. Kaum sah der gute Mann sie, so war er sehr er=
schrocken und bat mich, „um alles in der Welt“ diese Maske keiner
Frau der Gerße oder Tomma zu Gesicht kommen zu lassen, denn
es könne sogleich ein schweres Unglück geben. Solche Masken dürften
diese Frauen „um alles in der Welt“ nicht zu sehen bekommen,
denn sie wären ein Heiligtum des Männerbundes u. dgl.

Natürlich folgte meine Erklärung, daß ich auch „um alles in
der Welt“ etwas von diesem Maskenwesen erfahren und einige Exem=
plare für meine Sammlungen erwerben müsse. Daraufhin — und
natürlich auch, weil ich ein schönes Geschenk zusagte — hielten meine
Zugführer, Dolmetscher usw. eine Konferenz ab, um zu wissen, wie
meinem Wunsche etwa nachzukommen wäre. Hier in Dulengalla
führten die Burschen nun ihren Streich aus. Sie riefen die Dorf=

alten zur Zwiesprache in eine Hütte beiseite und rückten geheimnisvoll damit heraus, daß ich etwas in meinem Besitze habe, dazu wolle ich ein Gegenstück haben, und ich hätte erklärt, ich wolle es im Dorfe herumreichen und erkunden lassen, ob irgend jemand mir etwas Gleiches verkaufen wollte. Sehr interessiert fragten die Alten, was das sei, und darauf zogen die Burschen die Masken heraus. — Tableau! —

Während drinnen die Leute ihre Verhandlung führten, saßen wir unter dem Dachvorsprung meines Hauses, rauchten eine Pfeife und tranken eine Tasse Tee — da — ich denke, ich soll meinen Augen nicht trauen, kommt einer meiner in Bamako zurückgelassenen Leute und überreicht mir ein Paket — die Korrespondenz aus Europa! — Unbestellt und unerwartet, das war eine um so erfreulichere Ueberraschung, als alle Kunde nur von gutem zeugte. Es ist das eigentlich Schwere längerer Weltfahrten, daheim Weib, Kind, Eltern und andere Lieben zu haben und diesem Lebenskreise durch Erfüllung seiner Pflicht und seines Berufes ferngehalten zu werden, so daß man den Entwicklungs- und Umbildungsgang, welchem jegliches Naturgeschöpf und jegliche soziale Bildung unterworfen ist, nicht miterleben kann. Und darum beglücken solche Stunden, in denen man wieder miterlebt, darum liest man solche Briefe mit ganz anderer Vertiefung, daher ist man erstaunt, beim Aufblicken etwa in ein stumpfsinniges oder schlaues Negergesicht zu schauen und zu entdecken, daß man sich am Urwaldrande befindet, daß man ja gar nicht usw. usw. — Nege kam und erzählte freudestrahlend, wir müßten zwar noch eine gute Weile warten, denn die entsprechende Maske des Dorfes sei im Busch versteckt und müsse von dort geholt werden, aber wir würden die Maske erhalten. Dann wurde mir genau vorgetragen, wie alles gemacht und die Debatte verlaufen war, und Nege hatte in solchen Momenten ein Mundwerk — es war fürchterlich. Wirklich wurde ich nach einer guten Weile in eine elende Hütte gezerrt, und dann wurde mir bei verschlossenen Türen und im Scheine kümmerlicher Beleuchtung geheimnisvoll die erste Maske gezeigt! — Ja, und dann habe ich sehr gründlich bezahlen müssen. Aber ich tat es gern.

Wohin, in welcher Richtung, nach welchem Orte zu ich die Reise fortsetzen wollte, war mir noch unklar. Jedenfalls lag mir daran, den breiten Hauptweg zu verlassen und den eigentlichen Waldgerße einen Besuch abzustatten. Die hiesigen alten Herren, nach einem meinen Wünschen entsprechenden weiteren Wohnorte befragt, dachten nach, blinzelten sich zu, machten sehr pfiffige Ge-

sichter und schlugen mir als geeignetes Nachtlager Magana vor.
Sie setzten hinzu, in Magana gäbe es nicht nur auch Masken,
sondern da könne auch mein zweiter Wunsch, Auskunft über die
Verwendung dieser Schnitzwerke zu erhalten, erfüllt werden. Denn
in Magana würden Maskenfeste abgehalten, in Dulengalla nicht.

Ich will gleich hier erwähnen, daß diesem Vorschlag eine gewisse kleine Gemeinheit zugrunde lag. Die Eingeborenen, die nicht
ganz mit Unrecht sich darüber, daß meine Leute sie zum Verkauf
der heiligen Maske veranlaßt hatten, ärgerten, und die Angst davor
hatten, nun auch eventuell noch die Auskünfte über den heiligen
Brauch geben zu müssen, trachteten danach, uns möglichst schnell los-
zuwerden und uns außerdem in das gerade heute vielleicht nicht
sehr wohlgesinnte Magana, mit dem sie auch ein Hühnchen zu
pflücken hatten, zu spedieren. Sie nahmen — wie wir sehen
werden — nicht ganz ohne Unrecht an, daß die Herren von Magana
heute recht bezecht sein würden und demnach den edlen Mut des
Widerstandes, den der Palmwein verleiht, meinen Wünschen ent-
gegensetzen würden.

Zwei freundliche Burschen führten uns dann links von der
Straße ab in den Wald, der sich bald öffnete und wundervollen
Bananenhainen, abwechselnd mit Oelpalmbeständen, am Urwaldrande
Platz gab. Am Horizonte dazu das Gebirge als Krönung, dann
und wann ein Bach, ein Zufluß zum Logo (den wir auch überschritten), Umhersummen von Libellen und schönen Faltern, — es
boten sich hier dem Auge einige der schönsten Urwaldbilder, die
ich in Afrika sah.

Aber in unserem in der Sonnenhitze verhältnismäßig sich träge
dahinschlängelnden Zuge marschierte das Gespenst der Angst einher, und als nun kurz vor dem Eintreffen in Magana unsere
Burschen uns zuflüsterten, wir sollten alle ganz leise und schweig-
sam weitermarschieren, damit bei unserem Auftauchen in Magana
die Leute nicht etwa Zeit gefunden hätten, sich zum Angriff auf
uns vorzubereiten, da sah ich verschiedene Augen im Zuge starrer
und die Gesichtsfarbe verschiedener schwarzer Herren grauer werden,
— es waren natürlich die, die sonst das große Mundwerk hatten.

Zunächst war allerdings an eine ernste Situation gar nicht
zu denken, denn von Magana drang fröhliches Getrommel und
lustiges Singen und Klingen herüber; wir kamen an einen letzten
Bananenhain, und nun machte es mich allerdings stutzig, daß meine
Führer sich zwischen den alten Blätterbündeln verflüchtigten. Aber
noch einige Schritte, und Nansen und ich standen einem schönen

und doch wunderfam fantaftifchen Bilde gegenüber. Ueberragt
von den im Hintergrunde trotzig aufragenden Bergen, lag im Wald-
grunde ein Dörfchen, auf deffen fich vor uns ausbreitendem Platze
einige bunte Trüppchen offenbar ftart bezechter Leute, im grotesten
Reigen um ein frifch aufgefchüttetes Grab fpringend, hinter einigen
Trommlern und Lyrafpielern hertanzten. Die Leute fahen uns,
aber merkwürdigerweife unterbrachen fie ihr Zeremoniell in keiner
Weife. Sie fprangen, fangen und fpielten weiter, aber ihr Takt
geriet doch ein wenig in Unordnung, ihr Gefang wurde gröhlend,
und ihre Sprünge fahen krampfartig aus. Vor allen Dingen malte
aber eine tolle Angft auf die Gefichter diefer Bacchusverehrer den
Charakterzug in Verwirrung geratener Geiftesbefchaffenheit.

Alfo hier war Totenfeft. Ein alter Herr war geftern ge-
ftorben und heute morgen inmitten des Platzes eingefcharrt. Nun
trank und tanzte man zu feinen Ehren. Zu meiner Freude gewahrte ich übrigens fogleich einen Freund, den Häuptling aus dem
Dorfe Uenfo, mit dem wir geftern abend in nähere Beziehung gekommen waren, der uns heute früh den Weg nach Dulengalla wies
und dann über den Berg hierhergepilgert war, um durch feine
Gegenwart das Feft zu verfchönern und gleichzeitig feinen Anteil
am Palmwein in fich hinüberzuleiten. Somit war er auch „angenehm erregt", aber die geftern mit ihm gefchloffene Freund-
fchaft, die ihm vielleicht durch feine alkoholifierte Geiftesbrille noch
lieblicher und wertvoller erfchien, hatte doch zur Folge, daß er
uns dem Dorfherrn von Magana angelegentlichft und warm als
anftändige und ehrenwerte Leute anempfahl. So wich die Spannung.
Wir erhielten unfere etwas kümmerliche Wohnung, einen Anteil
Palmwein und was uns fonft dringend vonnöten war.

Leider kam ich hier in Magana zu der traurigen Entdeckung,
daß eine ftarke Veränderung meiner Verdauung auf eine Dysenterie
zurückzuführen fei, deren akute, mit fchweren Blutabgängen verbundene Form heute einfetzte. Ich raffte alle meine Kraft zufammen, fuchte mir einen entlegenen Ort im Walde als Aufenthalts-
platz aus, den ich dann alle halbe Stunde mit meinem Platze am
Arbeitstifch im Dorfe wechfelte. Denn meine Arbeit wurde, befonders, als es Abend ward, außerordentlich begünftigt. Erwacht
fonft nach meiner Erfahrung beim durch Palmwein beraufchten
Neger eine gewiffe Oppofitionswut und läßt ihn fonft eine her-
vorbrechende rauhe Brutalität für einige Stunden die Feigheit feiner
fklavifchen Natur vergeffen, fo fchien hier das Umgekehrte der Fall
zu fein. Eine gewiffe Weinfeligkeit entwickelte fich, die Herz und

Mund öffnete und mir eine große Anzahl von Stichworten gab, an deren Hand ich dann in Boola das Studium der Gerße leicht fortsetzen konnte. Sehr weise war die Belehrung nicht, aber sehr anregend und als Anfangs= und Grundmaterial wichtig. Die Freund= schaft ging so weit, daß ich sogar ohne Mühe, wenn auch zu schweren Preisen, zwei weitere Masken eroberte.

Nach einer Nacht, in welcher meine Krankheit mich zu bei= nahe zwanzigmaliger Waldwanderung zwang, setzten wir am anderen Tage den Marsch fort. Ich hatte meinen Zweck erreicht und unsere Leute von der Ungefährlichkeit der Waldkannibalen überzeugt, durfte also fürs erste nach Boola zurückkehren, um der ermüdeten Kolonne und meiner Krankheit einige Sorgfalt zu widmen. Natürlich ging mein Streben dahin, auf einem anderen Wege heimzukehren und so meine Route zu einer geschlossenen Rundreise zu vollenden. So zogen wir denn am anderen Morgen nach Norden ab, überschritten nochmals (also zum dritten Male) den Logo und sahen uns dann vor einem tüchtigen Berge, einem Aus= läufer des Gebirgsstockes, der uns von Boola trennte, und den wir bei dieser Gerßewanderung umkreisten. Der Ausläufer war steil genug, und meinem geschwächten Leibe ward dies Auf= und Absteigen der Höhen nicht gerade leicht. Aber schön war dies Stück Natur einmal wieder, — und nicht allein schön, auch gewaltig, besonders als wir dann zum vierten Male zum Logo niederstiegen, und als das Flüßchen sich vor uns, zum See erweitert, eingebettet in Fels= und Baumwände, friedlich und in fast nordischer Ein= fachheit ausdehnte, da waren wir ganz befangen und vergaßen Mühe und kleinliche Sorge. Leider war infolge der schroffen Ufer= verhältnisse und zerstreuten Lichter nicht an eine photographische Aufnahme zu denken, und so pilgerten wir mühsam wieder auf= wärts, dann, im breiten, schönen Tale, das zum Guan=Sassandra abwässerte, nach Guarasso, unserem heutigen Ziele. Leicht wäre heute noch Boola zu erreichen gewesen, aber es war mit meiner Kraft zu Ende. Es flimmerte mir so vor den Augen, daß mir schon während der letzten halben Stunde die Ablesung des Kom= passes und die Niederschrift auf blendendem Papier schwer ge= worden war.

Hier befanden wir uns wieder an einer größeren Straße, und zwar an dem nach der Elfenbeinküste führenden Wege am Rande des breiten Guantales, so daß wir den ersten Besuch des Waldes und seiner derben Vertreter hinter uns hatten und uns im Kreise einer schon recht stark mit Steppenkultur bekannten und über=

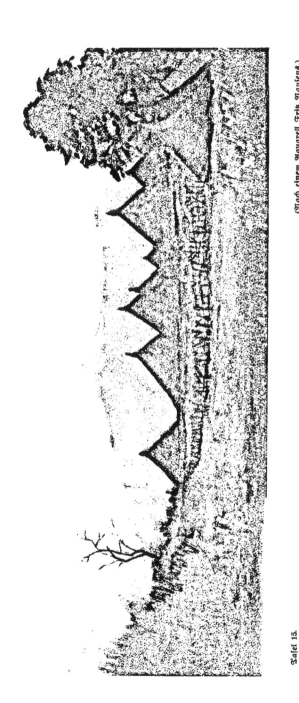

Tafel 15.

Boofa am Vordrande Liberias.

(Nach einem Aquarell Fritz Nanfens.)

tünchten Gesellschaft befanden. Ich freute mich, daß ich keinerlei
aufregende Szenen zu bemeistern hatte und somit meine unangenehm
regelmäßigen Wanderungen unbeirrt durchführen konnte. Nansen
widmete sich dagegen mit anzuerkennendem Opfermut noch spät
abends einigen Tänzen und rettete ihre Kostümierung in das
Skizzenbuch.

Ein Talmarsch von nicht einmal drei Stunden brachte uns dann
am 26. Februar nach Boola zurück. Der Guan selbst ward ganz
kurz vor dem Erreichen des Lagers überschritten. Er war jetzt nur
3 m breit.

□   □

Die Expedition lag vom 26. Februar bis zum 7. März in Boola.
Es war in keiner Beziehung eine sonnige Zeit. Der Himmel ließ in
der Richtung nach Beela allzu häufig Gewitterwolken aufsteigen,
und wenn sich dann der feuchte Segen niederstürzte, dann litten
wir, und besonders ich, trotz des Umfanges an Raum, den meine
Wohnstätte besaß, bedenklich an Raummangel. Denn das Dach meiner
Hütte, das schon lange erneuerungsbedürftig war, hatte eine Unzahl von Oeffnungen und Lücken, und je nachdem der Wind die
Strohmasse nach dieser oder jener Richtung auseinander- oder zu-
sammendrückte, entstanden kleine Regenrinnen, die das allzu erquick-
liche Naß in den Leib meines Hauses leiteten. Dann galt es mit dem
Gepäck bald in diese, bald in jene Ecke flüchten. Besonders eine
stürmische Nacht werde ich nicht vergessen, in der ich mit meinem
Bett nicht weniger als siebenmal von einer Seite zur anderen
rückte, so daß ich mir ein wenig vorkam wie ein Gawan in Klingsors
Zauberschloß.

Das war gerade nicht sehr ersprießlich für meinen Gesundheitszustand, der, wie ich schon oben erzählte, an sich schon etwas
bedenklicher Natur war. Aber es ging mir nicht etwa allein
schlecht. Ich glaube, daß während dieser Südreise im liberianischen
Grenzgebiet von der Kolonne, die etwas über hundert Menschen
umfaßte, nicht mehr als acht oder neun von körperlichem Uebel
verschont geblieben sind. Von den Trägern fielen nach unserer
ersten Rückkehr nach Boola sogleich 45 in die Hände des Krank-
heitsteufels. Einige hatten schweres Fieber, andere hatten, wie sich
jetzt herausstellte, schon seit acht Tagen eine tüchtige Dysenterie, —
wieder andere hatten Gliederreißen, und bei alledem nenne ich nicht
die Unmenge von Drüsenschwellungen, Hautwunden, Geschwüren usw.,
mit denen diese Gesellschaft immer zu tun hatte. Am meisten

Sorge machte mir mein Zeichner und Maler Fritz Nansen, der
urplötzlich von einem sehr schweren Gesichtsrheumatismus befallen
wurde. Dies war um so bedenklicher, als ich bei den harten und
starken Schwellungen der Unterseite der Backe fürchtete, daß ein
Unterkiefer-Geschwür zum Ausbruch kommen könne. Das war mir
eine ernste Sorge, weil ich ihm nichts anderes zuteil werden lassen
konnte, als warme Packung und simple Salizylbehandlung, und
mich unfähig sah, eine schnelle Linderung zu bereiten. — Diese viel-
seitigen Sorgen und dadurch bedingten Hilfeleistungen schadeten mir
übrigens persönlich gar nichts. Ich habe immer die Erfahrung
gemacht, daß einem körperlich nichts besser helfen kann, als Sorge
um andere, da man dadurch die Nichtigkeit der eigenen kleinen
Leiden richtig abschätzen lernt und keine Zeit hat, über den eigenen
jämmerlichen Zustand nachzudenken. So setzte sich zwar die Entwicklung meiner Dysenterie nach akuter Richtung in vorbeschriebener
Weise fort, es traten aber keine weiteren Nebenerscheinungen ein,
so daß ich nichts weiter zu verzeichnen hatte als eine starke Ab-
nahme meines Körpergewichts, das von meinem Aufenthalt in
St. Louis im Oktober 1908 bis zur Rückkehr nach Beela im März
1909 um 35 Pfd. herunterging.

Natürlich sorgte ich dafür, daß jeder, der nicht gerade schwer
krank im Bett lag, nach Möglichkeit bei der Arbeit und bei Arbeitslust erhalten wurde, was ich als Heilmittel und beste Medizin für
alle Krankheiten der typischen Tropenart kennen gelernt habe. Wir
haben in dieser Jammerzeit nicht auf der faulen Haut gelegen,
und Nansen hat trotz seines unbehaglichen Zustandes einige sehr
hübsche Arbeiten angefertigt. Eine gedrückte Stimmung durfte
nicht aufkommen, und ich sandte, um den Wirkungen der überlegenen Geisteskraft einige Hebelhilfen zu verschaffen, Karimacha
nach Beela zurück, um einige seltene Genußmittel, Kakes, Rotwein,
Champagner und Sauerkraut einzukaufen.

Den Leuten ließ ich besondere Gaben an Tabak, Zucker und
anderen Kleinigkeiten zuteil werden, so daß auch hier einer absoluten Verschimmelung vorgebeugt wurde, und somit blieb mir
nur eine Kategorie von Lebewesen übrig, denen ich nicht zu helfen
vermochte, das waren die Pferde. Mein eigenes Streitroß hatte ich
gar nicht bis Boola zu bringen vermocht, es war von den Herren
der Regierung in Beela in liebenswürdiger Weise in Pflege genommen worden. Aber die anderen drei Hengste sahen so kümmerlich abgemagert, heruntergekommen und lebensüberdrüssig drein,
daß es ein Jammer war. Die beste Hirse nahmen sie nicht, keines

der eingeborenen Medikamente wollte ihre gedrückten Pferdegeister wieder aufrichten; sie kamen immer mehr herunter. Sie waren offenbar überanstrengt und vermochten sich unter dem Einflusse dieses Klimas nicht zu erholen. Ich glaubte damals nicht daran, sie noch wieder lebend nach Bamako zurückbringen zu können.

Sobald sich der allgemeine Gesundheitszustand etwas gebessert hatte, sobald ich wieder über die nötige Anzahl gesunder Träger verfügte und Nansen und ich glaubten, uns einige gehörige Strapazen zumuten zu können, rüsteten wir die Reise zu den Tomma, auf die wir uns schon so lange gefreut hatten. Den Aufbruchstag verheimlichte ich den Leuten, um unsere immer noch nicht beruhigten Angsthasen möglichst vor dem Ausreißen zu bewahren. Am 5. März 1908 hatten wir unsere persönlichen Vorkehrungen beendet.

Französische Tirailleure im Grenzwalde Liberias.
Skizze von Fritz Nansen.

Neuntes Kapitel.

Wildnis und Wilde.

7. März 1908. Nachdem in großer Eile ein Führer aufgefunden war, rückten wir wenige Minuten vor 7 Uhr ab, um
in nordwestlicher Richtung auf die Wasserscheide zwischen Guan-
Sassandra einerseits und Logoja-St. Paul andererseits zuzumar-
schieren. Sie besteht in einer gegen 100 m hohen Hügelkette, deren
Kamm um ½8 Uhr erreicht wurde. Von da oben aus blickten wir
nach West-Nord-West in das breite, durch Steppen, Grasflächen und
belaubte Bachbetten charakterisierte Tal des Logoja. Nach rechts
und links türmten sich tüchtige Berge mit Sandsteinspitzen und
Zinnen auf. Wir kreuzten dann viele Bachbetten und Rinnsale,
die nach links dem Hauptgewässer zufließen, und überschritten
dieses gegen ½10 Uhr. Der Logoja, dessen Quellbäche wir eben
jenseits Uenso angetroffen hatten, ist hier nur 2 m breit, aber
über 1 m tief. Gleich darauf betraten wir die Grenzstadt der
Gerße: Kolebugu. —

Kolebugu hatte als richtige Grenzstadt schon vieles von der
Art ihrer Nachbarn, der Tommaansiedlungen. Der Ort war mitten

in den Wald in mächtiges Buschdickicht hineingebaut. Außerdem waren in die Waldnischen Bananenbestände gepflanzt, und erhielt die Physiognomie dadurch einen ganz besonderen Ausdruck, daß die zur Stadt führenden Wege durch Pandanuspalmenanpflanzungen geschützt und verbarrikadiert waren. Dazu eine mehrere Meter hohe Stadtmauer, starke Torbauten mit mächtigen Holzpforten: ein um so trutzigeres und um so gewaltigeres Dreinschauen, als die hohen Wälle noch nicht breschiert, sondern vollkommen erhalten waren.

Nansen und ich vertieften uns in unsere Arbeiten, aber ich kam damit nicht einmal bis zum Abend, da ein starkes Fieber über mich kam, das mich zwang, für mehrere Stunden das Bett aufzusuchen. Nachts wich nach starkem Schwitzen das Fieber, und ich erhob mich noch einmal, um mit Nansen ein behagliches Plauderstündchen zu verbringen.

8. März 1908. Infolge meines schwachen Zustandes kommt leider gerade heute, wo ein schwerer Marsch zu bewältigen ist, der Abmarsch nicht vor ¼8 Uhr in Fluß. Dann geht es durch waldiges Land am Logoja entlang, abwechselnd Quertal ab und auf. Wir hatten uns diese Tageswanderung so ganz einfach vorgestellt. Es hieß nach Angabe des Führers: einfach im Logojatale bis zum Loffa, der in den Diani (St. Paul) fließt, dann zum Diani hin. Das hatte so hübsch einfach geklungen. Es ist aber nichts, gar nichts mit der Einfachheit! Zum ersten sind schon die Quertälchen ungemütlich, dann ist der Weg ganz schauderhaft, verwachsen, steinig, mit Wurzeln und Stümpfen geziert, — endlich entfernt sich der Logoja nach rechts, und anstatt daß wir gemütlich an seinem Uferrande hinpilgern können, müssen wir einen recht scharfkantigen Berg überklettern. Immer steiniger und verwachsener wird der Weg, aus dessen zeitweiligen, grasbedeckten Erweiterungen dann und wann Ruinen alter Gerzegehöfte ihr überwuchertes Mauerwerk durchblicken lassen. Es ist ein reizend „einfacher" Weg; wo er durch Urwald führt, ist er zwar schattig, aber mit Rankenwerk verwachsen; wo er die Savanne schneidet, ist zwar die Pflanzenwelt weniger hinderlich, aber da prallt gerade heute durch schwüle Luft eine so stechende Sonne herab, daß jeder Blick auf Kompaß und Notizbuch schmerzt. Um 11 Uhr sind wir glücklich am Loffa angelangt: etwa 12 m breit, flach, von Urwald eingesäumtes Steppental. Nun soll es ganz nah zum Diani hin sein!

Ach, wenn man es sich doch abgewöhnen könnte, den verteufelten Führerangaben zu glauben! „Einfach zum Diani hin", — hat sich was! wie der Berliner sagt. Erst läßt es sich ja leidlich

an. Hübscher Steppenmarsch mit ein wenig Urwaldrinnsalen. Gab
es drüben Ruinen zerstörter Gerßedörfer, so grüßen hier tote Lehmmauern veröbeter Tommadörfer aus dem mehrere Meter hohen
Grafe. Aber dann kommt wieder so ein Scheusal von „Hügelchen".
Bei der Glut um die Mittagszeit!

„Einfach zum Diani hin!" Hat sich was: So weit das Auge
vom Berge aus sieht, Tal und Wald, Steppe und Gras, aber kein
Dorf, kein Flußtal. Es wird ein Uhr und ungemütlich, denn eine
schwarze, vielversprechende Wolkenwand steigt drohend über dem
Jongoberge auf. Also vorwärts. Wir steigen vom Berg herab.
Ein Tal — ein Hügel — zweites Tal, drittes, viertes. Keiner kann
mehr weiter — eine Ruhepause muß eingeschoben werden. Wir
lagern am Tobollobache. Einer geht ein Stück im Sumpfwalde
hin. Entsetzt kommt er zurück; er ist ein wenig grau im Antlitz
und murmelt das Wort: Mogodumu, d. h. Menschenfresser.
Richtig, da hinten im Busch liegen gut verteilt die abgenagten
Reste eines Menschenmahles, Hirnschale, Rückenwirbel, Schenkel=
knochen, alles da — sogar der alte Mantel des Burschen ist noch
vorhanden! Die Tomma haben uns nachher freundlich grinsend
berichtet, es wäre kein angesehener Mann gewesen, der da unten
„verkommen" sei, sondern nur ein dummer Gerßesklave. Angesehene
Leute kämen nicht „so um". — Das tröstete uns aber erst nachher,
als wir glücklich bei den Tomma angelangt waren, zunächst berührte der Anblick der Schädelteile peinlich. Uebrigens tranken meine
Leute ziemlich unbekümmert von dem Wasser dieses Baches, dessen
Ufer so befremdende Funde aufwiesen.

Weiter! Ein Bach nach dem anderen wird überschritten, gegen
6 Uhr kommen wir — gemeinsam mit einem tollen Gewitter —
endlich in dem ersten Tommadorfe Dandando an. Nansen hat sich
den einen Fuß gründlich, ich mir die Beine nur wenig ruiniert.
Aber müde sind wir. Das Haus, in das ein jeder nach einem
schnell bereiteten und verzehrten Abendessen kriecht, wird nicht erst
lange besehen. Gute Nacht.

9. März 1908. Heute schauen wir uns erst einmal gründlich
um, wo wir eigentlich hingeraten sind, — weitermarschieren wäre
kaum möglich, ist aber auch gar nicht beabsichtigt, denn wir wollen
gleich hier mit dem Studium beginnen.

Nun waren wir im Lande dieser grausamen, barbarischen, gewalttätigen Tomma angelangt, und wir befanden uns sehr wohl
unter ihnen, d. h., nachdem der Augenblick des ersten Kennenlernens
überwunden war. Denn am ersten Abend — hui, die Gesichter!

Düster, grollend, nie offen, sondern immer nur mit Seitenblicken dreinschauend, schlichen sie um uns herum. Die Frauen flohen zum Teil in die Wälder, zum Teil versteckten sie sich in entfernten Hütten der sehr großen Stadt. Viele Männer näherten sich uns am ersten Abend nur mit Pfeil und Bogen in der Hand, — kurz und gut, wenn nicht um die Stadt eine mächtige Befestigung gezogen gewesen wäre, wenn nicht die eigenartige Hüttenform und manches andere auf die Nachbarschaft oder direkte Erbschaft einer sozial höher entwickelten Kulturform hingewiesen hätte, so hätte ich mir einbilden können, wieder unter einem der wilden Waldvölker des Kongo angelangt zu sein. Essen ward bald für die Mannschaft herdeigebracht, aber doch ohne den freundlichen Gruß und Blick des Gerngebenden.

Am Abend der Ankunft war uns die Physiognomie der sich sowieso im Hintergrunde haltenden Städter ganz gleichgültig, — am anderen Morgen suchte ich aber doch möglichst bald einen Konnex mit den derben Herren herzustellen. Ein kleines Geschenk an den Oberherren der Siedelung, etwas Tabak an die Oberhäupter der Familien und ein wenig Salz an die Frauen machte uns alsbald sympathischer. Allerdings zeigte sich hier auch gleich der unliebenswürdige Zug aller Waldmenschen, das ausgesprochene Mißtrauen. Man erklärte mir ganz trocken, wenn ich etwa glaube, daß ich mit so kleinen Gaben noch weitere Nahrungsmittel für meine Leute erzielen könne, so sei ich im Irrtum. Es bedurfte einer langen Auseinandersetzung, um ihnen verständlich zu machen, daß ich keine so böse Absicht, wie Umgehung der Lebensmittelbezahlung, hege.

Charakteristisch für die Unsicherheit, die in diesen Wäldern und besonders im Grenzgebiet zwischen Gerße und Tomma herrscht, ist, daß unser Führer aus Koledugu, der so schon nicht allzu gern mitgegangen war, nicht wagte, allein zurückzukehren. Er bat mich, ihm einige mit Büchsen bewaffnete Leute mitzugeben, was natürlich nicht möglich war. Und da er allein nicht fortzugehen wagte, so blieb er bis zu unserer Rückkehr nach Boola bei uns. Wie ich nachher hörte, hat die Furcht vor einsamer Wanderung in diesem Grenzdistrikt es auch verhindert, daß einige wichtige Briefe uns hier erreichten. Der Bote, der von Bamako aus bis an die liberianische Grenze vorgedrungen war, ging bis Koledugu, blieb daselbst einen Tag und kehrte dann nach Bamako zurück, wo er erklärte, wir wären in einem Gebiet, in dem man sicher gegessen würde, und wir würden jedenfalls nicht zurückkehren. Der dumme Kerl

besaß nicht einmal Ueberlegung genug, um die Briefe im Lager
von Boola zurückzulassen oder selbst dortzubleiben.

Wir hatten gottlob bald den allerschlimmsten Argwohn der
Einwohnerschaft überwunden, und am zweiten Morgen, als ich die
Rationen des ersten Tages bezahlt hatte, erlebte ich den Triumph,
daß der Oberherr des Städtchens mit den Alten zu mir kam und
mir unter folgender Erklärung eine Ziege überreichte: sie, die
Tomma von Dandando, hätten eingesehen, daß wir anständige und
ehrliche Leute seien, und da sie deshalb gern Freundschaft mit mir
schließen wollten, überreichten sie mir hiermit eine Ziege, für die
sie kein Gegengeschenk haben wollten. Dieses letzte, nach plato-
nischer, dem Afrikaner nicht eigenen Liebe klingende Wort war
kein Wink mit dem Zaunspfahl, sondern sollte nur so viel heißen,
daß ich schon so viele kleine Gaben verteilt habe, daß nun eine
größere Gegenleistung seitens der Städter Pflicht des Anstandes
sei. — Und das war für Neger schon ein Zeichen einer selten „vornehmen" Gesinnung. —

Wir lagen in Dandando recht fest, und anfangs glaubte ich,
daß wir hier nicht vor acht Tagen fortkommen würden. Denn
Nansen hatte sich auf dem Marsche von Koledugu her den Fuß
recht ernsthaft vertreten. Es war keine sonderliche Schwellung festzustellen, aber jede festere Berührung, zumal das Tragen fester
Schuhe, verursachte ihm schwere Schmerzen. So nistete ich mich
unter der runden kleinen Schmiedehütte (ohne Wände), die mir als
Arbeitsplatz diente, möglichst fest ein, und machte mich mit dem
Gedanken vertraut, hier längere Zeit verbleiben zu müssen. Das
bekümmerte mich auch nicht sehr, denn einen interessanteren Punkt
im Tommagebiet konnte ich kaum finden. Hier bestand noch die
Sitte der Altersversammlungen, hier wurden die Beschneidungs-
zeremoniale noch mit allem Pomp der Maskierung und im Geiste
der alten Maskenidee gefeiert, hier blühte noch manche alte Industrie usw.; somit war für mich kein Grund vorhanden, weiter-
zuwandern, ehe nicht Nansens Fußgelenk ein freundlicheres Aussehen angenommen hatte.

10. März 1908. Wir sind — wie gesagt — noch ganz behaglich
und sicher verstaut in Dandando und denken im Grunde genommen
nicht an Abreise. Die Zuneigung der Eingeborenen wächst offenbar, und wenn auch die mürrische Miene der Herren nie überwunden werden und jedes Grinsen dieser Menschen bald einem
verlegenen Doppelgriesemul weichen muß, so haben wir doch, glaube
ich, in Dandando das Denkbarste erreicht, was diese Leute Fremden

(A. Frobenins phot.)

Tafel 16.

Im liberianischen Urwalde; Lianengeflechtbrücke der Tomma über den oberen St. Paul=River.

gegenüber an Freundlichkeit aufbringen können. Wir wären vielleicht noch recht lange hier liegengeblieben, wenn diese Zuneigung
nicht sogar das Interesse der Nachbarn Dandandos hervorgerufen hätte.

Dandando steht nämlich trotz seiner heutigen Größe und Bedeutung unter der Vorherrschaft der alten Königsstadt Gumbauela,
und am Nachmittag des heutigen Tages erschien ein Mann aus
der Verwandtschaft der alten Könige und sagte mir: wenn ich von
alter Sitte und altem Familienleben etwas hören wolle, so müsse
ich hinüber nach Gumbauela kommen, wo noch heute die alte
Herrscherfamilie anzutreffen sei. Da wir uns loyal und freundlich
benähmen, so würden wir auch freundlich empfangen werden und
jede Auskunft erhalten, die ich vonnöten hätte.

Ich wies darauf hin, daß Nansen nicht gehen könne. Da
meinten sie, Gumbauela wäre sehr nahe gelegen und der Weg zudem
recht gut, schattig und angenehm, so daß mein Assistent leicht getragen werden könne. So wurde denn eine Unterredung mit den
Eingeborenen anberaumt, in der ich die Ansicht meiner Tommainterpreten und Capitas zu hören verlangte. Allgemein ward geraten, diese glückliche Gelegenheit, dem vielgefürchteten Sitze des
alten Königtumes nähertreten und noch weiter in das Tommaland
hineinmarschieren zu können, ja wahrzunehmen. Und so ward an
diesem Abend schon Abschied von unseren Freunden genommen, ein
würdiges Geschenk überreicht und eine Anzahl starker Träger für
die Tragbahre ausgewählt.

□　□

11. März 1908. Gegen sieben Uhr brachen wir auf. Ich
marschierte mit den Leuten voraus und verabredete ein Erwarten
Nansens auf der Hälfte des Weges. Der Sohn des Häuptlings
von Dandando führte selbst, und außerdem begleitete uns der Mann
aus dem Königsgeschlecht Gumbauelas, der uns gestern eingeladen hatte.

Die neun letzten Bäche, die wir vor dem Eintritt in Dandando
am 8. März passierten, vereinigten sich zum Wele, dem bedeutendsten
Tributär des starken Ala-Baches, der seinerseits dem Diani zu-
eilt. Heute nun verließen wir alsbald das Gebiet des Wele und
marschierten ziemlich nahe und parallel dem Ala hin. Dabei
querten wir etwa zwischen 7 und 11½ Uhr (bei einer Stunde
Pause) gegen 20 Rinnsale, die dem Ala zuströmen.

Das Ala-Gebiet ist von altem, wundervollem Urwald bestanden. Nur sehr selten kann das Auge auf den niederen Höhen
zwischen den Bächlein über ein Stückchen Steppenlandschaft freier
hinschweifen. Es ist ein majestätischer, gewaltig aufstrebender
Urwald, und der Weg, der durch ihn hinführt, nichts weniger als
bequem. Die Träger Nansens, dem streng verboten ist, den Fuß
auf die Erde zu setzen, haben sicher keine leichte Arbeit. Aber
sein Künstlerauge muß während der Wanderung unbedingt viel
Großartiges und Erhebendes erlebt haben.

Es ist ein buntes Leben im tropischen Urwalde am Abhange
dieser massigen Berge. Nie hörte ich so viele Affen rufen, klagen
und kreischen. Nie sah ich in Afrika solche Pracht an Schmetterlingen, wie in den Wäldern Liberias. Viele davon, die grünen
und blauen Papilionen mit roten Flecken, die an den Pfützen und
über allerhand feuchtem Unrat in der Talsohle hocken, kenne ich
schon vom Kassai her. Auch der mächtige, weiß-blau-violett-braun,
aber immer hell wie changierende Seide schimmernde Falter, der
mehr an Waldwegen im höheren Gebüsch umherflattert, ist mir
aus dem Süden bekannt. Aber ein ziemlich kleiner, zierlicher, weiß-
licher Papilio und ein ganz großes, segelfalterartiges Tier, von
denen jener sich am Unrat der Bäche neben den anderen Schwänzlern
aufhält, der andere aber im hohen Gebüsch einsam seine Bahnen
zieht, sind mir neu. Kleine und große, braune und graue, im
Lichte violett aufleuchtende Schillerfalter sah ich vereinzelt in den
trockenen Waldländern am Kongo, nie aber in solcher Zahl wie
an den Buschpfaden in Liberia. Ganz besonders ist uns aber hier
aufgefallen, wie verschiedenartig die Lebensgewohnheiten eines
jeden Schmetterlings sind, und daß an den Plätzen und im feuchten
Schmutz der Bachufer sich eine ganz andere Schmetterlingsfauna
aufhält als in den höheren Waldteilen, wo im tauigen Grün nie
die gleichen Falter gaukeln wie am Bachufer und in der Steppe.
Eine wiederum ganz eigene Vertreterschaft dieser schönen und zarten
Naturgebilde ist in den Steppenteilen zu Hause, die die aus dem
Walde aufragenden Hügel bedecken. Diese sind ziemlich die gleichen
wie die Falter des steppenreichen zentralen und nördlichen Westsudan. Einen einzigen Falter nur habe ich eigentlich gleichmäßig an
jedem Wohngebiete und in jeder Pflanzenumgebung von Bamako
bis zur Pfefferküste beobachtet; das ist ein großer, hauptsächlich
gelber Papilio, der in den Farben unseren Schwalbenschwänzen
sehr ähnlich und mit sehr schönen, roten, blaugeränderten Augen
geschmückt ist. Ihn sah ich in Steppe, Baumgeäst und Bachsumpf.

Ihn lernte ich schon am Kongo kennen. Sonst kann man sagen, daß die buntesten Falter, die gleichzeitig in Menge ihrer Art auftreten, im Bachsumpf, die schillernden, mehr paarweise lebenden im trockenen Baumbusch, die unscheinbaren, braunen und grauen, vereinzelt lebenden in den Steppen heimisch sind. — Merkwürdig selten bekommt der Reisende im Gegensatz zu Tagfaltern einen Nachtfalter zu schauen. Ich habe mit Licht und Lockmitteln abends manchen Versuch im Walde gemacht und nur ein großes Nachtpfauenauge gesehen. Die allerliebsten kleinen Motten fliegen allerdings in Menge zu dieser Tageszeit umher, aber sie sind schwer zu konservieren.

Manche Stunde habe ich, besonders während der Liberkareise, den Schmetterlingen gewidmet. Ich habe auch eine kleine Sammlung aufgebracht, aber leider waren die meisten Tiere jetzt so abgeflogen, daß sie keinen sehr großen Wert besitzen.

Gegen 12 Uhr zogen wir in das trutzige Gumbauela ein, wo ich zur Herstellung von Nansens Fuß mehrere Tage zu verweilen gedachte und — auch gezwungen war. Hier stand uns aber ein Erlebnis peinlichster Natur bevor, das meine Pläne durchkreuzte und deshalb nicht stillschweigend übergangen werden kann. Wir wurden bei unserem Einzuge von den Oberhäuptern der Stadt beinahe herzlich empfangen — sogar die Weiber sahen aus der Ferne wohlwollend und neugierig zu — wir überreichten unsere Gastgeschenke, die Eingeborenen versprachen deren Erwiderung — und eine halbe Stunde später war Gumbauela leer, verödet, fast alles Weibliche verschwunden. Und das kam so:

Kaum war meine Kolonne von Norden in die Stadt eingerückt, so betrat sie von Südosten her eine Abteilung von 20 Soldaten, geführt von einem Sergeanten und einem Polizeikommissar oder politischen Agenten, alles Farbige, und deren Ankunft wirkte wie ein Schreckgespenst auf die Einwohner von Gumbauela. Der Sergeant meldete mir, daß er mit seiner Abteilung mir zur Verfügung gestellt sei zum Schutz gegen die gefährlichen Tomma. Aus seiner Marschorder ersah ich aber, daß er sich in der Person irrte, daß er nämlich mit dem Trupp französischer Soldaten für den Herrn Chef des „Service de l'Enseignement" bestimmt sei, dessen Ankunft mit militärischer Begleitung alsbald in Gumbauela zu erwarten war. Wir hatten uns also mit der Dorfgenossenschaft der Tirailleurs abzufinden.

Kaum erfuhren diese, daß sie nicht für mich bestimmt seien, daß ich gar kein Franzose, sondern ein Ausländer sei, so änderte

ſich ihr Verhalten gegen uns in auffälliger und durchaus ihrer
äußeren Erſcheinung entſprechenden Weiſe. Denn ſie glichen in nichts
den ſtrammen und wohldisziplinierten franzöſiſchen Mannſchaften,
die ich im Sudan zu ſehen Gelegenheit hatte; ſie beſaßen wohl
Waffen und einige Uniformſtücke, aber jeder trug Hoſe, Rock, Um-
hang nach eigenem Geſchmack, und ihre brutale Nachläſſigkeit gab
ihnen einen wenig ſympathiſchen Charakter, wie ihn Nanſen in
einigen Skizzen trefflich wiedergegeben hat. Es liegt mir durchaus ferne, dieſe Truppe niedriger einzuſchätzen als ihr zukommt.
Unter der Führung eines weißen Vorgeſetzten würde ſie wahr-
ſcheinlich der ihnen eingeprägten Disziplin ſich erinnert und eine
andere Haltung angenommen haben; aber der Hand des ſtrengen
Erziehers entſchlüpft, erſchienen dieſe Tirailleurs jetzt als losgelaſſene
Wilde, die ſich als Herren der Situation fühlten und kein Bedenken trugen, die günſtige Lage nach Kräften auszunutzen. Wir
können dies ja bei dem Neger immer und immer wieder beobachten, daß er ſeine rohen Naturinſtinkte herauskehrt, ſobald er
die Gewalt und ſtarke Waffen in ſeiner Hand weiß.

Zunächſt wählten ſie ihre Wohnung an demſelben Platz, den
auch unſere Hütten begrenzten, machten es ſich hier mit deutlich
zur Schau getragener Anmaßung bequem und ſtrichen, das Gewehr
in der Hand, in herausfordernder Weiſe, pfeifend und grinſend, mög-
lichſt nahe an unſerer Wohnung vorüber. Das konnte ich igno-
rieren; als mir aber durch meine Capitas und Tommainterpreten
mitgeteilt wurde, daß uns die Nahrung entzogen werden ſollte,
und als der Dorfchef mir beſtätigte, der Sergeant habe wohl für
ſeine Soldaten reichlich Eſſen, zehn Kalebaſſen Palmwein und
Mädchen zum Beſchlafen für den Abend beſtellt, die Lieferung von
Nahrungsmitteln für uns aber für unnötig erklärt, da wir nur Kaufleute ſeien, da ſah ich, daß unſer Anſehen ernſtlich in Gefahr kam,
und ſah mich genötigt, dagegen rechtzeitig Maßregeln zu ergreifen.

Ich ließ den Sergeanten vor mich rufen und erklärte ihm,
daß uns als einzigen Weißen im Orte die Pflicht obläge, unan-
genehmen Konflikten zwiſchen den verſchiedenen Gruppen der Far-
bigen vorzubeugen. Da aber meine Leute unnötigerweiſe durch
das Verhalten der Tirailleurs erregt würden, müſſe ich verlangen,
daß er mit ſeiner Truppe einen anderen Teil des Ortes zur Wohnung
nähme. Der energiſche Ton meiner Anſprache veranlaßte den
Mann, Folge zu leiſten, wodurch zunächſt ein Zuſammenſtoß ver-
hütet und unſer Anſehen aufrechterhalten, andererſeits aber die
Soldaten meiner Beobachtung entrückt wurden. Dies machten ſie

sich zunutze, indem sie desto ungestörter den Häuptling und die Familienältesten ihre Macht fühlen ließen. Sie setzten es durch, daß für sie — 22 Köpfe — 20 Kalebassen, für meine 80 Leute nur 10 Kalebassen Reisbrei zu Mittag bereitet wurden. Als ich dies erfuhr, ließ ich den Häuptling vor mich rufen und sagte ihm, er möchte nun für eine gehörige Portion Essen zum Abend sorgen. Da jammerte der Alte, daß der Soldaten wegen ja alle Frauen geflohen seien, daß deshalb der Reis schwer aus den Speichern herbeizuschaffen und noch schwieriger zu kochen sei. Er wolle tun, was er könne, aber — aber —. Ich mußte ihm zugestehen, daß ich auch in keiner Weise ihm zu helfen imstande sei, da mich das alles nichts anginge, reichte ihm ein Gläschen Schnaps und ließ mir noch einiges Wissen auf geschichtlichem Gebiet vortragen. Dann verschwand der Alte und suchte sich auf politische Weise aus seiner schwierigen Lage zu retten. Er ließ gegen Abend dem Sergeanten mitteilen, 10 Kalebassen Palmwein ständen für ihn bereit, ferner auch der Reisbrei für sämtliche Fremde, also für seine Soldaten und für meine Leute. Er möge das für die Tirailleurs Erforderliche davon . nehmen und das übrige an die Europäer abliefern. Selbstverständlich nahm der Sergeant außer dem Palmwein und sämtlichen gelieferten Hühnern die 20 größten Kalebassen Reis für sich in Anspruch, und ich erfuhr zu meinem Schreck, daß für meine 80 Leute nur 10 ganz kleine Portiönchen gebracht wurden.

Was tun? Ich durfte meine Leute doch nicht hungern lassen, beschloß aber, noch eine friedliche Einigung mit den Soldaten zu versuchen. Ich ließ den Sergeanten abermals zu mir rufen. Jetzt kam er mit der ganzen Kohorte, die meisten mit dem Gewehr bewaffnet, ließ aber doch gleichzeitig meinen Leuten noch drei Kalebassen voll Reisbrei zustellen. Mit trotziger Miene setzte er mir auseinander, daß dieser Reis eigentlich viel schlechter sei, als sie zu Hause bekämen, und seine Mannschaften auch nicht alles gegessen, sondern die Reste zusammengekratzt und meinen Trägern geschickt hätten. Dann ließ ihn aber der genossene Palmwein weiterschwatzen und verraten, daß seine Truppe ja allerdings für fünf Tage Reis als Ration erhalten hätte und mit sich führte, daß sie aber gewohnt wären, in jedem Dorfe durch die Eingeborenen mit Nahrungsmitteln versorgt zu werden. Als er noch weiter aus der Schule plauderte, unterbrach ich den Bezechten und erklärte ihm, daß er, wenn er so nachdrücklich die französischen Soldaten als Herren im Lande bezeichne, auch dafür Sorge tragen müsse, daß ich, ein Europäer, mit meinen Leuten genügend Nahrungsmittel erhielte.

Er zog mit seinem Gefolge ab, aber bis in die Nacht hinein zogen die Soldaten in aufdringlicher Weise, singend und pfeifend, die Gewehre schwingend, an unserem Tisch und Hause vorbei.

12. März 1908. Die eigenartige Lage, in der wir uns befanden, war durch politische Grenzverschiebungen kurz vergangener Zeit und dadurch, daß das ganze Land in nervöser Aufregung zitterte, zu erklären. Ich sprach schon im vorigen Kapitel davon, wie die Grenzregulierung zwischen liberianischem, englischem und französischem Gebiet etwas energisch und hastig vorgenommen war. Nach Wochen erst erhielt ich von befreundeter, französischer Seite eine Aufklärung, die mir vieles von dem, was sich vordem, zur Zeit unseres Aufenthaltes und auch bei Eintreffen des Herrn Leiters des Schulwesens abspielte, überhaupt erst zum Verständnis brachte. Ich will das hier gleich einschieben, um den Leser besser orientiert die Konflikte miterleben zu lassen, als wir es waren.

Daß „Liberia" als Staat keine sonderliche Lebenskraft hat, versteht sich, wie schon oben erwähnt, von selbst. Daß bei einer Aufteilung Frankreich und England an eine entsprechende Halbierung denken, ist ebenso klar. Unbekannt war mir damals und blieb mir noch längere Zeit, daß diese beiden Großmächte die Einmischung „einer dritten Macht", der man eventuell auch ein Stück des Wildprets abgeben müsse, fürchteten und deswegen mit großer Emsigkeit die Verschiebung der Grenze des Interessengebietes nach dem Inneren zu beschleunigten, um dann im Augenblick des Teilens schon denkbar günstig gestellt zu sein. Dieser Punkt war mir unbekannt; ich konnte ihn auch gar nicht ahnen.

Die Vorgänge, die sich vor unserer Reise in diesen Ländern abspielten, haben infolge des Todes meines Vorgängers in diesem Gebiet, Professors Volz, in Europa einen Augenblick allgemeines Interesse erregt, ohne daß das innere Wesen der Verhältnisse bekannt wurde. Ich glaube mit folgender Darstellung der Wahrheit so nahe zu kommen, daß man sie als richtig bezeichnen kann.

Als Liberia sah, daß Frankreich mächtig vorwärtsdrängte und jede Gelegenheit, ein wenig vorzudringen, beim Schopfe ergriff, beging dieser kindische Staat die größtmögliche Dummheit. Einzelne Liberianer reisten im Lande herum und reizten die Bevölkerung gegen Frankreich auf. So soll ein derartiger Kapitän, der natürlich schwarze Agitator Lommax, bis nach Beela (oder Behla) vorgedrungen sein. Ob diese „Propaganda der Tat" staatlichen, also offiziellen, oder offiziösen oder privaten Charakters war, wird wohl nie mit Sicherheit festgestellt werden können. Jedenfalls hatte die Wühlerei leider Erfolg. Es wird wahr sein, was die Eingeborenen behaupten, daß einige französische Soldaten oder Grenzwächter sich an Tommafrauen und -mädchen vergingen, — ganz ohne Beitrag zur Erregung wird die französische Grenzmacht auch nicht geblieben sein —; tatsächlich begann im Anfange 1907 der Aufstand der kriegerischen Tomma, der sich nach Norden zu fortpflanzte und dessen Wellen bis gegen die Mauern der französischen Station Beela anstürmten. Verschiedentlich wurden im Grenzgebiet Soldaten und Kaufleute erschlagen, — kurz und gut, die Situation konnte für die Ausführung des französischen Expansionsplanes nicht günstiger vorbereitet werden, und Frankreich begann den Tommakrieg.

Die französische Kolonialtruppe im Sudan und Guinea ist sehr tüchtig und verdient, als Kriegsmacht betrachtet, unsere volle Bewunderung. Die Truppen marschierten unter starken Verlusten, aber siegreich, bis nach Bussadugu oder Gessedugu (bei diesen Völkern ist es nicht selten, daß die gleiche Stadt bei verschiedenen Stämmen verschiedene Namen führt). Gessedugu liegt auf der anderen Seite des Diani, etwas nördlicher, aber in etwa gleicher Entfernung vom St. Paul-River, wie Gumbauela. Im Bande der Völkerbeschreibung werde ich die hervorragende Verteidigungsweise der Tomma zu beschreiben haben. Jedenfalls lag Gessedugu so ausgezeichnet geschützt im Urwald und Sumpf, und war so vorzüglich befestigt, daß die französische Truppe sich trotz schwerer Verluste nicht ihrer zu bemächtigen vermochte, und erst aus Bamako Artillerie herbeischaffen mußte, um sodann den Angriff im Sommer 1907, also kurze Zeit, bevor ich nach Afrika abreiste, mit Erfolg zu wiederholen.

Damals nun reiste der unglückliche Professor Volz aus Bern nach diesen Ländern. Er war durch die Ministerien angemeldet und akkreditiert, aber niemand will gewußt haben, welchen Weg er nahm. Er kam nicht, wie wir, aus dem Innern, sondern von der Küste her, durch Sierra Leone und Nord-Liberia, und traf so in Gessedugu just zwischen dem ersten und zweiten Angriff der französischen Truppe ein. Professor Volz kam mit Sack und Pack, d. h. anscheinend mit schwerbepackter Kolonne, an und verlor nach der Ankunft anscheinend jenen siegreichen Einfluß, der jedem von uns im entscheidenden Augenblick einmal aus den Händen gleiten kann. Gleichzeitig zog sich das Ungewitter ringsum zusammen. Der Schluß war grausam.

Bolz konnte keine Leute und Träger zum Weitermarsch erhalten. Die Tomma verwehrten ihm den Abmarsch. — Im französischen Lager tauchte das Gerücht auf, auf seiten der Tomma
kämpften einige Engländer oder Weiße, die von der Seite der
Liberianer gekommen und die intelligenten Urheber der vorzüglichen Verteidigung seien. Die Offiziere der französischen Truppen
scheinen nicht auf den Gedanken gekommen zu sein, daß ganz un-
beteiligte Weiße die Ursache solcher Gerüchte bilden könnten, und
daß es ihre Pflicht erheischte, für deren Sicherheit während des
Kampfes und Sturmes Vorkehrungen zu treffen.

Im übrigen ist Bolz nicht unter den Kugeln der Stürmenden,
obgleich sie auch seine Hütte durchbohrten, gefallen. Die Sache
ist ungemein viel trauriger. Sie ist sehr jämmerlich.

Bolz saß in seiner Hütte, als die Mauern Gessedugus erstürmt
wurden. Er hatte nur noch einen Boy bei sich. Den sandte er
mit einem seine Lage klarlegenden Zettel den Angreifern entgegen.
Beim Einrücken durch die Bresche waren aber nicht Weiße, sondern
Schwarze an der Spitze, und als der Bursche den Tirailleuren
seinen Zettel entgegenhielt, da durchbohrte ihm aus ihren Rohren
erst eine Kugel das Bein, dann streckte ihn eine andere nieder.
Kein Europäer scheint diesen Vorgang wahrgenommen zu haben,
infolgedessen ist anzunehmen, daß man die Tirailleure nach dem
Fall der Mauer „losließ“, sie nicht weiter beim Vordringen in die
Stadt leitete, und ihnen somit das Schicksal der Einwohner anheim-
stellte, obgleich anscheinend im Hauptquartier das Gerücht von der
Anwesenheit des Weißen verbreitet war.

Armer Bolz! Er hatte einen erklärenden Brief oder Zettel
vor seinem Hause, einen zweiten mitten in seinem Hause niedergelegt und sich auf dem Zwischenboden unter dem Dache versteckt. Er
konnte es nicht wissen, daß man die Stadt den Negersoldaten überant-
wortet hatte, die immer in der Weltgeschichte zu gemeinen Blut-
hunden wurden, wenn man sie als Siegreiche mit guter Waffe
in der Hand, ohne Leitung einer höheren Intelligenz, losließ. Die
schwarze Meute hatte allzu feine Nasen. Sie fanden das Haus
des „Engländers“. Kein Weißer war da, mit seiner Hand das
Leben eines Bruders seiner Rasse zu schützen. Von unten aus durch
den Treppenaufgang schossen die Tirailleure den Forscher tot wie
ein im Bau gefangenes Tier. —

So wurde es mir erzählt in Kankan, Beela, Boola, Gumbauela, immer der gleiche Vorgang.

(gez. v. Friz Nansen.)

Aus dem Lagerleben; der geheimnisvolle Winkel des Oberkochs.

Nur daß man mir die Sache in Gumbauela in einer Weise auftischte, die wenig angenehm für uns war. Denn hier hatten wir am 12. März 1908 einige dieser schwarzen Krieger vor uns, die sich rühmten: „schon einen solchen Engländer hätte ihre Genossenschaft weggeschossen, es würde auf uns auch nicht ankommen".

□   □

In der Nacht vom 11. zum 12. März hatte ich weidlich Gelegenheit, die Situation zu erwägen und mir klarzumachen, welche Schritte ich zu unternehmen hätte, um die Verwirrung zu lösen, in die ich hier verwickelt wurde. Vielleicht wird mancher denken, das richtigste wäre gewesen, abzumarschieren und diesen durch die rohe Söldnermasse beunruhigten Ort so schnell wie möglich zu verlassen. Aber so einfach, wie mancher denken mag, war dies nicht. Vor mir nach Süden lag nach Angabe der Eingeborenen ein liberianisches Grenzgebiet, und ich mußte annehmen, daß, wenn ich dahin kam, ein Wechsel von Traufe und Regen in Erscheinung treten würde. Nach Westen, jenseits des Diani, und nach Osten, nach Mabosso zu, war der Weg bis zur nächsten größeren Ansiedlung so weit, daß meine geschwächten Leute ihn mit dem immer noch recht fußkranken Nansen kaum zurücklegen konnten, und nach Dandando zurückkehren? — Wegen dieses schwarzen Gesindels? — solche Schwäche zeigen? — nein!

Mein Nachtquartier in Gumbauela ward belebt durch Hunderte und aber Hunderte von Mäusen, die in ihrem lustigen Spiele eine böse Menschenquälerei trieben, so daß ich kein Auge schließen konnte. Von Dandando an bis zur Rückkehr nach Boola habe ich nicht mehr geschlafen, aber diese Nächte in der Mäusehütte, die gleichzeitig mit allerhand ernsten Gedanken angefüllt waren, erschienen mir als die qualvollsten. Ich beschloß, hier zu warten, bis der Chef des Unterrichtswesens, dem diese Soldaten ja zur Verfügung gestellt waren, ankam und — wie ich nicht zweifelte — mit energischer Hand für die Aufrechterhaltung des Ansehens eines Europäers Sorge tragen würde.

Also abwarten! Geduld! —

Der Sergeant hatte für Lebensmittel nicht gesorgt. Ich aber mußte darauf bedacht sein, diese Angelegenheit zu regeln, da hierin die wichtigste Quelle der Reibereien zwischen der Kolonne und den Soldaten lag. Also ließ ich gegen 10 Uhr den Häuptling und die

angesehensten Männer des Dorfes zusammenkommen, setzte der
edlen Korona eine Schale mit dem vielgeliebten, reichlich verdünnten
Absinth vor und verhandelte wegen Ankaufs von solchen Nahrungs=
mitteln, die meine Leute im Notfalle selbst bereiten könnten. Ohne
Schwierigkeiten erwarb ich vier kleine Hammel und sieben Lasten
Reis, welches Quantum für etwa drei Tage (für die Leute und
uns) ausreichen mußte, und wofür ich Waren im Werte von über
100 Fr. bezahlte. Mit den Stoffen und Messingschätzen zogen die
Dörfler dann ab, freudig bewegt, daß damit das Dilemma nach
zwei Seiten hin erledigt war. Sie bekamen auch für einen Augen=
blick Mut und zeigten den Soldaten, wie reichlich ich sie bedacht
hätte. Das hatte zur Folge, daß die Tirailleure nun ihre von
zu Hause mitgebrachten, ihnen zuerteilten Rationen auspackten und
somit wenigstens für diesen Mittag das gewaltsame Requirieren auf=
gaben. Es entstand eine Ruhepause, und wir konnten unsere Ar=
beiten fortsetzen. Die Soldaten schliefen ihren Kater aus, nicht
ohne vorher den Befehl erteilt zu haben, für den Abend wieder
zehn Kalebassen mit Palmwein für sie bereitzustellen.

Dieser zehnmal verfluchte Palmwein hatte auch an diesem Abend
eine Verschlimmerung der Sachlage zur Folge. Als die Bande
gründlich bezecht war, zog sie wieder mit Gewehren und dicken
Knütteln auf unseren Lagerplatz und begann nun eine schlimme
Rederei, die aus der Ferne ruhig mit anzuhören und nachher Wort
für Wort noch einmal von unseren Leuten vorgesetzt zu erhalten,
mir recht schwer wurde. Angestachelt wurde die Gesellschaft durch
den ihnen in die Nase steigenden angenehmen Duft der Hammel=
sauce, die meine Mannschaft für ihren Brei bereitet hatte. Sie
ließen sich folgendermaßen aus: Wir (d. h. Nansen und ich) seien
Engländer und die seien eigentlich vogelfrei, die könnte man weg=
schießen, denn sie seien ihre Feinde. Die französischen Tirailleure
hätten so einen schon dicht bei, in Bussadugu, fortgeschossen, und
es hätte kein Hahn danach gekräht. Dabei stellten sie das Ende
des armen Volz in so gemeiner Weise dar, daß ein gut Stück Geduld
dazu gehörte, die Schilderung in Ruhe zu vernehmen. Einmal im
Zuge, ließen sie natürlich ihrer Zunge freien Lauf und ergingen
sich in Renommagen und prahlerischen Erzählungen ihrer Helden=
taten, als deren Objekte sie sogar ihre Herren, die französischen
Beamten und Offiziere, mit grinsendem Vergnügen darzustellen
suchten. Ihre Bezechtheit nahm stark zu, und da, als ich später
ohne Schlaf finden zu können, von meiner Hütte aus über den Platz
sah, gewahrte ich, wie die Trunkenen sich den Scherz erlaubten,

mit geladenem Gewehr Zielübungen auf meine Behausung an-
zustellen. Nach Mitternacht torkelten die letzten beiden gänzlich
haltlosen Burschen mit ihren Büchsen pfeifend ihrem Lager zu.

□   □

13. März 1908. Da ich ganz genau wußte, daß meine holde
schwarze Nachbarschaft ihren Rausch bis zum Mittag hin gründlich ausschlafen konnte, und da ich das Lager für diese Stunden unter
Nansens Leitung in guten Händen wußte, beschloß ich, einen sehn-
lichst gehegten Wunsch zu erfüllen und am frühen Morgen den
nicht sehr weiten Diani (St. Paul) aufzusuchen. Ein Marsch von
1½ Stunden nach Nordwesten, zumeist durch wunderbaren Urwald,
brachte uns an den Fluß.

Der Spiegel des Diani war jetzt einige Meter unter seiner
sonstigen Höhe, er floß in einer Breite von gegen 30 m über felsigen
Grund ziemlich träge hin, erweckte in mir aber die Ueberzeugung,
daß er zur Hochwasserzeit ein starkes und reißendes Gewässer darstellen müsse. Die Angaben der mich führenden Eingeborenen
bestätigten das. Sie berichteten, daß zur Zeit des Hochwassers kein
Boot den Fluß kreuzen könnte, so reißend sei seine Strömung.

Die Schönheit der Landschaft ward dadurch sehr wesentlich gehoben, daß eine mächtige Hängebrücke, die durch eine Unzahl von
Lianensträngen in das Geäst der Urwaldriesen geknüpft war, über
das Flußbett gezogen war. Auf jeder Seite führte im Ufergelände
eine mehrere Meter hohe urwüchsige Treppe zu diesem kunstvollen
Bauwerk empor. Zu meiner großen Freude sind einige Aufnahmen
der Szenerie recht gut gelungen, so daß ich eine photographische
Wiedergabe beifügen kann. — Sehr gern hätte ich meinen Weg
bis nach dem nahegelegenen Gessedugu fortgesetzt, um das Grab
des Professors Volz aufsuchen und einen Kranz dort niederlegen
zu können, aber die Furcht, ein längeres Fortbleiben vom Lager
könne irgendwie gefahrbringend werden, veranlaßte mich, alsbald
wieder zurückzukehren. Daheim fand ich alles in guter Ordnung;
die Herren Tirailleure waren noch mit dem Ausschlafen ihres
Rausches beschäftigt, und erst um die Mittagszeit herum kam ein
Fortschritt in unsere unerquickliche Situation, indem eine wichtige
neue Gestalt auf der Bildfläche erschien.

Es war das der Herr Chef des Unterrichtswesens in Fran-
zösisch-Guinea, für dessen Schutz die zweiundzwanzigköpfige Mannschaft bestimmt war, die aber für das Land und uns eine größere
Gefahr bedeutete, als alle Eingeborenen zusammengenommen. Es

war eine gewisse Ironie des Schicksals, daß dieser Herr den Namen
L'Allemand trug! Sobald wir hörten, daß er angekommen sei,
gingen Nansen und ich heraus, um nach afrikanischem Buschbrauche
den „anderen Weißen" herzlich zu begrüßen. Aber die Herzlich-
keit ward schnell unterbunden. Inmitten seiner 30, mit aufgepflanzten Seitengewehren kriegerisch dreinschauenden Soldaten
stehend, verbreitete Herr L'Allemand sogleich bedeutende Feierlichkeit und den im afrikanischen wilden Walde immer etwas wunderlich wirkenden Dunst großer Würde um sich. Obgleich wir beide
höflich den Hut lüfteten, berührte er kaum seine Kopfbedeckung,
betrachtete uns nach Feststellung unserer Namen und Qualität sogleich von oben herab mit außerordentlich strafendem Blick und
begann sogleich energisch gegen unser Hiersein zu protestieren.

Er sagte nämlich: er sei sehr erstaunt, uns hier zu sehen,
denn der Aufenthalt hier im Lande sei uns von der französischen
Regierung nicht genehmigt, und seit Wochen läge für uns ein Telegramm in Guekke, das uns unter Hinweis auf den Tod des unglücklichen Volz verbiete, länger in diesem Lande zu bleiben. —

Trocken wie die Mitteilung war natürlich meine Antwort: Ich
sei erstaunt, daß die Behörde nicht eher die Möglichkeit gefunden
habe, mich hiervon zu unterrichten, und daß ich im übrigen mich
recht sehr über seine Soldaten beschweren müsse. Er überhörte
das, wie er zwei Tage später zugab, absichtlich und sagte nur noch,
wir seien „très imprudents", in einem so gefährlichen Lande ohne
Schutz zu reisen, da er mindestens 30 Soldaten benötige, um der
Gefahr entrückt zu sein. Dabei blickte er so befriedigt auf die mit
aufgepflanzten Bajonetten gar gewaltig dreinschauende Kriegerschar,
daß ich mir jede Antwort sparte. —

Jeder zog sich zurück. Herr L'Allemand ließ sein Haus zu-
machen und schlief bis zum Abend den Schlummer des Wohl-
bewachten und der Gefahr Enthobenen. Wir aber hatten Gelegenheit, eine wundervolle Szene zu beobachten, die sich auf dem großen
Platze, auf dem unsere Hütten lagen, abspielte. Die Vertreter der
nun in doppelter Erscheinung vorhandenen schwarzen Feldwebel-
würde sprachen sich aus. Der Heutangekommene sagte zum Alt-
anwesenden: „Ich habe den Charakter dieses „commandant" erfaßt,
er ist eigentlich immer in einer Hütte eingeschlossen. Er sieht nichts.
Man kann schon etwas unternehmen." Dann holte „man" den
Dorfchef und sagte ihm: „Die anderen Weißen haben vier Hammel
von dir erhalten. Unser Kommandant will einen Hammel für uns
haben, bring ihn ihm also heute abend, sonst wirst du gefesselt."

Gegen Abend, als die Pforte sich öffnete, trat furchtsam und kleinlaut der Dorfchef in Herrn L'Allemands Haus und überreichte außer den Gaben einen fetten Hammel. Herr L'Allemand nahm ihn dankend an und wies ihn als Speise für seine Träger an, worauf die Träger ihn den Soldaten brachten, die ihn ihrerseits verzehrten. Als die Guten ihren Hammel aufteilten, blickten sie grinsend zu mir hinüber, und mit jedem Augenaufschlage sagten sie: „Da siehst du, nun haben wir auch unseren Hammel. Wir haben nichts dafür bezahlt, also sind wir dir doch über."

Als wir vor unserer Hütte saßen, trat Herr L'Allemand zu uns und sprach einige Worte über verschiedene Forschungszweige. Er schloß mit der Versicherung, so viele Franzosen hätten sich in widersprechendster Weise über den Ursprung hiesiger Völker geäußert, daß ich auch nichts zutage fördern würde. Ein niederrieselnder Regen machte dem kurzen Gespräch ein Ende und entführte den Herrn wieder hinter die sorgfältig geschlossene Tür.

Wir saßen aber noch lange in unserer Behausung und erwogen, was zu tun sei. Daß ich die offizielle Mitteilung nicht einfach ad acta legen durfte, sondern zunächst einmal nach Boola zurückkehren mußte, verstand sich von selbst. Wir waren von den französischen Behörden so freundlich und wohlwollend aufgenommen worden, daß ich mich unbedingt mit ihren etwaigen Wünschen befreunden mußte, auch wenn sie eine gewisse Einschränkung meiner Studien bedingten.

Wegen des brutalen Benehmens der Soldaten und der unfreundlichen Begegnung des Herrn Schulinspektors den französischen Behörden irgendwie mit Beschwerden Schwierigkeiten bereiten zu wollen, hat mir durchaus ferngelegen.

„Flunſch", ein
unliebenswürdiges
Kind Liberias.

Skizzen von Fritz Nanſen.

Zehntes Kapitel.
Aus dem Urwalde zurück bis Bamako.

14. März 1908. Nanſen und ich hatten am Abend des 13. März
lange und ernſthaft erwogen, was nun zu tun ſei. Perſönlich hätte
ich ebenſo gern wie mein Maler den Marſch nach Süden im Urwalde
des St. Paul=River fortgeſetzt und nach den Erkundigungen, die
ich einzuziehen vermochte, wäre es auch ſehr wohl möglich geweſen,
den anderen wilden Völkern Liberias einen Beſuch abzuſtatten, denn
wir hatten im Freundſchaftsſchluß mit den angeſehenen alten
Tomma=Familien ſchon allerhand gute und vielverſprechende Beziehungen angeknüpft. Ich wäre, wenn ſolcher Plan hätte praktiſch
ausgeführt werden ſollen, dann noch einige Tage in Gumbauela
geblieben, bis Nanſens Fuß vollſtändig geheilt wäre, und hätte

dann den Weitermarsch angetreten. Nachdem nun aber die eigenartige Botschaft des Herrn Unterrichtsinspektors in Betracht gezogen werden mußte, glaubte ich ohne weiteres auf solchen Gedanken verzichten zu müssen.

Wir mußten — das war das Ergebnis unserer Ueberlegung —
auf jeden Fall nach Boola zurückkehren und weitere offizielle Nachrichten der Regierung abwarten. Für diesen Rückweg kamen aber
nur drei Wege in Betracht, nämlich einmal der, auf dem wir gekommen waren, dann ein direkter Pfad über das Gebirge und drittens
eine Straße über Mabosso—Korrokarra—Lom—Uenso—Boola, also
eine auf die alte, von der Gerßereise bekannte Route mündende
Verbindung. Den ersten Weg noch einmal zu gehen, war weder
lehrreich noch interessant. Auf dem zweiten Pfade nach Boola zu
marschieren, war in Anbetracht der jetzigen Fußverhältnisse Nansens
und der Tatsache, daß wir alle schwer unter dem Klimawechsel ge-
litten hatten, kaum durchzuführen. Es blieb also nur die dritte
Route, die allerdings das Unangenehme hatte, daß der französische
Schulinspektor mit seiner Begleitung sie auch beschreiten und gerade
heute, am 14., in Mabosso lagern wollte. Wir beschlossen deswegen,
sofort über diesen Ort hinauszumarschieren und somit ein nochmaliges
Zusammenkommen mit der französischen Truppe zu vermeiden.
Gesagt — getan!

Herr L'Allemand brach mit seiner bewaffneten Macht um
6¼ Uhr auf, ohne sich von uns zu verabschieden. — Wir folgten
dem militärischen Zuge in einem Abstande von ¾ Stunde.

Der Weg, den wir am 14. März zurücklegten, war so recht
ein Abschlußmarsch interessantester Art zur Aufklärung der geographischen und hydrographischen Verhältnisse des Geländes, das
wir im liberianischen Grenzgebiet kennen lernten. Wir gingen am
Talrande des Loffa-Bettes hin über manches, von Rinnsalen und
Urwald geschmückte Quertälchen, überschritten gegen ½11 Uhr den
hier etwa 10 m breiten Loffa oder Toffa, erreichten nach 11 Uhr
den von der Gerßetour her wohlbekannten Logo (offenbar nahe
seiner Mündung in den Loffa, er war an der passierten Stelle
ca. 7 m breit), mußten dann aber leider eine schwierige Höhe er-
klimmen, um das nächste Tal zu erreichen.

In diesem Gebiet nun entdeckte ich mehrere wirklich stolze, heute
mitten in den prächtigsten Urwald gebettete Reste einer vergangenen,
wahrscheinlich vollkommenen und geschlossenen, alten Tommukultur.

Da waren zunächst einige Dolmenkreise, denen gegenüber die heute
noch in den Tommadörfern zu Gesicht kommenden Steingruppen
Kinderspielen gleichen; dann alte Mauerreste, Stadtwälle, die einst
sehr bedeutende Dimensionen aufgewiesen haben müssen, und endlich
davor einen Hain lebender Pandanuspalmen, deren uralte, prächtige
Stämme in ihrer regelmäßigen Reihenbildung einen urehrwürdigen
Eindruck machen. Leider war das dazwischen gewachsene Buschwerk
so dicht, der Wald so schattig, das Licht so zerstreut, daß ich nicht
hoffen durfte, auch nur ein leibliches Bild auf die Platte bringen
zu können.

In Mabosso nahmen wir vor den Toren der von Soldaten
wimmelnden Ortschaft ein schnell bereitetes Essen zu uns und brachen
dann auf, um durch das leichtwellige Ulijatal dem nicht sehr entfernten Korrokarra zuzueilen. Hier kamen wir etwa um ½5 Uhr
an. — Es war eine wunderbar friedliche und erquickende Wanderung,
die uns alle Aergernisse der letzten Tage vergessen ließ. Aber kaum
waren wir in Korrokarra eingetroffen, so wurde uns energisch der
Glaube entrissen, daß wir durch diesen Gewaltmarsch unseren Quäl-
geistern entgangen seien.

□   □

Schon war uns auf der letzten Wegstrecke ein eilig rennender
Mann begegnet, der just genug Zeit hatte, um zu fragen, ob ich
der große, neue Kommandant sei, den er etwas fragen wolle. Als
dies verneint wurde, schoß der Pfeil weiter nach Mabosso. Wir
aber zogen in dem alten, behaglichen Korrokarra ein, das nur allzu
schnell seine Gemütlichkeit verlor. Schon ein wenig ängstlich und
mißtrauisch empfangen, entstand bei der eiligen Rückkehr des nach
Mabosso abgeschossenen Spähers sichtlich Unfreundlichkeit unter den
Alten. Auf unser wie immer freundlich vorgetragenes Gesuch um
Nahrungslieferung wurde ziemlich frech geantwortet, wir wären ja
„eigentlich gar nichts". Wir wären „nur" Kaufleute, und es wäre
schon vor uns von dem großen Kommandanten die Nachricht eingetroffen, daß uns nichts, gar nichts, auch nicht gegen Bezahlung
zu liefern sei, da morgen früh der große Herr Kommandant selbst
hier durchkommen würde und für ihn 20 Kalebassen Essen bereit
zu halten seien, denn er sei ein sehr großer Kommandant und
habe viele Soldaten zu beköstigen, die alle sehr gute Gewehre hätten.

Tafel 18.

Flußschiffahrt; die „Flotte" vor der Abfahrt von Kankan auf dem Milo.

(L. Frobenius phot.)

Meine lieben Freunde aus Deutschland und Frankreich, und aus welchen Ländern ihr sonst herstammen mögt, ich bedaure, daß ihr bei dem vorletzten Akte der tragikomischen Posse, die nun anhob, nicht zugegen waret, denn ihr würdet über die kühle Witterung und die klare Luft, die nunmehr uns umgab, nach der Hitze dieses und der letzten Tage eure Freude gehabt haben. Ich bat den Herrn Häuptling zu mir. Es regnete. Wir saßen unter der Veranda unseres elenden Häuschens. Wir schenkten dem alten Herrn ein Tränklein ein, nur wenig, damit er sich ja nicht in Hitze trinke. Wir saßen in unseren Gummimänteln neben ihm. Draußen stand mit verkniffenem Grimme das gutgenährte Dorfvolk umher, daneben meine kopfreiche, hungernde, frierende Trägergesellschaft. Im Regen zitterte all das Volk ein wenig, und dabei klang das Blöken der Hammel, die reichlich umherliefen, gleichförmig durch die rieselnde Atmospäre.

In mir war alles klar, draußen nebelig. Ich sagte zu dem Alten: „Hier sind vier Stück Stoff, dort deine Lämmer. Ich will dir den doppelten Preis zahlen, willst du die Lämmer geben?" Der Alte sog an seiner Schale, blickte mich an, sah, daß ich gut war, ahnte, daß die Soldaten schlecht seien und sagte: „Nein." „Weshalb?" „Weil der große Kommandant und die Soldaten es verboten haben." „Würdest du es tun, wenn der große Kommandant und die Soldaten es nicht verboten hätten?" Er sieht ganz dumm drein. „Warum sollte ich es nicht tun? Denn niemand bezahlt es so gut wie du uns bezahlen willst." Und darauf sagte ich ihm ganz ruhig, ich sei ein ganz ebenso großer Kommandant.

Darauf fingen meine Leute die Hammel, — darauf nahm der alte Dorfchef den Stoff in Empfang, — darauf sagte er: „Wenn nur der große Kommandant nicht böse wird und mein Dorf einschießt", — darauf ging er und sandte sogleich an den großen Kommandanten eine Botschaft: — „er habe mir die Hammel verkaufen müssen, es wäre aber nicht seine Schuld; er möchte nicht böse sein". Die Botschaft kam im Soldatenlager an und wurde von dem Polizeiagenten folgendermaßen verdreht seinem Chef, Herrn L'Allemand, übermittelt: „Der Deutsche hat in Korrokarra den Dorfchef geschlagen und mißhandelt und hat ihm einige Hammel fortgenommen, ganz wie er es in Gumbauela gemacht hat." — Und L'Allemand muß das wohl geglaubt haben, denn während Nansen und ich ganz gemütlich in unserer Hütte saßen, traf ein Bote aus Mabosso ein und überbrachte folgendes Schreiben:

Afrique Occidentale
Française
Guinée française
Service de
L'Enseignement
Bureau de l'Inspecteur.

République française
Liberté-Egalité-Fraternité.
Mabosso, le 14. Mars 08.

Monsieur,

Je vous ai informé hier, officiellement, que M. le Gouverneur ne vous autorisait pas à séjourner — comme vous aviez l'intention de le faire — en pays Guerzé et Uhamat, à cause du peu de sécurité que présentent encore ces régions. Or, depuis j'ai reçu une plainte du chef du village de Gabohouéla contre vous, pour voies de fait à son encontre, — d'autre part, le sergent commandant le détachement de tirailleurs chargé de m'escorter a été malmené par vous, — et enfin, le chef du village où vous êtes actuellement me fait dire à l'instant que vous vous conduisez envers lui comme envers le chef de Gabohouéla. Je n'ai pas qualité pour trancher ces différents, — je ne puis que transmettre au Gouverneur les réclamations qui ont été formulées.

Cependant, dans votre interêt, je me permet de vous engager fortement à changer votre manière de faire. D'abord pour votre sûreté personnelle, car je vous répète que ces peuplades sont encore loin d'être pacifiques, — et ensuite, pour les désagréments d'ordre administratif qui pourraient vous survenir. En effet, vous semblez ignorer que personne n'a le droit, de requisitionner de vivres, et tout voyageur doit emporter la nourriture qui lui est indispensable, aussi que celle de ses porteurs. D'autre part, les violences que vous exercez sur les chefs des villages pourraient avoir pour notre influence des conséquences fâcheuses, et je n'ai pas besoin de vous montrer combien il serait regrettable, qu'une colonie fût troublée du fait de voyageurs étrangers, non autorisés à y séjourner. Agréez, M., ma salutation.

Signature.

Ich beantwortete die freundliche Mitteilung sogleich mit folgenden Zeilen, die Herrn L'Allemand noch in gleicher Nacht durch seinen eigenen Boten zugestellt wurden:

„In der offiziellen Weise, in der Sie mir schreiben, teile ich Ihnen mit, daß ich die erhobenen Anklagen energisch zurückweisen muß, an die Quelle, von der sie kamen, nämlich an Ihre Soldaten,

die die Eingeborenen auf jede Weise veranlaſſen, uns das Leben
hier unmöglich zu machen. Obgleich die Leute ihre Rationen erhalten haben, erklärten ſie mir gegenüber, daß es ihr Brauch ſei,
die Eingeborenen zur Nahrungsmittellieferung zu veranlaſſen,
und haben die Nahrungslieferung an unſere Leute unterbunden.
Wenn hier niemand das Recht hat, „de requiſitionner de vivres", ſo
ſteht das wohl auch dem Muſter der Verwaltung, den Soldaten
nicht zu.

Ich bedauere, daß Sie mir gegenüber einen Auftrag, mir die
Wünſche des Gouverneurs zu übermitteln, nicht früher erfüllt haben.

Mit Hochachtung

Gez.: L. Frobenius.

Deutſche Inner-Afrikaniſche Forſchungs-Expedition.
D. J. A. F. E.
Chef.

Wir verbrachten eine weitere ungemütliche Nacht, weniger infolge der kriegsluſtigen Stimmung des Herrn L'Allemand als infolge der Aufgeregtheit einer im Mondſchein wild umherraſenden
Herde von Stieren, die eine gewiſſe Freude daran fanden, die Hütten,
in denen Nanſen und ich ſchliefen, zu attackieren. Am anderen
Morgen warteten wir auf den „großen Kommandanten". Er kam
mit ſeiner Garde gegen 7 Uhr angerückt und mußte wohl oder
übel an unſerem Lagerplatz vorbei, um dann auf meinem Stuhl
und an meinem Tiſch Platz zu nehmen. Ich ſagte ihm, daß er in
dieſen Tagen der dritte meiner Gäſte ſei. Der erſte wäre der Häuptling von Gumbauela, der zweite der von Korrokarra geweſen. Ich
wäre erfreut, daß ich in ihm, dem großen Kommandanten, den
dritten Gaſt begrüßen dürfe, und nun wollten wir uns ein wenig
unterhalten.

Danach haben wir uns, ſo ſchwer es dem Herrn auch wurde,
denn wirklich ein wenig unterhalten über — nun, man glaubt
nicht, was in einer Stunde alles beſprochen werden kann, wenn
wenigſtens einer von den beiden Parteien den feſten Willen
dazu hat.

Nachdem Herr L'Allemand von der hohen Politik und Bismarck
begonnen hatte, kam er auf die angeblich gegen mich erhobenen
Klagen zu ſprechen, daß ich nämlich die Häuptlinge von Gumbauela
und Korrokarra geohrfeigt, ſeinen Feldwebel mißhandelt, den Eingeborenen Reis und Schafe weggenommen habe, wie die geplagten

Eingeborenen sich an seine Soldaten gewendet hätten usw. —
Gottlob, er saß auf meinem Stuhl und mußte wohl oder übel
das Verhör mit anhören, das ich nun mit den Eingeborenen, meinen
Leuten und seinen Soldaten anhub. Dann wurde er still und versicherte, daß er es wirklich nicht dem Gouverneur melden wolle,
und daß seine Soldaten nie von den Eingeborenen Nahrungs-
lieferungen verlangt hätten, — bis diese dummen, dummen Eingeborenen, vor unseren Augen für die gefürchteten Soldaten den
„bestellten Palmwein und die bestellten Reißspeisen" herbeibrachten.
Da ging auch dem etwas entsetzten Herrn Inspecteur du Servic de
l'Enseignement ein Licht auf. Und es ward ihm sehr peinlich zumute.
Er bestieg seine engverschlossene Tragbahre und zog mit seinem
Gefolge eine andere Straße. Er entschwand im Walde.

Ich will die Sache zu Ende berichten. In Boola kam kurz
nach unserer Ankunft ein höherer Staatsbeamter aus Beela an,
bat mich um eine Unterredung und überreichte mir eine Telegramm-
kopie. Er fragte mich, ob ich weiter reisen wollte nach Liberia
hinunter. Ich verneinte das. Damit war die Sache erledigt. Das
lange Telegramm des Gouvernements in Konakry, von dem Herr
L'Allemand gesprochen hatte, kam mir nie vor Augen. Er hatte
versprochen, es mir mitzubringen. Ich habe ihn wiedergesehen, aber
er hatte das Telegramm vergessen. Ich habe auch an den Gouverneur telegraphiert, aber das Telegramm des Herrn L'Allemand
kam nie zum Vorschein. —

□   □

Am 14. März 1908 brachen wir gegen 8 Uhr von Korrokarra
auf, um durch sehr schönen Wald über Hügel und schroff einschneidende Täler, die zum Ulija abwässerten, den Weg nach Boola
einzuschlagen. Als wir um 9 Uhr im Gerßedorfe Guenda ankamen, wurden wir mit Freude empfangen, denn vorsichtige Späher
hatten schon vor uns die Nachricht überbracht, daß der „große
Kommandant" mit seiner gefürchteten Kohorte eine andere Richtung
eingeschlagen habe. Wie anders sprachen hier die Menschen, als
sie sich frei von dieser Gefahr wußten. Ebenso erging es uns,
als wir wenig später in Lom eintrafen, wo ich schon um ¼12 Uhr
rastete, einmal, weil die Leute noch vom gestrigen Marsche ermüdet waren, dann, weil ein am Nachmittag hereinbrechender
Tornado tobte. Leider ward aber auch im freundlichen Städtchen
Lom unsere Hoffnung auf eine erfrischende Nachtruhe gestört, und
zwar diesmal von den lieben Mäusen, die in ungezählten Scharen

sich am Reis erlabten, der auf dem Zwischenboden lag, die aber auch ein besonderes Vergnügen daran fanden, auf den Stangen des Moskitonetzes zu flöten und zu tanzen. Die eine oder andere fiel dabei in die Badewanne, was aber die anderen nicht abhielt, nach einiger Zeit doppelt eifrig das muntere Spiel zu beginnen.

Wenig erquickt, strebten wir am anderen Morgen dem Logo zu, wurden um 7 Uhr von einem halbstündigen, starken Nebelregen durchweicht und erreichten um ¼9 Uhr den großen Weg, der uns vor einigen Wochen ins westliche Gerßegebiet geführt hatte. Um 9 Uhr waren wir in Uenso, um 11½ Uhr in Boola. Von 3 bis 9 Uhr nachmittags war Gewitterregen.

Just eine Woche blieben wir dann in Boola noch in der Nachbarschaft des Kolahandels und im Kreise unserer uns nachgerade etwas freundlicher gesinnten Gerße. Es war eine erfrischende Zeit der Erholung für jedermann, mit Ausnahme der Pferde, die mehr und mehr unter dem unbehaglichen Klima des verregneten Urwaldes zu leiden begannen. Dann ward aufgepackt, und am 21. März brachte uns ein scharfer Tagesmarsch nach Beela, wo uns ein ebenso freundlicher Empfang bereitet ward, wie bei unserem ersten Eintreffen.

Hier erreichten mich die ersten Nachrichten von Dr. Hugershoff, denen zufolge seine Mittel ausgegangen seien, daß er sich noch immer in der Umgebung Sikassos befinde, und daß seine Lage keine sehr günstige sei. Also schleunigst heim, denn nur von Bamako aus konnte ich das alles übersehen und regeln.

Das Rennen begann am 23. März 1908. Es war eine böse Woche, die jetzt kam. Die Pferde matt, müde — man meinte die Knochen müßten bei jedem Windhauch rasseln — die Träger erschöpft. Ich hatte nun meine Route bis Karawani noch aufzunehmen, denn auf dem Hinmarsche war ich ja krank gewesen. Erst jetzt sah ich das Gelände. Während des ersten Tages war es noch nicht so beschwerlich. Wir marschierten nahe den Sankaranibächen nordwärts. Dann aber tauchten die tüchtigen Gipfel auf, die das Sankaranital vom Milotal trennen. Am 24. März kamen wir ihnen schon früh bedenklich nahe. Die Einschnitte der Täler wurden schroffer und tiefer. Von 10¼ bis 11½ Uhr machte ich eine Pause, — dann überschritten wir den Paß. Mit dem Reiten war es schon lange nichts mehr. Arme, zerschundene Pferdebeine! Aber Heil den genagelten Stiefeln! Hei, wie das knirscht und knarrt und kracht! Für uns ist das nicht schlimm. Aber was nützen da die dünnen Lederscheibchen der Trägersandalen! Diese Quarz- und Eisengesteine sind zum Teil

so scharf wie Glas. Als wir um ½3 Uhr ankamen, gab es allerhand Wünsche an den Sanitätskasten.

Zum Unglück bekam Nansen auch noch eine Erkältung des
Magens oder ähnliches. Also blieben wir, nachdem wir noch einen
halben Tagemarsch im Milotale hinter uns hatten, einen Tag
in Karawani liegen. Den größten Teil der Träger ließ ich voran-
gehen. Wir selbst folgten am 27. März.

Dann gab es ein paar harte, aber schöne Tage mit Ansprüchen
an Knochen und Muskeln. Wir brachen nachts nach 3 Uhr auf, und
tappten und stolperten bis zum anderen Mittag. Denn nun brauchte
ich nicht mehr allzu sehr an die Topographie zu denken; das hatte
ich alles schon aufgenommen. Wenn der Mond voller gewesen wäre,
wäre es lediglich eine Lust gewesen, so in der Nacht wandern zu
können, denn es war kühl, und auch die afrikanische Nacht malt
wundervolle Silhuetten von Bäumen und Büschen, Palmen und
Pferdeköpfen. Das ist etwas für eine gesunde Fantasie und ruhige
Nerven. Aber wenn das Mondlicht allzu kläglich ist, dann muß
der Blick wieder allzu sorgsam am Wege haften. Und ich liebe
es nicht, das ewige Niederschauen, weil die Schönheit der Welt
sich doch nur dem Blick nach vorn und oben offenbart.

In der Morgenstunde des 30. März trafen wir in unserem
alten Lager in Kankan ein, und das erste, was mir bekanntgegeben
wurde, war ein neuer Notschrei Hugershoffs. —

□   □   .

Aber wie sollte ich so schnell nach Bamako kommen? Die Tiere
waren unbrauchbar geworden. Und die Träger waren erschöpft. Ich
„könnte" den Milo und Niger herunterfahren. Aber es waren keine
Boote da. Ich drängte und drängte die Vertreter meines Ge-
schäftshauses Maurel & H. Prom. Es ward versprochen, wirklich
freundlich und mit viel Ueberzeugungskraft, aber ein Tag nach dem
anderen verging. Wir kamen nicht vor dem 5. April fort, und selbst
dann hatten die beiden Stoßboote, die ich gechartert hatte, nur
halbe Bemannung, und diese bestand wiederum nur zur Hälfte aus
wirklichen Schiffern, das andere waren des Bootsdienstes un-
gewohnte Träger.

So löste ich denn den Kolonnenverband auf. Ein Teil der
Leute marschierte zu ethnologischen Studienzwecken nach Buguni;
ein Teil marschierte mit den sorgsam zu pflegenden Pferden auf
dem Landwege nach Bamako; ein Teil suchte noch einmal Futa

Djallon auf. — Zwischen der Beschäftigung mit Instruktion, der Warenverteilung und des Zusammenpackens aller Art traten meine alten Dialli, zumal der greise Hansumana Kuate noch manches Mal zu ergebnisreicher Zwiesprache zusammen, einmal auch gönnten wir wieder einen glücklichen Abend einem fröhlichen Symposion, das uns unsere französischen Freunde bereiteten, dann wurden die „Challands“ beladen und nach einigem gründlichen Keisen und Schreien und Stöhnen — ohne starke Gefühls- und Ansichts- äußerungen kann es nun einmal der Schwarze nicht machen — reichten wir eine Abschiedshand und dann stießen wir „in See“, um nach ausgerechnet fünf Minuten zum erstenmal recht gründlich und schwerfällig auf einer Sandbank aufzufahren. —

Lieber Leser, der Sie so freundlich waren, uns aus dem prangenden Urwalde der Bergkante Liberias wieder zurück bis an den Ausgangspunkt des „schiffbaren“ Milo zu begleiten, und der Sie nun bereit sind, die geographischen Merkwürdigkeiten der Wasser- straße von Kankan bis nach Bamako mit uns zu betrachten — Sie freundlicher Mensch, glauben Sie mir, ich meine es nur gut mit Ihnen, wenn ich Sie während der nächsten Tage schneller reisen lasse, als es uns möglich war. Nicht als ob es mir nicht leid wäre, auch nur einen Tag vermissen zu müssen, den wir auf diesen Wasserkarossen zwischen Kankan und Bamako zubrachten, — nein, nicht einen gäbe ich frei! — nein, aber da hier kein Reisehandbuch, sondern eine erdkundliche und expeditionsgeschichtliche Schilderung vorliegt, würden Sie enttäuscht sein, wenn ich entweder in den bilderreichen Ton fantastischer Dichtermalerei oder in die trockene Tabellenschreiberei der ehrbaren Statistikerzunft verfiele. Ent- weder Sie würden mit mir ein Leben von zehn Tagen verträumen, das nicht in dem Rahmen von fachmännischer Literatur bestehen kann, oder Sie würden in eine Welt der Zahlenkolonnen betreffend Sandbänke, Strombiegungen, Böschungsmessungen und dergleichen geraten, in der ich — nicht den Führer spiele. Jedenfalls hier nicht.

Aber lustig war es, o so lustig! Allerdings darf man niemals vergessen, ein Wort festzuhalten, — dies Wort heißt: Mensch! ärgere dich nicht! — Nun, ich will nacheinander schildern den Fluß, unser Fahrzeug, die Menschen in diesen Archen, und wie wir vorwärts kamen.

Diese Wasserstraße — erst Milo genannt, nachher Niger — zog sich nicht durch ein afrikanisches Land hin. Ja, ich lehne mit aller Bestimmtheit die Zugehörigkeit dieses Landschaftsbildes zum eigentlichen Typus „Afrika“ ab. Müde und träge flossen die

Wasser zwischen Sandbänken hin, auf denen eine Reihe von Kronen-
kranichen einherstolzierte. Trägheit, Sandbank, Kronenkranich klingt
afrikanisch. Aber diese Ufer, mit den schiefen „Weiden", mit „Erlen",
mit allerhand Gräsern und Blumen bestanden, bald wieder Sand-
ufer, bald abstürzende, wenn auch nicht gerade mächtige Lehmabbrüche,
das alles ist einfach deutsche oder holländische Landschaft. Besonders wenn unsere Boote uns selbst sichtbar werden. So töricht
bin ich nicht, daß ich nicht etwa wüßte, daß das keine Erlen, Weiden
und nordischen Büsche sind; aber rückt das Gesamtbild über den Wende-
kreis, nehmt die Kronenkraniche fort, genießt die frische Morgenluft:
Voilà tout, das ist heimatliche Flur und heimatlicher Flurzug.

Natürlich gibt es Varianten, Unterbrechungen in der Einförmigkeit. Da und dort ist eine Furt, das Bett wird allzu flach. Auf der
einen Seite ragen, schon aus weiter Ferne erkennbar, die Spitzchen
der Strohhüte über eine Uferböschung empor, mit denen hiesige
Barbarei ihre Hütten bedeckt. Dem höheren Ufer gegenüber eine
Sandbank, lang und breit und gelb und wohlgeeignet für die
dunkelhäutigen Schwestern der Nausikaa, ihr Linnen zu bleichen.
Da stehen und liegen sie denn auch, oder sie knien und walken
mit kräftigen Armen auf den Kleidern, die heute abend wohl noch
beim Tanzfest in weiß und zartem bläulich glänzen sollen. Die
Milo- und Niger-geborenen Damen tragen in diesem Augenblick,
der der Wäscherei geweiht ist, nicht viel mehr als ein Schnürlein
um die Lenden und vorn und hinten hängt ein ganz klein Fetzlein
Zeug herab. Das Peplon liegt am Strande. Wie kleine Untiere
stürzen sie dann nach vollendetem Werke in die Flut und tummeln
sich mit neckischem Spiele in den glitzernden Wellen. Das Fürsten-
kind, der Liebling der griechischen Dichter, schwang sich am Strande
mit ihren Dienerinnen im Tanzreigen. Meine neckischen schwarzen
Göttersprossen aber tauchen im Milo und Niger unter, und nun
weiß ich nicht, ist das ein Bild aus dem Leben dunkler Titanen? —
Oder, heiliger Böcklin, verzeih mir die Sünde! — oder sollte
hier im Spiel der afrikanischen Wellen Mutter Natur dein Werk
lachend übertroffen haben? —

Doch meine Kähne nahen. Da verschwindet das Lachen und
Spielen. Die schwarzen Ebenbilder der Nausikaa zupfen am Läppchen
vorne und hinten, denn einen Busch zum Verstecken gibt es hier nicht.

Die Boote werden weitergestoßen. Wir kommen durch einige
Windungen, und dann wird unsere Fahrbahn plötzlich ganz breit,
sehr breit, — weite Sandbänke dehnen sich zur Rechten und
Linken aus. Die Vogelwelt gruppiert sich dichter und dichter,

Freuden der Flußschiffahrt.

Tafel 19.   (£. Frobenius phot.)

Auf dem oberen Bilde graben die Leute einen Graben in den sandigen
Grund des Fluffes, durch den auf dem zweiten Bilde das Boot geschoben wird.

immer aber mit Vorsicht in einem gewissen Abstand von uns. Wir
schlürfen nun mühsam durch das seichte Wasser über den feinen
Sand hin. Stets, wenn solch ein „Pool" sich vor meinen Augen
entfaltet, stehe ich vom Arbeitstisch auf und untersuche den Hori=
zont. Denn ich weiß ganz genau, nun muß eine Hügelkette am
Horizonte auftauchen. Das ist eine Barre, ein Felsenriegel, — der
Strom hat ihn schon vor alten Zeiten durchbohrt oder umgangen,
aber vorher bildete er dieses Staubecken, diesen Pool, und wenn
wir mühsam einen Weg durch die unfruchtbare Sandwüste ge=
funden haben, dann wird das Wasser mit einem Male dunkel, und
etwas von kristallischer Tiefe norditalienischer Seenpracht verschönt
auch die afrikanische Lehmflut.

Achtung! Hier die freche Schnauzenspitze Vetter Kaimans, dort
der dumme Schädelkasten des klobigen „Wasserrosses"! Achtung,
wo das rechts und links auftaucht, da gibt es Fels und Barre. Und
das Bett verengt sich. Der Steinwall über dem Lande ist dicht
vor uns. Alle Mann müssen nun fester den Bambus packen, ein
Ruck! Juchhe! wir sind in Strom und Strudel. Wir rasen. Achtung!
Jetzt kommt es auf guten Stoß und Tritt an. Denn sonst werden
wir mit aller Sicherheit ein wenig an die schroffe Felswand gedrückt.
So — nun sind wir um die Ecke und schwimmen auf die erste Sand=
bank zu, welche der Felsenwand unterhalb der Schnelle gegenüberliegt.

Mit dem Rasen ist es nun wieder auf lange Zeit vorbei. Das
ist nun einmal Afrika, und nun wissen wir wieder, daß diese Wasser=
straße ziemlich weit südlich von der Linie des Krebses verlaufen
muß. Rasen in Afrika! Das ist der Unterschied des nordischen
und des afrikanischen Lebens. Afrika kennt in Wahrheit keine
anderen Kraftleistungen als Explosionen. Jene bewußte und ge=
regelte Kraftaufhaltung, die unserer nordischen Heimat nach nicht
allzu langer Selbsterziehung das Vermögen verleiht, die Welt zu
unterwerfen, das Problem der Mäßigkeit zu lösen, und nach dem
Gesetz von der Oekonomie der Kräfte den höchsten Grad der Leistungs=
fähigkeit zu erreichen, das bleibt den Tropen fern. Es ist nicht zu
erwarten, daß wir mit all unserer Kunst und mit all unserem
wohlgeleiteten Willen allzu bald das mächtige Spiel Afrikas, das
nichts anderes kann, als sich abwechselnd in Trägheit oder Raserei
zu ergehen, zu neuer Gesetzmäßigkeit führen können.

Wir in unseren Kähnen auf dem kapriziös, aber für uns sinn=
los sich windenden guten Milo, wir rasten soeben und sehen nun
vor uns eine mächtige Sandwüste, die der Fluß nicht weiterschieben

kann — denn er hat sich übernommen — und auf der wir nicht
weiter kommen können, denn etwas mehr wie 20 cm Wassertiefe
brauchen wir doch.

Eine Zeitlang versuchen die faulen Schiffer noch zu stoßen.
Sie drücken die Stakstangen in den Flußsand und pressen den Leib
dagegen. Hilft aber nichts. Nun beginnt ein Schauspiel für Götter.
Alle Welt muß ins Wasser. Schwarze und Weiße. Man „schiebt“.
Langsam knirscht der Kahnboden über das Land, bis er so fest
eingekeilt ist, daß keine Menschenkraft — d. h. soweit sie uns hier
zur Verfügung steht — auf diese Weise den Omnibus weiter bekommt. Der Steuermann brüllt: „Herrejei“ — lang gedehnt —
die Bande ruckt kurz: „he“! Hilft nichts.

Hauptmanöver: Alle Welt watet zur Vorderkasse des Bootes
und schaufelt mit den Armen den Flußsand beiseite. Es wird eine
Art Kanal von zwei bis drei Metern Länge ausgewühlt, dann
geht es wieder ein wenig ans Schieben, bis die Kutsche auch dieses
Endchen weitergeknirscht worden ist. Dann wird wieder gebaggert.
Zuweilen ging es so hundert und zweihundert Meter weit. Eine
schöne Abwechslung, besonders wenn die himmlische Blendlaterne
für Tagesgebrauch so recht hübsch als Scheinwerfer auf Kopf und
Rücken wiederstrahlt!

Aber glaubt nicht, daß die Lustigen die Lustbarkeit, die in alledem
lag, vergaßen. Es wurde gelacht und geschwatzt. Heil dem frohen
Sinn, der wie Eschenholz sich zu biegen vermag! Hoch den witzigen
Pfeilen, die lachender Spannkraft in Afrika entschnellten, auf dem
Milo, auf dem Niger, zwischen Kankan und Bamako!

Das homerische Zeitalter ist gottlob vorüber und grüßt mit
hexametrisch geordneten Zeilen nur noch durch einige humanistische
Gymnasialfenster. Auch Vossens „Luise“ ist allgemach dem sen-
timentalen Volksgebrauche entwichen. In den Hexametern der
alten Herrschaften wäre unsere Flotte nicht zu schildern. Vergewissern Sie sich. Steigen Sie ein, meine lieben Freunde, betreten Sie die Planken unseres Admiralschiffes — aber seien Sie
vorsichtig, jede Planke, die den Boden deckt, schwankt, rechts und
links stehen Koffer, Kisten, Flaschen, Gewehre, liegen schnarchende
oder schwatzende Negerknaben, und wenn Sie gerade eine gute,
sichere Planke als Monumentalsockel für ihr Standbein gefunden
zu haben glauben, dann rückt die gleitende Wasserbude gerade gegen
einen Baumstamm, — das Spielbein gewinnt die Obergewalt, und
nun schlagen Sie, lieber Freund, gar gegen meinen Schreibtisch,
rennen die Lende gegen dessen Ecke, lassen den warmen Tee über

die geschickten Hände fließen, sinken strauchelnd zwischen Boy und
Malerstaffelei ins Bodengebälk. Wenn Sie schwache Nerven haben,
entschwindet Ihnen vielleicht auch ein wenig das Bewußtsein. Sie
sehen einen heißen, glühenden Aschenregen über den Boy und Ihren
heiligen Europäerleib rieseln, und nur wie aus weiter Ferne hören
Sie noch meinen Freudenruf: „Gottlob, daß ihm wenigstens nicht
die kochende Suppe die Beine begoß! Alles schon dagewesen, mein
lieber Freund!"

Nachdem Sie dergestalt einen übereilten Eintritt. in unsere
„Wasservilla" gehalten und sich vom ersten Schrecken erholt haben,
trinken Sie am besten einen Mampe-Schnaps und sehen sich dann
in der Rumpelkammer um. Zuerst wird Ihre Nase aufmerksam
auf die Tatsache, daß ein eigentümlicher Geruch unter dem ge-
wölbten Dache herrscht, und Sie werden nach einigen Studien, die
Ihrer wissenschaftlich gebildeten Seele selbstverständlich sogleich
glücken, zu der Erkenntnis kommen, daß dieser Geruch ein
Problem ist, daß er vielseitig schwankend, ungleichmäßig, launisch,
daß dieser Geruch nicht ein Geruch, sondern eine Mischung, ein
Produkt, die Konzentration vieler Gerüche ist. Analysieren Sie,
lieber Freund!

Na, also! Als Tonnengewölbe decken Stangen und Strohmatten
den etwa 1,70 m breiten und 3,80 m langen Innenraum. Nach hinten
sieht man auf die Füße der auf der Plattform stehenden Ruderknechte,
nach vorn sieht man auf die Füße der auf der andern Plattform
stehenden Ruderknechte. Man schnüffelt. Der Wind zieht von vorn
nach hinten durch das Tonnengewölbe. Und doch, die Grund-
stimmung des Duftes stammt nicht von vorn, — man drehe das Haupt.
Da haben wir's. Zwischen den dampfenden Füßen da hinten auf-
gebauter Ruderknechte ragt ein qualmendes, undefinierbares Etwas
auf, ein Kohlenherd, aus Töpfen gebaut. Also erstens Holzqualm,
zweitens — nun ist es ganz einfach — Palmöl, ranzige Butter,
Baumbutter, Zwiebeln usw. Ferner steigt aus dem Raum unter
der Plattform liebliches Gegackere auf! Bitte, inspizieren Sie mit der
Nase! Richtig, auch Hühnergeruch. Also klar! Doch da wendet der
Gott der Winde, die hier leider nicht nur in einem einzigen Darm-
sack aufgefangen sind, den Finger. Boreas bläst stark von vorn
nach hinten. Pfui Teufel! Stinkende Fische!

Sehen Sie in diesem Augenblick Nansen an! Er, der zarte,
liebenswürdige, gutmütige Jünger der Kunst — der eigentlich nur
auf der Jagd bluttröpfelnde Gedanken hat — er blickt Sie bei
dem anscheinend erschöpfenden Ausdruck „stinkende Fische" wütend

an, und wenn er auch zu höflich ist, um so etwas laut zu sagen,
so denkt er Ihnen doch mindestens mit großer Grobheit entgegen:
„Stinkende Fische"! Himmel Satrament, der Herrgott hat Ihnen
wohl nur ein Viertel Nasenloch gegeben, daß Sie durch Fische,
Hühner, Boys, Schifferbeine, Kohlenqualm, nicht vor allen Dingen,
vor allen Dingen den verfluchten „Flunsch" durchriechen."

Flunsch! — Lassen wir den Vertreter der ästhetischen Künste.
Er konnte Flunsch nie leiden.

Flunsch! — Ich konnte ihn auch nicht leiden, und — du wunderliches Spiel der Kräfte des Inneren — ich habe dies ekelhafte
kleine Geschöpf gern gehabt. Flunsch war ein kümmerliches kleines
Schimpansenmädchen, vielleicht ½ Jahr alt, als wir ihn in Kankan
auf der Straße „auflasen" und mit silbernem Klange Besitzrechte
proklamierten. Es war dünn, hatte wunde Stellen, war launisch,
unverständig und stets mürrisch. Oft habe ich das bei kleinen
Schimpansen beobachtet. Ihre Gemüts- und Charakterart ist viel
differenzierter wie bei Menschenkindern. Einige sind liebenswürdig
frech und stehlen gewissermaßen grinsend, andere sah ich auch in
den Augen nie fröhlich. Ich glaube, die kleinen Fräuleins dieser
Rasse sind ernster und unwirscher als die Bürschlein. Kurz: Flunsch
war das unwirschste, struppigste, trotzigste aller Schimpansenmädchen, das ich je sah.

In Kankan ward Flunsch ein Ställchen gebaut. Trotz seines
Zornes kam es da hinein und kehrte bei unserer Bergfahrt in sein
Heimatland zurück. Während unserer Reisen dort unten blieb es
in Boola, hatte einen Knaben als eigenes Kindermädchen, lernte
den Segen der täglichen Wäsche, regelmäßiger Ernährung, freundlicher Fürsorge kennen. Aber es blieb ein Murrer und ward nicht
stubenrein. Es kehrte mit uns nach Kankan zurück, hatte sich erholt
und geistig zugenommen. Es zeigte charakteristische Merkmale auf-
steigender Affenintelligenz, wurde aber alle Tage schmutziger und
knurriger. Ich konnte Flunsch mit dem Neger nicht allein lassen.
Als ich wegen Mangel an Besatzung das Schiff mit Sammlungen
in Sigirri zurückließ, nahm ich den schon leicht erkrankten Affen
in mein Hauptschiff hinüber, und hier starb er an dem Morgen
unserer Ankunft in Bamako an einem Ausschlage, der die Folge
der ständigen Reisnahrung gewesen zu sein scheint. Armer Flunsch!
— Als wir den kleinen Kerl dann, in Zweige gebettet, in seiner
Kiste im Schatten des Vorderdecks aufgebahrt hatten, da mußte
ich, daß ich ihn doch gern gehabt hatte. —

Tagaus, tagein ging es so den Milo-Niger hinab. Der Unterschied war nie groß. Aufregende Ereignisse gab es bis zum Tage
der Ankunft in Bamako nicht. Nansen saß im Vorderteil des
Schiffes, weil er hier am besten Aussicht und am meisten frische
Luft hatte. Da träumte er Bilder. Ich saß weiter hinten, unter
dem direkten Einfluß des Feuertopfes, und arbeitete meine Reise-
ergebnisse nach, verglich sie mit den bekannten Tatsachen und stellte
ein Programm für die nun kommende Arbeit in Bamako auf. —
Mein Programm ward alle Tage länger, ich wurde alle Tage be-
scheidener, Nansen träumte Bilder, kroch von Zeit zu Zeit auf
das Vorderdeck, verbrannte die nackten Beine an der Sonne, schoß
unser tägliches Brot aus dem Bereiche der afrikanischen Enten-
welt und freute sich mit mir darüber, daß wir in Bamako viele
Briefe aus Europa und — Brot finden würden.

Es war mir eine lustige Zeit, eine erlebnisreiche, ergebnis-
reiche Fahrt auf dem Milo und Niger. Seit Monaten war ich
nicht so froh gewesen. Nach den anstrengenden Märschen und
Ueberwältigung der mancherlei Konflikte im Süden war ich jetzt
wieder frisch und frei und auf dem Wege „nach oben" einen Schritt
weiter gekommen.

□   □

Am Sonntag, den 5. April, fuhren wir gegen Mittag von
Kankan ab. Am Abend machten wir Rast an jener Stelle, die wir
auf dem Wege Koba—Kankan am 24. überschritten. Am Donnerstag, den 9. April, erreichten wir um 10 Uhr morgens den Niger,
und am gleichen Nachmittag Tigibirri, in welchem Neste ein alter
Dialli besonders gute Auskunft gab, so daß eine mehrstündige Konferenz mit ihm sich lohnte. Das reiche Ergebnis konnte besonders
glücklich durch einen hübschen Festbraten gefeiert werden, denn
Nansen hatte eine Antilope zur Strecke geliefert. Am Sonnabend,
den 10. April, verbrachten wir acht Stunden in Sigirri, verluden
in das zweite Boot die Lasten und Sammlungen, die Hugershoff
hier vor einigen Monaten zusammengebracht hatte, und nahmen
den Platz seiner Tätigkeit eingehend in Augenschein. Am folgenden
Tage passierten wir um 9 Uhr Falada II und erreichten die Fiè-
mündung Montag, den 13. April, 3 Uhr nachmittags. Einige
Stunden später schlugen wir das Nachtlager am Hafenplatz von
Kankaba auf. Die Mündung des Sankarani trafen wir zu unserem
Erstaunen (im Gegensatz zur Kartenangabe) erst drei Stunden

später, am 14. morgens. Auf dieser Strecke trat schon vielfach
Felsengeröll zutage; hier begann der Tanz über die ungemütlichen
Stromschnellen.

Am Mittwoch, den 15. April, brachen wir schon morgens 4¼ Uhr
auf, erblickten um 11 Uhr zum ersten Male in der Ferne das Schloß
auf dem Felsrande über Bamako und begannen den Tanz über
die Schnellen. Bei dem jetzt herrschenden flachen Wasserstande war
das Verfahren sehr scherzhaft. Die Schiffer ließen jedes Staken
und begnügten sich damit, das Schiff vom Strome treiben zu lassen.
Das Wasser hatte schöne Fahrt. Es ergriff das Schiff und schob
es über die Felsen. Das Boot krachte und polterte und zuckte in
allen Fugen. Nur, wenn ein allzu spitzer Stein im Wasser bis
über die Oberfläche emporragte, griffen die Ruderer in die Bewegung ein.

So wurden wir denn von der Flut bis nach Bamako hingetrieben,
wo wir am Mittwoch, den 15. April, nachmittags 3 Uhr 50 Minuten,
eintrafen.

■ ■

Handelsboote auf dem mittleren Niger.
Skizze von Fritz Nansen.

Elftes Kapitel.

Von Bamako stromab,
altem Kulturland entgegen.

Faſt drei Monate haben wir dann in Sans-Souci ein herrliches
Leben geführt. Wenigſtens ich fand es herrlich und war glücklich.
Das iſt wenigen beſchieden. Die meiſten Menſchen leiden heute an
beſtändiger Seelenmattigkeit, unberechtigtem Hoffen, unerfüllten
Wünſchen, Ernüchterungen und Armut an Poeſie. Der größte
Mediziner wird der ſein, der ein Heilmittel gegen die Unzufriedenheit, die unſere Kulturperiode beherrſcht, findet. Deshalb habe ich
die Neger, dieſe nach unſeren Begriffen ſo rüpelhafte, ſtumpfſinnige,
alltägliche, ſklaviſche Raſſe gern, weil ſie in dem Punkt noch geſund
ſind. Der Bazillus der ſtändigen Unzufriedenheit hat noch nicht
Platz ergriffen unter ihnen.

Und während dieses Vierteljahres, vom April bis Juli, das ich in Bamako zubrachte, hatte ich meine ständige Freude an dieser Eigenschaft der schwarzen Gesellen, derentwegen ich hier weilte und über deren Art und Vergangenheit ich hier arbeitete. Ich sende das voraus, damit der Leser nicht bei Schilderung all der kleinen Aergernisse, die ich hier erlebte, glaube, daß das Wohlwollen, das ich für die Eingeborenen habe, je ermattet sei.

Man wolle sich erinnern, daß ich schon vor unserem Aufbruch nach Liberia auf unseren Höfen Ordnung schaffen, die vorhandenen Häuser wiederherstellen und einige neue Bauten aufführen ließ. Bei ihrer Besichtigung ergab sich jetzt, daß der Platz noch nicht genügend ausgenutzt war. Da nun aber die Regenzeit auch hier vor der Tür stand, einige Häuslein schon mit Sammlungen, die ich zurückgesandt hatte, angefüllt waren, und in wenigen Tagen Karimacha mit dem großen Boote voll Gepäck und von allen Seiten allerhand „Häuptlinge" der Expedition mit neuem Arbeitsmaterial herankommen mußten, — da nun also diese Verhältnisse nicht übersehen werden durften, kamen meine Raumberechnungen mit den vorhandenen Räumlichkeiten in Zwiespalt.

Also bauen!

Erst erhielt Nansen einen Strohpalast, damit er nicht gezwungen sei, während dieser heißen Sommerzeit in stickiger Lehmbude zu verschmachten. Auf das körperliche Wohlbefinden und dadurch erweckte Zufriedenheit einer Künstlerseele soll aber ein Expeditionsführer immer recht bedacht sein, wenn er über solche Mitarbeiterschaft verfügt. Dann wurde im Hofe ein neuer Schuppen errichtet, allerorten das Dachwerk ausgebessert und der runde Schuppen im Hinterhofe neben dem Brunnen für einen „Schreinermeister" hergerichtet, der die Aufgabe lösen sollte, die aus Europa mitgebrachten zugeschnittenen Bretter zu schönen Kisten zu vereinigen. — Im übrigen hieß es auch hier: „Ach, lieber Frobenius, legen Sie die Feder fort und zeigen Sie den Leuten die Arbeit!" Der Führer einer ethnologischen Expedition soll aber nach meinen Begriffen nicht nur der treueste Anbeter der Wissenschaft, sondern auch der erste Gehilfe seiner sämtlichen Assistenten, Häuptlinge, Arbeiter, Diener sein.

Ich bestellte also mein Haus.

Und dann zog das Volk ein.

Nun ist die Stunde gekommen, da ich den Leser mit dem Gemeinwesen, dem ich im südöstlichen Sudan vorstand, näher vertraut machen muß, denn bald wird jener erste Ab=

Hausbau
in der Station
Sanssouci

Tafel 20.   (L. Frobenius phot.)

Oben wird der Dachkegel gebunden und gedeckt, in der Mitte dann
hochgehoben und unten auf die Lehmmauern gesetzt.

schnitt dieser Wanderperiode abgeschlossen sein, und dann greife ich zum Ausmünzen der Dienste meines Volkes in den großen Geldsack, und der Traum des ethnologischen Reiches im Mandingolande gehört der Vergangenheit an. Vordem wird aber noch einmal aller Glanz dieser dunkelfarbigen Herrlichkeit um mich versammelt sein, und damit will ich Sie jetzt vertraut machen.

Wer da glaubt, daß die Leute in diesen Ländern derart sozial zurückgeblieben sind, wie die Wildlinge drunten im Walde oder auf den Steppen gegen den Aequator hin, der täuscht sich. Solch ein biederer Mandingo pilgert mit einigen Eselein von Segu nach dem Grenzorte der Tukorro, nach Boola, er wandert vom Futa-Djallon nach Wagadugu, dem Hauptorte des Mossi-Landes, ja, wenn er auf seinen Kaufmannsfahrten reich wurde, pilgert er auch wohl zur Ausführung der besten Handelsoperation nach Mekka und wieder heim, denn Seelenglück und höchstes Ansehen bei den Leuten und bei Allah sichert ihm solche Aktion. Natürlich gibt es eine Unzahl von Abstufungen zwischen diesem höchsten Grade sozialer und menschlicher Erhabenheit und dem simplen Bammanabauern, der sein Heimatdorf wohl nur verläßt, um im Nachbarweiler Buben und Mädchen beschneiden zu helfen. Aber die Zugänglichkeit der Menschen an sich, die mächtige Ausdehnung der Handelsstraßen spricht hieraus, und damals galt es für mich, solchen Zustand kräftig auszunutzen. Denn ich selbst kann in kurzer Zeit ja nur kurze Landstrecken durcheilen und schmale Bahnen der Siedelungen aufklären. Diese Leute aber sollten mir helfen.

Von Anfang an war ich darauf bedacht, die Besten unter den Guten zu Hörigen meiner Wissenschaft zu machen. Mit Vorsicht hatte ich meine Auswahl getroffen, jeden einzelnen erst in die Lehre genommen, ihn die Arbeit, die mit anderen ausgeführt wurde, mit anschauen lassen und ihn dann zu anfangs kleiner, dann umfangreicherer Betätigung ausgesandt. Und ich hatte Glück. Schon die Beledugureise brachte mir die Entdeckung von vier „Capitas" ein. Bis nach Kankan herunter waren drei weitere aufgefunden, und aus den Reihen der Leute kristallisierte sich auch die Oberschicht, die Vertrauensmannschaft unter den Trägern heraus.

Als nun meine Vorstudien in Kankan eine gewisse Uebersicht über alle Verhältnisse gezeitigt hatten, ließ ich die Meute los. Jedem Capita gab ich einige sehr gute alte Träger und einiges neu angeworbene Arbeiterpersonal mit, — so nämlich entstand zwischen den alten und jungen Leuten eine gewisse Kluft, die gemeinsam zu unternehmende Uebergriffe und unschönes Benehmen

verhinderte. Ich gebe überhaupt jedem ethnologischen Expeditions=
führer den dringenden Rat, sein Menschenmaterial zu schichten und
zu diesem Zwecke sich eingehend mit den Schichtungsverhältnissen
der Eingeborenen zu befassen. In einem Lande, wie in dem der
heutigen Mande z. B., wo das Kastenwesen, die dazugehörige Re=
spektierung der Oberschicht und die Mißachtung der Unterklasse —
wenn auch im ersten Augenblick wenig sichtbar — außerordentlich
blüht, darf kein Fehler in der Behandlung der alten Mannschaft
gemacht werden, wenn ein Zug detachiert wird. Ein Mann der
obersten Kaste darf nicht einem verachteten Spielmannssohn oder
einem geschmähten Schmiede unterstellt sein, wenn sie beide auch
noch so tüchtig sind. Es ist das nicht nur wegen der Mannszucht,
die in der kleinen Kolonne selbst herrschen soll. Es ist dies auch
gegenüber den Eingeborenen, Dörflern und Städtern, bei denen
sie vorsprechen, und mit denen sie traulichen Verkehr pflegen sollen,
notwendig. Sehen sie an der Spitze einen, wenn auch noch so
langen und breiten, stierstirnigen Sänger, so lachen sie über diese
Gesellschaft, — begrüßt sie aber der Führer der Ankömmlinge als
Vornehmer, ja gar als Massafi, als Königssohn, als Adliger, dann
geht ein stilles, ehrerbietiges Kopfnicken durch die Reihen der alten
Bauernköpfe, und es mag wie eine Erinnerung an vergangene
große Zeiten aufdämmern, wenn Speicher und Bierkeller geöffnet
und den Gästen ausgezeichnete Gerichte vorgesetzt werden, — zu
denen dann auch, wenn der Capita tüchtig ist, die verschiedensten
Leibgerichte für meinen ethnologischen Gaumen kommen.

Die Leute haben ja nicht nur die Aufgabe zu sammeln, In=
dustrieerzeugnisse und Masken, Gerät und Schmuck aus alten Zeiten
einzuheimsen. Sie haben noch Besseres zu tun. Sie sollen alte
Sitte und Sage studieren, und da sie selber wohl allzu schwer=
fällig sind, um den Brauch und Sang ihrer Heimatprovinz von
den Ueberlieferungen und Kunden eines anderen Bezirkes im Kopfe
getrennt zu halten, so haben sie die Aufgabe, einige angesehene
und im dortigen Volke aufgewachsene Männer zu überreden und
mit in mein Zentrallager zu führen. Und derartigen Auftrag aus=
führen kann nur ein Mann, der nicht nur klug und verschlagen,
redegewandt und fest, sondern auch angesehen und wohlgeachtet ist.

So zieht ein jeder Trupp in sein Studiengebiet. Ich habe
die Leute zuweilen beobachtet, wie sie zueinander standen, wenn
sie von solcher Reise zurückkamen. Der Capita lag wie ein Fürst
auf seiner Tara (Ruhebank), im Kreise um ihn lagerten die „alten
Träger", aber nicht wie Träger benahmen sie sich, — sie waren

ein Truchseß, Reichsmundschenk und Reichskämmerer usw. Wie
Noble und Adlige dienten und reichten sie dem fürstlichen Capita.
Und sie taten es, weil draußen noch eine Gruppe lag, die neu-
angeworbenen Träger, die in weitem Abstand gehalten wurden.
Und dann wurde erzählt und im Bilde gezeigt, was hier im Innern
für höfische Haltung galt. — Wenn ich solche Hofhaltung bei meinen
zurückgekehrten Capitas auf den Höfen von Sans-Souci in Bamako
traf, freute sich mein Herz und ich war froh, diesen Weg gefunden
zu haben.

Ja, dann zog das Volk in Bamako ein.

Da kam mein braver Mussa Dierra, der nie sprach, wenn es
nicht Arbeit galt, ein stiller, ordentlicher Mann, der sein eigen Weib
lieb hatte, aber im allgemeinen die Weiber haßte. Er war weit
im Südwesten gewesen, bei den Tomma und in Kissi. Er hatte den
Auftrag, Steinfiguren, von denen ich viel gehört hatte, und die
aus alten Gräbern stammen sollten, aufzufinden und einige Kissi-
leute aus altem Geschlecht mitzubringen, damit sie Rede und Antwort stehen könnten, wenn es in der folgenden Studienzeit galt,
das Wesen oder bestimmte Wesenszüge jenes Landes aufzuklären.

Es kam der lange Buba Traore, ein Mann aus vornehmem
Hause in Sansanding, verschlagen, verliebt, aber leichtfüßig und
ein solider Verehrer bacchantischer Gaben. Er war mit seinen
Trabanten drüben in Futa-Djallon gewesen, wo er Steingerät und
einige sagenkundige Einwohner erworben und angeworben hatte.

Zu Wasser kam mit dem Sammlungsschiff mein Schriftgelehrter
Karimacha Diovarra an, ein frischer, schlank gewachsener Bursch.
Unterwegs hatte er noch einen alten Sänger aufgetrieben, der weit
und breit berühmt war, aber leider vier Fünftel aller Tagesstunden
dem Dienste der flüssigen Stoffe widmete. Auch ich konnte nur
einen Tag aus seinem Weisheitsborne schlürfen, dann war er wieder
vom Rausche des Hirsebieres befangen.

Von Osten, aus der Gegend von Sikasso und aus dem Lager
Dr. Hugershoffs, kam der Treueste der Treuen: Mballa Keita, der
Königssproß, der den anderen gegenüber immer durch vornehme
Haltung, vornehme Gesinnung und absolute Ehrlichkeit sich aus-
zeichnete. Leider hatte dieser prächtige Mann gar keinen Sinn für
ethnologische Probleme und war nur als technischer Leiter und
Vorsteher von Reiseunternehmungen zu verwenden.

Aus derselben Gegend, aber mehr nach Südwesten, von Buguni
her, kam Nege Traore, der ehrwürdige und schlaue „Greis" aus
dem alten Königsgeschlecht der Bammana. Er hing übrigens lächelnd

11*

im Sattel des kleinen Zottelhengstes, und seine Miene verriet sogleich, was er für köstliches Gut auf den Köpfen von 30 Trägern
hinter sich führte. Dieser Mann leistete mir große Dienste, aber
er war mir damals ebenso wie mancher andere allzu überzeugt
von seiner Unfehlbarkeit, Unentbehrlichkeit und Größe seiner
Leistungen. — Aus Nassulu und dem Bugunilande hatte er auch
einige Landeskundige mitgebracht.

Das war der erste Ansturm, doch das Fluten hörte nicht auf.
Buba kehrte nach Futa-Djallon zurück und brachte ein weiteres
lebendiges Individuum, das geschichtskundig war. Numuke Kuloballi wanderte nach Beledugu und brachte auch mit viel List und
Tücke den geschicktesten aller mir bekannt gewordenen Erzähler herbei.
Dann kam aus Nioro (Kaarta) der alte Gessere Mussa, der mir dann
die Sagen der Diabarra zu Ende berichtete. Mussa Dierra unternahm noch eine Reise in das Bananggebiet, wurde unterwegs schwer
krank und von Numuke in einer Tragbahre heimgeholt. Mitte Juni
kam dann endlich auch die Kolonne Hugershoffs an, — seine Arbeiten
und Verhältnisse waren ziemlich in Unordnung gekommen, und so
ließ ich ihn nach Bamako kommen, um alles gut ins Gleise zu
bringen.

Da waren nun im Handumdrehen einige hundert Menschen bei-
sammen, und das Leben strömte mit einer Kraft und Lust in
Sans-Souci aus und ein, daß man meinen mochte, es sei kein Raum
und sei keine Ruhe, gemächlich zu studieren. Aber ich bin nicht
umsonst der Sohn meines Vaters, und die Kunst, bei allem Trubel
der Außenwelt das Innenleben geschlossen zu halten, die gab er
mir als köstlichstes Erbe. Ob im Stoßboot, ob im Trubel von
Sans-Souci, es ward gleichmäßig weiter gearbeitet, und wenn einige
Oeffnungen in meinem Strohhäuslein mir auch Möglichkeit und
genügend häufige Gelegenheit gaben, auf das faule Arbeitspack im
Hofe eine kleine Aufmunterung loszulassen, so störte das den ruhigen
Gang des Erzählens, Hörens und Niederschreibens nicht im geringsten. Und ich hatte so erschrecklich viel zu hören, niederzulegen
und ins Reine zu schreiben!

Und das war doch nur eine Seite meiner Tätigkeit. Da lagen
die großen Säcke, Körbe, Kisten mit Sammlungen, je nach Provinzen
aufgestapelt, und jeden Tag wurde ein Teil ausgepackt, Stück für
Stück mit Aufschrift versehen, gereinigt, im Notizbuch vermerkt, die
zugehörige Begleitmannschaft über Wesen und Verwendung befragt,
dann dieses und jenes sogleich dem Zeichner zur Feststellung ins
„Strohatelier" gesandt und ferner alles in den großen festen Kisten

verpackt, die mein Schreinermeister inzwischen im äußersten Hofe zusammenbaute.

So ging es Tag um Tag. Eine Provinz folgte der anderen, eine Reinschrift der vorigen. Es ward leerer und leerer bei uns. In den einzelnen Speicherhäusern türmten sich die Sammlungskisten auf. Ein Zeichenheft nach dem anderen sandte der Maler mir in meinen „Dokumentenschrank", ein Porträt nach dem anderen tauchte auf. Ein Trupp von Leuten nach dem anderen ward abgelohnt, und dann sagten sie kein Wort, drehten sich um, gingen zählend von dannen, und hatten es alsbald vergessen, daß sie Mitglieder der „Deutschen-Inner-Afrikanischen-Forschungs-Expedition" gewesen waren. Diese Abschiede haben mir immer etwas wehe getan. Wenn der Weiße fortgeht und läßt den Schwarzen zurück, ja, dann können sie weinen und heulen und schreien, und machen großes Aufsehen, so daß man denken kann, es stecke ein starkes Gefühl, festes Herz und lebendiger Schmerz dahinter. Wenn sie aber die Freiheit haben, zu bleiben oder zu gehen, so zählen sie den Lohn, und ihr Inneres kennt den alten Herrn nicht mehr. Wie manchem habe ich den Fuß verbunden, lindernde und heilende Arzneien gegeben. Hat er genug verdient, so nimmt er sein Geld und läuft von dannen. — Oder aber sie verschwinden über Nacht und lassen sagen, sie wären von ihrem älteren Bruder gerufen. — Das sind noch die Anständigen, die, die sich schämen.

Wenige Individuen ausgenommen, ist diese ganze Rasse untreu, launisch, schwach an Charakter und nur durch eine feste Hand oder einige Theatereffekte zu halten. —

Es löste sich alles auf. Hugershoff wurde nach Sikasso und dem Bobogebiet zurückgesandt. Die Sammlungen übernahm in freundlichster Weise die Eisenbahndirektion zur Heimführung. Die Resultate der Arbeit konnten der Compagnie Française de l'Afrique Occidentale anvertraut werden. Der Vertreter von Maurel & H. Prom, der uns der Spionage bezichtigt hatte, wurde unserer Interessenvertretung enthoben. —

Wichtige Aenderungen waren inzwischen in der Kolonie vor sich gegangen. Herr Merleau-Ponty war definitiv zum Gouverneur général de l'A. O. F. und Herr F. Z. Clozel, der bekannte Forscher und Gouverneur der Côte d'Ivoire, zum Gouverneur des Sudan ernannt worden. Er und seine tapfere junge Gattin scheuten nicht den Weg auf dem Senegal, der nur auf Stoßbooten zurückgelegt werden konnte, und kamen im Juni in Bamako an. Nun ward das

mächtige Schloß, das auf Kuluba, dem bergigen Talrande über
Bamako, stolz emporragte, eingeweiht. Die hohen Herren der Regierung zogen ein.

Herr und Frau Clozel erwiesen sich sogleich als ausgezeichnet
liebenswürdige Franzosen, der Gouverneur bereitete mir die Freude,
uns zu Ehren ein Diner zu veranstalten, und erwies uns auch
sonst so viel Freundlichkeiten, so daß ich die durch die Spionage-
verdächtigung bei uns erweckte Mißstimmung überwand. — Manche
angenehme und belehrende Stunde verbrachte ich mit dem Administrateur, Herrn Jules Brévié, der als Abteilungschef oben im
Gouvernement arbeitete. Er war früher Bezirkschef auf der Seen-
platte, in Soundan, gewesen und hatte auch die Arbeiten Desplagnes
von Anfang an verfolgt. Manchen Wink verdanke ich diesem scharf-
sinnigen Manne.

Freitag, den 10. Juli, nahmen wir von den Freunden, die wir
in der Kolonie Bamako erobert hatten, Abschied, um den Zug zu
besteigen, der unsere Ausrüstung und uns nach Kulikorro, dem Ausgangspunkt der Schiffahrt auf dem mittleren Niger, bringen sollte.

Herr De Labretesche, der stille, freundliche Bezirkschef von
Bamako, der uns in allen kleinen und großen Nöten stets ein sehr
guter Freund gewesen war, kam an die Bahn, um uns zum Abschied die Hand zu drücken.

☐   ☐

Zwischen Bamako und Kulikorro ist das Nigerbett ausgefüllt
mit mächtigen Felsenmassen, die sogar im Anfang Juli, also als
das Wasser schon im Steigen begriffen war, das Aussehen eines
Feldes hervorriefen, auf dem Riesen mit schwarzen Riesenköpfen Zer-
schmettern gespielt hätten. Die blauen Wasserfäden, die zwischen
den Kloben sich hinzogen, machten einen allzu kümmerlichen Eindruck,
um dem Naiven etwa den Gedanken erstehen zu lassen, hier dränge
sich einer der gewaltigsten Ströme dem nordischen Wüstengürtel
mit siegreicher Kraft entgegen.

Kulikorro liegt herrlich. Wenn erst jene Zeit angebrochen sein
wird, in der festes, selbständiges Künstlersehen uns als Lehrmeister
innerafrikanischer Naturschönheit das zum Bewußtsein gebracht haben
wird, was mancher Laienunverstand heute wohl schon ahnen mag,
dann werden viele Reisende hier rasten und den trutzigen Felskuppen, die seitwärts der Wasserstraße aufstreben, einen vollen Blick
widmen. Die primitive Menschheit hat so oft recht. Sie sieht in

diesen inselartigen, schroffen Tafeln etwas Großes. Hier verscholl oder stieg gen Himmel oder schloß sich ein jener gewaltige Susu Sumanguru, der um 1200 das blühende Land Gana eroberte und dem tausendjährigen Reiche den ersten Vernichtungsstoß versetzte. Ich stieg mühsam auf jenen Kegel, schaute auf den langen Rücken, der den Weibern des Susuherrschers zum Bette diente, sah auf den weithin ausbiegenden Niger und dachte, wie so manches Mal: Schwarzes Volk, du hast auch manches gesehen, das jenseits der Stumpfsinnsgrenze Großes hätte schaffen können.

Geologisch genommen, bedeutet die Tatsache dieses Bergbrockens: Mittelglied zwischen den Tafelbergen in Senegambien (Bafulebe) und denen von Bandiagara-Homburi. —

Drunten am Strande lag meine kleine Flotte. Es waren drei Stoßboote von der gleichen Art, die uns den Milo-oberen Niger herab nach Bamako gebracht hatten. Aber welcher Unterschied! Breiter und blanker, stark und fest, machten sie einen trotzigen, mannhaften Eindruck. Vorn ragte ein tüchtiger Mastbaum empor, und meine Leute sorgten, ohne daß ich ein Wort zu sagen brauchte, dafür, daß auf höchstem Baum über mächtigster Schiffsbrust die deutsche und die französische Fahne aufgezogen wurden. Sie flatterten fröhlich im Winde. Das gab Farbe und Freude. Heißa! Deutsche Wissenschaft zieht zum ersten Male auf diesem französischen, schönen Strome den alten Kulturstätten Segu-Timbuktu entgegen! Hoch die Wissenschaft!

Am 12. Juli stießen um 1/2 9 Uhr morgens die Knechte die Boote vom Lande ab, dann wurden die großen lateinischen, mit einer Rahe versehenen Segel aufgezogen, ein freundlicher Wind packte hinein, — da freute ich mich, denn auch die anderen beiden hinter mir glitten wie alte Wikingerschiffe mit weitgedehnten Fittichen und breiten Lenden schnell durch das Wasser hin.

Nun soll ich das Leben am mittleren Niger und den Strom selbst schildern, und das stimmt mich traurig. Denn ich weiß, daß ich das nicht kann. Ich habe manches Mal meine Landschafts- schilderungen gelesen und habe immer gefunden, daß ich nicht wiedergab, was ich sah. Es liegt nicht allein an meiner mangel- haften Veranlagung. Es liegt das auch daran, daß die Schilderungs- kunst der Feder so arm an Mitteln ist. Ich muß mich darüber einmal aussprechen, denn diese Sache drückt mich ein wenig. Viel- leicht erreichen andere mehr, wenn ihnen einmal ein offenes Wort sagt: „So steht es um die Mangelhaftigkeit des geographischen

Schilderns, in dem wir es angeblich so weit gebracht haben." —
Denn das gehört in die Erdkunde genau wie die Karte.

Allerdings, ein großer Geograph sah letzthin das einzig wissenschaftlich Erstrebenswerte in maßstabgerechter Kartographie, im topographischen Forschen. Was gibt mir aber diese Gruppe von Darstellungen, wenn ich von einem Lande etwas wissen will? Es ist
so, als ob ein Mensch Hunger habe, und die Chemiker gäben ihm
soundso viel Prozent Eiweiß und soundso viel Prozent das, soundso
viel Prozent jenes. Aber wie ein Mensch mit chemischen Quäntchen
höchstens ernährt, aber nicht satt gemacht werden kann, so kann
man mit topographischen, botanischen und sonstigen Beschreibungen
nicht den höheren Sinn befriedigen, der Lebendiges sehen und
lernen will. Ich selbst bringe mühsam genug mein kartographisches
Material heim, so gut wie ein anderer, denn ich weiß, daß das,
was leben und laufen will, Knochen und Muskeln haben muß, aber
ich bin nicht platt genug, die Leblosigkeit solchen Schilderns nicht
anerkennen zu wollen. — Im Gegenteil, gerade das hat mich zur
Erkenntnis gebracht. Ich sehe, was nottut, ich sehe, was lebt. Die
Wissenschaft aber, die nicht sieht und nicht versteht, daß sie nur
tote Modelle schafft, nie aber Leben geben kann, die überlebt sich,
sie kann blöde werden. —

Mehr, unendlich mehr möchte ich. Und ich kann es nicht. Das
macht mich traurig. — Ist das so wunderlich? Wer kann das überhaupt? und wenn es heute keiner kann, — wer wird es dann in
Zukunft können?

Blicken wir rückwärts. Da sind die größten Heroen des „Sehen-
könnens" im Mittelalter, in der Renaissance Italiens, in der Renaissance Deutschlands. Schaut unsere eigene deutsche Landschaft
an: blaue und grüne Zuckerhüte statt der Berge, bunte Schnee-
bälle auf Stöcken als Bäume. So schnitt sich die Menschheit noch
damals die Natur zurecht, und alle Schilderer sahen nicht anders
als solcher Art. Erst neuerdings erwuchs der Blick für Leben, und
seit wenigen Dezennien erobert sich das Volk, geführt von großen
Meistern, Landschaft nach Landschaft, bei uns erst Thüringens Schönheit, dann die Worpsweder Moore, dann die Mark. Das sind große
Künstler, die das zum ersten Male sehen und in ihren Bildern
wiederzuerleben und so festzuhalten wissen, so daß auch andere in
diesen neuerstandenen Naturformen ungeahnte Freude lebendigen
Verständnisses und Erkennens zu erleben vermögen. Das sind in
ihrer Art auch Geographen. Mit dem italienischen, dann dem
bergig gigantischen Lande fing das Volksverständnis an, und ganz

(C. Frobenius phot.)

Stationsleben in Sanssouci; auf dem Vorderhofe werden Sammlungen verpackt.

zu allerletzt dämmerte das Vermögen des bewußten Genießenkönnens im eigenen, schönsten Heimatlande uns barbarischen Mitteleuropäern. Mittlerweile wurden wir so sublim im Landschaftsstudium, daß uns die exotische Welt wie Kitsch, übermäßige Uebertreibung, häßlich und fremdartig erschien. Wir sind den Weg solchen geographischen Studiums ohne Universitätsprofessoren und ohne Gymnasiallehrer gegangen, und wenn einer half, so war's nur der Dorfschulmeister.

· Soweit sind wir gekommen, und dann war auch Topographie, Kartographie und Photographie sehr entwickelt, und nun meinen viele, die höchste Stufe des Könnens sei erreicht. — Ach, wie oft habe ich das gehört, und wie hart klang das immer. Denn die Landschaftsphotographie ist eine feine, feine Einrichtung für jeden, dem Gott Künstlersegen in Herz und Augen legte, so daß er die farblose Fläche mit den erlebten, in seinem Innern schlummernden Erinnern beleben kann, für alle anderen aber eine nüchterne, kalte „Materialbeschaffung". Jedes Stück der lebendigen Natur kann zuletzt auf dem Lichtbilde durch jeden rohen Millimetermenschen als Leiche präsentiert werden. Und die Narren merken nicht einmal, daß Karten, Profile und Lichtbilder Leichendarstellungen sind, denen der lebendige Odem fehlt.

Und fast keiner tut etwas dagegen, daß von allen denen, die etwas mehr als maßstabgerechte Aufmachung und analysierende Vivisektion verstehen, die exotische Welt als Kitsch, übermäßige Uebertreibung, häßlich und fremdartig bezeichnet wird. — So, ich mußte das einmal sagen, ich mußte das einmal von der Seele herunterbringen, es ist der Selbstachtung wegen, und für die gesagt, die denken wollen. Ich fühle so oft ein tiefes Verständnis für die Natur eines Hans von Marées, der die Vollendung ein Leben lang erstrebte und nie erreichte. Möge es mir doch gelingen, mit meinen mühseligen Stümpereien wenigstens einen Könner, einen afrikanischen Landschaftsschilderer zu erwecken, sowie aus den Lehren jenes so viele gewaltige Recken hervorgingen.

□   □

Diese Tropen sind die gewaltigsten Gleichmacher. Im südlichen Urwalde Liberias suchte das Auge mühsam die alten Trümmer fester Festungswälle aus üppigen Blätterbüschen herauszuerkennen. In den Steppen des Mittellandes wüsten die Feuer der Menschen alljährlich über lebende und tote Siedlungen hin, und was Feuers

glut und Regentaufe zerfraß, macht der im Winde hingeführte Sand
durch sanftes Schleifen glatt. Im Norden aber fegt der Sturm
Staub über Staub aus der Sahara und verschüttet Gräber und
Hürden, Hütten und auch die mächtigsten Gotteshäuser, die die mohammedanische Welt hier kennzeichnen. Im Norden soll der Wüsten-
wanderer oftmals über Mauerzinnen und Türme von Moscheen hingleiten. Und das vorgeschichtliche Timbuktu liegt mit seinen Dächern
unter dem Sande begraben.

Wir reisen von Kulikorro ab zunächst durch gutes Mittelland,
wir gleiten an einer historisch bemerkenswerten Stadt nach der
anderen vorüber, zunächst auf eine Metropole des Allahglaubens,
auf Segu Sikorro zu. Niamina: Ttefe, mächtige Gruben, umfangreicher als der übliche Entensee Mecklenburgs, und an die 8 m tief,
fallen auf. Auf die erste Frage: woher, wozu, seit wann? erfolgt
die Antwort: „Man hat Erde für einen Moscheenbau daraus genommen." Bei der zweiten Grube will die gleiche Antwort nicht
mehr schmecken. Die dritte liegt im gleichen Zuge. Also fragt die
Alten! Die Interpreten führen einige Alte heran. Nun? Wie steht's
mit den Löchern? — Früher war ein Fluß hier, der kam von
Westen her, er hieß, wie die einen sagen, Bibola-ko, wie die anderen
behaupten, Danamba-ko. — Na also, weshalb habt ihr das denn
nicht gleich gesagt? Nun weiter: Wer hat Niamina gegründet?
Verlegenheit, dann: Es kamen Leute aus Moribugu, das lag an
jenem Wasserlaufe. Ein ganz Beflissener sagt: nein, aus Niani-mba
kamen sie, — Niamina war der Hafenort von Niani-mba oder Mali,
das eine große Stadt war. Ein böser Blick des Alten trifft den Vor-
lauten. — Also deshalb wollte man es nicht sagen. Diese Leute
wollen alle selbständige „Hansastädte" zu allen Zeiten innegehabt
haben. Nie gibt einer die Ableitung seines Gemeinwesens aus
größerer Staatsschöpfung gern zu.

Und doch könnten diese Leute so stolz sein in dem Gedanken,
den letzten lebenden Rest des weit über tausend Jahre alten Mali
zu vertreten. — Aber das ist zu buchen: vertrocknet ist die Wasser-
ader, an der die gewaltige Metropole des Sudan einst gegründet
wurde. Von historisch nachweisbarer Austrocknung werde ich noch
mehr zu berichten haben. Das ist für hier ein wichtiges Kapitel
in Geschichte und Erdkunde.

Der nächste Tag, der 14. Juli, sieht uns schon mit müdem
Nachmittagsauge in Segu Korro. Gestern Niamina, eine fröhliche
Handelsstadt der heutigen Zeit, lebenslustig, gedeihlich, die große
Moschee wie ein Schmerbauch vor dem Leibe des wohlhabenden

Kaufherrn stehend. Und doch: Trümmer aus ältester Zeit. Heute
Segu, weit jünger, „nur" ein paar Jahrhunderte alt, gegründet
von Biton, — als Stadt nicht viel älter als 250 Jahre — nach
Angabe der Geschichte. Aber wenn wir es betrachten?! Ein Greis,
ein weißes, weises Haupt! Welch Spiel des Schicksals: die ältere
Hafenstadt blüht, das jüngere Segu Korro so greisenhaft, — und
doch scheint kein Zweifel. Da die Trümmer von Bitons Palast —
e i n e Lehmsäule, genau eine — hier Ngolos Palast, eine stürzende
Fassade, einige Mauerreste. Dann diese Menschen, dieses Markt-
plätzlein, diese Menge kleiner Moscheen, die Straßen metertief aus-
getreten — ein weiser Greis mit welken Händen — dann fiel mein
Blick auf eine kleine Moschee — und in dem Augenblick wußte ich
es, Segu Korro muß älter sein als Biton, viel älter. Der Bau
dieser Moschee bewies alles. Denn sie war nicht nach Osten, sondern
nach Norden gerichtet. Die Nachforschung ergab: ein vorislamitischer
Bau! — Müde, alte Leute geleiten uns zu den „Drachen" am Ufer.
Sie waren glücklich über jede kleinste Gabe. Niemand kam hierher.
Alles kam zum reichen Handelsherrn nach Niamina oder zum strengen
Herrn Regierungsrat in Segu Sikorro.

Wir reisten am 14. Juli, stießen um 3¾ Uhr in Segu Korro
ab, legten 6¼ Uhr in Segu Sikorro am Eingeborenenmarkt an,
nachdem wir eine lange Strecke immer an Stadtteilen vorbei-
gefahren waren, — erst an einem alten, der hatte ein Gesicht, und
hatte wohl auch einiges zu sagen, wenn ihm auch bei weitem nicht
die Würde, die stolze, hehre Würde Segu Korros eigen war, —
dann an einem neuen, da ragten die nackten Mauern der Europäer
in die Luft und Fahnen und — —

Ach so, ich vergaß zu fragen: Wissen denn meine Freunde,
was es heißt, am 14. Juli an einem großen französischen Orte?
Bitte, schlagen wir die Geschichtsbücher auf: Erstürmung der Bastille
oder so etwas. Aber hier in Afrika heißt es großes Nationalfest,
soviel wie Kaisers Geburtstag bei uns. Nur erlebt der Franzose
alles mit sehr viel mehr Temperament wie aus innerem Drang.
Der fröhliche Sohn Frankreichs steckt die Rose in das Knopfloch,
wir dagegen legen sie womöglich, ohne sie zu tragen und zu genießen,
in ein Tagebuch, pressen sie und schreiben darunter: zur Erinnerung an . . .

Jedenfalls muß der Franzose am 14. Juli ein Wettrennen abhalten. Wirkliche Rennpferde gibt es ja hier natürlich nicht, aber
es gibt am ganzen Niger Mähren, und es gibt Begeisterung und

wochenlange Spannung und bunte Jäckchen und Ehrenpreise. Es
ist Leben und Witz in der Sache, und von beiden Stoffen wird
wochenlang gezehrt, um das „langweilige Kolonialleben" endlich einmal mit etwas ganz Besonderem ein wenig unterbrechen zu können.
Und der 14. Juli 1908 muß in Segu Sikorro etwas ganz außerordentliches an Unterbrechungsvermögen geboten haben, denn in
der Mittelstadt, an der wir sodann vorbeistrichen, flatterten wie
überall Fahnen und Fähnlein, und bunte Kleider wurden prunk-
haft gezeigt, und oben bei einer kleinen Villa, die im Flaggenschmuck
prangte, gingen und standen viele Offiziere oder Beamte mit Gallons,
und eine weiße Dame ging da mit einigen Herren auf und ab. Rund
herum standen viele Neger mit ehrerbietiger Miene. Buntgeschirrte
Pferde und fröhliche Frauenscharen, — kurz, es war ein lebendiges,
frisches, es war vielleicht auch ein anmutiges Bild. Aber es war
keines für mich, für uns. Wir waren ja hier, um das Alte, das
Vergehende und Vergangene zu schauen.

Was geht den, der in Arbeitskleider gehüllt ist, um die Tiefe
zu erforschen, das Spiel auf der Oberfläche des Lebens an?

In Segu Korro hatte ich gemeint, aus unendlichen Fernen, aus
dem Schoße der Erde dumpfe, volle Glockentöne, den Sang der
versunkenen alten Stadt vernehmen zu können. Hier säuselte über
den Strand hin die heute mild gewogene Stimme des Herrn Bezirksamtmannes. — Was sollten wir in unseren schmutzigen Kaki-
anzügen, mit der Arbeit im Herzen, unter den geputzten Menschen?

Wir fuhren an dem prunkenden Festplatz vorbei zur einfachen
Arbeiterstadt, dem dritten Häuserhaufen entgegen. Einsam legten
wir unsere drei Drachen an dem felsigen Strande fest und blieben
bei uns. Man hat uns verübelt, daß wir das taten. Man hätte
es aber auch unangenehm empfunden, wenn wir so, wie wir waren,
zwischen den weißgewaschenen, feierlichen Festkleidern aufgetaucht
wären.

Am anderen Morgen nahm ich die Moschee auf, einen regelmäßigen, langweiligen Bau, vor wenigen Jahren nach Schema F
aufgeführt. Die Wirkung der Bezirksamtmannschaft war allzu deutlich wahrzunehmen. Alles propre und exakt. Die Dokumente der
Geschichte der Menschheit sind gut genug, um zum Einwickelpapier
für die Butterbrote der „fleißigen Kinder" verwertet zu werden.
Soll hier heißen: der große prächtige Palast Hadj Omars ward
zerstört, um dem jetzigen Regierungshause der weißen Rasse Platz
und Raum zu geben. Welcher Schade!

Was sollten wir hier? Ich war übel gelaunt, als ich das Signal
zur Abfahrt gab. In Segu hatte ich reiche Beute, breitere Erkenntnis
erhofft, und nun zog ich ab mit einem häßlichen Katzenjammer.

Am 15. Juli abends Kirango, unbekannt in Geschichte und Lage;
aber die Trümmer eines Palastes sprachen von der Ngolozeit. Heuer
ein kümmerliches Dorf! Aber es trug etwas von Wesen und Art
Segu Korros an sich, und die Familie der Bore, die hier regierte,
mag vordem ein tüchtig Stück Geschichte geschaffen haben. Es war
für mich ein trauriges Schicksal, daß fast die ganze Einwohnerschaft nach einem Inlandweiler gezogen war, um irgendeine große
Festlichkeit, ein Begräbnis oder eine Hochzeit oder so etwas zu be-
gehen, und daß die wenigen Stumpfbolde, die im Dorfe waren,
mir keine nähere Auskunft geben konnten.

Dann: 16. Juli morgens in Sansanding!

Zuerst widmete ich mich der alten Moschee, und Nansen, der
seit Wochen krank und arbeitsunfähig gewesen war, konnte mir heute
auch einmal wieder helfen. Der Bau verdiente alle Aufmerksamkeit und genaue Aufzeichnung. Dann machte ich dem Fama, dem
König von Sansanding, meinen Besuch.

□   □

Ein wichtiger, neuer Abschnitt beginnt für mich mit diesem
Titel und Namen. Denn der Herr Fama von Sansanding verfügt
über mein ganzes Interesse. Er ist ein einziger, er ist ein wahrer,
er ist kein eingeborener, sondern ein importierter König, ein Fama,
ein von Frankreich akkreditierter schwarzer Herrscher. Die Republik
stürzt in Afrika alle eingeborenen Herrscher. Das ist logisch und —
wenn nun einmal der europäische Verwaltungsorganismus hier
pulsieren soll — auch doppelt folgerichtig sowie konsequent, wenn
von einer Republik durchgesetzt. Dann setzt sie einen Fama, einen
König, ein, — das ist ein Schritt abseits aller republikanischen
Funktion.

Ich machte ihm meinen Besuch. Nur sein Sohn empfing mich.
„Papa ist krank, hat das Fieber, — er war vorgestern in Segu,
hat den 14. Juli dort gefeiert. Auf der Rückfahrt hat er sich die
Krankheit geholt. Ich soll Sie empfangen. Er bedauert sehr usw."
Alles in bestem Französisch seitens des 16jährigen Herrn Kron-
prinzen vorgetragen. Der Knabe war offenbar erstaunt, als ich
ihm das wohlwollendste „Du" angedeihen ließ. Er war verwöhnt.
— Im Schlosse war es behaglich. In den Nischen japanische Fächer,

schlechte Holzbrandmalereien aus Europa, einige amerikanische
Plakate, eine Landkarte, auf der Sansanding rot unterstrichen war,
ein runder Tisch mit Wachstuchdecke, davor gute feste Stühle. Alles
war nett und hübsch, fast traulich. Aber Papa war krank. Er
hatte — wie sich später herausstellte — in Segu über uns geplaudert und einige Glossen eingesteckt, er las Zeitung und war
nicht gebildet genug, politisches Tricktrackspiel und internationale
gemeinsame wissenschaftliche Arbeit in seinem Hirne vereinen zu
können.   Er kannte von den Grundlehren französischer Kolonialpolitik vielleicht mehr als für ihn gut war, und die natürliche
Folge aller dieser Tatsachen war, daß, als meine kleine Drachen-
flotte mit den Wimpeln beider Nationen in seinem Hafen einlief,
er der Trikolore seinen Sohn, den Herrn Kronprinzen, Repräsen-
tanten des neuen Reiches Sansanding, zur Verfügung stellte, und der
deutschen Fahne seine Gesundheit opferte: Er bekam das Fieber.
      Sehr einfach! Schlaue Negerpolitik!
      Das ist das einzige, was ich von diesem vielgerühmten Fama
Mademba kennen gelernt habe: sein Haus — ein wunderliches
Mittelding zwischen europäischem Bauerngehöft und afrikanischer
Hofhaltung, — seinen Sohn, einen gut erzogenen, klugen, zukunfts-
frohen Sprossen, — seine Politik, aus der die pikante, französische
Diplomatie, aufgepfropft auf schwarzes Senegalholz, klar genug
herauszuerkennen war. Und dann hörte ich natürlich viel von
seinem Werdegange.
      Als der herrliche Faidherbe, eine der schönsten und edelsten
Heldengestalten afrikanischer Geschichte, die Senegalstraße erobert
und mit einem feuerfesten Gürtel von pulverreichen Festungstürmen
sichergestellt hatte, ging der französische Flammengeist diese Bahn
hinauf nach Innerafrika, und das erste war, daß er seine wuchtige
Pranke auf die Segustaaten legte. Die Geschichte muß die Tatkraft
des französischen Volkswillens und die Taten jener Helden anerkennen, und ich bewundere sie. — Aus jener Glanzzeit stammt
die Gründung des Königreiches Sansanding. Es war unter den
schwarzen Recken des Kolonel Archinard ein früherer Schüler der
Ecolè des otages in St. Louis, ein Mann, der gute Dienste geleistet
hatte; der wurde von Archinard als Fama des neuen Königreiches
eingesetzt.
      Das heißt: mit dem Vordringen des mächtigen Eroberers vom
Senegal zum Niger war auch eine Idee bis dahin gelangt, die
im Rahmen der französischen Kolonialpolitik einen stillen aber gewaltigen Faktor spielt: Der Gedanke, daß aus diesem schwarzen

Kolonialgebiet dem Vaterlande Frankreich — kein Verbündeter, nein,
ein Volksgenosse erwachsen könne und müsse. Die Republik Frankreich träumt es heute noch und wird den Traum bis zu Ende weiter-
träumen; es ist ein Gedanke, den die großartigste Republik, das
alte, schwertfreudige, siegeskundige, friedensverständige Rom nie zu
denken wagte: Frankreich will sich Brüder aus diesen schwarzen
Menschen erziehen. — Es ist ein sehr schlimmer, schlimmer, niederdrückender Gedanke, daß das schöne Frankreich, das glänzende Frankreich, das liebliche Frankreich in einer solchen Idee seinen schönen
Götterleib den schwarzen Bestien Afrikas hingeben könnte, — aber
es ist so. Und in Frankreich ist kein Warner. Und wenn ich als
Deutscher warne, wird mir die mißtrauische Dame, wie immer den
Deutschen, häßliche Hintergedanken unterschieben. Sei's drum!

Frankreich ist schon weit, sehr weit mit seinen Experimenten
gegangen. Der General Faidherbe hatte an der Senegalmündung
eine „Ecole des otages" gegründet. Heute besteht eine ähnliche
Schule für Söhne von Häuptlingen in Kayes. Bald wird eine weitere
Serie am Niger erstehen. In diesen Schulen wird den Eingeborenen
höherer Abstammung eine Art Gymnasialunterricht erteilt, eine Art
höherer Bildungsschicht erzogen, die nicht etwa einem direkten praktischen Beruf zugeführt, sondern vor allen Dingen zuerst mit einem
nationalen Gefühl erfüllt wird. Deshalb hört man auf der Straße
die Kinder den Satz herunterplappern: „C'est la France, qui nous
protège; j'aime la France!" Aber leider begnügt sich die Idee dieser
Schulerziehung nicht mit der Betonung eines einzigen platonischen
Gedankens. Man geht noch weiter! — — —

Es ist sicher, daß die französische Kolonialregierung danach strebt,
möglichst schnell „schwarze Franzosen" zu züchten und schwarze Oberbeamte an Stelle der weißen zu schieben. Ein Fama von Sansanding
ist eine harmlose, wenn auch bedeutsame Erscheinung. Aber in Kati
ist schon ein schwarzer Administrateurs-Adjoint. Einer war früher
in Kita. Er wurde als Ganner herausgesetzt und saß zu unserer
Zeit im Kontor von Maurel & H. Prom dem Hauptagenten gegenüber, mit dem er ein wundervoll passendes Pärchen darstellte.
Ebenso ging es mit anderen. — Frankreich geht seinen Weg. Es
strebt die Rassenausgleichung an und hat hierzu seine guten Gründe,
— aber es geht eine gefährliche Straße. Es kennt den Abgrund
nicht, der sich unweit auftut.

Man kann die Richtung, auf die das Steuerruder eingestellt
ist, in jedem Kräuseln der Wellen, an enggeschlossenen und weit-
geworfenen Kreisen erkennen. Ach, wie mancher verständige

Franzose hat mir sein Herz ausgeschüttet und mir erzählt, wie
schwierig die Richtung und Geschwindigkeit der Fahrt allen inneren
Aufschwung machen. Weder Gedanken an Handelsgewinn noch einige
Siedlungsideen werden, französischen Angaben entsprechend, genügend
unterstützt. Im Gegenteil, die hohe Politik will die Kolonie vor
allem dahin bringen, mit schwarzer Kraft und schwarzer Intelligenz
und schwarzem Gelde zu bestehen und — begeisterte französische
Bürger schwarzer Hautfarbe zu produzieren — zu Tausenden,
Hunderttausenden, Millionen. Und natürlich sollen alle diese
Millionen gute, begeisterte, patriotische, französische Soldaten geben.

Gott schütze Frankreich vor seinen Ideen.

Ach, wie viel rubinfarbenes Blut, wie viele herrliche
Schöpfungen eigener Kultur hat Frankreich schon den Launen von
Zeiteinfällen und plötzlichen Regungen geopfert. In alter Zeit, als
er noch das Dorado an Glück und Menschenreichtum und Schönheit war, da konnte die kapriziöse Dame damit spielen, — konnte
einen Schmuck wegwerfen und aus strotzender Kraft einmal nur
an Leibeslust denken.

Heuer sind aber alle Nationen Europas so alt, so abgemessen
im Giroverkehr der Banknoten, daß keine sinnlosen Spekulationen
mehr unternommen werden dürfen.

Drüben in Afrika sind wir alle, alle Europäer ein Blut, eine
Rasse, wir müssen ein Wille sein. Wir zähmen diese schwarze Bestie,
jeder das Glied, das ihm zufiel bei der Teilung. Jeder lehrt sie
etwas. Wenn aber einer die Bestie freiläßt und etwa gegen die
anderen losläßt, — dann sind wir — in Afrika alle — in Europa
aber der Schuldige besonders dann geliefert, wenn er dem anderen
nicht gewachsen ist.

Oh, du liebes schönes Frankreich, tanze deine Matschitsch in
Europa mit wem du willst, heute mit dem italienischen Kavalier,
morgen mit dem englischen Tennisspieler, übermorgen mit dem
russischen Zigeuner, — aber du schönes Frankreich, zeige die Schönheit und die in der Schönheit so große Schwäche deiner Lenden
nicht diesen schwarzen Barbaren, dieser fremden Rasse, die nur
freundlich sein kann, so lange sie naiv bleibt!

Doch, was nützt das Reden.

Auf der Fahrt nach Timbuktu; ein Segelboot der Eingeborenen kommt uns entgegen.

(L. Frobenius phot.)

Unsere Nigerfahrt. Das „Flaggschiff" der Expedition am Ufer von Segu.
L. Frobenius, phot.

Zwölftes Kapitel.

Das Märchenland Faraka.

Die ältere Menschheit kannte als kulturelles Lebensgesetz nur das Dogma der Natur. Die Revolution begann für sie erst mit der Umwertung der Stoffe. Unter der stummen Gewalt des Tatbestandes, den die Tagschicht der Erde bot, nahm die ältere Menschheit die Formen an, die wir heute noch allenthalben neben und unter uns erkennen können, — auch am mittleren Niger. Vordem sind wir von Kulikorro bis nach Sansanding gefahren. Das war eine Region der Städte, die auf steinigem Ufer gebaut waren, auf einem Boden von jener Beschaffenheit, wie ich sie im Anfange dieses Buches als für Beledugu charakteristisch geschildert habe: Sandsteine und eisenhaltiges Konglomerat. Von Sansanding an habe ich dann diese feste Randung nicht gesehen, bis wir in die Nähe von Timbuktu kamen, — außer Steinbarren nördlich Niafunke und Steinhügeln am Lac Debo. Das Land von Sansanding bis Timbuktu ist ganz anders als das von Kulikorro bis nach Sansanding.

Hinter Sansanding beginnt die Welt der Sandbänke und Ufer=
dünen mächtigere Formen anzunehmen. Erst rinnt der Strom noch
eine Zeitlang in einem Kanal, aber dann schieben sich von allen
Seiten grüne Inseln in das Bett, — erst zweigt sich hie und da
ein Arm des Stromes ab und zuletzt fährt man in einem Gewirr
von Flußarmen, durch schmale Kanäle vorüber an weiteren Buchten,
quer über große Seen, so daß man zuletzt keinerlei Anordnung
in dem Gesamtzustande mehr erkennen würde, wenn nicht am Hori=
zonte festere, härtere Konturen einer höheren Hügelkette hinliefen.
So sieht man denn, daß man sich im Kanalgewirr eines durch
Abfluß, Austrocknung und Versandung zum Flußlabyrinth ge=
wordenen alten Sees befindet. Dieses Land mit dem eigenartigen
Gewirr führt bei den Eingeborenen den Namen: Faraka. (Das
kommt von Fara = Wasserlauf, Rinnsal, Gewässer.)

Das Land Faraka oder das Faraka=Seenplateau ist zwei Längen=
grade von West nach Ost und etwas mehr als drei Breitengrade
von Süd nach Nord ausgedehnt. Der Eintritt des Niger wird
charakterisiert durch Zusammenfluß des Djalli=ba (des Haupt=
stromes) und des Bani. Er erfolgt in der Gegend von Diafarrabe=
Djenne, also etwa auf dem 14. Grad nördl. Breite. Das Seen=
plateau selbst erstreckt sich von Süden nach Norden, weicht aber
von dieser Richtung ein wenig nach Nordwesten ab, und aus der
Nordstrecke, in der Gegend von Kabara (südl. Timbuktus), wird es
durch den nach Osten forteilenden Niger abgewässert. Die Ein=
geborenen geben an, daß auf dem Seenplateau etwa 50 Seen
und 50 Flußkanäle zu unterscheiden seien; der größte See liegt
im Norden, es ist der Faguibine. Wenn in der Regenzeit der Wasser=
stand seine Höhe erreicht, dann ist Faraka ein großer See, aus dem
eine Welt von Inseln ragt. In der Trockenzeit ist es aber eine
Ebene, durch die sich viele Wasserlinien ziehen, die viele seenartige
Erweiterungen aufweisen. —

Das Land Faraka ist so schön wie das Zauberland, aus dem
nach biblischer Sage die beiden Menschen der Schöpfung vertrieben
wurden. Einige Leute sagten mir, ehe ich es sah, es sei langweilig,
denn es bestehe nur aus Wasser, Sand und Busch. Das waren
Blinde. Faraka ist aber ein Land für Sehende. Es ist schön wie
Eden, das will ich wiederholen.

Man sagt, und ich habe mir das auch früher gesagt, in Afrika
sei fast alles übermäßig, die Urwälder, die Steppe, die Sandwüsten
im Norden und Süden. Ich muß nun gestehen, daß ich in Afrika
bis dahin immer nach einem Maßstab zwischen Menschen und

Natur gesucht habe, und daß ich bis dahin meist nur die Schwäche,
Kleinheit und Unselbständigkeit der Menschen gegenüber den giganti=
schen, bald brutal=mörderisch=einfachen, bald weichlich=faul=üppigen
Naturtypen gefühlt habe. In der weiten Steppe verschlingt die
Breite des Raumes den letzten Halt des Menschen, der hier fest=
wachsen will. Er gerät in das Fließen der einheitlich sich aus=
rollenden Ebene. Nur eine Heldenrasse wie unsere nordischen Aus=
wanderer kann hier den Fuß aufstemmen. Im Urwalde des Westens
aber vermodert der höhere Wille in der feucht=warmen Luft zwischen
den immensen Waldrändern, — und das Schlingenwerk der Lianen
raubt dem Auge die Fähigkeit der Linienverfolgung. In dieser
wilden Pracht verliert die schöpferische Fantasie ihre Kraft, weil
ihr jenseits des Tatsächlichen kein Raum zum Weiterschaffen ge=
lassen ist, und in der öden Steppe ergeht sie sich in Momenten der
Extase in Wollust, und in Momenten der Ruhe ist sie erschöpft und
sucht vergeblich nach Anregung.

Also das Land Faraka ist ein Eden. Es ist umgeben von Wüste
hier, von Steppe dort. Der Wüste fehlt das Wasser, durch die
Steppe zieht die Stromstraße langweilige Linien. Das Land Faraka
aber ist eingekreist durch waldige, geschwungene Berglinien, die
zackigen Burgfelsen der Stromburgketten im Südwesten, die langen
Hügelreihen von Ras el Ma und Haussa überhaupt im Nordwesten.
Das dazwischen liegende Land macht den Eindruck, als habe die
Natur eine Freude daran gefunden, in ungebundener Laune einen
graziös fröhlichen Garten zu schaffen, in dem sie schattige Bäume
und bunte Blumen, krause, gar nicht so geradlinige Palmen und
dornige, aber als Ganzes genommen zierliche Büsche anpflanzte.
Bald glaubt man sich in einem wohlgepflegten Obstpark zu be=
finden, bald lockt ein Eindringen in die Boskettlandschaft die Er=
innerung an den herrlichen Park bei Southampton hervor. Zwischen
diese Schönheit leitete sie zur Erfrischung und Ernährung viele Kanäle
und Seitenwässer, und wo sie besonders auffallende Pracht entfalten
wollte, da legte sie am Rande der aufstrebenden Randberge in
lauschige Hügelkränze blauleuchtende Seen.

Nimm das Ganze, so ist es ein Land, das uns leicht verständ=
lich ist. Sein Wesen ist nicht tropisch üppig, es erinnerte mich wohl
zuweilen an Norditalien, es ist frisch und gesund und trägt trotz
einer gewissen Aehnlichkeit mit südeuropäischem Lande, trotz seiner
Lage in Afrika eine Eigenart für sich. Es spricht hier ein so
klarer und ausgeprägter Charakter, ein so abgemessenes eigenes

Formwesen und selbständiges Lebensbewußtsein, daß man Faraka wohl mit keinem Lande der Erde vergleichen kann.

Es ist ein selbständiges Lebensbewußtsein in diesem Lande vorhanden. Sicherlich! Die Zeiten sind hier scharf getrennt. Saat und Ernte, Mäßigung des Reichtums, den die Doppelspende an Reichtümern im Boden und Reichtum im Wasser gewährt, da beides gegliedert ist durch regelmäßig abwechselnde Hoch- und Tiefstände des Wassers, — solchergestalt entsteht der Schlag eines Blutkreisens, der alle Glieder und auch den Kopf belebend durchlaufen muß.

In ihr afrikanisches Eden nun pflanzte die Natur nicht nur allerhand Kraut und Bäume, sondern sie machte die Landschaft auch zum Tummelplatze von allerhand Getier, von dem vieles lustig anzuschauen, vieles aber auch mit einiger Vorsicht zu behandeln ist. Ich habe im Westen nie ein Land gesehen, das auch nur annähernd so wildreich war. Nicht, als ob das Wild in unglaublichen „ebenenbedeckenden“ Rudeln aufträte, wie das früher in Südafrika der Fall war, und wie es heute noch in einzelnen Gegenden Ostafrikas vorkommen soll. Wenn man durch die Boskette der Buschkulissen pilgert, so springt hier eine große Antilope, dort ein Hase, jenseits ein Gazellenpärchen, dann am Dorngestrüpp eine randalierende Schwarzwildfamilie empor. In Massen tritt, glaube ich, kein Landtier auf, aber die einzelnen Familien leben dicht nebeneinander. Es ist aber keine Steppe, sondern es ist ein Garten. — In diesem Garten ist aber nicht nur dem Genußrecht des Menschen Genüge getan, sondern es ist auch dafür gesorgt, daß zuweilen das Herz erbebe und höher schlage. — Auch der Löwe hanst hier mit Familie: Vater, Mutter, zwei Sprossen, das soll die Regel sein. Wir haben Felis Leo in Faraka gehört. Er hatte eine volle, schöne, sonore Stimme. Man sagt, er soll auch majestätisch dreinschauen. Aber alle sind sich darin einig, daß ihm „die Stärke des Herzens“ fehlt. Er ist feige. Er ist hier eben auch ein Gartentier.

Und nun in den Wassern, an den Wassern, über den Wassern! Oh, Herrgott, wie ist hier deine Welt so kraus und bunt und — nahrhaft. Das Vogelleben ist, dem allgemeinen Eindruck nach, nicht das gleiche wie in Westafrika, denn die zarten Enten und die canards armés, die eigentlich keine Enten, sondern Gänse sind, und die Taucher überwiegen. Und das ist fraglos nahrhaft. Sonst fallen bei höherem Wasserstande sehr große Pelikane, Störche und Marabouts auf, Kronenkraniche sind seltener als am oberen Strome. Vertreter einer Storchenart, der „Regenzeitvogel“, bei Mali-nke und

Soni=nke Sogo (oder Soko) = Niamé, bei Bosso Schuólia genannt, nisten in großen Mengen auf Hausdächern und auf Dorfbäumen. Sie gelten als heilig. — Die früher sehr häufigen weißen Reiher sind durch federwütige und geschäftslustige Leute jederlei Farbe so gut wie verjagt, wenn nicht vernichtet.

Im Wasser lebt das wunderliche Flußpferd, dessen Anblick mir immer wieder Freude bereitet, denn sein komischer Kopf, geschmückt mit gestielten Augen, ragt aus alten Perioden der Erde, da sie sich in Schöpfung grotesker Typen wohlgefiel, zu uns hinüber. Aus jenen Fabelzeiten ist auch der Kaiman erhalten, der in Morgen= und Abendstunden sich zu stummer Ruhegenossenschaft häufig pärchenweise auf den Sandbänken einfindet. Es möchte einem beim Anblick dieses Schuppenleibes gruseln, just so wie bei dem Gelärm der tumultuarischen Löwen. Aber vergessen wir nicht, wir befinden uns im Zaubereden Farafa. Und in der Tat scheint der unheimliche Kaiman hier wenig gefährlich zu sein. Das ist auch nicht so sehr merkwürdig. Denn diese Wasserbahnen sind von derartigen Massen von Fischen bevölkert, daß es eben ein ziemlich dummer Kaiman sein muß, der, statt sich an zarten Fischlein zu belektieren, in salzige und knochige Menschenbeine beißen will.

Der Fischreichtum ist geradezu fabelhaft. Ich muß dazusetzen: „unangenehm fabelhaft". Denn jede Fischersandbank, an der wir warteten, jedes Dorf, an dem wir vorbeikamen, jede Piroge, die an uns vorüberglitt, „roch" so ungeheuerlich nach getrockneten Fischen, daß Nansen der Aufenthalt in diesem Lande geradezu verleidet wurde. Die Fische waren so frech und aufdringlich, daß sie uns sogar ins Boot sprangen — nicht einmal — öfter! Wenn die Leute zu vieren am Abend meine Angelhaken answarfen, dann war in einer Stunde sicher ein Quantum von 40 Pfd. Fischen eingebracht. Und dabei spreche ich nicht von den günstigsten Fischplätzen.

Um aber dem Fabelhaften völlig zu seinem Rechte zu verhelfen, sei gesagt, daß in der Tiefe des Flusses das Tier Ma (bei Mande und West=Soroko) oder Aju (in Dienne, Timbuktu und bei Ost= Soroko) lebt, ja sogar häufig sein soll. Dieses Geschöpf zeichneten schon die alten Kartographen in die Länder Westafrikas mit Frauen= haar, Frauenbusen, Nixenschwanz und verhimmelnden Augen ein. Aehnlich schildern es die Soroko auch, und unsere Naturforscher sind mit einigen Punkten dieser Beschreibung ja wohl auch einverstanden. Da der Ma, die Seejungfer, ein durchaus nicht ethnologisch bedeutsames Geschöpf ist, so muß ich schon darauf verzichten, mich

hier in aller Breite über seine wunderbaren Eigenschaften aus-
zulassen, — ich erwähne nur, daß es sich, trocken gesagt, um Manatus
Vogelii handelt. Es ist das mir merkwürdigste Wesen unter den
Tieren im afrikanischen Eden, genannt Faraka.

☐   ☐

Ich habe dieses Land nur zweimal in der Regenzeit durchquert.
Es ist die Zeit, in der die Erde bereit ist, den Samen zu empfangen,
den der Mensch ausstreut, um großen Reichtum für sich
zu zeitigen. Die Soroko sagen: „Was der Fluß gibt, die Fische,
das ist nicht Reichtum, das zerfließt wie das Wasser, aus dem sie
kommen, oder verweht wie der Wind, der über das Wasser weht.
Was die Erde gibt, ist fest und dauert solange, wie die Arbeit,
die der Mensch der Erde zuteil werden läßt." — Es ist wahr, die
Reisernte bringt den Menschen den Segen. — Wenn die Regenzeit
beginnt und täglich oder allabendlich der Himmel seine Gewitter
herunterprasseln läßt, dann weiß er wohl, daß er hier über dem
Garten Farakas für die Wohlfahrt einer uralten Menschheit schafft,
und so habe ich es nie auffallend gefunden, daß er zu seinem
Werke jedesmal eines seiner herrlichsten Feierkleider anlegt.

Nie sah ich solche Himmelspracht, wie über dem Lande Faraka,
wenn die untergehende Sonne durch die Wand der herandrängenden
Abendgewitter aufglühte. Jeder Tag strahlte, flammte und weinte
Tränen des Segens über Faraka. Kein Tag glich dem anderen.
Der Himmel aber bewahre mich vor der Sünde, daß ich es etwa
unternähme, mit mühseligem Stammeln eine Schilderung dieser
Monumentalgemälde zu wagen.

Und die Natur setzte die Menschheit unter diese herrliche Schönheit, auf daß sie unter dem feierlichen Baldachin des Himmels-
segens mitten in jenem Garten throne, den sie, die Mutter Natur,
mit so viel Liebe und Sorgfalt als ihr Eden in Afrika errichtet
hatte. Und die Menschheit konnte nicht anders: Sie mußte auch
eine andere werden, als die anderen Afrikaner. Ich meine nicht
„äußerlich betrachtet". Ich meine im Innern. Mich können die
äußeren Menschen nur wenig kümmern, denn sie zu schauen ist
nicht mein Beruf. Aber ich habe in das Innere dieser Faraka-
menschen gesehen, und da habe ich das Größte gefunden, was bisher
von den (außerägyptischen) Afrikanern bekannt geworden ist.

Die Leute, die am Ost- und am Westrande Farakas wohnen,
haben mir ihre Lieder vorgesungen. Und wenn ich die Augen

schließe und mir nur das vergegenwärtige, was die Menschen mir
berichteten, diese Neger, diese ganz gewöhnlichen Schwarzen, so tauchen
vor mir die herrlichsten Gestalten mittelalterlicher Skalden= und
Troubadourdichtungen auf. In den Blättern, die die Texte auf=
genommen haben, rauscht es mir wie Minnesang und Liebeswerben,
wie Speerstich und Schildspalten. Da heißt es: um Liebe, da heißt
es: um Mannesruhm, — da gibt es ein Wort, das ich sonst in
keinem Volke des schwarzen Afrika sonst kenne, das Wort „Gara“
oder „Gana“, und das heißt „Held“. Und wahrhaftige, große,
mächtige Helden sind es, die hier handeln, Menschen der Tat,
Menschen, die danach geizen, in den Gesängen an der Königstafel
gefeiert zu werden. Ein Parsival, ein Siegfried, ein Mucius Scae=
vola, ein Achill taucht aus dem Nebel der Vergangenheit auf. Heil
den schwarzen Sängern, die das in Vers und Sang bewahrten,
Heil den Helden, die solche Werke vollbrachten, Heil dem Volke,
den schwarzen Müttern, die solche Söhne hervorbrachten.

Dann das Volk an den Wasserläufen im eigentlichen Faraka,
das h e u t e nur seine Fische fängt und seinen Reis baut. Das
hat auch seine große Vergangenheit. Das spricht von den Stamm=
vätern des Volkes als von mächtigen Recken gewaltigen Körper=
baus, von „schönen Menschen“, und von Taten, die die Altvorderen
vollbrachten. Aber das Wort von der Mannestugend fehlt. Ein
anderer Geist lebt in diesen Versen und Legenden, ein Geist, der
uns fremd ist. Zuweilen meinen wir wohl einen altbiblischen Erz=
vater auftauchen zu sehen, aber darum herum gruppiert sich eine
andere Welt von Gestalten, durch das Ganze weht ein Zug aus
einer fremden Welt. Weit fort müssen wir wandern, um das
Wesen im Dichterworte eines Volkes zu finden, das diesen Tal=
menschen des Landes Faraka gleicht. Aber wir finden es. Ich
habe es in den ostasiatischen, innerasiatischen Welten wieder=
gefunden, in den Gestalten und Erlebnissen der Bogda Chan, im
Sange der Schamanenpriester. Magische Kräfte, Zauberformeln,
wilder, fantastisch=leidenschaftlicher Geist erzählt hier von Umwand=
lungen und von Taten, die mit mongoloiden Schlitzaugen in die
Welt zu schauen scheinen.

Der Magier und der Held, sie wohnen nebeneinander im Lande
Faraka, und sie sind uns als Neger auch nur verständlich in diesem
Lande, das so ganz anders als alle anderen Länder des schwarzen
Afrika ist. Sie geben uns Rätsel auf. Vielleicht lösen wir sie heute,
vielleicht morgen. Mit dem Rätsellösen ist es so eine Sache. Denn
es gibt einige Knoten in der Weltgeschichte, die konnte niemand

entknüpfen. Und mit dem einfachen Schwertstreich ist es heuer vorbei. Das gilt nicht mehr.

Hier harrt die Arbeit. Aber sie drängt so sehr nicht, denn das Land Faraka ist ein Land, das nicht dahinträumt wie andere Negerländer, sondern es ist ein Land mit festem Lebenswillen und bewußtem Leben. Das ist kein Land, das ganz vergißt. Das Land Faraka hat ein Wissen für sich. Noch ist es nicht enthüllt, noch ist ihm seine Weisheit nicht entrissen, aber eines Tages wird sie offenbart werden. Denn Faraka trägt in seiner blühenden Naturschönheit auch eine Perlenkette wundersamer Monumente von allerhand Art. — Schon wenn wir durch die kleinen, als „alt" bezeichneten Fischerdörfer gehen, sind wir erstaunt über die Farbe des Bodens. Fast die Hälfte alles Erdreiches besteht hier in Topfscherben. Viele, viele Generationen müssen hier Töpfe gebrannt und zerschmettert haben, um solche Massen von Scherben zusammenzubringen. An einer Stelle sah ich ein Loch in einem Dorf, das war ½ m tief und frisch gestochen. So tief die Grube war, so tief reichte die Mischung, halb Erde, halb Scherben, das sagt schon viel.

Aber das Land Faraka hat auch regelrechte Monumente. Wenn das Auge sich stunden- und tagelang an den überall durch das Grün schimmernden gelbweißen Sand gewöhnt hat, den die Hochwasserzeit in großen Mengen über das Land ausstreut, so schrickt es zuweilen betroffen auf beim Anblick eines bedeutenden, an die 15 bis 20 m hohen, an 50 bis 500 m langen roten Hügels, der kahl und farbig aus dem Grün und Weißgelb der Landschaft aufragt. Sie sind nicht so sehr selten, diese roten Berge, diese Berge der Toten, diese seltsamen Monumente aus historischer Vergangenheit. Entdeckt wurden sie im Mittelalter von dem ersten Araber, der dies Land bereiste und beschrieb (El Bekri). Geöffnet wurden die ersten kleinen Tumuli vor drei Jahren von einem französischen Offizier, dem Leutnant Desplagnes, der sehr viel guten Willen, reiche Naturgaben, aber weder geübte noch glückliche Hand hatte. Aber auch er fand schon allerhand wertvolle Dinge, unter denen die Töpfereierzeugnisse am meisten in die Augen fielen. —

Wir aber fragen uns: Welch Gigantenvolk türmte diese Erdmassen auf? Welche Menschen liegen da unten wohl eingeschlossen von sorgender Volksarbeit? Sind es Männer vom Schlage der Magier? Sind es Männer vom Stamme der Heldensänger? Man kann sich denken, welch' schöne, aber schwierige Arbeit unserer hier noch harrt. Denn die Monumente bestehen nicht nur über dem weißgelblichen Sande, diese Monumente sind nicht nur rötliche, fest-

Tafel 23.   (L. Frobenius phot.)

Aus der großen Vergangenheit Farakas; der Tumulus von El Ualedsi;
links Fernsicht, unten der Ausgrabungsschacht.

gebrannte Erdmaſſen, die als tote Mauern über einem toten Körper liegen. .Nein, ſie ſind vom Volksleben beſeelt. Das Volk weiß von ihnen allerhand zu erzählen. So wie uralte Bäume, Berge, beſonders geformte Felsblöcke, Waſſerfälle uſw., jede naturgeborene geo= graphiſche Tatſache zu einem Ruhepunkt, einem Aktenſchrein der Volkserinnerung und des geſchichtlichen Bewußtſeins werden können, ſo iſt es noch vielmehr der Fall bei dieſen vom Volke ſelbſt geſchaffenen Monumenten. Das ſind ſolche Steine, welche reden.

Aber noch ganz andere Monumente aus Menſchenhand ſchmücken das ſchöne Land Faraka. Es gibt mächtige Steinſäulen, die ſind mit Skulpturen verſehen. Und in den Felsrändern ſollten allerhand Inſchriften eingemeißelt ſein, die vielleicht eigenartige Dinge zu erzählen wiſſen.

Ich konnte nur weniges von all' der Schönheit Farakas ſehen. Ich hoffe, ich wünſche, ich ſehne mich danach, das Land Faraka noch gründlich durchpilgern zu können. Das Wenige aber, was ich ſah, genügt zu der Behauptung: es iſt wahr, daß hier bei aller Natur= vollkommenheit doch die menſchliche Kultur an Entwicklung einen Höhepunkt erreichte. Nicht nur Lieder ſingen das, ſondern auch Berge ſprechen davon. Und dann: Ich habe ſo viel bei den Menſchen aus Faraka gefunden, die ſo arm ausſehen, aber ſo reich ſind! Wenn es auch Reichtümer ſind, die nicht in Muſeen aufzuſpeichern ſind.

□ □

Einige Bilder unſeres Lebens in dieſem Lande will ich in Nach= folgendem ſkizzieren.

Den Faden der Reiſebeſchreibung ließ ich fallen in Sanſanding. Zwiſchen Sanſanding und Diafarrabé wohnen heidniſche Soroko. Südlich von ihnen ſind die Seguſtädte mit ihren alten und neuen Moſcheen aufgebaut. Nördlich ſchiebt ſich das Zentrum des Islam, die Hauptſtadt der „propaganda fidei", Djenne mit ſeinem Anhang: Diafarrabé, Mopti uſw. vor. So ſind die alten, heidniſchen Soroko regelrecht zwiſchen zwei Keile gebracht. Aber ſie kümmern ſich nicht viel darum. Sie bleiben ihrem alten Glauben treu und treiben ihren myſtiſchen Mummenſchanz mit ebenſo großem Vergnügen und ebenſo großer Begeiſterung als in den älteſten Zeiten, und was man in dieſem Lande von Zaubermitteln, guten Rezepten, ſchwerem, magiſchen Zeremonialkram, d. h. geiſtigen Angriffs= und Vertei= digungswaffen hört, das ſpottet jeder Beſchreibung, das kann einem die Haare zu Berge ſteigen laſſen, und jedem, der nur ein wenig

ängstlichen Herzens ist, muß das Anhören aller dieser unheim=
lichen Maßnahmen und Handlungen schwere Beängstigung eintragen.
Der bleibe hier fort.

Aber für uns ist es eine Wonne, hier leben und in das Volls=
leben möglichst tief hineinschauen zu können. Besonders erfreut waren
allerdings die guten Soroko nicht darüber, daß wir uns in ihre
Geheimnisse hineindrängten. Hier eine der originellen Szenen und
Ereignisse, die sich gelegentlich dieses Studiums abspielten.

Ort der Handlung: Siraninkorro am Niger. Zeit: 17. Juli
1908. Personen: Frobenius, Völkerstudent; Nansen, Maler; Nege,
ein erster Interpret; Amadu, ein zweiter Interpret. Ein Boy, später
verschiedene Eingeborene: höhere Herren, Kultusleiter, Greise usw.

Frobenius: „Also das ist Siraninkorro, wo es die wichtigsten
Geheimbünde gibt.“

Nege: „Ja, Herr!“

Frobenius: „Herr Nansen, freuen Sie sich?“

Nansen (mit hörbarem Ruck sich aufrichtend): „Aber natürlich!“

Frobenius: „Alles ans Land!“

(Alle springen ans Land.)

Frobenius: „Herr Nansen, vergessen Sie das kleine Skizzen=
buch nicht!“

Nansen (mit Ruck): „Boy, das kleine Skizzenbuch!“

Dann geht es über Dünen und Sandbänke und ein Stück im
Busch entlang. Dann und wann begegnet uns ein Fischer, Netze=
oder Korbträger, auch wohl eine Frau, die auf dem Wege ist, nach
irgendeinem kleinen Lager draußen Reisbrei zu tragen. Vor uns
taucht das Dorf oder Städtchen Siraninkorro auf. Da der Wind
es berührt, bringt der Fischgeruch uns schon auf große Entfernung
entgegen. Nansen schleppt sich mit sichtlich zunehmender Mühseligkeit
fort. — Der arme Maler tat mir in der Zeit recht leid. Er wurde
durch nervöse Zahnschmerzen schon in Bamako ziemlich auf den
Hund gebracht. Dann kam das ihm nicht sehr sympathische Leben
in den Stoßbooten. Von Hause aus wenig günstig für Unbequem=
lichkeiten des Lebens vorbereitet, etwas zu chronischer Unzufrieden=
heit neigend, wurde der sonst so liebenswürdige und stets arbeits=
bereite junge Maler nun stark herabgedrückt und in einen seelischen
Depressionszustand versetzt, mit dem er für Wochen schwer zu ringen
hatte. Das machte ihn recht nervös, und er litt unter den kleinsten
Widerwärtigkeiten. Es ist wahr, daß der Schmutz und der Geruch
in den Fischerdörfern der Soroko außerordentlich widerlich waren,
und ich selbst konnte einmal nicht umhin, mich den natürlichen

Folgen plötzlich auftauchender Uebelkeit zu entziehen. Während es aber bei mir, dem gesunden Menschen, damit abgetan war, litt der nervös gereizte Nansen stunden- und tagelang darunter.

Siraninkorro war, wie gesagt, nicht einen Deut besser veranlagt. als die sonstigen Soroko-Bossodörfer. Ein dicker Schlamm deckte die engen, luftlosen Straßen, eine Sammlung verschiedenster Gerüche versammelte sich zu einem Gemisch, aus dem eine landeskundige Nase nur mit Mühe auf Baumbutter, Vieh- und Menschenmist, Abdeckereiursprung und alles durchdringenden fauligen Fischzerfall schließen konnte.

Der kleine Zug durchquerte möglichst schnell die Ortschaft. Ich wollte mich nur überzeugen, ob hier nicht vielleicht das eine oder andere Gerät eine andere Form habe, ob ich nicht irgend etwas mir Neues sähe, und da von alledem nichts zu erblicken war, verließen wir sehr schnell auf der anderen Seite die übelduftende Stadt. Wir strebten sowieso nach dieser Richtung, denn wie jedes Land hier seine Wetterseite hat, so hat auch jedes Dorf seine „religiöse" Gegend, und die ist immer im Westen der Ortschaft gelegen.

Auf den Ebenen, die die Soroko-Bossoortschaften hier umgeben, liegt in jener Richtung stets ein kleines Gehölz, ein Gebüsch. Das ist also wie bei den Mandestämmen. Und entsprechend dem Gehalt der heiligen Mandegebüsche lebt auch hier im Walde der Geist der Geheimbünde, der Schrecken der Weiler, die Zuchtrute der heranwachsenden Generation. — Ebenso war es auch in Siraninkorro. Wir kamen erst an einen alten Baum, unter dem saßen einige Männer in besten Jahren, die Geräte ausflickten, schwatzten und lachten und uns erstaunt mit Blicken ansahen, die ganz deutlich sagten: „Nun, was wollt i h r denn hier? Was guckt ihr euch denn so emsig suchend um?"

Wir sagten freundlich unseren Gruß, aber wir waren klug genug, nicht nach dem zu fragen, was wir anstrebten, denn dann wäre uns sicher ein ganz unbrauchbarer Bescheid geworden, und die Männer hätten gelogen. Eine Unterhaltung aber, die mit einer Lüge auf einer Seite beginnt, zwingt den Unwahren auch zur Verfolgung seines lügenhaften Berichtes und drängt ihn zur ärgerlichen Stimmung des Uebelgesinnten. Aber wir brauchten auch gar nicht zu fragen, denn ganz dicht vor uns lag ein Gebüsch, — ein Blick auf den Sonnenstand zeigte, daß die Richtung stimmte. Nun mußten wir gleich im Bannkreis des gefürchteten Mysteriums Siraninkorros sein.

Auch waren wir gleich auf solchem Platze angekommen. Wir waren durch das Gestrüpp gekrochen und standen nun vor dem Opferplatze. Szenerie: Im Kreise von etwa 10 m Durchmesser, den hoch sich emporwölbendes Dornendickicht bildete, links ein mächtiger, alles überschattender Baum, vorn ein wagerecht auf Stützen aufgebahrter Bienenkorb, und herum umgestülpte, große und kleine Töpfe, bedeckt mit dunklem Opferblut, weißen Farb= spritzern, angeklebten Federn, einigen Reiskörnern und vielem Schmutz unerklärlichen Ursprunges. Nun war das Problem: einen Mann zu finden, der erklärte. Nege ging zu den Männern unter dem Baume zurück, um einen herbeizurufen. Die Leute kamen nicht, sondern verzogen sich, scheu rückwärtsschauend, in das Dorf. — Es war also nichts zu machen. Demnach schnell ans Werk. Ein kräftiger Griff öffnete die Kappe des Bienenkorbes. Ein zweiter Griff in das Innere ließ mich aber zurückfahren.... Pfui! das stach ja eklig! Die etwas vorsichtigere Untersuchung förderte denn zwei mit Stachelschweinnadeln besetzte Holzmasken, einige Trompeten und Rohrpfeifen zutage. Als Kenner dieser Einrichtung war ich nunmehr genügend orientiert. Das war das grauenvolle, blutheischende, seelenraubende Nama oder Kaïng. Da war es in der Tat nicht nötig, viel zu fragen. Nansen zeichnete eine der Holzmasken, und dann wurde alles wieder eingepackt, möglichst in der Ordnung, in der wir die Sachen vorgefunden hatten, der Deckel ward wieder aufgestülpt und dann ein Geschenk hingelegt. Ich wußte sehr wohl aus alter Erfahrung, daß es die Leute mit der „Schändung ihrer Heiligtümer durch Eindringen profaner Blicke" nicht sehr genau nehmen und sich gern durch ein kleines Geschenk beruhigen lassen.

Wir verließen den Platz und zogen ein Haus weiter — will sagen, wir krochen durch das Gebüsch zu einer anderen Lichtung. Die mußte vorhanden sein, denn das wußte ich genau, schon seit Bamako, wo es gelungen war, von jedem einzelnen Bossodorfe Be= stand an Geheimbünden, Lage der heiligen Wälder und historische Bedeutung zu erkunden. Wir kamen auch zu der zweiten Lichtung. Allerdings war der Eintritt etwas schwierig. Denn rechts, links, oben und aus dem Buschdome hernieder hing ein langer Behang aus gelben Gräsern. Hier sah es durchaus vielversprechend aus.

In den Zweigen hing neben dem Strohvorhang eine uralte Holzmaske, auf jeder Seite des Platzes stand ein kleines Lehm= hänschen, das nicht höher war als etwa 130 cm. Auf dem Busch= werk im Hintergrunde lagen allerhand Stauden und Strohflechtereien, teils zusammengebunden, teils aufgelöst. Man sah, das mußten

Reste alter Masken, Trümmer aus den Maskenspielen der ver=
gangenen Jahre sein. Vor allem, die Hütten! Was enthielten die
Hütten? Ich öffnete die erste, da lagen die monumentalen Pauken,
die Schwirrhölzer, Eisenketten, — oho! also der heiligste Bund der
Soroko, der Diarra! — Ich öffnete die zweite Hütte und — hatte
einen Augenblick lang das Gefühl, daß ich mich eben in der Fan=
tasie verirrt habe und mich nicht in Innerafrika, sondern in Mela=
nesien befände. Denn in langer Reihe standen da eigenartig ge=
schnitzte Figuren, Schwirrhölzer usw. —

Heraus mit dem Kram! Nansen, der inzwischen infolge fort=
schreitender Uebelkeit einen ziemlich weißgetünchten Eindruck machte,
wurde auf einen Topf des Nama gesetzt, die heiligen Seïngfiguren
wurden vor ihm aufgebaut und dann konnte es losgehen, so gut
es ging. — Doch in diesem Augenblick wurden die Dornenzweige
neben mir mit gewaltsamem Ruck zur Seite geschoben, und ein
Greis trat auf den Platz, ein rüstiger, weißhaariger Herr, mit
funkelnden Augen. — Die Männer unter den Bäumen hatten ihn
herbeigerufen. . . .

Der alte Herr markierte erst konzentrierte Wut, war aber natür=
lich gar nicht so bösartig. Ich hatte die schönsten Schnitzwerchen
vor dem Hanse aufgebaut und Nansen war in phlegmatischer Blässe
damit beschäftigt, die Puppen zu zeichnen. Der alte Herr grimmte
mächtig, und wollte schon alle Puppen wieder in das Haus einpacken,
als noch einige andere Männer hinzukamen und dem Alten einiges
sagten, — wie ich bald erfuhr, war es die Nachricht, man habe
nebenan den Zustand des Kaïng untersucht, ihn durchaus be=
friedigend und außerdem ein hübsches Geschenk vorgefunden. Das
war wie Oelguß auf Wellenschaum. Dazu kam dann noch eine
kleine Ansprache an das Volk, von mir entsprechend abgefaßt und
mit landläufigem Phrasenwerk geschmückt, sowie mit pathetischer
Würde vorgetragen von Nege Traore, altverdientem Redekünstler
der D. J. A. F. E. Dann noch das Aufblitzen eines Hundert=
Sousstückes! — — —

Und der alte Herr verfiel in eine andere Art Wut. Während
nämlich die Augen aller anderen mit behaglichem Schmunzeln hinter
dem Silberstücke hereilten, das aus meiner rechten in meine linke
Hand geglitten war, richtete der Alte sich in seiner ganzen Länge
majestätisch auf und trug mit grimmigerem Mute eine Rede vor:
wenn ich etwa glaube, daß er für Geld seine heilige Weisheit preis=
gäbe, wenn ich glaube, daß er etwa Geld annehmen würde, wenn
ich überhaupt glaube, daß sie, die Soroko, wilde Menschen seien,

wie die Bammana, dann irre ich mich sehr, — sie könnten allerdings
gegen die Weißen nichts machen, aber diese heiligen Figuren, die
könne man ihm nur rauben, man könne sie ihm wegnehmen, aber
verkaufen würde er sie nicht.

Darauf wieder eine sehr schöne Rede meinerseits. Quintessenz:
ich wolle nur dem heiligen Bunde, der hier herrsche, ein Geschenk
machen; ihn zu kränken, das fiele mir nicht im Leben ein. Damit
legte ich meinen Obolus auf dem kleinen Häuschen nieder. Der
Alte sah ihn, nagelte ihn mit einem scharfen ernsten Blick recht
fest auf sein Häuschen und warf seinen Genossen einen Blick zu,
welcher, akustisch umgebildet, gelautet hätte: „Wage es einer von
euch Burschen, meinen Obolus anzurühren!" Mir gegenüber aber
schloß er die Diskussion mit den Worten: „Du hast das Geld hingelegt, es ist für den Seïng; wenn der Seïng es annimmt, so ist
das nicht meine Sache."

Nansen hatte inzwischen seine Arbeit vollendet. Ich sagte es
dem Alten. Er packte seine hübsche Puppenstube wieder ein. Daß
er der wahre Besitzer des Schatzes war, ging daraus hervor, daß
er rückwärts in die Stube troch. Das tun auch bei den Mande die
Priester so, und kein anderer als der Inhaber des heiligen Krams
hat das „Recht", in dieser Weise das geheimnisvolle Haus zu
betreten.

Dann besichtigten wir noch den Diarra. Da kam ein anderer
alter Herr und wollte den Pathos des ersten nachahmen. Ich sagte
dem Allzulistigen aber gleich, er wäre nicht halb so würdig wie
der andere, der Besitzer des Seïng. Der könne mit den Augen rollen
und den Mund verziehen. Das könne er nicht halb so gut. Das
müsse er erst noch lernen. Und weil er das nicht so gut könne,
würde ich dem Diarra auch nur drei Franken schenken. Diese Erklärung erweckte die allgemeine Heiterkeit. Wir waren im Fahrwasser. Nun wurde es lustig. Der Scherz ward um so größer,
als der Besitzer des Diarra die Dummheit beging, das Geld gleich
einzustecken und nicht erst zu warten, bis wir fort waren. Natürlich sagte ich es ihm. Natürlich grinste alles vor Freude. Natürlich nutzte ich die Lage aus.

Ich ging auf den Sinn und das Maskenspiel ein. Erst Verlegenheit. . . . Das alles sei nur „Dugu-Dasiri". Dugu-Dasiri ist
ein Bammanawort und stellt immer eine Ausrede dar. Dugu-Dasiri
ist harmloser Dorfschutz, ein Amulettopf, — irgendeine Opferstelle,
so etwas. Nur ein Neuling läßt sich durch „Dugu-Dasiri" täuschen.
Ich nahm den Geisteskampf mit der „Masse" auf. Denn einer

der ältesten Ortsbewohner hatte sich nachgerade nach dem anderen
eingefunden, und so war es sicher, daß keiner von allen vor den
anderen auch nur ein wichtiges Wort sagen würde. Ich zeigte nur
mein besseres Wissen, indem ich fragte, ob das Kaïnghaus nebenan
vielleicht auch nur ein Dugu-Dasiri sei? — Dabei zählte ich die
Attribute der Nama und ihre Wirkungskraft auf. So wurden sie
verlegen und winkten einander zu. — Ich ließ einige Frankstücke
in der Tasche klappern und ging.

Alles ging auseinander. Nur der Alte mit der guten Wut-
mimik blieb ein wenig. Durch die Büsche sah ich, wie er mit ge-
schicktem Griff das Hundert-Sousstück in seine Tasche beförderte.

Wir kamen heim.

Erst kam der ungeschickte Alte und erzählte für 2,50 Fr. alles
vom Diarra. Er wurde dann schnell wieder fortgeschickt; denn in
einiger Entfernung sah ich den geübten Grimmkünstler über die
Sandbank auf uns zukommen. Er brachte ein Huhn, — „nur so, —
nicht etwa wegen der Hundert Sous, — aber ich sei doch ein großer
Kommandant". Dann drückte ich ein wenig auf den Ehrgeiz und
fragte, wie es mit den Bünden, Masken- und Zauberanstalten in
einem Nachbardorfe sei. Antwort: Er wisse natürlich nichts davon,
und in diesem Dorfe würde überhaupt nicht so etwas gemacht, aber
er habe gehört, daß es in dem Nachbardorfe so und so gehandhabt
würde. —

Es war ganz klar, daß er wieder der Geschicktere sei. Und er
berichtete aus dem Nachbardorfe sehr genau. Preis: wieder fünf
Franken.

Dann fuhren wir weiter. Nansen erholte sich bei kühler Reise
und in guter Luft. Ich aber schrieb meine Notizen ins Reine. — —

Lieber Leser, wenn du etwas sehr zart besaitet bist, könnte es
sein, daß ·du mir schwere Vorwürfe machst, und meintest, ich
hätte mit schnödem Mammon die Leute zur Preisgabe ihres heiligen
Wissens und zur Profanierung ihrer eigenen zarten Empfindung,
zu Volksverrat und dergl. verleitet. Du wirst mich im Stillen einen
hinterlistigen und tückischen Menschen schelten und wirst in dieser
Auffassung bestärkt werden, wenn ich dir nun noch gestehe, daß
ich derart häufig verfahren habe.

Gut, lieber Leser, verbrenne mich und mein Buch! Hülle dich
in das wärmende Gewand deiner christlichen Tugend und bete ganz
fromm: „Ich danke, daß ich nicht so bin, wie der Zöllner Frobenius",
du hast soweit recht. Nur gehe nicht in dem dicken Kleide nordischer
Tugendentwicklung nach Innerafrika, mit der du dir da unten einen

Hitzschlag zuziehen könntest. Aber geh' einmal hinter mir her und
höre, ob nicht frohes Erinnern und Lachen meinen Spuren folgte.
Es macht mir Freude, das sagen zu können, denn es ist so einfach,
diese Kinder zu überlisten, — aber schwerer schon ist es, sie die
Ueberlegenheit fühlen und ihnen doch ein freundliches Gedenken
erstehen und fortleben zu lassen. Es ist sicher besser, wenn die
Schwarzen da unten lachen und die Philister bei uns knurren, als
etwa das Umgekehrte.

Dieses aber habe ich erzählt, um einmal wieder mit stärkerem
Lichte einen Zug des Wesens jener Leute zu beleuchten. Wie ich
aus solchen Erlebnissen vieles lernte, so wird auch die Wissenschaft
daheim aus solchen Schilderungen einen Nutzen ziehen können.

□   □

Mit Morgen und Abend wird auch am mittleren Niger jeder
Tag umschrieben. Man fährt, ißt unzählige Enten, arbeitet, besucht
Dörfer, überwindet allen kleinen Aerger mit den Ruderknechten,
sorgt für die Ernährung seines Volkes und gleitet den Strom hinauf
und hinab. Wir mit unseren Drachen hatten den Zusammenfluß
von Bani und Niger, nämlich den Platz Mopti, am 21. Juli erreicht.
Ein Herr Moreau, der dort heimisch ist, nahm uns freundlich auf
und sorgte, daß unserer Hauptbagage ein gutes Heim zuteil ward.
Denn hier setzte ich Mballa mit allem, was nicht dringend vonnöten
war, ab, um mit Nansen weiter nach Timbuktu zu fahren.

Am 22. Juli früh stießen unsere Kähne wieder vom Ufer ab,
um uns der berühmtesten Stadt Inner=Afrikas zuzuführen. Wir
fuhren mit günstigem Winde auf den Debosee zu, aus dessen weiten
Flächen bei Gura einige tüchtige Felsinseln emporragen — Aus=
läufer der Ketten von Homburi. Mit der einfach zu behandelnden
Tatsache der Soroko=Bossovölker war es vorbei. Gleich dem Gewirr
von Inseln und Kanälen, durch die wir uns von nun ab hinwanden,
schillert das Völkerbild in den verschiedensten Namen, Hautfarben,
Sprachen: hier Fulbe, dort Tomma, hier Marka, dort Mauren, —
Faraka, was ist dein Völkergewimmel bunt! Das eine erkannte
ich bald, mit der systematischen Gründlichkeit mußte ich hier ab=
brechen. Nun rang ich nur noch um ein Verständnis für die großen
Züge des Werdens.

Ehrlich will ich gestehen, daß mir in dieser schönen Natur, die
ich eingangs geschildert habe, zuweilen unheimlich wild zumute ward,
wenn ich so ganz und gar nicht mit meinen Arbeitsstoffen zustande

Timbuktu von ferne.

(L. Frobenius phot.)

Tafel 24.

kam. Aber zuletzt war mein Glück siegreicher als mein Hoffen, und es gelang doch noch genug alte Weisheit zutage zu fördern, um ein allgemeines Durchschauen der Verhältnisse zu gewinnen.

Es gab Festtage für Nansen und für mich. Als die ersten Tumuli am Horizonte ihre roten Köpfe erhoben, ward mir geradezu ein wenig feierlich zumute, und Nansen, dessen Gesundheitszustand sich besserte, fertigte mir die wohlgelungene Stndie eines solchen Grabes an. Er verfehlte nicht, sich jetzt wieder ein wenig mehr dem erfrischenden Jagdvergnügen zu ergeben — so viel eben Zeit war.

Die Zeit flog. Die traumhaft schöne Parkwelt mit Tumulus, Legenden und Löwengebrüll durfte uns nicht allzu lange festhalten. Denn am Ende dieses Paradieses lag als nächstes Reiseziel Timbuktu, in welcher Stadt sicherlich viel Arbeit zu bewältigen war. — Es gab einige feste Punkte in der Erscheinungen Flucht: als ich von der Stromkante aus zu dem Lande sehen konnte, wo mächtige Dolmen und Inschriften den Felssaum von Farafa zieren, und als ich blutenden Herzens zu den Booten zurückkehrte, dann, als ich den von Desplagnes durchschnittenen Tumulus von El Ualedji studierte, daun, als eines Tages das Land öder und öder und ärmer an Baumwuchs wurde, und als dann am 28. Juni abends aus nackter, langgezogener Sandlinie ein Dorf auftauchte, bei dessen Anblick der Führer der Rudermannschaft erklärte:

„Das ist Koriume. Es ist so wenig Wasser im Niger, daß wir nicht nach Kabara fahren können. Von hier aus beginnt der Land= weg nach Timbuktu.“

Kamele mit Salzbarren aus Taudenit werden in Timbuktu abgeladen.
Photographie von L. Frobenius.

Dreizehntes Kapitel.

Timbuktu.

Timbuktu heißt nicht mehr Timbuktu, es hat seinen alten Namen aufgeben müssen und wird jetzt Tombouctou genannt. Das ist offiziell. Die Welt und die französische Regierung wird es mir aber nicht übel nehmen, wenn ich den alten historischen Namen beibehalte, den unser Heinrich Barth dem anderen vorzog.

Durch die Freundlichkeit eines Kaufmanns waren wir in den Besitz von Pferden gelangt und konnten so den Weg von Kabara bis Timbuktu (7 km) in einem guten Tempo zurücklegen. Unser Gepäck kam ein paar Stunden später an. Es wurde von „Farka", munteren kleinen Eseln, getragen. Das Quartier, das wir bezogen, war das von einem Araber erbaute Haus gegenüber dem französischen Fort Bornier und neben dem Hauptgebäude der Verwaltung gelegen. — Das schönste an dieser Behausung war ein weiter, lichter

Hof, das unangenehmste die sehr mangelhafte Dachbedeckung, die uns
und unseren Sachen gelegentlich der fünf in Timbuktu erlebten
Gewitter mit einem Haufen abbröckelnder Lehmpaßen, mit plät-
scherndem Lehmwasser und mit kannenweise verspritztem Himmelswasser bedachte.

Ehe ich aber einiges vom Leben in dieser merkwürdigen Stadt
erzähle, muß ich die Stadt Timbuktu, wie sie im August des Jahres
1908 in die Welt schaute, schildern. —

Nachdem seit dem Tode der Renaissance bis in die neuste Zeit
hinein das alte Europa sich hinsichtlich Timbuktus in die glän-
zendsten Vorstellungen hineingeträumt hatte, war in den letzten
Jahren eine gewisse Ernüchterung eingetreten. Schon Heinrich Barth
war enttäuscht. Noch mehr die Offiziere der französischen Truppen,
die den Plaß einnahmen und besetzten. Jeder der Wenigen, die
mir in Paris oder Marseille oder, auf dem Nigerwege heimkehrend,
von Timbuktu erzählen konnten, begann mit der Erklärung, mit
der wundersamen Größe und Pracht Timbuktus sei es nichts. Die
allgemeine Ernüchterung war und ist offenkundig, und so, wie der
Traum vorher zu bunt malte, so sieht der Verstand jetzt zu nüchtern.
Ein ganz natürlicher Rückschlag! Was die mohammedanisch-
arabische Anschauung noch von ihrem Standpunkte der Moschee-
abmessung allzu pomphaft beurteilt hatte, das sah der nordische
Geist, der nicht nach dem Prunke monumentaler Moscheen und
Minarette kritisiert, sondern der das Leben und Wesen des Ganzen
zu erfassen sucht, nach anderem Maßstab an. Außerdem ist es eine
ganz andere Sache, ob das mittelalterliche, arabische Händlertum
den Handel eines Ortes gewaltig findet, oder ob wir mit unserem
Welthandel das Krämertum embryonaler Einfachheit von oben herab
geringschäßig überblicken.

Das, was an dieser Verschiebung der Kritik für mich am interessantesten ist, das ist das, worauf ich bei dieser kleinen Arbeit über
Timbuktu am meisten Wert lege, was ich am meisten betont sehen
möchte: man hat sich mittelalterlich-arabische Anschauungen zu eigen
machen wollen, und man kam damit zunächst bei der Betrachtung
des äußeren Bestandes in Zwiespalt. Das, was für alle Geschichtsauffassung in diesen Ländern am wesentlichsten ist, bedeutet, wie ich
gleich zeigen werde, für Timbuktus Beurteilung dasselbe; alle bisherigen Bearbeitungen der Geschichte des Sudan haben die arabischen Dokumente verhältnismäßig kritiklos verwerten wollen. Wie
konnte da der Erfolg ausschauen? —

Denn eine geschichtliche Tatsache und eine Hochburg der Geschichte war und ist Timbuktu, und so habe ich es auch gesehen.
Daß es in Trümmern vor uns liegt, daß es eine Ruine ist, — das
übersieht nur der ganz nüchterne Verstand, dessen Augen mit Freude
den frisch blühenden Salzhandel, das vergnügliche Geschlechtsleben der
Weiber dieser internationalen Handelsstadt und die glückselige Gleichgültigkeit des Afrikaners gegenüber der größeren Vergangenheit, —
das heißt also, die geschichtliche Oberfläche der Dinge betrachten.
Und so angesehen, ist Timbuktu lustig, ist Timbuktu eine Augen-
weide; ein frischer Windhauch streicht über das Dorado der Wüste.

Aber auch ich war überrascht, der ich doch meiner Arbeit nach
nicht anders kann, als überall den Tagesumschlag zu lüften, um
einen Blick in das Werden der Dinge zu gewinnen. Ich war nicht
enttäuscht. — Allerdings, diese engen Straßen hatten viel Aehnlichkeit mit den Gassen in Kumi, Segu und anderen Bammanen-
städten, auch glichen viele Häuser, äußerlich angesehen, dem Bam-
manenbau. Aber dann brauchte ich nur die großen Moscheen zu
betrachten, brauchte nur einen Blick über die Marktplätze gleiten
zu lassen, brauchte nur an die Grenze der Stadt zu gehen, um
nach irgenbeiner Richtung in die „wüste" Ebene hinauszusehen,
wobei der Blick immer den Gürtel der schildkrötenartigen Mauren-,
Targi- und Fulbehütten streifen mußte, um „nein" zu sagen, —
nein, das ist keine Stadt aus Bammang, aus Segu, aus Beledugu.

Es ist sicher und feststehend für mich, daß Timbuktu unter ganz
anderen als den heutigen Verhältnissen entstand. Timbuktus monumentale Bedeutung ist einem sicheren Tode geweiht, weil die Verhältnisse sich immer mehr nach der ihm ungünstigeren Seite hin
entwickeln werden. Timbuktu wird nicht mehr lange, vielleicht nur
noch wenige Jahrzehnte, ein Abglanz des alten Timbuktu sein, aber
heute ist in ihm doch noch, und trotz allem, vieles vom Alten erhalten..

Timbuktu liegt auf einer Anhöhe, in seiner Mitte etwa die
würdige kleine Sibi Yaja, ein Wallfahrtsort, zu dem vom Senegal
und vom fernen Osten und Norden Pilger zum Gebet strömen.
Im Nordosten lagert die alte Sankore, die Moschee, die man mit
Recht die alte Universität Timbuktus genannt hat, denn hier wurden
bedeutende Gelehrte und sachkundige Schriftsteller erzogen. Im Südwesten steigt die mächtige, mit weiten Hallen umgebene Dingiraï-
Beer empor, imposant und majestätisch. Sankore und Dingiraï-Beer
liegen an den Grenzen der Stadt. — Im Westen liegen die tiefen
Wasserlöcher, aus denen die durstige und reinigungsbedürftige Stadt
die Feuchtigkeit auffangt. Sie liegen in einer Linie. Ich habe

mich nach dem Wesen dieser Löcher und ihrer Geschichte erkundigt,
und glaube, daß sich mit ihrem Dasein mancher Zug in der Geschichte der einst so gewaltigen Handelsempore erklären läßt.

Die Stadt hat zwei Märkte, einen auf der Südseite, einen etwas
im Norden des eigentlichen Mittelpunktes. Hier sitzen die schwarzen
Eingeborenenweiber, hier verkehren die Mauren, die Halbaraber,
in deren Händen der Transport und Handel des Salzes aus Taudenit
liegt. Mauren und Neger geben der Bevölkerung den Charakter.
Die Tuareg, die einstigen Herren der Stadt, sind infolge der Kriege
mit den Franzosen, die hier schwarzes Militär eingelagert haben,
so gut wie verschwunden. Und die Einwohner sind dessen froh.
Vordem kamen die Tuareg nur nach Timbuktu, um Handel zu
treiben und die Eingeborenen zu schröpfen. Wenn sie jetzt kommen,
sagen sie versteckt: „Wenn die Weißen auch nur für einen Tag
die Stadt verlassen, werden sie zurückkehrend nur noch Trümmer
finden.“

Auch die Mauren, und vor allen Dingen die schwarzen und
braunen Priester in den Moscheen, halte ich nicht für sichere Kanto-
nisten. Ich weiß mit Bestimmtheit, daß sie in den Schulen mit
Eifer eine gefährliche Glut gegen die Weißen schüren. Es kam
ihnen ein Ereignis zu Hilfe. Noch vor einigen Jahren gab es hier
„Weiße Väter“. Sie waren den Marabuten ein Dorn im Auge.
Die Weißen Väter bauten eine Kirche. Die Marabuten verkündeten:
„Das ist eine Stadt Mohammeds. Allah wird die Kirche der Weißen
zerstören.“ Tatsächlich fiel dann eines Tages der Turm der Kapelle
ein. Die Mohammedaner triumphierten. — Sie sagten: „Die Priester
der Weißen werden Timbuktu verlassen müssen. Das ist Allahs
Wille.“ Und wirklich! Auf einen Wunsch des Gouverneurs hin
verließen die Weißen Väter die Stadt. Das war ein Triumph.
Seitdem blüht die schwarzbraune Propaganda Fidei. Die großen
Marabuts lehren im geheimen: „Wir haben vorhergesagt, daß die
Kirche einstürzen würde, — wir haben vorhergesagt, daß die Weißen
Väter ausziehen würden. Wir haben es gesagt! Es geschah auch.
Nun wollen wir Allah bitten, daß sein letzter Wille geschehen möge,
und daß alle Weißen bald von bannen ziehen müssen.“

Die Marabuts schüren die Glut. Ich weiß es bestimmt. Als
ich es hörte, machte ich darauf aufmerksam, daß es töricht sei, da
die französische Regierung die mohammedanische Religion fördere.
Ich belegte es den Leuten; sie glaubten es, denn sie sahen es. Aber
sie wollen die weiße Rasse nicht haben, das ist die Sache. Und ich
kann auch sagen, daß mir mehrere glaubwürdige Männer versicherten,

es bestünden in Timbuktu sehr einflußreiche, geheime moham=
medanische Gesellschaften, deren Mitglieder aus angesehenen Männern
gewählt würden. —

Ich habe also hier den gleichen Zustand vorgefunden, wie im
Gebiet des oberen Niger, und ich glaube die Pflicht zu haben, zu
warnen! Die Sache ist hier aber um so gefährlicher, als Timbuktu
der Erziehung des Fanatismus von jeher geweiht war. Und ich
glaube, Timbuktu hat noch denselben Charakter wie in alter Zeit,
wenn es auch im Laufe der Geschichte der letzten hundert Jahre
lernte, ihn zu verschleiern und zu verbergen. —

Hochinteressant ist für mich das Studium der Architektur der
Stadt gewesen. Die alten Reisenden machten verschiedene sich wider=
sprechende Angaben. Da aber das Architekturstudium zusammen=
gefaßt veröffentlicht werden soll, so ist hier nicht Raum zur Ver=
tiefung in diese Materie. Es genügt mir die Angabe, daß die bis=
herigen europäischen Besucher in diesem Punkte alle blind waren.
Sie haben nicht gesehen, daß neben den Lehmhäusern noch der
Holzbaustil herrscht, von dem nur der Araber Leo Afrikanus als
dem für diese Stadt charakteristischen berichtet. Ich konnte solche
Häuser in Menge feststellen und auch belegen, daß das nicht etwa nur
moderne Sommerwohnungen sind.

Besteigen wir nun das Dach eines Hauses und blicken über die
ganze Stadt hin. Sie liegt als mächtige Scheibe unter uns, über=
ragt von den etwas plumpen Minaretten der Sankore und der
Dingiraï=Beer. Darum zieht sich der ständig wachsende Gürtel der
Nomadenhäuser, und jenseits dehnt sich die Steppe aus.

In die Steppe. Ich muß ehrlich gestehen, daß diese Tatsache
mich immer wieder in Erstaunen gesetzt hat. Aber Timbuktu liegt
nicht in einer Wüste, sondern in einer sandigen Steppe. So weit
das Auge reicht, zwischen sandigen Dünen schöne, üppige, blühende
Sträucher, dornige, grüne Gesträpe, grüne, zackige, junge Palmen=
gruppen. Und ein feiner zarter Wohlgeruch streicht über die Steppe
hin. — Und das ist die Wüste. Wenigstens jetzt in der Regenzeit!

In dieser Ebene zwingen zwei Erscheinungen das Auge zur
Ruhe, den Verstand zum Sinnen: Im Westen zieht sich eine Rinne
hin, in der die schon erwähnten Wasserlöcher liegen, und aus der
auch einige Palmen aufragen. Von Osten wogt eine mächtige Sand=
düne heran, die die Sankore schon zur Hälfte verschüttet hat. —
Der Osten ist die Wetterseite, und das erklärt leicht die anschwellende
Höhenlinie. Aber die Tiefenlinie im Westen?! Die Eingeborenen
sagen: „das ist Mbarabangu, das war früher ein Fluß; früher

floß er ständig; jetzt ist er trocken und nur noch alle sechs Jahre
mit Waffer gefüllt". Und dann fuhren sie fort: „Früher, in alten
Zeiten, war das alles ganz anders. Da war das ganze Laud mit
Palmen bewachsen. Dann kamen die Mossi und brannten alle
Palmen ab. Früher, da stand Timbuktu auf einer ebenen Fläche.
Aber dann kam der Wind und schüttete immer mehr Sand auf, so daß
man immer höher bauen kann. Wenn man aber ein Loch gräbt,
so stößt man immer auf alte Häuserdecken." — Solche Häuserdecken
habe ich aber auch unter der Grundsteinlinie der Sankore gefunden.
Das zeugt für das Alter Timbuktus.

In dem allen ist voller Sinn und ganzer Verstand. Das alles
halte ich für richtig bis auf die Behauptung, daß die Mossi die
Zerstörer der Palmwälder waren. Die Mossi werden in Timbuktu
für alles Schlechte verantwortlich gemacht. Es sind die traditionellen
Sündenböcke, seit sie es einmal wagten, die heilige Stadt zu über-
rumpeln und ein wenig anzudemolieren.

Aber wie wichtig ist die Tatsache, daß Timbuktu einstens an
einem fließenden Waffer lag. Das leuchtet tief in die Geschichte
hinein. —

In der ☐ ☐

Timbuktu ist althistorischer Boden, — nicht etwa, weil es in
der kriegerischen Geschichte des Landes eine größere Rolle gespielt
hat, als irgendeine andere Stadt — nein, im Gegenteil — seine
historische Leistung hält nach solcher Abschätzung keinen Vergleich
aus mit Gao, Segu oder auch nur mit Wallata-Biru. Timbuktu
gab niemals kriegerische Kraft, war nie der Ausgangspunkt einer
materiellen Produktion, und seine Bedeutung in dieser Hinsicht liegt
lediglich auf dem Felde eines geschickt geförderten Transitverkehrs.
Es gibt eine Reihe von Städten in diesem Teile des großen Afrika,
die unendlich wichtigere Rollen spielten, ich meine z. B. Tichit oder
Tigit, von dem ich mit Bestimmtheit sagen hörte, daß es der Ausgangspunkt der letzten großen Fulbewanderung war. Ich erinnere
an Ganna, von dem wir nichts wissen als die Reihe seiner unglücklichen Schicksale. Vor allem aber scheint mir Diá eine gewaltige geschichtliche Rolle gespielt zu haben, scheinen mir Städte
wie Wagadu, Kala, Silla u. a. mit ganz anderer Wucht mächtige
Blöcke in die Schalen geworfen zu haben, auf denen das Geschick
dieser Länder abgewogen wurde.

Und doch wird man immer und ewig wiederholen, daß Timbuktu historisch einer der beiden wichtigsten Punkte des ganzen west-

lichen Sudan gewesen ist, denn hier wurden jene Aktenbündel ge-
schrieben, die Kunde gaben von alter, sehr alter Vergangenheit.
Timbuktu und Djenne waren „d i e" beiden Universitätsstädte des
West-Sudan, und als solche sorgten sie für die Grundsteinlegung
seiner mohammedanischen Periode. Was wir bis dahin an
Wesentlichem aus der Vergangenheit dieser Landmassen wissen, stammt
aus den Papieren, auf denen in Timbuktu und Djenne wertvolles
Wissen aufgespeichert wurde.

Das ist die Ruhmesblüte Timbuktus. Kein Mensch wird sie
ihm rauben können und wollen.

Aber — ich glaube, ich weiß und kann das nicht energisch
genug betonen, wenn es schon überhaupt keine absolute Wahrheit
auf dieser Erde gibt, dann gibt es deren noch weniger in den Timbuktuer Papyrussen. Die Schriftzeichen, die darauf gemalt sind,
sind arabisch, die Schreiber waren fanatische Mohammedaner, die
ganze Historienmalerei ist die Geschichtsschreiberei einer Kirche,
Kirchengeschichte religiös-orientalischer Auffassung. Es ist, wenn wir
alle diese bekannt gewordenen Akten zusammenfassen, die Schilderung
einer Periode, geschrieben von denen, die dieser neuen Periode und
— wenn es nur irgend anging — der ganzen Welt den Stempel
einer fanatischen Religion aufdrücken wollten. — Wir haben das
Seziermesser der historischen Forschung schon an manche Chronik
angesetzt, und ich verweise nur darauf, wie geschickt das eine der
beiden Völker in der Jordanebene alles Große, was das andere
vollbrachte, seinem Geschlecht ins biblische Geschichtsbuch schrieb. Da
werfe ich denn wohl mit einem gewiß berechtigten Erstaunen die
Frage auf, warum alle Historiker, von Heinrich Barth, dem Ent-
decker des Tarik-es-Sudan, der wichtigsten Urkunde Timbuktus, bis
auf unsere Tage, warum alle, alle, auch die Jünger unserer skep-
tischen Zeit alles, was da geschrieben steht, als pure, feste Wahrheit nahmen. Es ist nicht e i n Geschichtsbuch, das sich mit diesen
Materien beschäftigt, zu finden, in dem nicht der Autor alles, was
Abderrahman Sadi und seine Kollegen schrieben, als reine, un-
antastbare Wahrheit übernommen hätten.

Nicht als ob ich wagen wollte, den Wert der von Heinrich
Barth entdeckten Quelle unseres Wissens auch nur im geringsten
herabzusetzen. Sicher will ich das nicht. Aber ich protestiere
gegen das — wie ich schon oben bei Besprechung des ersten
Eindruckes, den Timbuktu macht, betonte — ich protestiere dagegen, daß man sich die fanatisch-mohammedanisch-arabische Auffassung und Darstellung dieser Autoren ohne jedes Bedenken zu

2

3   4

5

Tafel 25.   (gez. von Fritz Nansen.)

Wohnungen von Forschungsreisenden in Timbuktu, und zwar: 1. das Laings, 2. das Réné Cailliés, 3. das Heinrich Barths, 4. das Oskar Lenzs, 5. das unsere.

eigen macht. Nicht den alten Autoren will ich einen Vorwurf
machen — sie konnten ebensowenig trocken historisch bleiben wie
je ein Kirchenschriftsteller — sondern denen, die diese Quellen ohne
Ueberlegung verwerteten. Ich mache diesen Vorwurf nicht nur
Freunden, ich mache ihn auch meinem eigenen Meister, Heinrich
Schurtz, einem der bedeutendsten und genialsten Ethnologen, den
die Vergangenheit hatte.

Lest die Verdammnis, mit der diese alten Autoren die gewaltigsten, aber „unkirchlichen" Herrscher jener Länder, so die Kaiser
von Mali und den großen Askia, bedenken. Das sind zwei von
vielen Beispielen. Ein Klerus herrschte in Timbuktu, schrieb die
Geschichte des Sudan, ein fanatischer, unbarmherziger Klerus. —
Das soll man bedenken.

Man hat versucht, die Geschichte und völkerkundlichen Verhältnisse des westlichen Sudan der ältesten Zeit, der Zeit vor der mohammedanischen Okkupation, nach den Timbuktuer Autoren zu
rekonstruieren, und damit ist man in das Gebiet der Irrtümer geraten,
gegen die ich angehen muß. Vergegenwärtigen wir uns die Lage
und Entstehung Timbuktus.

□   □

Die mächtigere, nicht nur ältere, sondern auch charaktervollere
Periode der Kulturgeschichte des Westsudan muß sich vor der Gründung
der mohammedanischen Hochburgen abgespielt haben, und gerade die
ist von den Mohammedanern arg verkümmert dargestellt worden; —
das ist es, was ich im Folgenden zeigen werde. Zwar muß ich
meine geschichtlichen Dokumente und ihre Verarbeitung für andere
Bände vorbehalten, aber einen Einblick in das Grundwesen der
Dinge darf ich hier schon geben, um Timbuktu und Djenne den
ihnen gebührenden Titel und Charakter zu verleihen.

Wir sind über die Daten der Mohammedanisierung gut unterrichtet. Gegen das Jahr 1000 tauchten in allen Städten und
Ländern am Nigerbogen die ersten Apostel auf, die natürlich räum-
lich von Norden her kamen, wahrscheinlich aus Marokko. In Gao
am Niger bei Djenne, in Ganna sind die ersten Niederlassungen
dieser Art unter Völkern, die verschiedene Varianten ein und derselben Kulturform vertraten. Wir können diesen sogar einen alten
Namen geben, den uns nicht nur El Edrisi bewahrt hat, sondern
den wir heute noch als Bezeichnung des Westvolkes bei den Haussa
finden, und den alle Völker, von der Ostrundung des Nigerbogens
bis nach Senegambien überliefern: das ist der Name Gara (bei

ben Strom= und Mittelstämmen) oder Gana (bei den Weststämmen
gebräuchlich). In anderer Umbildung ist der Name auch heute noch
für herrschende Stämme üblich. — Jedenfalls war die Herrschaft
und Leitung fast aller Stämme des Westsudan in den Händen dieser
Gara, als auf dem Wege friedlicher Handels= und Pilgerfahrt und
auch getragen von fanatischen Kriegeshorden der Mohammedanismus
hier Einzug hielt.

Damals lagen noch alle großen Städte, deren Bekanntschaft
uns die alte Geschichtsschreibung vermittelt, an Zuflüssen des Niger,
die inzwischen teilweise versandet oder ausgetrocknet sind: die alte
Hauptstadt Mali, Timbuktu, Gana selbst, Gavo oder Gao, Dia und
Kala (von letzteren berichtet es die Tradition). Der Islam kam
von der Nordseite über die Steppen heran. Was ihm die Bewegungs=
möglichkeit bot, war Nomadismus und Salzhandel. Die Städte
am Rande der Wüste wurden bald mohammedanisiert. Der Wider=
stand, der ihm geboten ward, strömte aber aus der Tiefe — aus
Faraka. Wir wissen aus der Mitte des 12. Jahrhunderts (1153),
aus der damals niedergeschriebenen Reisebeschreibung El Bekris,
daß dieser bedeutende Reisende in Faraka noch die Völker kennen
lernte, die die Tumuli errichteten. Er hat uns deren Bestattungs=
weise zu genau beschrieben, als daß hierüber ein Zweifel herrschen
könnte. Nach neuen Angaben erhielt die Dia=Dynastie in Gavo
daher ihren Namen, daß ihre Herrscher in dem alten Dia, das im
Süden Farakas liegt, gekrönt wurden. Von dem Volke, das vor
der mohammedanischen Periode über Gara herrschte, stammen die
wundervollen Heldengesänge, die ich im vorigen Kapitel erwähnte.
Als Kaste leben heute noch die halb heiligen Barden oder Skalden
und die Kenner aller Kunstfertigkeiten unter den mohammedanischen
Völkern am Wüstenrande mit dem Namen Garanke, Garassa. Aus
ihrem Bereiche gingen in alter Zeit alle Herrscher dieses Landes
hervor, und der größte Teil lebte an Seitenstraßen des über=
schwemmungslustigen, etwas gefährlichen Niger. Die Sage weiß
auch geographische Einzelheiten. So soll Faraka damals von
Wäldern angefüllt gewesen, und daher der andere Name Farakas:
Tokorro herzuleiten sein. Diese Wälder zogen sich weit ins Innere
und die Borassus=Palme scheint in ihnen eine bedeutende Stellung
eingenommen zu haben. So ergibt sich das Bild eines vollen Kultur=
lebens, das wir von der Gana=Garazeit gewinnen. Sicher spielt
Kampf und Krieg eine bedeutsame Rolle, aber dazwischen erklang
Bardensang, das Hämmern der Schmiede, das Klappern der
Webstühle.

Und das alles fand seine ständige Ernährung und fortlaufende
Auffrischung aus den Flußtälern, in denen die regenerierende Kraft
ständig lebendig blieb.

Gegen dieses gelobte Tiefland zogen die mohammedanischen
Apostel zu Felde, und keine Macht hat die Vollendung ihres Werkes
aufgehalten. Auf dem Sandwege im Westen drang der neue Geist
am schnellsten vor, gründete das Malireich und eignete sich einen
Punkt im Süden Farakas zuerst an, das ist Djenne. Von Djenne
aus hat der Islam die Wasserstraßen erobert und drang schnell
bis zum Norden Farakas vor. Dann eroberte er sich auch an diesem
Ende einen Punkt, das war Timbuktu. Mit den beiden Punkten
Djenne und Timbuktu hatte er Gewalt über die ganze Straße in
Händen und alle regenerierende Kraft, die nun aus dem Tieflande
in das Inland strömte, trug mohammedanischen Geist über das Land.
So war mit Hilfe dieser beiden Burgen die Macht über das ganze
Nigertal gewonnen. Man sieht, es ist ein einfaches System in der
Sache gewesen.

Es ist natürlich unrichtig, daß Timbuktu von den Mohammedanern gegründet worden sei. Die Volksüberlieferung weiß es
besser. Sie erzählt, es sei in uralter Zeit schon ein Negerweib in
Timbuktu ansässig gewesen; die hätte an den Ufern des Mbarabangu
und in Waldlichtungen Samenkörner wild wachsender Grasarten
gesammelt, um daraus Brei zu bereiten. Eines Tages sei Arama
Sori gekommen und habe um Erlaubnis gebeten, sich da anzusiedeln. Die Erlaubnis ward erteilt. So entstand das „neue"
Timbuktu. — Arama wurden nicht nur die Rnma Marokkos, sondern
alle von Norden einwandernden Berber der alten Zeit in dieser
Gegend genannt. — Die Sage von dem „schwarzen Weib", das
wilde Körner sammelt, sagt mir genug. — Timbuktu ist ebensowenig
von Mohammedanern „gegründet" wie Djenne. Aber die vom
alten Abderrahman Sadi zur Schau getragene Fröhlichkeit, wenn
er protzig erklärt, die Stadt sei mohammedanische Gründung, und
nie hätte ein Heide auf diesem Boden seine böse Zauberei getrieben,
riecht bedenklich nach Marabutischem Stoffverdrehen.

Im übrigen belegt die Architektur die Unrichtigkeit seiner Angaben. Daß Timbuktu vor der „historischen" Zeit schon ein besonders bedeutender Ort gewesen sei, will ich natürlich nicht behaupten.

Es ist hier nicht meine Aufgabe, meine Angaben und Ansichten
zu belegen. Aber ich kann unmöglich von Timbuktu, der Mutter
der Geschichte des Sudan, erzählen, ohne ihm von vornherein gleich

feine Stellung im Rahmen fudanifchen Werdens und Dafeins an=
zuweifen. Und jedem, dem die gefchichtlichen Jahrestabellen der
Mohammedaner geläufig oder zugänglich find, wird es schon ein
Leichtes fein, die Wahrfcheinlichteit diefes Werdeganges zu bestätigen.

Sicher ift, daß das mohammedanifche Timbuktu nicht von
einer „Nation", auch nicht von einem Wandervolke, fondern von
fpekulierenden Mohammedanern ausgebaut wurde, als Silla=Djenne
im Süden fchon lange die Herrfchaft des neuen Glaubens gegründet
und gefestigt hatte. Die materielle Handhabe, die fich der Mo=
hammedanismus ftets gefchickter zu fichern mußte als irgenbeine
andere Kirche, bestand aber im Salzhandel.

□   □

Nun foll ich auch von dem Leben in diefer Stadt etwas er=
zählen, und man will natürlich mehr hören als photographifche
Befchreibungen. Das zu geben ift gar nicht fo fchwer für mich in
diefem Augenblicke, denn nunmehr habe ich das Boot, das uns
den Strom wieder hinabbrachte, verlaffen und fize in Mopti in
einem hohen Zimmer, allein, ungestört. Ich habe alle von mir
gewiefen, denn diefes hier zu fchreiben, dazu gehört vollkommene
Zurückgezogenheit. Ich will mir im Innern meinen Stoff fein
fäuberlich zurechtlegen und dann gliedern. —

Unfer Haus in Timbuktu war, von der Straße aus betrachtet,
das langweiligfte aller Häufer, die je ein Forfchungsreifender in
diefer merkwürdigen Stadt bewohnt hat. Es lag mit feiner Front
der langen Mauer des Fort Bornier gegenüber. Das war für das
alte arabifche Haus traurig, denn da fah es aus feinen beiden
Fensterchen und drei Türen gar wenig, was ihm eigentlich hier
heimifch fein follte. Das war Europa in afrikanifcher Farbe.

Darum hatte diefes Haus fich auch ganz nach innen gewendet
und blickte nur noch nach Norden in einen eigenen Hof oder durch
die gegenüberliegende Tür auf die „Marktstraße", wo immer viele
fchwarze Menfchenkinder, nach Eingeborenenart gruppiert, umher=
liegen. Das find unfere Leute und neben ihnen Freunde und
Fremde, Männlein und Weiblein, folche, die zu unferer Belehrung
beitragen wollen oder follen, und folche, die unferen Leuten das
Leben behaglich machen. Dann liegen da noch fchwarze Agenten,
die auf den Augenblick warten, wo „drinnen" die „großen Herren"
einen Wunfch äußern, um fogleich aufzufpringen, von dannen zu
eilen, mit der Erfüllung des Wunfches einige Sous zu ver=
dienen. Es lagert vor diefem Pförtlein der Geift des afrikanifchen

und im speziellen timbuktuschen Herren= oder Herrscherhofhaltes.
Denn dieses Hofpförtlein ist der Eingang in unser Gemeinwesen,
das, nun wir da sind, seine Augen nicht mehr nach der Zwingburg
der neuen Herren des Landes richtet, sondern das diese Gelegenheit
benutzt, wenn auch nur während der kurzen Anwesenheit der deutschen
Forscher, nach dem Innern der alten Stadt, in das alte Stadtwesen
zu schauen, — vielleicht ist es ja das letztemal vor seinem Tode,
daß dies Haus sich diese Freude gönnen kann, denn das Haus ist
verloren, ist zum Tode verurteilt.

Die Knochen des alten Hauses sind morsch und gebrechlich. Und
die Kulturmenschen gehen mit den alten Häusern um wie die
Barbaren des Urwaldes mit den alten Leuten. Sie schlagen sie
tot und vernichten sie mit allem, was an altem Geiste oder klugem
oder lehrreichem Geistesleben der Vergangenheit darin lebendig ist. —
Dies Haus ist verloren. Just an dem Tage, da wir ankamen, brach
ein schweres Gewitter über Timbuktu herein, wie es sehr, sehr
selten diese Stadt überfällt. Da fiel zunächst neben dem Bettraume
des Malers die Decke ein und schuf so ein herrliches Oberlicht,
das aber doch bedenkliche Nebenerscheinungen zeitigte, denn nun
trat in diesem Teil des Hauses auch eine Ueberschwemmung ein,
die manch Unheil anrichtete. Auf dem Hofe selbst aber bildete sich
ein See, und der blieb da stehen, fast bis zu dem Tage, an dem
wir auszogen.

Aus dem kleinen Hofstaat, der mit meinen Leuten vor dem Hof=
pförtchen unseres arabischen Schlößchens lagerte, erwuchs mir die
Kenntnis des Volkslebens von Timbuktu. Ich saß während der
Hälfte des Tages in meinem Zimmer und arbeitete, während der
anderen erging ich mich beobachtend und aufzeichnend in der Stadt
und in den Moscheen. Wenn ich daheim war, hatten wir immer
Besuch. Irgendein Araber, Maure, Fulbe oder dergl. wollte seinen
Gruß entbieten und die Menschen anstaunen, die in diese Stadt
kämen, nicht als Beamte oder Soldaten, nicht, um Salz, Gold oder
Federn zu kaufen, sondern um die Geschichte und das Wesen des
Volkes zu erkunden.

Eines Tages fertigte ich gerade eine Reinschrift, als ein Schatten
mich veranlaßte, aufzusehen. Eine mächtige, hinkende Gestalt ließ
mich aufblicken. Eine halb großartige, halb wegen ihrer Häßlich=
keit erschreckende Wirkung hatte dieser Mann. Sogleich erinnerte
ich mich, daß ich ihn in der großen Moschee heute morgen gesehen
und daß ich ihm eine kleine Gabe gereicht hatte, wie ich das in
den Moscheen gerne tue. Aber im Dunkel des Gotteshauses hatte

ich nicht gesehen, welch ein fürchterlich häßliches Individuum dieser
Mensch war, und erst jetzt, in dem hellen Licht des hohen Arbeits-
fensters, konnte ich das erkennen. Das grämliche Gesicht verzog sich
zu einem dumm-dämlichen Grinsen und bildete so den entsprechenden
Rahmen, aus dessen Tiefe ein rauh tönender Gruß hervorquoll.

Der Mann war ein interessantes Stück, das war gar keine
Frage. Das war etwas für den Meister Nansen. Schön war der
Alte nicht, aber aus seinem mächtigen Gesicht, bei kleinem, hoch-
geschobenem Hinterkopf, sprach eine ungeheuerliche Stärke, etwas
von dem Wesen und der Art eines Gorilla. Das Eigentümliche
war, daß der eine Fuß verklumpt war, und daß dies das Gefühl,
einen Giganten der Urzeit vor sich zu haben, nicht schwächte, sondern
stärkte. Denn dadurch bekam der Geselle etwas vom Zentauren,
das Ungeschlachte eines Rübezahl, dem nur die Klarheit griechischer
Sageneinkleidung oder der sinnige Schauer deutscher Märchen-
dichtung fehlte.

Der Mann sagte: „Guten Tag!" und dann sah ich mich nach
einem dienstbaren Geist um, der dies Individuum dem Atelier des
Malers zuführen sollte. —

Eine Viertelstunde später saß der Alte aber nicht mehr nebenan
beim Maler, sondern bei mir in der Mitte des Halbkreises der
Interpreten und Sachverständigen. Der Mann hatte in aller Geschwindigkeit eine Aenderung seiner Physiognomie vorgenommen,
die unglaublich schien. Das Waldungeheuer hatte etwas von männlicher Schönheit angenommen. Aus dem ausdrucksvollen Gesicht
quoll wertvollste Weisheit. Er berichtete mir die große „Geschichte
seines Volkes", der Soroko. Er begann mit der Sage vom Urahnen.
Felsblöcke spielten über seine Hand, wie wenn wir am Seeufer
Sand durch die Finger rinnen lassen. Schritte maß er, die glichen
dem Wandelgange von Sonne und Mond. Von seinen großen
Zaubergaben sang er ein Lied, und die rauhe Untierstimme zwang
sich zu zarten Lauten, als der Sang von der minnigen Tochter des
Urhelden erzählte.

Dann hob er den Arm. Seine Hand fuhr in großem Bogen
über den Horizont hin. Hier war die Heimstätte dieses, da das
Heimatland jenes Volkes. Jenseits türmten die Helden im Kampf
um das Weib Berge auf, rissen das Land in Fetzen, daß Wasser
herniederströme. Der Mann mit dem Gorillakopf gliederte Land
an Land, zog Wasserlinie auf Wasserlinie, entwickelte die Lehre von
den Zauberkräften, schilderte das Werden und die Träume seines
Volkes, — einen Tag, dann am anderen, dann am dritten. Am

vierten Tage wußte ich selbst schon zu gliedern und abzumessen. Nun konnte ich mit Fragen hier eine Lücke, dort eine Lücke füllen, und im Handumdrehen wußte ich in dem großen Palaste einer uralten Volksanschauung so gut Bescheid, daß ich mich in einigen Winkeln dieses ehrwürdigen Gebäudes schon ganz gemütlich und gleichsam alteingeheimatet fand.

Und aus diesem Behagen heraus floß wohl ein auch für diesen Gorillamann besonders leicht verständlicher Ton. Der Vertreter der Urbevölkerung legte so ganz bequem das Feiertagskleid des Stadt= besuchers ab und gab sich und vieles von dem Seinen, sowie er es daheim zu verteilen wußte. Nach dem Wissen und dem Verstande sprach nun der Mensch.

Da erlebte ich denn an diesem Wundergeschöpfe, daß Kopf und Körper sich wieder umbildeten, und nun· ragte plötzlich die wildeste Gigantenfaust des ursprünglichen, urgewachsenen Kafirs aus dem Röcklein des Allahverehrers, des ständigen Besuchers der Moschee empor. Der kluge Gorilla ward zum Menschen.

Und das Auge begann zu blitzen in wahrhaft menschlichem Zorne: Nnn, wenn ich's denn nicht wisse, so wolle er es mir nun schon sagen. Unsinn sei es mit den ganzen Moscheen — und dem Gebetsschwindel, — Unsinn, ganz richtiger Unsinn! vielleicht hülfe dieser Allah einem Mohammedaner — vielleicht nach einem Viertel= jahr oder später, — vielleicht auch gar nicht. Jedenfalls sei sicher, wenn er einmal schnelle Hilfe, sofortiges Eingreifen, tatsächliche Unterstützung an Ort und Stelle vonnöten habe, dann wende er, der Islamit, sich an den ·vielgeschmähten — Djegu, die heidnische Gottheit. (Er, der tägliche Moscheebesucher!) Da wisse er wie und was! Ob ich denn nicht wisse, daß alles, auch der Islam Schwindel und Geschäftssache sei? He? Glaube ich etwa, daß er und seines= gleichen nicht Bescheid wüßten? Nicht die Mohammedaner hätten Timbuktu gebaut,· sondern seine (des Gorillamannes) Urahnen, die Soroko, die Gewaltmenschen mit den Zauberkräften. Eine Stadt der Schwarzen, der ganz Schwarzen sei Timbuktu. Sie, die Schwarzen, hätten aber den Schwindel gelernt und er (der Nach= komme des Niger=Prometheus), er liege den ganzen Tag in der Moschee und verkaufe da — geheime Zaubermittel, denn er sei der gewaltigste Djegu=tu (Oberpriester des Allah=freundlichen Negergottes), er — ja er —! Dann stand er auf, eine Priester= statue zum Worte: Mundus vult decipi.

Endlich ward Tarakorro=djon in seinem heiligen Zorne beruhigt, damit Nansen ihn zeichnen könne.

□   □

Wenn ich an dem See im Hofe vorbeigegangen war und durch
das Hofpförtchen auf die Marktstraße treten wollte, mußte ich zwischen
meinen Leuten hindurchgehen, die draußen auf Matten und wollnen
Decken lagen und dem Getriebe des Marktes zuschauten, Besuche
empfingen oder ethnologische Zwiesprache mit alten und jungen
Bekannten unterhielten. Nachgerade war nämlich das gesamte
Wesen unserer Leute und unserer eigenen und weiteren Umgebung
derart traditionell-ethnologisch geworden, daß solcher Geist aus
jedem einfachen Atmen und den Reden ein- und ausströmte. Es
konnte keiner mehr anders als ethnologisch denken, reden und verkehren.

Wenigstens sagten es alle so. Und mit Bestimmtheit kann ich
versichern, daß, wie der Knabe die langweilige öde Strecke einer
langen Unterrichtsstunde durch Hinweis auf Körperbedürfnisse und
dementsprechend unregelmäßiges Pausenbedürfnis zu unterbrechen
weiß, — daß ebenso meine braven, alten und jungen Neger jeden
Verkehr, jedes Wegbleiben, jedes Promenieren mit der Erklärung,
es sei solches lediglich im Interesse von Verkehrsanknüpfung, von
Bekanntenbesuchen, zwecks Geschichts- oder Sittenerklärung notwendig, begründeten. Zuweilen war das wahr, meist nicht. Aber
töricht der Forscher, der nicht ein bequemes, selbsttätiges Ventil
in seinem, wenn auch noch so kleinen sozialen Organismus sich
entwickeln läßt. Ich hatte einen ethnologischen Organismus und
somit ein ethnologisches Ventil. Dies Ventil funktionierte tadellos,
aber es war in Timbuktu zum ersten Male, daß dies Ventil den
Dampf aus dem Bereiche des aus dem Männerbunde entstandenen
kleinen Staatengebildes in die von der Weibesklugheit geschaffene
Familienorganisation anstreten ließ.

Alias: Nege verlangte einen Vorschuß, um sich neue Schuhe
zu kaufen, d. h. um (in meinem Interesse) die Freundschaft eines
Lederarbeiters zu gewinnen! — Mamadu forderte Geld, um sich
eine hübsche Mütze anzuschaffen, die ein junges Mädchen geerbt
habe, deren Familie sehr angesehen sei, und die wertvolle Tradition
bergen solle. Samakn, der Wilde, ging uns nach in der besten
Kleidung, damit „wir" angesehen würden, — ein anderer wünschte
Mittel „gegen eine Krankheit", die nicht näher erklärt wurde, also
allgemeinverständlich war; es war eine Krankheit, die ethnologisch
merkwürdig war, weil sie „hauptsächlich in Timbuktu" daheim war.
— Ein dritter — — —

Aber ich brauchte nur durch das Hofpförtlein herauszutreten
und konnte besonders gegen Abend sicher sein, überraschend über-

Tafel 20.

Das Haus, das Heinrich Barth in Timbuktu bewohnte, vor dem Einsturz.

(Nach Photographie.)

zeugende Einblicke in die Welt der ethnologischen Stoffe zu gewinnen, denen sich unsere Leute hier in Timbuktu unterzogen, —
sehr ernst unterzogen.

Timbuktu ist eine Handelsstadt, eine große Handelsstadt, in der
Salz aus der Sahara, Papier aus Europa, Gold aus Guinea, Steinperlen aus alten Gräbern verhandelt werden. Es ist eine Land-
handelsstadt, wie Korinth eine Seehandelsstadt war. Sonst gleichen
sie sich mehr als ein wenig. Bei beiden ward und wird das Handelsleben, dieses an sich so nüchterne Dasein, und die materielle Welt
verschönt und umflort durch eine Duftwolke genußreicher, glücklicher Stunden.

Weib — Wein — Gesang! Törichte, strenge Marabuten, die
ihr in Timbuktu nichts als euer Wesen, eure kalte Seele verkörpert
sehen wollt — scheltet — (wie ich es aus euren Büchern ersehe),
keift, schaut aber beiseite, denn viele von diesen Blumen, die ihr
selbst nicht pflanztet, wohl aber veredeltet, als ihr eurem religiösen
Eifer in Timbuktu die Handelsbahn schuft, — viele, viele dieser
Blumen habt ihr selbst gepflückt, — tut Buße! Denn das Weib
herrscht in Timbuktu, nicht ihr! Versteht wohl: Das Weib! Und
von der Peitsche, die ein gewisser Nietzsche einmal erwähnte, sah
ich nichts in Timbuktu. Tut Buße! —

Und mag hier wohl manche Lais den Reichtum manchen Wissens
schlürfen — ein zerstörtes Eheglück wird sie nie in ihren Perlen-
kranz im Haar flechten können — Eheweiber werden sie nie mit
Steinen bewerfen! Arme glückliche Lais in Korinth! Ihr armen,
glücklichen Frauen in Timbuktu! Oh, was muß es doch um diese
leichte Welt der Rosendüfte für eine herrliche Sache sein — wenn
man keine Seele hat.

Keine Seele hat? —

Ich ging einmal durch eine entlegene Straße von Timbuktu,
in der nur wohlhabende Negerherren der Timbuktuer Börse wohnen.
Aus einem Hause klang eine wunderliche Mischung steinerner Murr-
und härener Surrtöne. Ich steckte mein neugierig Haupt hinein,
um die Ursprungselemente dieser Mischung kennen zu lernen. Da
drin saßen fünf alte und junge Weiber, von denen drei Weizen
auf Steinen zermalmten, zwei aber Baumwolle zupften. Daher
das steinerne, taktmäßige Murren. Die arbeitenden Weiber waren
einfach aber sauber gekleidet.

Vor ihnen aber saß ein schönes Weib, gekleidet in feine Stoffe
und reich geschmückt, ein junges Weib eines wohlhabenden Mannes,
das sah man ihr an und dem Hause und Hof, welche hinter dem

14

Eingangsflügel lagen. Das Weib spielte auf der arabischen Geige;
heida, hoida, heida, hoida, auf und ab, tief und hoch. Was sie mit
härenem Strich auf härener Saite zirpste, war jämmerlich, ein
kindisches, albernes Surren ohne Sinn und Verstand. Aber in
ihren Augen, die in der weiten Ferne nach einem Ruheorte zu
suchen schienen, — in denen lag, aus denen sprach eine andere
Musik.

Das Bild war anmutig. Ich fand in der Herrin dieser „Spinn-
stube" etwas, das mich tiefer berührte. Und ich war roh genug,
sie durch ein Mitglied des mir folgenden kleinen Hofstaates fragen
zu lassen, ob sie ins Freie kommen wollte, daß ich sie photographieren
könne. Sie verneinte es gleichgültig; doch sagte sie es nicht mit
Worten, sondern deutete es nur mit unsagbar gleichgültigem Kopf-
schütteln an und zirpste weiter. Ein Mann kam daher, ein hoch-
gewachsener, wohlgekleideter Neger. Er trat zu ihr und drohte ihr.
Er sagte ihr offenbar, das dürfe sie nicht zulassen, daß so etwas
wie „Photographie" mit ihr geschehe, — sie sah ihn an, stand auf,
setzte sich in Positur und ließ sich typen. — Schäbig wurde das
Bild, aller Zauber war von der Spinnstubenherrin gewichen.

Nachher erzählte uns Nege das „Geheimnis" des Erfolges:
Diese junge, hübsche Frau war die rechtliche Gattin des Mannes,
der ihr verboten hatte, sich typen zu lassen. Sie folgte ihrem Gatten
nicht mehr. Vor einem halben Jahre war ein fremder Kaufmann
gekommen, der hatte sein Domizil bei dem Gatten der Frau aufgeschlagen, und da der gute Mann mit dem Fremden sehr gute
Geschäfte machte, so gab er nicht nur allerhand Waren gegen gutes,
schweres Salz fort, sondern er duldete nach „guter" Timbuktuer
Sitte auch den freien Besitzanschluß des Fremden an seine Rechte
als Familienherr. Ja, er verzichtete auf diese Rechte als Gatte.

Als nun der Fremde abreiste, wollte der Mann auch wieder
nach „guter" Timbuktuer Sitte seine Rechte wieder haben. Die
Frau aber schüttelte den Kopf, wahrscheinlich in der gleichen gleichgültigen Weise, wie mir gegenüber. Ob sie dabei auch auf ihrer
Geige spielte, weiß ich nicht. Jedenfalls kannte sie seit dem Abschied ihres (oder ihres Mannes) „Freundes" nur noch eine Anregung zu impulsiver Handlung. Das war, wenn ihr Mann etwas
wollte oder nicht wollte. Dann tat sie nämlich das Gegenteil.

Und das ist so „gute Sitte" in Timbuktu.

Sicherlich! Die Eheweiber von Timbuktu hätten keine Steine
auf die Lais geworfen oder ihre Bildsäule zertrümmert.

□   □

In Timbuktu beten auch die Weiber, die Negerinnen, das Abend-
gebet. Sie dürfen nicht in die Moschee gehen. Man sieht aber
auf vielen Dächern bei Sonnenuntergang wohlgerundete, weibliche Gestalten auf und nieder wippen.

Ich fragte einen sehr heiligen Mann: „Weshalb laßt ihr die
Frauen nicht in die Moschee, da sie doch auch beten wollen und
beten?“

Der Mann sagte: „Hast du die Frauen von Timbuktu abends
beten sehen? Sahst du nicht, daß sie wohlgeformt sind? Wenn
sie auch noch im Tempel beim Salaam den Körperteil, den Allah
zu verschiedenen Zwecken nun einmal so schuf, vor den betenden
Männern emporheben wollten, dann wäre keine Andacht mehr!“

„Stimmt“ — sagte ich mir.

□   ·□

Die Männer, die durch die Straßen von Timbuktu gehen, sind
sehr beschäftigt. Die, welche nicht beschäftigt sind, gehen auch
nicht. Die hocken vor einer Tür, auf dem Markte, sie schlafen ein
wenig in irgendeinem Winkel. Ich glaube, auch die meisten von
den Leuten, die man außerhalb der Gebetsstunde im Tempel sieht,
ich glaube, auch die müssen zu den unbeschäftigten gerechnet werden.

Die Männer von Timbuktu denken in den Augenblicken der
Beschäftigungslosigkeit darüber nach, was sie tun werden, wenn sie
sich erst bis zum Reichtum durchgearbeitet haben. Wenn sie in
dem Gedankenkreise dann warm und heiß geworden sind, stehen
sie auf und rasen von bannen. Jetzt wollen sie reich werden, denn
soeben in der Zeit der Beschäftigungslosigkeit haben sie erkannt,
daß es schon die Arbeitsmühe lohnt. Der Mann läuft durch die
Straßen mit dem Willen, jetzt reich zu werden. Die Beschäftigung,
worauf er zuerst verfällt, ist die Agentur. Er läuft dahin, wo
er etwas Verkaufenswertes in der Stadt findet, läßt sich als Agent
bestellen und geht dann von Haus zu Haus, sei es mit Federn,
sei es mit einer Pferdeofferte, sei es mit Lederarbeiten, sei es mit
einer gestickten Tobe, und das betreffende Objekt behandelt er sehr
liebevoll, liebkost und streichelt es, — denn es soll ihm ja zum
Reichtum verhelfen. Er rühmt und preist seine Ware und redet
sich selbst in die Begeisterung hinein. Er fordert einen Preis, der
viel, viel zu hoch ist, aber er ist auch überzeugt, daß die Sache
so viel wert ist.

Wirkliche Begeisterung habe ich in den Augen solches beschäftigungslosen, reichtumsüchtigen Mannes gesehen. Aber natürlich:

die Begeisterung verfliegt, wie sie kam. Abends geht er enttäuscht
heim. Er gibt dem Freunde das geliehene Gut zurück. Zu Hause
hat die Frau eine Eßschüssel hingestellt. Er hat Hunger und ißt
und findet es doch sehr hübsch, daß seine Frau auf dem Markte
täglich einige Kauri verdient.

Er babbelt sein Allah Akbar, hüllt sich in seine Kassa und schläft.
Er schläft entschieden sehr gut und speichert für einige Wochen
Reichtumshoffnungen und -wünsche auf.

Diese Beschäftigungslosen sind im allgemeinen anständige Leute,
die einem wohl zusagen können. Die ewig Beschäftigten sind aber
weniger angenehm. Da kommt einer frühmorgens und bietet
Ledertaschen an. Man lacht ihn der Preise wegen aus, und seine
raffinierte Psychologie lehrt den Kerl sogleich, daß man ein Interesse daran habe. Nun ist er ganz Klette. Er haftet mit erstaunlicher Zähigkeit an seinem Opfer. Wenn er morgens dem Käufer
unter Reduktion des Preises auf ein Halb bis ein Drittel eine Leder-
tasche, die aus irgendeinem Grunde ganz wertlos ist, aufgehängt hat,
bringt er mittags Straußenfedern, nachmittags Silberringe zum
Kauf. Abends aber steckt er noch einmal seinen Kopf in das Haus und
frägt in süßestem Flüstertone, ob man die Nacht so ganz allein
auf seinem Lager zubringen wolle; in solchem Falle ist das Ge-
eignetste eine Maulschelle oder ein Fußtritt.

Auch in Timbuktu!

☐   ☐

Aber ihr irrt, wenn ihr Timbuktu nur für leicht, leichtfertig,
leichtsinnig haltet. Timbuktu ist auch ernst, sehr ernst. Man kann
das an den Kamelen sehen, die das Salz aus dem Norden herbeibringen. Sie gehen schwerfällig und wuchtig. Sie schauen hoch-
erhobenen Hauptes anscheinend ständig über eine weite, grenzen-
lose Region hin. Die blau gekleideten Männer, die nebenher gehen,
sehen auch nicht gerade übermäßig lebenslustig aus. Man möchte
meinen, der Sandwind der Sahara habe aus ihren Wangen das
Fleisch fortgeblasen. Das Salz, das auf dem Rücken der Kamele
hinter den blassen Männern hergetragen wird, ist hart und form-
los, steinig und meist zerbrochen.

Es ist eine ernste Arbeit, dieses Herdeiführen des Salzes.

Oder aber: Durch die Straßen eilt hier und da ein lumpig
gekleideter Gesell, auf seinem Haupte ein offenbar schwer angefülltes
Fell schleppend, aus dem wenig schönen Munde das Wort „Ahari"
ausstoßend. Solch ein emsiger Schlepper wird Bamba-idji (Kind

Tafel 27.

(L. Frobenius phot.)

Architekturbilder aus Timbuktu. Der verloren gegangene und wieder entdeckte alte Baustil der Stadt; Holzsäulengerüst mit Mattenbenähung als Wandbildung und Lehmschlag als Decke.

der Stadt Bamba) genannt. Seine Last ist ein Ziegenfell, darin
schleppt er das Wasser, die Lade der Wüstenstadt. Und damit niemand
ein unfreiwilliges Bad nehme, ruft er das warnende Wort. Ahari,
das Wasser, ist das ernsteste Wort, das diese Stadt der Wüste kennt.
Ich glaube, der Geist, der über dem Werden der Stadt Timbuktu
schwebt, und über ihre Zukunft sinnt, wird manches Mal noch die
Hände falten und beten: „Ihr notwendiges Wasser gib ihr täglich!"

Oder aber: Ich wandere mit meinen Trabanten durch die
Moschee Sidi Yaja, in der der Schutzheilige der Wüstenstadt gestorben
ist und begraben liegt. Wir messen die Räume aus. Das peinliche
Schweigen wird nur durch das Rollen des Bandmaßes, das Kratzen
des Bleistiftes und unsere weiter sich bewegenden Schritte gestört.
Wir wandern von Pfeiler zu Pfeiler. Im letzten, äußersten Winkel
liegt eine weiße Masse am Boden. Ich sehe es spät. Als ich mich
zurückziehen will, erhebt sich der Mann aus der Stellung religiöser
Versunkenheit. Dann glühen zwei zornige Augen aus dem dunklen
Winkel. Der Mann steht auf. Er nimmt sein Kleid auf und geht
hinaus. Als er an mir vorbeigegangen ist, wendet er sich noch
einmal um und wirft mir einen Blick zu.

Nun er im Licht steht, erkenne ich, daß das ein Fulbe ist.
Sein Blick ruht lange auf mir, ein voller Blick, gefüllt von Haß
und Aberhaß. Ich habe den Blick lange nicht vergessen können.
Er galt dem „gottverdammten" Christen. —

Oh, es gibt ernste Gedanken und ernste Menschen zwischen der
Dingirai-Beer und der Sankore. Es ist nicht alles nur lebenslustig. Oh, nein!

Es gehen sehr ernste Geister um in diesem Timbuktu.

□   □

Dann war noch etwas in dieser Stadt für mich zu tun. Ich
suchte die Wohnstätten jener auf, die vor mir in ernstem Streben
nach dem Werden dieses eigenartigen Stadtgebildes geforscht hatten:
René Caillié, der Franzose; Laing, der Engländer; Heinrich Barth,
der Deutsche; Oskar Lenz, der Oesterreicher. Sie waren alle leicht
zu finden.

Mit einem dieser vier Häuser ging es merkwürdig zu: Mein
erster Gang führte mich zu ihm. Es blickte etwas müde und alt,
aber noch standhaft in die Welt. Am Abend des Tages, an dem
wir ankamen, brach ein schweres Gewitter über Timbuktu herein,
wie es lange nicht derart hier getobt hatte. Am Tage darauf brach

ein Teil der Decke des Obergeschosses ein. Ich nahm das Haus
sogleich auf. Am dritten Tage klaffte es an allen Seiten. Dann
noch ein Gewitter! Und diesmal riß der strömende Regen das
ganze Obergeschoß herab. Nur das hölzerne Fenster in der Mitte
ragte noch standhaft in die Luft. Der Besitzer des Hauses erzählte
mir, wie der große Reisende vor einem halben Jahrhundert tagelang
hinter diesem Fenster gestanden, und wie er dahinter nach Freiheit
geseufzt hatte. Dann schenkte er mir dieses historische, uralte Fenster.

Noch ein Gewitter und wir reisten ab. Dann hörte ich, daß
das Haus ganz eingestürzt sei.

Der Mann, der in dem Hause hinter dem Fenster geschmachtet
hatte, war mein größter Vorgänger in dieser Stadt gewesen: es
war Heinrich Barth. —

■ ■

Städtchen am Bani.
Federzeichnung von Fritz Nansen.

Vierzehntes Kapitel.

Regentage in Mopti.

(Daten: ab Timbuktu 16. August 08, an Mopti 20. August 08,
ab Mopti 5. September 08, an Bandiagara 8. September 08.)

Diesen Abschnitt muß ich dem Regen widmen. Im Regen war
uns Timbuktu erschienen. Im Regen fuhren wir durch Faraka.
Kurz vor unserer Ankunft in Mopti regnete es. Wir bezogen das
von freundlicher Hand angebotene Quartier, und alsbald regnete
es wieder. Täglich regnete es. Und als ich mit der Hauptkolonne
am 5. September nachmittags die Hafenstadt wieder verließ, um
das erste Lager der langen Sudandurchkreuzung einige Stunden
vor den Toren der Stadt aufzuschlagen, da ward dieses erste Kam-
pement wieder zum Regenversteck. — Also in der Höhe der Regenzeit!

Die Beamten und Kaufleute, die ihre wesentliche Beschäftigung
im Hause, in den Stationen ausüben, pflegen den Regen und seine
Jahreszeit zu hassen und zu fürchten. Ich aber, der ich doch zumeist
ein Nomadenleben führe, ich liebe diese Periode. Ich freue mich,
wenn die Trockenzeit zu Ende ist. Da nun wohl Menschen, die
einen Spaziergang im Regen einem solchen im Sonnenscheine vorziehen, selten sind, erscheint diese Angabe vielen sicher als eine
Merkwürdigkeit, als eine Unwahrscheinlichkeit. Aber es ist das
doch wohl nicht ganz so seltsam, und ich weiß, daß viele meiner
Kollegen meine Ansicht teilen.

Die Luft, die Landschaft und der ganze Habitus der Natur sind
in der Regenzeit frisch, lebendig, beweglich, frohlaunig. In dieser
Zeit zeigen Himmel und Erde Farben und schnellen Farbenwechsel,
die Menschen Aktivität. Die trockne Periode ist stickig, welk, be-
klommen, öde. Sie erweckt den Eindruck der Verwüstung, des Ab-
sterbens. Die Menschen dösen und drucksen. Die Trockenperiode
ist ein Spiel niederdrückender Einförmigkeit und Farblosigkeit der
Natur überall da, wo sie nicht kulturell beeinflußt ist.

Anders ist das Stationsbild. Der Stationsmann empfindet
die dürre und tote Luft nicht, denn über seinem Haupt wird eine
Punka hin und her geschwungen. Sein Haus ist in dieser Zeit völlig
solide, wenn nicht gerade die Termiten darüber herfallen. Um das
Gehöft ist in guten Stationsbetrieben ein genügender Garten angelegt, der auch Lebenskraft hat, — denn allabendlich ist ein tüchtiger
Gärtner emsig am Werke, und leitet fleißiges Begießen. Es gibt
demnach eine hübsche Promenade, eine erfrischende Brise vom
Garten her und, was nicht zu unterschätzen ist: Gemüse. Somit
kann der Stationsmensch hier seine Tage in gleicher Bequemlich-
keit und ununterbrochener Behaglichkeit verbringen, wie der europäische Bureaubeamte. — Wie häßlich muß ihn dagegen die Regenzeit stören! Zunächst das Haus! O weh, die Lehmhäuser des Sudan
in der Regenzeit. Ueberall, wo der gewöhnliche Luftziegelbau der
Eingeborenen angewendet ist, bedeutet jeder Tornado einen Angriff
auf die Mauern und eine Kraftprobe der Haltbarkeit. Das nieder-
prasselnde Himmelswasser wäscht ganze Teile heraus und führt sie
in brauner Flut von dannen. Alle paar Tage entsteht durch Sturm
und Guß eine Lücke im Dach und in der Decke, und ehe man es
sich versieht, ergießt sich erst ein Tropfen, dann ein Sprühquell
just dahin, wohin man es nicht wünschte, nämlich auf den Schreibtisch, das Bett, den Eßtisch, das Aktenregal. Man zieht also aus
einer Ecke in die andere. Von der Windseite (im Westsudan natürlich
Osten) fegt der Tornado herein und macht die Sache noch ungemüt-
licher. Kurz und gut: der seßhafte Mann, der mit seinem Arbeits-
und Kulturgerät gar nicht darauf eingerichtet ist, verliert die Basis
der Behaglichkeit, das Sicherheitsgefühl gegenüber dem Wetter-
wechsel. Dazu kommt, daß es in seiner abendlichen Promenadenzeit
meist regnet, was dem ans Leben im überdachten Raume gewöhnten
Mann unmöglich angenehm sein kann. Im Garten schießen alle
Gemüse ins Kraut, und junge Anpflanzungen werden fortgewaschen.

Wir „Wilden" dagegen kümmern uns um solche Kleinigkeiten,
wie Wettersicherheit, Regen und Gemüse gar nicht. Unser Kultur-

(L. Frobenius phot)

Tafel 28.

besitz ist gut verschlossen. Es wird immer nur das herausgenommen, was gerade zur Arbeit benötigt wird. Wir sind nicht verzärtelt durch langen Aufenthalt in geschlossenem Raum. Kurz und gut, wir genießen die Frische. Vor allem leben wir gesunder. Das ist das Wesentliche an der Sache: wir leben gesunder für Geist und für Körper. Das zeigt sich auch hier. Das Leben in geschlossenem Raume ist besonders in Afrika dem menschlichen, vorzüglich europäischen Geiste durchaus schädlich. Ich habe das an vielen Leuten, an meinen Assistenten und nicht zuletzt am eigenen Leibe oftmals beobachtet. Ich will das zu erklären versuchen: Der Kulturbesitz, den der Europäer bislang im Innern Afrikas hat, ist sehr kümmerlich. An materiellen Dingen das allernotwendigste Gerät, und auch das nur in meist sehr einfacher, primitiver, roher, rein praktischer Aufmachung. Das Gerät steht in einem „nackten" Raume zwischen häßlichen Wänden. Schon an diesen Dingen kann das Auge keine Freude empfinden. Es gibt keine Ruhebilder. Das Lustgefühl wird nicht geweckt. Nicht einmal ein Blick durch das Fenster oder die Tür in eine freie Landschaft oder gar in einen Garten erfreut. Denn leider herrscht heute noch die Ansicht, allzuviel Sonne führe auch im Hause zum Sonnenstich. Somit wird das Dach über der Veranda möglichst tief zum Boden hinabgeführt. Damit geht nicht nur ein schöner Blick, sondern auch das letzte buntfarbige Licht verloren. Noch schlimmer verhält es sich mit dem geistigen Kulturbesitz. Alle paar Wochen kommen einmal Zeitungen und Briefe. Diese Tage ergeben für die an die Oede des afrikanischen Stationslebens gewöhnten Menschen eine starke, rauschartige Erschütterung. Für alle an diese für Afrika typischen Erlebnisse noch nicht Gewöhnten pflegen diese Augenblicke kultureller Einschaltung entzückend zu sein, im Momente direkter Genuß. Mit ziemlicher Sicherheit folgt der Aufwallung aber eine ergreifende Ernüchterung. Darüber ein andermal! Die Enttäuschung ist mit der Gespanntheit des Kulturinteresses in Einklang zu bringen, das der Neuling noch in ungeschickter Weise handhabt. Je länger die Zeit ungenügender Geistesernährung, desto größer der Heißhunger, desto sicherer ein übermäßiger Genuß.

Dieser Vorgang lehrt die geistige Verarmung, der der Afrikaner sehr leicht verfällt, wenn er sich nur an den geistigen Kulturbesitz hält, der landesüblich ist: Zeitungen, Briefe, Dampferlektüre! Gute Bücher sind in den Teilen Afrikas, die mir vertraut sind, recht selten. An musikalischen Genüssen kam nur der Phonograph in Betracht, dessen richtige Handhabung aber auch nur selten verstanden wird, so einfach sie ist. So, glaube ich sagen zu können, ist der materielle

wie der geistige Kulturbesitz im Hause des afrikanischen Europäers
ein so geringer, daß der menschliche Geist höherer Ordnung, d. h.
also europäischen Typs, darin auf längere Zeit keinen Stoffwechsel
durchmachen kann. Diese Luft ist zu dünn. Und so kommt es,
daß der Geist, der in diesen Räumen zu viel weilt, noch schneller
blutarm wird, als der zugehörige Körper. Geistige Blutarmut der
Europäer äußert sich in Afrika in Melancholie, Aengstlichkeit, Alp-
drücken, Heimweh, Hysterie, und solcher Zustand steigert sich zuweilen bis zu einem Spleen. Wenn Selbstmorde im Innern Afrikas
auffallend häufig sind, so ist das weniger auf die afrikanische „Kraft-
verschwendung" und ihre Folgen, als auf die geistige Anämie der
Stationsleute zurückzuführen. Wenn das allzu konzentrierte
Stationsleben auch gottlob nur selten zu diesen alleräußersten Irr-
gängen führt, so ist doch sicher, daß es sehr viele davon abhält,
den Konnex mit der afrikanischen Natur aufrechtzuerhalten, die entschieden in der Regenzeit ihre schönere Seite zeigt.

Aber der Mensch hat gut philosophieren und über die Gesundheit und Schönheit des Wander- und Lagerlebens nachzudenken,
wenn er in der Regenzeit in Mopti lebt. Mopti am Ende des
August! Als wir auf der Talfahrt im Juli hier landeten und
Mussa Djerra mit dem Gros der Bagage an Land brachten, da lag
Mopti so behaglich über dem sandigen Baniufer, in guter Entfernung vom Niger, so behaglich und trocken vor einem dürren,
weit nach den Bergen im Osten sich hinziehenden Hinterlande, daß
ich nicht recht verstehen konnte, weshalb die Eingeborenen nach dem
Anhören meiner Reisepläne bedenklich die Köpfe schüttelten und
sagten, ich solle nur möglichst schnell nach Bandiagara abreisen. Ich
verstand das damals nicht. Als ich Mopti nun wiedersah, genügte
ein Blick über das Land, um mich aufzuklären: Der Niger war
mächtig gestiegen — der Bani war geschwollen, das Land zwischen
Bani und Niger war untergetaucht, und nur schwankende Halme
ragten noch empor — der gelbe Ufersand, über dem Mopti auf-
ragte, war in das Wasser versunken, das weite Hinterland Moptis
war ein mächtiges Sumpf- und Seeland geworden, aus dem die
Reste des vom Wasser hart mitgenommenen Dammweges heraus-
ragten, mit einem Wort: Mopti war eine Insel geworden, die
ringsum von Lagunen, untergetauchten Wiesen, Sümpfen und
Wasserspiegeln umgeben war.

Mopti hatte nasse Füße, dazu bekam es allabendlich einen groben
Guß. Da konnte ich nun schön über die Gesundheit der Regenzeit,
Notwendigkeit des Konnexes mit freier Luft und andere Theorien

meditieren. Es wurde mir von befreundeter Seite und in freundlicher Weise das Haus, in dem Mussa Djerra mit Weib und Bagage
gehaust hatte, angeboten, — ich zog mit Nansen hinein, und beschloß, einige regnerische Stationstage zu verarbeiten. Aber es kam
anders als ich dachte. Der Dämon, der diesen Ort bewohnte, wollte
mich wohl meine Theorien recht gehörig fühlen lassen. Er trieb
mich eines Nachts, nachdem ich Nansen in einem stolzen Kahne nach
Djenne entsandt hatte, aus dem Haus in den Regen. Und das kam so:

Mopti ist auf einer leichten Anhöhe gelegen, die nur wenig
aus dem Ueberschwemmungsgebiete emporragt. Der der Stadtanlage dienende Raum ist nur recht beschränkt, und so ist sie noch enger
und gepreßter als bei anderen Städten dieses Landes. Also die
Menschen wohnen dicht und gedrängt. Und außer den Menschen
noch Vieh, Hunde, Wanzen und Flöhe! Jawohl, Flöhe! Pulex
irritans! Weitgereiste Sudan-Forscher haben behauptet, im Sudan
gäbe es diesen Pulex nicht. Aber neben Emin Pascha und Junker,
die ihn im Osten mit Sicherheit feststellten, muß ich in Zukunft
meine Autorität dafür, daß er sogar in einer sehr gefräßigen Spiel-
art im Westsudan heimisch ist, anführen. Die Wanzen sind hier
häufig, — aber die Flöhe noch weit zahlreicher. Wenn ich mein
Bein irgendwo fünf Minuten im Zimmer stehen ließ, konnte ich
sicher sein, gleich hinterher mein halbes Dutzend Flöhe greifen
zu können.

Mein Blut muß sehr süß sein für solche Tiere. Es war kein
Gedanke an Schlafenkönnen. Ich ließ mein Bett schleunigst auf
das Dach des Hauses stellen und suchte oben in freier Natur mein
Unterkommen. Es regnete jede Nacht in Strömen. Aber ich habe
oben auf dem Dache in Sturm und Regen glänzend geschlafen, so
daß ich zuletzt dem Geiste, der mich zu der Ausübung meiner
Theorien zwang, recht dankbar war.

So lebte ich also auch in dieser Stadt als echter Nomade und
überließ den weniger empfindlichen Schwarzhäuten die schönen,
regensicheren und belebten Wohnräume.

Denen, die mit Verwunderung fragen, was mich dazu trieb,
hier so lange in so unbehaglichem Logis zu verweilen, eine Auf-
zählung der Gründe: Mit Mopti verließ ich das alte Kulturbecken
Faraka, das Ueberschwemmungsgebiet, und kam in die Gebirge. Also
war hier voraussichtlich die letzte Möglichkeit, mich mit den alten

Kulturen des Westens noch einmal gründlich zu beschäftigen. Vor
allem konnte ich hier hoffen, einen tieferen Einblick in das Leben
und Treiben der Fulbe Massinas, in ihre alten Wanderungen und
vorislamitische Gesittung zu gewinnen. — Zum zweiten galt es,
die Expedition, den Zug auf der Sehne des Nigerbogens vorzubereiten, und von vornherein gleich möglichst vollständige Erkundungen über Völker und Wege, Städte und Vergangenheit einzuziehen. — Endlich mußte notgedrungen, um das Gesamte zu vervollständigen, eine Aufnahme der Architektur Djennes vorgenommen
werden. Diese letzte Aufnahme vertraute ich Nansen an, der sich
in einem großen, gut equipierten, aber wenig gegen die Unbilden
der Witterung schützenden Boote auf den Weg machte.

Ich selbst aber vertiefte mich noch einmal in das Studium
jener Akten, die in den Köpfen alter Barden leben. Hier in Mopti
lernte ich den alten Alleï Sangu, einen hinkenden, trunksüchtigen,
geldgierigen und über alle Maßen häßlichen Mabo-Barden kennen,
einen jener Leute, deren Gedächtniskraft und Wissensreichtum uns
schreibkundige Europäer immer wieder verblüfft. Der häßliche Alleï
diktierte, betrank sich und bestahl mich nach Noten. Es war nicht
gerade angenehm, mit diesem Menschen arbeiten zu müssen, aber
er zauberte mir ein Gemälde aus dem Boden, wie ich es ohne ihn
wohl nie hätte gewinnen können: Massinas Vergangenheit. Es
war ein häßlicher, abstoßender Mensch; aber wenn er sang, dann
verlor sich dieser Eindruck, und eine gesunde Fantasie konnte ihn
leicht als Knappen eines der gewaltigsten Helden des goldenen Ritter-
alters deuten.

Mopti! Ritterleben! Königspracht!

Die Leser dieses Buches wollen sicher nicht mit leidigen Stichworten abgespeist werden. Sie haben ein Recht darauf, etwas von
dem zu hören, was mich hier gewaltig erregte und mich geduldig
und freudig in diesem Wanzen- und Flohnest ausharren ließ. Und
wie kann jemand, der nur den landläufigen Typus des heutigen
Negers kennt, es ohne weiteres verstehen, daß in meinen Akten
ebensoviel von Mannheit, Turnierkunst, Waffenklirren, Knappen-
treue und Frauenschönheit verzeichnet ist, wie in jedem Werke über
Rittersagen unseres eigenen Altertumes!

Die nördlichsten Teile des Sudan, jene Länder, die am Südrande der Sahara liegen und vom Senegal und Niger durchzogen
werden, waren nicht immer von Negern bewohnt und waren ebensowenig wie unser Norden stets dem wirtschaftlichen Drange der Jetztzeit unterworfen. Gelbe und rote Leute wohnten hier, und ihre

Art hatte nichts Negerhaftes am Körper und im Wesen. Aber nach
Süden hin wohnten die Neger in Ländern, die reich waren an Korn
und Gold. Und diese Nachbarschaft ward das Unglück der Gelben
und Roten. Sie zogen hinab und eroberten Schätze und Sklaven,
männliche und weibliche. Die männlichen mußten die Felder bestellen, die weiblichen teilten allzu häufig das Lager der Edlen.
Mischvolk entstand. Immer mehr schlug das Negerblut durch. Der
Sudan vernigerte, immer schwärzer ward das Volk. Nur wenige
„reinere" Familien hoben sich allerorts vom vorherrschenden Ge-
samttypus ab, und die waren dann nicht nur dem Namen nach,
sondern auch in der Tat die Vornehmen, die Abligen.

Mehrmals ist gelbes oder rotes, dann auch weißes Mauren-
volk darüber hingerollt.

Das heutige Sudanvolk ist das Produkt dieses Werdeganges.
Es ist ein buntes Durcheinander von Farben und Typen. Das aber,
was die Sänger in ihrem Rhythmus festgestellt haben, das ist das
in vielen Varianten und Gleichnissen, Erzählungen und Dichtungen
gewahrte Lied vom Dasein, vom Kampf und Untergang jener edleren
Völker, die hier im nördlichen Sudan einst lebten und webten.
Manches alte Volk muß hier seinem Aeußeren nach viel Aehnlichkeit mit jenen Aethiopen gehabt haben, von deren heiliger Herrlichkeit uns der alte Diodor so mancherlei Wunderbares erzählt
hat. Ihrem Wesen nach stimmten sie aber ganz und gar nicht
mit jenen überein, — gar nicht, wenigstens, wenn die Schilderungen
der alten Herren des klassischen Altertums richtig sind.

Desto verblüffender ist die Aehnlichkeit mit dem Menschentypus
der nordischen, der deutschen und französischen Heldensagen. — Die
alte Zeit muß sowohl königliche Helden im Besitz selbsterworbener,
großartiger Schätze als arme, hochgeehrte Ritter gesehen haben. Es
gab größere Städte und mächtige Reiche. Aber der Schwerpunkt
lag bald hier, bald dort. Diese Verschiebungen waren die Ergebnisse
der ritterlichen Tüchtigkeit einzelner. Die Mehrzahl der Recken
rekrutierte sich aus der Reihe jener Königs- und Fürstensöhne, die
nicht das Erbrecht hatten, weil nach dem Tode ihres königlichen
Vaters und Herren dessen Bruder oder ältester Schwestersohn die
Thronfolge übernahm.

Die nicht zur Erbschaft berechtigten Söhne zogen aus. Der
Vater gab ihnen Pferde und Waffen, dazu einen alten Hörigen,
der in der Sitte wohlerfahren und im Leierspiel bewandert war.
So ausgerüstet zog mancher junge Degen aus, bereit, die Wunder
der Welt, die noch durchaus eroberbar waren, kennen zu lernen

und in eblem Kampfe Belege guter Erziehung, ebler Abstammung
und persönlicher Kraft zu erbringen. Die Sage weiß zu erzählen
von Kämpfen mit wilden Jägervölkern, von der Befreiung einer
minnigen Maid, die an den grimmen Drachen ausgeliefert werden
soll, vom Kampfe gegen ganze Reiterscharen. Am liebsten aber
weilt sie bei dem klirrenden Zweikampf, und meist schließt die Handlung mit der Eroberung eines Herrschersitzes.

Dieses Volk hatte Charaktereigenschaften, die mit denen eines
Negervolkes nichts zu tun haben. Den Ritter ziert vor allem eble
Rasse und persönlicher Mut, der ihn auszeichnet vor den nur in
der Masse kriegstüchtigen Kasten. Er soll offen, treu und frei-
geistig sein. Das Gleiche, dazu eble Sangeskunst und Opfermut
bis zum Tode verlangte man von den Knappen. Die Fräulein
waren minnig schön. Die Ritter brachen ihrer Geliebten wegen
Stadtmauern und Königsrechte. Ueberall herrscht in den Liedern
der Preis der persönlichen Liebe. Bekannt war jener Periode das
lustige Gelage, und auch das Spielbrett fehlte nicht.

Das auffallendste bei allen wunderbaren Eigenarten dieser Dichtungen ist für mich die Tatsache, daß die persönlichen Eigenschaften
der Helden und Frauen außerordentlich fein beobachtet und beschrieben werden. Dieser Zug fehlt den weitaus meisten Volks-
dichtungen der älteren Menschheit, und auch der dunkle Mann kennt
nur „gut" und „böse", „listig" und „tölpelhaft". Aber hier im
Bardengesang des Suban werden klare Charaktere dargestellt, ehr-
geizige, plumpe, feinfühlige, besonnene, feige. Ja, sogar das Erwachen der Männlichkeit, wie in dem Parsivalgesang, finden wir
wunderbar geschildert und umschrieben. Ganz besonders schön sind
die Ausarbeitungen der Frauencharaktere, auch die Umbildung bestimmter Charaktereigenschaften bei ihnen.

Alles in allem würde niemand etwas Merkwürdiges dabei
finden können, wenn ich eine Reihe dieser alten Kunstwerke unter
dem Titel: „Neuentdecktes Heldenbuch der Franken" oder ähnlich
herausgeben würde.*) Wir fragen gespannt nach dem Urhebervolke.
Wer schuf das? Allzu schnell wird heute bei allen höheren Kultur-
gütern Afrikas auf Asien als Heimatland und auf die Araber als
Kulturträger hingewiesen. Im vorliegenden Falle können wir das
prompt zurückweisen. Denn Lied und Sang der arabischen Wanderperiode kennen wir. Es mag eher darauf hingewiesen werden, daß
am Nord- und Südrande des westlichen Mittelmeeres „vordem"

---

*) Eine Auswahl der Heldengesänge ist inzwischen veröffentlicht und erschien unter
dem Titel „Der schwarze Dekameron; Belegstücke über Liebe, Witz und Heldentum in
Innerafrika".

Völker faßen, deren nördliche Zweige wohl allen Zuschuß zum
Kulturgute u n s e r e s Mittelalters geliefert haben, während die südlichen Verwandten durch phönizische und arabische Einflüsse wohl
ziemlich sicher in die Atlastäler und — in den Sudan gedrängt
sein dürften.

Die Gesänge sind erhalten. Ob auch Nachkommen der alten
Barden?

Wenn der Trunkenbold Alleï seinen Platz eingenommen und,
was oft mühsam genug war, den Weg in sein Lied hineingefunden
hatte, dann ward er meist so fortgerissen, daß er singend und spielend
seine Umgebung und sich vergaß und, ohne mir die Möglichkeit
einer Hemmung zu lassen, den Faden abrollte, bis der Held gefallen
oder das Glück von ihm erobert war. Dann funkelten seine Augen.
Er stampfte zum Kampfspiel mit den Füßen. Er schluchzte mit
dem Sterbenden und strahlte im Siege. Wenn ich solche Sanges-
entwicklung sah, legte ich Stift und Blatt beiseite, lehnte mich zurück
und freute mich, dies Bild genießen zu können. Hatte er geendet,
so griff ich wieder nach meinem Gerät und sagte:

„So, Alleï, — nun wiederhole es mir noch einmal, — langsam,
damit Nege den Text übersetzen und diktieren kann!"

□   □

Wenn der alte Alleï so in Erregung kam und im Saitenspiel
klirrte und koste, dann fragte ich nicht, ob das Blut der alten
Helden so ganz versiegt sei; wohl aber drängte sich um so häufiger
mir die Frage auf, in welchen Wellen dieser ehrwürdige Ritter-
geist ertrunken sei, so daß man nur dann und wann einmal auf
dem Grunde der Volksseele eine alte Leier oder einen alten Schild
zu entdecken vermag.

Zur Erquickung meiner seltenen Mußestunden gehörte in Mopti
das Studium des alten Ibn Batutah, und es verging wohl keine
Mittagsmahlzeit, an der es mir nicht gelungen wäre, dadurch, daß
ich neben dem Teller das Buch dieses alten Herrn aufschlug, meine
Aufmerksamkeit von den zweifelhaften Kunstproben meines sogenannten Koches abzulenken. Der Araber Ibn Batutah ist vor
etwa 550 Jahren durch diese Länder gezogen und entwirft nicht nur
ein treffliches Bild des Lebens und Treibens der Völker am oberen
Niger, sondern gewährt uns dadurch, daß er ohne alle Ziererei für
seine Landsleute das aufschrieb, was ihn interessierte, einen guten
Einblick in das Interessenleben der damaligen Araberwelt, die den
Sudan wieder dem Welthandel erschlossen hat, ihn somit seines

tofalen, naiven Reizes beraubte und feinen Völkern das Verständnis
für mittelalterliches und später modernes Wirtschaftsleben eröffnete.

So drang ich durch die Schriften des arabischen Mittelalters
in den Kern der Entwicklung ein. Jbn Batutah hat über diese Barden
geschrieben, und das, was er über sie sagt, ist nur Hohn und Verachtung! Da liegt der Beweis, daß solcher Sang nicht arabischer
Herkunft ist. Das tiefere arabische Interesse der älteren Zeit
(11. Jahrhundert) repräsentiert El Bekri, der geographisch große
Linien zieht und minutiös genau aufzählt, welche Orte wieviel
Menschen hatten. Das Interesse Jbn Batutahs konzentriert sich
dagegen schon auf Handel, Nahrungsweise, Liebenswürdigkeit oder
Geiz seiner Gastgeber. Nachdem Allei mir von alten Heldentaten
stundenlang vorgesungen hatte, pflegte ich nachmittags beim Mahle
El Bekris Schrift zu lesen und hernach mit meinen Granden durch
die Stadt zu pilgern und alte oder neue Bekannte aufzusuchen.

Wie schon gesagt, ist Mopti womöglich noch gedrängter angelegt, als die anderen Städte der Nigerniederung. Es ist ein
enges Geschachtel kleiner, enger, meist unsauberer Höfe, niedriger
Lehmkästen und mehr oder weniger überfüllter Ställe. Es ist Regenzeit, und somit stampfen die Füße durch den breiigen Grund. Die
zur Trockenzeit wohl solide breinschauenden Häuser sind durch die
starken Tornaden der letzten Wochen demoliert, und in mehr als
einem Hause ist alles Gerät, das Lager und die ganze Familie in
eine letzte Ecke gedrängt, in die es noch nicht hineinregnet.

Nur ein Teil der in der Stadt weilenden Leute ist hier ansässig. Viele sind Gäste, die hier für eine Woche oder länger ihr
Absteigequartier nehmen, während mancher Hausherr selbst auf
Wanderschaft abwesend ist. Das Gastrecht wird hier ebenso frei
gehandhabt wie in Timbuktu und stellt ein wesentliches Moment im
Handelsleben der Stadt dar. Es versteht sich von selbst, daß jeder
wandernde Kaufmann bei einem Verwandten oder Namensvertreter
unterzukommen sucht. Aber nicht immer geht das Kaufmannstum
glückliche Wege, und gar mancher dieser Fahrer ist gezwungen, einen
unfreiwilligen Aufenthalt in einem weniger gastlichen Hause zu
wählen.

Zu solchen Unglücklichen gehört Musa Berte, ein Mann, den
ich in diesen Tagen häufiger aufgesucht habe, und nach dessen Belehrung ich auch heute mit meinen Getreuen die Schritte lenke.
Wir pilgern in eine recht entfernte Gegend, in der der Straßen-
schlamm fast bis an die Baniflut hinabreicht. Wir gehen durch
das Torhaus eines sehr vornehmen und in sich gekehrten moham-

(Fritz Nansen phot.)

Alte Städte in Faraka. Straße in Djenne.

medanischen Priesters, durchkreuzen den Hof, auf dem zwei arg geschundene Esel angebunden sind, kriechen durch ein weiteres, halbzerfallenes Torhaus und befinden uns in dem Hofe, der dem Gastherrn unseres Klienten, einem stämmigen Kuloballi gehört. Hier schon hören wir die krächzende Stimme Fatuma Kuloballis, geborenen Traore, der Herrin dieses Quartiers. Diese Stimme kann nicht einnehmen. Dagegen spricht der Zustand des Hinterhofes, in dem wir uns befinden, wohl für den hausfraulichen Sinn Fatumas. Es ist einer der wenigen sauberen Höfe Moptis. Fatuma hat die Planken eines alten Bootes auseinanderschlagen und quer über die Abflußkanäle legen lassen. Sogleich sei bemerkt, wie Frau Fatuma zu diesem Boote gekommen ist. Ihr Mann, der stämmige, gutmütige Kuloballi, hatte einem Bosso, der eine Spekulationsfahrt nach Timbuktu unternehmen wollte, Geld geliehen. Der Mann hatte schlecht abgeschnitten und konnte nicht gleich zahlen, worauf Frau Fatuma das ganze Boot beschlagnahmte, die guten Kopf- und Hinterteile verkaufte, und mit den nicht so guten Mittelteilen ihren Hof verbesserte.

Auf der einen Seite des Hofes lag die Küche. Darin hantierte Fatuma, man sieht sie nicht, hört aber wohl einige in ihr Gezänk gemischte Kindertöne, die uns erraten lassen, daß Fatuma Mama und im Augenblick gerade damit beschäftigt ist, ihre Nachkommenschaft in Küchenordnung zu unterweisen. Gegenüber der Küche ist das Schlafzimmer der Herrschaft. Ein prachtvolles Bett ziert dieses Gemach, wie man es bei diesen Leuten sonst nie sieht. Die Familie Kuloballi ist aber auch erst seit kurzem, und zwar auf sehr merkwürdige Weise, in den Besitz dieses Schatzes gekommen. Frau Kuloballi hatte einige Schafe; die vertraute sie nach Landessitte einem Hirten an, der seinerseits starb, wodurch seine ganze Herde in die Hände eines in Uagi ansässigen Tuareg kam, dem er verschuldet war. Frau Fatuma hatte, sobald sie das hörte, ihren Bruder hinter der Herde her nach Uagi geschickt und ließ ihre Schafe inklusive Nachkommenschaft, die unbedingt vorhanden sein mußte, einfordern. Der Bruder Fatumas blieb eine Spanne von fünf Monaten fort, brachte dann die Schafe und die Hälfte der von Fatuma geforderten Nachkommenschaftszahl und an Stelle der anderen Hälfte das Bett des Fulbe-Hirten mit, das dieser irgendwo einmal gestohlen hatte, oder das ihm bei einem gelungenen, kleinen Raubzuge als Beuteteil zugefallen war.

Neben dem Schafhaus führt ein Seitenwinkel in ein ganz kleines Haus. Das ist unser Ziel. Da drinnen liegt der kranke Musa und

15

stöhnt. Wir treten ein. Er liegt da im Dämmerlicht auf der üblichen
Tara. Meine Begleiter lassen sich alsbald nieder, und ich selbst
nehme am Lager auf einem umgestülpten Mörser Platz, den der
brave Kuloballi gleich am ersten Tage hingerückt hat. Musa berichtet dann über den Verlauf der letzten Nacht. Es geht ihm besser,
und er will bald abreisen, — wenn es ihm erlaubt wird.

Auf folgende Weise hatte ich Musas Bekanntschaft gemacht: Sobald ich wieder in Mopti an Land gegangen und mich im Wanzenhaus eingerichtet hatte, war ein kleines Mädchen gekommen und
hatte gesagt, am Stadtende wohne Frau Fatuma Kuloballi; die
habe gehört, daß ein arzneikundiger Weißer angekommen sei —
sie hätte seit vierzehn Tagen einen Fremden im Hause, der sei
krank, — ob ich kommen wolle, den Mann zu sehen. Gleichzeitig
überreichte das kleine Mädchen Mdalla Keita eine tüchtige Kumme
mit Speise und ein Töpfchen süßduftender Sauce, die Begrüßungs-
gade. — Kaum hatte ich nun meine eiligsten Arbeiten der ethnologischen Betriebseinrichtung vollendet und Nansen mit seinem
Convoi spediert, so begab ich mich in das Kuloballi-Haus und lernte
da meinen Patienten, einen Dysenteriekranken, kennen.

Am zweiten Tage schon erzählte mir Nege „die Geschichte dieses
Mannes". Musa Berte war nicht freiwillig im Hause Fatumas,
sondern er war eingefangen.

Musa Berte war im Njoro-Gebiet als Sohn eines sehr begüterten
Landedelmannes geboren, der seine Besitzung im Kriege des Diaora
erworben hatte. Viele Hörige und Sklaven wirkten auf den Farmen
des alten Edelmannes, und Musa kannte keinerlei Sorge, bis eines
Tages ein kleiner Putsch die Landschaft aufregte. Musas Vater
war darein verwickelt. Es kam zum Eklat. Alle Hörigen und
Sklaven des Alten wurden frei erklärt. Der Alte starb vor Gram.
Die Frauen und Mädchen stoben auseinander. Der junge Musa
kam nach Sansanding, in die Hände eines Onkels, der ihn zum
Wanderkaufmann erzog. Musa Berte begann seine Laufbahn als
Begleiter einer Karawane, die mit Salz, Stoffen und allerhand
Tand über Bissandugu nach dem Tukorro zog und dort Kolanüsse
einhandelte, die dann später in Bamako und Segu verkauft wurden.
Es ging ganz gut, bis eines Tages ein „Konflikt" mit Samori
Musa wieder zum armen Manne machte. Musa floh zu Tiëba nach
Sikasso. Aber ein kriegerischer, tapferer Mann war Musa nicht.
Er sagte selbst, sein Herz zittere beim Schwirren der Bogensehne.
Musa zog sich also wieder nach Norden zurück, kam nach verschiedenen

Irrfahrten endlich nach Dia, wo er einen kleinen Warenstand aufmachte, heiratete und Vater eines Sohnes ward.

Aber Musa hatte in Dia kein rechtes Ansehen, und doch wollte er angesehen sein, denn „mein Sohn soll später seinen Vater rühmen", sagte er — ein weitverbreiteter Herzenswunsch dieser Leute. Sie wollen im Gedächtnis der Angehörigen ein würdiges Fortleben erfahren. Musa beschloß also nach Timbuktu zu ziehen, dort Salz zu leihen und dafür im nun wieder beruhigten Süden Kolanüsse einzuhandeln. Die Reise nach Timbuktu wollte er im Boot eines Freundes antreten. So kam er in Frau Fatumas Hände. Musa äußerte sich selbst über diesen Punkt sehr erregt.

„Ich lernte nicht Fatuma kennen, sondern Sibi Kuloballi. Das ist ein anständiger Mensch mit Schamgefühl, ein Ehrenmann, er ist nicht ein Malutila (Schamloser, Unanständiger). Dann kam auch Fatuma Kuloballi und fragte mich viel woher und wohin. Als sie hörte, daß ich nach Timbuktu reise, bereitete sie einen guten Brei und legte ein gekochtes Huhn oben darauf. Dann sandte sie mir noch Bohnenkuchen und fragte, ob ich ihr nicht eine halbe Last Salz mitbringen wollte. Sie gab mir das Geld. Dann bereitete sie uns noch ein Huhn. Wir fuhren."

Musa fand in Timbuktu einen Geldherrn, der ihm Salzplatten vorschoß, der aber die gar nicht mehr zeitgemäße Forderung stellte, Musa solle nicht nach dem Tukorro gehen, um Kolanüsse zu holen, sondern er solle nach Bonduku marschieren, um Gold zu holen. Musa sagte, er habe es selbst vorher gesagt, daß es herrlichster Unsinn sei. Aber sein Großherr wollte es, und so schwamm er mit 21 Salzplatten wieder stromauf. Er kam wieder ins Kuloballihaus. Der Mann war wieder liebenswürdig und Fatuma bestrickend. „Im Laufe von acht Tagen bekam ich sechs Hühner vorgesetzt, und einmal schlachtete Sibi einen Hammel." Fatuma nahm die halbe Last Salz nicht ab, sondern bat Musa, dafür Gold mitzubringen. „Dann sagte sie mir noch, ich solle später ihre Tochter zur Frau haben, denn ich sei ein sehr guter Kaufmann, und so würde sie es gut bei mir haben."

Musa zog erst im Boot, später mit geliehenen Eseln über Sikasso weiter, kam nach Kong, sah hier französisches Salz und begriff, daß er sehr leicht die Grenze des Gebietes, in dem das Saharasalz noch zu gutem Preise abzusetzen war, überschreiten würde. Dazu verfiel er hier auch noch einer Dysenterie. Immerhin scheint er sich aus der ziemlich schwierigen Lage noch insofern geschickt gerettet zu haben, als er sein Salz unterbrachte und dafür Kolanüsse und von einer aus Lobi kommenden Diullagesellschaft auch etwas Gold einhandelte. Zu leidend, um selbst noch den Transport leiten zu können, übergab er die Kolaladung einem Vertrauensmanne, der nach Tendirma ging, und humpelte krank und matt, nur durch sein Goldpäckchen belastet, nach Mopti. Vorsichtig, wie diese Leute sind, vergrub er aber das wertvolle Täschchen vor den Toren — dann ging er hinein — legte sein Bündel bei einem Vertrauensmanne ab, dazu sich selbst aufs Krankenbett und sandte an Sibi eine Nachricht, daß er da sei. Sibi kam und erkundigte sich nach seinem Ergehen und Befinden. Und dann kam auch Fatuma. „Sie war viel weniger freundlich, als sie sah, daß ich krank und heruntergekommen und arm sei. Sie frug auch, wo ich das Gold habe, und da sie schlechte Augen dazu machte, sagte ich, daß ich nur Kolanüsse gehandelt und die nach Tendirma vorausgesandt habe. Sie wußte das auch schon, denn der Mann, der meine Sendung besorgte, war hier durchgekommen.“

Fatuma war aber nicht nur kalt, sondern, als eines Tages sich Musas Zustand verschlimmerte, sandte sie ihren Sibi und der mußte mit einigen Bekannten Musa in Fatumas Haus bringen. Sie wollte offenbar ihr Objekt, dessen Armut sie mit Recht mißtraute, nicht aus den Augen verlieren. Wenn er starb, sollte er bei ihr sterben, damit sie an seinem Besitztum sich schadlos halten könnte. So lag Musa nun recht jämmerlich darnieder und hatte nur den einen Trost, daß die nach Dia verkehrenden Bootsleute ihm gute Nachricht von seiner Frau und seinem Jungen bringen konnten. —

So sitzt denn der Schreiber dieser Zeilen in diesem Augenblick mitten im jetztzeitigen Betriebe des Sudan. Der Musa da vor ihm ist ein Sohn des alten edlen, roten Reckenvolkes. Seine Mutter aber war eine Tara-mussu, ein Kebsweib schwarzen Stammes, und daher kommt es, wie er selbst sagt, daß er die Bogensehne nicht schwirren hören mag. An Musa ist keine Spur ritterlicher Tatkraft, wohl aber hört man in unsere Unterhaltung die Stimme des krächzenden Handelsgeistes, des flutenden Wirtschaftslebens hineinklingen, — in dessen Wellen manche und mancher ertrunken ist.

Einige Tage später habe ich dann Musa losgeeist. Ich bürgte für ihn. Er wankte mit meinem Koch, mit dem er heilige Freundschaft geschlossen hat, hinaus, grub das Gold aus und zahlte Frau Fatuma den Leihbetrag und reichliches Kostgeld. Ich stattete Musa einen letzten Besuch ab. Er wollte nach Tendirma, seine Kola nach

Timbuktu bringen und seine Prozente einkassieren. Zum Andenken
schenkte er mir seine Goldwage.

Als ich den Bau verließ, über die alten Bootsbretter ging
und noch einen Blick auf das stattliche Ehebett warf, kam über
den Hof ein albinofleckiger und schieläugiger Bursche, der trieb zwei
Esel vor sich her. Einige schimpfende Männer folgten. Nege raunte
mir zu: „Das ist der Bruder der Fatuma. Er hat wieder etwas!"
Draußen begegnete ich einem vornehmen, gleichgültig lächelnden
Marabut. Nege sagte: „Das ist der Mann, von dem die Fatuma
das Geld bekommt, wenn sie etwas verleiht!"

Das ist das „moderne Wirtschaftsleben" im Westsudan und das
ganze Personal, das zu dem Drama gehört.

□　□

So nagt die Flut des Weltverkehrs an den Gestaden der alten
Sudankultur. Hier brechen Ufer ein, dort bilden sich neue Sandbänke; das wertvollste Erdreich wird aber aus dem Lande ge-
schwemmt, — just so wie die Regen an meinem Wohnhause nagten
und ihm argen Materialschaden zufügten. Es war eine üble Zeit
und eine schlechte Stimmung in Mopti. Vielerorts herrschte schon
Krankheit, — auch unter meinen Jungen. Nege mußte ich den
geschwollenen Fuß aufschneiden, ein Junge hatte schweres Gallen-
fieber, und Mussa Djerra kam eines Tages als übermüdeter, siecher
Mann aus dem Bergland zurück. Er war schon im Bananggebiet
erkrankt, und ich hatte ihn damals in einer Tragbahre holen lassen
müssen. So bereitete sein Zustand doppelte Sorge. Das Häuflein
alter Getreuer war so gering, daß ich keinen missen mochte. Ich
gab ihm Medikamente und sandte ihn wieder in die Berge, die
für ihn gesunder waren als das feuchte Tiefland.

Aber die Nachrichten, die er brachte, und die mir der weithin
vorausgesandte Mballa Keita sandte, waren schlecht. Die Gebirgsbewohner sollten zur Steuerzahlung herangezogen werden, bereiteten
sich zu passivem Widerstand vor und waren jedenfalls schwer zugänglich. Die Stämme der Mossiländer im Südwesten aber seufzten
unter dem schweren Druck der Mißernte und Hungersnot. Ich hielt
unter den Wanderkaufleuten der Stadt Umfrage und hörte, daß
alle diese Mitteilungen auf Tatsachen beruhten, daß es in den fernen
Ländern übel bestellt und außerdem eine Periode schwerer Krankheit im Anzuge sei. Meine Leute erschraken bei diesen Nachrichten
und wollten mich zur Aenderung des Reiseplanes überreden. Ich
hatte in stundenlangen Debatten schweren Stand gegen sie. End-

lich begab sich mein Bossobolmetscher mit Nege zu einem Sand-
wahrsager, der mehrmals mein Gast gewesen war. Das Orakel
gab gottlob den günstigen Bescheid, daß die lange Ostreise ein-
träglich und gesund für meine Leute verlaufen würde, und so hob
sich wieder ihr Zutrauen. Immerhin blieb die Stimmung grau.
Eine häßliche Zukunft grüßte durch die von Osten aufsteigenden
Regenschauer zu mir hinüber.

Mittlerweile ward ein sangeskundiger Fulbe nach dem anderen
von Alleï herbeigebracht, damit diese die Ergänzungsstücke in die
Lücken seines Berichtes brächten. Es waren alles mehr oder weniger
bedenkliche Herren und nicht Leute meines Geschmackes. Seitdem
der eingeborene hohe Adel seinen Einfluß verloren hat, wird das
Brot für den Bardenberuf hier im Sudan knapp, und es ist nicht
anzunehmen, daß noch eine Generation dieser edlen Zunft gut ausgebildet wird. Der Volksgesang wird hier schneller verschwinden
wie anderwärts, weil er nur von wenigen Individuen getragen wird,
und weil alle Stämme der Nigerniederung eine starke merkantile
Ader haben, die sie dazu treiben muß, solch unrentables Gewerbe
nicht unnötig weiter zu vererben. Und der Kastenzwang wird in
Zukunft keinen Sängersprossen davon abhalten, statt der Leier das
Zahlbrett zu kultivieren. ·

Endlich kam Nansen aus Djenne zurück. Das brachte Leben
ins Wanzenhaus! Seine Architektur- und Porträt-Aufgaben hatte
er vorzüglich gelöst. An historischen Notizen hatte er aber nicht
allzu viel eingeheimst. Er befand sich ausgezeichnet, hatte schöne
Stunden in einem Kreise sympathischer Menschen verlebt und war
somit wieder recht aufgefrischt. Nun konnten wir an den Abmarsch
denken. Kisten und Kasten wurden in das Sonnenlicht gezogen. Es
gab wie immer zunächst unangenehme Ueberraschungen. Zwar waren
die gefräßigen Termiten diesmal ferngehalten worden, aber in
mancher Konservenbüchse klapperte es merkwürdig; manche Schachtel
zeigte auffallende Schwellung des Deckels. Immer klarer wurde
es mir, daß die in St. Louis erworbenen Konserven recht wenig geeignet waren, eine Sudandurchquerung auszuhalten. Unser eiserner
Bestand schmolz arg zusammen. Fernerhin wurden die Stoffhüllen
geöffnet, und auch hier gab es peinliche Feststellungen. Ganze
Stücke und Ballen mußten fortgeworfen oder zu jämmerlichen
Preisen verkauft werden; sie waren feucht, morsch und faulig geworden. Auch die Salzlasten hatten sich verringert. Kurz und gut,
die Bagage war zuletzt weit geringer, als ich wohl gewünscht hätte,
und das war um so unangenehmer, als eine größere Barsumme

auf deren Eintreffen aus Europa ich mit Bestimmtheit gerechnet hatte, ausblieb.

Die Trägerfrage schien zunächst und allen Versprechungen nach leicht zu erledigen. Weit wichtiger war eine andere Frage, ob es nämlich gelingen werde, gute Reitpferde zu erwerben. Die Tiere, die ich seinerzeit in Bamako kaufte, hatten die Strapazen und die Gefahr der Tsetsefliege auf der Liberiareise nicht überwunden. Nach meinen späteren Erfahrungen hatte ich mich durch Ratschläge der Eingeborenen, deren Pferdeverstand ich bedeutend überschätzt hatte, dazu verleiten lassen, sie nach falschen Grundsätzen auszuwählen und zu behandeln. Jetzt wollte ich die gewonnenen Erfahrungen nutzen und suchte Material aus, das geeignet sein mußte, eine Durchkreuzung des Nigerbogens zu ertragen.

Herr Mourot sandte aus Charlotville das Beste, was er auf-zutreiben vermochte. Nansen erhielt einen sehr schönen Braunen, und für mich selbst wählte ich Homburi aus, einen Hengst von der schwereren Sudanart, dessen tadellose Kruppe und starke Aus-bildung der Hinterhand mir die genügende Garantie zu gewähren schien. Mit beiden Pferden sind wir bis Sokode in Togo gekommen. Sie haben sich beide bewährt und somit den Beweis dafür erbracht, daß man die afrikanischen Pferde nach denselben Grundsätzen be-urteilen und behandeln muß, wie die europäischen, daß man aber noch sorgsamer als bei uns die Hufbildung beachten soll, da bei dem Mangel der Eisen jeder Fehler hier viel schneller und ent-scheidender gefährlich wird, als bei beschlagenen Tieren. — Für Mballa Keita hatte ich schon ein kleines Landpferd erworben, — Nege erhielt nur einen kleinen, sehr zierlichen Fuchs, der von allen Pferden die Reiseschwierigkeiten am besten überwunden hat. Es ist nicht angenehm, so kleine Geschöpfe zu reiten, aber sie scheinen mir in diesen Ländern doch die brauchbarsten.

So war denn alles zum Abmarsch in das weite Ostland vor-bereitet, da blieb im letzten Augenblick doch noch die Hälfte der notwendigen 250 Träger aus. Dennoch beschloß ich das Haupt-lager in das erste Dorf vor den Toren Moptis zu verlegen und Nansen mit dem Rest des Trosses einen Tag hinter mir zu lassen. Es ging wieder ans Abschiednehmen. Ich ließ die Kolonne an mir vorbeimarschieren, übergab den Oberbefehl dem treuen Kuntigi (Haufenführer) Brema Deteba und ritt dann mit Nansen die Straße von der Höhe hinab.

Dann kehrte Nansen zurück. Die Dämmerung nahte. Mit Nege hinter mir, ritt ich der überschwemmten Wiese zu, den auf-

steigenden Gewitterwolken entgegen. — Es war eine ernste Stimmung.
Auch in mir. In den letzten Tagen hatte der Tod in meinem
weißen und dunklen Bekanntenkreis Ernte gehalten. Das Land vor
mir schien wenig verlockend. Nege wollte das Schweigen unterbrechen und meinte, wir ritten in die Ferne wie ein Gana (Ritter)
der roten Völker mit seinem Knappen, just so, wie es Allei beschrieben
habe. Praktisch und nüchtern, wie er war, fügte er hinzu, ich würde
auf dieser Fahrt nun Ehre und Lohn erringen.

Du lieber Gott, ein moderner Afrikaforscher und Ehre und
Lohn! Guter Nege! Welch fantastische Vorstellung hast du von
unserem nordischen Leben!

In der Ferne grollte der Donner. Die ersten Tropfen fielen.
In einer Entfernung von wenigen Dezimetern vor uns raschelte
eine Bewegung im Grase, die immer mit uns gleichen Schritt und
Abstand hielt. Nege kam näher: „Uraba! (ein Löwe!)". Einmal
konnte ich etwas Gelbbraunes erblicken. Mein Knappe mochte recht
haben. Nansen sah am anderen Tage die frische Fährte im feuchten
Erdreich des Weges. — Leo Felis begleitete uns, dann und wann
knurrend, etwa 20 Minuten.

In prasselndem Regen kamen wir zu Severe in unserem ersten
Lager an.

Alte Pony=Rasse aus Borgu.
Die Pferde wurden von der Expedition mitgebracht und den Zoologischen Gärten in Hamburg und Berlin überwiesen.

Maskentänzer aus den Vororten von Bandiagara.
Skizze von Fritz Nansen.

Fünfzehntes Kapitel.

Abmarsch ins Bergland.

(Daten: ab Mopti 5. September 1908, an Bandiagara 8. September 1908;
in Korikori 7. September 1908,
in Songo 14. September 1908,
in Tonio 20. September 1908.)

Tausendmal gesegnetes Schicksal des forschenden Wanderers! Welches Glück im Wechsel der Lebensbilder! Im grauen Abendkleide des Regentages, belastet mit dem Wissen des Menschenelendes, tief niedergedrückt legt der Pilger sich nieder. Abends noch huschen drohende, dunkle Gestalten, häßliche Zukunftsahnung durch die Seele, und der Körper atmet sich dumpf unter regenschwangerer Sumpfluft in den Schlaf hinüber. — Und dann das Erwachen, wenn

die goldene, siegreiche Tagesherrin ihr Strahlennetz lachend in die
frische Morgenluft über die Erde hingleiten läßt, um die Menschen
und alle Erdennatur aus dem Daseinsdunkel in ihren Bannkreis
zu ziehen!

Dann ist alle Traurigkeit, alle Mattigkeit geschwunden. Es
ist unbegreiflich, wie töricht der Mensch noch am Abend vorher
war! Mit Spott wird das Zagen des verflossenen Tages abgetan,
und mit voller Freudigkeit, mit unendlichem Verlangen wird der
Gedanke an all das Neue begrüßt, das in den nächsten Tagen auftauchen muß.

Wir haben uns gestern abend im Dunkeln unser Lager zurecht-
gestellt und gelegt, so gut es ging. Recht verblüfft bin ich darüber,
daß ich mitten in einem Hirsefeld unter den letzten Resten eines
längst verfallenen Rasthauses zwischen Lehmsäulen geschlummert habe,
und daß die Leute, zu wunderlichen Knäulen zusammengeballt, unter
Speichern, in einer ebenfalls verfallenen Schmiede, unter einigen
Bäumen, und einige sogar in Baumkronen genächtigt hatten. Sie
hätten die Schlangen gefürchtet, sagen sie. Das war aber nicht
wahr, — sie hatten an den Löwen gedacht, von dessen Begleitung
ihnen Nege sicherlich erzählt hatte. Ich sagte ihnen das auf den
Kopf zu, und nun wurden sie von den anderen, die tiefer, feuchter,
aber bequemer gelegen hatten, weidlich ausgelacht.

Sehr froh war ich, denn ich fühlte, daß ich wieder die Macht
über mich gewonnen hatte, und nun gelang es auch, schnell wieder
meinen Begleitern Lebens- und Arbeitslust und Hoffnungsfreudigkeit mitzuteilen. Wehe dem, der die Gabe nicht hat! Der sollte
nicht nach Afrika gehen, um Expeditionen zu führen. In der Eigenschaft, selbst immer wieder aufs neue Siegesbewußtsein, Ueberzeugung von dem glücklichen Verlauf der Dinge und dem Wert der
Sache sowie allem widerstehende Arbeitsfreudigkeit zu gewinnen, —
in dieser Eigenschaft liegt das Geheimnis der Erfolge in Afrika.
Wir nennen es häufig gesunde Stimmung oder Wille; in Wahrheit ist es aber nichts anderes als die sieghafte Kraft des natürlichen
Mannes und angeborenes Führertum an sich. Diese Eigenschaft
hat man da drüben bei solcher Arbeit, wie wahrscheinlich beim
Kolonisieren der Tropen überhaupt, dringend nötig. Denn der
einzelne Führer steht hier einem geschlossenen Organismus gegenüber,
der ständig ein Echo auf die von ihm ausgehenden Stimmungen und
Empfindungen zurückschallen läßt. Wäre diese zu leitende Masse
immer nur ein stumpfsinniger Brei, ohne eigene Tatkraft, so wäre
die Sache noch leicht. Aber dann und wann verliert der Führer

die nötige Fühlung mit seinem Personal, — dann muß er sie
schleunigst zurückgewinnen, den Zustand der Widersetzlichkeit und
des Mißvergnügens bekämpfen und besiegen. Er muß dann siegen, —
wenn er unterliegt, ist es mit dem Erfolg vorbei. Ich habe das
immer erlebt, wenn ich in einem Lager länger als 8 oder 14 Tage
mich auf das Studium der Eingeborenen so sehr konzentriert hatte,
daß ich nicht rechts und links schaute. Dann gingen die Geister
meiner Kolonne ihre eigenen Wege, und wenn ich dann weitermarschieren wollte, dann gab es immer wieder einen schweren Stand
indem es hieß: „ich oder ihr!" Und das „ich" ist die ganze Sache.

Oben in dem Kapitel über den ersten Ausflug nach Kumi habe
ich davon gesprochen, daß dem jungen, frisch zusammengewürfelten
Expeditionskörper ein Geist eingehaucht werden müsse. Dieses Ein-
hauchen ist bei weitem nicht so schwer, wie das Erhalten im lebendig
und regelmäßig schwingenden Atem. Ich habe Leute gesehen, die
solche Reise oder irgendeinen anderen afrikanischen Betrieb mit
gewaltigem Elan begannen, die alles mit fortrissen, dann aber erschlafften und sich die ganze Sache aus der Hand gleiten ließen.
Wehe dem Führer eines kolonialen Unternehmens, den unter Umständen der Geist seines Korps einmal niederdrückt. Im Handumdrehen wird er zum Spielball in den Händen seiner Leute.
Betrug und Faulheit, Widerspenstigkeit und Uebellaunigkeit recken
sogleich die Köpfe. Immer sind intelligente Leute in der Kolonne,
die mit angeborenem, feinen Instinkt die Gelegenheit wittern, die
genau und sicher die Schwäche des „Meisters", seine Eitelkeit, die
Gelegenheit, in denen er sich selbst kleine Fehler hat zuschulden
kommen lassen, und seine gefährlichen Liebhabereien und Neigungen
erfassen und von nun ab den Meister bemeistern, daß es nur so
eine Art hat. Die Sage erzählt, es wären Sonnensöhne gewesen,
die die Kultur unter die Barbaren dieser Erde gebracht hätten.
Die Sage hat ganz recht. Die Sage erzählt auch, daß immer
wieder Wolken und graue Dünste das Licht der Freudigkeit haben
verdunkeln wollen, daß die Leuchtkraft aber immer wieder ob-
gesiegt habe.

Heil der herrlichen Morgensonne Afrikas, die nach grauen Tagen
uns, die wir im verspäteten Zeitalter leben und nicht mehr Sonnensöhne sind, neue Kraft verleiht, so daß wir damit das zerbrechliche
Gefäß unseres Körpers und unserer Gedanken aufs neue füllen und
die Zündstoffe unseres Siegesbewußtseins neu entflammen können.

Klagen wollen die Burschen? Es ist kühl gewesen und feucht?
Schlechte Ernährung? Hunger? Gut! Gegen die Kühle ist der

Marsch gut, gegen den Hunger Schnelligkeit, damit wir möglichst
schnell gastlichere Stätten erreichen. Auf die Pferde! Ein Bote voraus, der Erdnüsse und wenn möglich jungen Mais im nächsten Ort
besorge! Und dann vorwärts!

Ab nach Bandiagara! Gegen Mittag lasse ich den Troß weiter-
ziehen und erwarte die Kolonne Nansens. Abends lagern wir in
Gundaka, am zweiten Tage in Kori-Kori, am dritten ziehen wir
mittags durch die Stadt des Fulbefürsten, an dem Palais Fama
Agibu Talls vorbei auf die französische Zivil- und Militärstation
Bandiagara zu. Es war eine erfrischende Wanderung, die den Leuten
und mir nach dem Aufenthalt im feuchtwarmen Mopti doppelt
wohltat. Ueberall deckte saftiges Grün die Sträucher und Felsen,
überall wogten hoch aufgeschossene Felder und war demnach bei
den Eingeborenen frohe Miene und Hilfsbereitschaft.

□　□

Bandiagara: Madame und Monsieur Oyanx, Kapitän der
Tirailleurs, Monsieur Delage, stellvertretender Administrateur,
Leutnants: Messieurs Viehres, Delestrée, Ballet, — ein Zu-
sammenklang froher Erinnerungen an gute Laune, Gastfreundschaft, treue Mitarbeiterschaft und alles zusammen eine Oase,
ein Ruhepunkt des Aufatmens zu froherem Leben in der Kette
deprimierender Eindrücke, die ich zwischen Timbuktu und Togo
gewann. Es war eine wunderliche Sache, mitten in Afrika mit
Problemen des nordischen Familienlebens in Beziehung gebracht
zu werden. Vor kurzem hatte Madame Delage mit einem neu-
geborenen Sprossen dieses Land verlassen, und die damit verbundene
Tatsachengruppe war für Innerafrika so auffallend gewesen, daß
sie noch den Interessenkreis der Menschen beherrschte, und dies um
so mehr, als Madame Oyanx just auch erst ganz kürzlich ihrem
eben angetrauten Gatten nach Bandiagara gefolgt war. Es ist
sicher, daß die Damen in Bandiagara eine Saite zum Schwingen
gebracht haben, die dem Afrikaner sonst verstummt, und daß ein
Hauch weiblichen Charmes über den angenehm begrenzten, fröhlichen kleinen Symposien schwebte.

Die weit angelegte Station Bandiagara atmete übrigens durchaus Regierungsluft. Militärische Uebungen, Gerichtssitzungen,
Steuererledigungen und Exerzitium der Gardecercles wirbelten nur
so durcheinander. Die letzterwähnte, vom Administrateur Delage
mit Energie und in häufiger Wiederholung schneidig geübte Ver-
anstaltung bedeutete für mich allerdings ein peinliches Faktum, und
jedesmal, wenn der Zivil-Kommandant an der Spitze seiner be-

rittenen Kohorte um unser schönes Haus herumsauste, voltigierte,
absitzen, aufsitzen, attackieren und schwenken ließ, gab es mir einen
Stich in das Herz. Denn diese Uebung war eine Vorbereitung
für einen Zug in das ferne Bergland, in dem Administrateur Delage,
von diesen Gardecercles begleitet, ein glänzendes Beispiel der Péné-
traction pacifique statuieren wollte. Es war mir aber der Wunsch
der Regierung bedeutet worden, daß wir nicht vor der Demonstration,
eventuell aber im Gefolge dieser Unternehmung die Bergstämme
besuchen möchten. Und da ich letzteres aus vielen Gründen nicht
wollte, so bedeutete das für mich die notwendige Aufgabe einer
Exkursion in jene Länder.

Ich mußte zu retten suchen, was zu retten war. So begann denn
auf der Veranda in Bandiagara die alte Arbeit von neuem, die
Rücksprache mit den Barden. In Bamako hatte der geniale Korongo, in Kankan der ehrwürdige Hansumana, in Timbuktu der dick-
köpfige Tarakorro-djon, in Mopti der häßliche Alleï die Schar der
Sänger geleitet. Hier übernahm der junge, ernst-würdige Abbulaï
Karamba das Geschäft. Er hatte es mit am schwersten. Die anderen
hatten immer nur Landsmänner heranschleppen müssen. Hier in
Bandiagara aber benötigte ich bald Habe, bald Fulbe, bald Mossi,
bald Hammana, um das Gewirr des ethnischen Zustandes dieses
Landes wenigstens einigermaßen verstehen zu lernen.

Die großen Flächen der völkischen Einheiten lagen hinter mir.
Wenn ich von Bandiagara nach Westen und Südwesten zurückschaute,
so drängte sich mir das Bild einer großen, heute glatten Seefläche
auf, über die in älteren Zeiten ab und zu die Wetterstürme der
Sahara hingebraust waren, die Wogen dann und wann bis zum
Grunde aufgewühlt, den Lehmboden aufgetrieben oder Wüstenstaub
und Steinhagel aus der Wüste darüber ausgeschüttet hatten. Dieser
See lag hinter mir; jetzt befand ich mich an seinem klippigen Gestade, und wenn Abbulaï Karamba und seine Freunde mich nun
mit diesem neuen Lande vertraut machten, so mußte ich das so
verstehen, daß sie mich über die Dünen in die Klippenwinkel führten,
in denen das Strandgut, der Tang, der Auswurf, die abgespülten
Reste und Trümmer jener alten Volksstürme der Westflächen aufgestapelt lagen, bald dichter, bald flockig, bald hochaufgebaut und
uralt gleich dem Bestande der alten Kjökkenmöddinger in unserem
Norden.

Soviel war sehr schnell festzustellen, daß der Grundstock dieser
„Habé", wie die ältere, Ackerbau treibende Bevölkerung des Landes
von den Fulbe genannt wird, aus dem Lande Faraka verdrängt ist.

Schwieriger schon war es, die historische und prähistorische Schichtung
in der Eile, die mir bei meinen knappen Mitteln geboten war,
und in Anbetracht des Raumes, der mir durch die pazifikatorischen
Regierungsabsichten so sehr eingeengt war, durch systematische
Spatenarbeit festzustellen. Dazu kommt der Umstand, daß dies Land
nicht nur ethnisch, sondern auch morphologisch ein Klippenland ist.
Infolge starker Erosionen und Verwerfungen sind vielerorts schroffe,
unvermittelt aus dem flachen Lande aufsteigende Felsspitzen und
Felskuppen erhalten, die dem Flüchtigen, dem ethnischen Wellen-
auswurf zum Wohnort, zur Niederlassung, zum Niederschlage dienen.
In schwer zugänglichen Gegenden hausen sie, hoch oben, wohl-
geschützt und erhaben über den in der Ebene sich abspielenden
Wellenschlägen der kriegerischen Raubzüge der Bammana, Fulbe
und Mossi. In der fruchtbaren Ebene, die durch ständigen Ver-
witterungszerfall neue Bodenkraft gewinnt, liegen ihre Aecker, und
von diesen Produkten der Ackerwirtschaft leben sie. In der Trockenzeit, wenn die feindlichen Heerscharen die Länder überziehen, haben
sie in den Felsennestern gefüllte Speicher, können also hohnlachend
auf die räuberischen Banden herabsehen, die sich an Stoppeln vergnügen mögen. Wenn sie aber den Acker in der Regenzeit bestellen,
sind sie durch die weiten Landüberschwemmungen und Bach-
schwellungen gegen die Reiterhorden geschützt.

Aus solchem Zustand der Lebensbedingungen ergibt sich der
Typus der Menschen und ihres Kulturgebietes. Man kann nicht
erwarten, kriegerischen Reckengeist regieren zu sehen. Wer allzu oft
fliehen und im Versteck sein Heil suchen muß, verliert den Mannes-
mut. Wir können auch nicht voraussetzen, den weitausschauenden,
spekulierenden, klugen Sinn des Kaufmanns anzutreffen. Das Leben
auf engem Raum, der Ausbau der Flüchtlingsburg engt ein. Unmöglich kann alter, geschlossener Kastengeist hier lebendig bleiben.
Das gemeinsame Teilen immer wiederkehrender Widerwärtigkeiten
dieser Art, gemeinsames Erleben schließen aneinander, verwischen
die Kastenunterschiede, und in der Konzentrierung der kleinen Gemeinden drängen die wenigen Individuen verschiedener Geschlechter
sich so notwendig zur Ehegenossenschaft zusammen, daß kasten-
mäßige Absonderung aufhört. Unmöglich ist es, daß Herrscher-
würde und Herrscherpomp sich noch im Flüchtlingsnest entwickeln,
und wo einmal ein festerer Typ, entschlossene Mannbarkeit, kräftigere
Individualität als Kuckucksei in das Kleindorfleben gelegt wird,
stämmt sich unwillkürlich der Philistergeist energisch gegen die Ueber-
flügelung seines schäbigen Durchschnittsmaßes.

Voilà, das ſind die Habé in den Legenden des braven Abdulaï
Karamba und ſeiner Freunde, aus denen ich ſie zunächſt auf der
Veranda meines Wohnhauſes in der Zivil- und Militärſtation Ban-
biagara kennen lernte.

□   □

1. Kori-Kori, 7. September 08. Aber nun muß ich davon
reden, daß ich dieſe Leute auch verſchiedentlich in ihren Heimſtätten
aufgeſucht habe. Zum erſten Male traten wir am Tage vor der Ankunft in Bandiagara, in Kori-Kori, mit ihnen in nähere Beziehung. Wir hatten am Abend vorher den gewaltig geſchwollenen,
reißenden Konkunibach überſchritten, uns den Morgen über weiblich
an dem wohltuenden Anblick der jugendlich grüßenden Landſchaft
erfreut und ſahen um 10 Uhr das erſte Habédorf Kori-Kori auf der
kahlen Felſenkuppe in pittoresker Nacktheit aufſteigen. Im Tale
lag der Raſthof an grün umſchlungener Quelle. Zwar liegt Kori-Kori
nicht ſo hoch und recht ungeſchützt, aber ſonſt war alles ſo recht
geeignet, um einen bleibenden und charakteriſtiſchen Eindruck zu
ſchaffen.

Bei unſerer Annäherung flüchteten einige Weiber und Männer
eilig in das Gebüſch. Auf den Plattformen der hochſtöckigen
Häuſer auf dem Steinhügel erſchienen beſorgt umſchauende Menſchen,
und aus dem Raſthofe löſte ſich ein Trupp ſtolzer Reiter ab. Es
war der ſtattliche Fulbeprinz Maki Tall, Nachkomme des Groß-
königs Hadj Omar, mit einem Stabe tüchtiger Mannen. Der Fulbe-
adel kam von unten herangeſprengt, um uns zu begrüßen; die
Habé oben aber verſteckten ſich in den unteren Räumen ihrer Häuſer,
als ſie ſahen, daß mein Fernglas auf ſie gerichtet war. Es war
alles ſo ſehr bezeichnend, daß mir gerade dieſe kleinen Züge ſpäter
gewiſſermaßen zum Wahrzeichen der Menſchen im Habé-Tommo-
Lande wurden.

In ſcharfen Charakterzügen waren auch ſonſt die Erlebniſſe
dieſes Tages geſchnitten. In weltmänniſcher Weiſe gewandt, ſorgte
der Fulbeſproß ſogleich für die Unterbringung der Pferde und wies
in den Häuſern die Schlafgelegenheit an. Und während er herriſch
die ängſtlich herbeigekommenen Habéalten anwies, für Waſſer, Brennholz und Mannſchaftsnahrung zu ſorgen, kamen die hübſchen Damen
ſeines Gefolges lächelnd, würdig und kokett heran, ihren Gruß zu
entbieten und einige ausgezeichnete Hirſe- und Bohnenkuchen als
Gaſtgeſchenk zu reichen. Die Fulbe brachten ſehr ſchnell ſchöne

Milch, aber die knauserigen Habé waren nur durch energisches Drängen und nach Zahlungsübereinkommen zur Lieferung zu bewegen.

Bald stieg ich dann in das Burgdorf. Ein krauser Trümmerhaufen, aus dem viele mächtig aufsteigende Ruinen und nur wenige, mühsam in dem Felsgewirr arg ineinandergeschachtelte, zwei- und dreistöckige Häuser emporragten. Das Ruinenbild machte durchaus den Eindruck einer bedeutenden, hohen Kulturerbschaft, die aber dem wilden Andrang der Fulbestämme nicht standgehalten hatte und verkommen war. Die kleinen Kammern in den Wohnungen wiesen wenig Hausrat auf. Das Kleinvieh schaute melancholisch-epigonenhaft drein, und zwei Hühner zu erlangen kostete einen Aufwand von Ueberredungskunst, wie ich ihn sonst nur für ethnologische Zwecke aufzubringen gewohnt war. Der Geist einer erbärmlichen Oede röchelte in diesem Felsenneste, das von allen mir bekannt gewordenen Habédörfern am ungeschütztesten war, wodurch die Tatsache zu erklären ist, daß es auch bei weitem den jämmerlichsten, einen durchaus geschundenen Eindruck machte.

Interessant war das, aber deprimierend!

Desto erfrischender wirkte die Unterhaltung auf mich, die ich im Laufe des Nachmittags und Abends, vor und nach einem schweren Tornado, mit Maki Tall hatte. Dieser Maki war es, der den Chronisten des Landes, den französischen Leutnant Desplagnes, auf seinen Forschungsreisen begleitete und ihm als wichtigster Mentor gedient hatte. (Siehe Plateau Zentral-Nigerien, S. 101.) Wir waren bei der Wegaufnahme von Mopti aus schon verschiedene Unstimmigkeiten der Karte des Leutnants aufgefallen, und so wunderte ich mich nicht, von Maki zu hören, daß, solange er mit Desplagnes gereist sei, dieser keine Routenaufnahmen gemacht hätte. Allerdings hat der junge Offizier das auch nirgends in seinem Werk ausgesprochen. Viel wichtiger war es mir nun aber, noch einiges über die Methode und die Art und Weise zu hören, wie die ethnologische Erkundung und Festlegung stattgefunden hatte.

Ich begann mit den Fragen nach der Nomenklatur Desplagnes, die mir mehrfach schon arges Kopfzerbrechen verursacht hatte, da die große Zahl der in allen Habébezeichnungen vorkommenden Fulfulbewurzeln mit den anderen ethnischen Tatsachen nicht in Einklang zu bringen war. Das Rätsel löste sich schnell. Maki machte kein Geheimnis daraus, daß die eigentliche Habésprache ihm nicht geläufig sei, daß er sich damit begnügt habe, in seiner eigenen

Tafel 30.

(L. Frobenius phot.)

Aus dem Felsenlande bei Bandiagara; der Tafelberg bei Songo, dessen Flächen mit Bildern bemalt sind.

Sprache die Dinge zu benennen, und daß Desplagnes angeblich
auch nie etwas anderes verlangt hätte. Weiterhin stellte sich im
Laufe der Unterhaltung heraus, daß die Sorgfalt, mit der hier
gearbeitet worden war, der Schwierigkeit und Wichtigkeit der Materie
nicht entsprach. Alle Einzelheiten hier anzuführen, wäre nicht am
Platze. Es genügt, wenn ich mich über die ganze Sache als solche
summarisch äußere. Wichtig ist es, die Angelegenheit zu klären,
denn es handelt sich um die Frage, welche Bedeutung man Desplagnes'
Arbeit zuzumessen hat, und in welchem Grade sie verwendungs-
möglich ist. Nachdem man dem Forscher durch übertriebene Huldigung
erst den Maßstab verdorben hat, begann man, besonders in Frankreich selbst, ihn mit Vorwürfen zu überhäufen und ihn vor allen
Dingen fantastischer Babylomanie, mangelhafter Vorbildung und
fehlender Bescheidenheit zu zeihen. — Wahr und bedauerlich ist,
daß Desplagnes trotz seiner großen Begabung nicht selbst die Schwäche
seiner Vorbereitung erkannt und diesen Mangel nicht durch erweiterte Studien behoben, daß er nicht den rechten Ausdruck für
die Lückenhaftigkeit seines Wissens gefunden hat, sondern durch eine
grandiose Durcheinanderwürfelung des Ganzen es auch dem ge-
wiegtesten Sachkenner fast zur Unmöglichkeit gemacht hat, zu unterscheiden, wo die Angabe der Eingeborenen zu Ende und der Anfang
der Desplagnesschen Ideen zu suchen ist. Manches klingt so, als
hätten es die Eingeborenen gesagt, und in Wahrheit stammt die
Ansicht von Maki Tall oder dem Forscher selbst. Andere Dinge
wieder, die nach meiner Auffassung der Weisheit des großen Ogon
von Bankassi entstammten, waren diesem ganz unbekannt und müssen
wohl aus den Reflexionen Desplagnes hervorgegangen sein. Auch
ist es nicht ausgeschlossen, daß die Dolmetscher den Offizier in
der Weise betrogen haben, die unerfahrene Reisende schon oft kennen
lernten, dadurch nämlich, daß sie mit seinem Negerinstinkt die Wünsche
der Forscher auskundeten und danach die Eingeborenenaussagen zu-
schnitten. Ganze Teile müssen wohl auf solchen beliebten Inter-
pretenhumbug zurückgeführt werden, und das ist bedauerlich, denn
durch solche Vorkommnisse wird die kritiklose Materialverwendung
der Desplagnesschen Arbeiten unmöglich. — Bedauerlich ist es, daß
die Pariser Akademie dem Offizier, ehe sie ihn zu der wichtigen
Arbeit aussandte, nicht erst eine entsprechende Ausbildung hat zuteil
werden lassen. Jedenfalls wurde mir, so wie die Sache lag, die
Pflicht einer verwickelten Revisionsarbeit zuteil, über deren Umfang
ich jetzt in Kori-Kori gelegentlich der Unterhaltung mit Maki Tall
schon aufgeklärt wurde.

Als der Fulbeprinz abends von mir Abschied nahm, sah ich
bekümmert zur Habéstadt empor, sinnend, ob es mir gelingen würde,
scheiden zu lernen, was die Sprache dieser alten Kultur lehre, und
was dieses kluge Eroberervolk als eigenen Sinn hineinlegte.

◻　◻

2. S o n g o , 14. September 08. Unter den im Norden Bandia-
garas gelegenen Orten, die für uns erreichbar waren, mußte Songo
mich am meisten zu einem Besuche reizen. Denn einstimmig versicherte
man mich, daß seine Bevölkerung den Fulbestämmen am besten
Widerstand geleistet habe und demnach seinen Kulturbesitz am reinsten
erhalten haben müßte. Nachdem nun am 13. September so schwere
Tornados über Bandiagara hereingebrochen waren, daß man nach
menschlichem Denken annehmen mußte, der Himmel habe sich
wenigstens für zwei Tage verausgabt, setzte ich den Ausflug dorthin
schleunigst für den nächsten Tag an, und somit faud uns der Morgen
des 14. September sehr zeitig auf den Pferderücken und meinen
kleinen Troß von Jungen und Trägern mit Instrumenten, Eßgerät
und Geschenken zum Abmarsch bereit.

Der Marsch führte uns erst am rechten Ufer des Sampara, in
dessen Tal Bandiagara liegt (nie habe ich verstanden, wie jemand
darauf kommen kann, Bandiagara auf ein Plateau zu verlegen),
entlang, dann in ebenmäßigem Steigen das steinige, unmerklich
gewellte Vorland hinauf, bis wir an den „gestern noch trockenen"
Bololi-Bach kamen. Gestern waren die Leute noch trockenen Fußes
zum Markte gekommen. Die inzwischen niedergegangenen Tornados
hatten aber bewirkt, daß das Wadi mit zwei Meter tiefer, schneidig
hinabschießender Flut gefüllt war, — ein guter Beleg für die Behauptung, daß Reiterheere zur Regenzeit das Land schwer durch-
messen können. Da natürlich eine Brücke nicht vorhanden war,
hieß es: Kleider ab und hinüber! Tatsächlich hätte dieses Abfluß-
rinnsal uns um ein Haar ein Pferd fortgeschwemmt.

Bald nachher blickten die Felsspitzen lockend über die Steppen-
bäume, und um 9 Uhr zogen wir, an den mächtigen Felsklippen,
auf deren zweiter die Ruinen des alten Songo nur schwer von unten
aus zu erkennen waren, vorbei, durch prachtvolle Hirsefelder zu dem
neuangelegten Dorf hin. Von vornherein fiel der große Unterschied
gegenüber Kori-Kori auf. Neuheit, Ordnung und Wohlhabenheit
allerorten. Allerdings auf Kosten des Alterswertes. Denn erst
seit wenigen Jahren waren die letzten Songos hier hinab in die

bequeme Talmulde übergesiedelt, und somit verriet der Baustil im Grund- und Aufriß wohl gleiche Verhältnisse und Anlage wie in anderen Habé-Tommodörfern, in der Ausführung aber einen vollständigen Mangel der zierlichen Ornamentik, die die älteren Gebäude dieser Art charakterisiert. Sehr erfreut war ich dagegen, daß die Leute beim Auszuge aus Altsongo noch zwei alte, holzgeschnittene Türen mitherabgebracht hatten, die in die größeren Verhältnisse ausgebreiteter Wohnweise nicht mehr passen wollten, und mir gern gegen ein Geschenk überlassen wurden.

Die Sache ließ sich überhaupt mit den „wilden Bergmenschen" recht gut an. Es war kein Mangel. Man gab gern, sowie eine freigebige Hand erkannt war. Die Leute waren sogar schnell bereit, uns die „Inschriften" zu zeigen, die auf dem nordwestlich des Ortes gelegenen Felsen, und zwar auf dessen Ostseite unter einer infolge Unterspülung oder Auswitterung der Unterlage weit überhängenden Schicht eingekratzt und ausgemalt waren.

Nachdem die erreichbaren Angaben eingeheimst, alles sorgfältig photographiert und der Maler zur Farbenausarbeitung gut untergebracht war, begann ich mein zweites Arbeitsfeld vorzubereiten. Vorsichtig erkundigte ich mich nach der alten Begräbnisstätte.

Meine Arbeiten und Maßnahmen unter den Habé-Tommo erhielten dadurch eine von uns sonst nicht verfolgte Richtung, daß es hier möglich war, gutes und altes kraniologisches Material einzuheimsen, ohne daß dadurch unsere sonstigen Arbeiten gestört worden wären. Mir war das sehr erwünscht. Einmal konnte ich durch Eindringen des so zu gewinnenden Materials an die Virchow-Sammlung meinen Dank für die mehrfach überwiesene Rudolph-Virchow-Stiftung abtragen, und dann war es doch sehr erbaulich, aus einem solchen altaufgeschichteten Magazin das Vergleichsmaterial zur Aufklärung des nordwestsudanischen Menschenschädels und der Varianten, in denen er spielt, zu gewinnen. Die Habé-Tommo pflegten früher, vor der jungen Fulbe-Invasion, ihre Toten in Höhlen beizusetzen, haben dann, gewaltsam mohammedanisiert, den alten Brauch aufgeben müssen, und kehrten erst vor einem Jahrzehnt hie und da wieder zu ihm zurück. In den Höhlengräbern liegt demnach zumeist altes Material. Im Verlauf der folgenden Schilderungen werde ich zeigen können, daß man die einzelnen Schichten sogar ganz gut auseinanderhalten kann.

Die Schwierigkeit besteht natürlich darin, in Erfahrung zu bringen, wo die alten Begräbnisstätten sind. Wenn man das erst

erfahren hat, gilt es zum zweiten, zu erkunden, wie man zu ihnen
gelangt, was oft viel komplizierter ist. — Aber ich will nicht vor-
greifen. Heran an die Arbeit in Songo!

Nansen zeichnet.

Die Leute liegen mehr oder weniger interessiert rund auf den
Felsplatten.

Im Hintergrunde läßt Abbulaï ein Fünffrankenstück mit bedeut-
samer Absicht auf den Steinen klirren. Die Augen richten sich
dorthin. Abbulaï blickt schnell prüfend von einem der Alten zum
anderen. Er sucht die geeignetsten Augen aus. Als er die beiden
beredtesten Typen gefunden hat, wendet er sich kalt an sie und sagt
zu ihnen, daß der Herr die Ruine der alten Stadt auf dem nächsten
Felsblock ansehen wolle, und daß sie uns führen sollten. Die beiden
Alten sind sich unsicher. Im Grunde ist es ihnen nicht recht, in der
warmen Tageszeit die alten Knochen in die steile Höhe schleppen
zu müssen. Abbulaïs „Ungeschicklichkeit" verursacht es, daß das Fünffrankenstück noch einmal auf den Felsen fällt. Die Alten stimmen zu,
aber sie sind klug genug, sich so nebenbei während des Weges nach
dem zu erkundigen, wofür ich so im allgemeinen Geld ausgäbe.
Abbulaï spielt mit dem Geldstück Fangball. Er fragt, ob die Alten,
die nun mit uns allein sind, wüßten, wo die alten Gräber liegen?
Die beiden sehen sich verständnisinnig an. Nun sind sie überzeugt,
daß ich alte Perlen suche. Es versteht sich von selbst, daß die beiden
Alten genau wissen, daß in den ihnen bekannten Gräbern keine
Perlen mehr vorhanden sind. Denn, wären welche darin, dann
hätten sie sie längst gestohlen. In Songo waren sie ehrlich. Sie
sagten: „Wo die alten Gräber sind, wissen wir, aber kein Mensch
kann dahin kommen. Es ist eine Schlucht dazwischen. Auch sind
sicher keine Perlen in den Gräbern."

Wenn wir nur wüßten, wo sie sind, das andere sei unsere
Sache, Perlen suche ich nicht — die hätten wir mehr als in allen
Gräbern zusammen sind — meinte mein Freund Abbulaï. —
Vorwärts!

Wir steigen also — voran die zwei alten Habé mit Abbulaï,
hinter ihnen Nege und ich, dann noch zwei meiner alten Getreuen,
gute Kletterer, die einst im Bambukgebiet Uebung in solchem Sport
gewonnen haben — den Inschriftenberg hinab, nach Südosten über
eine einschneidende Abflußrinne und dann das Gelände hinauf, den
Weg entlang, der zur Ruine des alten Songo auf dem Felskegel
führt. Von Zeit zu Zeit wendet sich Abbulaï um und berichtet

Nege, was er von den Alten gehört hat. Einiges verstehe ich so,
anderes muß Nege mir übersetzen. Wir gehen nicht allzu schnell.
Es ist ein steiler Weg, über glatte Platten, auf denen meine eigenen,
beschlagenen Stiefel vielfach abgleiten. Wieviel Millionen Fuß-
tritte mögen diese Steine zu solch säuberlicher Politur geschliffen
haben!

Dieser Steilpfad mußte Eindruck machen. Es waren bald Stufen
gelegt, bald Sperrblöcke weggeschlagen. Der Steg führte über eine
breite Kluft, die mit Bohlen überdeckt war. Ein Blick durch die
Ritzen lehrte mich vorsichtig Fußhalt suchen: an 20 m ging es hier
in die Spalte hinab. Die Habé zeigten triumphierend nach oben.
Oben, ziemlich senkrecht über uns, gewahrte ich eine Art steinernen
Bollwerkes. Dazu bemerkte der Führer: „Von da oben haben unsere
Aelteren die Blöcke auf die hinuntergeworfen, die nicht hinauf-
kommen sollten. Auch wurden die Hölzer über den Spalt weg-
gezogen." Also eine richtige Festungsbrücke! In ihrer Art mußten
die Habé doch imponieren, und die Führer waren bei all den Erklärungen nicht im Unrecht mit ihrem Stolz. Der Aufstieg in der
Sonnenhitze war nicht gerade allzu angenehm. Die Füße empfanden
beim Ausruhen die Wärme des Steinbodens unangenehm. Unter
einem mächtigen Felsendach, das durch Auswitterung der Unter-
schicht gebildet war, machten wir eine kurze Rast. In mächtigen
Lachen hatte sich hier Regenwasser angesammelt. Das waren natürliche Zisternen, deren Ausdünstung dem Raume herrliche Kühle
verlieh. Die Alten demonstrierten, wie dann, wenn feindliche Leute
in der Ferne sichtbar geworden waren und eine Belagerung drohte,
die Weiber sich von der in den Felsen verborgenen Quelle aus
Töpfe mit Wasser zureichten, gleich den Steinladern in Europa.
So wurden diese Sammelbecken mit Wasser gefüllt. — Kurz und
gut, Sage und noch junge Vergangenheit belebten allerorten die
steinerne Oede der zerrissenen Felskegel. -- Nachher kamen wir wieder
an einer Höhlung vorüber, in der die beschnittenen Knaben die
Zeit der Abgeschlossenheit verbringen und mit roter Farbe „alte
Inschriften" ausmalen.

Dann waren wir auf dem Gipfel, in der alten Ruine angelangt.
Das Mauerwerk war schwarz, viel zu verfallen, um noch Höhen-
dimensionen abmessen zu können. Ich mußte mich mit der Aufnahme
einiger Grundrisse begnügen, die ich dann später im Aufriß nach
den neuen Gebäuden der Taldörfer ergänzte. — Die Oede der verfallenen Stadthäuser war an mehreren Orten unterbrochen durch
kleine Tabakanpflanzungen von ein paar Quadratmetern Um-

fang. Wohl die letzte wirtschaftliche Beziehung, die noch aufrechterhalten wird.

Wir stiegen alsdann noch etwas höher auf die Felsmauern,
die das Dorf gegen die schwerste Gewitternot schützten, und gingen
auf dem langgestreckten Grabe, von dem wir nun einen herrlichen
Fernblick hatten, der Nordostseite zu. Dort stiegen wir dann wieder
einige Meter zu Tal. An dieser Stelle stürzt der Kegel ganz besonders schroff ab, und hier sind auch die schärfsten, bis auf den
Grund hinabreichenden Spaltungen. Die Leute führten uns zu
einer überhängenden Schicht, bückten sich und wiesen hinunter:
„Das sind die Gräber!" Wir folgten dem Beispiel. Ich kroch auf
allen Vieren hinein und fand nun kleine Türmchen, die gleichsam
wie hohle Säulen aus Stein und Lehm unter die überhängende
Gesteinschicht geklebt waren. Jedes Türmchen hatte ein kleines
Fenster. Die kleinen Gebäude konnten im besten Falle einen Schädel
und einige Knochen, nie im Leben aber etwa einen ganzen Körper,
und wenn es der eines Kindes war, aufnehmen. Eine mühsame
Untersuchung des Inneren ergab dann auch, daß die Bauten ganz
frisch und darin nichts anderes als abgebrannte Strohwische eingelagert waren. Ich sagte also, auf den Brandmalen fußend, den
freundlichen Eingeborenen auf den Kopf zu, daß dies nicht die
Häuser von Toten, sondern Häuser von Bienen sein müßten. —
Verlegenheit! — Sehr große Verlegenheit! Dem Abdulaï fiel wieder
das Fünffrankenstück aus der Hand auf den Felsen. —

Etwaigen Nachfolgern gebe ich diese Erfahrung zu eigenem
Nutzen: die Habé-Tommo sind zunächst darauf bedacht, die Gräber
der Alten versteckt zu halten. Sie sind aber auch habgierig, — wenn
sie das Silberklingen hören, so neigen sie zur Bereitwilligkeit, das
Geheimnis zu verschachern; man wird zu den Gräbern geführt;
sobald man aber in der Nähe ist, erwacht die Furcht vor den Genossen und der Toten Rache. In der Nähe der Gräber sind stets
Bienenstöcke, die ganz ebenso angelegt sind wie die Leichengebäude, —
als Türmchen zwischen zwei Felsschichten; in dieser aufsteigenden
Furcht zeigen die Führer dann im letzten Augenblick nicht die Gräber,
sondern die Bienenkörbe. — Wenn der Forscher diesen Gang erst
gewohnt ist, kann er sich damit begnügen; bei eingehenderer
Untersuchung der umliegenden Felsspalten kann man sicher sein,
bald auf das Gewünschte zu stoßen; — hat man den Anfang und
zahlt, so zeigen die Gierigen bald noch anderes.

In Songo ließ ich mich auch nicht erst lange zum Narren
halten. Ich drang nicht in die Eingeborenen, denn es widerstand

mir, wie im Grunde genommen diese ganze Arbeit, aus den Leuten dieses würdigere Geheimnis herauszulocken. Ich sammelte Nege und die beiden Jünglinge aus den Kliffgebieten Bambuks um mich und erkundigte mich, ob die vorliegenden Verhältnisse irgendwelche Analogie zu denen in ihrem Heimatlände hätten. Ich zeigte ihnen, daß der Fels hier genau von der Art sei wie bei Bafulabé. Ich machte sie darauf aufmerksam, daß die ganzen Felsmassen ebenso aufgebaut, zerrissen und gespalten seien, wie in ihrem Lande. Ich fragte sie dann, ob ebensolche Bienenstöcke bei ihnen gemauert würden. Sie sagten: „ja, nur wären sie etwas höher". Dann, das war der Schluß, müßten, da in ihrem Lande auch Höhlen= bestattung vorkomme, es für sie nicht schwer sein, die Plätze anzugeben, die dafür geeignet wären, und solche Stellen wollten wir jetzt suchen. Die Jünglinge begriffen.

Nun hub ein herzhaftes Gekletter an, das jedem Bergfexen in Europa das Herz im Leibe hätte auflachen machen. Bald waren die beiden Burschen unter mir, bald seitwärts in einer Schlucht verkrochen, — bald hingen sie mit einer Hand hoch über mir, ließen sich fallen und wurden vom Genossen geschickt aufgefangen. Die beiden alten Habé schauten mit offenen Mündern sprachlos und ängstlich diesem Spiele zu. Es wurde ihnen offensichtlich klar, daß sie hier zwei Leute vor sich hatten, die im Geschäft des „Perlen= suchens" sich ebenso geübt hatten, wie sie selbst in ihrer Jugend.

Wir standen auf einem schmal vorspringenden Felsbande. Vor uns gähnte ein schroffer, etwa 80 m tiefer Spalt, der nach links hinein die Felsmassen tief auseinandergerissen hatte. Auf der anderen Seite des Spaltes schien die Wand, schroff und glatt, allen Witterungen standgehalten zu haben. Nach langem vergeblichem Suchen auf unserer Seite traten Nege und die beiden Bambuker zusammen zu einer Besprechung und musterten die gegenüberliegende Wand. Das Ergebnis war die Behauptung, daß die Wohlerhaltung nur Schein sei, und daß ein breiter, etwas hellerer Querstreifen, der im Sinne der Schichtung verlief, nichts anderes sein könne als die Auskittung einer ausgewaschenen Schicht. Eine Untersuchung mit dem Fernglas ergab, daß die Leute recht hatten. Man konnte aus dem Kitt die Ecken der Felsstücke herausragen sehen, die hin= eingemauert waren. Als ausschlaggebenden Beleg wiesen die Leute auf einen Fetzen Baumwollstoff, der auf einem solchen Vorsprung lag, und der sich als eine Opfergabe an die Toten charakterisierte.

Die Sache war zunächst geklärt.

Aber wie hinüberkommen?

Ich mußte notgedrungen selbst hin, denn keiner der Leute getraute sich, beim Einbruch in das Grab die erste Hand anzulegen. Herunter mit den Stiefeln! Die Strümpfe mußte ich anbehalten, sonst hätte mich die Felshitze verbrannt. Dann hinüber! Wenn der Leser einmal Veranlassung oder Gelegenheit hat, meine Sammlung von Menschenschädeln, die heute im Besitze der anthropologischen Gesellschaft in Berlin ist, zu besichtigen, so wolle er sich, bitte, wenigstens einen Augenblick das Bild vergegenwärtigen, das sich oftmals bot, wenn sie eingeheimst wurden. Wie manches Mal hing ich da in irgendeiner Verdrehung oder Verrenkung, die einem Gummi-Akrobaten entschieden geläufiger ist, als einem Ethnologen. Fast immer lag ich auf dem Bauche oder auf der Seite, den Vorderkörper in die dumpfe, von Verwesungsdüften geschwängerte Luft versenkt, die Hände in Leichenschmutz und Rattenauswurf, zwischen dem liebenswürdige, kleine Tiere kribbelten und .krabbelten, wühlend, — von außen dadurch geschützt, daß einige feste Negerhände meine Beine stützten.

Liebenswürdig war die Genossenschaft dieser alten Negerschädel! Liegen sie trocken, so pflegen die großen schwarzen Wespen darin ihr Nest zu bauen. Das gab scheußliche Stiche, deren Bösartigkeit uns oft für Tage arg zurichtete. Noch peinlicher war dagegen die Vorliebe der kleinen grünen Skorpione, die sich in der feuchten Höhle familienweise zwischen Schädeln, Wirbeln und Rippen anzusiedeln pflegten. Wieder ein andermal hat man es mit einem Schlänglein zu tun, das sich nicht gerade erfreut entfernt. Einmal hüpfte eines graziös über meinen Arm und wollte sich in mein Kleid verziehen, als ein stützender Begleiter die Geistesgegenwart hatte, es am Schwanz zu packen und blitzschnell rückwärts fortzuschleudern. — Und wie manches liebe Nagetier hat meinen hineingreifenden Arm als Leiter zum Entwischen benutzt.

Die Arbeit verlief immer gleich. Erst Aufbrechen einer Mauerluke. Dann Umschau. Das Bild, das sich bot, war auch fast stets das gleiche. Gemeiniglich lag im Vordergrunde der Höhle eine noch mit weißem, afrikanischem Leinenstoff bedeckte Leiche oder ihr Restbestand in Gestalt eines ordnungsgemäß zusammenliegenden oder -hängenden Gerippes, das je nach dem Zustande der Entwicklung, Eintrocknung oder Verwesung bei der Berührung noch ein wenig zusammenhielt oder auseinanderfiel. Der Platz um diesen „letzten" Leichnam war in der Weise geordnet, daß die Reste aller vordem hier Bestatteten in den Hintergrund der Höhle zurückgeschoben waren. Da hinten sah es dann wüst und wie eben in einer rechten

Schädelstätte aus. Da lagen dann Wirbel, Rippen, Schädel, Unterkiefer, Arm- und Beinknochen, Becken usw., alles kunterbunt durcheinander, just so, wie sie zu liegen gekommen waren, wenn ein
neuer Toter in dem engen Kämmerchen Einzug hielt, zu welchem
Zwecke vorn ein Platz freigelegt wurde.

Wenn das noch die einzige Bewegung gewesen wäre, die den
verwitterten Toten zuteil geworden wäre, so hätte man in vorsichtiger
Trennarbeit und unter sorgfältigem Zusammenhalten dessen, was
hier zusammenlag, noch manche Zusammengehörigkeit feststellen
können. Leider hatten sich aber in allen diesen Höhlen die Nage-
tiere eingehend mit den Knochen beschäftigt und hatten sie sich
einzeln so zusammengeschleppt, daß mollige kleine Nester entstanden waren, in denen die Ergebnisse der emsig geübten Fort-
pflanzungsarbeit aufgefüttert wurden. Diese kleine Baumeisterei war
der Erhaltung sehr schädlich gewesen und hatte den Zustand und
Tatbestand in einer Weise verwirrt, daß ein Zusammenfinden der
Knochen ausgeschlossen war. Ich mußte froh sein, hie und da noch
eine Reihe Unterkiefer in der Nachbarschaft der beschwisterten
Schädel zu finden, und sehr befriedigt war ich, daß in einem großen
Teil der Schädel noch die Zähne saßen. Konnte ich so doch der Anordnung unseres verehrten Freundes, Professor Hans Virchow,
Rechnung tragen, und die für das Studium der Gebisse notwendige
zusammenhaltende Verschnürung vornehmen.

Aus der brutalen Art des Beiseiteschiebens der verwitterten
Leichenteile geht hervor, daß die Habe besonders heilige Gefühle
gegen die letzten Trümmer der unbekannt gewordenen oder jedenfalls doch unkenntlich gewordenen Aelteren nicht haben könnten.
So hatten sie im Grunde genommen auch wenig dagegen ein-
zuwenden, daß ich die Schädel aus den Knochenbergen aussuchte
und mitnahm. Im Gegenteil: wenn sie sahen, daß ich nicht weiter
nach alten Perlen suchte, sondern nach der Schädelausnahme weiße
Stoffe ausbreiten und jeden Schädel in ein schönes weißes Tuch
einschlagen ließ, so fanden sie so sorgsame Behandlung recht schön
und würdig, lobten mich und meinten auch wohl, wir Weißen wüßten
die Toten zu ehren. — Nachdem die Schädel mit Tusche ihr Signum,
mit weißer Leinewand ihre Umhüllung erfahren hatten, wurden
Körbe herbeigebracht, in denen sie ineinandergefügt fest eingelegt
wurden, wonach etwa zehn Schädel, mit Leinewand- und Stroh-
hülle in Körbe gepackt, immer eine Traglast abgaben.

In den Dörfern selbst wurde jedenfalls in unserer Gegenwart
nicht allzuviel von dem Schädelraube gesprochen. Man sah mich

weder besonders ängstlich noch neugierig oder gar gehässig an. Im
Grunde genommen war die Entfernung der unheimlichen Dinge
den Leuten vielleicht sogar ganz angenehm. Soviel ist sicher, daß
der Häuptling wie die Wegweiser selbst immer sehr gerne den
Obolus in Empfang nahmen, den ich ihnen jedesmal zuteil
werden ließ. —

Als wir auf dem Rückwege wieder an den Bololi-Bach kamen,
war sein Spiegel um ½ m gefallen, und die Flut jagte mit ver-
minderter Geschwindigkeit talab. Ich glaubte also hindurchschreiten
zu können, und Homburi, der edle Schimmel, schien damit auch ganz
einverstanden. Er kam bis in die Mitte. Dann hielt er ein wenig
an und legte sich in großer Behaglichkeit ins Wasser, wobei er mich
natürlich gründlich untertauchte. Später merkte ich, daß ihm das
Wälzen im Wasser Spaß machte, und hatte manchen kleinen Kampf
zu bestehen, bis er eingesehen hatte, daß mir das nicht sehr angenehm und mein Wunsch in der Sache das Entscheidende war.

3. Tonio, 20. September 08. Ein wenig mußte man doch über
die Sache gesprochen haben, denn am 19. kamen aus Tonio, einem
eine Stunde weit, im Nordost von Bandiagara gelegenen Orte einige
Leute zu mir und erzählten, daß in ihrem Dorfe ein Schwerkranker läge, den ich doch heilen möchte. Um mich zu locken, fügten
sie hinzu, daß sie auch eine alte verwachsene Grabhöhle an der
Basis des Felskegels, auf dem das Dorf läge, kennten. Es bewies
das schlagend, daß die Leute durch meinen Schädelraub nicht sehr
verletzt sein konnten.

Am anderen Morgen ritt ich mit meinen Getreuen in aller
Frühe hin, verabfolgte dem kranken Alten, der anscheinend eine
sehr schwere Malaria hatte, eine subkutane Einspritzung und arbeitete
mich durch das Akaziengewirr mühsam zu der sehr niedrigen Be-
gräbnismauer hinauf. Diese Grabausnahme ward dadurch die häß-
lichste von allen, daß mitten durch den Felsschacht ein Tropfbach
ins Freie rann, der die ganze Höhle in Feuchtigkeit erhielt, und
daß im Vordergrunde eine Leiche lag, die kaum länger als vor ein paar
Jahren hier hingelegt sein konnte, wenn die Leute das auch bestritten.

Nähere Beschreibung überflüssig.

Es war sehr widerlich!

Uebrigens wimmelte gerade die Grabhöhle bei Tonio von
Skorpionen, und ich kam mit einigen, da schnell behandelt, leicht
verlaufenden Stichen nach Hause. Seitdem nahm ich immer meine
Pharmazie mit in die Gräber. Denn ich mißtraute den Grab-
genossen der verwitternden Habé-Schädel!

Aus altem Kulturland. Ruine einer Habé-Siedelung.
Photographie von L. Frobenius.

Sechzehntes Kapitel.

Wanderung zu den Gräbern der Vorzeit.

(Daten: 22. September 1908 ab Bandiagara—Dogo,
23. „ „ Dogo—Kani Bonso,
24. „ „ Kani Bonso,
25. „ „ Kani Bonso—Bankassi,
26. „ „ Bankassi.

4. Dogo, 22. September 08. Die Tagebücher gefüllt,
Schädel und allerhand ethnologischen Kram verpackt, Bagage marschbereit, die Pferde gerichtet! Bandiagara lebe wohl!

Die übliche Straße für die, die nach Südosten in die Mossiländer wandern wollen, verläuft direkt Bandiagara—Kani Bam-
bole—Bankassi. Mein Wunsch war es aber, erst noch einigen süd-
westlich an der „Falaise" gelegene Ortschaften der Habé einen
Besuch abzustatten, und dort vor allem die Bekanntschaft des einen
oder anderen hohen Priesters zu machen. Der Ort, der hierfür
die beste Gelegenheit versprach, sollte Dogo sein, und dies Städtchen
ward demnach als erstes Wanderziel ins Auge gefaßt.

Um 6 Uhr abrückend begannen wir bald unmerklich, aber sicher
zu steigen. Um ½8 Uhr verließen wir die direkt nach Wahiguja
führende Straße und näherten uns gleichzeitig den höheren Sand-

steinplatten. Um 9½ Uhr überschritten wir die Wasserscheide und
zeigte mein Aneroid bei 31° Instrumententemperatur 721,95. Um
10 Uhr befanden wir uns am Rande des Plateaus, und um 11 Uhr
waren wir bei Dogo im Tale angelangt. Das Aneroid wies bei
33° auf 735,00. Im allgemeinen war der steinige Anstieg zuletzt
auch für ungeübte Augen wohl merklich; aber der Blick vom Höhen-
rande in die schroffe Tiefe, die auch Nansen sogleich auf 200 m
abschätzte, war ungemein imposant. Zuerst meinte ich, daß es unmöglich sein müsse, die Pferde da hinabzubringen. Aber nachher
benahmen sich die Tiere so geschickt, daß meine Sorge schwand.

An der Stelle, in die Dogo eingebettet liegt, beschreibt die
„Falaise" einen ansehnlichen, nach Südost offenen Bogen, dessen
Mitte gegenüber zwei Felsriffe grotesk in die Höhe ragen. Im
Grund des Bogens sind die Felder angelegt. An den Abhängen
der Felskegel zieht sich von der Talsohle das Dorf einige 30 bis
40 m hoch empor. Nach Süden zu liegen feuchte Strecken, Wasser-
lachen von einigen 100 m Umfang. In der jetzigen Zeit schmücken
viele üppig gekrönte Bäume die Niederung, die somit in einem
doppelt schroffen Gegensatz zu der kahlen Nacktheit der geld-
braunen Felsmauern stand. Es boten sich hier ungemein wirkungs-
volle Bilder, die in Gemeinschaft mit der Eigentümlichkeit der Bewohner außerordentlich charakteristisch waren.

Dogo war im Zustand einer leichten Erregung. Der älteste
Lagam hatte angeordnet, daß ein Ochse zu schlachten und zu opfern
sei, und dieses Geschäft war gerade vor unserer Ankunft auf einem
nach Süden hin gelegenen platten Felsblocke vollzogen worden. Wir
wurden freundlich aufgenommen. Zwar waren die Häuser hier recht
kümmerlich — und nicht nur hierin, sondern auch im Vorherrschen
der runden Hüttenform war deutlich der Einfluß der raublustigen
Mossi erkennbar — aber erfreulicherweise ersparte uns der Himmel
in diesen Tagen die Ausschüttung seiner Regenmassen, und somit
lief die Sache gut ab.

Kaum waren wir eingerichtet, so meldete ein silbersüchtiger alter
Herr auch schon, daß er eine Grabstätte wüßte, in der ich einige
Schädel aus alter Zeit finden könne, und da der Lagam mit Gebeten
beschäftigt und somit für heute nicht mehr zu sprechen war, so machte
ich mich mit Nege und meinen Bambukjünglingen auf den Weg,
um die lockende Gelegenheit sogleich auszunutzen. Wir durchwanderten die nach Westen gelegenen Felder und brauchten dann
nur wenige Meter die Steilwand hinaufzusteigen, um schon eine
mächtige, weit in den Felsen eindringende Höhle zu erreichen, die

nach verschiedenen Richtungen in tiefe Gänge auslief. Leider waren gerade hier Spuren alter Gräber häufiger, als erhaltene Bauwerke. Auf die vielfachen Mauerreste hingewiesen und nach dem Grunde der Zerstörung befragt, erklärten die Eingeborenen, daß von Zeit zu Zeit, nach sehr starkem Regen, aus dem Hintergrunde der Höhle ein Wasserstrom hervorschösse, der die Gräber und ihren Inhalt fortgeschwemmt habe. Solche Beteiligung der Naturgewalten ist wahrscheinlich, — aber sicher ist, daß hier auch Menschenhand mitgewirkt haben mußte, zumal in höher gelegenen Gängen, die vom Wasser nicht erreicht werden konnten. Die Habé haben wohl selbst häufig Umschau gehalten in den Gräbern der Altvorderen, in denen allerhand Kostbarkeiten, vor allem die hochgeschätzten Steinperlen gesucht wurden.

Das noch erhaltene Grabmal stellte einen etwa 2 m im äußeren Durchmesser haltenden, durchaus unversehrten Turm aus Steinen und Lehm dar. Nachdem ich offiziell die Genehmigung von den bei uns weilenden Habé erhalten hatte, begann ich, die Grabkammer zu öffnen, was schwierig genug war. Als ich endlich mit der Arbeit soweit fortgeschritten war, daß ein ganzes Mauerstück mit der Hacke von innen herausgerissen, die Mauern nach außen gestützt und der aufwirbelnde Staub fortgeweht war, bot sich mir ein scheußlicher Anblick dar: Nicht in friedlicher Ruhe, mit geschlossenen Gliedern und wohlverhüllt, lag ein Leichnam darin, sondern aus den Fetzen eines zerrissenen Gewandes leuchteten die verzerrt gekrümmten Glieder und der aufgerissene Mund des Skelettes heraus. Darunter lag eine zweite, wohleingehüllte Leiche in üblicher geschlossener Totenstreckung. Nege, der nach dem Verzug des Staubes weit vornübergebeugt in den Grabbau gestarrt hatte, trat zurück und gab als erster der allgemeinen Erkenntnis Ausdruck: „der Mann war noch nicht gestorben, als er eingemauert wurde". Verlegen standen die Habé herum, die uns hierhergeführt hatten. Sie sagten zunächst nichts, waren aber augenscheinlich selbst entsetzt darüber, daß hier eines ihrer Dorfgeheimnisse so unerwartet den Augen von Fremden, und sogar denen eines Europäers, enthüllt ward.

Es war selbstverständlich, daß ich zunächst einmal den Tatbestand festzuhalten und die Erklärung dafür zu ergründen mich bemühte. Die photographische Aufnahme, die trotz des Staubes und Dämmerlichtes leidlich gelungen ist, zeigt wenigstens die Lage des Kopfes und der Arme. Die Rücksprache mit den Herren Habé aber zeitigte die widersprechendsten Angaben. Sie wagten zunächst nicht, den Tatbestand zu leugnen, und sagten selbst, wenn auch

zögernd, daß der obere Mann in dem Grabbau verhungert sein müsse,
fügten aber hinzu, daß sie die näheren Umstände nicht wissen
könnten, da dies Begräbnis uralt und von Leuten angelegt sei,
die vor ihnen hier gewohnt hätten und mit ihnen gar nicht verwandt
gewesen seien. Diese Alten, für die sie übrigens keine Stammes-
namen angeben konnten, seien längst ausgestorben. Es schien mir
diplomatisch, die Wahrheit dieser Angabe zunächst nicht anzu-
zweifeln, da man leichter über die Sitten der „Ausgestorbenen"
etwas erfährt, als über die Sitten der Lebenden. Oftmals wurden
mir Mitteilungen wunderlicher Gebräuche und Sitten nur in der
Weise gemacht, daß sie den „Vorhergehenden", den „vorher hier
Ansässigen", einem fremden Volke zugeschrieben wurden. Ging ich
dann solchen ausgestorbenen Gebräuchen nach, so fand ich sie, wenn
auch im stillen, wohl noch recht am Leben.

Ich ließ die Leute also zunächst in dem Glauben, daß ich das
Grab auch für uralt halte, und legte ihnen die Frage vor, aus
welchen Gründen und bei welchen Gelegenheiten denn „vordem"
Leute in dieser Weise lebendig eingemauert worden seien. — Darüber
sprachen wir nun längere Zeit hin und her. Es ward in der Höhle
vor der Kammer der beiden Toten von Dogo recht behaglich. Wir
rauchten, schnupften, knabberten Kola, und gemütlich leuchtete in
das Dunkel des Hintergrundes eine flackernde Stearinkerze. Krause
Sittenbilder wurden nun lebendig. Der eine „hatte gehört", daß
man den Toten früher einen lebenden Diener oder eine lebende
Lieblingsfrau mit in die Gruft gemauert habe. Ein anderer „hatte
gehört", daß man, wenn ein Verstorbener unzufrieden gewesen und
sein Geist immer wieder ins Dorf gekommen und zuletzt sogar Zu-
träger schwerer Krankheit gewesen sei, zuletzt seine Grabkammer nochmals aufgebrochen hätte, um ihm einen lebenden Schicksalsgenossen
gewaltsam zuzuführen. Wieder ein anderer „hatte gehört", daß man
dem ersten toten Lagam jeder Ortschaft vordem seinen weltlichen
Kulturdiener mitgegeben habe. Ein letzter endlich „hatte gehört",
daß in alter Zeit bei Gründung eines Dorfes ein Mann den
Opfertod sterben mußte, und sein Leichnam gemeinsam mit einem
lebenden Mädchen vermauert wurde. Aber, so fügte ein jeder
immer bedächtig hinzu, die Habé haben so etwas nie getan. Das
taten nur die, die vordem in Dogo wohnten. Keiner kam aber
auch nur auf den Gedanken, daß hier ein Scheintoter versehentlich
mitbestattet worden sein könnte, der dann in der vermauerten Gruft
erwachte und durch einen Erstickungs- oder Hungertod sein Ende
fand. Keiner der Habé sagte das, — und doch dachte Nege daran,

und sagte es mir nachher auf dem Heimweg. Er war immer bedacht, die Stämme, die mit den Mande verwandt waren, von allem, was seiner mohammedanischen Anschauung peinlich war, rein-zuwaschen.

Aber die Habé kamen gar nicht auf diese Idee. Sie waren sich zunächst alle einig, daß hier ein lebender Mensch den Opfer-tod gefunden hätte. Wir erhoben uns, und ich zeigte den Habé in der Hoffnung, nun noch die Lösung dieses aktuellen Falles nach-weisen zu können, daß die beiden Skelette ihrem Zustande nach gleichzeitig, und zwar vor noch nicht allzu langer Zeit eingemauert sein mußten. Die Leichen waren sehr feucht, eine Tatsache, die auf das Wasser zurückzuführen sein mochte, das von Zeit zu Zeit nach stärkeren Regengüssen aus dem Hintergrunde der Höhle hervor-brach, und das auch in den Grabturm hineinsickern mochte. Ob-gleich also die Vorbedingung für schnelles Faulen gegeben war, waren die Leichentücher, soweit sie nicht durch den oberen, offenbar im Todeskampfe verzweifelten Toten zerrissen waren, in gutem Zu-stande, wenn auch feucht und von Fäulniswassern durchtränkt. Außer-dem hingen die Knochenteile noch in einem, wenn auch schmalen, doch zähen Knorpel- und Bänderverband. Ich machte die Habé hier-auf aufmerksam, und sie mußten mir wohl oder übel zugeben, daß die beiden Leute noch nicht allzu lange hier liegen könnten. Als ich dann wieder nach dem „wie" und „warum" fragte, entwickelten sie die übliche Negerfrechheit im Lügen und sagten, der obere Mensch sei doch wohl auch als Toter in den Turm eingemauert worden, aber die „Ratten" hätten nachher die Glieder durcheinandergeworfen. Mein Einwurf, daß erstens in der ganzen Kammer nicht der kleinste Rest der sonst in Haufen vorhandenen Rattenlosung zu sehen sei, und dann die Ratten sicher nicht imstande wären, die Glieder eines starren Toten in dieser Weise auseinanderzu„spielen", war vergeb-lich. Die Leute hatten ihren Ausweg gefunden, und somit ver-mochte ich in dieser Weise das Geheimnis dieses Toten nicht zu enthüllen.

Wir werden zu einer weiteren Schlußfolgerung in dieser An-gelegenheit nur kommen, indem festgestellt wird, ob der Schädel des oberen Skelettes der einer Frau oder der eines Mannes ist. Zu der Lage, in der ich den Toten hier fand, bemerke ich, daß der Verstorbene noch nach links hinten mit dem Kopf gebogen war, wie man dies, wenn auch nicht sehr deutlich, auf der Aufnahme wahrnehmen kann. Der Lebendbegrabene hatte den Kopf der Gegend zugewandt, die offenbar zuletzt zugemauert war, also den Schluß-

steinen der Totenpforte. Vielleicht war hier noch ein kleines
Spältchen, durch das ein Luft- oder Lichtstrahl hereindrang. An
den Steinen gegenüber diesem letzten Türverschluß waren eigenartige Spuren, deren einige auch auf der Photographie zu erkennen
sind. Unten schienen es mir Fuß- und Zehen, weiter oben Hand-
und Fingerabdrücke zu sein. Vielleicht hat der Sterbende mit aller
Gewalt, mit der Kraft des Verzweifelnden versucht, die Steine her-
auszupressen und dadurch diese ursprünglich blutigen Merkmale
erzeugt. Wie dem auch sei, die Lage, in der ich ihn fand, war offenbar die der letzten Erschlaffung, — die hochgezogenen und dann
zur Seite auseinandergefallenen Glieder deuten hierauf hin. Im
Mossigebiet habe ich die verlassenen Leichname zweier Verhungerter
in ähnlicher Weise gelagert gesehen.

Sicher scheint mir, daß der Fund uns den Beleg dafür erbringt,
daß bei den Habé die Sitte, den Toten Lebende mit ins Grab
zu geben, noch nicht allzu lange ausgestorben ist.

Leider erwies sich mein Eifer im Ausfragen zuletzt als unzeit-
gemäße Wißbegier und Unklugheit. Denn als ich nun daran gehen
wollte, die beiden Skelette zu bergen, wurden meine Führer unruhig
und erhoben Einspruch. Daran hatte ich in meiner Harmlosigkeit
gar nicht gedacht, aber Nege mochte wohl recht haben, wenn er
die Sache folgendermaßen erklärte: Schon seit längerer Zeit war
diese Bestattungsweise den Habé nach der jüngeren Einwanderung
der mohammedanischen Fulbe untersagt. Die Leute hatten sich demnach daran gewöhnt, diese Sitte der Leichenvermauerung in Höhlen
als unerlaubt zu betrachten. Neuerdings wuchs nun die Macht
der Franzosen heran, und die Habé fürchteten, daß ich diesen das
Skelett des lebendig Begrabenen brächte und dadurch die Entsendung
einer Gerichtskommission in das stille Tal von Dogo veranlassen könne.
Da half nun kein Einwand meinerseits. Ich mußte die beiden Skelette,
die so schön und bequem getrennt dalagen, liegen lassen und froh
sein, daß mir wenigstens erlaubt wurde, die beiden Schädel mitzunehmen. Auch das gelang nur im Hinweis darauf, daß ich aus
Songo und Tonio auch schon Schädel mitgebracht hatte, was den
Einwohnern dieser Dörfer nur Geschenke und keinerlei Widerwärtigkeiten eingetragen hatte. — Mit dieser Beute zog ich dann, etwas
bekümmert durch die letzte Beschneidung meiner Wünsche, und nach
reicher Beschenkung der anwesenden Habé, zu Tale.

☐   ·   ☐

Tafel 31.

Aus dem Felsenlande bei Bandiagara; der alte Schamane von Dogo tanzt.

(L. Frobenius phot.)

Am anderen Morgen machte Nansen sich in aller Frühe auf
den Weg, um an einer Stelle, die er schon am vorhergehenden
Tage ausgewählt hatte, eine Farbstudie von einem malerisch in
die Felsen geklebten Kornspeicher zu entwerfen. Ich blieb in dem
Teile des Dorfes, den wir als Lagerplatz in Anspruch genommen
hatten, und rüstete mich just zu photographischen Aufnahmen, als
ein hochinteressanter und ersehnter Besuch anlangte: der alte Lagam
mit seinem Schüler und Nachfolger.

Aus den schroffen Höhen der Felswand stieg der Zug herab,
voran einige Trommler, danach die beiden Priester, im Anschluß
an sie ein Volkshaufen. Vor unserem Lager und vor den nach
Süden aufgetürmten Felsblöcken machte die Gesellschaft halt. Ich
trat hinzu, ward aber zunächst von den Priestern vollkommen
ignoriert. Sie waren nur mit sich selbst beschäftigt. Sie ordneten
ihre Kleidung. Beide Priester, der alte wie der junge, waren mit
der landesüblichen Hose aus weingelbem, grobem Baumwollstoff an-
getan. Darüber hing ein langes faltiges Mantelhemd von blauer
Farbe und ohne Verzierung. Die Köpfe beider zierten grell ziegel-
rote Mützen, — um den Hals trugen sie Stein- und Glasperlen-
gehänge, die ihre religiöse Berufung und ihre geistliche Macht repräsen-
tierten. In der Hand eines jeden lag der mannshohe Stab. Der
jüngere nestelte eine breite eiserne Schelle hervor. Als die Trommler
das sahen, brachen sie ihre geräuschvolle Unterhaltung ab. Der
junge Mann schlug die lange Eisenschelle an.

Der alte Lagam starrte erst zu Boden. Dann blickte er in
die über den Felsen aufsteigende Sonne. Er machte einige Tanz-
schritte, immer in die Sonne stierend. Die Schellenschläge des jungen
wurden stärker. Der alte drehte sich in Koturnschritten zeremoniell
steif mehrmals um sich selbst. Dann ließ er den Stab aus der
Hand fallen, so daß er nun unbeachtet gegen einen Fels lehnte,
und begann, immer in die Sonne starrend, nach rechts und links
ausschreitend, einen breitspurigen Tanz. Der fettliche alte Herr nahm
nun einen fraglos interessanten Gesichtsausdruck an. Alle Muskeln
und auch die Sehorgane waren scharf angespannt. Die Lippen begannen sich erregt zu bewegen. Sein Atem ward gewissermaßen
beengt. Er brach die Schreitschritte ab, raffte das hindernde, lange
blaue Gewand auf der rechten Seite hoch auf, so daß die groben
Beinkleider und starken Glieder frei hervortraten, und begann mit
stierem Blick einen in gewissem Sinne rasenden und dabei doch
mächtig in Sprüngen und Schritten ausholenden Tanz. Zunächst

17

blickte er immer noch meist auf die Sonne oder auf die Erde oder
auf den jungen Genossen und Schellenschläger, nie auf mich.

Dann sprang er aber plötzlich auf mich zu, packte mich stark
mit der einen Hand an der Schulter, und wies mit der anderen
zur Sonne. Seine starren Augen waren fesselnd nnd in scharfer
Prägung mit dem Ausdruck exaltiert überspannten Willens auf meine
Augen gerichtet. Sein Antlitz hatte so den hochintelligenten Ausdruck einer hoheitsvollen Ueberlegenheit. Schwere Schweißtropfen
rannen an ihm herab, und seine Ausdünstung war penetrant. Dann
öffnete er den runden, krampfhaft geschlossenen Mund und sagte in
gutem Bammana: „Ich sehe Blut in der Sonne. — Aus der Sonne
tropft Blut." — Mystisch und unklar, klangvoll und sinnwild wie
der Satz war, war auch das Gepräge des alten Lagam in diesem
Augenblicke, und desgleichen hatte das Wesen der umhersitzenden
und liegenden Burschen einen auffallenden Charakter angenommen.

Ich selbst war in gespanntester Aufmerksamkeit, und es störte
mich außerordentlich, daß mein Pflichtgefühl von mir verlangte,
schnell einige Aufnahmen durch das Objektiv festzulegen. Das war
mir peinlich. Denn es hinderte mich, wenn auch nur für Sekunden,
meine Umgebung so scharf ins Auge zu fassen und ihrem Gedankenkreise und ihren Empfindungswellen nachzugehen, wie mir das bei
diesem seltenen Vorkommnis wichtig erschien. Es war mir ganz
klar, daß ich hier Gelegenheit hatte, einen Blick in uraltes, tiefes
Religionswesen zu tun, und daß mir hier das, wovon mir in den
letzten Monaten so sehr viel erzählt war, lebendig vorgeführt ward.
Es ist wohl nötig, daß ich den Leser mit einigen Worten in dies
bedeutsame Thema einführe.

Bei den Bosso-Soroko und bei den Habé spielt noch heute eine
Art von Priestern eine Rolle, die man mit ebensoviel Recht als
Schamanen wie als Propheten ansehen kann. Das Bezeichnende
dieser Institution ist, daß jedes einzelne Individuum „berufen"
werden muß — von den Gottheiten. Man kann nach Volksanschauung noch so sehr den Drang haben, ein Priester dieser Art
zu werden, das nützt gar nichts, wenn die Gottheit nicht damit
einverstanden ist und ihrem Vertreter durch ganz bestimmte, wunderbare Verleihungen von äußeren Insignien und klar hervortretender
innerer Begabung die Weihe verleiht. Die Institution ist weit-
verbreitet. Von den Berberländern an fand ich sie bis herab zu
den Togo-Völkern, bei denen die Bassariten die Beispiele von gewissermaßen zwangsweiser Berufung auch widerstrebender Leute
durch die Gottheiten zum zelebrierenden, prophetischen und die

Gemeinde leitenden Priester kennen. Aber während einerseits bei
einzelnen Stämmen unter dem Einfluß des Mohammedanismus und
der Neuzeit, anderseits im Gebiete der vorherrschenden Bund-
bildungen und Maskenwürger diese Institution nur ein schwach
flackerndes Leben zeigt, blüht sie bei anderen Stämmen in un-
geahnter Einflußmacht und üppigster Form. Formen dieses Nieder-
ganges oder nur kümmerlich gelungener Einbürgerung fand ich bei
den Mali-nke und Bambara, blühende Ausgestaltung bei Boffo und
Habé-Tommo.

In den Ortschaften, denen die Gottheit den Segen eines Lagam
oder Propheten dieser Art beschert, hat ein solcher eine Macht,
ein Ansehen, eine Gewalt, die fast unbegrenzt erscheint. Er erteilt
die Befehle in allem, was das Wirtschaftsleben betrifft, ordnet die
Opfer und das Datum für den Beginn der Saat und Ernte. Ehe
er es nicht genehmigt, darf niemand von den jungen Feldfrüchten
einheimsen und noch weniger genießen. Er hat, wenn kein Ogon
vorhanden ist, das Machtwort in der Rechtsprechung und regelt das
Begräbniswesen. Es kann nichts Wesentliches ohne seine Ent-
scheidung geschehen. Vor allen Dingen kennt er in jeder Weise die
Vergangenheit und Zukunft. Er sagt alles vorher. Solche Kenntnis
fließt ihm in der Inspiration durch die Gottheit zu, über deren
Bedeutung und Form und Einfluß viel schwankendere und be-
deutungslosere Ansichten herrschen, als in allem, was das Ansehen
und die Macht der Lagame angeht. Stets haben die Lagame alles
vorhergesagt und bringen hierfür auch stets Zeugen auf. Dazu
kommt, daß sie es sind, die die Dörfer von den unheimlichen
Vamphren, den Unholden, die Nachts umherziehen und in schauer-
licher Weise das Leben aus den Körpern jugendstarker Menschen
saugen, schützen. Die Furcht vor Individuen, die solche Vamphr-
Veranlagung haben, ist ungeheuer, und hieraus erwächst zum Teil
die ans Unglaubliche grenzende Macht dieser Schamanen oder
Propheten, der Lagame der Habé-Tommo.

Wohl hatte ich schon mehrere Priester dieser Art unter den
Boffo-Soroko gesehen, — immer aber nur im Privatleben mit ihnen
verkehrt und nie etwas von ihren geistlichen Handlungen gesehen.
Hier wurde mir zum ersten- und letztenmal das Glück zuteil, einen
nordafrikanischen Schamanen in der Ausübung seines Berufes zu
sehen, und mit aller Gewalt fesselte mich dieses Bild uralter, tiefer
Kultur, und alle die Probleme, die das Aktenmaterial des alten
Testamentes mit den ehrwürdig-einfachen Religionsformen Inner-
asiens und dem Kultusursprunge der roten Völker Nordafrikas ver-

binden würden, wurden lebendig und zwangen mich, alle Sinne zur
Beobachtung des mir hier Gebotenen zu vereinen und anzuspannen.
Und fo kam es, daß der Sproß aus rotem Blute, der Lagam von
Dogo und ich in äußerfter Anspannung der Nerven begriffen waren;
er in Ausübung seines Berufes, deffen Quinteffenz im Ueberzeugen
liegt, ich in der Ausübung des meinen, der hier im Durchschauen
gipfelt. Und dieses Wettringen einer uralten Kultur mit einer neuen,
ein minimales Detail aus dem Werdegang der Völkerverschiebungen,
ward nicht nur uns beiden klar, sondern packte auch offenbar die
zur Seite und hinter uns hockenden Leute.

Mein Resultat! So manches Mal zischten schon die wider-
strebendsten Meinungen gegeneinander. Die einen waren immer
wieder geneigt, all das Wesen der alten Priester, die von Gott
selbst begeistert sein wollten, als eitel Humbug hinzustellen, und ich
selbst erinnere mich auch sehr wohl jenes Tages, an dem ein Geister-
agent des Baffonge in der Stadt Lufungu (im südlichen Kongo-
becken), mit einer taschenspielerischen Kunstfertigkeit sondergleichen,
bauchrednerisch seine Holzpuppen sprechen ließ. Auf der anderen
Seite betonen angesehene Gelehrte mit Recht „Suggestion und Hypnose" bei den Naturvölkern. Alle beiden Richtungen hätten in dem
prophetischen Zeremoniell meines Tommo einiges zum Belege gefunden. Aber das Wesentliche, das diesen Augenblicken so tiefen
Reiz verlieh, hätten sie mit beiden Definitionen der Tätigkeit des
„Zauberpriesters" nicht getroffen. Das war weder rein bewußter
Betrug, reine Schauspielkunst, noch vollendete, bis zur Suggestions-
Reproduktion gesteigerte Ertafe.

Das, was den Schamanen und sein Treiben und Wesen hier
in Dogo am 24. September 1908 inspirierte und charakterisierte,
war Rückwirkung des Milieus und der Ausfluß uralter und persön-
ltcher Kultur. Um dies zu erklären, will ich eine Beobachtung aus
jungen Jahren, die mir seinerzeit selbst frappant war, heran-
ziehen. Als blutjunger Student hatte ich in Süddeutschland das
erstemal Gelegenheit, eine katholische Messe mitanzusehen. Ich übte
mich damals in pfychologischen Beobachtungen und studierte demnach
den zelebrierenden Priester und das ihn umgebende Volk. Priester
und Volk hatten im Beginn der Zeremonie höchst gleichgültige und
gelangweilte Gesichter. Dann packte die Musik der Orgel erst das
Publikum. Die Monotonie der Messelesung, der Räucherduft und
endlich die Gemeinsamkeit der Empfindung ließ ganz deutlich wahr-
nehmbar eine andächtige Stimmung aufkommen, die erst dem
Volke und von diesem zurückstrahlend auch dem Priester den Aus-

druck einer Versenkung verlieh. Als die Zeremonie dem Ende
zuneigte, hatte auf dem Antlitz des Priesters die Gleichgültigkeit
einer hoheitsvollen, andächtigen Verklärung Platz gemacht. — Genau
der gleiche Vorgang spielte sich bei der Schamanenzeremonie in Dogo
ab, nur daß der Priester hier nicht nur durch den Anblick und die
Umgebung andächtiger Menschen und durch die Hantierung mit
traditionell heiligen Geräten angeregt wurde, sondern noch durch
den exaltierenden Tanz und starren Blick in die Sonne. Aber
fraglos war es das Milieu, die umgebende Menge, die gespannte
Erwartung der Menge, der Wille und die Ueberzeugung der Menge,
die etwas Besonderes erleben wollte, was den Lagam in eine Art
Verzückung versetzte. Das ist es aber, was ich als Rückwirkung
des Milieus bezeichne. Der Ausfluß uralter und persönlicher
Kultur beruht aber fraglos darin, daß dieser Mann von Kindheit
an erst solche Szenen mit angesehen und sie dann häufig selbst
geleitet hatte, worin die persönliche Erziehung und Kultur steckt.
Die uralte Kultur aber ist darin zu sehen, daß seit unzählbaren
Generationen diese roten Völker, von denen solches Kulturgut und
Kulturblut ererbt ist, mit diesem Kultus und dem Glauben an
solches Wesen die überall dann und wann aufklaffenden Risse und
Abgründe toter, oder Augenblicke überbrückt haben. —

Der Lagam stand mehrere Sekunden lang vor mir, meine
Schulter im festen Griffe seiner Hand haltend, und wiederholte:
„Ich sehe Blut in der Sonne, aus der Sonne tropft Blut!" Ich
wandte mich zu Nege, um ihn zu fragen, was die Worte bedeuten
wollten. Aber dieser dunkle Priester hatte den Mut, seine heiße
Hand auf meinen Mund zu legen und mir damit Schweigen zu
bedeuten. Das imponierte mir und fesselte meine Aufmerksamkeit
noch mehr. Ich unterließ die Frage, um den Vorgang nicht zu
unterbrechen. Als der Lagam dies sah, wich der hoheitsvolle,
willensharte Ausdruck auf seinem Gesichte einem wohlwollenden,
aber immer noch tiefernsten Sinnen, — er ließ mich frei, wandte
den Blick wieder zur Sonne und hob beide Hände zu ihr empor.
Der Schellenschläger verdoppelte nun seinen Eifer, was den Alten
dazu trieb, immer die Augen und Hände nach oben gerichtet, einen
stampfend=schreitenden Tanz auf der Stelle auszuführen. Zuletzt hob
er sich auf die Fußspitzen, und nun schien es, als wolle er sich sehnend
möglichst nahe dem Tagesgestirn bringen. Er war nun wieder
gespannteste Aufmerksamkeit, bewegte erst wie im stillen Selbst-
gespräch die Lippen, schien dann wieder gespannt zur Sonne auf-
zulauschen, und gewann endlich den Ausdruck einer dankbaren Ver-

zückung. Gleichzeitig hörte der Schellenschläger mit seinem Geräusch
auf. Allgemeines Schweigen! Dann sank die Gestalt des Lagam
in sich und seine Sohlen auf die Erde zurück. Er wandte sich um
und hielt eine lange Rede. Er sprach nicht zu mir, sondern trat
neben mich, legte die Hand auf meine Schulter und sprach mehrere
Minuten lang zu den Habé.

Als er endete, dachte ich, mich rührte der Schlag! Der gute
Lagam, das Gesicht jetzt wieder ganz gutmütiges Wohlwollen,
Grinsen, Fett und Schweiß, — umarmte mich, — nicht einmal,
nein zweimal und dann noch mehrmals, was entschieden sehr ehrend
war (denn die Leute jubelten mir zu, und sogar Nege strahlte vor
Freude), aber gar nicht angenehm (denn der hohe Priester stank
gräulich nach Schweiß). Dann schüttelte er mir noch kräftig die
Hand, ordnete seine Kleidung, nickte mir sehr wohlwollend zu und
schritt, gefolgt von seinen Trabanten und den Leuten, die wieder
die Trommeln emsig schlugen, dem Berge zu, seiner Felswand
entgegen.

Eigentlich war ich etwas ärgerlich über die Vertraulichkeit, mit
der der Mann mich behandelt hatte. Die Furcht, an Ansehen dadurch eingebüßt zu haben, und die Empfindlichkeit meines eitlen
Innern ward aber doch bedeutend überholt und abgetötet durch das
Bewußtsein, etwas sehr Bedeutsames erlebt zu haben. Somit ging
ich denn schnell ein wenig nach Süden, durch die Felder an den
Teich, und rekapitulierte, an seinem Ufer auf und ab wandelnd,
das eben Erlebte. Nach Momenten dieser Art, und wenn ich solche
Eindrücke einigermaßen befestigen will, habe ich das Bedürfnis,
solange sie noch frisch sind, eine gründliche Betrachtung in der Einsamkeit vorzunehmen. Oft vertieft sich die Erkenntnis erst dort bis
zur plastischen Vorstellung. Und an dem kleinen Teich bei Dogo habe ich
dann als Ergebnis das gezeitigt, was ich nachher auf den vorhergehenden Blättern aufgezeichnet habe. —

□　　□

Nachher machte ich mich mit Nege auf den Weg, dem alten
Herrn meinen Gegenbesuch abzustatten. Wir stiegen in dem Geröll,
das in Form mächtiger, von der Steilwand abgesprengter Quader
eine Art Aufschüttung und klobige Böschung bildete, empor. Die
Häuser waren zwischen und auf und an diese Platten und Blöcke
geklebt und geschachtelt. Zeichen des bedeutenden Alters dieser
Siedelung waren die glattgelaufenen Wegplatten, die übrigens, ohne
geordnet zu sein, in alter Verwürfelung und Schichtung gelassen
waren, so daß man diesen Weg mehr hinaufkletterte als ging. Das

Gehöft des Lagam war zu alleroberst auf dem Gipfel des Schutt-
kegels unter Zuhilfenahme einer natürlichen Höhlung geschickt auf
einer Plattform angelegt. Mehrere Burschen, die Laiendiener des
Alten, waren sogleich bei unserer Ankunft geschäftig tätig, Be-
quemlichkeit zu schaffen, soviel beschafft werden konnte.

Dann kam auch der Alte, jovial, kameradschaftlich und patriar-
chalisch wohlwollend. Er hatte sich gereinigt und sah nun recht
propre aus. Sein Benehmen gegen die Schwarzen war durchaus
das eines klugen und überlegenen Gemeindehirten, gegen mich das
eines Kollegen. Er hatte eine Sicherheit des Benehmens, die mir
wieder imponierte, und so wie wir da nebeneinander saßen, ich zunächst noch gefesselt von der Schönheit des Tales, das sich zu meinen
Füßen ausdehnte, er offenbar befriedigt durch das Einvernehmen,
das ihm mit mir herzustellen gelungen war, da hätte ich mich gar
nicht gewundert, wenn er nach einer langen Pause den Mund geöffnet und mich mit dem Worte angeredet hätte: „Was ich übrigens
sagen wollte, lieber Amtsbruder!"

Er sagte das nicht, nicht einmal in der Bammanasprache, aber
das Wort Amtsbruder hätte die Situation entschieden gut charakterisiert. Es ist merkwürdig, daß alle Eingeborenen hier im Sudan
wie im Kongogebiet mich immer mit den würdigeren Typen der
eigenen Geistlichkeit in eine Kategorie stellten. Ich glaube, das ergibt
sich daraus, daß die theologische Fakultät der Negervölker überhaupt die akademische Wissenschaft in diesen Kulturschichten repräsentiert und in diesem Sinne noch dem Wesen der Philosophie der
älteren Griechen entspricht. Für die Auffassung der Sudanvölker
vom Wesen und der Bedeutung der Barden und Geschichtskundigen
ist es charakteristisch, daß niemals jemand mich und mein wissen-
schaftliches Streben mit dem der Dialli in Parallele brachte. Als
ich selbst dies einstmals tat, verwies es mir Nege sogleich in seiner
würdigen Weise und sagte mir, so etwas dürfe ich nicht sagen. —
Die Dialli wären charakterlose Wesen und Nachschwätzer, ich aber
sei ein Gelehrter, ein Mallem, ein — Lagam.

Und das sagte mir auch mein alter Priester hier auf der Fels-
platte über Dogo. Er war weniger geneigt, schmeichlerische Sachen
zu sagen, als andere Neger. Aber er hob sich selbst, als er bemerkte,
er hätte schon seit Wochen von mir gehört, — er habe sich sehr
darüber gefreut, als er durch Bandiagaraleute gehört habe, ich
wolle nach Dogo kommen — Leute eines so großen Wissens, wie
wir beide es hätten, müßten Freunde werden — ich solle ihm
nun verraten, ob ich auch sagen könne, was in der Zukunft geschehe.

Ich vermied es, auf diese Frage einzugehen, erkundigte mich aber
sogleich, wie ihm das Wissen über Dinge der Zukunft zuteil werde.
— Solche Frage war ihm offenbar sehr genehm, und er ging mit
einem gewissen Feuer darauf ein. Er erklärte: „Ja, er wisse immer
alles vorher; wie er das könne, das könne nur Gott wissen —
aber er hätte es vorher gesagt, daß die Franzosen ins Land kommen
würden — er hätte den Krieg zwischen den Fulbe und Mossi vor-
hergewußt, er hätte auch die Hungersnot im Mossilande vorhergesagt, und jetzt wisse er auch, daß schwere Krankheit über die
Mossi kommen würde. Es würden viele sterben (merkwürdigerweise ist das auch wirklich wenige Monate nachher, zur Zeit, da
wir im nördlichen Togo reisten, eingetreten). Zu allen diesen Angaben machte er Leute namhaft, die seine Vorhersage bestätigen
könnten. Und die Burschen, die im Hintergrunde standen, wie zwei
Alte, die uns hier heraufgeleitet hatten, nickten bestätigend mit dem
Kopfe. Dann fuhr er fort: wie ihm das Wissen werde, wisse er
nicht, — wenn er aber seinen Tanz ausführe, wenn er lange Zeit
in die Sonne geschaut habe, eine Sache, die andere nicht könnten,
dann komme es ihm mit einem Male, — dann müsse er etwas
sprechen, er brächte dann Worte hervor, deren Sinn er immer selbst
erst verstände, wenn er sie ausgerufen habe, — oft aber verstehe
er selbst nicht einmal, was er sage, als bis das Ereignis, auf das
sich seine Worte bezögen, eingetreten sei.

Diese letzte Bemerkung scheint mir sehr wesentlich, sie scheint
mir mancherlei zu erklären; sie ist wohl außerdem ein so ehrlicher
Ausspruch, daß mit ihm die ganze Naivität dieses einfachen, primitiven Prophetentumes erklärt wird. Der alte Lagam von Dogo
ist jedenfalls ein Mann von so großer Ehrlichkeit und Biederkeit,
wie sie in einem Manne, der infolge des blinden Ansehens, in
dem solche Leute im Volke stehen, ständig in Versuchung ist zu
mogeln, selten ist. Seine Erklärung zeugt um so mehr von großer
Ehrlichkeit, als der alte Herr sicher nie etwas von Suggestion und
Hypnose bei den „Naturvölkern" sowie der Produktion extatischer
Zustände gehört hat. Wäre einem solchen Manne noch dogmatisch
und ethisch geklärter Direktionswille eines ausgebauten Religions-
systems bekannt, so würde er den Typus eines alttestamentarischen
Propheten darstellen, wie man ihn nicht deutlicher dem Verständnis
nahe bringen kann.

Längere Zeit plauderten wir derart in „kollegialer" und un-
gezwungener Weise, der alte Herr gab mir noch mancherlei ethnologische Auskunft, machte mir Mitteilungen über die angesehenen

(L. Frobenius phot.)

Tafel 2.

Aus dem Felsenlande bei Bandiagara; Skelett des Lebendigvermauerten (im Vordergrunde)
über dem Toten (das dunkel verhüllte Paket im Hintergrunde) im Grabturme von Dogo.

Leute, die ich in den nächsten Dörfern treffen würde, und bemühte
sich dann offenkundig, auch über meine geistlichen Funktionen etwas
zu erfahren. Denn soweit reichte sein Wissen und seine Erfahrung
doch nicht, daß er imstande gewesen wäre, von der Erkenntnis meiner
geistigen Interessen das Manko meiner geistlichen Betätigung ohne
einen Abstrich am Ansehen meiner Person abzuziehen. Er war sichtlich mißgestimmt darüber, daß sein Amtsbruder so gar nichts von
unseren sonstigen Funktionen berichtete, und nur ein umfang-
reicheres Geschenk an Steinperlen und Stoff brachte ihn aus der
Enttäuschung wieder ins Gleichgewicht. Dann kam auch Nansen,
um mich abzuholen; wir nahmen Abschied, stiegen hinab, betrachteten noch einen Maskentanz, der uns zu Ehren aufgeführt
wurde, und nahmen ein Frühstück ein.

Dann gab ich das Signal zum Abmarsch. Die Leute liefen
zusammen, die Lasten wurden aufgeladen, — ich ritt den Zug ab,
und dann setzte sich die Expedition in Bewegung.

□   □

Nach Osten zu ritten wir um die vorgeschobenen Kegel, an
deren Schutzwall und Füße angeschmiegt Dogo lag, und näherten
uns wieder der großen Steilwand, der Falaise, an deren Fuße sich
der Weg nach Kani-Bonso hinzog. Wiederum konnte ich mich von
der großartigen Fruchtbarkeit des Tallandes, das von zahlreichen
Abflußrinnen durchzogen und mit herrlich gedeihenden Hirse-,
Sorghum- und Maisfeldern bedeckt war, überzeugen. Wir kamen
an ein tief gefurchtes Bachbett, und dann wiesen die Führer zur
Falaise empor: „Dort oben liegt Kani Bonso.“

Ziemlich mühsam klommen die Pferde und Träger bis etwa
zur halben Höhe die ganze Steilwand empor, dann sahen wir vor
uns eine weit ausgestreckte Plattform, über die ausgebreitet die
Gehöfte des Dorfes von Kani Bonso lagen. Im Hintergrunde, nach
Norden zu, ragten über dieser vorgeschobenen Platte, die nur hie
und da durch wenige Meter hohe Felsmassen, abgestürzte oder aus-
gewitterte Steintrümmer einen fesselnden Formwechsel erhielt, die
höheren Türme des oberen Teiles der Falaise empor. Von hier
aus konnten wir schon zwischen diesen aufsteigenden Massen den
Spalt sehen, der in das Totental von Kani Bonso führte.

Sogleich wies man uns ein gutes Quartier an, ein Gehöft,
dessen im Bammanastil erbautes Eingangshaus für unsere Behaglichkeit und Aufstellung der Betten sehr geeignet war, während
in den engen und dumpfen Innengebäuden die Bagage und der
Stab der Kolonne vorzügliche Unterkunft fanden. Gegenüber dem

Eingange war auf dem Felsen ein auf steinernen Pfeilern ruhendes
Schutzdach gelegen, das durch mehrere Meter hoch aufgeschichtetes
Sorghumstroh den darunter lagernden Trägern ausgezeichneten
Schutz gegen die auf diese Felswand glühend nieder= und von ihr
zurückstrahlende Sonnenhitze verlieh. Es war ein so vorzügliches
Lager, wie man es in den, zumal in der Regenzeit, verfallsüchtigen
Habédörfern nur finden konnte. Da nun der Dorfhäuptling außerdem
bald Hühner und Hammel sandte, wozu sein Vertreter die baldige
Einlieferung umfangreicher Kost für die Leute versprach, so nahm
der Aufenthalt in diesem alten Felsenneste von vornherein einen
so befriedigenden und behaglichen Charakter an, daß ich der Weiter=
entwicklung der Dinge mit Vertrauen entgegensah.

Nachdem der fürstliche Vertreter ein kleines Geschenk, der Koch
die Speisenfolgebestimmung und Nege seine Erkundungsaufträge er=
halten hatten, machten Nansen und ich es uns bequem. Bald kam
denn auch mit einer großen Menschenmenge der alte Häuptling
an, um sich vorzustellen, unsere Gemütlichkeit zu teilen und zu
erhöhen. Es war ein dicker, Wohlbehagen und Zufriedenheit um
sich verbreitender alter Herr, der mich in jeder Richtung an meinen
alten Freund Kasimba, Fürst eines Bapendestammes am oberen
Kassai, erinnerte. Dabei hatte er ebensowenig wie jener Veran=
lassung zu unbeschränkter Behaglichkeit, der dicke alte Sybarit litt
nämlich am Zipperlein und war nicht einmal imstande, allein zu
gehen. Die Ursache war auch gar nicht schwer zu erkennen, denn
er begann sogleich Alkohol zu erbetteln. Der französische Kom=
mandant hätte ihm öfter Alkohol gesandt, er sei überhaupt ein
ausgezeichneter Freund der Franzosen, — er habe den Franzosen
vor wenigen Jahren bei der Eroberung dieses Gebietes geholfen
und dafür eine Medaille erhalten, — er liebe den europäischen
Alkohol, und erhalte ihn auch von seinen Freunden, — ich sei sein
Freund und deshalb solle ich ihm Alkohol geben, — außerdem habe
aber einer seiner liebsten Leute eine kleine Geschlechtskrankheit, —
es habe nichts weiter auf sich, — aber sie wäre nun einmal da,
und da ich auch da wäre und vielen Menschen gute Arzeneien gäbe,
sollte ich gegen die kleine Geschlechtskrankheit seines Lieblings nur
auch ein wenig Medikamente herausrücken, — ich solle wohl auf=
merken, daß er selbst nicht geschlechtskrank sei und somit nicht selbst
das Medikament brauche, aber immerhin sollte ich nur ein wenig
mehr Medikamente geben, als für die Behandlung eines einzelnen
Falles nötig wäre, denn seine jungen Leute wären nun einmal
immer verliebt und ließen sich oft mit herumziehenden Weibern

ein, was bedauerlich und folgenreich sei, — außerdem hätte er die
Fünffrankenstücke der Franzosen so gerne, so sehr gerne, — dann
hätte er auch für sein Leben gern ein Gewehr, — die Franzosen
gäben so sehr ungern Gewehre fort, — sie seien doch aber so
hübsch, so sehr hübsch, — und so plätscherte der Alte weiter über
das Stoppelfeld seiner „bescheidenen Wunschlosigkeit" hin. Denn
solche Leute betonen dann noch immer die Bescheidenheit, die ihnen
ganz speziell eigen sei.

Ich konnte dem Alten aber unmöglich böse sein. Er brachte
das alles, Alkohol, — Medikament, — Silbergeld, — Gewehr und
andere Wünsche so treuherzig behaglich heraus, und lag dabei so
zyklopenhaft plump hingegossen zwischen den Gliedern seiner Untertanen, daß wir unser weibliches Vergnügen an diesem Ausbund
der Bescheidenheit hatten. Es sei hier übrigens gleich alles, was
zur weiteren Charakteristik dieses stimmungsvollen, echten Neger-
potentaten dient, hinzugefügt. Zunächst ermahnte ich ihn erst einmal, ordentlich Essen für die paar hundert Menschen der Kolonne
zu schaffen. Dann müsse er mir doch einmal erst die übliche Masse
an Hirsebier schicken. Er sah das ein, versprach und beteuerte
gleichzeitig, daß große Armut herrsche und niemand mehr Sorg-
hum für Bierbereitung hätte, — aber er wolle es beschaffen. Ich:
dann solle er auch alles, was ich geben könnte (wozu Flinten nicht
gehörten) erhalten. Er: Ich sei ein generöser Herr und solle
wenigstens Medikamente, Fünffrankenstücke und Alkohol nicht vergessen. Dann wälzte er sich stöhnend empor und ward von den
Trabanten, die ihm als Unterlage für Kopf und Glieder gedient
hatten und ganz steif geworden waren, fortgeschafft. Das Essen
für die Leute kam gegen Abend, ebenso auch ein Topf Hirsebier,
gleichzeitig aber auch der Herr Fürst, der so lange bettelte, bis
wir ihm erlaubten, den größten Teil selbst zu trinken, was er denn
auch schnell vollzog, und dann recht beweglich und infolge der durch
Alkohol herbeigeführten Anästhesie herabgeminderter Schmerzhaftig-
keit der Glieder abwankte. Ich bekam aber noch mehr mit ihm
zu tun. Nach einiger Zeit kam seine erste Gattin, eine ältere Dame,
und brachte Nege eine Extraschüssel guten Brei. Das gab Veranlassung zu einem Gespräch zwischen den beiden, in dessen Verlauf die würdige Matrone Nege bat, ja für die Medikamente bei
mir fürzusprechen. Der es nötig habe, sei kein Mann des Dorfgewaltigen, sondern der hohe Herr selbst, — es sei ganz schrecklich
mit dem alten Herrn, — er hätte doch nun so nette und liebe
Frauen, die ihm gern alles zuteil werden ließen, was er wünsche,

aber das genüge ihm nicht, — wie ein alter Ziegenbock sei er
hinter jeder Diullafrau her, die durch Kani Bonso käme, da hätte
er denn doch natürlich von Zeit zu Zeit so 'eine kleine Krankheit! — Na also!

Später wurde ich übrigens über den alten Herrn sehr ärgerlich. Während er selber auf die Heilung seines „kleinen" Leidens
so bedacht war und mir deswegen einen Bettelboten nach dem
anderen sandte, sagte er mir kein Wort davon, daß eine seiner
Töchter an Malaria todsterbenskrank darniederlag. Erst am anderen
Morgen, nach ihrem in der Nacht erfolgten Tode, hörte ich davon.
Das war der echte, negerhafte Egoismus, der mich zur Empörung
brachte, — ein Gefühl, über das ich auch im Laufe meiner Reise
nie hinwegkam. Man begegnet solchem schoflen Egoismus allzu
häufig, als daß man imstande wäre, eine wohlwollende Beurteilung
dieser Rasse unentwegt aufrecht zu erhalten. —

■ ■

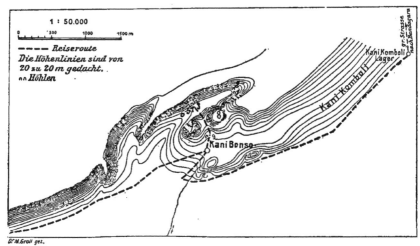

Das Totental bei Kani Bonso.

Siebzehntes Kapitel.

Die letzten Schädeltürme.

Nachdem wir ein frugales Mahl zu uns genommen hatten, machte ich mich mit meinen Capitas und Führern auf den Weg zu einem ersten Besuche der Gräberhöhlen Kani-Bonsos. Wir stiegen die kahlen Platten hinauf zu dem Spalte, der in jenen Parallel- einschnitt der Falaise führt, für den ich den Namen Totental vor- schlage. Die Natur hat hier alles getan, um eine so gewaltige monumentale Großartigkeit der Landschaft zu schaffen, wie sie dem Plateaugelände Afrikas allzu selten eigen ist, und hat so einen gigantischen Bau errichtet, dessen Stil mit seiner nackten Größe der Höhen und lieblichen Ausschmückung der Tiefen ungezwungen die Gedanken zur Anlage einer Totenstadt herausforderte. Wie wunderbar wirkt solche seltene und gelegentliche Unterbrechung im ewig abgeflachten Afrika! Fürwahr, für den, der des öfteren und längeren in diesem Erdteile umhergezogen ist, wird es etwas Selbst- verständliches, daß diese Länder trotz der territorialen Nähe alter und andernorts in Lapidarmonumenten erhaltenen Kulturen immer wieder jene ethnographisch gleichförmigen Wassersuppen bieten, aus

deren fehlender Würze wir mit Mühe schließen müssen, welche
kümmerlichen Speisereste reicherer Tafeln den Grundstoff lieferten.
Solche Gleichförmigkeit der Bodenbildung muß in diesen Kulturschichten unbedingt Einförmigkeit, mindestens im Aeußeren, er-
zeugen, genau so wie jeder Reisende, wenn er sich auch während
der Fahrt mit aller erdenklichen Feinfühligkeit in die Differen-
zierung der Erscheinungen vertieft hat, im Grunde genommen als
Endergebnis aus diesem Teile des Erdteiles sicher das Bild der
verhältnismäßig charakterlosen und farblosen Einheit, die nur selten
durch einige helle Noten unterbrochen wird, heimbringt.

Wie erfrischend kraftvoll springen aus diesem Einerlei der
Plateaulandschaft die Felsenmassen der Falaise im Gebiet der Homburiberge hervor. Und als selbstverständlich, meine ich, müßte jeder,
der aus Kani-Bonso den Paßweg nach Norden hinaufsteigt, das
bestimmte Gefühl haben, nun komme etwas Besonderes, nun stehe
ihm ein hier ungeahntes Ereignis bevor. Nackt und kahl schmiegen
die Glieder, aus denen nach rechts und links die Felswände auf-
wachsen, sich an die Steinplatten, auf denen Kani-Bonso steht. Man
steigt in walbiger Schlucht auf und hat dann ganz unvermittelt,
nach rechts und links hingezogen, vor sich das Totental, oben eine
kahle Felsenmasse, unten ein freundliches, grünes Paradies, mit
Bäumen und einigen Feldern, durch die sich hie und da keck auf-
blitzend ein Quellbächlein hinzieht.

Die Felsenwände sind horizontal geschichtet. Festeres Gestein
wechselt mit weicheren Massen ab, die dann durch Wind und Wasser
ausgewaschen sind. So haben sich im Laufe der Zeit in fast gleicher
Höhe, mehrere Meter über der Talsohle, mehrfach Höhlen gebildet.
Deren Entstehung ist zumeist dadurch zu erklären, daß die Regenmassen sich erst mittels feiner Vertikalrisse durch die oberen festen
Schichten einen Weg gefurcht haben, die lockeren Schichten durch-
drangen und dann über die Decke der darunter liegenden festeren
Gesteine absickerten oder abflossen. Sobald das Wasser einmal ein
solches, auf die Talwand zuführendes Vertikalkanälchen geschaffen
hatte, spülte es nach der Höhe und zur Sette sich weiter in das
weichere Gestein hinein und bildete aus dem Kanälchen einen Kanal.
Und diese Kanalauswaschungen in den lockeren Gesteinschichten, das
sind die Grabhöhlen, die teils kürzeren, teils tieferen, teils flacheren,
teils höheren Naturbauten, in denen die Habé ihre Grabkammern
einrichteten. Nirgends gab auch nur die geringste Spur ein Beweis-
mittel dafür an die Hand, daß eine Menschenhand diese Natur-
höhlen künstlich bearbeitet, geschweige denn geschaffen hätte.

Im ganzen vermochte ich in der Gegend von Kani-Bonso sieben verschiedene Gräberplätze aufzufinden, von denen nur der erst nachher zu beschreibende von den Leuten selbst mir gezeigt wurde. Vier Stellen befinden sich in dem Totental, eine am Paß, eine in der nordwestlich über Tenguru aufsteigenden Mauer, und eine letzte in der Steilwand südlich der Ortschaften, also über der Straße, die wir nach dem Verlassen Kani-Bonsos nach Kani-Kombole zu ein-schlugen. An diesen sieben Stellen stellte ich zehn verschiedene Grabesplätze fest, von denen 1 bis 9 auf der Kartenskizze eingetragen sind. Von diesen konnte ich 9 und 10 aus Mangel an Mitteln (bei dem großen Trägertroß kostete jeder zwischen den einzelnen Hauptlagern verbrachte Tag einige hundert Franken) nicht unter-suchen. Besonders bei 10 dürfte eine reiche Ausbeute zu gewinnen sein, da hier anscheinend noch weitere Plätze verborgen liegen.

1 und 2 stellen Türme von etwa 2 m Höhe dar. Sie sind seinerzeit von Desplagnes geöffnet und als Fig. 140 in seinem ersten Werke abgebildet worden. Die Erhaltung der Bauwerke war ausgezeichnet. Ein jeder Turm war mit einem Türloch versehen, das gerade genügte, meinen Körper hindurchzulassen, als ich in Schlangenweise hineinschlüpfte. Das Türloch war nach oben mit einem eingemauerten Horizontalbrett gegen den Druck der darauf lastenden Mauer geschützt. Geschlossen war es durch Einfügung einiger Steine, die aber nicht mit Lehm verkittet waren. Der französische Leutnant hatte diese Türme geöffnet und nach Angabe der Eingeborenen den Inhalt durcheinandergewühlt. Es sah aller-dings wüst genug darin aus. Ich glaube aber, daß die Herren Habé selbst hier gründlich gewirtschaftet haben. In dem Turme Nr. 1 fand ich die Skeletteile von etwa 40 Leichen und entnahm ihm 30 noch wohlerhaltene Schädel. Fernerhin barg das Innere zwei kleine Nackenstützen, die zwar recht alt, aber anscheinend nie gebraucht, also wohl für die Bestattung hergestellt waren. Der Inhalt des zweiten Turmes bot insofern einen Unterschied, als die Toten hier ursprünglich in Matten eingelegt worden waren, von denen ich ein Stück beifügte. Die Totenzahl mochte etwa 50 be-tragen. Ich barg 33 Schädel und 3 Unterkiefer.

Hinsichtlich dieser beiden Türme ward mir mitgeteilt, daß es sehr alte Bauwerke seien, deren Urheber die Vorgänger der jetzt hier hausenden Habé-Tommo-Togo gewesen wären. Der Volks-mund sagt, es seien Leute aus Djenne gewesen, die diese Bauten errichteten. Des ferneren wird behauptet, daß die in diesem Turme Bestatteten nur sehr angesehene, heilige Männer gewesen seien,

Ogone und Lagams. Endlich behaupteten einige, in dem einen
Turm seien nur Weiber, im anderen lediglich Männer bestattet
worden; aber niemand konnte mir sagen, welcher der Männer= und
welcher der Weiberturm sei. Die Untersuchung der mitgebrachten
Schädel muß über die Wahrheit dieser Behauptung Aufschluß
bringen. Weiterhin wird auch der Nachweis erbracht werden müssen,
ob sich ein Unterschied feststellen läßt zwischen den Schädeln, die
als Habé=Djenne= und denen, die als Habé=Togo=Ursprunges an=
gesehen werden.

Absolute Angaben betreffs des Alters waren natürlich nicht
zu erzielen. Die Bezeichnung uralt sagt gar nichts. Einen An=
haltepunkt gibt lediglich die Behauptung, daß die Djennes vor
Eintreffen der Togo am Platze von Kani=Bonso saßen. Das würde
recht weit zurückgehen, nämlich entweder auf den Exodus, der mit
der „Mohammedanisierung" Djennes, etwa um das Jahr 1000 er=
folgte, oder auf jene Auswanderung, der sich viele Einwohner
Djennes nach der Eroberung der alten Stadt durch die Songai=
Fürsten anschlossen. Bemerkenswert ist aber fernerhin der Er=
haltungszustand der Bauwerke und des Inhaltes. In beiden Be=
ziehungen nötigte mir der Eindruck, den Turm 1 machte, die An=
sicht auf, daß dieser ganze Bestand als ein „jüngeres" Gut zu
bezeichnen sei. Die Mauern waren in trefflichem Zustand, die Ein=
lagen an Holz und Matten sahen ganz und gar nicht alt aus. Wenn
ich daran denke, wie die angeblich etwa gleichzeitig entstandenen
Bauten bei 6 oder gar erst die allerdings weiter zurück datierten
Funde bei 7 waren, so konnte ich mich zunächst auf Grund solcher
Erwägung nicht der Ansicht verschließen, daß die Einlagerung dieser
Relikten vor nicht allzu langem Zeitraume erfolgte. Erst später
und am zweiten Untersuchungstage drängte sich mir eine entgegen=
gesetzte Ueberzeugung auf, der ich nachher gerecht werden will.

An der zweiten Stelle, gegenüber dem Paßausgang, fand ich
die drei recht verschiedenartigen Schädelstätten 5, 4 und 3.
Eine sehr hohe, mehrere Dekameter tiefe Höhle war aus der weichen
Steinmasse ausgewaschen, — sehr deutlich erkennbar, so schön, wie
nur ein ausgewählter Lehrfall symptomatisch klar ausgebildet sein
kann. Im Hintergrunde der vorn viel breiteren als hohen Aus=
höhlung stieg ein großer Schutthaufen von Felstrümmern auf.
Die Feuchtigkeit deutete schon an, was der Ueberblick noch deut=
licher zeigte, daß hier das Wasser von oben die festere Oberschicht
durchbohrt und sich einen Weg in die weichere Schicht gebahnt hatte.
Dabei zersetzte das Wasser das Gestein gerade an der Austritts=

Tafel 3. (L. Frobenius phot.)

Aus dem Felsenlande bei Bandiagara; der Weg in das Totental von Kani Bonſo.

stelle mehr und mehr, und so war jener Schutthaufen zu erklären.
Die hier bei stärkeren Regenfällen durchbrechende und durch die
Höhle abfließende Wassermenge soll bedeutend sein, was durch alle
sonstigen Merkmale durchaus bestätigt wird. Da somit die Sohle
der Höhle von Zeit zu Zeit von fließendem Wasser überspült ist,
versteht es sich leicht, daß die anscheinend so günstige Gelegenheit,
in ihrem Hinterteile Grabbauten aufzuführen, nicht ausgenutzt
wurde. Sie wären immer nur von kurzem Bestande gewesen, und
leicht fortgespült worden. Es bot sich hier auch viel bessere Gelegenheit.

Diese Höhle stellte sich nämlich nicht etwa als ein einförmiges
sack- oder schallrohrartiges Gebilde dar. Es waren hier vielmehr
mehrere Schichten ausgewaschen, und da die Ausspülung natürlich in der Mitte sich nach unten eingefressen hatte, so waren zu
den Seiten bankartige, mannshoch liegende Stufen erhalten geblieben. Diese Galerien waren natürlich gegen die Abflußwasser
und Geröllverschiebungen geschützt und somit geeignet, die Grabbauten aufzunehmen. Die Grabkammer 3 war eigentlich keine
Grabkammer. Die große Höhle war nach Süden in die Felsmasse
hineingebuchtet, und in dieser Bucht lief in der Höhe von etwa 2 m
eine durch Tropfwasser regengossenähnlich ausgewaschene Galerie
von nicht einmal 1 m Tiefe. Auf diese Galerie hatte man vordem
die Leichen gelegt, und dann einfach eine Steinmauer auf dem
Vorderrand der Bank errichtet, wodurch sie, von der großen Höhle
abgeschlossen, in einem eigenen Raume versteckt gehalten wurden
und den wilden Tieren nicht mehr zugänglich waren. Diese gemauerte Abschlußwand war verwittert und das Steinwerk in die
Galerie wie auf den Höhlenboden gefallen. Trotzdem war das
frühere Vorhandensein dieser Lehm- und Steinscheide noch deutlich
erkennbar. Die Skeletteile lagen ziemlich wild durcheinander. Ich
konnte bei Nr. 3 dieser Galerie 11 Schädel und 2 Unterkiefer entnehmen.

Ganz andersartig und vollkommen intakt erwies sich dagegen
die an der Südwestecke auf dem Galerieeck errichtete Grabkammer 4.
Eine meiner Aufnahmen zeigt die Anlage bedeutend besser als lange
Erklärungen. Es war ein aus Felsblöcken mit Lehmverkittung her-
gestellter hohler Turm, der der Anlage des Grabes von Dogo und
der beiden Baulichkeiten 1 und 2 am Ostende des Totentales entsprach,
nur war der Bau niedriger. Die nach oben durch ein grob behauenes
Brett begrenzte Türöffnung war mit geschichteten Steinen verschlossen. Nachdem diese herausgenommen waren, sah ich sogleich,

18

daß im Vordergrunde eine in gut erhaltener Lage befindliche
Gestalt ausgestreckt war. Im übrigen war das Bild das gleiche
wie in Tonio. Nach dem Hintergrunde des Grabturmes zu waren
die Knochen aller verwitterten Leichen zurückgeschoben worden, sobald
der Zerfall eines Eingelagerten beendet war und infolge neuen Todes=
falles im Vordergrunde wieder Platz zu frischer Einlagerung be=
nötigt wurde. Dadurch war im Hintergrunde eine höhere Auf=
häufung kunterbunt durcheinander liegender Knochenreste ent=
standen, der ich nachher eine Reihe von 15 Schädeln entnehmen
konnte.

Vor allen Dingen zeigte es sich aber bei näherer Unter=
suchung, daß die zuletzt gelagerte und eingemauerte Leiche in dem
ausgezeichneten Zustand vollkommener Eintrocknung oder Mumi=
sierung erhalten war. In den Baumwollstoff, der sie umhüllte,
waren eine Mütze und das Modell einer Hose aus eigengewebtem
Stoffe eingefügt. Die Tatsache, daß diese Beigaben fast in ur=
sprünglichem Weiß und nur an der Ecke von gelblichem Verwesungs=
wasser getränkt waren, läßt mich fast darauf schließen, daß die
Leiche vor der Bestattung irgendwie präpariert war, wenn ich auch
sonst nichts Näheres in Erfahrung bringen konnte. Es versteht
sich von selbst, daß dieser wertvolle Fund mitgeführt wurde.

Wenige Meter westlich der großen Nr. 3 und 4 bergenden Höhle
fand ich dann noch in der Höhe der Galerien kanalartige, tief aus
dem Innern der Felsmasse herauskommende etwa 1 m im Durch=
messer haltende Kanäle und Nischen, deren alte Vermauerung stark
verwittert und eingefallen war. Dieser Nischenanlage wurden
14 Schädel und 1 Unterkiefer entnommen.

Die Habé=Kani=Bonso gaben an, daß alle Toten der Gräber
von 3 bis 5 dem eigenen Togovolke zugehört hätten und hier
durch ihre eigenen Vorfahren beigesetzt worden seien. Seitdem
hätte man — auch schon vor langer Zeit — die Grabkammern
bei 8 erbaut, welche die heutigen Toten aufnähmen. Ich kann
meinerseits diesen Gräbern aus folgendem Grunde kein so be=
deutendes Alter beimessen. An dem unteren Rande einer meiner
Aufnahmen dieses Tales kann man links nahe der Mitte auf dem
Boden der Höhle im Vordergrunde einige miteinander verbundene
Stangen erkennen. Dies ist eine Tragbahre. Eine ganz gleiche
lag in der Höhle von Dogo, und mehrere gleiche fand ich in der
heutigen Grabhöhle 8 des Totentales von Kani=Bonso liegen.
Die gleichen Bahren sah ich auch später bei den Bassariten ver=
wendet, um die „Seelen" der Toten fortzutragen. — Auch in den

Bestattungsgrüften der Habé-Tombo sind diese Geräte Totenbahren, und eine jede wird nach der Beisetzung an Ort und Stelle hingeworfen, wie sie ist, und liegen gelassen. — Die Tatsache nun, daß diese locker genug gebundene Bahre noch in der Höhle liegt und nicht zerfallen und fortgespült worden ist, beweist mir, daß der letzte Tote, allem Anschein nach die heimgebrachte Mumie, noch nicht länger als wenige Generationen hier liegen kann.

Ferner lagen hier im Vordergrunde der großen Höhle mehrere Töpfe, die umgestülpt und durch Herausschlagen eines Bodenstückes unbrauchbar gemacht waren. Allem Anschein nach haben die Leichenträger und Totengräber nach der Bestattung sich in ihnen gewaschen, was in diesen Ländern durchaus üblich ist. Die Ränder der ausgeschlagenen Oeffnungen zeigten nun nur leichte Verwitterung und noch nicht jene Altersfarbe, die ich an den Topfscherben der Grabstätten bei 6 sah. — Der Bestand an Leichenteilen bei 3 und 5 ließ mich darauf schließen, daß hier höchstens 250 Tote von den Togo beigesetzt sind, was nach den mehrfach angestellten Umfragen auf eine Frist von etwa 200 Jahren schließen läßt, während der diese Stelle als Begräbnisplatz gedient hat. Es soll in diesen Grabstätten, in denen nur angesehene Leute und nie Kinder begraben sind, — jährlich selten mehr als ein Toter Aufnahme finden. Dabei nehme ich an, daß noch etwa die Hälfte aller Skeletteile durch Wasser und Raubzeug (das, nach der Losung zu schließen, in dieser Höhle gut eingebürgert war), verschleppt wurde. Da nun angeblich seit etwa 50 Jahren hier nicht mehr beigesetzt wurde, so haben wir in den 56 geretteten Schädeln die Reliquien aus einer Periode vor uns, die etwa die Jahre 1650 bis 1850 umspannt, und danach würden die Skeletteile der Gräber 1, 2 und 6, also der Leute aus Djenne, der Zeit vor dieser Periode entstammen. Diese Berechnung ist sehr vage, muß aber doch als Provisorium so lange eine gewisse Beachtung beanspruchen, bis wir genauere Daten für die geschichtliche Gruppierung dieser so gut wie unhistorischen Habé-Tombo erhalten.

Die Grabanlage Nr. 6 wurde also auch den Djenneleuten zugeschrieben. Der zuletzt besprochenen Gruppe gegenüber sieht sie alt und zerfallen genug aus. — An der Stelle wo sie angelegt war — mehrere Mannshöhen über der Talsohle — buchtet sich die nördliche Talwand und beschreibt einen großen, flachen, nach Süden offenen Bogen. Es ist ziemlich schwierig, zu der Stelle emporzugelangen, denn die Felswand steigt von unten ziemlich schroff auf, bis sie einer mächtigen, durch Wind und Wasser geschaffenen

Aushöhlung Platz macht, in der die alten Grabkammern angelegt
waren. Als Höhlung, nicht als Höhle, muß diese Vertiefung be=
zeichnet werden. Ein aus dem Hintergrunde herausbrechendes
Wassergeäder fehlt. Am nächsten kommt man dem Bilde, das sich
hier bietet, wenn man sagt, daß hier ein mehrere Meter breiter
Absatz, eine Art Plattform gebildet ist, die vom Fels mit großem
Bogen überwölbt wird. Wegen der Erörterung der meteorologischen
Einflüsse ist es mir wichtig, den Tatbestand möglichst klar vor
Augen zu führen.

In dieser Aushöhlung also bemerkt man die arg ausgebauchten,
zerfallenen Reste zweier mächtiger Grabkammern, die an Umfang
größer gewesen sein müssen als die üblichen, etwa 180 cm Durch=
messer spannenden Totentürme. Der Boden der leicht ausgeschälten
Plattform war mit lehmigem Staub und Sand bedeckt, in dem
die Skeletteile höchst verworren durcheinanderlagen. Es mochten
sich hier die mehr oder weniger gut gehaltenen Reste von etwa
50 Schädeln befinden, von denen aber keiner mehr auch nur in
einiger Nähe zu seinen anderen zugehörigen Skeletteilen sich befand.
In einem Winkel lag ein ganzer Berg Schädel, in einem anderen
ein Haufen anderer Knochen. Man sah ganz deutlich, daß die
Witterung, Tiere und auch Menschenhände schon öfters und lange
Zeit hindurch abwechselnd bei der Störung der Ordnung mitgewirkt
hatten. Daß die Leute aus Kani=Bonso den Ort, wenn auch viel=
leicht selten, besuchten, bewies die Tatsache, daß in der Mitte der
Plattform ein Feuerplatz mit jungen Aschenteilen war, und daß
ich in der Mitte der Aushöhlung gemauerte Bienenhäuser fand,
die erst vor noch nicht allzu langer Zeit hier angebracht sein konnten.

Irgendwelche Matten oder Stoffe waren nicht zu finden, wohl
aber entdeckte ich ein kleines Töpfchen und ein hölzernes Gerät, das
sehr eigentümlich war. An einem geschnitzten Holzblock, der einer
Nackenstütze nicht ganz unähnlich war, ragte zur Seite ein Stiel
heraus, das Ganze aus einem stärkeren Stamme geschnitzt, von dem
ein Ast abzweigte und für den Stiel benutzt worden war. Eine Er=
klärung des Gebrauches dieses Stückes vermochte ich nicht zu er=
halten. Nach allen meinen Erfahrungen gibt es im Westsudan nur
zwei Sorten gut beglaubigter, häufiger anzutreffender Grabauf=
lagen, nämlich erstens Nackenstützen — und um eine solche kann es
sich bei diesem Stücke nicht handeln — und zweitens Hackenstiele.
Auch der Ursprung letzterer Art kommt wohl hier nicht in Betracht.
Es erscheint aber wichtig, der Sache nachzuspüren. — Ueber die Lage
der Knochenreste sprach ich. Ihre Erhaltung war sehr übel. In einem

Teile hatten sich die heillosen schwarzen Wespen eingenistet, die es mir sehr übel nahmen, daß ich ihre Häuser anrühren und mitnehmen wollte. Zunächst stachen sie mich, was mir wochenlang Schwellung und Schmerzen im Nacken und an den Oberarmen eintrug. Dann wurde ich gewitzigt und verspundete die Hinterhauptlöcher der letzten bewohnten Schädelhäuser. Es wurden 26 Exemplare verpackt.

Zuletzt entdeckte ich die Grabhöhle 7, die sehr hoch in der ausgewitterten Schichtung des Felskegels auf der Westseite des Passes (gegenüber der Stelle, wo auf der Ostseite in alten Zeiten Kani-Bonso gelegen hatte), angelegt war. Das Gestein war hier mächtig angegriffen, und wir konnten nach Touristenart in einer Art Kamin, einem Vertikalriß, aufsteigen. Auch hier war keine eigentliche Höhle, sondern nur eine Aushöhlung benutzt, in die in alten Zeiten ein Turm eingesetzt war, der, fast ganz zerfallen, nur noch kurze Mauerstümpfe als Wahrzeichen einstiger Vollkommenheit und sehr gut gefügten Mauerwerkes aufwies. Die Plattform war nur schmal, und das Herumhantieren nicht ganz ungefährlich. Die Knochenreste von mindestens 50 Toten waren wild durcheinander gewühlt und sehr hoch aufgeschichtet. Auch Reste von Matten, wie ich sie sonst nur in der Grabkammer 2 fand, waren vorhanden. Vor allen Dingen aber waren alle Knochen merkwürdig weiß. Alle Schädel waren so bleich, wie man sie ohne vorherige Präparation nur in Romanen findet. Ich barg 23 Schädel. — Neben der noch in Trümmern erhaltenen Kammer scheint früher noch eine zweite gestanden zu haben.

☐   ⊡

Damit schließe ich den direkten Fundbericht ab, werfe aber die Frage auf, aus welchen Zeiten und von welchen Stämmen diese Reliquien stammen! Man kann gleich von vornherein sagen, daß bis auf weiteres eine genaue Feststellung nicht erzielbar sein wird. Dazu sind die Angaben, mit denen wir zu rechnen haben, allzu unbestimmt. Ich versuchte bereits eine Datierung der Schädel aus Nr. 3 bis 5. Als widersprechendes Merkmal der zeitlichen Bauanlage kam ich zunächst zu dem Schluß (S. 272), daß dem äußeren Eindruck nach die Grabkammern nicht in der von den Eingeborenen angegebenen Reihenfolge entstanden sein können. Von diesem Widerspruch zwischen Behauptung und Eindruck will ich ausgehen.

Die Angabe der Alten von Kani-Bonso datierte die Höhle folgendermaßen:

1. Periode vor der Einwanderung der Djenneleute; Zeit der Stadtbildung des Djemmalandes: Grabstätte 7, — ein Grabturm erhalten, ein zweiter verweht oder fortgespült.

2. Periode der Einwanderung der Djenneleute, angeblich Zeit der Stadtanlage auf dem der Gräberstätte 7 gegenüberliegenden Felsen: zwei ältere Grabtürme, die heute zerfallen sind, bei 6, zwei jüngere, die glänzend erhalten sind (viel besser als die jünger datierten Gräber von 5, 4 und 3), bei 1 und 2.

3. Periode der heutigen Togo, die aus der Ebene gekommen sein sollen (?): ältere, recht zerstörte Grabanlagen 3, 4 und 5, die seit 50 Jahren nicht mehr benutzt sind, teilweise in sehr schlechtem Zustand; jüngere Anlage, zwei Grabkammern bei 8, die seit etwa 50 Jahren die Toten aufnehmen.

Als Rassenzugehörigkeit ward dazu vermerkt: die Leute der ersten Periode sollen Djemma, d. h. angeblich reine Songai, die der Djennezeit gemischte Songai, die der dritten Periode Mande gewesen sein. Um diese Angaben noch weiter zu vervollständigen, sei bemerkt, daß ich in der Geschichtsüberlieferung eine Legende aufzeichnen konnte, derzufolge die Togo, als sie nach Kani-Bonso kamen, die Sitte einführten, die Leichen in der Haut eines eigens zu diesem Zwecke geschlachteten Ochsen beizusetzen, und zwar in einer besonders hierzu bestimmten Höhle eines bestimmten Namens, in der der Sage nach noch heute solche Mumien aufgefunden werden. Dies wäre ein sehr wichtiger und interessanter Anhaltepunkt, wenn es gelänge, diese Höhle, die reichlich mit Erde ausgefüllt und mit vielen Scherben bedeckt sein soll, aufzufinden. Mir ist das nicht gelungen. Ja, ich zweifle daran, ob man diese Höhle auch unbedingt in dieser Gegend suchen muß. Die Legende ward mir in Bandiagara erzählt. Gleiches hörte ich auch aus dem Sandsteinverfallgebiet im Mandelande. Damit ist zunächst nur die gemeinsame Legendenkenntnis und die gleiche Erinnerung an verflossene Sittenform gegeben, nicht aber der Beweis, ob sie gerade da geübt worden sein muß, wo die Legende ihr Samenkorn niederlegte. Ich habe es mich selbstverständlich keine Mühe kosten lassen und in jeder Weise dieser Höhle nachgespürt, da der Fund solcher „Mumie" von ungeheurem Wert sein müßte. Aber die Kani-Bonso leugneten und behaupteten, das wäre nur eine Rederei der Bandiagaraleute. Also müssen wir diese Sache bis auf weiteres ausschalten und uns an das Material halten, das mit der Tradition wirklich in Verbindung zu bringen ist.

Der Chronologie der Eingeborenen entspricht die Erhaltung der Denkmäler und Reliquien nicht. Die Reihenfolge der Tradition ist:

7, 6, 1/2, 3/4/5, 8. Der Erhaltung nach würde man aber in gleicher
Reihenfolge, d. h. mit dem Aeltesterscheinenden beginnend, anordnen:
7, 6, 5/3, 2/1, 4, 8. Dieser äußere Eindruck aber täuscht, und zwar aus
folgendem Grunde: Ich bitte noch einen Blick auf die Kartenskizze zu
werfen, und sich zu vergegenwärtigen, daß alle Tornados, Sandstürme
und Gewitter von Osten kommen! Danach wäre 1/2 am weitaus besten
geschützt, was mit dem Tatbestande der Erhaltung vollkommen übereinstimmt. Aber nicht nur gegen Tornados sind die Grabtürme durch
die Felswand gedeckt, sondern auch gegen jede Form durchsickernden
und strömenden Regens, — denn im Hintergrunde der Plattform,
auf der sie unter weit überhängendem Felsen angelegt sind, befindet
sich ein mächtiger Vertikalriß, der ihren Standort auf Meterent-
fernung durch seine mehrere Meter tiefe Klüftung absondert.

Die zweite Stelle zeigt in 3 und 5 arg mitgenommene Gräber,
in 4 ein gut erhaltenes. An dieser Stelle stellen die Sicker- und Tropfwasser eine zerstörende Kraft dar, die in den Galerien und Nischen
langsam aber sicher wirkte. Gegen die Gewalt der Tornados
schützte genügend die weitüberhängende Decke der Höhle, so daß
das Gebäude 4, das den von innen kommenden Auswaschungen
nicht ausgesetzt war, in gutem Zustande verblieb.

Schlimm dagegen erging es den Grabtürmen bei 6. Ich betonte schon oben, daß wir es hier nicht mit einer Höhle, sondern
nur mit einer Aushöhlung zu tun haben, die allerdings unter Sicker-
wasser nicht zu leiden scheint, aber den Ostwinden und ihren Beigaben ziemlich offen steht. Diese müssen sich in dieser Höhlung fangen.
Nun sind meiner Erfahrung nach die Sickerwässer den Mauern, die
Tornados den Skeletteilen gefährlicher.— Mit der Lage nach Osten
hin haben wir demnach die weiße, bleiche Farbe der Schädel in
Höhle 7 zu erklären, deren Mauern trotz des hohen Alters überhaupt noch erhalten sind, weil auch hier keine Sickerung, vielmehr
nach jedem Unwetter wieder gute Austrocknung erfolgt.

Somit führt uns diese Betrachtung der geographischen Lagerung zum mindesten zu der Schlußfolgerung, daß der heutige Zustand
der Denkmäler der Eingeborenen-Chronologie nicht widerspricht.
Ja, es dürfte nicht so schwer sein, sogar gewisse Bestätigungen zu ver-
merken. 1/2 und 6 sollen aus der gleichen Periode, vom gleichen
Volke stammen. Tatsächlich zeichneten sich die Grabbauten hier nicht
nur gleicherweise durch ihre Größe aus, sondern ich fand an beiden
Stätten Reste der gleichen Matten, wie sie heute in Kani-Bonso nicht
hergestellt werden. Die Leute gaben mir mehrfach übereinstimmend

an, daß diese Matten heute nur noch durch Händler zu erlangen seien,
die nach Silaſſo reisen und sie von Zeit zu Zeit aus diesem
Gebiet mitbringen. Eine etwas abweichende Matte fand ich in 7.
Die heutigen Togo bestatten nicht in Matten, sondern in selbstge-
webten Baumwollstoffen. So fand ich es in Songo, Tonio, Dogo und
im Grabturm 4 bei Kani-Bonſo.

Nachdem ich demnach zu dem Schluſſe komme, daß wir kein
Recht haben, die chronologiſche Einordnung der Eingeborenen zu bezweifeln, mag die zweite Frage, ob wir auch eine absolute Zeit-
umgrenzung vornehmen können, besprochen werden. Ich habe mich
oben mit dieser Frage schon beschäftigt und will das dort Gesagte
hier nur näher begründen. Die Berechnung beruht auf der Angabe,
daß in diesen Grabkammern immer nur angesehene Leute beigesetzt
werden, und daß selten mehr als alle ein bis zwei Jahre eine Leichen-
bestattung dieser feierlichen Form vorkommt. Die meisten Toten
werden kurzerhand im Tale verscharrt, ohne daß man großes Auf-
hebens macht. Kinder angesehener Leute kommen in die Grabhöhle 9,
„damit sie die alten nicht beläſtigen“. Nun fand ich bei 3 bis 5
die Reste von etwa 100 bis 125 Skeletten. Und da zwei Grabstätten
ganz offen waren und eine von ihnen aus den Resten zweier zu
beſtehen schien, während eine letzte früher noch in der östlichen Gallerie geweſen sein soll, so bestand die ganze Anlage vordem wohl aus
ſechs Grabspeichern. Erfahrungsgemäß hat jeder Turm dieser Art etwa
50 Leichen aufgenommen, was zusammen also gegen 300 Tote
ergeben würde. Da die Höhlengräber nun hier teilweise geöffnet
und ganz zerſtört waren, so nehme ich an, daß ein großer Teil der
Relikte verschleppt oder fortgeschwemmt iſt. Wenn ich also 250 Tote
und für je vier Jahre fünf Tote annehme, so erhalte ich die oben ge-
wonnene Begrenzung von 200 Jahren. Seit 50 Jahren iſt die
Grabstätte nicht benutzt, und dergestalt kommen wir zu der Annahme, daß diese Gräber etwa von 1650 bis 1850 angelegt worden
ſind.

Mit gleichem Rechnungsverfahren komme ich nun dazu, die
Gräber der Djenne-Leute 1/2 und 6, zusammen vier große Grabtürme mit je etwa 50 Toten Inhalt auf etwa 200 Tote und einen
Zeitraum von etwa 150 Jahren anzunehmen, so daß diese Türme in
der Periode von 1500 bis 1650 angelegt sein mögen und die letzten
Funde bei 3 als aus der Periode vor dieser Zeit stammend an-
zuſehen wären.

Hiermit will ich durchaus nicht behauptet haben, daß ich mit dieser
Datierung das Richtige getroffen habe. Ich will selbst sogleich alles

Tafel 34.   (£. Frobenius phot.)

Aus dem Felfenlande bei Bandiagara; die in den Höhlen am Felfen=
abhange eingefammelten Schädel werden zu Tale geschafft.

anführen, was höchst unsicher ist. Vor allen Dingen kann ich nicht
mit Bestimmtheit angeben, ob ich alle Grabstellen der letzten Periode
aufgefunden habe. Ich glaube es nicht einmal, obgleich ich das Tal
selbst abgesucht und meine Leute noch obendrein auf die Suche aus-
geschickt habe. Weiterhin können sehr wohl einige ungünstig angelegte
Gräber schon ganz abgeschwemmt sein, wie man z. B. in einigen
Jahren von dem Grabe 7 nur noch sehr wenige Reste wird auffinden können. Wenn die Zerstörung erst einmal soweit fortgeschritten ist, wie hier, dann ist die gänzliche Vernichtung wohl auch
nicht mehr fern. — Weiterhin halte ich die Angabe: „nicht mehr als
jedes Jahr oder jedes zweite Jahr eine Person" für recht zweifelhaft
genau. Ueber so große Zeiträume vermag nicht einmal unser an Beobachtung, statistische Vermerkung, Berechnung und Erinnerung ge-
wöhnter Kopf Durchschnittsziffern von größerem Werte anzugeben,
um soviel weniger diese Leute, die gewohnheitsgemäß die Beobachtung
der letzten Jahre als Norm des Vorkommens überhaupt zu verwenden pflegen. — Weiterhin: wenn die Eingeborenen behaupten,
die alten Grabtürme seien zum Teil deswegen noch so gut erhalten,
weil man sie bis vor kurzem immer emsig ausgebessert habe, so sind
auch hier Zweifel erlaubt. —

Wenn ich obige Berechnung trotz all dieser Ueberlegungen aufgestellt habe und zum Abdruck bringe, so geschieht das, weil damit
aus eigener Beobachtung und Forschung heraus ein Fingerzeig gegeben ist, in welcher Richtung vielleicht den sicheren Resultaten einmal
nahezukommen ist. — Die wissenschaftliche Betrachtung der etwa
150 Schädel selbst, die mitgebracht wurden, wird ja lehren, ob wirklich
ein Unterschied zu machen ist zwischen den „Togoschädeln", den
„Djenneschädeln" und denen jener, die vorher hier gewohnt haben.
Daß in der Bestattung in Stoff oder Matte ein Unterschied besteht,
habe ich schon gezeigt. Viel wesentlicher ist dem gegenüber aber die
im Prinzip gleiche Turmvermauerung der Leichen und Magazi-
nierung der Skelette, die in bestimmten Kleinigkeiten überall übereinstimmt. So muß es z. B. jedem der Leser dieser Zeilen auffallen,
daß fast stets zwei Leichenkammern nebeneinander, oder doch, wenn
eine verschwunden war, ihre letzten Reste nachzuweisen waren. Die
paarweise Aufstellung erinnert uns an die paarweise Darstellung
der Figurenbildnerei der Habé. Fast stets sind Mann und Weib gemeinsam repräsentiert, — ganz genau wie bei den Tim. Vielleicht
hängt das mit dem paarweisen Auftreten der Gräbertürme, in deren
einem vielleicht die Männer, im andern die Frauen der höheren
Schichten aufbewahrt waren, zusammen. Jedenfalls darf dieser Ge-

danke bei der Untersuchung der Schädel nicht aus dem Auge ver=
loren werden. — —

In der Grabhöhle bei 10 sollen Leute aus anderen Ortschaften
beigesetzt worden sein.

□   □

25. September Kani=Kombole. Doch die nicht gerade auf
Rassen=, Schädel= und Geschichtsforschung eingestellten Leser werden
weiblich genug von dieser Schädeljagd gehört haben, die — das kann
ich verzeichnen — auch mir keine angenehme und liebe Arbeit war.
Nach drei Märschen in das Totental begann ich jenen gewissen Ekel
vor mir selbst zu empfinden, den wohl jeder intensiv arbeitende
Forscher ethnologischen Faches in diesem Lande fürchten lernte. Von
Tieren zerstochen, mit fauliger Schmutzkruste überzogen, jedes Stück
der Kleidung klebrig, — ekelhaft! Nach solcher Arbeit können nicht
einmal Bürstenwäschen mit Sand und Bimsstein ganz das Gefühl der
eigenen schlimmsten Verschmutzung beseitigen. Zwei Gerüche habe
ich wochenlang nicht aus der Nase verlieren können: den Duft, der
in den durch Jahrhunderte von Fledermäusen bewohnten und luft=
losen Moscheen herrscht, und das Odeur der Grabkammern der Habé.

Dann noch die Verpackung der Schätze. Jeder Schädel wurde
fest in weiße Leinewand eingebunden, einmal, um ihm größere Halt=
barkeit zu verleihen, dann, um es zu vermeiden, daß die sorgsam
geretteten Zähne herausfallen und verloren gehen könnten. Hans
Virchow hatte mir diese Sorgfalt besonders ans Herz gelegt, und
da mir der Wert der Sache durchaus einleuchtete, so tat ich alles, was
ich konnte, — aber mit schwerem Herzen sah ich doch auch wieder
einen Meter nach dem anderen, ein Stück nach dem anderen der
weißen Stoffe verschwinden und einen Ballen meines beliebten Tausch=
artikels draufgehen. Die Mühe hat sich aber gelohnt, denn das ganze
Material kam in gleich gutem Zustand in Berlin an, wie ich es in
dem Homburigebirge den Felsengräbern und der bedingungslosen
Zerstörung entrissen habe.

Einmal nimmt aber auch in Afrika jede schwierige und un=
angenehme Arbeit ein Ende. Endlich standen insgesamt 30 Lasten mit
Schädeln, in Körbe und wasserdichte Umhüllung fein verpackt, bereit,
und auch ich fühlte mich wieder leiblich gereinigt.

Troß 1 bis 3 waren schon am 24. September nach Bankassi vor=
ausgesandt. Mit den Zügen 4 und 5 marschierte ich selbst am Morgen
des 25. September im Tagesgrauen zu Tale. Am Fuß der Falaise
angelangt, zogen wir in Ostnordost=Richtung hin und erreichten schon

nach einer Stunde Marsch den Lagerplatz von Kani-Kombole, womit
wir an der großen Verkehrsstraße Bandiagara-Wahiguja angelangt
waren. Kani-Kombole liegt in einer Einbuchtung der Steilwand. Ich
kehrte mit meinen Kletterkameraden nochmals einen Kilometer zurück und sammelte in den etwa 50 m hoch gelegenen älteren Gräbern
noch 23 Schädel. Es waren Anlagen in niederen Spalten, wie
in Songo. Die niederen Schutzmauern sind an den alten Gräbern
nicht mehr vorhanden, und die neueren Anlagen wurden natürlich
nicht geöffnet. Der Reihe nach lagen hier in einer Schichthöhe
bezw. in einer Horizontalspalte von West nach Ost nebeneinander
I (zerstört, nur noch wenige Skeletteile enthaltend), II (zerstört und
ohne Skelettrelikte), III (neu) und IV (am besten erhalten). Drei
Schädel wurden in Längsspalten gefunden, in die sie „verweht"
oder durch Klippschiefer verschleppt waren, die hier in größerer
Zahl angetroffen wurden.

Aber auf Schädel von Kani-Kombole war mein Sinn eigentlich
weniger gerichtet. Schon in Bandiagara hatte man mir von einem
sehr einflußreichen Ogon erzählt, der hier in einem sehr altertümlichen Tempel wohnen sollte. Daß der Mann aber schon vor Wochen
gestorben und begraben war, das hörte ich in Kani-Bonso, weshalb
ich sogleich den Weitermarsch nach Bankassi anordnete. Aber der
alte Tempel stand noch.

Kani-Kombole bietet von allen mir bekannt gewordenen Habé-
ortschaften die malerischsten Bilder. Die Steilwand ist hier einge-
buchtet, und in dem großen Bogen zieht sich die Ortschaft, aus saftig
grünen Feldern und Baumgruppen aufsteigend, über den Geröll-
schutt aus mächtigen Felskloben bis in die anstehende Steinmasse
hinein. Die Felsen hängen hier teilweise weit über, und zu alleroberst
ist gerade unter dieser monumentalen Ueberdachung das Heiligtum
des Kanigebietes errichtet. Es ist ein ziemlich niederes Gebäude im
Bammanastil, das mehrere nebeneinander liegende, teilweise unter dem
Felsen gelegene Kammern enthält. Der Reiz des Bildes wird dadurch
erhöht, daß just über dem Tempel oben in die Felswand einige dienen-
korbartige Speicher eingemauert sind, daß einige Bäume der toten
Stein- und Lehmfarbe lebendige Dekoration verleihen, und daß die
Tempelwand außen mit allerhand Tier- und Menschenfiguren im
Relief versehen ist. Dieser Reliefschmuck wird dadurch noch wir-
kungsvoller, daß seinen Gestalten durch dunkelroten Anstrich eine
leuchtende Plastik gegeben ist. Solche plastischen, stuckähnlichen Arbeiten sind in allen, dem Bammastil verwandten Bauarten des östlich
des Nigerbogens gelegenen Landes und nicht zum wenigsten

bei denen des Habélandes nachweisbar. Aber solche Wirkungskraft
fand ich nirgends zwischen Senegambien und Togo. Die Dar=
stellungen waren durchgehend symbolischer Natur.

Nachdem dies Bild genügend gewürdigt, das Ganze dem Objektiv
und einige Einzelheiten durch Nansen dem Skizzenbuch an=
vertraut waren, begab ich mich in das Innere. Einerseits machte die
nach dem Tode des Inhabers eingetretene Ordnung und der unge=
hindert fortschreitende Verfall einen traurigen Eindruck. Anderer=
seits aber erhielt ich aus dem gleichen Grunde bei dieser Gelegenheit
die Möglichkeit, einmal ein solches Heiligtum vollständig durchzu=
stöbern. Außer dem üblichen Hausrat gab es verschiedene recht merk=
würdige Dinge, wie einen geschnitzten Stützbalken, der im Aller=
heiligsten aus einer reichlich mit Blut besprizten Opferbank von
Lehm emporragte. Dann fand sich ein Reibstein mit steinernen Ge=
räten, angeblich ein (mir unverständlich gebliebener) Orakelapparat,
und vor allem entdeckte ich unter einem darübergestülpten Topf ein
Bündel vielfach zusammengewickelter Stoffe, deren eingehende Unter=
suchung eine Doppelfigur aus Holz, Mann und Weib auf einem
gesattelten Pferde, ans Tageslicht brachte. Das war ein köstlicher
Fund. Der Ogon, sein alter „Besitzer", war gestorben, also erklärte
ich mich sogleich bereit und gewillt, dieses alte Stück aus der Erb=
schaftsmasse zu erwerben.

Die guten Habé waren über diese Erklärung nicht wenig frappiert
und sahen sich recht verdutzt an. Ich erkundigte mich nach dem Erben,
vermochte aber keine Antwort zu erzielen. Nege trat wieder in
Funktion und besprach die Sache im Hintergrunde mit einigen Alten.
Die erste Preisforderung war „fünfzig Francs", aber „man müsse erst
noch die alten Damen des Dorfes fragen." Da sie nicht zugegen waren,
erklärte ich mich dahin, sogleich 10 Francs an Ort und Stelle
bezahlen, die Figur wieder einpacken und in mein Lager mitnehmen
zu wollen. Gesagt, getan! Ich nahm von dem wackligen, alten Tempel
Abschied und zog mit meiner Beute in das Lager, das inzwischen für
die Mittagsrast ausgezeichnet hergerichtet war, und in dem der Koch
eine „ausgezeichnete" Hühnersuppe schon bereit hielt.

So billigen Kaufes kam ich aber nicht davon. Prompt erschien
zur Mittagszeit ein Haufe von etwa 30—40 alten Weibern mit einem
Viktualiengeschenk und der Bitte, die Figur wieder herauszugeben,
da sonst, ich weiß nicht, was für ein Unglück über die Frauen des Dorfes
kommen würde. Da erwachte wieder der alte Zwiespalt zwischen
Gutmütigkeit auf der einen, wissenschaftlicher Erwerbspflicht und
— Begierde andererseits, und das alte Ringen um ein Verständnis bei

den Eingeborenen begann wieder einmal. Reden und Angebote einer=
seits, Abneigung, Ablehnung, Gegenreden andererseits, dann Ge=
schenke und wieder Geschenke, dazu Scherzworte, Ersatzratschläge und
endlich Eroberung durch Lachen.

Als wir 1 Uhr 14 Minuten nach dem Abmarsch unserer Leute
die Pferde bestiegen und Abschied nahmen, waren die alten Damen
über die Maßen vergnügt, tanzten jubelnd und riefen uns zum Abritt
lustige Scherzworte zu.

□   □

26. September Bankassi. — Wir waren in süd=südöstlicher
Richtung von Kani=Kombole abmarschiert und langten um 3 Uhr im
Lager von Bankassi mit dem versammelten Trosse der Kolonne I an.
Uns umwendend sahen wir in Westnordwest die Steinwand als mäch=
tige Mauer entschwinden. Wie schmerzlich war es mir, von diesem
interessanten Gebiete Abschied nehmen zu müssen und nicht noch weiter
in dieser Richtung forschen zu können! Aber es ging nicht an, daß die
französische Regierung, der wir so reichen Dank schuldeten, durch
unsere Dazwischenkunft in ihrer Verwaltungsarbeit gestört würde. Ade
Falaise! Mit deinem Entschwinden nahm für mich die fröhliche Zeit
der Forschung im Nigerbogenland ein Ende. Vor mir lag die Trauer.—

Die Bodenbildung ist hier sehr bemerkenswert. Von dem Augen=
blick ab, in dem man nach Süden hin die Felswand verläßt, trifft man
am Wege keinen Felsblock, geschweige denn einen Geröllwall mehr an.
Zunächst senkt sich das Land etwas zu einem flachen, ausgemuldeten
Graben, dessen Abfluß angeblich im Westen, in dem Bassariland, in
einer Felsschlucht verschwindet, um den Niger auf unterirdischem Wege
aufzusuchen. Danach steigt man zu einer Welle auf, die mit der Kamm=
höhe von etwa 10 Metern über der Muldentiefe parallel zur Falaise
verläuft, und der dann gleichlaufend noch eine ganze Reihe gleicher,
kaum merklicher Falten bis Bankassi folgt. Abgesehen von diesen
Parallelschwellen senkt sich nach meinen Aneroid=Beobachtungen
das Land vom Fuß der Steilwand bis Bankassi um ungefähr 40 Meter.

In Bankassi mußte es nach Desplagnes Mitteilungen eine ganz
besonders wertvolle Quelle geben, einen alten Ogon, der in der
Stammessage besonders beschlagen war. Mit dem wollte ich konfe=
rieren. Von Mali Tall war ich allerdings schon in Korikori darauf
aufmerksam gemacht worden, daß ich meine Hoffnungen nicht zu hoch
spannen dürfe, denn seines früheren Herrn Angaben müßten meiner=
seits falsch aufgefaßt sein; der alte Herr in Bankassi habe nicht

soviel Weisheit gespendet, wie man erhofft hätte. Immerhin machte ich doch einen Versuch.

Unter Ogon wolle sich der Leser einen Richter im klerikalen Sinne etwa eines alttestamentarischen Priesterstaates vorstellen. Die Richter haben zumeist weltliche Pflichten und Gerechtsame, und verfügen über einen annähernden, wenn auch durchaus nicht gleichen Einfluß wie die Lagame. Nachdem wir am 25. in unserem sehr schlechten Lager gründlich eingeregnet waren, sandte ich zunächst Nege und meine Habé-Dolmetscher aus, damit diese die nötige Verkehrsgrundlage vorbereiteten. Sehr spät abends kam Nege recht bedrückt wieder. Der Richter hatte das Geschenk wohlwollend angenommen, sich zu allem bereit erklärt und nachher in der Zwiesprache — gänzlich versagt.

Wir machten uns dennoch am Morgen des 26. zur feierlichen Visite auf und trafen den Mann auch wohlvorbereitet in seinem nach jeder Richtung von Ordnungssinn und Wohlhabenheit zeugenden Gehöft an. Es war ein freundlicher älterer Herr in den besten Jahren, der in keiner Weise verschlagen oder listig dreinschaute, vielmehr ein so ehrlicher und biederer Bauer vom Patriarchentyp war, wie man ihn nur immer im Habélande antreffen kann. Mit gutmütigem Grinsen erklärte er sich zu jeder Auskunft bereit, bestätigte die Bekanntschaft Maki Talls und ließ dann, von schnödem Mammon verlockt, alle seine Weisheit fließen. Ich bekam nun in historischen Dingen alles das, alle die naiv primitive Weisheit und Geschichtsauffassung zu hören, die ich schon in Mopti und Bandiagara, in Togo und Kani-Bonso, überall in gleicher Weise, zu hören bekommen hatte. Dabei quälte er sich entschieden, alles zu geben, was er wußte. Aber es wurde nichts rechtes. Dann ging ich auf religiöse Dinge über und forschte auf diesem Gebiet. Das Resultat war noch kümmerlicher. Er bestritt entschieden, ein geistlicher Hoher Priester im Sinne Desplagnes zu sein, und erkannte, wie jeder vorher danach befragte Habé, die höhere Würde dem Lagame zu.

Nun schlug ich den anderen, hier nur noch übrigbleibenden Weg ein. Ich fragte ihn erst nach dem Ursprung der „einsilbigen" Völker, dann nach anderen ähnlichen Mitteilungen des französischen Offiziers. Da machte der alte, gutmütig grinsende Herr ein so dummes Gesicht, daß ich fürs erste überzeugt abbrach. Wir versicherten nun also gegenseitig uns unsere Freundschaft und Hochachtung, und dann kehrte ich in das Lager zurück.

Einige Stunden später kam der Richter dann mit einer Reihe alter Herren, um meinen Besuch zu erwidern. Wir sprachen

wieder über alles, was mein Herz bewegte und nach meiner Auf=
fassung der Arbeiten Desplagnes von ihm ausgegangen sein mußte.
Aber er blieb Reserve und schüttelte den Kopf fast noch bedenklicher
als ich selbst. Am Nachmittag unternahmen wir dann noch einen
gemeinsamen Spaziergang und plauderten über alle die guten Dinge
wieder und wieder. Der Erfolg blieb derselbe. Am Abend wanderte
dann wieder Nege und die Habé wie noch einige inzwischen nach
Bandiagara eingetroffenen Fulbefreunde zu dem alten Herrn und
preßten wiederum an der Zitrone herum, — immer mit gleichem Miß=
erfolg.

Ich schied also aus dem Habélande mit der Ueberzeugung, daß
einer von uns beiden hintergangen sein müsse, Herr Desplagnes oder ich.

Landesübliche Begrüßung.
Skizze von Fritz Nansen.

Achtzehntes Kapitel.

Zum ersten Mossikönige.

27. September ab Bankassi, um 5 Uhr 36 Minuten hinein in den frischen, feuchten Morgen, immer in gleicher Entfernung von der Falaise, deren immer gleichmäßig schöne Linie parallel zu unserer Route den Horizont bildet. Es ist plattes Land. Hie und da liegt seitwärts ein Dorf, gebildet aus verstreuten Gehöften. An diesem Tage ging es nur bis nach Koborro-Kenje, am anderen aber über Korro bis nach Kirri, und an diesem Tage verloren wir die Steilwand bald aus den Augen.

Das Gebiet, das wir an diesen beiden Tagen durchzogen, heißt Tjemma oder Djema oder Djemma, und dieser Name wird, je nach= dem ein Fulbe, ein Songai oder ein Burdam ihn ausspricht, auch

noch in Gemma, Semma uſw. umgewandelt. Es iſt fraglos ein
fruchtbares, wertvolles Land, und mit Verwunderung nimmt man
wahr, daß außer den in kleinen bedeutungsloſen Dörfern angeſiedelten
Habé nur Vieh züchtende Fulbe es bewohnen und durchſtreifen. Alle
dieſe Leute, Habé wie Fulbe, ſind freundlich und ſo beſcheiden, ja ein
wenig unterwürfig, daß unter Berückſichtigung der ſparſamen Bevölkerung und geographiſchen Lagerung eine Ahnung von ver-
heerenden Stürmen der Vergangenheit ſich aufdrängen muß. Das
Land trägt den Ausdruck des Geneſungsſchlummers nach ſchwerer
Kriſe, und anders kann man auch den Frieden nicht verſtehen, der
hier atmet.

Aber nicht nur das. Vielmehr wird der aufmerkſame Beobachter
ſchon wenige Stunden, nachdem er in das Land Djemma eingetreten iſt, eine Erſcheinung wahrnehmen, die eine überwältigend
deutliche Sprache redet. Je weiter man in das Gebiet eindringt,
deſto mehr fallen die mächtigen Sirra-Bäume, die Baobabs auf,
die in mehr oder weniger deutlich erkennbarer Gruppierung und
Anordnung auftreten. Nach dem Verlaſſen von Koborro-Kenje nimmt
die Fülle der alten Steppenrieſen derart zu, daß es zuweilen ſchwer
iſt, zu ſagen, wo eine ſolche Gruppenzuſammengehörigkeit aufhört,
und wo eine neue beginnt. Denn das kann ohne weiteres als
feſtſtehende Tatſache gebucht werden: Wir haben es hier mit alten
Anpflanzungen zu tun, und in dieſem Sinne ſind die Baobabs des
Djemmalandes Monumente, Merkmale, aus deren Anlage und Erhaltung wir Schlüſſe ziehen können, die für die Beurteilung der
Vergangenheit dieſes Landes ungemein bedeutſam ſind.

Der Sirra (Mande) oder Kuka (Hauſſa) iſt kein wild und nach
unbeeinflußten Naturgeſetzen im Sudan vorkommender Baum. Der
Baobab gilt überall, wo er angetroffen wird, als angepflanzter
Baum, deſſen Früchte und Blätter als Speiſezutaten und Medikamente ſehr geſchätzt ſind. Daß dieſe mir häufig wiederholte Angabe auf Richtigkeit beruht, dafür habe ich eine mindeſtens ebenſo
häufige beweiſende Tatſache gefunden. Zunächſt beſitzen alle alten
Städte ſolche Bäume. Wo auf dem Mande-Plateau die Bäume
iſoliert in der Steppe ſtehen, dort findet der Umſchauhaltende auch
meiſt ſehr ſchnell in der Nähe Mauerreſte, Scherden und andere
Belege einer untergegangenen Kulturſtätte. Sehr häufig aber ſind
die Sirras auch in geraden Reihen oder auch in einem Kreis angelegt, der in alten Zeiten die Ortſchaft umgab. Solche Baum-
ringe oder -Alleen traf ich zumal in der Kankan-Ebene wie im
Süden Farakas, alſo in zwei Zentren alter Stadtkulturen. Die

19

alten Bäume Segu-Korros, die in der Höhe von Bitons Palast
heute noch wohlgeordnet ihre imponierenden Leiber gen Himmel
recken, werde ich nicht vergessen. Endlich weiß auch der Bardengesang von solchen Baumanlagen zu vermelden.

Heutzutage sind solche Anpflanzungen kaum mehr gebräuchlich.
Der Kulturgalopp der Neuzeit hat auch die Sudanstämme gepackt
und reißt sie mit sich fort. Und ebensowenig wie ein Menschenleben beanspruchender Pyramidenbau begonnen wird, ebensowenig
wird ein Sudanfürst — ganz abgesehen von der in solchem Werke
sich aussprechenden Machtfülle — auf den Gedanken kommen, seine
Residenzstadt mit einer Baobab-Anpflanzung zu umgeben, die doch
erst nach einem Menschenalter eine wenig bemerkenswerte Entfaltung erreicht. Nur im Küstenstreifen zwischen Dakar und
St. Louis sah ich noch junge Baobabs häufiger, und hier repräsen-
tierten sie eine wirtschaftliche Unternehmung, sicher aber nicht das
Aussterben monumentaler Ausgestaltung.

Aber gerade, weil die heutige Sudanwelt solche Schöpfungen
nicht mehr zeitigt, und weil wir annehmen dürfen, daß die Ueber-
führung in das moderne Lebenstempo durch die mohammedanische
Wirtschaftswelle erfolgte, gerade deswegen gewinnen diese Baumriesen für uns ein doppeltes Interesse. Es gibt zumal auf dem
Mande-Plateau eine Unmenge von Ortschaften, deren Namen nach
einem oder mehreren alten, ihre Silhuette charakterisierenden
Bäumen gebildet ist, so Sirrakorro (d. h. neben einer Adansonie),
so Banankorro (d. h. neben einem Bombax), Dialakorro (d. h. neben
einer Cailcedra) usw. Das beweist uns immer, daß wir es mit
einer Bevölkerung zu tun haben, die eine oder mehrere alte Be-
völkerungs-Perioden abgelöst hat, die wahrscheinlich eine alte Ruine
neu belebte und nun keinen besseren Namen für die Ortschaft hatte,
als eben den nach dem das Stadtbild charakterisierenden Baum.
Somit können wir aus solchem Tatbestande eine historische Wellen-
bewegung erkennen, aus deren Flutungen die mächtigen Baumkronen standhaft ihre Häupter emporrecken und berichten, daß dieser
Boden schon in alter Zeit eine Stadt ernährte, daß Menschen unter
ihrem Schatten wandelten und ruhten.

Diese alten Baobabs aber beweisen auch wieder das, was mir
so sehr wichtig ist, und wofür ich eine ganze Reihe von Beweisen
gesammelt habe, daß nämlich die Städtebildung im Sudan eine
durchaus vormohammedanische und noch vielmehr vorarabische Erscheinung außerordentlicher historischer Tiefe ist. Wir wissen nämlich, daß die Sitte der Baobabpflanzung nicht nordischen und

jüngeren, sondern östlichen und älteren Ursprunges ist. Wenn nun
eine ältere französische Auslegung behauptet hat, daß die Sudan=
völker vordem einen halb nomadischen Lebenswandel geführt, ihre
Dörfer und Gehöfte immer mit dem Ackerwechsel und nach wichtigen
Todesfällen verlegt und erst von den Mohammedanern die An=
lage fester Städte gelernt hätten, so widerspricht dem unbedingt
diese Sitte der Baumgürtel. Denn solche Anpflanzungen erfolgten
sicherlich von Leuten, die gewohnt waren, wenn auch nicht selbst,
so doch in ihren Nachkommen Nutzen aus dem Pflanzungswerke
zu ziehen, also von Städtern.

Und Städte müssen unbedingt in diesen Baumkreisen gelegen
haben. Bei vielen können wir noch die kreisförmige Anlage an der
Stellung der Baobabs erkennen. Ich glaube sogar mehrfach wahr=
genommen zu haben, daß die Stadtplätze über dem umgebenden
Gelände erhaben waren. Es waren das gerade die Flächen, die
von den mächtigen Bäumen umgeben waren. Die Anlagen sind
ungemein umfangreich und dürften von 1 bis zu 5 km Durchmesser
sich ausdehnen. Es fiel mir auf, daß ich nirgends einen Brunnen
sah. Die Eingeborenen berichteten mir aber, daß sie mehrere Stellen
kennten, die stark eingesenkt seien und eingestürzte Brunnen dar=
stellten. In Tu, wo wir vom 29. bis 30. Oktober lagerten, wurde
mir ein Brunnen gezeigt, der eine erstaunliche Tiefe hatte. Mit
einem Faden von 30 m kam ich noch lange nicht auf die Wasser=
fläche. Er war in einen felsenharten Lateritboden*) gegraben und
repräsentierte somit ein ganz außerordentliches Werk, wie ich es
den heutigen Eingeborenen auf keinen Fall zutrauen kann.

Aber auch sonst weist dieses Land Spuren alter Vergangenheit
auf. Mehrfach ritten wir über kleine Hügel und teilweise arg ab=
geschwemmte Bodenerhebungen, die mit ihrer roten Farbe und dem
ungemein hohen Gehalt an Topfscherben sich als echte Tumuli er=
wiesen. Es waren Hügelgräber, die im Kleinen dasselbe Bild zeigten,
wie die mächtigen Erdpyramiden Farakas. Das also läßt uns schon
auf die ethnische und kulturelle Zugehörigkeit der verschwundenen
Bewohner der Landschaft Djemma schließen.

Es sei aber gleich hier erwähnt, daß dies nicht die einzige
Bestattungsform ist, deren Zeugnisse sich aus alter Zeit noch er=
hielten. Vielmehr bergen die alten Baobabs noch hie und da wert=
volle Reliquien, Schädel und andere Skeletteile von Menschen. Die

---

*) Es ist zu bemerken, daß ich seit dem Verlassen der Falaise in der Umgebung
von Tu zum ersten Male das Lateritbohnerz antraf.

19*

Bäume sind zum Teil kunstgerecht zu solchen Totenschreinen hergerichtet und etwa in Mannshöhe mit einem Eingangsfenster versehen. Allerdings behaupten einige Eingeborene, es wären hierzu
natürliche Astlöcher benutzt, aber wir wissen sehr wohl, daß an verschiedenen Stellen des Westsudan von einer ganz bestimmten Volks-
schicht heute noch solche Baumhöhlen künstlich angelegt werden. Ich
selbst habe im Lande Djemma keine Schädelfunde in den Baumhöhlen gemacht, sandte aber, sobald ich in Wahiguja vom Vorhandensein noch unberührter Grabbäume hörte, Nansen nach Ban, wo
er dann auch eine hübsche Ernte an Schädeln einheimsen konnte.

Damit ist zweifache Bestattungsform für diese alten Djemma-
leute nachgewiesen. Das deutet aber nicht etwa ohne weiteres darauf
hin, daß sich hier zwei verschiedene Völkerschaften abgelöst haben,
sondern ist damit zu erklären, daß diese alten Bewohner in ähnlicher
Weise wie Mande und Wolof in Kasten zerfielen, die wie dort so auch
hier verschiedene Bestattungsweise übten. Das ist eine wichtige Feststellung als Grundlage für weitere Forschung, und somit erscheinen
uns die Baumriesen in doppeltem Sinne als wahrhafte Monumente
einer untergegangenen, wohlgegliederten Städtekultur.

Es ist nicht schwer, die kulturgeographische und kulturhistorische
Bedeutung des Landes Djemma zu charakterisieren. Im Nord-
westen liegt das Land der Felsenbewohner, geflüchteter Habé, im
Südosten die Steppe der raublustigen Mossi. Es bedarf keiner
Erklärung weiter, wer hier Verdränger und wer Verdrängter ist.
Das alte Kulturland Djemma ist eine leicht verständliche Erscheinung.
Es muß uns aber nicht nur als das Kulturland interessieren, aus
dem einige Habéstämme flohen, sondern auch als das, aus dem
die heutigen Mossi einen Teil ihres Kulturgutes und -blutes
geholt haben. — — —

□   □

Die Baobab-Gruppen reichen von der Falaise bis nach Wahiguja.
Diese Verbreitung deckt sich mit der alten Bezeichnung Djemma.
Und wenn man unter diesem Namen heute nur noch ein kleines
Landstück, das den Nordteil des alten Landes bildet, versteht, so
liegt das daran, daß die Mossi eine längere Zeit hindurch in weiterer
Ausdehnung nach Norden geherrscht haben, als heute. Südlich von
Wahiguja verschwinden die alten Bäume so gut wie ganz, wohl
ein Zeichen dafür, daß die eigentlichen Voltaländer an der städte-
gründenden Kultur Farakas keinen Anteil mehr hatten. Wir werden

fpäter fehen, wie anbersartig das Siedelungswesen der älteren Volta-
kulturen befchaffen war.

Inzwischen will ich aber meinen Reisebericht wieder aufnehmen.
Wir rückten fchnell vorwärts, — am 27. lagerten wir in Roborro-
Kenje, marfchierten am 28. erft bis Korro und bann noch bis Kirri,
wo uns fchlechte und fehr befekte Hütten ein Unterkommen boten,
fo daß ein nächtlicher Tornado uns gründlich einweichte. Zwei
Monate fpäter erft hörte ich, daß bei Korro, und zwar bicht bei
bem Rafthaufe eine Lehmgrube Gelegenheit zu Ausgrabungen bietet,
die fowohl alte Eifenfachen wie Steinwerkzeuge liefern. Hoffentlich nimmt fich ein Nachfolger biefer Sache an. Mit Kirri hatten
wir die Moffi-Lande erreicht; ein berittener Gardecercle kam uns
entgegen, um uns namens der Verwaltung zu begrüßen und die
Leitung der Lebensmittel= und Lagerbestellung zu übernehmen.

Von nun ab reiften wir ftets in Begleitung erft eines, bann
mehrerer folcher berittener Polizisten. Es war das eine rechte Wohltat für uns, denn wir erhielten baburch ben Eingeborenen gegenüber ben Stempel der Legalität. Nun brauchte ich bie Wünsche nach
Wasser, Brennholz, Lebensmitteln für bie Leute und Pferde fowie
auch Nahrung für uns felbft nur biefen landeskundigen Staats-
angestellten zu übermitteln. Sie forgten für prompte Lieferung
einerseits und bewahrten uns anderseits vor allzu hohen
Forderungen und Ueberteuerungen, ba fie mit Leuten und
Preifen in ihren Bezirken wohl vertraut waren. Außerdem er-
wiefen fie fich fpäter, als bas uns gestellte Trägerperfonal immer
fchlechter wurde, als ausgezeichnete Auffeher der Trägerkolonne, —
bis wir an bie deutfche Grenze kamen, an ber fie aus naheliegenden
Gründen verfagten.

Am 29. September zogen bie Kolonnen durch bie fonft ewig
gleiche Steppe, bie aber hier burch bie häufigen Baobabgruppen
eine fchöne Zierde erhielt. Als wir am 30. nach einem Marfche
von 1¼ Stunden Sanga erreichten, entdeckte ich zwifchen ben Hütten
und einer fumpfigen Niederung ein eigenartiges Denkmal. Mehrere
kugelig gefchliffene und einige konifch auslaufende fowie auch walzen-
förmige Steine waren zufammengefügt und ftellten eine Art kleinen
Altars bar, — eine Opferftätte, bie mehrere Spuren von Hühner-
und Ziegen(?)=blut erkennen ließ. Es war ein Léwe oder Laéwe,
bas fchönfte Steindenkmal biefer Art, bas ich zu Gefiht bekam,
und ich begann fogleich ben Verfuch, bie Sachen einzuhandeln. Mit
vieler Mühe gelang es, an biefem Tage wenigftens bie beften
Stücke zu erlangen. Von Wahiguja aus fandte ich bann fpäter noch

einmal zurück und eroberte noch das letzte der wertvollen Bestand-
teile. Sie befinden sich heute sämtlich im Museum für Völkerkunde in Berlin, dem die Rudolf-Virchowstiftung unsere Habé-Samm-
lung überwiesen hat.

Mit Sanga hatten wir die letzte, weit nach Süden vorgeschobene
Siedelung der Habé erreicht. Die einzigen, die als wirkliche Bevölkerung des südlichen Djemma-Landes angesehen werden können,
sind Fulbe, deren Viehzucht hier herrlich blüht. Da die leicht beweglichen Siedelungen dieser Hirten aber meist ziemlich weit vom Haupt-
wege angelegt sind, so macht das ganze Gebiet bis Wahiguja den
Eindruck starker Verödung. — Der Tagesmarsch vom 30. September
war der erste unserer scharfen „Mossiritte". Wir legten von morgens
5 Uhr bis nachmittags 5 Uhr 55 km zurück, und die einzelnen
durch Hilfsmannschaften in Tu und Sanga stark vermehrten Kolonnen
trafen erst um 9 und 10 Uhr abends ein. — Auch sonst charakterisierte sich dieser Tag sehr scharf als Einzug ins Mossiland.
Nachdem wir um Mittag herum das stark gefürchtete Volta-Quell-
gelände mit anstehenden, kalkhaltigen Sandsteinschichten erreicht
hatten, sahen wir um ½5 Uhr vor uns die Ebene, aus der die
Bäume und Häuser der königlichen Residenzstadt Wahiguja auf-
ragten, und gleichzeitig dicht vor uns einen Trägerzug mit mehreren
Reitern und einer Tragbahre. Alsbald kam uns ein weißer Beamter entgegen, der uns mitteilte, daß er seinen schwerkranken
Kameraden nach Bandiagara transportiere. — Oftmals später, wenn
ich an den Kranken- und Sterbebetten in Wahiguja, Wagadugu und
Tenkodugu saß, mußte ich daran denken, daß mir dieses Schicksal
durch die erste Begegnung im Mossilande gewissermaßen angedeutet
worden war. — — —

Ueber den mächtigen Platz der weit angelegten Station Wahiguja fegte schon der den Tornado verkündende Wind, als wir durch die
Königstadt ritten. Der Kommandant Perrier und ein junger Ver-
waltungsgehilfe empfingen uns aufs wohlwollendste, und so schnell
als möglich suchten wir ein Unterkommen. Es gab zunächst ein
herzliches Willkommen, denn hierher hatte ich den tüchtigen Mballa
Keita nebst Weib und einigen Knechten vorausgesandt. Sie hatten
einige Trägerzüge in schnellem Marsche hierher geleitet und zeigten
mir nun die in einem Lagerschuppen auf schützenden Stellagen
untergebrachten Ballen und Körbe, die Sammlungen, Tauschartikel
und allerhand Reservematerial enthielten. Da nun im Laufe des
Abends noch die anderen Trägerzüge der Hauptkolonne und am
folgenden der unter Mussa Dierra stehende Zug eintrafen, so war

damit bis auf dasjenige, was bei Hugershoff im südlichen Bobo-
lande weilte, das ganze derzeitige Expeditionsperfonal verfammelt.
Wahiguja follte meiner Beftimmung nach aber ein Raftort erfter
Ordnung werden, d. h. hier follte das gefamte Gepäck einer gründlichen Neuordnung und Unterfuchung unterworfen werden. In
Mopti war der uns zur Verfügung ftehende Raum fo befchränkt,
daß das Umpacken ausgefchloffen und fomit der größte Teil der
Bagage von Bamalo an, alfo die ganze Regenzeit hindurch, nicht
gelüftet war. Wir befanden uns übrigens am energifch auftretenden Ende der Regenzeit. Vom 30. September bis zum 8. Oktober hatten wir noch täglich zwifchen 1/25 und 1/26 Uhr den Ein-
faß eines gründlichen Tropengewitters zu verzeichnen und dann
keine Güffe mehr. Alfo: Auspacken, Lüften, Reinigen, Einmotten
und Ausrangieren. Es war wieder recht vieles verdorben und
darunter leider einige Ballen meiner beften Stoffe, die an einigen
Stellen durchgefault waren. Ich hatte mir fchon vor längerer Zeit
eine Hilfskolonne mit weiteren Taufchartikeln von Bamalo aus
beordert, die mich in Wagadugu oder Wahiguja erreichen follte.
Beim Anblick meiner zufammengefchmolzenen Schätze verfetzte mich
der Gedanke an den möglichen Verluft diefer Hilfskolonne in unangenehme Beängftigung. Denn da auch meine Geldverhältniffe
recht bedauerliche waren, fo war es mir nicht ganz klar, wie ich
bei einem etwaigen Wegbleiben der Bamaloer die Kolonne bis
Togo bringen follte. — — —

□   □

Intereffanter und angenehmer geftaltete fich fchon der zweite
Teil der Arbeit, das Studium der Moffi. Die Sudan-Stämme
waren mir bis dahin vertrant geworden als Städter, Bauern, Wander-
kaufleute, Barden, Handwerker, Wüftenwanderer, Hirten, Fifcher und
Jäger. Als am Morgen des erften Oktober der Herrfcher des Königreiches Jatenga an der Spitze feiner Würdenträger und Höflinge
über den weiten Platz auf unfer Wohnhaus zu herangefprengt kam,
um mir feine erften Grüße zu entbieten, da war es mir klar, daß
das für mich eine neue Erfcheinung war, — der Reiterkönig, der
Herr eines Reiteradels. Es war ein feffelndes Bild, das die bunte
Schar bot, und wenn ich auch fpäter in Wagadugu, Baffari und
Solode impofantere Reiterfpiele, pomphaftere Kleidung und größere
Reiterfcharen fah, fo war ich dann doch fchon zu fehr an folche
Bilder gewöhnt, um gleich aufnahmefähig zu fein, wie in Wahiguja.

Und mit Spannung sah ich all den Aufklärungen entgegen, die das Studium dieser Leute mit sich bringen mußte.

So sehr schnell ging es ja allerdings mit dem Ernten der wissenschaftlichen Garben nicht. Zunächst saßen die hohen Herren sehr steif und würdestrotzend umher. Besonders der Herr König war ganz und gar Gleichgültigkeit und Erhabenheit. Während die Großen seines Reiches sich ziemlich schnell meinen lockenden Schätzen ergaben und meine aus Bamako mitgebrachte letzte Flasche im Kreise umhergehen ließen, blieb der König einfach König, und das soll mir Veranlassung geben, einige Worte über afrikanische — ich meine innerafrikanische — Könige zu sprechen.

Als Schweinfurth seinerzeit von dem Könige Munsa der Mangbattu empfangen wurde, verblüffte ihn das königliche Wesen dieses Mannes, der in dem orientalischen nihil admirari so gründlich erzogen war, daß der farbige Innerafrikaner hinter dem Schleier dieser Form gänzlich verschwand. Aehnliche Beobachtungen haben viele Reisende in verschiedenen Gegenden dieses Kontinentes gemacht, und ich selbst habe solche typischen Erscheinungen im Süden wie im Norden reichlich kennen gelernt. Ich glaube nun, daß es gar nicht so schwer ist, sie zu erklären. Man muß sich nur die eine feststehende Tatsache vergegenwärtigen, daß nämlich der Neger in allen Verkehrsangelegenheiten ein sehr viel feineres Anpassungs- und Schicklichkeitsgefühl hat, als die nordeuropäischen Völker. Es kann wohl als ziemlich sicher hingestellt werden, daß die enormen Schicksalswechsel und -schwankungen der innerafrikanischen Bevölkerung einen Mangel an Veranlagung zur Persönlichkeit, zu in der Vererbung gesteigerter Individualität mit sich gebracht haben, und daß wir in diesem Mangel eine Quelle vieler uns sonst unverständlicher Eigenschaften zu suchen haben.

Dieser Mangel an Persönlichkeit hat schon im allgemeinen innerafrikanischen Bürgerleben zur Folge, daß jedermann bestrebt ist, einerseits sein Inneres nach Möglichkeit geheim zu halten und anderseits ein gutes Auskommen mit der umgebenden Welt zu erhalten. Der Neger kennt kaum eine größere Gefahr, als: sich eine Blöße zu geben und im engeren Lebenskreise anzustoßen. Es ist also eine Art Feigheit, die Furcht, sich in Widerspruch mit den Anschauungen der anderen zu setzen, die den Neger ununterbrochen in der Defensive erhält. Diese allgemeine Neigung zur Defensive kommt im religiösen Leben in einem unglaublichen Ballast von Schutzamuletten, Schutzbildern, Schutzbünden usw. zum Ausdruck, im sozialen Leben aber in dem Bestreben, sich taktvoll zu be-

Typen des Mossilandes.

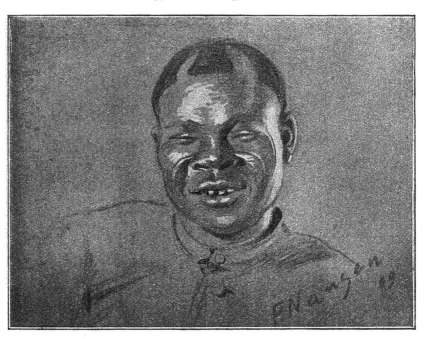

(Zeichnungen von Fritz Nansen.)

nehmen. Mit dieſer Beobachtung gewinnen wir ganz ungezwungen
ein Verſtändnis für das Talent der Neger, ſich ſchicklich zu betragen.

Ich benutze dieſe Gelegenheit, die Schicklichkeit des un-
berührten Negers auf einem ganz beſonderen Gebiet zu erwähnen,
nämlich im Sexualleben. Wo auch immer in Innerafrika ich reiſte,
nie ſah ich auf dem Lande oder in abgeſchloſſenen Stadtgebieten,
daß ein Neger einer vorübergehenden Frau auch nur im geringſten
eine Aeußerung der Beachtung gezeigt hätte, die ein ſinnliches
Intereſſe angedeutet hätte. Wenn man bedenkt, wie in den Haupt-
ſtraßen im Innern der europäiſchen großen Städte jede jugend-
liche und durch Friſche, Pikanterie oder Kleidung auffallende weibliche Erſcheinung von den Augen der Männerwelt direkt verſchlungen
wird, wie ſie mehr oder weniger brünſtig mit und ohne Augen-
zwinkern, jedenfalls mit dem deutlichen Ausdruck einer Kritik
betrachtet, gewiſſermaßen entkleidet und verfolgt wird, — wenn man
ſich dieſen Tatbeſtand vor Augen hält, ſo muß es angenehm auffallen, daß man in beſagten Verhältniſſen Innerafrikas ſo etwas
nie findet. Und dieſes Vermeiden ſinnlicher Aufmerkſamkeit iſt
nicht etwa auf einen beſonders ſittlichen Zug der Geſinnung zurück-
znführen. — obgleich wohl zu bedenken iſt, daß die ſtändige Ein-
haltung ſittlicher Form und dabei ein naturgeſundes Geſchlechts-
leben ohne erzwungene Enthaltſamkeit fraglos höhere Sittlichkeit
zeitigen — auch nicht auf die Furcht, das weibliche Weſen durch
Hinſtarren zu beläſtigen, zu kränken oder zu ärgern, ſondern lediglich auf die Scheu, anderen Männern in die Quere zu kommen.
Auf dieſem Gebiete habe ich ſo viele Wahrnehmungen gemacht, daß
eine Täuſchung ausgeſchloſſen iſt, wobei ich natürlich nicht zu betonen
brauche, daß die Burſchen ſolchen Trieben inſtinktiv und nicht
bewußt folgen.

Es iſt intereſſant, feſtzuſtellen, daß die Schicklichkeit in Ge-
ſchlechtsdingen nur im begrenzten ſozialen Verbande aufrechterhalten wird. In großen Städten des Inlandes, in denen der Verkehr die ſich unbekannteſten Elemente durcheinandertreibt, kann man
ſchon die ſchöne Maske der Form fallen ſehen, und an den Küſten,
an denen der europäiſche Geſetzesmodus die Eingeborenen von der
Furcht vor den ſtillen Rache- und Eiferſuchtszaubern der Mitwelt
befreit hat, kann man eine tieriſche Sinnlichkeit ausbrechen ſehen,
deren Wildheit mich immer wieder die erzieheriſche Wucht, die im
geſchloſſenen Leben der innerafrikaniſchen Gemeindeverbände liegt,
hochſchätzen lehrte.

Also als Form und Pose (wenn auch von rückwirkender Kraft)
muß ich die Schicklichkeit im äußeren sexuellen Leben bezeichnen.
Und genau die gleiche Definition habe ich für die königliche Würde,
die Beamtenunterwürfigkeit, sowie jedes allgemeine wie besondere
anständige Benehmen im Sonderverbande dieser Leute. Es kam
einmal ein Barungufürst mit seinen Getreuen aus seinem Wald-
nest in mein Lager, um mich zu begrüßen. Der Mann hatte
noch keinen Europäer gesehen. Jedoch bezeugte er keinerlei Neugier,
Interesse oder Aufmerksamkeit für meine Person. Er erschien so
gleichgültig, daß ich außerordentlich erstaunt war. Dann reichte
ich ihm die Hand. Er sah sie erstaunt an. Als er verstanden
hatte, daß er die seine hineinlegen sollte, zitterte er am ganzen
Leibe, — so energisch brach das sicherlich mühsam zurückgehaltene
Furchtgefühl hervor. Seitdem glaube ich nicht mehr an die innere
Gleichgültigkeit dieser Leute. Das ständige instinktive Streben, ihr
Innenleben geheim zu halten, gebiert ein schauspielerisches Durch-
schnittstalent und eine schauspielerische Uebung, deren Durchschauen
uns davor bewahren muß, von der äußeren Würde auf eine Seelen-
würde schließen zu wollen. Das bewies uns jeder engere Verkehr
mit solchen Potentaten, das bewies mir auch wieder der Verkehr
mit dem Könige der Mossi von Jatenga.

Eine Folge des Bestrebens, sich (infolge mangelhafter Persönlichkeit) äußerlich anständig und formell mit der Mitwelt abzufinden,
ist, daß der Neger nie den Wunsch eines Weißen glatt und klar
abschlagen kann. Abschlagen ist nicht „konventionell"! Das widerspricht seiner, von einer „gewissen Feigheit" diktierten Sitte. Wünsche
ich vom Neger einen Gegenstand zu kaufen, den er nicht veräußern
will, so sagt er bestimmt nicht: „Den Gegenstand mag ich dir nicht
geben", sondern er wird sagen: „Den Gegenstand will ich dir
morgen bringen." Für den Neger versteht es sich bei solcher Verheißung von selbst, daß sie leere Form ist, nur ausgesprochen, um
mich nicht durch eine glatte Abweisung zu ärgern. Aber er denkt
gar nicht daran, mir den Gegenstand „morgen" oder an irgendeinem
folgenden Tage zu bringen. Im höchsten Grade verblüfft ist er
dann, wenn ich ihn ein paar Tage später treffe und ihm sage:
„Du hast ja gelogen! Du hast mir den Gegenstand ja gar nicht
bringen wollen!" Nach seiner Ansicht hat er sich ja mit seiner
Verheißung, die er ganz selbstverständlich nur formal gegeben hat,
durchaus schicklich benommen. Es ist ganz falsch, gegen eine solche
Anschauungsweise mit Wut und Zorn und Lügenschelten zu Felde
zu ziehen. Das ist wirklich keine Lüge, — solange die Verheißung

als konventionelle Form der Ablehnung und somit in guter
Münzung kurfiert. Erft, wenn die konventionelle Münze durch den
europäischen Makler außer Kurs gesetzt wird, — erft dann ift es
eine falfche Münze, eine Lüge.

In diefer Erkenntnis eröffnet fich dem Europäer felbftverftänd-
lich ein Gebiet der Konflikte. Ich habe es nicht nötig, dies hier
auszuführen; jeder wird, dem angefponnenen Faden folgend, ver-
ftehen, daß aus den derart entftehenden Schwierigkeiten und Miß-
verftändniffen der reifende Forfcher fich leichter herausfindet, als der
anfäffige Beamte, deffen Pflicht es ift, einen neuen Kurs einzuführen.
Der Forfcher wird ftets gut daran tun, forgfältig darauf zu achten,
daß der Eingeborene, mit dem er ja doch nur kurze Zeit zu tun
hat, nicht aus der Faffung gebracht werde. Es ift ja gar nicht
fo fchwer, fich einmal diefem Geifte, diefer hohlen Aeußerlichkeit
anzupaffen. Man vergeffe nur nicht, daß diefe hohle Form gar
keinen Anfpruch auf Wertfchätzung als Edelmetall macht. Die
äußere Würde ift eben nicht Abglanz des inneren Gehaltes.

Beifpiel:

Im Laufe der Unterhaltung erzählte ich dem Könige von
Jatenga, daß es jeder europäifche Fürft für eine Ehrenfache halte,
feine fämtlichen regierenden Ahnherren auswendig zu kennen. Ich
fragte, ob die Moffi-Könige auch die Namen ihrer Altvorderen
kennten, er fagt: ja; — ich bitte um die Lifte; — er diktiert mit
der biederften Miene der Welt etwa 30 Namen; — ich fchreibe.
Dann bitte ich ihn, nochmals zu wiederholen. Er zählt wieder
von vorn an, — eine ganz andere Reihe! Tableau! — Lüge? Nein,
ficher nicht! Der Mann hat mir einen Gefallen tun und fich in
ein europäifches Fürftenlicht fetzen wollen. In Wahrheit ift in
Afrika Gefchichtskenntnis kein Bildungsfach für Fürften, fondern für
Sänger, Priefter, Schamanen ufw. Nachher faß ich tagelang mit
alten gelehrten Moffi zufammen, und diefe Herren wollten fich
halb totlachen, als ich fie daran erinnerte, wie der König feine
Ahnen hatte aufzählen wollen. Und doch hatten fie bei der Sitzung
vom 1. Oktober ihrem Könige fo ernfthaft zugehört, als rede der
die pure Weisheit.

Alfo Maske!

□   □

Aber diefe Maske fteht den dunklen Potentaten ausgezeichnet.
Ich möchte mir erlauben, fie ein wenig zu lüften, und lade hiermit
die Lefer ein, an einem fchönen Nachmittage in Wahiguja ein

Pferd zu besteigen und in meiner Begleitung einen Ritt in die
Königsburg zu unternehmen. Die Station liegt im Süden der
Stadt, und um den „Palast" des derzeitigen Herrschers zu erreichen,
müssen wir in nordnordöstlicher Richtung zwischen den Aeckern und
Gehöften hinreiten. Die „Stadt" macht einen nichts weniger als
städtischen Eindruck, denn die 2000 bis 3000 Bewohner leben in
weit zerstreut liegenden Gehöften, zwischen denen Sorghum-Felder
angelegt sind, die in der jetzigen Jahreszeit übermannshoch aufgeschossene, in herrlichem Grün prangende Halme tragen.

Es ist historisches Land, durch das wir ziehen. Die Volkssage weiß
allerhand Legenden zu erzählen. Zumal ein Punkt muß uns fesseln,
der wie kein zweiter im Mossilande von Sagenranten umsponnen
wird. Es sind das die Trümmer einer über alle Felder und Gehöfte
aufragenden Burg. Die Geschichte kennt ganz genau den Erbauer
dieser Ruine und hat von ihm mehr zu erzählen, als von irgendeinem
anderen Vorgänger des heutigen Königs. Es war ein Thrann, ein
Zwingherr, der, aus dem Unglück geboren, in Landflucht erzogen, durch
weise Lehrer in Kong, der Stadt alter Bildung unterrichtet, in Segu,
dem letzten Platze großer nationaler Kraftleistung, mit Truppen ausgerüstet, nach Jatenga zurückkehrte und nach Vertreibung des Usur-
pators eine Thrannis ohne Maßen und Grenzen einführen wollte,
der aber dann durch die Zauberkräfte der unterworfenen Stämme ge-
bändigt ward. In diesem Naba Kango ist vom Volke die Gestalt eines
Mossiherrschers ausgemalt worden, wie sie nicht trefflicher gezeichnet
sein kann; und die einzelnen Züge der Legendenfassung bieten uns ein
wundervolles Bild des kulturellen Gefüges, aus dem das Wesen der
Provinz Jatenga erwuchs. Die raublustigen Familienzwiste der
Mossiherrscher, die Gelehrsamkeit von Kong, die solide Staatskraft
von Segu, die schamanistische Zauberkraft der alten Ost- und Süd-
stämme! Es ist alles erhalten! Und wenn wir nun hören, daß dieser
Herrscher diese Burg aufgebaut haben wollte, so hoch, daß man von
ihrem Dach aus bis nach Djenne oder Segu, also nach den ältesten
Ländern der Nigerkultur schauen könnte, so erkennen wir darin eine
Erinnerung an die Tatsache, daß unter dieser Mossidecke, die sich angeblich von Osten nach Südosten hin ausgebreitet haben soll, eine
von Westen her hier eingebürgerte Mande-Kultur herauszu-
spüren ist. Wir befinden uns ja auch auf dem Südrande des alten
Landes Djemma, und wir brauchen von den Ruinenhügeln nur den
Blick in die Ferne schweifen zu lassen, so erkennen wir deutlich, daß
nach Norden zu große Bestände alter Baobabbäume stehen, die im
Süden vollkommen fehlen, — Tagereisen weit, nicht etwa nur in

Sichtkreis. — Es iſt ja lohnend, in dieſen Ländern Kulturgeographie
zu treiben!

Altes Land! Dicht neben der Ruine liegen einige alte, aber
wohlerhaltene Häuſer, in denen würdige Leute ein Wächteramt ver-
walten. In der Tiefe des Bodens ruhen unter dieſen Dächern tote
Könige, mit deren Seelen König und Prieſter beim jährlichen Toten-
feſt Rückſprache pflegen. Das iſt alter Brauch, die Grundlage einer
alten Religion. Der würdige Chroniſt Abderrahman ben Abdallah
ben Imran ben Amir Es-ſadi erzählt uns, daß 1497 der gläubige und
ſehr verehrungswürdige Kaiſer der Songai, Askia-Mohammed, an
Naaſira, den Moſſiherrſcher, eine Botſchaft mit der Aufforderung
ſandte, ſich zum Mohammedanismus zu belehren. Der Moſſiherrſcher,
ſo erzählt der Chroniſt, hielt danach in Begleitung ſeiner hohen Beamten im heiligen Bildertempel des Landes eine Rückſprache mit den
Ahnengeiſtern ſeines Hauſes. Er fragte, ob er dem Verlangen des Askia-
Mohammed nachkommen ſollte. Darauf erſchien dem Könige ein
verehrungswürdiger Greis und ſagte im Namen der Verſtorbenen:
„Niemals werde ich eine ſolche Sache für euch annehmen. Im Gegenteil. Ihr ſollt mit jenen Leuten kämpfen, bis von euch oder ihnen
der letzte gefallen ſein wird.“ Darauf erfolgte die Abſage und ein
ſchwerer Krieg, in dem Askia ſiegte. — So berichtet uns der alte
Chroniſt von Sitten, die bis in die Neuzeit hinein lebendig
geblieben ſind.

Wir ſetzen unſeren Ritt fort und nehmen zunächſt eine ſtarke
Rauchwolke zum Richtpunkte, die aus mehreren Quellen aufzuſteigen
ſcheint. Als wir um die Ecke eines Gehöftes kommen, ſehen wir auf
einem großen Platze zwiſchen einem Sorghumfelde und dem Gehöft-
gemäuer ein mannshoch angelegtes Schattendach, unter dem an
etwa zehn Feuern einige zwanzig Schmiede tätig ſind. Der emſige
Fleiß dieſer Leute, die bei unſerer Annäherung kaum aufſehen oder
gar ihre Arbeit unterbrechen, intereſſiert uns um ſo mehr, als dieſe
Männer nicht etwa Eiſen ſchmieden, ſondern mit Gußarbeit beſchäftigt
ſind. Es ſind Gelbgießer. Bekanntlich entbrannte nach der Eroberung
von Benin und der Erwerbung des darin gefundenen „Bronzeguſſes“
in den Kreiſen der Muſeumsgelehrten ein mächtiges Intereſſe für
dieſe Arbeit, für deren ſchönſte Erzeugniſſe Tauſende und aber
Tauſende ausgegeben wurden, um ihren Beſitz zu ſichern. Dieſen
„Bronzearbeiten“ bin ich nachgegangen und habe ihre Spuren bis
zum mittleren Niger hin an den Produkten einer heute noch emſig
betriebenen Kunſt bedeutenden Alters nachweiſen können. Jedenfalls iſt der Gedanke, ſie könne von der Guineaküſte aus durch

Europäer eingeführt worden sein, durchaus irrig. In den ethno=
graphischen Bänden werde ich auf diese Sache eingehen, und ich
kann meine Freunde nur auffordern, die Pferde anzutreiben, damit
wir uns auf dem Wege zum Mossikönige Jatengas nicht allzu=
lange aufhalten.

Der „Palast" des Herrschers liegt hinter den nächsten Feldern. Er
bietet nichts, gar nichts Besonders. Von außen schon gar nicht; und
ich bitte meinen freundlichen Begleiter um Vergebung, wenn ich ihn
enttäuscht habe. Es ist ein Gehöft wie das aller Mossifürsten, vielleicht
sogar ein wenig zerfallener und weniger gut imstande gehalten, als
das, in dem mein Spezialfreund, der königliche Hofbarde, haust.
Was ich hier vorführe, ist ein echter, rechter Bauernhof. Nach dem
Eintritt durch das runde Torhaus kommen wir erst an einer Tenne
vorbei — die sonst außerhalb liegt — und halten an dem ersten
Speicher an, um abzusteigen. Wir gehen um eine eingestürzte Hütte
herum und treffen dann mit einem urgemütlich dreinschauenden,
geehrt schmunzelnden und etwas verlegenen alten Herrn zusammen:
seine Majestät, der Herr König — notabene in Zivil, will sagen,
er hat seine Würde abgelegt.

Siehe da! Da ist wieder ein Beleg für das, was ich oben sagte.
Der große Naba war bei seinem Antritts= und Begrüßungsbesuch
ganz Würde, aus krhstallisierter oder mindestens gesättigter Lösung!
Hier ist er ganz Bauer, ein so guter, alter Kerl, wie nur denkbar. Er
lächelt sogar! Das ist sehr einfach zu verstehen. Es fehlt hier der
Rahmen. Er ist nicht umgeben von seinen Großen, die sich in ihrer
Herrlichkeit dadurch gehoben fühlen, daß er, der König, der Oberste
von allen, als Würdenträger in Würde obenansteht. So ein zere=
moniell agierender afrikanischer Herrscher ist eben auch ein sozio=
logisches Produkt, das Erzeugnis seiner Umgebung. Nimm die Um=
gebung fort, und du suchst vergebens die Würde.

Hier dagegen ist die Umgebung „Bauerntum". Und der König
ist ganz Bauer. Um irgendeine Ecke guckt neugierig ein kleines
Mädchen, so von 10 oder 11 Jahren. Als Nansens Blick auf sie fällt,
jagt sie quiekend von bannen. Es ist eine Königstochter, und wir
äußern den entschiedenen Wunsch, die Königskinder kennen zu lernen.
Der alte Herr ist nicht abgeneigt. Er führt uns in das nächste Höflein,
und hier schwirren bei unserem Auftauchen sogleich einige 20 Weiblein
kreischend auseinander. Sie hatten am hohen Mahlstein gestanden und
hier plaudernd ihrer Nachmittagsarbeit obgelegen. Wir setzen uns
auf einige Hausgeräte nieder und warten der Dinge, die da kommen
sollen. Der König sendet einige inzwischen herangekommene alte

Hausdiener hinter den Frauensleuten her, und dann werden durch eine
Verbindungspforte einige verschämt ſich zierende Königskinder mehr
oder weniger energiſch auf unſeren Hof geſchoben.

Ich nehme es als ſelbſtverſtändlich an, daß der Leſer dieſe Königs=
kinder ſich nicht in Spitzen= und Samtkleidern vorſtellt. Aber immerhin
wird er etwas erſtaunt ſein, wenn ich ihm nun ſage, daß dieſe kleineren
und größeren Prinzeſſinnen, die ein Alter von 8—15 Jahren haben,
alſo zum Teil ſchon recht hübſch entwickelte Damen ſind, — ſplitter=
faſernackt umherlaufen. „Kleider ſind hier wenig Sitte“, bemerkt
Nanſen, „ſelbſt kein Schurztuch um die Mitte“, fahre ich fort, — dieſer
junge Mann war doch ganz und gar nicht ethnologiſch beſchlagen —.
Dieſe nackten Königskinder waren ebenſo herzige, graziöſe Geſtalten
wie die der meiſten Bauern, und es war auch gar nicht ſchwer, ihre
Verlegenheit den weißen Männern gegenüber ſoweit zu überwinden,
daß ſie eine Patſchhand gaben. Beſonders, als dann die „Königinnen“
ſelbſt (notabene reicher gekleidete, aber ebenſo ſcheue Weſen) in den
Kreis der kleinen Soiree gezogen waren; und als ein Topf brauſenden
Sorghumbieres in unſere Mitte geſchoben war, da floh der letzte Reſt
der Steifheit, und wir ſaßen als ebenſo gute Freunde und Bekannte zu=
ſammen, wie irgendwelche nordiſchen Bauersleute, die am Sonntag
zu den Nachbarn auf „ein Viertelſtündchen Beſuch“ gekommen ſind.
Auch dann, als auf die Nachricht von unſerer Viſite im Königshauſe
einige der Hochwürdenträger des Reiches ſich draußen zu verſammeln
begannen, änderte das Bild ſich nicht weſentlich. Der alte Herr zeigte
mir auf meinen Wunſch noch einige Einrichtungen ſeines Hofes, dann
nahmen wir Abſchied von Königinnen und Königskindern. Der ge=
mütliche alte Herr begleitete uns noch in den Vorhof, in dem die
„Großen“ ſich verſammelten — und kaum war er draußen, da warfen
die hohen Herren ſich auf die Kniee, berührten den Boden mit der
Stirn, ſchlugen die Erde mit den Fäuſten und murmelten ihr „Naba,
naba!“ Und da war der König auch wirklich wieder König. Die
Standesumgebung war wieder geſchaffen, und das Haupt des alten
Bauern blickte wieder durch einen Rahmen unnahbarer Würde.

□ □

Mein Tagebuch füllte ſich mit hiſtoriſchen Aufzeichnungen und
den Berichten altertümlicher Sitten und Zeremonien. Aber zunächſt
gelang es mir nicht, zur Anſchauung eines religiöſen Tanzes zu
kommen, ſo daß ich mein Leid eines Tages dem Kommandanten
Perrier klagte. Bereitwillig, wie dieſer liebenswürdige Herr immer
war, ließ er ſich ſogleich eingehend unterrichten, um was es ſich han=
delte, und als ich ihm nun ſagte, daß es ſich um einige Zeremonien

handele, die der Jahreszeit entsprächen, und meines Wissens gerade in diesen Tagen fällig seien, wenn man bis dahin auch wahrscheinlich den Europäern solche noch nicht vorgeführt habe, so trat er sogleich mit einigen angesehenen Religionshäuptern in Verhandlung, und nach einigen Rücksprachen in kleinem Kreise waren meine Wünsche der Erfüllung nahegerückt.

Dann brach der Tag an, an dem sich vor unserem Lager in guter Morgenstunde die ersten Wango mit ihren an zwei Meter hohen Masken einfanden. Es war ein imposanter Anblick, und meine Mande gaben gerne zu, daß sie solche Sache bis dahin nicht gesehen und von ihr auch noch nicht gehört hätten. Dieser Tag war aber ein großer Festtag für mich, denn wenige Stunden später, während ich mit den Wangoleuten zu ernsten Studien in mein Zimmer mich zurückgezogen hatte, kam Nege atemlos an und meldete mir vor Aufregung zitternder Stimme: „Les grands prêtres sont arrivés!" Notizbuch und Feder flogen zur Seite. Flugs übergab ich die Wangoleute fürsorglicher Wachsamkeit — damit sie mit ihren Berichten mir nicht inzwischen entwischten — und dann jagte ich hinaus auf den großen Platz.

Richtig, da schallte mir schon der dumpfe Klang ihrer Glocken entgegen, und da drüben führten sie im schon mächtig angeschwollenen Kreise interessierter Zuschauer ihre schwerfällig steifen Tänze auf. Sie beteten gerade zur Tenga, zur Mutter Erde.

War das ein Festtag!

Zum Abschied vom Gouverneur Clozel an Leo Frobenius nach Wagadugu gesandtes Telegramm.

Moderne Anwendung alter
Bronzegußkunst; der neu=
gegründete „Moffiorden".
Nach dem Original.

Neunzehntes Kapitel.

Harte Zeiten.

Nun muß ich mein Tagebuch durch düstere Wochen weiter=
führen. Der Tod war damals emsig in seinem Erntehandwerk tätig,
und seine Sensenstreiche streckten aus meinem sudanischen Lebens=
kreise einen Halm nach dem anderen hin. Mopti hatte ich unter
dem Zeichen des Todes verlassen. Bandiagara hatte ein junges
Grab. Die weiße Hautfarbe gilbte damals in diesen Ländern. Der
Arzt von Bandiagara lag leidend in Mopti. Ein Schwerkranker
zog bei unserem Eintreffen in Wahiguja an uns vorüber. Und
nun sollte ich den guten Kommandanten Perrier dem Tode ent=
reißen. Aber ich konnte es nicht.

Eines Nachts, ziemlich spät — just hatte ich Nansen nach Ban
abgesandt — kam er in meine Behausung. Er hätte gesehen, daß
ich noch auf sei und arbeite und müsse mit mir plaudern, denn
ihm sei so gar schlimm zumute. Seine Augen hatten schon jenen
gläsernen, starren Ausdruck, der mir so sehr vertraut ist. Er fieberte
und sprach hastig davon, was sich wohl alles ereignen könne, wenn
er jetzt stürbe. Kürzlich erst habe er geheiratet. Fieber und Sorge,
schwere Sorgen pochten an seine Stirn. Wir plauderten noch eine
Weile. Dann brachte ich ihn mühsam zu Bett; aber ich vermochte
ihn nicht zu überreden, eine Arznei zu nehmen.

20

Am anderen Tage hatte er einen Malariaanfall, ließ mich aber
nicht kommen. Erst als das Schwarzwasser eintrat, rief er mich
hinüber. Dann begann ich mit allen Mitteln, die mir zur Ver=
fügung standen, mit dem afrikanischen Würger um den guten Perrier
zu ringen. Nach einigen Tagen schien ich Sieger; das Schwarz=
wasser war fort. Das Fieber sank vom Mittelmaß herab. Der
Patient konnte Nahrung zu sich nehmen, aber er war noch halb
betäubt. Ich atmete auf. Aber wer beschreibt meinen Schreck, als
ich mittags bei meinem Besuch meinen kranken Freund in seinem
Bureau vor seinem Schreibtisch sitzend fand. Ein infames Subjekt,
der Koch des Kommandanten, von dessen Charakter sein Herr un=
umwunden die schlechteste Beschreibung gegeben hatte, dem ich aber
in meiner Abwesenheit die Obhut des Krankenlagers anvertraut
hatte, war auf die unglückliche Idee gekommen, einer Fantasie=
regung seines Herrn nachzukommen, ihn in sein Arbeitszimmer zu
bringen und ihm jede, und wenn auch die gefährlichste Erfrischung
zu bieten, die der Fiebernde verlangte. Nur eine Stunde war ich
ferngehalten und diese Spanne Zeit hatte genügt, dem Tode die
Macht über den armen Perrier zu geben.

Was der Kommandant in dieser Stunde alles zu sich ge=
nommen hat, habe ich nicht erfahren. Etwas Nützliches war sicher
nicht darunter.

Es war ein sehr tragisches Schicksal! Gerade an diesem Tage
empfing der junge Hilfsarbeiter des Kommandanten, der einzige
Weiße, der außer mir in der Gegend war, die Nachricht, am anderen
Tage werde der Arzt von Wagadugu, der Dr. Jonet, mit einem
Krankentransport durchkommen. Nun jagte ein Eilbote mit Pferden
dem Arzte entgegen. Ich wußte, daß es nach dem Geschehenen
nichts mehr nützen könne, aber es sollte geschehen, was uns nur
immer möglich war. In später Nacht kam Jouet auf keuchendem
Pferde an, — zu spät! Kurz vorher war Perrier verschieden, und
schon hämmerten auf dem großen Platze die Schreiner an den
Brettern, die den ersten Weißen in Wahiguja unter die Erde
bringen sollten.

Armer, armer Perrier! Das Sterben ist ihm nicht leicht ge=
worden! Er hatte sehr schwere Sorgen!

Oh, diese Sorgen in Afrika! Wie matt und farblos ist doch
heute noch das Bild, das die guten Europäer sich in der Mehrzahl
vom Leben des Afrikaners ausmalen! Wie bequem ist die Vor=
stellung vom „Recken", vom „Kulturpionier", vom „tapferen Vater=
landssohne", der da draußen mit frischem Mute für seine große

Sache kämpft, und „fröhlich" in den Tod geht. Wie narrenhaft
klingt solcher Spruch und Sinn in die unendlich viel schwerere
Sorgenwelt des „dort unten" hinein! Wie kümmerlich klein erscheinen die „Heldentaten" im Raume dieser Dulder, an deren Bett
keine liebe Hand die Falten aus Laken und Stirn streicht, und
die so oft, ach so oft und dann so schwer mit dem Tode ringen,
weil sie nicht wissen, was aus denen werden wird, die so fern sind
und doch die Lebenssterne bleiben. Ach, was ist gegen die Qual
dieser Ferne, dieser Oede das „Heldentum"!

Die Nacht über klopften und hämmerten die Zimmerleute, und
es war, als ob dieses Klopfen trauernde und sieche Menschen von
nah und fern herbeirufe. Der erste, der eintraf, war der Patient,
den Dr. Jouet nach Bandiagara bringen sollte. Es war ein fester
Mensch und Mann, ein Freund des Verstorbenen. Er hatte einen
bösen Leberabszeß, und mußte operiert werden. Der zweite, der
ankam, war ein Beamter, der nach Tenkodugu reiste und unterwegs von einer Dysenterie befallen wurde. Da der Schwerleidende
sich am anderen Tage besser befand, kehrte Dr. Jouet mit dem
Dysenteriekranken nach Wagadugu zurück. Endlich langte auch jener
Herr an, der am Tage unserer Ankunft den Kranken aus Wahiguja
herausgebracht hatte. Er hatte die schlimmste Krankheit von allen.

Das waren die Kranken, die als erste an Kommandant Perriers
Grabe trauerten. Der ganze Sudan erschien mir wie ein großes
Lazarett, und alle Weißen erschienen mir wie Pilger am Rande
des Grabes.

□   □

Am 17. Oktober kam Nansen von Ban zurück. Die Ausbeute
an Schädeln für die Virchow-Stiftung war bedeutend, aber für
meine ethnologischen Bedürfnisse hatte er nicht mehr als einige
Zeichnungen und Porträt-Köpfe einheimsen können. Die Fulbe hatten
ihm ihre historische Weisheit nicht preisgegeben. Nansen brach mit
der ersten Kolonne noch in der gleichen Nacht auf, um die Kühle
und den Mangel an Sonne zu nutzen. Ich selbst setzte mich mit
dem Stabe und der weiteren Kolonne am 18. so früh auf, als das
Morgengrauen mir gestattete. Brauchte ich für meine Routenaufnahmen doch immer Tageslicht.

Wir legten die Strecke von Wahiguja bis Wagadugu in drei
Doppelkolonnen binnen 6 Tagen zurück. Den ersten Troß führte
Mussa Dierra, den zweiten Mballa, den dritten Mussa Kuloballi.
Jedem Troßführer waren ein Gardecercle und drei Unterführer

sowie 15 Ersatzträger beigegeben. Der erste Troß traf vor uns,
der zweite mit uns, der dritte am Tage nach uns ein. Das Personal
war jetzt so gut geschult, daß ich mich fast um nichts mehr zu kümmern
brauchte, sondern mit meinem Stabe vom Ganzen losgelöst bleiben,
weitergehen oder seitwärts vom Wege, also nach Belieben, mich
bewegen konnte. Das hatte ganz bedeutende Vorteile. Zudem war
ich mit meinem Homburi nachgerade so genau vertrant, daß ich
genau berechnen konnte: 3 Minuten Schritt entsprechen 1½ Minuten
Trab und einer Minute Galopp. Der weiße Hengst hatte in dieser
Zeit noch nicht die Höhe der Kraftentfaltung erreicht, wohl aber
befand er sich auf der Höhe der Schulung.

Die Wegaufnahme war so einfach und bequem wie nur irgend
möglich. Fast schnurgerade liefen die Wege auf lehmigem Boden
über plattes Land hin, so daß die gerade Marschrichtung von leichten
Bodenschwellen aus bis an den Horizont zu verfolgen war. Hie
und da senkte oder hob sich das Land fast unmerklich, vielleicht
auf 2 km um 10 m, aber im übrigen waren Bachbetten oder Sümpfe
äußerst selten. Auf dieser etwa 183 km betragenden Strecke trafen
wir wesentliche Hindernisse nur in der Umgebung von Jako.
Diese alte Königsstadt liegt auf Hügeln in sumpfigem Gelände.
Wenige Kilometer südöstlich der Stadt sieht man die etwa 100 m
hohen Ausläufer eines Höhenrückens, der quer durch das Kipirsi-
gebiet zieht. Selten, und zwar einmal bei Jako, dann vor
Rapalaga habe ich Lateritschutthügel verzeichnet. Baobabs sind sehr
selten. Von Regen wurden wir tagsüber nicht gestört. Am Abend
des 21. stiegen im Osten Wolken auf, die nach Westen abzogen.
Am 22. ließ mich die gleiche Erscheinung einen Tornado fürchten,
die Wolken entluden sich aber nachts in drei leichten Regenschauern.
Um hier gleich alle meteorologischen Beobachtungen zusammen-
zufassen, sei bemerkt, daß die damit klar charakterisierte Trockenzeit nur einmal unterbrochen wurde. Das war am 15. November.
Am Nachmittag dieses Tages hatten wir von ½4 bis ½5 Uhr Wind
aus Südost, der sich zu einem kurzen Regensturm entwickelte und
nachts ein tüchtiges Gewitter zur Folge hatte. Das erste Gewitter,
ja den ersten Regen hatten wir wieder, als wir Ende Jannar im
Tambermagebiet Nordost-Togos waren.

Am 23. Oktober, um ½8 Uhr, trafen wir in Wagadugu ein,
freundlich aufgenommen von dem Kommandanten Carrier und herzlich begrüßt von unserem Bekannten, Dr. Jouet. Ein herrliches
Lager ward uns in zwei großen Häusern angewiesen. Am gleichen
Nachmittage noch hatte ich die Freude, Dr. Hugershoff zu be-

grüßen Er war, während wir nach Timbuktu und zurück nach
Mopti fuhren und dann über Bandiagara und Wahiguja marschierten, von Bamako über Sikasso durch die Boboländer vor-
gerückt und befand sich — wie ich zu unserer großen Freude sogleich
feststellen konnte — in einem ausgezeichneten Gesundheitszustande.

Lange währte das Zusammenleben der Expedition nicht. Der
Aufenthalt in Wagabugu war kostspielig, und außerdem war für
meine Herren kaum genug Arbeit. Deshalb entsandte ich sie alsbald auf zwei verschiedenen Wegen in das Gurunsigebiet, damit sie
dort die notwendigen Ergänzungsarbeiten ausführten. Einige abwechselnd durch Sonnenschein und tiefen Schatten gekennzeichnete
Tage hielten uns noch zusammen, dann flogen die Arbeitskolonnen
wieder auseinander.

In der weit und großartig angelegten Station Wagabugu habe
ich dann wieder viel Ergreifendes erlebt. Schon bei unserer Ankunft hörte ich, daß der Posthalter der Station schwer an Dysenterie
leide und fast allgemein als Todeskandidat betrachtet werde. Aber
er sollte noch überholt werden, und der schärfere Renner war kein
anderer als unser Freund Dr. Jouet, jener Arzt, der den armen
Perrier mit ans Ziel begleitet hatte. Seine Krankheit nahm einen
typischen Verlauf. Die Fieber setzten mit starker Temperatur ein,
stiegen auf ein Mittelmaß von 38 bis 39,5° herab, hielten sich
aber in dieser Höhe. Dabei war sein Kopf sehr benommen, und
schon am zweiten Tage ward ihm das Sprechen schwer, versagte
die Muskelenergie und trat ein auffallendes Phlegma ein. Ich
habe diese Form der Erkrankung bei Schwarzen sehr häufig beobachtet und kann sagen, daß ich für meine Leute die höchsten Fieber
verbunden mit Fantasieren nicht so fürchtete, wie diese Mittel-
temperatur mit ihrer unheimlichen Beständigkeit und verbunden mit
den Erscheinungen der psychischen und physischen Energieauflösung.
Ich glaube, man kann weniger Erfahrene überhaupt nicht genug
auf den häufigen Irrtum aufmerksam machen, der die Gefahr der
Fiebererkrankung in Afrika nach der Höhe der Temperatur bemißt.
Nach meinen Beobachtungen sind die mittleren Temperaturen weit,
weit gefährlicher als die hohen, sobald sie eine gewisse Stetigkeit annehmen.

Bei meinen Kranken pflege ich heute, sobald ich einen derartigen Widerstandsmangel des Körpers und der Seele (es geht dies
in dieser Form meist Hand in Hand) beobachte, mit den denkbar
schärfsten schweißtreibenden Mitteln und mit Einwickeln vorzu-

gehen. Derartige Mittel findet der Reisende, wenn er sie nicht
bei sich führt, fast bei allen eingeborenen Aerzten. Ist dann die
Temperatur auf ein Normalmaß gebracht, so gebe ich nicht mehr
Chinin=Tabletten, sondern mache subkutane Einspritzungen. Wäre
ich nicht Laie, sondern ausgebildeter Arzt, so würde ich submuskulare
Injektionen machen, aber der Laie unterschätzt leicht die Gefahren
dieser Behandlungsweise. Meine subkutanen Einspritzungen waren
aber bislang immer von Erfolg. Weshalb Tabletten nicht immer
wirken, scheint darauf zurückzuführen zu sein, daß die allgemeine
Erschlaffung und Widerstandslosigkeit vor allen Dingen auch alle
Verdauungsorgane ergreift und so einen wirkungslosen Abgang der
Tabletten zur Folge hat. Auch Eingeben einiger Tropfen von
Salzsäure wirkt anscheinend in solchen Fällen nicht schnell genug.
Noch weniger sicher erreicht man seinen Erfolg mit dem viel=
beliebten Verfahren von Champagner. Mit Schaumwein als Bei=
gabe zum Chinin, nach Abflauen der Temperatur, habe ich bei
manchen kräftigen Körpern, wie z. B. bei Nansen, recht guten Erfolg
gehabt. Bei den hier in Frage stehenden widerstandslosen, er=
schlafften Typen aber, sei es weißer oder schwarzer Hautfarbe, wirkt
dieser Kunstgriff nicht. Bleibt also für unsereinen nur 1. Schwitzen
und Wickeln und 2. subkutane Injektion — letztere natürlich immer
unter Wahrung allerpeinlichster Reinigung der Haut und der
Instrumente.

Der betreffende Oberbeamte der Station Wagadugu sah leider
den Fall des armen Dr. Jouet weit weniger ernst an als ich. Ich
versuchte mein Möglichstes, um ihm die Gefahr, in welcher der
Arzt schwebte, klarzumachen, aber vergebens, und es wurde einmal
wieder so recht am falschen Orte mancherlei von „Sichzusammen=
nehmen" gesprochen. Ich bin nun ganz außerordentlich gegen das
berühmte „Sichgehenlassen", aber alles an seinem Platze. Wenn
dieser Fall des Fiebers eintrat, der uns einen Menschen inner=
halb zweier oder dreier Tage bis zur halben Bewußtlosigkeit und
bis zum Schwerwerden der Sprache vorführt, dann hat Zureden
gar keinen Sinn mehr, dann ist die Situation kritisch.

Nach wenigen Tagen konnte Dr. Jouet nicht mehr sprechen.
Nun sollte schnell geholfen werden. Senfpflaster unter die Füße
und eine submuskulare Injektion. In der Station war keine
Spritze, auch nicht im Besitze des Dr. Jouet selbst. Gerne stellte
ich meine Instrumente zur Verfügung, überließ es aber den Herren
der Station, die Operation auszuführen. Das war am späten
Nachmittage des vierten Tages nach der Erkrankung. Es war viel

zu spät. Als wir beim Abendessen saßen, meldete die Ordonnanz, daß Dr. Jouet verschieden sei.

Dr. Jonet ward bestattet.

Wenige Tage später ward auch der Posthalter zur letzten Ruhe gebettet. — —

Solche Zeiten sind ernst! Aus dem kleinen Kreise der Europäer des Mossi-Landes war ein beträchtliches Bruchstück herausgerissen und dieser fremden Erde übergeben worden, die so wenig Anrecht an uns hatte, wie wir an sie. Damals schrieb ich in mein Tagebuch: 1. Europäisches Vorstudium, 2. Gute Apotheke, 3. Selbstzucht, 4. Afrikanische Uebung am Eingeborenen. Meine eigenen Herren waren damals sicher nicht mehr in bester Verfassung, und so erklärt es sich, daß ich manche Nachtstunde nach dem Zuklappen der Tagebücher mit Spintisieren über allerhand Schutzmaßnahmen verbrachte. Dabei die vier Stichworte in meinem Tagebuche, denen ich einige wenige Worte widmen will.

Wir werden noch auf Jahrzehnte damit rechnen müssen, daß große Flächen des inneren Afrika eines Arztes bar sind. Der Reisende oder auch Stationsbeamte oder Kaufmann ist also auf sich selbst angewiesen. Hierüber sind sich außerordentlich viele Herren nicht genügend klar. Ich sah manchen Neuling mit einer Büchse voll Chinintabletten in der einen Tasche, mit einem Fläschchen Opium in der anderen und ohne jeden Begriff von der Anwendung dieser guten Sachen oder vom Erkranken und Gesunden in Afrika überhaupt, anlangen. Deshalb sage ich: zunächst eine gute Vorbildung in bezug auf den gesunden und kranken Menschen im allgemeinen, und zwar in Europa und Afrika gleichermaßen. Man sei sich darüber klar, daß jeder Afrikaner schon in Europa sowohl seinen Körper und dessen Spannkraft im Ertragen von Strapazen (zu diesen rechne ich vor allem: geistige und körperliche Tätigkeit, Exzesse im Alkohol, Mangel an guter Kost und Uebermäßigkeit im Geschlechtsgenuß) als auch die allgemeine wie individuell wirkende Methode der Gesunderhaltung kennen lernen muß. „Wie bleibe ich gesund?" — ist erster Grundsatz. Dann erst studiere man die Frage, wie sowohl persönliche Schwächen (jeder Sterbliche hat seinen schwachen Punkt, der eine einen schwachen Magen, der zweite Neigung zu Rheumatismus, der dritte ein nervöses Herz, der vierte schlechte Zähne usw. usw.) als auch die gefährlichsten Krankheiten Afrikas bekämpft werden können und müssen.

Als Arzenei- und Inftrumentenkaften, der mir vorzügliche
Dienfte geleiftet hat, empfehle ich denjenigen, den neuerdings die
Simonfche Apotheke in den Handel gebracht hat, und die, wenn
ich wohlunterrichtet bin, auch durch das bekannte Ausrüftungs-
gefchäft von Dingelbey & Werres (früher von Tippelskirch) bezogen werden kann. Außer diesem Kaften benötigt jeder aber noch
einer Ergänzung, die man am beften mit feinem Hausarzt befpricht.
Er muß noch ein gutes Quantum Chinin, dann eine tüchtige Flafche
Jodtinktur, eine Büchfe weißer Präzipitatfalbe, Kamillentee, Pro-
targol, Gonofan ufw., zumeift zur Behandlung der fchwarzen Umgebung, mitnehmen.

Drittens endlich Selbftzucht! Geiftige und körperliche Ordnung.
Geiftige und körperliche Tätigkeit nach Maßftab der individuellen
Kräfte. Regelmäßiger prophylaktifcher Chiningenuß. Nicht unnötig
den ftarken Mann fpielen! Stets für Moskitonetze forgen ufw.

Endlich aber foll man für fich felbft und eigene Behandlung
dadurch einen afrikanifchen Maßftab zu gewinnen fuchen, daß man
feine fchwarze Umgebung im Falle von Erkrankung nach Maßgabe eigener Kenntnis und Erfahrung beobachtet und behandelt.
Die Mannfchaft des Haushaltes und der Expedition muß nicht nur
deshalb gefund erhalten werden, damit man einen peripherifchen
Infektionsherd vermeidet, fondern auch, weil man mit folcher Beobachtung und Behandlung das Erfahrungsmaterial erweitert und
vertieft, das einem die Gefunderhaltung des eigenen Körpers erleichtert fowie im Erkrankungsfalle wefentlichen Nutzen bringt.
Solche Beobachtungsübung fchützt davor, mit fich und anderen leicht-
finnig umzugehen. Man bleibt fich klar über den Ernft der Situation.

Was ich hier gefagt habe, ift von fachkundigem Munde fchon
manches Mal, zuweilen gelehrter, zuweilen auch allgemeinverftänd-
lich ausgefprochen worden. Wenn ich es dennoch hier wiederhole,
fo gefchieht es, weil ich die fehr traurige Erfahrung gemacht habe,
daß die Ueberzeugung von der Notwendigkeit folcher Vorfichtnahme
noch lange nicht tief genug unter den Afrikanern eingedrungen ift.
Von den wertvollen Menfchenleben, die zur Zeit meiner Reife im
Nigerbogen verloren gingen, find mindestens zwei Drittel darauf
zurückzuführen, daß das oben Gefagte nicht berückfichtigt wurde.
Solche Tatfache ift hart und fehr bitter. Sie beweift, daß immer
und immer wieder darauf hingewiefen werden muß, was gefchehen
kann, um die Sterblichkeitsziffer herunterzufetzen und das Afrikaner-
tum zu fchützen.

(L. Frobenius phot.)

Aus dem Zeremonialleben der Moffi; feierlicher Maskentanz am Kaiserhofe von Wagadugu.

Ueber alle Maßen traurig und bitter war es, was ich hier erlebte, und ich konnte wochenlang nicht das Gefühl überwinden, daß wir alle hier am Rande eines großen Grabes stünden, dessen Böschung bald hie bald da abbröckelt, so daß einer nach dem anderen in die Tiefe gleitet.

Auch das Mossivolk litt schwer in dieser Zeit. Hungersnot und Krankheit lichteten manche Familie, und als wir aus Wagabugu abgereist waren, wellte eine Epidemie über das Land, deren eines der ersten Opfer kein anderer war, als der Mogo-Naba selbst, der Kaiser.

□   □

In Wagabugu habe ich zum erstenmal das Leben eines inner-afrikanischen Kaiserhofes beobachten können, und die Bilder der königlichen Wirtschaft in Wahiguja wurden mir hier in bedeutender Vergrößerung vorgeführt. Der Zeitpunkt meines Aufenthaltes war insofern günstig, als damals gerade die Großwürdenträger aus allen Teilen des Mossireiches zusammenkamen, um wegen der Steuer-abgabe Rede und Antwort zu stehen. So zogen sie denn tag-täglich von allen Seiten zwischen den Aeckern und Gehöften, deren weitausgreifende Gesamtheit eben Wagabugu, die Stadt des Mossi-kaisers, bedeutet, heran.

Das Mossireich hat seine Glanzperiode schon lange hinter sich. Seit Jahrhunderten gruppieren sich die mehr oder weniger unab-hängig gewordenen, anscheinend durchweg aus einem Stamm her-vorgegangenen Fürsten je nach dem schwankenden Uebergewicht, der Macht und Individualität der Krone, bald fester, bald lockerer um den Kaiser. Sie sind stets bereit, den Tribut und die Lehnstreue zu verweigern, werden dann und wann durch kriegerische Macht-entfaltung des Reichsoberhauptes zum Gehorsam zurückgeführt, aber vielleicht schon in der nächsten Generation und in einem Augen-blicke, in dem der Kaiser in einem anderen Teile des Reiches ge-bunden ist, die Unabhängigkeit wieder proklamieren. Dabei sind Politik und Persönlichkeit in diesen Ländern viel größeren Schwankungen unterworfen, als etwa im Mande-Gebiet. Die ent-sprechenden Verhältnisse sind so interessant, daß ich meiner Schil-derung unseres Verkehrs mit den hohen Herrschaften in Waga-bugu eine skizzenhafte Darstellung des Unterschiedes und der Gegen-sätzlichkeit zwischen Mossi- und Mande-Adel voraussenden will.

Das Mandegebiet wurde früher von einem Konglomerat aller-verschiedenster Rassen und Völker bewohnt, deren verschiedene Be-

ftandteile und Sippen zu verschiedenen Zeiten die Hegemonie in
Händen hatten, so wie Aegypten auch seine eingeborenen, dann aber
auch äthiopische, libysche und andere Dynastien hatte. In den alten
Glanzzeiten, in denen Berberdynastien, Fulbedynastien, Neger-
dynastien einander ablösten und die Kasten noch den Rassen entsprachen, damals mag das Außenbild in Haut und Kleidung, Ge-
baren und Sprache noch so bunt gewesen sein, wie nur irgendwo
sonst in Afrika. Mit dem Aufhören der großen Reichsgedanken,
mit dem Ablodern des islamitischen Strohfeuers, in dessen Licht
alle alten Kulturverhältnisse noch einmal scharf, licht- und schatten-
reich hervortraten, versank dann aber jeder ausgesprochene Sonder-
typus in der gleichen, kleinlichen Verallgemeinerung, die die jämmerliche Verflachung des Islam im Sudan überhaupt charakterisiert.
Ein buntscheckiges Bild von Heloten- und Adelsfamilien, die hier
diese Tradition, dort jene aus der Periode der Größe gerettet haben,
die aber alle als Kiesel unter dem Strom der islamitischen Bewegung
zerschellt und rund und gleichmäßig abgeschliffen wurden, ist der
heute uns so vertraute Hintergrund des „modernen" Mande-
Panoramas.

Ganz anders die Mossiländer. Hier hat Jahrhunderte hindurch eine Rasse, eine Familie über allerhand verschiedenartige
Völker geherrscht, und durch ein höchst einfaches, in Afrika auch
sonst bekanntes Verwaltungssystem einen nivellierenden Einfluß aus-
geübt, — sich selbst aber das unvermeidliche Grab gegraben. Jeder
Nachkomme der Herrscherfamilie wird nämlich mit einem erblichen
Lehen betraut. So kommt es, daß jede Provinz, jeder Distrikt,
jede Stadt an der Spitze einen Mann hat, der mit dem Kaiser
selbst näher oder ferner verwandt ist. Die einzelnen Fürsten stehen
aber in ganz verschiedenem Verhältnis zum Herrscher in Wagadugu,
je nach der jeweiligen Macht, nach der Entfernung von der Hauptstadt und auch nach Laune. Häufig wird in der Geschichte des Mossireiches die Tatsache erwähnt, daß der Kaiser gegen diesen oder
jenen aufrührerischen Verwandten seine Heere aussenden mußte, um
ihn abzusetzen und ein anderes Familienmitglied mit dem Lehen
zu betrauen. Trotz dieses ständigen Kampfes um den Reichs-
zusammenhalt haben aber die weiter abseits gelegenen Provinzen
sich doch losgelöst, und der König von Wahiguja ist heute schon
so unabhängig von Wagadugu, wie der von Bulsi-Bulsena und andere.

Diese Familienzwiste charakterisieren aber nicht allein die
Geschichte und das Leben des Adels in diesen Ländern. Es gibt
noch einen anderen, zahlreichen und nicht minder einflußreichen

Adel, der mit der kaiserlichen Familie nicht verwandt ist. Es scheinen dies zum größten Teil die Nachkommen der Familien und Stämme zu sein, die mit dem Ahnherrn des Herrschers in alter Zeit das Land unterworfen und erobert haben. Die wichtigsten dieser Stammes- und Familienhäupter wurden mit erblichen Erzämtern betraut, von denen es vier erster Ordnung und eine Unzahl niederer gibt. Es besteht keine Verrichtung am Hofe, deren Ausführung nicht einem Erzamte Namen und Würde verleiht, wenn auch sein Inhaber sich schwer hüten wird, außer bei bestimmten Zeremonien, der Pflicht obzuliegen, die ihm der Titel gab. Da gibt es Hofküchenmeister, Hofrichter, Hofpolizeimeister, Hofschildträger, Hoftrommlermeister, Hofpferdesattler, Hofdachdeckermeister usw., welche alle sehr hohe und eingebildete und stolze Herren sind und zum größten Teil in Wagadugu ihren Sitz haben. Des Kaisers Verwandte sind zumeist über das Land verstreut, diese Erzamtlichen aber bilden die Umgebung des Herrschers und üben demnach den stärksten Druck auf die Richtung der Politik aus. Es ist typisch, daß der Kaiser das Recht und angeblich auch die Macht hat, seine ungetreuen Lehnsvettern zum Harakiri, zu einer eigenen Sichabstrafung mit dem Leben zu zwingen, daß aber die Vertreter der vier ersten Erzämter das Recht haben, im Falle der Kaiser in allzu gefährlicher Weise sein Strafrecht übt, ihrerseits den Kaiser zu zwingen, den Giftbecher zu nehmen oder freiwillig außer Landes zu gehen.

Das Leben in diesem Mossireiche muß in alter Zeit überreich an fantastischen, großzügigen und packenden, wenn auch unheimlich brutalen Bildern gewesen sein. Noch heute erzählen die Einwohner Timbuktus mit Grauen davon, wie die Mossi die alte Kulturstadt einst eingenommen und ihre Umgebung, eine reiche Palmenoase, vernichtet hätten. — Die Tage, an denen die „verfluchten" Fulbe ihre hellsten und schönsten Gestalten hergeben mußten, damit sie den alljährlichen Opfern dienten, leben heute noch als Zeugnisse gewaltiger, leidenschaftlicher Entwicklung im Gedächtnis des Volkes. — Und großartig muß der Prunk bei jenen großen Herbstfesten gewesen sein, die den Seelen der verstorbenen Kaiser gewidmet waren, bei denen Hunderte und Tausende von schön gekleideten Abligen sich zum Schlachten der Hunderte von Opfertieren versammelten. Packend und großartig war das Leben, aber es hat nichts geschaffen, das heute noch Zeugnis ablegen könnte. Die letzten Baobabbäume, die einst die großen Städte bekränzten, sahen wir nördlich von Wahiguja. Es waren die südlichsten Zeugen der Kultur

von Faraka und Djemma. Weiter nach Süden, im ganzen Mossilande
bis nach Togo hinein, sahen wir nichts Derartiges. Städte im
Mandesinne hat es also in der historischen Mossizeit nicht gegeben,
und wenn vorher solche hier standen, so haben die Mossi ein gutes
Geschick bewiesen, ihre Spuren so vollkommen wie nur möglich zu
verwischen. Die Mossikaiser hatten früher ihre Residenz bald hier,
bald da, — sie waren Halbnomaden, und das Volk hat solchen
Typus bis heute bewahrt. Wild und gewalttätig, wie diese Kaiser
waren, haben sie „durch ein Vorrecht der Krone" dann selbst den
Niedergang ihrer besten Hilfsquellen und die Zerstörung des wert=
vollsten Landbesitzes herbeigeführt. — Sie wurden Sklavenjäger
en gros, die jahraus, jahrein ihre besten und kulturreichsten Bauern,
die Gurunsi, überfielen, deren Männer und Frauen raubten und
nach Norden und Osten auf die Sklavenmärkte sandten. Ja, sie sind
oft nicht erst bis zu den „schlechten" Gurunsi geritten, sondern
haben, wenn die Nachfrage stark war, die eigenen Nester aus=
genommen. Damit haben diese Leute die Grundlage der Kultur
des eigenen Landes ins Schwanken gebracht und haben eine
häufige Hungersnot selbst hervorgerufen.

Das ist die historische und wirtschaftliche Grundlage, auf der
ich den Kaiserhof von Wagabugu kennen lernte. Als die Franzosen
ins Land kamen, konnten sie die niedergegangene Macht leicht in
die Hände nehmen. Noch einmal ist dann die äußere Adelspracht
aufgeblüht, indem die neuen Herren des Landes klar erkannten,
daß sie zuförderst keine einfachere und sicherere Verwaltungsbasis
schaffen könnten, als indem sie dem Adel in alter Weise die niedere
Verwaltung übertrügen. Und so kam es denn auch, daß gerade
in den Wochen unserer Anwesenheit in Wagabugu die hohen Herren
von allen Seiten zusammengerufen waren, um Rede und Antwort
in Steuerfragen zu stehen.

Wie in alter Zeit versammelte sich viel stolzes Volk in der
Reichshauptstadt, nur daß die Hochachtung, die man dem Mogo=Naba,
dem Kaiser selbst, zollte, um den Teil gekürzt war, der den sieg=
reichen Weißen zuteil wurde. Ein ehrgeiziger Herrscher würde bei
solchem bitteren Erlebnis in seinem Stolze gebrochen sein oder sich
aufgebäumt haben. Aber dieser Kaiser, der Naba Kom, war kein
stolzer Mann.

□   □

Majestät naht!

Ein Zug von Reitern kommt aus der Gegend der Residenz
auf die Gebäude zu, die unser derzeitiges Lager darstellten. Es

sind Männer in den buntesten Trachten, die sich in einem Knäuel
durcheinander hin und her schieben. In der Mitte ist der
feste Punkt: der Kaiser selbst, im Schritt reitend, rechts und links
ein Page zu Fuß, um mit den Händen den Kaiser auf dem Pferde
zu halten. Der Herrscher soll ein guter Reiter sein, aber das
Zeremoniell fordert bei großen Aufzügen solchen Pagendienst. Eine
weitere bemerkenswerte Person ist der Bendere-Naba mit seinen
Staatspauken. Die anderen bewegen sich gelenkig mit ihren Tieren
herum, bald vorn, bald zur Seite, bald hinten.

Vor meinem Hause macht der Zug halt. Der Kaiser steigt ab.
Meine Burschen haben für einen königlichen Stuhl und Matten für
die Hofbeamten gesorgt. Der Herrscher kommt auf mich zu, läßt
sich nach dem Händedruck nieder, und die Umgebung nimmt auf den
Matten Platz, zum Teil im Empfangsraum, zum weit größeren
Teil aber aus Raummangel vor der Tür im Schatten. Meine
Burschen eilen umher. Die unvermeidliche Flasche Absinth wird dem
ersten Pagen des Kaisers überreicht. An die Granden werden je
nach Ansehen und Rang Kolanüsse verteilt. Da meine Mandebeamten
in diesen Ländern mit Sitte, Brauch und Politik nicht mehr vertraut
sind, so habe ich Breema, einen alten Wolof, angeworben, der im
Mossilande seit langen Jahren heimisch ist. Der Mann war früher
französischer Gardecercle in Tenkodugu, ist stets bescheiden, ein
verschlagener alter Spitzbube und hat Ambitionen auf unsere Zuneigung, denn er will sich später in der Kolonie Togo und zwar in
Sansanne Mangu ansiedeln.

Während Breema den Gastdienst leitet, und bis alle Leute ihre
kleine Gabe empfangen haben, herrscht absolutes Schweigen. Nur der,
der just seine Nüsse bekommt, beugt den Körper weit vor, berührt
mit der Stirn die Erde und murmelt: „Naba — Naba!" — was mit
einem Dankeswort gleichbedeutend ist. Ich habe Zeit, meinen „Kaiser",
den Vertreter einer Macht, die noch vor wenigen Jahren Menschen-
glück und Menschenleben in Masse vernichtete, zu betrachten und kann
mich eines gewissen Abscheus nicht erwehren.

Der Kaiser Kom vertritt durchaus nicht den Typus des blut-
rünstigen Thrannen. Er hat ein überaus stumpfsinniges, aufge-
schwemmtes Gesicht, aus dem zwei Augen herausschauen, die nur
von Uebersättigung und Gleichgültigkeit sprechen. Dazu die Stammes-
abzeichen, langgezogene Narben über den Wangen! Der richtige
„versoffene" Student im zwanzigsten Biersemester, der kümmerliche
Rest verbrauchter Familienkraft. Daß von diesem hohen Herrn für

mich durchaus nichts zu erhoffen war, verstand sich für mich sogleich
von selbst.

Ganz andere Typen waren dagegen die hohen Würdenträger.
Unter der üblichen Maske der afrikanischen, durch nichts zu irgend
welchem Interessenzeugnis zu bewegenden Gleichgültigkeit glitten
hier beobachtende und berechnende Augen über mich, meine Umgebung und meine im Hintergrunde aufgespeicherten Koffer. Fraglos kluge Köpfe, spitzbübische Gedankenwelten und Uebung im In-
trigenwesen. Wahrhaftig: das einzige einfältige Gesicht in diesem
Kreise war das des — Kaisers. Es war auffallend, wie dieser Typus
in dieser Umgebung durch seine Charakterlosigkeit unangenehm
auffiel.

Damit will ich nicht etwa die Behauptung aufgestellt haben, daß
diese Herren einen übermäßig sympathischen Eindruck gemacht
hätten. Ganz und gar nicht. Es war eine Galerie der infamsten
Galgengesichter, die aber durchweg die afrikanische hohe Diplomaten-
schule durchgemacht und das Metier hatten, die Dämlichen zu spielen,
vor dem Kaiser auf den Knieen zu rutschen und im übrigen keine Gelegenheit sich entgehen zu lassen, ohne abgefaßt zu werden, durch In-
trige, List und ohne Skrupel in der Wahl der Mittel alle Welt und
am meisten den Herrscher selbst zu betrügen. Der Kaiser war augenscheinlich nur der Ball in den Händen dieser Spieler, — so sagte ich mir
gleich nach der ersten Bekanntschaft. Und die Zukunft gab mir recht.
Dieser Naba Kom war nur noch ein papierner Hampelmann mit vielen
Fäden, und an jedem Fädchen zog ein Adelshaupt bei jeder Gelegenheit. Derart lernte ich an diesem Hofe also keinen großen afrikanischen
Kaiser, wohl aber eine so waschechte afrikanische Kamarilla kennen,
wie sie nicht besser ausgebildet gedacht werden kann.

Ich überlegte mir, wie ich solche Verhältnisse wohl am geschicktesten
zur Erreichung meiner Zwecke und Ziele ausnützen könne. Und ich
entschloß mich kurz zu einem Teilungs-Verfahren. Zunächst spendete
ich dem Mogo-Naba selbst meine größte Aufmerksamkeit, betonte
als Zweck meines Daseins in diesem Lande, mich möglichst genau
über die große geschichtliche Vergangenheit des Mossi-Volkes zu
unterrichten, kitzelte also den Stolz aller im allgemeinen und den
des Kaisers im besonderen. Dann aber bat ich die hohen Herren
direkt, mich gelegentlich auch einzeln aufsuchen zu wollen, damit ich
die Geschichte jedes einzelnen Geschlechtes kennen zu lernen Gelegenheit gewönne.

Mein neues Instrument, der lange Wolof Breema mit dem
langen Barte und den ewig lauernden, beweglichen Augen, bewährte

sich gleich am erften Tage ganz vorzüglich. Der Mann ging auf
meine Ideen fehr gut ein, — dabei entging es mir aber nicht, daß er
auch mich fcharf beobachtete, und daß er fogleich mit aller Macht daran
arbeitete, aus mir herauszuholen, was wohl bei diefem meinem
Teilungsverfahren meine Abficht fei. Und um das Bild der Kräfte,
die an diefem Tage ihr Wechfelfpiel begannen, zu vervollftändigen,
fei erwähnt, daß auf feinem Ehrenplatze zu meiner Rechten mein
alter Nege Traore faß, und daß auf deffen Mienen die Frage fpielte
„Mit diefem neuen Breema hat der Schefu (meine Wenigkeit) offenbar
etwas im Schilde; wie mache ich es, daß diefer Breema mich nicht
von meinem Platze drängt, und daß ich aus der Situation meinen
Nutzen ziehe?"

Alfo hob hier ein echt afrikanifches Verftecfpielen an, das dann
mehrere Wochen allfeitig mit Aufbietung aller erdenklichen Pfiffig=
keit durchgeführt wurde und, — wenn es mich auch einige Nerven
koftete — mit großem Erfolg für mich durchgeführt wurde. Was ich
erreichen wollte, und was ich auch glücklich erreichte, fowie weshalb
ich diefen Weg einzufchlagen gezwungen war, das will ich kurz hier
fchildern. Denn die Darlegung diefer Verhältniffe und Ereigniffe
gewährt vielleicht einen Einblick in Seiten des afrikanifchen Gedanken=
und Verkehrslebens, wie er Europäern in diefen erft kürzlich er=
fchloffenen und fchwer erreichbaren Ländern Inner=Afrikas ficher
nicht häufig gelingt.

Schon bevor wir die Moffiländer erreichten, hatte ich von Wander=
kaufleuten gehört, daß die Moffi ein ungewöhnlich verfchlagenes
und zurückhaltendes Volk feien, und mehrfach, zumal in Wahiguja,
hatten Europäer mir verfichert, daß ich wohl kaum einen Erfolg beim
Erkunden des Moffigebietes haben würde. Tatfächlich hatte ich in
Wahiguja eigentlich nur dadurch einige Ergebniffe erzielt, daß in
Jatenga feit alten Zeiten alte Mandefamilien anfäßig waren, die mir
zu meinen Kenntniffen verhalfen. In Wagadugu aber lebten alle
Mande im mohammedanifchen Viertel, und das will fagen: abfeits
des eigentlichen Moffivolkes und Herrfcherhofes. Andererfeits hatte
ich aber fchon erkundet, daß gerade um Wagadugu herum eine Reihe
der intereffanteften Masken=Sitten ftreng geheim gehalten würde,
deren Kenntnis aus vielen Gründen für mich fehr notwendig war.
Mit diefen Masken brachten die „edlen" Moffigefchlechter ihre Macht
gegeneinander zur Geltung.

Alfo, fagte ich mir, müffe ich fuchen, die „edlen" Moffigefchlechter
gefchickt gegeneinander auszufpielen, um fo zu diefen altehrwürdigen
Stoffen zu gelangen. Dabei konnte mir Nege als Mande, da er dem=

nach feine Beziehungen zum Mohammedanerviertel in den Border=
grund ftellen würde, nur ſchaden. Breema, der Polizeiſpitzel, war
aber das gegebene Werkzeug. Das Wettſpiel begann.

Jeden Morgen trat nun als Wahrer des Reichsaktenmaterials,
d. h. der öffentlichen Gebetspflege und Litanei, der Bendere=Naba
bei mir an. Aus ihm und ſeinen Jüngern und Freunden holte ich
langſam die grunblegende Geſchichtsaufklärung heraus. Zuweilen
waren andere Fürſten zugegen, zuweilen nicht. Dieſe Sache ward
für die Allgemeinheit als weſentlicher Hauptzweck öffentlich betrieben.
Mit den einzelnen myſtiſchen Broſamen, die ich im Brote des Bendere=
Naba eingebacken fand, köderte ich die entſprechenden „feindlichen"
Sippen im Einzelgeſpräche. Die Bösartigkeit des menſchlichen Geiſtes
offenbarte ſich mir alle Tage deutlicher. Jeder dieſer hohen Intri=
ganten war emſig bemüht, das, was er von den geheimen magiſchen
Maßnahmen und Schutzkräften (den Maskierten) wußte, mir zu über=
mitteln. Bald hatte ich ein ganz vorzügliches Verzeichnis der weſent=
lichſten Masken und Maskenbewahrer.

Dann kam mir ein räuberiſcher Akt meiner Moſſifreunde zugute:
Eines Tages war eines unſerer Pferde, das am vorhergehenden Tage
gekauft war, geſtohlen. Ich machte dem franzöſiſchen Komman=
danten ſofort Mitteilung, bat um Recherche, unterließ es aber nicht,
ſelbſt auf meine Weiſe nach dem verlorenen Tier Ausſchau zu halten.
Noch in der gleichen Nacht erfuhr ich den Standort des geſtohlenen
Pferdes. Der Dieb war kein anderer als der alte Mann, bei dem
das Pferd gekauft war und ein Verwandter des Kaiſers.

Ich verſchwieg zunächſt meine Wiſſenſchaft, inſzenierte aber für
den kommenden Nachmittag eine große Viſite beim Kaiſer. Wir
fanden ſchon eine gute Anzahl hoher Herren um den Herrſcher ver=
ſammelt, dann trafen noch weitere Gäſte ein. Der hohe Adel war
faſt vollzählich zur Stelle. Man ſprach von dieſem und jenem. Endlich
ließ der Balum=Naba, einer der vier höchſten Herren, mich fragen:
er habe gehört, uns ſei ein Pferd geſtohlen. Ob man denn davon
noch keine Spur gefunden habe? — Der gute Balum=Naba war
ganz beſonders intereſſiert. — Ich ließ einfach antworten, ich hätte
keine Spur nötig, denn ich wüßte ganz genau, wo das Pferd ſtünde. —
„Wo denn?" — Allgemeine Spannung! „Nun, da und da." — —
Mit ſolchen harmlos offenbarten Klarlegungen imponiert man dem
Neger wunderbarerweiſe ſtets. Sie fragen nicht, ob man nicht
vielleicht ſehr einfach zu der Kenntnis komme, ſondern laſſen ſich
immer wieder düpieren. — An dem Tage hatte ich gewonnenes
Spiel und abſolut pſychiſches Uebergewicht. Das ward ſchnell aus=

Auf dem Marsche nach Togo; Rast des Expeditionsstabes.

(L. Frobenius phot.)

genutzt: Ich bat darum, daß der Kaiser mir an einem Tage doch die
heiligen Tänze wolle aufführen laſſen, — damit ich ſie photographieren
könne. Erſtaunt fragt man, was ich meine. Ich zählte meine ganze
Reihe auf. Allgemeines Erſtaunen!

Das Feſt ward gefeiert. Die Maskierten tanzten ſämtlich. Es
war ein großer Tag für mich, denn ſoviel des Intereſſanten habe ich
ſelten an einem Tage zuſammen geſehen und erfahren. Ich will nicht
damit langweilen, noch zu ſchildern, welche Mühe, Geduld und Kunſt-
griffe dazu gehörten, dieſe prächtigen Sachen auch noch zu erwerben. Wohl aber mag erwähnt werden, daß damit noch nicht der
Höhepunkt meines Glückes erreicht war. Es ward mir an dieſem Tage
durch den pfiffigen Breema die Kunde, daß etwa 2 bis 3 Tagemärſche
öſtlich von Wagadugu einſam an einem Kaiſergrabe ein Haus ſtehe,
und in dieſem würden die Hunderte von alten, heiligen Masken aufbewahrt, die der Kaiſer vor einigen hundert Jahren im Kampfe gegen
die Jarſi im Norden erobert hätte. Zunächſt ſchenkte ich der Sache
keinen Glauben.

Dann haben wir aber eines Nachts den Ritt unternommen. Niemand durfte es wiſſen, nicht einmal Nege. Die Entfernung war nicht
ſo weit wie angegeben war. Es wurden Pferde des kaiſerlichen Hofes
geliehen, denn: der die Bezahlung für den Fund entgegennahm, war —
ſeine Majeſtät ſelbſt. Unter unglaublichen Mengen uralten Holz-
ſtaubes und zerbrochener Stücke, die in der alten Lehmbude auf
Geſtellen herumlagen, wurde das beſte ausgewählt, und dieſe eigentümlichen Sachen befinden ſich heute im Leipziger Muſeum für Völkerkunde. An den Nachwehen dieſes nächtlichen Rittes habe ich aber
wochen- und monatelang zu leiden gehabt.

□ □

Carrier, der Adminiſtrateur der Moſſizentrale Wagadugu, dem
die Regierungsbetriebe von Wahiguja, Leo und Tenkodugu in
gewiſſem Sinne beigeordnet, wenn auch nicht untergeordnet ſind,
hat ſich als ausgezeichneter Organiſator erwieſen. Für die Herren,
die hier ſtationiert ſind, iſt die Wirtſchaftsführung um ſo ſchwerer,
als die neuſte Faktorei eines europäiſchen Kaufmanns recht weit
fort, in Bobo Diulaſſu, liegt. Somit mußte ein jeder im Moſſilande
Beamtete, da hier nicht mehr von Staatswegen „ravitailliert"
wird, jedes Stück Seife, jedes Licht und jedes Gewürz von weit
herkommen laſſen. Carrier nun ſchuf eine Zentrale, einen Wirtſchafts-
betrieb für die Europäer des Moſſilandes, den Moſſiklub. Jeder

Weiße dieses Gebietes zahlt einen verhältnismäßig niedrigen Ein=
trittspreis und kann aus dem Magazin des Klubs alles erhalten,
dessen er benötigt. Die Interessengemeinschaft geht aber noch viel
weiter. Alle in Wagadugu stationierten Herren speisen im Klub und
sind so von der Aufrechterhaltung eigenen Wirtschaftsbetriebes mit
Koch und Küche enthoben.

Ich habe auch dann und wann an dieser Tafel teilgenommen,
und habe dann stets, abgesehen von einem etwas überfüllten Magen,
mancherlei Belehrung mit heimgenommen. Der schwache Magen, der
nichts rechtes mehr aufnehmen wollte, war meine Privatschwäche.
Die wertvolle Belehrung stammte von Herrn Carrier, der aus seinem
Administrationsleben in Kayes und Segu manches wertvolle Stück
zum besten gab. Besonders anregend war es, als ein liebenswürdiger
französischer Leutnant von Niamey mit einem Arzte herüberkam,
um eine umfangreiche Aushebung von Truppen vorzunehmen.

Carrier verstand es ausgezeichnet, auch den Lebenston seiner
kleinen Gemeinde in harmonische Stimmung zu bringen. Als der zwei=
malige Sensenschnitt des Todes diese große Lücke in das kleine Feld
der europäischen Kolonie geschlagen hatte, war er besorgt, durch
regere Arbeit an Wochentagen die Gedanken aller abzulenken. Ein=
mal ward ein Ausflug mit Picknick veranstaltet, und dann gab es ein
großes Rennen. Dieser Renntag war überhaupt ein besonders
feierlicher, denn die Herren des Mossilandes und Mossiklubs hatten die
Gründung eines Ordens des „Etoile du Mossi" beschlossen, der nach
geschickten Zeichnungen hergestellt, von einem Bronzegießer des
Landes verfertigt und von den Herren verliehen wurde.

Den ersten Orden dieser Zugehörigkeit heimste an jenem Tage
der Gewinner des Schnitzelrennens ein, der zweite ward mir ver=
liehen, und ich will es nicht leugnen, daß ich mich über diese Auf=
merksamkeit und Freundschaftsbezeugung gefreut habe. Es waren
fröhliche Stunden harmloser Heiterkeit, die aber auch ihren tiefen
inneren Wert hatten, zumal in Inner=Afrika.

Ich gedenke der Mossileute und des Herrn Carrier in treuer
Dankbarkeit!

Der Oli oberhalb Tschopowar, wo er wenig geeignet für den Bau einer Brücke ist.
Nach Photographie von L. Frobenius.

Zwanzigstes Kapitel.

Hinüber in die deutsche Kolonie.

Gegen das Ende unseres Aufenthaltes im letzten großen Lager des französischen Sudan hatte die „Deutsche Inner-Afrikanische Forschungs-Expedition" eine Physiognomie angenommen, die so recht bezeichnend war für die geistige Spiegelkraft eines solchen sozialen Gefüges in Afrika. Ich habe im dritten Kapitel dieses Buches geschildert, wie notwendig es ist, einer solchen Expedition einen recht persönlichen, dem Reisezweck entsprechenden Gesamtcharakter aufzuprägen. Ich habe im Verlaufe meiner Reisen mehrfach erlebt, wie dieser Typus nach Maßgabe der allgemeinen und speziellen Verhältnisse sich umgebildet hat, und ich will zeigen, wie infolge des Zusammentreffens einer Reihe von Umständen die Gefahr einer Katastrophe sich einstellen kann, deren Ausbruch sogar in Gegenden, in denen europäische Verwaltungen wirken, nur schwierig zu vermeiden ist.

Daß das Besitztum der Expedition recht zusammengeschmolzen war, war nicht nur mir in Wahaguja ein Sorgenquell geworden.

Auch die gebildeten Elemente des Stabes, Nege, Mussa-Dierra, Samoku, Mballa-Keita usw. machten ihre Beobachtungen, und der Inhalt mehrerer Telegramme, die ich nach Europa und Bamako gesandt hatte, war durch das schwarze Beamtenpersonal der Regierung meinen Leuten in entsprechender Uebertreibung mitgeteilt worden. Nicht selten konnte ich wahrnehmen, daß Nege und andere unsere Bagage mit den Augen abtasteten und abschätzten. Dann und wann wurden harmlose Bemerkungen gemacht über den Schwund irdischer Güter. Mit voller Absicht aber, wenn auch nach Negerart verschleiert, ward mir die Sorge der Leute kundgegeben. So kam einige Tage lang das Essen ungesalzen auf den Tisch. Ich ließ den Koch kommen und fragte, was das zu bedeuten habe. Er antwortete: Mussa Dierra habe ihm gesagt, es seien nur noch wenige Lasten Salz vorhanden, da müsse man zu sparen anfangen. Oder Nege maß recht ostentativ schmal und geizig Zeuggeschenke ab usw. Man darf aber nicht etwa glauben, daß solche plötzliche Sparsamkeit in meinem Interesse Platz griff. Nein, die Leute dachten vor allem daran, daß ich verarme, daß es Zeit sei, mich das fühlen zu lassen, um den eigenen Rückzug vorzubereiten.

Weiterhin war es sehr schwer, die neuen Elemente mit den alten in Konnex zu bringen. Nicht nur der Wolof Breema war eingezogen, sondern noch einige frische Mossiburschen. Mit diesen neuen Elementen wollten die alten Jungen sich durchaus nicht anfreunden, und ich hatte fast alle Tage kleine Intrigen aus der Welt zu schaffen, die die Leute untereinander und gegeneinander anspannen. Dies Verhältnis wurde dadurch noch schwieriger, daß die Eifersucht den guten Nege zu den unglaublichsten Extrascherzen — immer versteckter Natur — verführte. Er fühlte, daß der gut mit den Landesverhältnissen vertraute Breema mir hier mehr nützte als er, der so gut wie ausschließlich nur im islamitischen Stadtviertel verkehrte. In solchen Augenblicken wurde er direkt kindisch. Einmal wollte ich mit allen Leuten ausreiten. Mich umwendend sehe ich Breema auf dem Nege überwiesenen Gaul, Nege aber auf einem — Esel! Ich frage ihn, was das zu bedeuten habe, und da antwortet er: „Du brauchst den Breema ja doch nötiger wie mich. Für mich ist wohl nach deiner Ansicht ein Esel gut genug." Und das mit einem Gesicht! — Oder ich verteilte Kolanüsse. Nege nimmt die seinen und gibt sie den Mossijungen — recht deutlich und vor meinen Augen. Natürlich um mir zu zeigen, daß er als gebildeter Moslim seinen sinkenden Hochstand einschätzen und mit fatalistischem Gleichmute tragen kann. Also Kindsköpfigkeit!

Aber das, was diese Stimmung am schlimmsten heizte, war
die Nähe der deutschen Grenze und die Ungewißheit der Zukunft.
Es war im höchsten Grade verwunderlich, welche eigentümlichen
Vorstellungen in den verschiedenen Teilen des französischen Suban
über englische und deutsche Kolonialgebiete herrschten. Was uns
Deutsche anbelangt, so brachte man in allen Gegenden höherer,
islamitischer Bildung das Deutschtum einerseits mit Marokko,
andererseits mit dem „Kriegslager" Sansanne Mangu in Ver-
bindung. Hier in Wagabugu erzählte man von Hunderten prächtig
ausgerüsteter Kaballeristen, die wunderbolle Gewehre und pompöse
Brustbrünnen und silberne Helme trügen; von Kanonen, von
Dutzenden von Offizieren usw. Mag der Himmel wissen, wie der
Unsinn in den Kopf dieser guten Leute kam. Aber anscheinend
erfreut das westsudanische Negertum sich daran, aus unserem deutschen
Personal die der Fantasie wünschenswerten Figuren götterähnlicher
Marsgestalten zu bilden. Und das ist um so merkwürdiger, als
gerade die Mangu-Soldaten bei vorzüglicher Zucht und herrlichem
Drill doch in ihrem Aeußeren die bescheidensten sind, die ich über-
haupt je in Afrika als Vertreter einer europäischen Militärmacht sah.

Auf der einen Seite regte also die Vorstellung der Kriegsmacht Nordtogos die Leute auf, und auf der anderen kam das
typische Geschäftsinteresse der Neger zum Ausdruck: „Im deutschen
Mangu zahlt man keine Steuern!" — das war das zweite Problem
der kleinen Kolonie.

Endlich gelangte aber ganz durch Zufall noch eine Nachricht
unter die Leute, die die Aufregung bis zum äußersten steigerte. Man
höre und staune: Es handelte sich um den Grafen Zeppelin, seinen
Sieg über die Lüfte und das Unglück von Echterdingen. Eines
Tages erzählte mir der Administrateur Carrier von dem un-
erwarteten Riesenerfolge des Grafen am Bodensee. Weber er noch
ich achteten darauf, daß die bedienenden Knaben mit offenen Mündern
der Unterhaltung lauschten. Daß dann bei Echterdingen das große
neue erste Wrack gelegen hatte, störte sie nicht. Schon am gleichen
Abend kamen Nege, Breema, Buda und alle meine Angesehenen
zu mir, um sich des näheren darüber zu unterrichten, was das
für eine Sache sei, ob es wahr sei, daß bei uns viele Menschen mit
einem Schiff durch die Luft fahren könnten usw. Ich suchte den
Leuten klarzumachen, was ich selbst davon verstand und wußte, aber
mit alledem war doch dem „Wunderbaren" des Deutschtums damit
die Krone aufgesetzt.

Da die Leute derart erregt waren, kam die Spannung zu
ersten kleinen Ausbrüchen, als endlich meine nach Mangu ent-
sandten Boten zurückkamen und Briefe und Grüße vom Hauptmann
Mellin brachten. Das war real. Also ich stand mit dem „gewaltigen" Militärkommandanten in Mangu als Landsmann und
Freund in Verbindung. Aber leider, leider brachten die Leute eine
Nachricht mit, die all das Ansehen, in dem die deutsche Macht hier
stand, zu einem höchst gefährlichen Faktor machte: Mellin hatte
einen französischen Grenzbeamten, einen Neger, der auf deutschem
Boden fröhlich Zoll hatte eintreiben wollen, gefangen gesetzt. Ein
französischer Herr sprach sich wohl bei irgendeiner Gelegenheit
hierüber aus, kurz und gut: eines schönen Tages stand meine ganze
Korona um mich herum und Nege fragte in würdigster Weise, ob er
und seine Kameraden, wenn sie mit mir über die Grenze gingen,
nicht der Gefahr ausgesetzt wären, samt und sonders gefangen genommen zu werden.

Die Aufregung stieg noch weiter, als nun endlich der lang-
ersehnte Hilfstroß, die Kolonne aus Bamako, mit allerhand köst-
lichen Waren, einigen Kisten aus Europa (die ein Jahr unterwegs
waren!) anlangten, und als das französische Finanzdepot mir eine
sehr beträchtliche Summe, den Rest meines Expeditionsvermögens
auszahlte. Nun segelte alles in ein anderes Stimmungsfahrwasser
ein. Ich erwarb dann etwa zehn weitere Pferde, und dieser „Riesen-
einkauf", den ich aus praktischen Gründen vornahm, verschaffte mir
einerseits zwar ein allgemeines Wohlwollen, weil der Wohlhabende hier überhaupt als melkbares Wesen viel umflattert wird,
regte aber die Habgier meiner an bescheidene Verhältnisse gewöhnten Leute mächtig an.

Wäre ich nun gesund gewesen und hätte ich alle Verhältnisse
meiner Umgebung so leiten können, wie es in meiner Absicht lag,
so hätte ich langsam einen Teil des mächtig angeschwollenen Be-
triebes nach dem anderen in vorgeschobene Lager in der Richtung
auf Mangu weiterbefördert, hätte die allgemeine Erregtheit durch
Teilung der Arbeit in normale Bahnen zurückgedämmt und ohne
besondere Ereignisse und Schwierigkeiten die Situation geklärt.
Leider kam es ganz anders.

Das schlimmste war meine persönliche Erkrankung. Die Niederschrift der Mossimonographie hatte nicht nur meine Tage, sondern
auch einen großen Teil meiner Nächte in Anspruch genommen.
Meine Verdauung verschlechterte sich zusehends. Der Körper nahm
das Chinin nicht mehr auf. Ein recht unangenehmer Anfall von

hoher Temperatur, verbunden mit leichtem Schwarzwasser, war die
Folge. Ich arbeitete und schlief damals auf meiner Veranda, wagte
überhaupt selten dies Lager zu verlassen, da ich mir über die Unsicherheit meiner Umgebung ganz im Klaren war. Aber als ich
so im Fieber lag, erschlaffte leider meine Aufmerksamkeit, und
einige meiner Burschen verstanden es, mit Hilfe einiger Mossi,
geschickt einen Teil des Vorratshauses zu räumen. Ganze Ballen
mit Stoffen, Salzbarren, die vorletzte Kiste mit Gewürzen und
Konserven und — was das traurigste war — eine ganze Reihe
von Säcken mit Sammlungsgegenständen verschwand innerhalb
weniger Stunden. Daß meine eigenen, über den Inhalt der
einzelnen Kolli wohlunterrichteten Leute dafür verantwortlich
gemacht werden mußten, ging schon aus der Wahl der Sammlungs-
säcke hervor. Es waren diejenigen, in denen die wertvollsten Messer
und Bronzeschmuckstücke verpackt waren.

Eine eingehende Untersuchung, zu deren Durchführung ich alle
Kräfte anspannte, ergab, daß der Knabe Samoku an dem Raube
mitbeteiligt sein mußte, denn bei ihm fand ich eine geleerte Konservenbüchse aus dem gestohlenen Gute, eine Sorte, die erst neu
angekommen und in diesem Gebiet noch nicht geöffnet war. Er
hatte andere Burschen am Abend der Tat zur Teilnahme am Schmause
eingeladen. Soweit war alles klar. Aber nun zeigte es sich, daß
die sämtlichen Mande für, die Mossi gegen diesen Samoku auf-
traten. Damit wurde wieder die letzte Explosion eingeleitet. Meiner
Gewohnheit nach versammelte ich alle Zugführer und Dragomane
und begann eine Schlußuntersuchung. Sie verlief ohne Ergebnis.
Alle Mande — und diese hatten noch die obersten Stellen inne —
widersetzten sich einer Bestrafung Samokus. Die französischen Beamten erklärten sich für inkompetent. Die Sache könne offiziell
nur in Mopti (!) entschieden werden, da es sich um eine Angelegenheit
zwischen einem Weißen und einem Schwarzen handle. Was tun?

In diesen Tagen traf auch endlich Dr. Hugershoff wieder ein,
den ich mit einer Untersuchung des Gurunsigebietes betraut hatte.
Wir erwogen alle Maßnahmen und kamen zu dem Schluß, daß ich
Samoku unter den obwaltenden Umständen nicht einmal etwas von
seinem Lohne abziehen und ihn nur mit entsprechendem Zeugnis
schlicht entlassen könne. So geschah es. Mehrere Monate später
erst hörte ich, daß Samoku uns schon oft hintergangen habe, daß
aber keiner der Mande etwas gegen ihn zu unternehmen wagte,
weil es bekannt war, daß mehrere Leute, die mit ihm Streitigkeiten gehabt hätten, durch Gift ums Leben gekommen wären. Dem

ganzen Charakter der Volkstypen dieser Art sieht dies übrigens ähnlich.

Am anderen Morgen war alles zum Aufbruch bereit, die Pferde gesattelt, die Trägerkolonne geordnet, alles in Reih und Glied, — da trat Nege an der Spitze der gesamten Dragomane und Zugführer herein und erklärte, — — kein einziger wolle uns begleiten. Das war die Explosion! — — —

□   □

Natürlich marschierten wir doch ab, und zwar fehlte selbstverständlich kein einziger! Am Abend vorher hatte ich vor Schwäche und Fieber kaum zu gehen vermocht. Die schwierige Lage setzte mich mit einem Ruck wieder in Position. Ich nahm die Zügel der Kolonne nun ganz fest in die Hand und ließ kein Muskelzucken und Augenverdrehen durchgehen. In solchen Augenblicken entscheidet lediglich die Wucht, die die einzelne Persönlichkeit in die Wagschale zu werfen hat, und meine getreuen Mande zogen eine Woche später ganz kleinlaut in Deutsch-Togo ein. — Diese ganze Angelegenheit habe ich so eingehend geschildert, um an einem Beispiel zu zeigen, wie das Zusammentreffen verschiedener Zustände, zumal bei längerem Lager, leicht psychologische Komplikationen zur Folge haben kann, denen selbst die besten der dunklen Eingeborenen Afrikas zum Opfer fallen. Denn über alle Maßen schwach sind diese Menschen. —

□   □

Aber gottlob, wir marschierten wieder. In Tagesmärschen legten wir die Strecke bis zum ersten Dorfe auf deutschem Boden zurück. Wir lagerten: am 3. Dezember in Guba, am 4. in Bere, am 5. in Niogo, vom 6. bis zum 9. Dezember in Tenkobugu, am 10. in Lalgai, am 11 in Kogo, am 12. Dezember in Nadjundi. Untereinander nannten wir scherzweise diese Reise die Flucht nach Togo. Was wir flohen, war das Desertieren unserer Leute und der Träger, die es galt, hübsch müde ins Lager zu bringen, damit sie durch Müdigkeit vor dummen Fluchtgedanken geschützt würden.

Das Land, das wir durchzogen, war, rein äußerlich und allgemein genommen, einförmig. Ständige Wiederholung der anscheinend lang hingezogenen, ungefähr 5 m hohen Wellenbildungen, ständig Steppe, die aber in den jetzt durchkreuzten, weniger bewohnten Teilen große, lichte Baumbestände aufwies. So passierten wir eine

(A. Frobenius phot.)

Die Oti-Ebene bei Sansanne Mangu.

Strecke von etwa 4 km, die durchaus den Eindruck einer Obstanpflan=
zung machte, so regelmäßig und in gesunden Exemplaren waren die
Schibutterbäume verteilt. Die Eingeborenen versicherten auf das
bestimmteste, daß diese Plantage ein Naturprodukt, und daß sie
nicht von Menschenhänden künstlich angelegt sei. Sicher ist aber
andererseits, daß die Wildlinge sich in voller Erkenntnis des Wertes
dieses Fruchtparkes wohl hüteten, mit ihren Waldbränden das wert=
volle Naturgeschenk zu gefährden.

Im übrigen schlummerte unter der Decke der oberflächlichen
Einförmigkeit eine geologisch größere Vergangenheit, deren Spuren
hie und da noch deutlich zutage traten. Auffallend sind in den
südlichen Strichen der Mossiländer, vom Gurunsigebiet nach Osten
bis in das Ssangagebiet, starke Quarzplatten, die wie umgekippte
oder im Umsinken begriffene Bohlen= oder Plankenmauern aus=
sehen. Es sind die Reste der alten Quarzadern, die die Granit=
massen durchzogen haben. Der Granit ist verwittert, im großen
und ganzen so gut wie verschwunden; die Quarzadern widerstehen
noch. Der einzige Granitstock, den ich auf dieser Route sah, und
der mich stark an die Granitkatzenköpfe im Norden des Liberia=
gebietes erinnerte, erhob sich etwa 20 km vor der Ortschaft Tenkobugu.
Aber auch sonst zeigt das Land Belege von Granit in recht inter=
essanten Typen. Da sind zunächst mehrere natürliche „Dolmen=
felder" zu erwähnen. In den eigenartigsten Gestalten haben sich
Säulen und Kloben, Buckel und Stümpfe als Reste eines alten
Granitkopfes erhalten, der durch Schalenabspringen und Wind=
ausblasung zu diesem Trümmerfelde wurde.

Der Granit bietet übrigens in diesem Gebiete das Material
für eine Verwendung sehr wichtiger ethnographischer Eigenart. Die
Eingeborenen haben als Mühlen hier nicht kleinere Reibsteine, die
hierhin und dahin getragen werden können, sondern sie reiben direkt
auf den anstehenden Felsplatten und Felsblöcken in künstlichen
Ausschalungen ihr Korn. Zuweilen, zumal südöstlich von Wagadugu,
sind diese Reibausschürfungen in die flache, die Bodendecke bildende
Granitdecke eingeschnitten, meist, und zwar noch weiter südöstlich,
sind sie aber in Blöcke von etwa Tischhöhe eingearbeitet. Im ersteren
Falle muß die Frau bei solcher Arbeit knien, im letzteren kann sie
stehend und nur leicht vornübergebeugt die Arbeit verrichten.
Diese letztere Reibsteinanlage entspricht dem Verfahren der Mossi=
und Transkarastämme, die da, wo nicht Naturblöcke solcher Höhe
in entsprechender Nähe vom Gehöft vorhanden sind, einen Lehm=
kloben von Tischhöhe aufführen, in den sie einen Reibstein einlassen.

Ueber solcherlei Land marschierten wir in großer Eile hin, froren nachts bei sieben Grad wie die Schneider und erfreuten uns tagsüber der frischen Kraft und Ausdauer der Pferde. Obgleich jetzt der sogenannte gesundeste Teil des Jahres war, sollte ich doch nicht ohne eine letzte Mahnung dieses Land verlassen. Mein Eintreffen im Nigerbogengebiet ward durch einen Todesfall markiert. Ein Schwerkranker hatte uns den ersten Gruß im Mossilande gebracht, ein Kranker sagte uns das letzte Lebewohl. Es traf nämlich eines Nachts ein Eilbote Nansens in unserem Wanderlager ein, der mich bat, möglichst schnell nach Tenkodugu zu kommen, wo ein an Dysenterie schwer Erkrankter meine Hilfe erbitte. Da ward noch früher aufgebrochen und noch schärfer geritten.

Nansen und ein liebenswürdiger Franzose kamen uns entgegen. Der Administrateur hatte sich auf Dienstreise entfernt. In Tenkodugu lag nur noch jener eine, dem die Krankheit den Lebensmut vollkommen gebrochen und die letzte Spur von Hoffnung geraubt hatte. Es war wieder ein jämmerliches Bild. Ich hatte aber Glück, und als wir zwei Tage nachher Tenkodugu verließen, war der gute Herr über die Krisis hinweg und so gut wie genesen.

Mit neuen Trägern und gewechselten Soldaten eilten wir dann der Grenze entgegen. Schon die guten Bussangsi von Tenkodugu machten den Eindruck eines etwas gewalttätigen Volkes und verleugneten auch in der Nähe der Administration diesen Charakter nicht. Je weiter wir uns aber von dem letzten französischen Posten entfernten, desto bunter ward das Treiben der Eingeborenen. Das letzte Lager auf französischem Boden, in Kogo, war eine so verwunderliche Einrichtung, daß kein Buschleben es wüster und fantastischer sich denken kann. Nur wenige Gehöfte befreiter Sklaven in der Nähe, die schon bei unserer Annäherung zitterten und allerhand wunderliche Angaben über räuberische Fulbereiter machten. Es wurden auf einem Platze im Busch aus Matten einige „Windschirme" (— denn Hütten konnte man das wirklich nicht nennen —) aufgeschlagen, — die Pferde wurden angepflöckt, — die Feuer loderten bald umher, — die Hunderte von Menschen zerstreuten sich, — die Posten gingen auf und ab. Da galoppierte ein Dutzend Reiter in der Abenddämmerung heran. Es waren die besten Reiterbilder, die ich im Sudan sah, prächtige, große, schwere Pferde, und für sie geschaffene bronzene Herrengestalten. Sie brachten ihr Geschenk, waren aber durchaus nicht so devot, wie sonst in diesen Ländern heute die Fürsten, trugen vielmehr den Kopf hoch und sagten die

Führer für den nächsten Tag nur sehr bedingungsweise zu. Dann jagten sie wieder durch den Busch von dannen, wild und ungeberdig, wie sie gekommen waren.

Sie hatten die Führer nur sehr bedingungsweise und mit „wenn's möglich ist" zugesagt, hatten also durchaus kein Versprechen gebrochen, als am anderen Morgen kein Führer erschien. Aber damit, daß wir untereinander diese Räuber für anständige Leute erklärten, waren wir keinen Schritt weiter. Da standen rund herum die bepackten Trägerzüge, da lag weiterhin der unermeßliche Busch, durch den sich dieser und jener Jagdpfad zog; ungefähr in dieser Richtung mußte Nabjundi liegen. Aber vor einem Marsch durch diesen akazienreichen Busch, in dem für unsere so schon schlecht beköstigten Leute nichts als saure Früchte zu finden waren, davor schreckte ich zurück. Die Leute waren bedrückt. Nege behauptete, wir müßten zum nächsten Orte zurückmarschieren, denn die befreiten Sklaven hätten ihm gesagt, von hier führe kein Weg über Sfanga nach Dabakoum, und überhaupt wäre Sfanga allein schon zwei Tagemärsche entfernt, und die Moba wohnten viele Tage weit. Dazwischen wäre nichts als Busch und wieder Busch. Aus dieser Mitteilung Neges schloß ich, daß die „befreiten Sklaven" dies erzählt hätten, und daß diese demnach mehr wüßten. Daraus ergab sich der erste Konflikt dieses schwierigen Tagewerks.

Nach einiger Zeit waren einige der „befreiten Sklaven" davon überzeugt, daß sie uns ebensogut zu gehorchen hätten wie den Reitern von gestern abend, die, wie sie behaupteten, verboten hätten, den Weg zu zeigen. Es entstand ein kleines Handgemenge, und dann zeigten uns die befreiten Sklaven den Weg. Von 5 Uhr 52 bis 10 Uhr 7 Minuten ging es durch den Busch nach Sfanga, wo gerastet und abgekocht wurde. Nach meiner Schätzung mußten wir noch 3½ Stunden Marsch haben, und um das leisten zu können, brauchten die Leute Stärkung und Rast. Mittlerweile hub die zweite Schwierigkeit an.

In der großen Ortschaft Sfanga herrschte eine durchaus schlechte Stimmung. Man „wollte nicht, daß wir zu den Deutschen hinübermarschierten". Führer, die den Weg kennten, gäbe es nicht. Die Menschen, die in dem Busch vor uns wohnten, seien ganz gefährliche Räuber. Einige unserer Träger (30) wußten sich gleich zu Anfang der Unterhaltung im Hintergrunde zu drücken. Meine Zugführer meinten, heute kämen wir nicht mehr durch die Wildnis, die Leute wären zu ermüdet, die Häupter der Sfanga würden uns keine Träger geben, einige Leute wären entwichen und könnten nicht

vor morgen erſetzt werden. — Wenn man an einer wichtigen geo=
graphiſch=politiſchen Grenze iſt, dann ſind nach meiner Erfahrung
die Leute immer ermüdet, daun kommt man nie am gleichen Tage
durch die „endloſe" Wüſtenei, in der immer „gefährliche Räuber"
wohnen, dann brennen immer Leute durch und können nie am gleichen
Tage erſetzt werden. Und der Expeditionsleiter, der auf dieſes
Lamento hereinfällt, hat dann mehrere Tage hübſch liegen zu
bleiben und kann daun gewöhnlich nur auf einem neuen Umwege
ſein Ziel erreichen. Das iſt in Südafrika und in Nordafrika gleich.

Alſo verbat ich mir fürs erſte alle derartigen Verzögerungs=
vorſchläge, ließ die Soldaten und Träger antreten, abzählen, Kopf
waſchen und reihenweiſe lagern. Nach altbewährtem Muſter lud
ich die Dorfhäuptlinge in meine Behauſung ein und bat ſie höflich
und energiſch, vor Abzug der Kolonne nicht die Behauſung zu ver=
laſſen. So ward der zweite Konflikt überwunden. Die Nabas ließen
ihre Pagen kommen, gaben Befehle, es ward abgekocht. Wir gingen
umher, heiterten die Leute auf, Hugershoff, deſſen Pferd auf der
Vorderhand ſchonte, ward mit einem geliehenen Roſſe bedacht, die
Erſatzträger trafen ein, und um 2 Uhr marſchierten wir, geführt
von einigen Fürſtenſöhnen, ab.

Die Wege, die wir dann dahinzogen, waren auch im ſchlimmſten
afrikaniſchen Sinne nicht als Wege zu bezeichnen. Wüſter, wilder
Buſch, ſo dicht, wie ich ihn ſelten ſah. Als wir um ½4 Uhr uns
Dabakoum oder Dagakoum näherten, zeigten ſich denn auch die wilden
Buſchräuber in voller Bewaffnung vor allen Gehöften. Es war
eine ſchwüle Atmoſphäre. Die Söhne der Nabafürſten beſorgten
hier andere Führer, und kaum waren wir einige hundert Meter
in den Buſch wieder eingetaucht, da war auch der Weg zu Ende,
und die neuen Führer drückten ſich beiſeite. Gleichzeitig nahm ich
wahr, daß die Dagakoum=Leute uns in der Entfernung bewaffnet
folgten. Als die Führer verſchwinden wollten, ergriff die Leute
eine allgemeine Panik. Mit Mühe und Not fingen Hugershoff und
Nanſen vorn das letzte Individuum ein, während ich nach hinten
Ordnung zu halten ſuchte. Das war der böſeſte Moment. Viele
Leute hatten hinten die Laſten weggeworfen, um in den Buſch zu
entwiſchen. Leider gingen dabei abermals wichtige Laſten ver=
loren, wie erſt ſpäter feſtgeſtellt wurde.

Aber wir kamen noch mit einem blauen Auge davon. Das
alles ſpielte ſich in wenigen Sekunden ab. Eine Minute ſpäter
rückte das Ganze weiter, und gegen 5 Uhr tauchten vor uns große
Beſtände von Boraſſus=Palmen auf, die erſten größeren Beſtände,

die wir seit dem Niger zu Gesicht bekamen. Das war merkwürdiger=
weise die Grenze, und unter diesen Palmen flatterte die deutsche
Fahne in deutschen Winden.

☐   ☐

So stolze und üppige Sorghumfelder erinnere ich mich nicht
vordem im Westsudan gesehen zu haben, wie die waren, durch die
wir noch eine Stunde hinmarschierten. Wir gelangten mit der
Spitze der Kolonne genau in der Dämmerung an den Nadjundibach
und nach Nadjundi. In dem Orte herrschte große Aufregung.
Nicht unhöflich zurückweisend, aber ein wenig zaghaft waren die
Eingeborenen bei der Ueberweisung des Lagergehöftes. Man sah
die französischen Soldaten offenbar mißtrauisch an, und auch die
Blicke, mit denen man uns begrüßte und von oben bis unten ab=
tastete, zeugten in keiner Weise von übergroßem Wohlwollen. Wir
waren damit allerdings auf der anderen Seite der Grenze an=
gelangt, aber landsmannschaftliche Gefühle sprachen offenbar nicht
aus diesen Burschen.

Am anderen Morgen schon — ich dachte, ich solle meinen Augen
und Ohren nicht trauen — meldeten sich ein Gefreiter und zwei
Mann mit einem Schreiben vom Hauptmann Mellin, um sich, im
Falle ich Frobenius wäre, zu meiner Verfügung zu halten. Wie
ich aus dem Schreiben des Bezirksamtmannes ersah, hatten die
Eingeborenen uns für Franzosen gehalten und noch in der Nacht
ihm, dem Hauptmann Mellin, der gerade an der Westgrenze seines
Bezirkes weilte, gemeldet, eine französische Kolonne mit drei Euro=
päern an der Spitze, mit Soldaten und einer Unzahl von Trägern
sei über die Grenze gekommen. Hauptmann Mellin, der durch Befehle
des Kaiserlichen Gouvernements und durch eine meinerseits von
Wagadugu aus erfolgte Anknüpfung auf unser Eintreffen vorbereitet
war, erkannte den Irrtum der Leute, bewies aber gleich im ersten
Augenblick seine unendliche Liebenswürdigkeit, indem er noch nachts
die Soldaten an uns absandte.

Aber wie hatten die Boten noch am Abend den Hauptmann
Mellin, der seine 60 km entfernt war, erreicht? — Damals zerbrach
ich mir den Kopf, ohne zur Lösung des Rätsels gelangen zu können.
Erst in Mangu stellte ich fest, daß die Stämme eine ausgesprochene
Signalsprache haben, deren Instrument die Jagdpfeife ist. Sie
sind imstande, ganze Sätze, jeden Namen, jeden Befehl, jeden
Wunsch auf recht bedeutende Entfernung über die Felder zu ver=

breiten. Und in der Tat waren die Moba es nicht selbst, die dem Hauptmann Mellin unsere Ankunft meldeten, sondern Leute, denen sie ihre Besorgnisse vor den bösen französischen Fremblingen zur Weiterbeförderung über die Steppe hin zugepfiffen hatten.

Das erste französische Wort, das ich als Beobachter ihrer amtlichen Tätigkeit seinerzeit aus dem Munde eines kongostaatlichen Negersoldaten gehört hatte, war „bête". Das erste französische Wort, das ich in gleicher Eigenschaft aus dem Munde eines französischen Senegalsoldaten gehört hatte, lautete: „cochon". Nachdem der Gefreite des Hauptmanns Mellin in Meldung und verschiedenen „Jawolls" Zeugnis seiner deutschen Sprachkenntnis abgelegt hatte, trat er weg und gab meine Befehle hinter dem Gehöft weiter, und da er sich nun nicht mehr unter den Augen und Ohren eines Vorgesetzten wähnte, donnerte er die säumigen Eingeborenen mit einem Worte an, das war fraglos ein waschechtes deutsches Unteroffiziersprodukt und hieß: „Suein!" Da wurde es mir klar, daß in gewissem Sinne die Grundlagen aller aus Europa hierher übertragenen Kultur gleich seien, und daß nur der Vokabelschatz wechsle.

Nun flog ein neuer Geist in die „Deutsche Inner-Afrikanische Forschungs-Expedition" hinein! Mag man in fremden Kolonien mit noch soviel Freundlichkeit und Achtung aufgenommen werden, heimische Luft wird für jedermann heimische Luft bleiben; die ist nicht zu ersetzen. Und über Nabjundi wehte von Mangu aus heimische deutsche Luft. Deutsche Herzen schlugen uns entgegen, und man braucht nicht sentimental und durch Fieberzeiten entnervt zu sein, um für solcherart gewechselte Atmosphäre empfänglich zu sein. — Boten eilten über das Land hin. — Es ward beschlossen, daß Hauptmann Mellin und ich uns am 13. früh in der Nähe von Dapang treffen wollten, daß die Kolonne zunächst hier liegen bleiben, dann aber der Beschluß über weitere Maßnahmen gemeinsam gefaßt werden solle.

Der 13. Dezember wurde mir ein großer Festtag. Um ½7 Uhr brach ich mit einigen Führern, einigen Capitas und einem möglichst eingeschränkten Troß auf. Wir zogen über ein wundervolles Land hin, das, leicht gewellt, hie und da Bäche, allerorts in Ferne und Nähe verstreut Gehöfte der Moba und viele, viele Borassuspalmen zeigte. — An einer bestimmten Stelle wollten wir uns treffen. Ich ritt, da der Hauptmann Mellin noch nicht da war, noch ein wenig weiter, — so verfehlten wir uns. Nege wandte sich zurück und rief mir dann einige Worte zu. Wir warfen die Pferde herum und richtig, da kam auf einem Fuchswallach der

zierliche Hauptmann Mellin angaloppiert. Es war der erste
Deutsche, den ich in der ersten deutschen Kolonie kennen lernte.
Wie dankbar war ich und bin ich noch heute, daß ich meine ersten
Einblicke und Erfahrungen im deutschen Afrika in der Freund=
schaft und mit Unterstützung von Leuten wie Mellin und Kersting
machen durfte, die beide im Laufe der langen Jahre wie Kinder
des Landes mit ihm verwachsen, die beide wie Fürsten über alle
kleinen Leidenschaften erhaben waren, die ihren Eingeborenen die
treuesten und wertvollsten Lehrmeister waren, die, jeder eine Per=
sönlichkeit für sich, uns gern und fröhlich aus ihren reichen Er=
fahrungen und ihrem praktischen Wissen stets zu geben bereit waren,
was wir benötigten.

An der Seite des zierlichen, damals schon nicht mehr gesunden
Mannes ritten wir dann plaudernd den Abhang von Dapang hinauf.
— Die von Sprigade bearbeitete kleine und große offizielle Karte
der Kolonie ist ein so wundervolles Werk, daß es schwer ist, noch
irgendwelche Berichtigungen anzubringen. Immerhin fielen mir
zwei Punkte auf, die noch eine kleine Klarstellung der Bodenverhält=
nisse ermöglichen. Der eine war hier in Dapang erreicht. Dapang
liegt etwa 35 m über dem Gelände auf einer Stufe, die sich von
Kantindi nach Westsüdwest hinzieht und so ausgesprochen ist, daß
man sie schon merklich eintragen kann. Merkwürdigerweise bezieht
sich der zweite Punkt wieder auf einen Anstieg, der von Norden
nach Süden zum Rasthof von Bogu hinaufführt. Allerdings liegt
Bogu auf einem Paß, der aber doch auch beträchtlich über die
Sohle des Nabangbag erhaben ist, sicherlich höher, als uns die
Darstellung auf der Karte annehmen ließ. (Nach groder Berech=
nung oder nach nichtkorrigierten Instrumentenangaben etwa 30 m.)

Der Rasthof Dapang liegt unter einer mächtigen Kuka, die Leute=
gehöfte mehr abseits in großer Ordnung, das Herrenhaus etwas
höher vor einem sauber geklopften Platze. Die Fahne geht in die
Höhe; es wird abgestiegen, und Mellin heißt mich im ersten Rast=
hofe in Togo herzlich willkommen. Der Hauptmann läßt die Soldaten
wegtreten, wir begeben uns ins Haus, und nach kurzer Frist treffen
wir uns an der kleinen festlichen Tafel. Ein besonderer Luxus
prunkte auf dem weißen Linnen nicht, und doch war das einfache
silberne Besteck, das geschliffene Glas, das gute Porzellan und die
ganze Aufmachung für mich etwas so Vollendetes, daß mich ein
kleiner Schauer des Erschreckens befiel, wenn ich an unser Blech=
geschirr, unsere Blechbecher, unser in Lehmwasserwäsche gelb ge=
wordenes Tischzeug dachte. Dazu dieses stille Hingleiten der Be=

dienung, die sorgfältige Akkuratesse der Servierung, das absolute
Fehlen des üblichen Rauchgeschmackes, die einfache, aber schmack-
hafte Küche! Es war „wie zu Hause"!

Nachdem ich so in die Gesittung der Kolonie Togo eingeführt
wurde, hatte ich oftmals Gelegenheit über die Verschiedenartigkeit
der Lebensformen nachzudenken, die ich im Inneren Afrikas angetroffen habe. Daß ein Bezirks- und Stations-Chef im allgemeinen
ohne Schwierigkeit eine feinere und verbesserte Lebensführung sich
bereiten und genießen kann als unsereiner, dessen Lebensform durch
ununterbrochenen Wechsel, durch ständige Abhängigkeit von den
Faktoren eines unbekannten Landes, einer unbekannten Bevölkerung,
und durch Belastung mit den allerprimitivsten Sorgen des Tages
und der Arbeit charakterisiert wird, das versteht sich von selbst. Das
notgedrungene „omnia mea mecum porto" zwingt zur Primitivität,
besonders, wenn das Schwergewicht der Lebensinteressen auf die
Arbeitsleistung und nicht auf lukullische Lebensführung gelegt wird.
Aber auch in den Wirtschaftsführungen der höheren und niederen
Staatsbeamten und Militärs in den verschiedenen Kolonien ist ein
großer Unterschied zu beobachten. Ich habe mit großem Erstaunen
gefunden, daß die französischen Beamten des Sudan weit weniger
vom einfachsten Komfort haben als die Deutschen, daß sie zwar ihre
täglichen Diners weit reicher an Gerichten anlegen, aber viel schlechter
essen, daß ihre Bedienung strenger gehalten und mehr gescholten,
aber ungeschulter ist, — daß ihr Interesse an dem kleinen Tagesluxus
viel größer ist, und dieser doch nicht über ein bestimmtes Mindestmaß
hinwegkommt, und daß sie trotz alledem teurer wirtschaften als die
Deutschen. Das ist sehr einfach zu erklären: Der deutsche Beamte in
Togo siedelt sich wirklich an, und zur Zeit meiner Durchquerung
dieser Kolonie war im Inland kein Amtmann, der nicht schon seine
8 Jahre seinen Bezirk geleitet hätte. Sie wechselten also nicht so oft
die Stelle.

Die deutschen Stationen sind durchaus nicht opulenter angelegt
als die französischen. Aber sie sind behaglicher; man fühlt, daß in
diesen Räumen Menschen wohnen, die hier wirklich heimisch sind,
während die Franzosen mehr oder weniger nur ein „Passagierleben"
führen, wie mir manche der Herren selbst sagten. Deshalb aber, weil
der Deutsche wirklich in dem neuen Heim heimisch sein will, deshalb
wächst er auch leichter, schneller und tiefer in die Umgebung hinein.
Er lernt alles, was das Land an Produkten und Menschenkraft besitzt,
nicht nur kennen, sondern auch kultivieren und auszunutzen. Dadurch,

Tafel 39.

Deutsches Leben in Togo; Hauptmann Mellins Truppe bei Sansanne Mangu.

(L. Frobenius phot.)

daß alles mehr verwächst mit ihm und seinem Streben, dadurch gewinnen alle Verhältnisse an Stetigkeit und Geschlossenheit.

Denn diese kleine Mittagstafel ist ein Symbol auch tieferer
Kritik ernsterer Dinge. So wie das Tagesleben und die persönliche
Lebensführung eingerichtet wird, genau so entwickelt sich die ganze
Sachlage. Die ganze Bevölkerung sieht einen Landesverwalter, der
immer wieder auf seinen gleichen Posten zurückkehrt, und der wirklich
innerlich und organisatorisch in das Land hineingewachsen ist, mit
ganz anderen Augen an, als die ständig wechselnden Personen, die
sich dem Innen= und Außenleben nach eben nur „vorübergehend hier
aufhalten". Wenn mir von französischer Seite gesagt wurde, durch
häufigeren Wechsel würde erstens das Interesse der Beamten aufrechterhalten und zweitens das Verwaltungsleben lebendiger und
gedankenreicher, so muß ich dem gegenüber sagen, daß einerseits
das durch Vertiefung in einen Stoff erzogene Interesse in neuen
Gründungen wertvoller ist, als das unproduktive Interesse des
Neuigkeitsjägers und Weltenbummlers, und daß andererseits die
Einleitung und Ausreifung, will sagen Konzipierung, Verpuppung
und langsame Entfaltung einiger wenigen, wertvollen Verwaltungs-
gedanken für die Kolonie wesentlicher ist, als Ueberproduktion an
geistreichen Ideen, deren schwankende Nebelgestalten weder Fleisch
noch Blut noch Fortpflanzungsfähigkeit besitzen. Sicher ist allerdings
wiederum, daß die leichtere Beweglichkeit, besonders in extensiver
Hinsicht, den Franzosen die Kolonisation zunächst der Fläche nach
schneller durchführbar macht. Das können wir von ihnen lernen.

So sehen wir denn die alte Erfahrung, daß die höchste Blüte
dann gezeitigt werden kann, wenn die beiden Nachbarn ihre Verschiedenartigkeit studieren und jeder dem andern den guten Teil
ablernt.

☐   ☐

Am gleichen Tage noch rückte Nansen mit dem ersten Teile des
Trosses heran. Am andern Morgen marschierte Hauptmann Mellin
ab. Ich begleitete ihn noch ein Stück. Als ich zurückkehrte, begann
der Hof des Rasthofes sich mehr und mehr zu füllen, bis endlich
Hugershoff den Einlauf der letzten Lasten meldete. Die deutschen
Soldaten, die die französischen Gardecercles in Nadjundi abgelöst
hatten, zogen zum Teil vor dem Gepäck auf Posten, zum Teil verteilten
sie sich nach allen Richtungen, um Träger zu requirieren. Nachdem
wir noch einige Zeit dem Studium der Moda gewidmet hatten,

22

rückten wir am 16. nach Dapang, wo wir von Mellin in einem
prächtigen Rasthause alles vorbereitet fanden.

Auf seine Veranlassung hatten die Eingeborenen sogar ihr im=
posantes Winterfest verschoben, so daß wir Gelegenheit erhielten, dessen
Veranstaltungen beizuwohnen. Und es war ein wahrhaft pompöser
Anblick, als die prächtigen Kerle in langer Reihe, reich geschmückt
mit Kauribehängen und den Kopf überhöht durch Antilopenhörner=
kappen, im Tanzschritt begeistert einherzogen. — Leider kam ich in
diesen sonst so schönen ersten Tagen nicht zum ruhigen Genuß aller
Erlebnisse, denn eine gewisse Ueberarbeitung und die Nachwehen
der verschiedenen Krankheiten machten sich nicht nur in Ueber=
reiztheit, die ich nur mit Aufbietung aller Energie niederhalten
konnte, bemerkbar, sondern quälten mich auch mit neuralgischen
Schmerzen, die auf Stunden immer die linke Kopfhälfte überzogen.
In Mangu steigerte sich dieser Zustand bis zu halber Bewußtlosigkeit,
und als wir dann nach Tschopowa abrückten, waren meine Nerven=
kräfte zeitweise so erschöpft, daß die Sehkraft aussetzte, und ich dann
und wann sogar den neben mir reitenden Mellin nur als dunkle
Masse wahrnehmen konnte. Das waren bittere Stunden, die mir das
Leben recht vergällten und mir die Arbeit sowohl als den Frohsinn
nicht wenig erschwerten.

Bei alledem wurde die Arbeit doch nur auf Stunden unterbrochen.
Hugershoff machte eine tachhmetrische Aufnahme. Ich war überhaupt
bedacht, von nun ab, soviel wie möglich, die Kräfte der Expedition
in praktischer Arbeit für die deutsche Kolonie nutzbar zu machen.
Vor allen Dingen dämmerte am Horizonte Graf Zechs Projekt der
Togolängsbahn auf. Hugershoff hat manches Profil aufgenommen,
um der Sache ein wenig vorzuarbeiten, und ich achtete besonders
darauf, daß alle Terrainschwierigkeiten festgelegt wurden. Wenn ich
schon in Dapang und Bogu mit solchen Arbeiten beginnen ließ, so tat
ich das in der Hoffnung, daß die deutschen Strecken sich später einmal
den französischen Linien anzweigen würden. In der Tat scheint eine
Bahnlinie über Mangu—Bogu der bequemste Schieneneingang,
den der innere Westsudan von der Guineaküste her erhalten kann.

Die zahlreichen Jarsi (alte Mande=Kolonisten) im Mobalande
erleichterten mir das Aufnahmeverfahren sehr, so daß die ethnische
Arbeit schnelle Fortschritte machte. Nansen vertiefte sich in seine
Zeichnungen und Oelbilder, und als der 23. Dezember graute, waren
wir programmäßig zum Aufbruche bereit. Um dreiviertel sieben
verließ die Expedition den Rasthof und marschierte nach dem Ueber=
steigen des noch etwa 40 m höher gelegenen Passes in die ungefähr

60 m tiefe eigentliche Ebene des Oti. Gegen ¾12 Uhr tauchte eine Reiterschar am Horizonte auf: Mellin mit einigen Mangu-Großen kam uns entgegen. Um 12¼ ritten wir in die großzügig und fest angelegte Station Mangu ein.

Das zweite Weihnachtsfest, das die Expedition in dieser Reiseperiode in Afrika beging, wird den Teilnehmern unvergeßlich bleiben. Unser liebenswürdiger Gastgeber wußte den echten deutschen Weihnachtsgeist ohne große Veranstaltungen desto inniger zu erwecken. Alle Jungen erhielten von uns weiße Matrosenanzüge, von denen ich noch eine hübsche Anzahl besaß, der Phonograph spielte seine letzten und besten Opernteile, und ein Schluck aus dem letzten, wohlgehüteten Bestande alten Bordeaux schuf eine angenehme Erwärmung, die an dem kühlen Abend auf der großen Veranda wohltat. Dann schlemmten wir noch einige Gläser herrlichen Bieres, und damit war für uns ein weiteres kirchliches Jahr überlebt.

Der erste Feiertag sah Nansen und Hugershoff nach dem oberen Oti abmarschieren, wo teils die Flußprofilaufnahme, teils fröhliche Jagd lockten, — während ich, soweit mein Zustand es erlaubte, mit den Eingeborenen Zwiesprache hielt oder mit Mellin durch die Ställe seiner geliebten Herden ging oder mit ihm die Plantagen von Tickbäumen, Baumwollfeldern usw. abritt. Auch das war etwas neues für mich, daß der Bezirksamtmann große Kulturanlagen für den Staat geschaffen und über die Kinderjahre hinweg gebracht hatte. Das war nicht mehr nur der Verwaltungsbeamte, der mich hier mit gerechtem Stolze umherführte, sondern das war der echte Rittergutsbesitzer in selbstlosester Form.

Am 31. Januar früh versammelten sich auf dem mächtigen Stationshofe von Mangu große Mengen von Trägern. Hugershoff und Nansen waren am Abend vorher zurückgekehrt, und heute zog die ganze Kolonne, vermehrt um den Troß des Hauptmanns Mellin, der uns mit einem Zuge seiner Soldaten bis nach Tschopowa begleiten wollte, nach Süden ab. Unsere gemeinsame Aufgabe war, die Trasse für die zukünftige Eisenbahn abzumarschieren, alle Bachprofile der Strecke aufzunehmen und dann die geeignete Stelle zu suchen, an der die Eisenbahn über den Oti geführt werden könne. Demnach marschierten wir erst auf dem breiten Wege über den Kungumbu nach Djereponi, wo wir das erste Lager bezogen. Am andern Tage verließen wir aber die große Straße und zogen über Tatiegu und Nabulgu nach Nambiri, das dicht am Oti gelegen ist. Den dritten Tag stiegen wir zu dem oberen Nambiri wieder empor, und marschierten

22*

über Sanguri und Sobiwa ,bis in das prächtige Rastgehöft von
Tschopowa.

Wir hatten die Hoffnung gehabt, hier an der Bezirksgrenze mit
Regierungsrat Dr. Kersting zusammenzutreffen. Er hatte aber nicht
abkommen können. Wir fanden dagegen den Unteroffizier Mama
mit den Soldaten vor, die in unserer Kolonne die Mellinsche „Truppe“
ablösen sollten. Während zweier Tage ritten Mellin und ich die Ufer
des Oti ab, nach einem geeigneten Uebergangspunkte für die ersehnte Eisenbahn Umschau haltend. Tschopowa ist auf einer leichten
Anhöhe gelegen, um die der Oti sein ziemlich tief eingeschnittenes Bett
in weitem, nach Nordwest offenen Bogen führt. Der Boden senkt sich
nach allen Teilen des Otibogens sehr gleichmäßig, so daß die Eingeborenen zur Hochwasserzeit den Oti über diese Tschopowaebene
hinleiten können. Das ist in der raffiniertesten Weise für die Fischerei
ausgenutzt, indem eine Unmasse von mit primitiven „Schleusen“
versehenen Mauern angelegt sind. Mit dieser Anlage sind die Eingeborenen imstande, das Otiwasser beim Sinken der Flut zurückzu-
halten. Leider sind diese Werke von den guten Konkomba ganz unzu-
länglich für den Anbau von Feldfrüchten ausgenützt. Hier müßten
in geschickter Fruchtfolge Mais und Erdnüsse glänzende Erträge
zeitigen. Eine Folge des Verfahrens ist natürlich eine Versumpfung
der Tschopowaebene, die bereinst dem Bahnbau einige Schwierigkeit
bereiten wird. — Als beste Stelle für die Eisenbahnbrücke konnten
wir zuletzt den Südpunkt bezeichnen, an dem einige Fährboote zu
dem steilen, festen Ufer der Dubawe-Seite den Verkehr vermitteln.
Weiter oberhalb verbreitert sich das Bett, flachen die Ufer sich ab, und
liegen Sumpfgebiete vor. Als Hugershoff eintraf, ließ ich ihn die
Stelle aufnehmen.

Am 5. Januar trennten wir uns von unserem liebenswürdigen
Führer. Hauptmann Mellin rückte nach Jendi ab, und wir marschierten über den Oti erst nach Jbubu, wo noch eine mächtige Boma
ostafrikanischen Stils Zeugnis von den gefährlichen Gesechten ablegt,
die die Konkomba einst Dr. Kersting geliefert haben, dann nach Banjeli,
dem berühmtesten Eisenlager der Kolonie Togo. Von hier an
ändert sich das Landschaftsbild. Hier sind es noch Hügel, die aus
der Gegend auftauchen, aber wenige Stunden, nachdem man die Eisen-
dörfer verlassen hat, tauchen am Horizonte die blauen Kuppen der
Berge von Baffari in der Mitte, von Kabu im Norden und Kalanga
im Süden auf. Das obere Land behält aber seinen schwachwelligen
Charakter bei. Es scheint dem Bahnbau hier kein wesentliches Hindernis bereiten zu können, wohl aber ist in fast allen Gegenden

(Photographie unbekannter Herkunft.)

Deutsches Leben in Togo; Regierungsrat Dr. Kerstings Bastenschloß in Bassari.

häufiges Eisenbohnerz, in den Laterit=Konglomeraten, als ein vor=
zügliches Material für den Dammbau geboten.

In Banjeli, oder vielmehr in der Ortschaft Biagpabe, blieben
meine Herren mit einem wesentlichen Teil der Kolonne zurück. Nansen
aber war leider von schwerem Gesichtsrheumatismus befallen, der
ihm die erwünschten Porträt=Zeichnungen einiger Damen dieses Ortes
nicht gerade leicht machte. Hugershoff sollte vor allem die Geräte der
Eisenverhüttung zeichnerisch und konstruktiv festlegen. Ich selbst ritt
nach Bassari voraus, um mit Dr. Kersting unsere weiteren Pläne,
die Gestellung von Steuerträgern usw. zu besprechen. In guter Laune
zogen wir dahin. Das Land trug einen sympathischeren Charakter
als der eben verlassene Norden, allein schon deshalb, weil von jetzt ab
die Bäche hinauf sich wieder Bäume zwischen den Büschen empor=
schoben. Wir waren nahe der Zone des Galeriewaldes, der dem
eigentlichen Oti=Tale, wie dem inneren Suden gänzlich fehlte,
angelangt.

Als wir dem Aufstieg des Bassariberges nahe waren, tauchte
über einer Bodenwelle eine starke Reiterkavalkade auf. Regierungsrat
Dr. Kersting kam uns mit einigen „Großen" seines „Reiches" ent=
gegen, um uns einen liebenswürdigen Empfang zu bereiten.

Der Oti unterhalb Tschopowar, und zwar die Stelle, die wir für den etwaigen
Brückenbau in Vorschlag und Vermessung brachten.
Nach Photographie von L. Frobenius.

Verschlagene Reste höherer Baukunst in Togo; Gehöft mit zweistöckigem Speicherturm in der Waldstadt Kuschuntu.
Federzeichnung von Fritz Nansen.

Einundzwanzigstes Kapitel.

Die Kulturbeziehungen der Völker Togos.

Es ist mir mehrfach nahegelegt worden, eine Beschreibung der Völker Togos zu geben. Eine solche Arbeit hinauszuschieben werde ich dadurch gezwungen, daß die hierfür notwendigen Mittel erst in einigen Jahren bewilligt werden können, daß ich selbst nur die Nordhälfte Togos eingehenderen ethnologischen und ethnographischen Studien unterwerfen konnte, daß die Veröffentlichung dieser Arbeiten mehr für fachliche Kreise geeignet ist, und endlich dadurch, daß es wünschenswert erscheint, diese Beschreibungen der Nordvölker Togos im Rahmen unserer Gesamtpublikation des Westsudan als Glied der Kette zu veröffentlichen. Der Entschluß, eine Uebersicht heute schon zu geben, hat dagegen seine Berechtigung. Wie aus der neusten großen landeskundlichen Veröffentlichung über unsere Kolonien

(Hans Meyer: „Das deutsche Kolonialreich“) zu ersehen ist, ist die Kenntnis der Völker Nordtogos noch recht lückenhaft, und auch so geübte Sachkenner, wie die Bearbeiter des „Kolonialreiches“ haben es nicht vermocht, eine klare Uebersicht und Darstellung der Verhältnisse zu gewinnen. Somit will ich denn versuchen, in diesem Kapitel eine entsprechende Skizze zu entwerfen, muß aber von vornherein betonen, daß damit nur ganz allgemein und mit bewußtem Verzicht auf Vollständigkeit nach jeder Richtung hin einige Hauptcharakterzüge herausgegriffen werden sollen.

In landeskundlicher Hinsicht ist unsere Kolonie Togo ein kleiner Ausschnitt aus der großen westsudanischen Torte. Wäre diese Torte nun das symmetrisch rund geformte, regelmäßig aufgeschichtete, obenauf mit regelmäßig konzentrisch geordneten Fruchtkreisen kunstgerecht gebildete und geschmückte Produkt eines ordentlichen Bäckermeisters, und hätten außerdem die europäischen Diplomaten diesen Kuchen dann in der Weise geteilt, wie man sonst den Geburtstags=Diskus aufteilt, derart also, daß Togo ein spitzwinkliger Keil wäre, der von jeder dekorierenden Kreislinie sein Segmentteilchen erhalten hätte, — wäre das so, so könnte man aus den Segmentteilchen des Schmuckes die Völkerwellen erkennen, die über das Land geflutet sind, dann könnten wir nun auf die Beschreibung dieser Linienführung uns beschränken, und jedermann würde ohne Schwierigkeit sich die ganze Torte aus diesem Stück selbständig herausrekonstruieren können — so, wie man aus einem geschickt herausgeschlagenen Scherben ein ganzes Gefäß wiederherstellen kann. Aber leider ist die westsudanische Torte so unregelmäßig angelegt und so unsystematisch dekoriert, daß man, um die Entstehung und das Wesen unseres Stückes zu verstehen, erst einmal den ganzen Westsudan betrachten muß. In diesem Zusammenhange können wir dann die Frage zu beantworten suchen, was von den durcheinandergeflossenen ethnischen Elementen des Westsudan in unserer Kolonie vertreten ist.

1. Mandé. Das wesentliche Gesetz, dem die ethnischen Umbildungen des Westsudan im kulturgeschichtlichen Aufbau unterworfen sind, war schon aus dem wundervollen Material erkennbar, das Heinrich Barth um die Mitte des vorigen Jahrhunderts aus diesen Ländern heimbrachte: das wellenförmige Herüberfluten der Wüstenstämme und der Oasenvölker der Sahara von Nord nach Süd über die „Negerländer“ des Niger=, Benue= und Senegal-Gebietes. Die historischen Vorgänge und die rhythmische Wiederholung des Prozesses sind von Schurtz in Helmholtz' Weltgeschichte gut und knapp, wenn

auch nicht erschöpfend, behandelt. Die Einfälle dieser Art hatten den
Aufbau großer Staatenbildungen zur Folge, die immer erst von
den hellfarbigen Herren aus dem Norden zusammengefaßt, errichtet, dann aber von den durch die Mischung mit ihnen veredelten
dunkelfarbigen Altinsassen nach entsprechender Revolution oder Um-
wälzung weiter- und zu Tode regiert würden. Solche Vorgänge
sind nicht nur von den alten arabischen Schriftstellern geschildert
worden, sondern sie leben auch noch in der Erinnerung der Völker
des Suban fort. Im Laufe der Reisebeschreibung habe ich schon
mehrfach barauf hinweisen können. Für unsere Togovölker ist
dieses Spiel der Tatsachen auch von hervorragender Bedeutung. Von
den Dagombaleuten Jendis empfing ich eine entsprechende Nachricht, die Hauptmann Mellin dann in freundlicher Weise weiter-
verfolgte. Im alten Reiche der Dagomba herrschte danach der König
Malna. Im Lande war große Durstnot, da die einzige Wasser-
stelle von einem Büffel mit silbernem und goldenem Horne bewacht
wurde. Ein weißhäutiger Jäger, der aus Norden kam und Torse
hieß, befreite das Land von dieser Plage. Er kehrte danach zwar
nach Norden zurück, aber seine Nachkommen wurden von denen
Malnas in einer großen Not um Hilfe gerufen, kamen, halfen und
traten dann die Herrschaft an.

Diese Sage ist nichts weiter als eine Umbildung der alt-
historischen Sunjattalegende der Mande am oberen Senegal, die
in durchsichtiger Weise die historischen Vorgänge vor und nach dem
Jahre 1325 schildert. Malna entspricht dem Mali-na, d. h. Herrscher
von Mali. Tor-se entspricht dem Traore-se. Der Büffel hat hüben
und drüben die gleichen wertvollen Hörner, und auch sonst stimmen
die kleinsten Einzelheiten miteinander überein, — d. h. wir sehen
nicht nur in Nordwest-Togo die gleiche Erinnerung an historisch bestätigte Vorgänge des Mittelalters erhalten, wir können auch mit
ziemlicher Bestimmtheit sagen, daß dieses Dagomba-Königtum ein
Ableger des alten, berühmten Reiches Mali sein muß, dessen
Schwerpunkt zwischen Niger und Senegal lag. Wäre nicht diese
Lage allein schon maßgebend, so würde doch die gleiche Tätowierung, Reminiszenz an alte Architekturwerke und manches andere
dieses belegen.

Aber nicht nur von dieser Seite sind aus dem Wetterwinkel des
Westsudan, dem Mandingolande Melle oder Mali Wellen nach Togo
geworfen, sondern auch noch von Nordosten her. Ein anderer, aus
Mali ausgeschleuderter Volkshaufe zog den Niger hinab in das
Djermagebiet, ließ sich nach langer Flucht bei Ujamey nieder und

pilgerte aus der Nähe der Nordwestgrenze der englischen Kolonie
Nigerien nach Sugu, auch Sugu-Wangara genannt, um hier „im
Walde" eine neue Kolonie zu gründen. Diese Leute, so erzählt die
Sage, sollen auch einmal bis in die Gandogegend in Togo vorgedrungen, dann aber unter Zurücklassung mehrerer Familien zurück-
gewichen sein. Eine dritte Einwanderung, deren Ausstrahlungs-
Zentrum abermals das Mandegebiet war, erreichte auf dem Wege
über Kong-Nordaschanti unsere Kolonie. Die Mande verbanden sich
mit den Tschakossi, einem Tschi-Stamme, der zwischen den Aschanti
und den „Splitterstämmen" saß, und rückten nach Sansanne Mangu,
dem „großen Kriegslager". Hier leben sie noch heute als gebildete
Händler jenes Kaufmannsschlages der Mande, der in Kong (im
Hinterlande der Elfenbeinküste) seine höchste Ausbildung erfahren hat.

Das sind die wesentlichsten Einschläge, die Nordtogo als Ableger
aus dem Entwicklungsbrodel des Westens des Westsudan, aus dem
oberen Nigerlande, aus den Ländern der Mande, von den Ma- oder
Herrenvölkern, empfangen hat. Es sind keine monumentalen, wohl
aber außerordentlich typische und kulturreiche Beeinflussungen, die
uns Beispiele der Kulturausstrahlungen bieten, und zwar der
Kultur, die das Produkt der Mischung der Hackbauern- und Nomaden-
kulturen, getragen durch dunkele und helle Völker, ist. Das sind
historisch junge Einflüsse.

2. Die Einheimischen und der Nordosteinfluß. Um
die Grundlagen und Art der Kultur der Nordtogostämme
aber zu verstehen, müssen wir die Verhältnisse der Völker im großen
Nigerbogen ins Auge fassen. Wenn wir aus der Gegend von Kuka,
des alten Songai-Reiches am mittleren Niger eine Linie an
die Goldküste, also parallel zum oberen Niger, ziehen, so schneiden wir
drei Zonen:

a) Die Songai-Zone am mittleren Niger. Das Songai-
Reich besitzt bis heute die älteste Geschichtsaufzeichnung Inner-
Afrikas. Es wies von 770 bis 1330 eine Dynastie der Sa oder Za
oder Dia (auch Dja) auf, die dem Reiche 32 Herrscher gab. Die Sage
geht, daß dieses Reich in alter Zeit mit Aegypten in Verbindung
stand. Sein politischer Einfluß hat sich nach Norden weit in die
Sahara, nach Westen zuweilen über die Mandeländer erstreckt.
Später hat es unter Mandeherrschaft gestanden, hat dann noch
mehrere mächtige Fürsten hervorgebracht, aber seine alte Beständigkeit verloren. Die gewaltige Kultur, die dieses Land besonders
in vorislamitischer Zeit besessen haben muß, floß unter dem Druck der

Saharastämme nach Süden ab und dürfte wahrscheinlich in der Kultur der Nupe= und Jorubaländer (im englischen Nigerien) seine letzten Ausläufer haben. Eine historische, direkte Einwirkung auf die Völker und Kulturen Nordtogos dürfte aber nicht mehr nachzuweisen sein. Dagegen erhielt die Nachbarzone der Diabastämme durch den Einfluß dieses Songai=Reiches seine organische Gestaltung.

b) Die Diaba=Zone wird bewohnt von Stämmen, die sprachlich betrachtet, eine gewisse Zusammengehörigkeit besitzen. Man kann als die Bewohner dieses Landstriches die Moffi= und Gurma=Völker bezeichnen. Um eine Grundlage für die Einheitlichkeit einer gewissen Sprachverwandtschaft zu bieten, gebe ich aus unseren Vokabularen einige Worte für „Männer".

Gurmagruppe:	Fada=Gurma . . .	bi=dja=ba,	franz. Sudan.
	Konkomba	be=dja=b	
	Nadjako	bi=tja=ba	Nordtogo.
	Kumangu	bi=dja=b	
Moffigruppe:			
	Moffi (Tuckedugu) .	dá=pa	franz. Sudan.
	„ (Wagadugu) .	dó=pa	
	Kuffaffi	dá=pa	Nordtogo.
	Dagomba	du=o	

Der Unterschied besteht darin, daß die erste Gruppe dja oder tja, die letzte da oder do hat, was unwesentlich ist. Dagegen bilden die Moffi ihre Substantiv=Plurale nur mit Suffixen, die Gurma dagegen mit Suffix und Präfix. Vokabularisch gehören zu den Moffi die eigentlichen Moffi, Mampruffi, Buffangfi, Kuffaffi, Moba, Dagomba, von denen die drei letzten den Nordwesten Togos bewohnen, dann aber auch die Enklaven der Difalle=Losso und Njamtuu=Losso in Nordost=Togo und die der Killinga in Nord=Dahomey. Diese letzteren Teile sind durch die Gurmagruppe von dem Hauptblock der Moffi abgetrennt. Zu den Gurmastämmen gehört die ganze Volksgruppe von Fadagurma auf französischem Boden über Pama bis zu den Nadjako, Djie, Kumangu, Konkomba, Baffari. Aber auch die Sfola und Tamberma=Leute sind mit ihnen sprachverwandt. Ich habe das Wort für Männer herangezogen, weil diese Stämme sich selbst häufig nach dieser Wurzel bezeichnen, wie z. B. Tschambá, oder Tschámbe (Baffariten), Fajaba (Kumangu), Nata Tjeba (Nadjako), Bidjab (Djie) usw. Ferner kehrt das gleiche Wort bei diesen Stämmen in der Bezeichnung für Schmied wieder und dieser ist bei ihnen ganz im Gegensatze zur Mandeanschauung eine angesehene, einflußreiche Persönlichkeit.

Die Beziehung, die diese Gruppe zu dem Songaigürtel hat, ist eine ganz ausgesprochene. Schon in unserer Leitvokabel ist sie ausgesprochen: Dia der „Mann" kehrt wieder als „Dja=ba", der Ahnherr des Gurmareiches, dessen Ahnenreihe an verschiedenen Orten gleichlautend bis auf unsere Tage geführt wird, und andererseits in dem Namen der alten Dynastie des Songaireiches, die auch als Dja in die Geschichte eingezogen ist. Haben wir im Westen den „Mann", der im Osten die Dynastie charakterisiert, so haben wir im Osten den „Menschen", der im Westen den „Adligen" kennzeichnet. Bei allen Songai heißt der Mensch borro, und zwar bis zu den Gurminkobe im Jatengagebiete und den Dendi=Djenna in Norddahomey und an der Grenze Nigeriens. Die Adligen heißen aber bei allen Mossi, Kussassi, Moba: burukin oder burkina, oder bei den Konkomba: oburukin. Bis zu den Kebu in Zentraltogo kann ich das Wort (hier burraije) verfolgen. In vielen Einzelheiten hat sich der Stamm deutlich erhalten. Der Königplatz heißt bei den Bassariten burr und dgl.

Dieses seien nur linguistische Analogien zur Illustration der Tatsache, daß die Staatsidee der Mossi=Gurma=Stämme aus der Songai=Region stammt. Aller Wahrscheinlichkeit nach dürfen wir in der Diaba=Zone die Region sehen, über die die Nebenprovinzen des Songaireiches sich ausgebreitet haben. Diese alten Reiche hatten durchweg ein Streben: Vermehrung der Arbeitskräfte durch Sklavenfang! Wo sollten die Songai=Kaiser ihre Sklaven fangen, wenn nicht im Nigerbogen, wo doch im Osten menschenarme Länder und außerdem die Streifregion der Berber lag! So schuf das Songaireich sich eine Zone des Menschenfanges; in diesen Zonen entstanden mit dem Borro=adel vom Songaischlage die Mossi=Gurma=Fürstentümer, die beim Zusammenbruche des Songaireiches selbständig wurden und immer weiter nach Südwesten vordrangen. Damit ist es zu erklären, wenn diese Staaten der Diaba=Zone genau die gleichen Zeremonialeinrichtungen haben wie die Reiche im Zentral=Sudan, Einrichtungen, die den Mandestämmen fehlen (z. B. die Erzämter).

Mit der Erklärung der Staatsform haben wir aber noch keinerlei Erklärung für den Grundtypus der Bevölkerung gefunden. Wir haben damit erklärt, wie wir den Ursprung der Einheitlichkeit dieser Zone, die weit nach Zentral=Togo hineinreicht, verstehen können, wir erkennen auch den Ursprung der Gurma= und Dagombafürsten; den Lebenstypus der breiten Bevölkerung werden wir aber erst verstehen können, wenn wir die nächste Zone ins Auge gefaßt haben.

c) Die Splitterzone wird bewohnt von Stämmen, die so gut wie keinerlei eigene Staatenbildung, jedenfalls keine aus eigenem

Blute hervorgebracht haben, oder auch nur eine im Laufe der Zeit assimilierte besitzen. Diese Zone ist bewohnt von einer Unzahl von Stämmchen und Völkchen, deren Sprachen in Hunderten von Spielformen wuchern, und deren Grundeigentümlichkeit in patriarchalischer Absonderung sich äußert. Jede Familie lebt für sich. Kein Altenrat und kein Bürgermeister, kein Familienältester oder Familienrat kann oder will es hindern, wenn zwei benachbarte Familien eines Tages in Streit geraten und den Krieg mit Pfeilschüssen und Schleudersteinen beginnen. Jede Familie wohnt hier für sich in burgartig geschlossenem Kastell. Zuweilen sind die Burghöfe eingeschossig, zuweilen zwei-, ja dreistöckig. Es sind die Speicher und Ställe darin. In einer Gegend sind sogar Brunnen in den Burgen eingegraben.

Das ist der Lebenstypus des Völkchens im Splittergebiet. Von ihren beliebten Familienfehden kann man ebensogut im Lobigebiet (nördliche Elfenbeinküste) und aus der zentralen Goldküstenkolonie, von den Bodo, Samoko, Kipirsi, Semu, Nymheke, Gurunsi und wie die Stämmchen im französischen Sudan heißen mögen, etwas hören, wie aus dem deutschen Transkara oder den Atakorabergen in französisch Norddahomey. Das ist der Lebenstypus der Menschen, aus dem die Diabastämme unter dem Einfluß der Songaikultur sich selbst einst entwickelt haben, und in den sie selbst oft genug zurückverfallen, wenn die Hand der Nabas die Zügel fallen läßt.

Besonders in Transkara haben wir, wie gesagt, noch typische Vertreter dieser Kulturschicht wohnen. Einige, wie die Tamberma und Ssola reden Sprachen, die den Gurma-Idiomen verwandt erscheinen. Andere, wie die Kabre, sprechen Tim, sind schon etwas geschlossener, aber vermögen den alten Lebenstyp doch noch nicht ganz abzulegen. Die Gurma- und Mobastämme am Nordrande der Kolonie haben sich schon zu einer ausgesprochenen Uebergangsstufe, einer Staatenbildung zuneigend, emporgeschwungen. Sie feiern schon großartige, gemeinsame Opferfeste. Aber wirkliche Staatsbürger im Sinne eines Mossireiches sind lediglich die Dagomba geworden. So haben wir die ganze Stufenleiter vom typischen Splitterstamme bis zum ausgebildeten Diabafürstentum in unserer Kolonie erhalten. Die mehr oder weniger durchgeführte Spracheinheit oder -verwandtschaft der Diaba-Zone darf uns also nicht darüber hinwegtäuschen, daß die Lebensformen ihrer Angehörigen, in Togo jedenfalls, noch sehr oft und vielfach dem Wesen der Splitterstämme zuneigen. Im großen und ganzen können wir aber noch einen wesentlichen Unterschied im Raume der Diaba-Stämme festhalten: Die Völker der

Mossigruppe (in unserer Kolonie vor allem Dagomba, Moba und Losso) zeigen, besonders nach Westen, Neigung zu höherer Entwickelung im Sinne der Mandestaaten. Sie sind auch in der Tat, wie aus der Tätowierung hervorgeht, wesentlich mit Mande (sie nennen die Mande: Jarsi) gemischt. Die Stämme der Gurma-Gruppe äußern überall ein besonders ausgesprochenes Interesse für Vertiefung in religiöse Fragen und Zeremonien. Das alte Songai-Reich äußert also hier noch in später Epigonenzeit Merkmale, durch die es vordem berühmt war.

Wenn also die gesamte Lebensform der Völker Nordtogos immer noch dem Wesen der Splitterstämmchen zuneigt, so können wir doch überall in dieser Entfernung vom Niger noch die Nachwirkungen der beiden untergegangenen Kulturrivalen Mandingo und Songai erkennen.

3. Der Südostzufluß. Die eigenartigste Kultur, die wir aus dem von dunkelhäutigen Völkern bewohnten Nordwest-Afrika bislang kennen, ist diejenige, die sich zwischen der Sklavenküste und Nupe, also im Westen des Unterlaufes des Niger erhalten hat, und die wir bis auf weiteres schlechtweg als Joruba-Kultur bezeichnen können. Ihr Werdegang ist bislang noch nicht untersucht und keinerlei historische Tradition von ihr bekannt. Das Eigenartige der Völkerschaften dieses Gebietes liegt ohne Frage in dem Talent, sich in großen Städten zu gruppieren und diese großen Stadtgemeinden als Ausgangspunkte eines das Land weithin überziehenden Handelsnetzes auszunutzen. Vor den Augen der Mitwelt hat sich im vorigen Jahrhundert in dieser Weise die bekannte Stadt Abeokuta zu einem Gemeinwesen allerersten Ranges entwickelt, und die Fähigkeit und Grundlage hierzu bot nicht die augenblickliche Gefahr des Krieges gegen die Dahomeer, sondern ererbte Gewohnheit. Jedenfalls hat dieses Talent nichts mit dem Islam, der so oft für die höheren Kultursymptome dieser Länder verantwortlich gemacht wird, zu tun. Es ist ein uraltes Besitztum. Schon aus dem Mittelalter kennen wir die große Stadt Benin, und als die Fulbe die Haussastaaten mohammedanisierten, da trafen sie schon in vielen Gegenden solche Bildungen an, die im großen und ganzen genommen seit der Invasion des Islam an Zahl eher abgenommen als zugenommen haben.

Diese Städte entsprechen mehr als in gewissem Sinne den gleichen Anlagen, die am anderen, nördlichen Ende des südöstlichen Nigerlaufes, im Lande Faraka, historisch so große Bedeutung gewonnen haben. Wir sehen derart sowohl im Nordwesten wie im Süden das Land des alten Kaiserreichs Songai an ein solches städtereiches Gebiet

grenzen. Der Nigerlauf verbindet beide Gebiete und eröffnet uns
so ein Verständnis für die Beziehung, die auch sonst noch durch
manche Kulturgemeinsamkeit belegt wird.

An der vollsten Blüte dieser Entwicklung hat unser Togo leider
keinen Anteil, aber nach Südosten hin können wir ohne Weiteres
starke Einflüsse aus dieser Richtung erkennen. Zunächst sind da die
Anago, die Leute von Atakpame, die einen ausgesprochenen Joruba=
Dialekt sprechen. Nach Norden hin sind sie nicht weit getrennt von
den Ekurra, den Waldstädten, von denen ich selbst Alibi, Kuschuntu,
Gubi und Bagu kennen lernen und kurze Zeit studieren konnte.
Jede einzelne liegt in einem kunstvoll erhaltenen Urwaldgürtel, genau
so wie die Städte auf dem französischen Gebiete. Auch Segu (=Wald)
war früher derart in eine Naturburg vergraben. Aber mit dieser
natürlichen Einwallung haben die Leute sich in alter Zeit nicht
begnügt. Vielmehr konnten besonders bei Gubi die Reste alter, starker
Befestigungen mit Mauer und Gräben ohne Schwierigkeit erkannt
werden. Für Gubi konnte ich außerdem die Joruba=Sprache nach=
weisen, so daß diese Waldstadt unbedingt als eine Joruba=Nieder=
lassung eingetragen werden kann.

Eine innere Verwandtschaft mit den Joruba tritt aber nicht nur
bei allen anderen Waldstädten ebenfalls hervor, sondern läßt sich
auch bei den Tim oder Kotokolli nachweisen. Abgesehen von der
stadtähnlichen Siedlungsweise erkennen wir das aus sprachlichen
Symptomen, aus Kulturgepflogenheiten, aus der ganz charak=
teristischen Bogenform und vor allen Dingen aus dem Vorhandensein
eines Frauenwebstuhles neben dem Männerwebstuhl. Der Männer=
webstuhl des Sudan dient zur Herstellung dreiter Bänder, die erst
zusammengenäht breitere Stoffe ergeben. Es ist ein Trittwebstuhl.
Dagegen ist das von Frauen gehandhabte Gerät ein Griffwebstuhl,
auf dem breite Stoffe hergestellt werden können. Der Westsudan
kennt im großen und ganzen nur den Männertrittwebstuhl, die Berber=
bevölkerung des Atlas und der Sahara aber den Frauengriffweb=
stuhl. Er reicht im Nordwesten bis an die Sahel, d. h. also genau bis
zur Grenze der Berbervölker. Nun ist es von allerhöchstem Werte für
die Beurteilung des kulturgeschichtlichen Ursprunges und Zusammen=
hanges des eigenartigen Joruba, daß dieser Frauengriffwebstuhl
bei ihnen vorkommt und in ihrem Vordringen nach Nordwesten mit
in die Waldstädte und zu den Tim wanderte.

Im allgemeinen wird man die Tim ihrer kulturellen Grundlage
und dem Ursprunge nach zwar zu den Mossiprodukten rechnen
müssen (unter vielen sprachlichen Uebereinstimmungen fällt das

Pluralfuffix ti, das alle Moffi bevorzugen, besonders auf), der Ent=
wicklungshöhe und dem heutigen Kulturumfange nach aber als zu
den Joruba=Verwandten. Industrie und Handel blüht im Timlande
ganz augenscheinlich. Die Tim sind ein aktives Volk. Sie haben
ihrer Sprachausdehnung schon die· Kabre und sogar schon einen Teil
der Losso gewonnen. Sie haben den Waldstädten und Bassariten
Häuptlinge abgegeben und dürften somit als eines der wertvollsten
Völker der Kolonie gelten. Und das verdanken sie fraglos dem wesent=
lichen Kultureinfluß, der aus dem Jorubalande über die Waldstädte
herübergeflossen ist und die rohere Moffikraft mit ernsten Kultur=
aufgaben bedacht hat.

Anhangsweise mag übrigens erwähnt werden, daß auch die
Ewe diesem Einflußkreise zugezählt werden müssen. Aus dem Norden,
dem Milieu der dunkeln Afrikaner kommend, war ich erstaunt, in den
Ewe ein durchschnittlich durchaus hellfarbiges Volk anzutreffen. Ich
ließ Nansen einen typischen Kopf in Farbe ausführen, und es zeigte
sich, daß die Hautfarbe nur wenig Schattierungen dunkler war als
die der Tuareg, deren Farbe in Timbuktu festgelegt war. Zu meinem
nicht geringen Erstaunen berichteten mir ferner Ewe an drei ver=
schiedenen Stellen, nämlich in Atakpame, Misahöhe und Lome, daß
alter Stammessage zufolge ihre Altvorderen aus Nordwesten von
der anderen Seite des Koarra (Niger) gekommen seien. Leider hatte
ich in der Eile der letzten Tage nicht· mehr die Möglichkeit, dieser
Sage weiter nachzugehen, die aber nach mancher Richtung (z. B. in
der Tätowierung) von vornherein bestätigt zu werden scheint. Es wäre
höchst wünschenswert, wenn ein Kenner der Ewe dieser Frage einmal
eingehender nachspürte.

4. Zur Wiederholung. Fassen wir das Ganze zusammen,
so ergibt sich, daß wir als Grundlage der Kultur der weitaus meisten
Völker Nordtogos den Typus der Splitterstämme feststellen können,
deren größte Masse im englischen Goldküstengebiet und im franzö=
sischen Sudan noch wohlerhalten ist. Diese zeichnen sich durch
möglichst abgesonderte, gut geschützte Gehöftssiedelungen, Neigung
zu Zwistigkeiten und durch Zerfall in eine Unmasse von Sprach=
formen aus, so daß oft nur 2 bis 3 Gemeinden die gleiche Sprache
reden. Möglicher= und wahrscheinlicherweise gehören die Sprach=
inseln in Südwesttogo hierzu.

Aus diesem Material ist im nördlichen Togo durch den Einfluß
der Diabastämme eine Bevölkerung größerer Geschlossenheit und
sprachlichen Zusammenhanges geschaffen worden. Die Diaba=Zone,
deren Entstehung wir aus der Nachbarschaft des Songai=Reiches

erklären können, zeigte zwei Varianten: Die Mossigruppe, die nicht
mehr geschlossen verbreitet ist, weist Beeinflussung durch die Mande
auf. Zu ihr gehören Mossi, Kussassi, Dagomba, Moba im Westen,
und die Losso-Enklave im Osten. Auch die Tim bieten ursprüngliche
Beziehungen zum Mossitypus. Die Gurma dagegen wohnen zwischen
den getrennten Mossi in einem Block von Fadagurma bis nach Bassari
herab. Die Entstehung dieser Diaba-Zone und ihre Ausdehnung
hatte staatlich höhere zusammenfassende Wirkung zur Folge, aber
dennoch haben an vielen Stellen die Typen der Splitterstämme
entweder im Rückfall oder als insulare Restbestände sich erhalten,
zumal in Transkara, wo Sfola und Tamberma zwar manche Sprachverwandtschaft mit den Diaba besitzen, aber doch zur Sprachverein-
zelung der Splitterstämme neigen.

   · Von Südosten her können wir enge Beziehung zu der Joruba-
Kultur nachweisen. Sowohl Ewe wie Dahome sind den Joruba
verwandt; reine Joruba-Sprachen haben wir aber sowohl bei
Atakpame als in der Waldstadt Gubi. Auch die anderen Waldstädte
gehören kulturell in diese Gruppe, und als von solcher Richtung
befruchtet dürfen wir auch die Tim ansehen, die sprachlich aktiv
und erobernd nach Norden hin vorgehen.

   Endlich müssen wir noch der Beziehung der Mande gedenken,
die nicht nur durch Durchsetzung der Mossi und Dagomba einen in-
direkten, wenn auch schwachen Einfluß auf Togos Kulturen ausübten,
sondern die einerseits mit den Tuhokossi nach Mangu und andererseits mit den Djemma nach Gando vorrückten. — Das sind die Kulturbeziehungen, soweit ich sie als Grundlage einer kulturgeographischen
Betrachtung der Völker Nordtogos aufzudecken oder weiter zu verfolgen in der Lage war.

   Es soll nicht mit Stillschweigen übergangen werden, daß in der
letzten Zeit mehrfach Versuche unternommen wurden, das Alter und
die Formen der verschiedenen Kultureinflüsse mit teilweise prähistorischen Einwanderungen von verschiedenen Rassen in Zusammenhang zu bringen. — Was zunächst die Rassenprobleme an-
langt, so kann ich mich nicht als Fachmann erklären, habe aber den
Eindruck gewonnen, als ob irgendwelche festen Umrandungen von
Rassenformen oder -Typen noch nicht gelungen sind. Sicher können
wir ganz allgemein die helleren, ja hellfarbigen Stämme des Atlas
und der Sahara den dunkleren des Sudan, können auch den schlanken,
sehnigen Wüstenmenschen dem gedrungenen, breiten Neger gegenüberstellen, können hier Rundköpfe, da lange und schmale Schädel unterscheiden usw., aber daß die Anthropologie heute schon die geschicht-

Architekturbilder Nordtogos; Burg der Tjofa in Trangtara.

(L. Frobenius phot.)

liche Aufeinanderfolge der einzelnen Rassen nachgewiesen hätte, ist
mir nicht bekannt geworden. Bei dem anscheinenden Mangel solcher
Grundelemente ist es gänzlich ausgeschlossen, seine Rassenprobleme
mit der Verbreitung von Kulturzonen in sicheren Zusammenhang
zu bringen. In alledem muß sich die Wissenschaft darauf beschränken,
Typen und ihre Verbreitung möglichst genau festzulegen. Sicher
ist es, daß bestimmte Kulturzonen im großen heute schon aufgedeckt
werden können, und ich habe selbst neuerdings in einem Ergänzungs-
hefte zu Petermanns Mitteilungen (Nr. 166) den Versuch gemacht,
aus der Verbreitung der Bogenformen das Wesen bestimmter
kultureller Leitfossile abzulesen. Daß das Gelingen solcher recht müh-
samen und mit allergenauester Sachkenntnis und Durcharbeitung
sehr bedeutenden Materials durchzuführenden Arbeit aber schon zur
Rekonstruktion einer übereinstimmenden, eingehenden Rassen- und
Kulturgeschichte Nordafrikas genügen sollte, dem kann ich nicht bei-
pflichten. Vor allen Dingen gilt es für uns Kulturgeographen und
Ethnologen, den Stoff in kartographischer Klarheit zu entwirren.
Die gleiche Aufgabe hat die Anthropologie. Sind wir beide zu
einem vollen Verständnis der Typenlagerung gelangt, dann läßt
sich auch sachmännisch darüber verhandeln, welche Kulturen welchen
Rassen im einzelnen entsprechen, und dann wird sich auch nach dieser
Richtung mancherlei Wertvolles für das Verständnis des Werdens
der alten Bewohner von Togo erhoffen lassen.

5. Die kulturgeographischen Provinzen Togos.
Wenn ich nun im folgenden eine kurze Charakteristik der einzelnen
Typen, wie sie uns in den verschiedenen Teilen der Kolonie entgegen-
getreten sind, geben will, so möge ein Hinweis auf das Kartenbild
Togos dies einleiten. Die Kolonie ist durch einen mehr oder weniger
hohen, hie und da durchbrochenen Gebirgszug in zwei annähernd
ebene Flächen gegliedert. Dieser Gebirgszug verläuft von der Südwestecke des Schutzgebietes nach dem Nordosten. Nordwestlich davon
liegt die Oti-Volta-Ebene, südöstlich die Monu-Ebene. Dieser Gebirgszug ist für den Werdegang der ethnischen Verhältnisse von ausschlag-
gebender Bedeutung gewesen. Es ist schon ungemein bezeichnend,
daß im Südteile des Gebirges selbst die vielen Splitterstämme des
Misahöhengebietes und im Nordteile, im Transkara sowie in den
von da noch weiter nach Nordost laufenden Atakorabergen andere
Splitterstämme unter der Decke der Gurma-Mossikultur zu bemerken sind.

Bietet also dieses Scheide-Bergland in seinem Innern schon des
Charakteristischen die Fülle, so ist die Gegensätzlichkeit der nach Nord-

23

westen sich erstreckenden Oti-Ebene und der nach Südosten verlaufenden Monu-Ebene in ihrer ausgesprochenen Eigenart noch
wichtiger. Nach Südosten hin ist das Land nach den Jorubastämmen
zu offen, und in der Tat lernten wir hier die Waldstädter, die Tim
und weiterhin nach Süden die Ewe als Jorubaverwandte kennen.
Dem gegenüber wohnten im Otibecken nur Stämme mit Kulturen
der Diabaverwandtschaft im Norden, und der Aschantiverwandtschaft
im Süden. Ist unser Auge in dieser Weise geschult, so gewahren
wir, daß dieses an Splitterstämmen so reiche Gebirge eine Völkerscheide im großen Sinne repräsentiert. Nach Nordwesten breiten
sich Symptome kulturellen Einflusses aus, deren äußerste Posten
am Senegal und in der Sahel heimisch sind, während die höhere
Kulturverwandtschaft, die in der Monu-Ebene beginnt, bis hinüber-
reicht in unsere Kolonie Kamerun, bis nach Adamaua. Es soll bei
diesem Hinweise nicht versäumt werden, zu betonen, daß allerdings
insulare Vorposten nach beiden Richtungen sehr wohl über diese
Barre hinweggehoben sein können, was aber die Feststellung dieses
großen Charakterzuges nicht beeinträchtigt. Weiterhin sei ausdrücklich vermerkt, daß Splitterstämme solcher Art, wie sie zwischen
dem Mande-Gebiete und der Monu-Ebene wohnen, auch weiter im
Osten unter der Decke höherer Staatsgebilde leicht erkannt werden
können. Vergegenwärtigen wir uns nun die Typen, die, nach solcher
Weise angeordnet, zumal den Norden der Kolonie Togo bewohnen.

6. Die Stämme des Oti-Dreiecks. Die nordwestliche
Fläche stellt ein Dreieck dar, dessen Spitze im Mündungsgebiet des
Oti, im Bezirk Kete-Kratschi liegt, während der kürzeste nördliche
Schenkel noch die Gurma-Platte durchschneidet. Mit dem westlichen
Längsschenkel schneidet es im Norden die Mossi-Dagombastämme,
im Süden die Aschanti-Verwandten; der östliche Längsschenkel verläuft am Westabhange des Togogebirges. Diese letzte Linie schneidet
also das Gebiet der Stämme, die ihrem geschichtlichen Werdegange
zufolge flächenmäßige Ausdehnung erlangten, und zwar auf Grund
von Kräfteentwicklungen, die vom Westsudan und von der Ober-
guineaküste ausgingen, — sie schneidet es in dem Gebiete der Splitterstämme des Togogebirges, die im Gebirge zu insularer Geschlossenheit und Aneinanderdrängung gezwungen wurden.

Die Siedelungsweise ist auf den großen Flächen des Oti-Dreiecks eine anscheinend einseitig gleiche, wenigstens kann ich das für
die nördlichen mir bekannt gewordenen Teile mit Bestimmtheit
sagen. Es sind im großen und ganzen „Streuweiler". Darunter
verstehe ich die Ausbildung des typischen Familiengehöftes, das

inmitten des Feldes der Bewohner angelegt ist. Die verschiedenen Bauernbesitzungen liegen über eine große Fläche hin unregelmäßig zerstreut. Die Zusammengehörigkeit der Gehöfte und Familienbesitzungen zu einer Gemeinde ist eine ungemein lockere. Ebenso locker ist aber auch die Bodenständigkeit der ganzen Gemeinde. Hierin schwanken die Faktoren, und zwar hängt es im allgemeinen von der Form des Wirtschaftsbetriebes und der Ausnutzbarkeit des Bodens ab, inwieweit eine Siedelung mehr oder weniger fest mit der Scholle verwächst.

Ich möchte hierin zwei Varianten einander gegenüberstellen, die Siedelungs- und Wirtschaftsform der Moba und Tschakossi im Norden, die der Konkomba im Süden. Nie sah ich im Westsudan solchen Flor und herrlichen Bestand des Sorghumfeldes wie im Mobalande. Besonders dem Norden zu erscheint das Land gut bewässert und fruchtbar. So versteht man es, daß diese Moba außerordentlich bodenständig wohnen. Sie haben ihr Hauptgewicht auf ihren Hackbau gelegt und begründen auf diesen ihr ganzes Wirtschaftsleben. Weiterhin gefestigt ward ihre Tendenz zur festeren Siedelung durch einen starken Einschlag von Mandezuzüglern, von Jarsi (Kone und Fofana), die wir in gleicher Verbreitung auch unter den Mossi finden. Hat der Zuzug dieser Völkerschaft zur größeren Beständigkeit beigetragen, so hat eine andere, — hier können wir direkt sagen „Rasse" ebenfalls durch Einschiebung der ihr überall eigenen Wirtschaftsbetätigung solche Bevorzugung des Hackbaues noch gefördert. Diese andere Völkerschaft und Rasse sind die Fulbe, die man so ziemlich im ganzen Westsudan als Viehhüter antrifft.

Die stete Gefahr der Beständigkeit in der Kulturentwicklung liegt für alle Völker der Steppen- und Savannenzonen Nordafrikas, denen nun einmal fetter Ackerboden im allgemeinen und die „Wiese" überhaupt fehlt, in der Doppelseitigkeit des Wirtschaftsbetriebes, die durch Hackbau einerseits und Viehzucht andererseits geboten ist. Es liegt etwas Schwankendes in diesem Doppelbetriebe für den Hackbauern, zumal in den Jahren schlechter Ernte, eine ständige Verführung zum Nomadismus, und für den Viehzüchter durch den Ackerbesitz ein Mangel an Bewegungsfreiheit, die nun einmal der vollentwickelte afrikanische, nomadische Viehbetrieb dringend nötig hat. Man kann sagen, daß im Westsudan ein einziges Volk es verstanden hat, die Belastung durch den Hackbau abzuschütteln, das sind die Fulbe. Wo die Fulbe nicht als Herrscher

23*

„nur herrschen", sind sie überall Viehzüchter, geben also die
Hoffnung auf mittelmäßige Ernte auf und ersetzen den Mangel
an gutem Wiesenland durch langsames, ausgedehntes, ständiges Um=
hertreiben, wobei das Vieh daun an vielen Orten das mehr zu=
sagende, aber seltenere, dem andernorts weniger zusagenden, aber
gemeinen Futter vorziehen kann.

Der Fulbe besitzt nicht nur selbst einige Stück Vieh, sondern
nimmt solches auch in Pflege. In allen Gegenden, wo das einzelne
Hackbauernvolk sich nun daran gewöhnt hat, sein Vieh den Fulbe
in Pension zu geben, wird die Bodenständigkeit infolge Konzentrierung
aller Kräfte auf den Hackbau steigen. So haben es die Moba
gemacht. Sie pflegen ihr Vieh im allgemeinen nicht selbst, sondern
überlassen die Wartung Fulbehirten, die zwar die guten Bauern
dabei häufig betrügen, sie aber von der schädlichen Ablenkung
durch den Viertels=Nomadismus bewahren. So haben also auch
die Fulbehirten dazu beigetragen, die Festsässigkeit der Moba
zu stärken.

Diesem Zustand muß das Bauerntum der Konkomba gegen=
übergestellt werden. Das Land, das diese Völker einnehmen, scheint
weniger reich zu sein als die Mobaregion, — außerdem wird die
Tätigkeit der Konkomba durch die Fischerei im Oti in einem wesent=
lichen Teile des Jahres abgelenkt. Beides spielt aber in dem
Wirtschaftsleben dieses Volkes keine so große Rolle, wie die Vieh=
zucht, der nicht etwa irgendwelche besondere Sorgfalt zuteil
wird — ganz im Gegenteil, das Vieh der Konkomba kann man als
halbwild bezeichnen — deren leichte Ausnützung das Volk aber
doch einerseits zu einem Halbnomadentume verführt und anderer=
seits von der Vertiefung eines gründlichen Hackbaues abhält.

Außer diesen, die große Fläche des Oti=Dreiecks wenigstens im
Norden durchaus charakterisierenden Streuweilern sind einige andere
Erscheinungen für den Gesamtkulturcharakter dieser Länder maß=
gebend, nämlich die in zwei Richtungen auftretenden Neigungen
zu größeren, volksreicheren Ansiedlungen.

Entwicklungsgeschichtlich einfacher, verständlicher sind die „Haupt=
städte" der Dagomba, wie Jendi und Sansugu, die wir kurzweg
als große „Haufendörfer" bezeichnen können. Das Haufendorf ent=
steht aus dem Streuweiler, indem die Gehöfte die zugehörigen, sie
sonst umgebenden Aecker verlassen und zu einer Ansiedlung, dem
eigentlichen Dorfe, zusammenrücken. Diese Dörfer sind in keiner
Weise organisch angelegt, zeigen Durchgänge, Sackgassen und Anfänge

von derart zackigen und gekrümmten Straßenzügen, daß das Un-
absichtliche und Zufällige solcher Entstehung ohne weiteres in die
Augen fällt. Jeder „klebt" sein Gehöft dahin, wo es Platz findet,
erweitert es nach Raumbedürfnis, Zuwachs und Möglichkeit und
läßt die den Toten zugehörigen Teile verfallen. Bei den Dagomba
entwickeln sich die Haufendörfer, genau wie bei den Mossi, zunächst
um das Fürstengehöft herum.

Das aber ist es, was das reine Bauernland der Moba, Tschakossi
und Konkomba von dem Dagombagebiete unterscheidet: Dort eben-
mäßiges Bauerntum, hier Herrschaft eines erblichen Adels, eines
angesehenen, wohlhabenden Haushaltes, mit einer Unzahl von Erzämtern, ausgestreut über Halbfreie, Halbhörige, immer gründlich ausgenützte Bauernfamilien. Die Dagomba repräsentieren im
Oti=Dreieck jedenfalls „das" Reitervolk, das sich seiner Macht bis
zur Ordnung der Verhältnisse durch die deutschen Regierungsbeamten durchaus bewußt war. Auch die Gurma im Osten der
Moba hatten Fürstentum und Reiterei. Aber deren Schwerpunkt
lag in Pama, auf französischem Boden, und das arme, in alter Zeit
von dortaus arg ausgesogene deutsche Gurmaland liegt heute nur
noch als kümmerlicher Rest edlen Fürstentums und kühner Reiterei
im Sudansinne da.

Entwicklungsgeschichtlich etwas verwickelter ist jedenfalls die
Ausbildung der „Hauptstadt" Sansanne=Mangu. Wie aus dem
Namen hervorgeht, war es vordem ein großes, ein Hauptlager,
eine in Kriegszeiten entstandene Empore. Die von Mande geleiteten
Tschakossi sind seine Begründer. Daß diese Tschakossi ursprünglich
einer südlichen Zone angehörten, erkennt man schon an einer architektonischen Eigenart. Ihre Gehöfte bestehen im allgemeinen aus
Rundhütten mit Kegeldach. Aber jedes Tschakossi=Gehöft enthält
ein Haus quadratischen Grundrisses (mit Kegeldach); es ist dasjenige, das der Gehöftsherr bewohnt. Dieser Hüttentyp ist in
diesen Strichen sonst meistens nur da ausgebildet, wo die Zone
der sudanischen Rundhütten in die der Satteldachhäuser des westafrikanischen Kulturkreises übergeht. In der Tat stammen die
Tschakossi auch aus dem südöstlichen Aschantilande der Goldküste.

Aber dies Bauernvolk der Tschakossi wanderte seinerzeit nicht
allein herüber. Als Mentor schritt der Geist des Mande=Volkes
neben ihm her. — Ich habe schon bei den Moba geschildert, wie
die Jarsi=Mande als Volkseinschlag eine Beeinflussung in der
Richtung auf Stetig= und Ständigkeit zur Folge hatten. Ein noch

wesentlicherer Zufluß solcher Elemente in noch wirkungsvollerer
Form ward den Tschakossi zuteil und hat die höhere Entfaltung
dieses Volkes, und vor allem die „städtische Blüte" Mangus zur
Folge gehabt. Die Mande, welche die Tschakossi begleiteten und
deren periodisch in Absätze gegliederte Wanderung leiteten, nahmen
eine anerkannte Führerstelle ein und wahrten ihre nationale Selbständigkeit, vor allem ihre Religion. Sie hatten stets ihre eigenen,
islamitischen Limane. Das hatten die Jarsi im Mobagebiet nicht,
und deswegen konnten sie keine „städtische Blüte" zeitigen.

Hier muß ich dem Islam noch einmal einige Worte widmen,
um die kulturgeschichtliche Bedeutung Mangus ganz verständlich zu
machen. — Ueber die nationalisierende Bedeutung des Islam habe
ich mich bereits ausgesprochen. Die zeremonielle Bedeutung ist die
wesentliche. Wo der Islam eine Moschee gebaut hat, da ist für
jeden Mohammedaner auch ein Marktplatz gegeben. Die Gemeinschaft der Islamiten in religiöser Hinsicht ist gleichbedeutend mit
einer Gemeinschaft von Handelsinteressenten, die stets bereit sind,
sich bei der merkantilen Ausnutzung nicht-islamitischer, also heid-
nischer Völker zu unterstützen. Die unzähligen kleinen Kolonien der
Mohammedaner, die über die Heidenländer ausgestreut sind, sind
nichts anderes als Kolonien von Handeltreibenden, die die Produkte
der Heidenstämme in Umsatz und Austausch bringen. Also in Wahrheit bedeutet diese Gruppe von Mohammedanern einen „Kauf-
mannsbund".

Diese Erkenntnis erklärt uns, weshalb wir gerade die Mande
im Westsudan überall als Verbreiter des Islam und Mandekauf-
leute kolonienweise antreffen. Bei den Mande ist ebensolches Bund-
wesen und solche sozial-merkantile Ausnutzung des Bundwesens viel
älter als der Islam. Die heidnischen Bünde des Komma, des
Nama, des Diarra usw. hatten ganz die gleiche Bedeutung. Wenn
der alte Mande als Kaufmann von Segu nach der Guineaküste zog,
so erkundete er in jeder Stadt die er berührte, durch eine Zeichen-
sprache, wo Mitglieder des Bundes wohnten, dem er selbst an-
gehörte. Eines dieser ward sein Gastfreund, und der logierte ihn,
besprach mit ihm alle Fragen des Handels, der politischen Lage usw.
Als dann um das Jahr 1000 herum der Islam bei den Mande
seinen siegreichen Einzug hielt, da wurden die Mande aus denselben praktischen Gründen Mohammedaner, übernahmen also nur
eine neue Bundform, ohne die Idee und Ausnutzung anders zu
gestalten, als sie es als Mitglieder anderer Bünde schon gewohnt
waren. Deshalb waren die Mande nie so fanatische Propagandisten

des Islam wie die Fulbe. Deshalb würde der Mande-Mohammedaner stets erst Fanatiker werden, wenn seine merkantilen Interessen gestört würden.

Also die Tschakossi kamen mit Mandefamilien ins Land, an deren Spitze wie in Kong Priester, Limane, standen. Es wurden Moscheen gebaut, und sobald einmal die Gläubigen sich daran gewöhnt hatten, sich mit Glaubensgenossen in Mangu vereinigen zu können, blühte auch die zeremonielle Zentrale auf. Derart ward Mangu einer der wichtigsten Handelsplätze des westlichen Sudan.

7. Die Stämme des Togogebirges, der Völkerscheide. Das Togogebirge zieht sich vom Südwesten nach dem Nordosten der Kolonie und hat über die Atakoraberge (in Norddahomey) seine Ausläufer bis fast zum Niger in der Gegend von Say vorgeschoben. In der Gegend von Bassari und Sokode weist dieses Höhenland eine Art Paß, eine breite Abschwellung auf, die eine große kulturgeographische Bedeutung hat, und die wir in ethnographischer Hinsicht als „Togopaß" bezeichnen wollen. Der Togopaß teilt dieses Scheidegelände in ausgesprochener Weise. Nach Norden zu wohnen Splitterstämme vom Schlage des Diabatypus, nach Süden allerhand Splitterstämme, die unter dem wechselnden Einflusse der Tschi der Goldküste und der Ewe und Jomba der Sklavenküste sich zu den Formen umgebildet haben, die bei der Eröffnung des Landes angetroffen wurden.

Der Togopaß selbst aber wird von zwei Völkerschaften bewohnt, die in ihrem Nebeneinanderleben wohl manchen Charakterzug, der eine vom anderen, übernommen haben, die aber doch so klar, wie alte Völker Afrikas es nur können, jeder noch die Charakterzüge der Seite der großen Völkerscheide besitzen, von der sie kommen. Nach Nordwesten bewohnen den Togopaß die Bassariten, das sind Verwandte der Konkomba und somit die ausgesprochenen Vertreter der Diabastämme. Nach Südwesten haben sich auf dem Togopaß die Tim-Kotokolli angesiedelt, das sind Völker, deren höhere Art, wie gleich noch näher gezeigt werden soll, nicht anders verstanden werden kann, als hervorgegangen aus dem Kulturkreise der Jorubastämme.

Ueber den Togopaß hinweg hat sich ein im Dagombakriege losgelöster Splitter der Bassariten zu den Tim geflüchtet und hier angesiedelt. Das sind die Tschamba.

Ziehen wir aus der Oti-Ebene über den Togopaß hinweg eine Linie bis zu den Ekurra (Waldstädtern), so schneiden wir alle Typen der Ansiedlungsformen, die Nordtogo überhaupt bietet. Da sind zunächst die Streudörfer der Konkomba. Bei deren Brüdern auf dem Togopaß finden wir schon die Zusammendrängung zu Haufendörfern. Die Tim wohnen weiterhin in Haufendörfern, die sich dem Typus der Waldstädter nähern. Und die Waldstädte endlich sind früher außer mit Naturbollwerk auch durch Wall und Graben eingeschlossen gewesen. Widmen wir jetzt den wichtigsten Stämmen einige Worte im besonderen.

Die Bassariten haben sich nach jeder Richtung zu einem anderen Wirtschaftsleben durchgearbeitet als ihre Sprachbrüder, die Kon= komba. Sie haben die Viehwirtschaft so gut wie ganz aufgegeben, damit auch den Halbnomadismus, und sind mit die besten und fleißigsten Hackbauern geworden, die das nördliche Togo überhaupt besitzt. Sie selbst haben sich mit ihren Weilern fest an die Berg= kuppen geschmiegt, und flüchten sogar heute noch dann und wann die Abhänge hinauf. Infolgedessen liegen die Felder oftmals stunden= weit von den Dörfern entfernt, in entlegenen Gegenden. Nicht nur, um den Bergschutz zu nutzen, wohnen die Bassariten in solcher Lage. Einige Dörfer, die von Banjeli, betrieben im großen, andere im kleinen Eisenverhüttung. Die Bassariten haben lange Zeit hin= durch einen guten Teil der Togovölker mit Eisen sowohl in Luppen= wie in Scheibenform versehen, und heute noch sind die Eisenmärkte von Bassari berühmt.

Im übrigen sind die Bassariten direkt charakterisiert durch das Splitterhafte in ihrem Wesen. Sie waren nicht imstande, ein eigenes Staatswesen zu gründen. oder unter der Herrschaft von den Tim entliehenen Oberhäuptern eine wuchtigere Gemeindeherrschaft zu gründen, wozu doch der Naturreichtum dieser an den Eisenquellen wohnenden Familien leicht eine Basis abgegeben hätte. Im Gegen= teil: Mißtrauen und Verlogenheit, Zwistigkeiten in eigener Familie und unter den verschiedenen Altersklassen habe ich nirgends so ein= gehend zu studieren Gelegenheit gehabt, wie bei diesem Volke.

Genau die entgegengesetzten Verhältnisse treten uns auf der anderen Seite des Togopasses aus der Oti=Ebene unerwartet ent= gegen bei den Tim. Hier hat wohl manche blutige Hegenmie=Fehde gewütet, aber die Grundlage des Staatswesens und der Gemeinde= verwaltung ist nach hergebrachtem Rechte so klar geordnet, wie sonst in Innerafrika in einem nicht monarchisch und tyrannisch regierten Volke jedenfalls nicht. Man kann von einem Bund der Tim= gemeinden sprechen, deren jede ihren erblichen Herrn hat, während früher aus der Sippe der adligen Klans der Molla ein Oberherr des Ganzen gewählt wurde, wobei bestimmte Sippen bestimmte

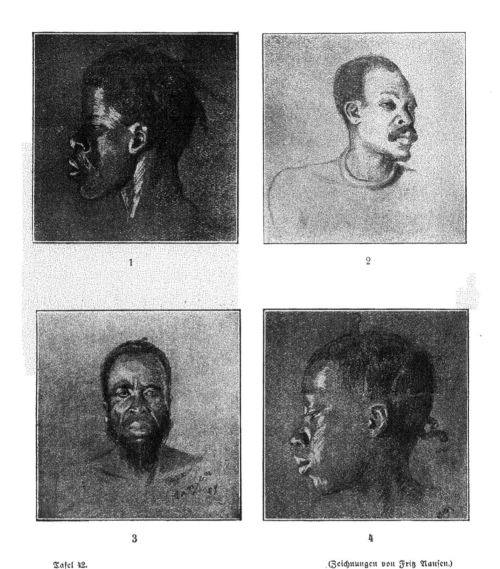

(Zeichnungen von Fritz Nansen.)

Volkstypen aus Togo: 1. Weib aus Banjelli (Baffaritin), 2. Mann aus Transkara,
3. Mann aus der Waldstadt Kuschuntu, 4. Ewemädchen.

Kürungsrechte hatten. Auch nach innen hin waren die Gemeinden glänzend organisiert. Es gab außer einigen Ministern und Hof= beamten, die zum Teil den Pagen des Mossireiches entsprachen, Richterinnen für Weiberstreitigkeiten, Führer der jungen Mann= schaften, Leiterinnen der weiblichen Jugend usw., also eine Reihe von Institutionen, die dem westlichen Suden gänzlich mangeln und ein Zeugnis dafür ablegen, daß auf dieser Seite des Togo= passes organisatorische Kräfte wirken, die aus anderen Kultur= regionen stammen, eben aus dem Gebiete der Joruba.

Ein Gang durch die städteartigen, zum Teil außerordentlich umfangreichen und reichbevölkerten Ortschaften lehrt uns noch weitere Merkmale erkennen, die in diese Richtung deuten: kräftig ausgebildete Straßenzüge, hie und da gepflasterte Plätze vor den Gehöften der Vornehmen, Gliederung der ganzen Anlage in Viertel, in denen hier Joruba, da Haussa wohnen, und eine überaus emsige Betätigung von Handel und Gewerbe. Und doch fehlt fraglos die Betonung des Islam, des mohammedanischen Händlerbundes. Als äußerst charakteristisches Zeichen mag es angesehen werden, daß die „Moscheen" der Mohammedaner im Timlande keinen eigenen Stil haben, wie dies doch überall, soweit der Mande=Einfluß reicht (mit Ausnahme Futa Djallons), der Fall ist. Eine gewöhnliche, nur etwas größer angelegte Hütte dient als Tempel.

Dagegen fällt im Timgebiet eine große Reihe heiliger Figuren, auf den Wänden aus Ton modelliert, im Innern aus Holz geschnitzt, auf. Die Tim sind so ausgesprochene Heiden, wie nur irgendein Stamm des zentralen Suden, und der Schamanismus blüht hier glänzend. In der Tat wirkt das Gesetz, das ich oben darlegte, demzufolge der Islam den Mande das Bundeszeichen einer Kauf= mannsliga geworden ist, hier nicht. Diese Tim schöpfen eben ihre Kulturfaktoren nicht aus nordwestlichem Mandegeiste, sondern aus dem Wesen der Joruba=Haussa=Kultur, wobei ich unter Haussa= Kultur nicht die moderne, durch islamitische Fulbe modifizierte, sondern eine ältere, der jorubischen verwandte Form verstehe.

Weiterhin müssen wir der Stämme gedenken, die im Trans= kara=Tale des Togogebirges wohnen, und die zum Teil die engsten Verwandten der Splitterstämme im französischen Atakora=Bergland sind. Ich lernte vier verschiedene Typen kennen, die Kabre (oder Kabure), die Losso, die Ssola und die Tamberma. Letzte beide sind die echtesten Splitterstämme, die Nordtogo besitzt, die ersten beiden stellen Uebergangsformen dar.

Zumal bei den Tamberma liegen die Gehöfte weit über das
Land hin verstreut, während die Gehöfte der Ssola-Ortschaft, die
ich kennen lernte, infolge der geographischen Lage dicht aneinander-
gedrängt waren. Die Wohn- und Bauart zeigt Vollentwicklung
familienweiser Kriegsbereitschaft, genau wie bei den Gurunsi,
Kipirsi, Bobo, Lobi u. a. Jeder Familiensitz ist eine geschlossene
Burg mit Speichern und aufziehbarer Leiter. Dem entspricht fast
völliger Mangel irgendeiner Ortschaftsorganisation. Die Gemeinden
halten auf Zureden alterserfahrener Leute den Frieden. Das ist alles.

Anders schon die Loffo, ein Völkchen, das durch seine reich-
lichen Oelpalmbestände ausgezeichnet ist und damit eine Beziehung
zur Westküstenkultur an den Tag legt. Die Loffo leben infolge ihrer
Einpressung in Täler ziemlich eng gedrängt. Immerhin ist aber
z. B. Peffide ein ausgesprochenes Streudorf. Gerade die Loffo
geben uns das wertvollste Beispiel der sprachlichen Zerbrechlichkeit
der Splitterstämme. In dem weithin ausgebreiteten Dorfe Njamtuu
werden zwei Sprachen gesprochen: in dem Kabre zu gelegenen, südlichen Teile die Kabre-Timsprache, in dem Adjare zu gelegenen, nördlichen ein Mossi-Dialekt. Erstere Sprache ist fraglos im Vordringen,
letztere im Rückweichen begriffen. In einer anderen Loffoortschaft,
in Peffide, fand ich eine starke Vorliebe für die Baffarisprache. Wenn
nun nicht die moderne, alles ausgleichende Beeinflussung dazwischen
käme, würde innerhalb einer Generation vielleicht die Entwicklung
vollendet gewesen sein, und dann hätte von den drei benachbarten
Loffoortschaften die Bevölkerung von Peffide eine Baffarisprache,
die von Njamtuu eine Kabresprache, die von Adjare eine Mossi-
sprache gepflegt. Welch ausgezeichnetes Beispiel für den Entwick-
lungsgang der Splitterstämme, deren mangelhafte Gemeindebildung
den Sprachverfall überall gewaltsam ins Haus zieht.

Zuletzt habe ich der Kabre (oder Kabure) zu gedenken, die mit
ihrer Terrassen- und Bewässerungswirtschaft, ihren sorgfältigen
Dunggrubenanlagen und ihrer abgezirkelten Fruchtfolge-Fürsorge
durchaus den Eindruck höherer Wirtschaftsentwicklung machen. Es
ist sicher kein Zufall, daß gerade diese Kabre, die mit den Tim
die gleiche Sprache haben, die wirtschaftlich gebildetsten unter der
Hackbaubevölkerung Nordtogos sind. Und doch gegenüber den Tim,
welcher Unterschied im Altersklassenaufbau hier, im Staatswesen
dort, in den Industrien, im ganzen Auftreten! Dr. Kersting neigt
zu der Anschauung, daß die älteren Träger der Timsprache die
Kabre wären, daß also die Tim bei der Einwanderung ins Land
ihr eigenes Idiom zum besten der Kabresprache, die nach seiner

Ansicht früher auch im Timgebiet heimisch gewesen ist, aufgegeben hätten.

.　7. Die Stämme des Monu-Dreiecks. — Das Monu-Dreieck liegt mit seinem kleinsten Winkel nach Norden, mit seinem westlichen Längsschenkel an dem Togogebirge und mit dem anderen an der Grenze des französischen Dahome. Von Norden nach· Süden wird diese Fläche bewohnt von Tim, Ekurra, Kpedji, Anago, dann Fong, d. h. Dahomeern und Ewe. Es sind zwei Gruppen, von denen die hier weiter im Inland wohnenden mehr dem Joruba-typus, die der Küste zu wohnenden dem Ewetypus zuneigen.

Schon gelegentlich der Besprechung der Tim wurde auf gewisse Eigentümlichkeiten der Joruba aufmerksam gemacht, und noch weiter oben konnte das eigentliche Problem der Kulturerscheinungen am Unterlaufe des Niger und an der Sklavenküste erwähnt werden. Das Monu-Dreieck steht nun so gut wie ausschließlich unter dem Einflusse der Joruba-Ewekultur, leider auch unter dem der aus ihr hervorgequollenen kriegerischen Eruptionen, die zumal von Dahome ausgingen. Dahomes Könige haben ihre umfangreichen Sklavenjagden zeitweise im Monu-Dreieck abgehalten, und die Bewohner der Waldstädte Alibi, Balangka, Kuschuntu, Gubi, Kambole und Bagu, also die Ekurra, wissen sehr wohl noch zu erzählen, daß ihre Ahnherren in gleichen Städten weiter im Süden und Südosten wohnten, daß diese aber in den Dahomekriegen zerstört wurden, weshalb sie an die heutigen Plätze flohen, um sich neu anzusiedeln.

Also nicht nur Kulturhöhe, sondern auch Zerstörung kam aus der südöstlichen Richtung, während der Westschenkel des Monu-Dreiecks vom Gebirge her kaum je überschritten zu sein scheint.

In den Siedelungsformen des Monu-Dreiecks treffen wir zwei Extreme an, den Typus der befestigten Städte im Norden, den des Straßendorfes im Süden. Dieses bildet eine lange, einzige Straße, an der die Rechteck-Satteldachhäuser liegen, und gehört ausgesprochenermaßen dem westafrikanischen Kulturkreise an, der in Togo von den Ewe gepflegt wird. Es ist eine ganz auffallende Erscheinung, die nur mit der Handlichkeit bestimmten, eben in dieser Zone heimischen Baumaterials zu erklären ist, daß jedes Volk, das aus dem Sudan in diesen westafrikanischen Kulturkreis hineingeworfen wird, langsam und sicher diesen Haustyp und diese ihm entsprechende Straßendorfanlage übernimmt, wie ja überhaupt dieser geographisch klar gebildete Kreis Assimilierungsgesetze von erstaunlicher Wucht birgt.

Die Städte der Joruba, der Mittelstämme im französischen Dahome, sowie die Ekurra in der deutschen Monu-Ebene weisen aber eine Eigentümlichkeit auf, die nicht scharf genug ins Auge gefaßt werden kann. Jedes ansehnliche Gemeinwesen besaß früher einen zweistöckigen Turm, der unten als Schlaf- und Kneip- und Wohnzimmer des Hausherrn und oben als Speicherraum diente. Die Türme sind im Verschwinden begriffen, wir haben aber in jeder Ortschaft noch einige feststellen und aufnehmen können.

Mit dem Hinweis auf diese Speichertürme sind wir wieder bei einem uralten Besitztum der Berber angelangt. Die Probleme aller höheren Kulturen des Suban und die des Atlas und der Sahara berühren sich eben an allen Seiten. Wir werden an die Worte des alten Leo Afrikanus erinnert, der schon auf den libyschen Ursprung der Herrscherdynastie in den Nigerländern hinweist, unter deren prädominierendem Einfluß auch die Kulturformen der Stämme der deutschen Kolonie Togo ihre heutige Ausgestaltung erfahren haben.

■ ■

Zweiundzwanzigstes Kapitel.

Reisen durch Togo bis zur Küste.

Der Regierungsarzt Dr. Kersting ist der Forschungsgeschichte wohlbekannt. In den Jahren 1893 und 1894 konnte er als Freund und Begleiter des Grafen von Götzen in der Eigenschaft eines Expeditionsarztes die letzten, großen geographischen Ueberraschungen miterleben, die durch die Entdeckung eines feuerspeienden Berges in Innerafrika, sowie des Kivusees Europa geboten wurden. Nachher war er Mitglied der Ramu=Expedition in Neuguinea, und endlich faßte er als Bezirksamtmann festen Fuß in Nord=Togo. Dort oben hat er alle die bunten Zeiten der ersten Eroberung, des kolonialen Wettlaufes, der kriegerischen Expeditionen, der Aufstände und Unterwerfungen mitgemacht, aus denen dann die europäische Diplomatie allmählich die Formen der Kolonien mit größerem und geringerem Geschick herausschälte. Es war eine schwungvolle, große Zeit, aber die Leistungen jener Periode wurden weit übertroffen durch das, was seitdem und bis zum Ende des ersten Dezenniums unseres Jahrhunderts in Togo geleistet wurde. Die europäische

Diplomatie gab der Kolonie die äußere Form. Jene gleichen Leute aber, die mit Tatkraft und mit konquistatorischem Feuer die Rechts= ansprüche weit über das Maß der späteren Ausnutzung lieferten, er= weckten diesem Ausschnitt aus dem westafrikanischen Kuchen eine wundervolle Seele, wie sie heute, ganz im groben genommen, viel= leicht keine andere afrikanische Kolonie besitzt.

Ich war der letzte von außen Kommende und Außenstehende, der den Zustand der Dinge in dieser Periode mitangesehen und miterlebt hat. Ich habe noch den größten Teil dieser alten Recken in Amt und Würden und am Werke gesehen. Heute schon, kaum ein Jahr nach Abschluß der Reise, sind sie in die Winde zerstreut. Kersting ist zurückgetreten, Graf Zech will sich zurückziehen, Mellin ist auf dem Felde der Ehre geblieben. Und von Süden nach Norden werfen Tausende von Arbeitern Dämme zum Bahnbau auf, zieht sich der Telegraphendraht schon bis Sokode, rückt Mission und Kaufmanns= tum heran. Die alte Periode ist vorüber. Eine neue Zeit, neue Menschen drängen heran, bauen auf der Grundlage, die die Alten schufen, hohe Gebäude auf und verteilen untereinander die Ernte.

Aber ich habe noch die alte Zeit gesehen, und habe damit eine der tiefsten Freuden erlebt, die ich in meinem Leben bislang er= fahren habe. Was es denn war, was diesem inneren Togo bis zur Küste hinab einen so eigenen Charakter verlieh, das verstehe ich eigentlich erst heute, nachdem ich, dem Milieu selbst entrückt, von höherer Warte herab einen vergleichenden Ueberblick über die Kolonien der verschiedenen Völker Europas, soweit sie mir bekannt wurden, gewonnen habe.

So, wie ich Togo noch 1909 durchzog, machte es eigentlich weniger den Eindruck einer administrativ ausgeglichenen Kolonie, als den eines Bundesstaates, einer Vereinigung von kleinen Fürsten= tümern, deren Ahnherren sich in weltkluger Erfahrung zu einem durchgehenden Handinhandgreifen entschlossen und den Bedeutendsten aus ihrer Mitte zum ausgleichenden und tonangebenden Gesamt= leiter erkoren hatten. Und die Unabhängigkeit, die besonders weiter im Inland noch ein jeder genoß, war wie ein selbstverständliches Recht, das der schöpferischen Leistung entsprach und ein unbegrenztes Vertrauen zur Folge haben mußte. Denn es war ganz erstaun= lich, wie klar und selbstverständlich jede „Provinz" dieses Bundes= staates den Geist widerspiegelte, den sein Herr und Schöpfer ihm erweckt hatte. Etwas so sehr merkwürdiges war das an sich aller= dings nicht, denn in den Zeiten schwerer Not und arger Bedrängnis waren diese „Fürsten" mit ihren „Untertanen" verwachsen. In harten Zeiten sowohl wie in sonniger Arbeit hatten diese Stämme die einzelnen Persönlichkeiten kennen gelernt. Für sie gab es nicht den „Herrn Bezirksamtmann", der, wie in anderen Kolonien, zwei Jahre lang durch Herrn A., zwei Jahre lang durch Monsieur B. und zwei Jahre lang durch Mister C. vertreten wird, von denen jeder nach menschlicher Art eben während seiner Dienstperiode seine eigenen Ideen walten läßt, bis deren Herrschaft durch die seines Nachfolgers verdrängt wird. Ständig den gleichen Herrn, an die zehn und mehr Jahre, besessen zu haben, das gab eine Konsolidierung, die ohne gleichen ist. Gleichzeitig wichtig war es, daß jeder dieser Bundesherren vor Lebensaufgaben gestellt wurde. „Erhalte dich selbst", das war das Grundgesetz, und da es sich nicht nur um ein Erhalten von heute bis morgen handelte, sondern vielmehr ein jeder seine Freude an schöpferischer Arbeit hatte, so wuchs das Selbsterhaltungs-Prinzip eines jeden der Bundesgenossen zu einem Schöpfungstriebe ersten Ranges heran. Es entwickelte sich so die Erscheinung, daß nicht nur jeder Bezirk durch geschickte Verzollung, Besteuerung und Menschenverwendung die Mittel zur Aufrecht-erhaltung des Verwaltungsbetriebes gewann, sondern auch noch die Subsidien für Anlage von festen Stationen, Wegen und ausgedehnten Staatsanpflanzungen gewährte. Das ist die Lösung des wunder-baren Rätsels, weswegen Togo, das durchaus nicht unsere produk-tionsfähigste Kolonie ist, zuerst und so bald zum Selbsterhaltungs-vermögen heranreifte.

Die einzelnen Bezirke nun, und das ist der Punkt, der mir immer der interessanteste erscheint, gelangten, jeder nach der Art seines Wesens und des Wesens seines Chefs, anscheinend in ausgesprochener Isolierung, zu einer Entwicklung und speziellen Ausnutzung aller Faktoren, und dennoch verliefen die Entwicklungslinien in großer Parallelität der gleichen Zielfläche zu. Als vor kurzem z. B. die Fragen über die Rechtsführung der einzelnen Leiter zur Er-örterung kamen, zeigte es sich, daß eigentlich in allen Distrikten die gleichen Grundideen durchgedrungen waren. Solche Erscheinung unter solchen Umständen muß aber durchaus als höchst bedeutungs-voll bezeichnet werden. Wenn unter so abweichenden Verhältnissen von so verschiedenen Persönlichkeiten in solcher freien Unabhängig-keit gleiche Ideengänge und Nutzanwendungen entwickelt werden, so scheint es doch, als ob eine gewisse Normalität das einfach und eigentlich gegebene Selbstverständliche ist. Insofern gibt das Er-gebnis der „Bundesstaat-Entwicklung" als Grundstein für den späteren zentralisierten Kolonialbetrieb wesentliche Hinweise.

Als nun die Zeit gekommen war, da nach einer ganzen Reihe
mehr oder weniger wesentlicher Gouverneure einer der Bundes=
fürsten selbst, einer jener Männer, die aus dem Bundesstaats=
zustand hervorgegangen waren, im Schloß an der Küste Einzug hielt,
da trat selbstverständlich ein Umschwung ein. Der Mann war Graf
Zech, der frühere Leiter von Kete=Kratschi, und die nun beginnende
Periode ward bei der Bedeutung dieses Mannes die krönende Glanz=
zeit, der Höhepunkt, mit dem die alte Periode des Bundesstaats=
wesens abschloß. Graf Zech hat selbstverständlich aus der Summe
der parallel laufenden Entwicklungslinien eine neue, bindende Ge=
setzmäßigkeit entwickelt. Eine feste Verkoppelung aller Interessen
trat an Stelle der örtlichen Entwicklungen, und das Gesamtinteresse
schob sich mehr und mehr als Leitmotiv an die Spitze, demzufolge
die Selbständigkeit mehr und mehr zurücktrat. Und wenn die Norm
des Ganzen auch den an allen Punkten selbständig erkannten und
entwickelten Direktionslinien entsprach, so hörte damit doch die alte
Absonderung auf, und so mußten doch die alten Herren an vielem
mitarbeiten, was zwar jeder einzelne in gleicher Form erstrebt hätte,
das aber aus eigener Initiative heraus selbständig zu machen, dem
an Freiheit gewöhnten Menschen leichter fällt, als auf Anordnung.

Graf Zech hat sich aber als guter, vertrauensvoller Kamerad
und als feiner Diplomat erwiesen. Es gelang ihm, diese Schwierig=
keiten geschickt zu umsegeln, und als ich den Bezirkstag 1909 in
Baffari miterleben konnte, hat es mir unendlich wohlgetan, den
Organisator noch an der Tafel mitten zwischen seinen alten Kameraden
in hoher und herzlicher Freundschaft präsidieren zu sehen. Immer=
hin muß die alte Periode als abgeschlossen angesehen werden. Eine
neue Zeit mit neuen Ansprüchen drängt unaufhaltsam nach Togo
hinein. Aber wenn damit ein Abschnitt der geschichtlichen Ver=
gangenheit anheimfällt, soll er doch damit nicht auch der Vergessen=
heit überliefert werden. Was Togo ist und wird, verdankt es der
Grundlage, die in dieser Weise geschaffen wurde, und beachtenswert
wird es auch vor allem übrigen bleiben, daß diese Grundlage einen
Beweis dafür erbringt, was deutsche Männer in solcher Selb=
ständigkeit leisten.

Die Namen der alten Recken von Togo, die 1909 noch im
Amte waren, sind: Graf Zech, Dr. Gruner, Hauptmann von Doering,
Dr. Kersting, Hauptmann Mellin und Professor Mischlich. Ich aber
hatte das Glück, sie alle kennen zu lernen!

□   □

(Photographie unbekannter Herkunft.)

Deutsches Leben in Togo; das Stationsassistentenwohnhaus in Sokode
neben dem „Berge des unbedingten Scharams".

Fest und trotzig liegt Kerstings Baltenschloß auf der Stufe der
Bassariberge. Die Bilder, die gerade hier an mir vorüberzogen,
waren bezeichnend. In den Tagen nach unserer Ankunft waren
die pferdetüchtigen Dagomba Sansugus gekommen; ein neuer Fürst
sollte gewählt und bestätigt werden. Als ich dann aus der Transkara
zurückgekehrt war und mein Lager nach dem Sinnhofe verlegt hatte,
hatten fast alle hohen Würdenträger der inneren Kolonie sich hier
versammelt, und nach allen Richtungen umgaben Zeltlager, Pferde-
koppeln und Soldatenfeuer das kleine Schloß. Aber auch in den
Tagen, wenn die Ruhe meiner Arbeit allzu bleiern mich drückte,
konnte ich mir leicht einen Blick in buntes Leben verschaffen, indem
ich zu dem Marktplatze hinüberging, auf dem vom Morgen bis
zum Abend Menschengruppen saßen, standen, plauderten und
handelten.

Zunächst ward mit Dr. Kersting besprochen, was für Arbeit
uns hier blühe, Arbeit, die für die Kolonie nutzbar gemacht werden
könne; und Arbeit, die unseren kulturgeographischen Absichten ent-
spräche. Ohne Schwierigkeit fand sich ein Schnittpunkt unserer Inter-
essensphären. Von früher schon war mir das Vorhandensein interessanter Burgbauern vom Schlage der Bobo in unserer deutschen
Nordoststrecke bekannt. Nun erzählte Kersting, daß in jenem Gebirgs-
lande der Keran-Fluß ein Tal eingeschnitten hätte, das eventuell
zu einem Staubecken behufs Speisung eines Kraftwerkes ausgebaut
werden könnte, mit dessen Hilfe die Eisenmassen von Banjeli zu
verhütten seien. Bislang war es noch nicht ausgemessen und somit
seine Nutzbarkeit nur geahnt. Da nun gerade in dieser Gegend
die Burgbauern heimisch waren, da fernerhin Kersting sich gern
bereit erklärte, uns in jene „noch wilden" Gebiete einzuführen und
mir Steuerträger zur Verfügung zu stellen, so entschloß ich mich
kurz, mein Vorhaben, über Dahome nach dem unteren Niger zu
marschieren, aufzugeben und das „Transkaragebiet" aufzusuchen.

Nachdem meine Herren samt dem Rest der Kolonne angelangt
waren, nachdem alle Sammlungen und unnötigen Gepäckteile verstaut waren, brachen wir am 15. Januar unter Führung von
Dr. Kersting auf und marschierten über mehr oder weniger steiniges
Land nach Kabu. Das ist die Ortschaft der Bassariten, die einem
städtischen Eindruck am nächsten kommt, fraglos eine Einwirkung
der im Osten benachbarten Timgemeinden. Mit Kabu war die
Grenze der Berglandschaft vom Bassari-Typus erreicht: Vor uns
lag am 16. Januar die übliche Steppe bis zum Karaflusse. Der
gleichförmige und langweilige, altgewohnte Anblick wurde hie und

24

da durch Schlackenhaufen und Reste alter Hochöfen unterbrochen.
Der Kara plätscherte verhältnismäßig wasserarm über die Felsblöcke hin, so daß auch die Pferde gut hinüberkamen.

Bald darauf waren wir bei den Losso in Pesside angelangt.
Wirklich, dieser Marsch an die Nordostgrenze Togos bot einen derartigen Bilderwechsel, wie ich ihn in so gedrängter Reihenfolge
sonst nicht erlebt zu haben mich erinnere. Am 16. noch die gewinn-
und vorteilsüchtigen Bassariten von Kabu; am 17. das fröhliche,
kindlich heitere Völkchen der Losso; am 18. die schwerfälligen, neger-
haften, ackerbautüchtigen Kabre; am 19. wieder die schlanken,
töpfereikundigen Losso; am 20. die degenerierten, aussterbenden,
burgbauenden Sfola; am 21. die scheuen, stets zu Familienfehden
neigenden, zerstreut hausenden Tamberma. Dieser Teil Togos war
in jenen Tagen noch wie ein Natur- und Kulturmuseum, dessen
Studium mir täglich neue Einblicke in den Variantenreichtum der
Splitterstämme gewährte, und Kersting war ein Kenner und Cicerone,
wie wir uns keinen geeigneteren hätten denken können.

Und wie verschiedenartig war das Landschafts- und Siedelungs-
bild. In Kabu noch das Dämmern der aufkeimenden westsudanischen Stadtidee. Dicht zusammengedrängt lagen hier die mehr
oder weniger gut erhaltenen Gehöfte, hinter deren Umfassungs-
mauern die „Geschäfte" der Händler abgeschlossen werden. Der
offene Handel des Industrie-Westens spielt dem Haushandel gegenüber hier keine sehr große Rolle. Dazu die Lage auf der Schwelle
der Berge! — Die Losso in ihren weit voneinander getrennten
niederen Hütten und kleinen Gehöftchen; Felder unterbrechen die
Geschlossenheit der Ortsanlage, aber schöne Bäume, zumal der
Schmuck wundervoller Oel-, Borassus- und Dumpalmen lassen in
ihrer prächtigen Erhabenheit die niedere Bauart noch mehr hervortreten und charakterisieren noch auffallender die Einschmiegung und
Verstecktheit der fröhlichen Bewohner. — Gewaltig ragt über den
Steppenwellen des Pahelu das felsige Tschätschaumassiv auf; es zeigt
auf seinen Spitzen Reste alten Waldbestandes, der nach Kerstings Angabe zumal westafrikanische Florathypen birgt, an den Abhängen aber
allenthalben wohlgeordneten Terrassenbauten Platz machen mußte.
Zwischen diesen Terrassen nun lagern auf Vorsprüngen und Hügeln
mehr oder weniger dicht gestaut die wuchtigen, oft zu außergewöhn-
lichen Hüttengruppen angeschwollenen Gehöfte der markigen, neger-
haft klobig gebauten Kabre. —

Nachdem von da aus wieder das steinige und steppenartige
Paheluland und die Lossohochfläche passiert, die Njamtuu-Oase

durchzogen, der steile, pflanzenarme Oftflügel des Gebirges mühsam
überschritten ist, — nachdem in der Oase Abjare übernachtet, der
schroffe Paß, dann das steinige Tal (an Uende vorbei) und endlich
der Uebergang über den Keran bewerkstelligt ist, befinden wir uns
auf dem Anstieg zu dem Ssola-Dorfe, dem wunderlichsten Gebilde
unter allen diesen kleinen Merkwürdigkeiten: Im Innern drei
Stockwerke hohe Burgen, jede einzelne für eine Familie bestimmt,
eine Unzahl von Kämmerchen und Kammern, Ställchen, Speicher-
winkeln und Speichertöpfen enthaltend, liegen sie in winziger Kleinheit, nicht wie ernsthafte Wohngebäude ernsthafter Menschen, sondern
wie das luxuriöse Spielzeug eines Riesengeschlechtes, unregelmäßig
zerstreut unter den mächtigen Bäumen am Abhange des Gebirges.
Dazu diese scheuen, wohl infolge langer Inzucht etwas kümmerlich geratenen Bewohner, deren viele einen veredelten Typus zeigen
— wirklich märchenhaft! — Viel ernsthafter nehmen sich die Siedlungen der eigentlichen Tamberma aus, die wir erreichten, nachdem wir das öde Gebirgsland nach Norden hin gekreuzt hatten.
Auch hier die Burgen, aber weithin gestreut über das wellige Land,
eingegliedert in den Steppencharakter, nicht überragt von gewaltigen
Baumriesen, den Wahrzeichen alten Gemeindefriedens, die den
kriegerischen Burgcharakter der Familienhäuser auch noch lächerlich
zu machen scheinen, sondern regelrecht isoliert, trotzig in einer
Ebene stehend, in der nur niedere Bäumchen dem Feinde sicher
keine gute Angriffsdeckung gewähren. Auch sind die Räume nicht
zimperlich klein, sondern wirklich bewohnbar. Die Bewohner endlich machen gar nicht den Eindruck, als ob sie ihre festen Siedlungen nur noch so dem Herkommen gemäß bauten. Im Gegenteil!
Sie scheinen heute noch recht geneigt, gelegentlich dem 300 m entfernt
wohnenden Nachbar den Fehdehandschuh hinzuwerfen. Es ist
bezeichnend, daß ich in der ganzen Ssola-Ortschaft mit Mühe und
Not acht Bogen zu Gesicht bekam, während im Durchgangsgemach
jeder Tambermaburg · mindestens zwei Bogen zum Gebrauche
bereit liegen.

So spielte sich der bunte Bilderwechsel Transkaras schon in
den wenigen Tagen unseres Einzugs ab. Hier tanzten die zierlichen
und neckischen, geschlechtsfreudigen Bossomädchen, da sprangen die
wilden Kabreburschen in drastischen Kriegspantomimen; gestern noch
wandelten wir durch die Handelsstadt Kabu, und wenig über 50 km
nördlich kredenzte im wilden Tamberma der würdige Inaga mit
dem Antilopenhorn im Nasenflügel sein bestes Hirsebier den demo-
kratisch gesonnenen Genossen, deren ganze Kleidung in einem Blätter-

24*

tütchen über einem Teil jener Organe, die die meisten Völker zu
verbergen pflegen, bestand. Wahrhaftig: antediluvianisch!

Dieser Wechsel der Siedlungsformen und Sprachen, die ver-
kümmerten und wuchernden Burgformen als Behausungen von
Stämmen, deren Frauen sich mit Blättern und deren Männer sich
mit Tütchen als Kleidung begnügen, — was kann der Ethnologe
erklärend hierzu sagen? Oftmals bin ich seitdem mit solchen
Fragen angegangen worden, und immer wieder kann ich als Antwort nur auf den augenscheinlichen Werdegang des Ganzen hinweisen. Es kann kein Zweifel darüber bestehen, daß dieser Baustil
in einer engen Beziehung zur patriarchalischen Familiengruppierung
und -isolierung steht, und daß der Stil wie diese soziale Gliederung
nicht das lokale Entwicklungsergebnis hier in Transkara und in
den Boboländern sein kann, daß vielmehr in diesen kulturellen
Eigenarten wesentliche Erbstücke einer Kulturform zu erblicken sind,
deren Reste über Nordafrika weithin verbreitet sind. Die Kastelle
und berühmten Familienzwiste der Nordstämme sind nichts anderes
als Geschwistererscheinungen. Es mag eine große Kulturperiode
gewesen sein, die solche Lebensform erwachen sah, aber sie liegt
weit, weit hinter der Jetztzeit, und wenn großzügiger veranlagte
Völker auf gespreiztem Raume und in Machtverhältnissen von solchem
Erbgut mächtigere Formen und wesentlichere Harmonien gerettet
haben, als wir hier im Westsudan trafen, so müssen wir uns immer
die isolierende Kulturarmut vergegenwärtigen, deren Faktoren hier
unten wirken. Hier fehlte jede breite Straße, sei es zu Wasser
oder zu Lande, die aus einem höheren Kulturbereiche neue Nahrung,
Bluts- und Gedankenauffrischung und historisches Beziehungs-
erinnern herbeiführen konnte. Kein Monument aus alter Zeit
erinnert die Epigonen an die Jugendzeit dieser Kultur. Kein wirt-
schaftlicher Zusammenhang zwingt zum Zusammenwirken. Und nicht
gibt es hier Sommer oder Winter und die ganze großartige Wucht
des Naturwechsels, die auch dem Menschen den schroffen Wechsel
der Tätigkeit aufzwingt und ihn so in einer gesunden Pendel-
bewegung zwischen Frost und Hitze, Darben und Ueberfluß, Schlaf
und Wachen aufrüttelt zu angespanntester Ausnutzung aller Kräfte,
einer jeden zu ihrer Zeit.

Träge und faul schleicht hier die Natur über das Land, gibt
meist gerade genug zur Lebenserhaltung, und selten zu viel oder
zu wenig. Wenn der Völkerwind im Laufe der Geschichte dann und
wann die staatenbildenden Horden über das Land hingefegt hat,

daun knickten die Isolierten und gingen im zähflüssigen Brei der Allgemeinheit auf, ohne von ihrem Streben nach selbständiger Raumausnutzung den neuen Herrn auf längere Zeit hin ein wenig Drang zur Persönlichkeitsentwicklung und Freiheitsausnutzung zu vererben. So liegt es denn in der geographischen Lage und Kulturbeziehung begründet, wenn in unserem Norden aus dem patriarchalischen Isolierungsstreben unter Zuführung höherer Kulturstoffe erst ein freiherrlicher Adel, daun ein Aufschwung zur Entwicklung der freien Persönlichkeit erwuchs, — daß in den Berberländern ein unbeugsames, primitiveres Sippengezänk bei Aufrechterhaltung der Rassenreinheit, im Suban ein jämmerlicher Stammes und Nationalzerfall bei Verkümmerung höherer Rasseninstinkte als Erbschaft aus hohem Gute übrig blieb. — Jede Pflanze wird im Laufe der Zeiten und vieler Saaten sich umbilden, je nachdem ihr Same an der Nordsee, in einer Saharaoase oder am Aequator heimisch wird! —

Der Rasthof von Tapunte ist im Tambermastile erbaut, weit und luftig, und ein höchst angenehmes Quartier. Hier verließ uns Dr. Kersting, nachdem wir den oberen Teil des Kerantales, den er als besonders ausnutzungsfähig betrachtete, gemeinsam besichtigt hatten. Hugershoff machte sich sogleich an die Arbeit der tachymetrischen Aufnahme. Als wir später am Keran entlang nach Sfola zurückmarschierten, fiel es mir auf, daß der weiter unterhalb gelegene Teil des Tales gleiche und vielleicht bessere Chancen bieten müsse, und somit kehrte er, nachdem er mir bei der Aufnahme der Industrie der Losso und Kabre behilflich gewesen war, nochmals hierher zurück, um die Arbeit zum Abschluß zu bringen. Dr. Hugershoffs Keranarbeit ist jedenfalls für die Zukunft ein wesentliches Basismaterial, von dem jede Ueberlegung betreffend die Ausnutzung dieser schönen Wasserkräfte ausgehen muß.

Der Reihe nach wurden dann die Splitterstämme studiert; die ethnologische Arbeit gedieh ausgezeichnet und schnell, da Dr. Kersting mir nach mancher Richtung hin in diesen Tagen schon Anregung und Gesichtspunkte gegeben hatte. Als ich später in Bassari und auf dem Sinnhofe saß, hatte ich häufig Gelegenheit, von Besuchern des Eisenmarktes, von Bewohnern der Staatsgefängnisse und auch von herbeigerufenen Stammesgliedern ergänzende Berichte zu gewinnen. Um aber einen Abschluß nach Osten zu bewerkstelligen, sandte ich am 18. Februar Nansen mit Sonderauftrag nach dem französischen Norbbahome hinüber. Er marschierte zuerst über Ssemere nach Segu, unternahm einen Vorstoß nach Norden, eine Reise nach dem der

nigerischen Grenze nahegelegenen Paratau und daun über die französischen Waldstädte zurück nach Togo. Am 20. April sahen wir ihn
in Kuschuntu wieder.

□   □

Der Bezirkstag stand vor der Tür. — Bei meinem Eintreffen
war in der Station Bassari nur der Stationsassistent Mucke, ein alt-
bewährter Mann, daheim. Das Baltenschloß stand also leer, und
ich kounte es für einige Tage beziehen, konnte aus den Magazinen
Koffer herausschaffen, denen das eine oder andere auch für meine
Herren entnommen und deren Inhalt aufs neue, der neuen, getrennten Lebensweise entsprechend, umgeordnet wurde. Einige Tage
verliefen so in abwechselnder Tätigkeit. Dann aber unternahm ich
auch Ausflüge in die Umgegend, um mir ein geeignetes Quartier für
die nächste Zeit zu suchen, denn da der Bezirkstag eine große Zahl
von Gästen hier vereinigt sehen würde, so reichte der Raum für
all den Logierbesuch nicht aus, — ganz abgesehen davon, daß meine
Arbeiten durch den Trubel der großen Menschenvereinigung nicht
gerade gefördert werden konnten. —

Auf der Westseite des Bassarimassivs, in der Ortschaft Bubasibe,
faud ich das geeignete: einen freien kleinen Platz, schattenspendende
Bäume, hinreichende Bevölkerung, Hütten für die Pferde, ein Haus
für meine Bagage, und in dem Ortspolizisten Lantam einen willigen
und intelligenten Dorfgewaltigen. Auf dem Platze unter den
Bäumen neben dem Gepäckhause wurden zwei nach der Nordseite
offene Mattenhütten errichtet, deren eine mir als Arbeitszimmer,
deren andere als Schlaf- und Baderaum diente. Von der Küste
herauf kamen gerade damals verschiedene Lasten mit materiellen
Lebensmitteln, von Europa allerhand anregende Nahrungszufuhr
für den Geist. Von mehreren Seiten kamen aus den umliegenden
Landschaften Vertreter der wichtigsten Völkerschaften, bereit, über
ihre ethnographischen Eigentümlichkeiten Bericht zu erstatten. Aus
dem französischen Dahome sandte Nansen solche Landeskenner, aus
Salaga im englischen Goldküstengebiet erschienen Gesandte; mehrere
Bezirksamtleute Togos brachten auf Wunsch in ihrem Gefolge ver-
schiedenes interessante Volk mit; kurz und gut, ein ganzes Museum
gruppierte sich auf diesem Arbeitsfelde, und täglich konnte ich in
diesem großen, lebendigen Album blättern und wesentliche Stellen
aus Kulturgeschichte und ethnischem Werdegang abschreiben. — Infolge eines besonderen Umstandes erhielt diese kleine Station den
Namen „Sinnhof".

Auf diesem Fleckchen Erde habe ich in meiner selten unter-
brochenen Einsamkeit wundervolle Tage und viele behagliche
Stunden verbracht. Nicht nur, daß ich hier Gelegenheit hatte, die
Ereignisse der hinter mir liegenden Studien zu vergleichen, die
ersten kartographischen Entwürfe zu versuchen, den Sinn des
Werdens und Umbildens herauszukristallisieren, eine Beschreibung
der Bassariten und ihrer „Literatur" zu beginnen, aus dem Munde
der vorübergleitenden, verschiedenen Gesandschaften den Stoff hie
und da zu ergänzen, umzumodeln und zu vertiefen, — nein, hier
konnte ich mich so recht behaglich meiner Lieblingsbeschäftigung hingeben, das Kleinleben des Tages, das Treiben, die Denkweise und
Lebensgepflogenheiten der Dörfler in persönlichem Verkehr zu beobachten. Tagtäglich kamen die gleichen Frauen zu den Stampftrögen,
die rechts gegenüber in einer Mauernische standen, verrichteten ihre
Arbeit, plauderten und gingen wieder auseinander. Ich saß in
meinem Winkel und konnte nach rechts vorn in eine Hütte sehen,
in der einige ältere und einige jüngere Weiber täglich zur Kocherei
vereinigt waren. Morgens zogen die Burschen vorüber zur Feld-
arbeit, mittags kamen Männer vom großen Markte herüber, nachmittags hockten die alten Leute auf einem umgefallenen Baum-
stamme, um zu mir herüberzugucken, miteinander einige Worte zu
wechseln und dem Vorübergehenden schlechte Witze zuzurufen. —
Jeden Wechsel des Bassaritendaseins konnte ich von meinem Winkel
im Sinnhofe aus miterleben.

Im Westen grenzte an meinen Dorfplatz das Feld; er war aber
davon getrennt durch einige hohe Speicher, die guten Schatten gaben.
Es war das der Lieblingsplatz der guten Frau Lantam; dorthin
ließ sie mehrfach am Tage ein kleines Schemelchen tragen und
hockte nieder, um ihrem Sprößling, der gar nicht so recht gedeihen
wollte, einen Brei einzutrichtern. Eine Gans kann keine unan-
genehmeren Empfindungen haben, wenn sie genudelt wird. Das
Würmchen schrie jämmerlich, und eine junge Frau, für die es hohe
Zeit war, schnell noch an den Kindern anderer die Wartung zu
lernen, saß daneben, klopfte ihm auf den Rücken und sagte wohl:
„Hoffentlich macht mir meines nicht solche Beschwerde."

Nach dem Berge zu wurde der Platz von einem Gehöft begrenzt,
das war morsch und zerfallen, die Strohkappen waren eingesackt,
so daß jeder Windhauch Schmutz und Unrat von den Abfallhaufen
hineinwehte, und nach Westen zu konnte man gar nicht mehr erkennen, wo die anschließende Tabaksplantage anfing und das eingestürzte Lehmmauerwerk aufhörte. Das war das Gehöft der

Eltern Lantams, alter Leute, denen alltäglich gerade soviel Essen hingestellt wurde, daß sie nicht zu verhungern brauchten, und deren
baldigem Ende man mit Behagen entgegensah. Lantam sprach sich
gern darüber aus, daß er extra einige Leute zur Küste gesandt
habe, die Pulver für das Totenfest seiner demnächst sicher sterbenden
Eltern kaufen sollten. Er gefiel sich in der Schilderung der üppigen
Schlemmereien, die dieses Totenfest zu einem „Ereignis" gestalten
mußten. Hei, würde das eine Prasserei geben! Zwei Stück Rindvieh wolle er schlachten! — Mittlerweile sparte er schon zu dem
Feste; er sparte seinen Eltern das am Munde ab, womit er bei
ihrem Totenfest sich den Namen eines freigebigen Mannes erwerben
wollte. — Als ich mich bemühte, festzustellen, ob er diesen alten
Leuten nicht herzliche Empfindungen entgegenbringe, da sagte er
trocken, er hätte für seinen Vater in der Jugend so lange arbeiten
müssen, ohne es selbst zu etwas bringen zu können, daß dieser
Alte jetzt nicht mehr auf große Geschenke seinerseits rechnen könne.
Alle Bassariten denken so! — —

□   □

Eines Tages wurde ich durch ein lautes Weibergekreische, das
weit über das Feld hinschallte, von der Arbeit aufgescheucht. Ich
trat hinaus und sah, daß einige kräftige Männer ein junges Frauen-
zimmer am Wege angefallen hatten und nun trotz allen Sträubens
mit Gewalt fortschleppen wollten. Ich rief Lantam und ließ mir
den Fall erklären. Da erfuhr ich, dies sei eine junge Frau, die erst
jüngst geheiratet habe, und dann, wenige Tage nach der Braut-
nacht, zur Mutter zurückgekehrt sei; nun müsse sie nach alter Sitte
zurückgeschleppt werden, und es sei Brauch, daß sie sich sträube,
damit sie nicht den Eindruck mache, allzu gierig den ehelichen Genüssen jetzt schon ergeben zu sein. Da dies mit meinen Aufzeichnungen übereinstimmte, gab ich mich zufrieden. — Zwei Tage später
raste eine wilde Bande junger Bassariten mit einem strampelnden,
längst schon nicht mehr bekleideten, jungen Mädel auf den Schultern
über den Platz. Das Mädel strampelte und wimmerte. Ich ließ
Halt machen. Was soll das bedeuten? Ja, das ist ebenso: dies
junge Mädchen ist Braut, und eine Braut muß sich weigern, dem
jungen Eheherrn aufs Lager zu folgen, wenn sie sich auch noch so
darauf freut. Das schickt sich so. Ich fragte das weinende Mädel,
ob sie den Mann freiwillig heirate oder gezwungen. Sie antwortete:
„Freiwillig". — Unter den Weibern, die in der mir gegenüber-

Deutsches Leben in Togo; der letzte Gruß.

(Photographie unbekannter Herkunft.)

liegenden Hütte alltäglich zur Kocherei zuſammenkamen, war eine
ſtramme junge Frau, von der man mir geſagt hatte, ſie ſei einem
Manne aus Wodande verheiratet; da der ſich aber nicht um ſie
kümmere, ſei ſie hierher zurückgekehrt. Damals ſchon äußerte ich
mein Erſtaunen über dieſe eheliche Separation, und richtig, als
wieder einmal Weibergekreiſche über meinen ſtillen Sinnhof hin-
ſchallte, da war es dieſe ſtramme junge Dame, die von zwei kräftigen
jungen Leuten gepackt und fortgeſchleppt wurde, was nicht gerade
einfach war, denn mehrere blutige Kratzer und Striemen im Antlitz
der Helden zeigten, daß die Edle die Kräfte ihrer Glieder und die
Schärfe ihrer Nägel recht wohl anzuwenden wußte.

Das ſind ſo einige Bilder aus dem Liebesleben der Baſſariten.

Ich hatte mit den letzten ſentimentalen Regungen meines
Europäerherzens beſchloſſen, etwas für das Wohlbehagen der Leute,
in deren Ortſchaft ich mich ſelbſt ſo glücklich fühlte, zu tun, und
dachte das nicht geſchickter anfangen zu können, als indem ich meine
Autorität zur Anwendung brächte und die Leute veranlaßte, ihre
Gehöfte in bauliche Ordnung zu bringen, die Straßen zu reinigen
und zu ebnen, unnütze Mauerruinen zu entfernen uſw. Das war
nun allerdings gar nicht nach dem Sinne der guten Bauern, die
ſich in etwas herkömmlicher Unordnung und ihrem traditionellen
Straßenſchmutz ſo wohl fühlten, wie die ſchwarzen Schweine, die
in raſſentreuer Molligkeit alle dunklen Punkte des Dorfbildes mit
ihren rundlichen Leibern ſchmückten. Alſo zunächſt drummten die
Baſſariten. Aber ſie kamen doch nach und nach meinen Wünſchen
nach. Acht Tage lang ward im Orte abgeriſſen, Lehm geſtampft,
Waſſer getragen und geſäubert, daß es nur eine Art hatte. Dann
ſtiegen neue Mauern auf, dann wurde die Straße geebnet, Kappen
wurden gebunden. Endlich ließ ich für klingende Bezahlung kleine
Bäumchen herbeibringen, die in die Dorfſtraße gepflanzt wurden.
Ein Schild mit der Aufſchrift „zum Sinnhofe“ gab die Wegweiſung
zu meinem Domizil, und als drüben der Bezirkstag in vollem Gange
war, da prangte die Ortſchaft in einem neuen, reinlichen Kleide. —
Leider bin ich der feſten Ueberzeugung, daß ein Jahr ſpäter alles
wieder im alten Zerfall angelangt iſt.

Die Regenzeit hatte in dieſem Jahre ausnahmsweiſe früh, ſchon
am 24. Januar, mit den erſten Gewittern eingeſetzt. Jetzt konzentrierte ſie ſich zu ſchweren Entladungen, ohne indes unſere Behaglichkeit im Sinnhofe ſtören zu können. Zunächſt konnten wir
uns zu noch faſt größeren Soireen unter meiner Schloßlinde vereinigen. Rege und Breema als Vertreter islamitiſcher und fran-

zöfischer Sudanbildung, Lantam und der eine oder andere Kamerad
als Repräsentant deutscher Ortsobrigkeit, dazu fahrende Haussa-
händler oder Besuche aus Salaga oder Dahome gruppierten sich
als Honoratioren um den Topf mit gutem Hirsebier. Dann ward
in die schöne Nacht hinein geplaudert, bald mehr in der, bald mehr
in jener Sprache, und mehrere Leute verdolmetschten auf einmal.
Waren wir besonders gut aufgelegt, dann wurden Kolanüsse herum-
gereicht, und ich hielt mich nicht für zu hoch stehend, selbst einmal
eine solche Gabe aus der Hand wohlhabender Händler anzunehmen.
Gerade an diesen Abenden habe ich aber die großen Unterschiede
in der Bildung solcher Stämme wie der Mandingo und Haussa gegenüber denen vom Schlage der Bassariten so recht wahrgenommen.
Er liegt nicht nur in der Erweiterung des Horizontes bei den
Weitgewanderten, sondern auch in einer städtischen Vertiefung, die
den engherzigen, kleinen Bauern fernbleibt.

Wie manchesmal tanzten die Bassariten im Mondschein vor der
Schloßlinde des Sinnhofes, und wie hoch erhaben waren diese Neges
und Breemas über solchem „wilden" Getne! — — —

Manchen lieben und hochgeschätzten Besuch habe ich auf dem
„Sinnhofe" begrüßen können. Zuerst sprach Hauptmann Mellin mit
seinen Truppen am 28. Februar, auf dem Durchmarsche zum Be-
zirkstage, vor. Wie ein alter Freund erschien er mir, aber sein
schlimmes Aussehen ließ mich damals schon Schlimmeres ahnen. —
Zwei Tage später kamen Dr. Kersting und Hauptmann von Doering
zu mir und übernachteten. Die ersten Grüße vom Bezirkstag. Dann
aber langte der Bote des Gouverneurs an, und ich warf mich in
meine besten Kleider, um der liebenswürdigen Einladung zu folgen.
Wie ich dann Bassari, das stille, einsame Bassari, auf dessen weitem
Plan sonst mühsam und erfolglos ein Züglein Soldaten mit ihren
Exerzitien den Raum auszufüllen suchte, vor mir liegen sah, da
dämmerte mir eine Ahnung auf von der Geschlossenheit und durch-
greifenden Kraft des Regiments, das dieser Gouverneur mit seinen
alten Kameraden ins Leben gerufen hat. Ueberall Pferde und
Soldaten, Zelte, Feuer, Leben, großes Leben. Und im Baltenschloß
saßen die Herren und konferierten über alle großen und kleinen
Fragen, die das Werden der Kolonie anbelangten, vom frühen
Morgen bis zum späten Abend.

Am Abend kam ich dann und wann herüber, und der Graf Zech
hat mich immer in liebenswürdigster Weise an der großen Tafel
aufgenommen. Hernach wurde im engeren Kreise noch ein Glas
Bier getrunken, und wenn ich dann in der Nacht auf dem Rücken

Homburis heimtrollte, dann war mein Herz mit freudigem Stolze erfüllt. Auf solchen Nachtritten träumt es sich ja so schön! — —

Einmal löste sich Nege von den Reitern hinter mir ab, ritt an meine Seite und fragte schüchtern: „Herr, kannst du mir verzeihen, daß ich in Wagadugu zuletzt unhöflich war?" — —

□   □

Dann zerfloß der Zauber am Bassariberge. In doppelter Einsamkeit lag das Schloß, und da die Gewitter alle Tage an Heftigkeit zunahmen, da meine S t r o h c h â t e a u s auf dem Sinnhof dem doch nicht mehr gewachsen waren, da vor allem die große Arbeit allgemeiner Um- und Einpackerei vor der Tür stand, so zog ich wieder in die vereinsamte Station. Ich sah nun dem Abschluß dieser Reise entgegen. Im Laufe der letzten Wochen waren meine ganzen Reisepläne geändert worden. Schon länger als beabsichtigt, hielt mich die Kolonie in ihren Armen und wollte mich auch gar nicht mehr freigeben. Anfangs hatte ich beabsichtigt, nur den äußersten Norden zu durchpilgern, um dann in das englische Nigerien zu gehen. Dann hatte die Reise zu den Splitterstämmen Transkaras und das Interesse an der Kolonie des Heimatlandes meine Absichten zum Schwanken gebracht. Die Arbeit auf dem Sinnhofe eröffnete neue Ausblicke auf die interessanten Typen der Tim und der Waldstädter. Es bedurfte nur noch weniger zuredenden Worte Dr. Kerstings, und der Abmarsch der Expedition über deutschen Boden zur Küste war beschlossene Sache.

Da ging es also zunächst an das Einpacken, das mit wenigen Unterbrechungen etwa vier Wochen in Anspruch nahm. Jetzt wurde gleich alles für den Seetransport eingerichtet. Am Kongo war seinerzeit die Kunstfertigkeit der Eingeborenen in der Herstellung von Kautschuksäcken zur Verpackung ausgenutzt worden. Hier wurden die Sammlungen in Stangenkörben untergebracht, die mit Matten ausgefüttert und dann mit Stangenwerk geschlossen wurden. Es war das System der Lastkörbe der Haussaländer. Leichte Palmenrippen werden dabei mit zähen Rindestreifen einer Lianenart zu stabilen Röhren verschiedener Länge und abweichenden Durchmessers verflochten. Etwa vier Wochen lang währte die Arbeit des Oeffnens und Auspackens aller Lasten, der Reinigung, Etikettrevision und Neuordnung, und während dieser Zeit hockte unter den schattenspendenden Bäumen neben dem Baltenschlosse eine ganze Reihe korbflechtender Arbeiter, während Mallem Mohamma, der Vertrauensmann der Regierung, in Basilo ganze Stöße von Materialeinlagen

anfertigen und aufkaufen ließ. Leider wurde diese Tätigkeit häufig
durch sehr schwere Abendgewitter unterbrochen, die uns zwangen,
jeden Tag mit dem ganzen Ballast einmal ins Freie und dann
wieder auf die Veranda zu ziehen. Denn alle Sammlungen müssen
trocken in die Verpackung kommen; sonst fault und zerfällt vieles in
den heißen, luftarmen Bäuchen des Schiffes während der Heimfahrt.

Die Oberleitung der Arbeit lag in den Händen der Mande.
Nege und seine letzten Trabanten bewährten sich wieder. Daneben
tauchten jetzt aber neue Gestalten auf. Zum Abmarsch war mit
freundlicher Vermittlung der Regierung vor allem der Unteroffizier
Biba angeworben, der auch einige Küstenknaben mitbrachte. Leider
kam damit ein sehr räudiges Schaf in meine Herde. Einer der
Burschen entwendete einem meiner Mossiknaben eines Nachts eine
Mark. Ich mußte somit von meiner Disziplinargewalt Gebrauch
machen. Meine französischen Leute waren das erstemal Zeuge eines
solchen Vorganges. Das einzige, was unter den Eingeborenen des
französischen Sudan an der Regierung von Togo auszusetzen ist,
ist die von uns noch ausgeübte Prügelstrafe. Wie in allem, hat
das Gerücht auch hierin übertrieben und uns als gewalttätige
Menschen verschrien, die bei jeder Gelegenheit schlagen. Hier lag
nun der Fall so, daß ein deutscher Bursche einen französischen be-
stohlen hatte, und von vornherein begrüßten also meine französischen Beamten die Strafe mit Sympathie. Als der Akt vollzogen
war, unterhielt ich mich noch längere Zeit mit der Gesellschaft, die
mir jetzt ohne weiteres zugab, daß die Sache ihre ausgezeichneten
Seiten hat, zumal da bei gerechter Verteilung solche Abstrafung
selten nötig ist. Ich möchte bei dieser Gelegenheit erwähnen, daß
sämtliche obere und untere Beamten des französischen Sudan, soweit
ich mit ihnen Rücksprache über diese Frage hielt, durchaus für unsere
gesetzlich geregelte Disziplinarstrafgewalt eingenommen waren und
bedauerten, daß sie auf französischem Boden in Afrika abgeschafft
ist. Geschlagen wird nämlich doch, und der gelegentlich in der Erregung verabfolgte Jagdhieb ist viel schlimmer, ungerechter, roher
und nach beiden Seiten hin demoralisierender, als die nach einer
entsprechenden Gerichtssitzung in Ruhe verabfolgten Prügel, für deren
Erteilung die Gerichtsherren protokollarisch die Verantwortung übernehmen. Die Prügelstrafe bietet notorisch die einzige Möglichkeit,
die Ausdehnung der berüchtigten „Küstenkrankheit", über die ich in
diesem Buche schon sprach, einzudämmen. Und dem stimmten meine
Franzosen in Bassari nicht nur aus Höflichkeit, sondern aus vollster
Ueberzeugung bei.

Zwischendurch empfing ich dann und wann Nachrichten und Sendungen Nansens aus Dahome, und eines Tages kam Hugershoff mit der vollendeten Keran-Arbeit, um alsbald wieder zum Mo abzurücken, wo eine ähnliche Talaufnahme in Angriff genommen wurde. In dieser Zeit begann der Arme schon an Furunkeln zu leiden.

In den ersten Tagen des April rückten die ersten Züge mit Küstenlasten nach Sokode ab. Ich selbst folgte am 9. Wir übernachteten im Rasthofe von Malfakassi, südlich von Tabalo, und stiegen am anderen Tage von der Paßhöhe des „Togogebirges" zum Mo-Tale und in die ethnologisch so interessante Tim-Ebene hinab. Herr Jurischka, der inzwischen als Nachfolger Muckes das Assistentenhaus in Bassari bezogen hatte, hatte in der dankenswertesten Weise alles vorbereitet.

Am 10. trafen wir in Sokode ein, wo mir Dr. Kersting liebenswürdig wie immer entgegenkam und in einem behaglichen Hause Wohnung anwies. Diese Station ward gerade in jenen Tagen dem Küsteneinflußgebiet dadurch kulturell viel näher gerückt, daß der Telegraph eröffnet war. Aber auch sonst schon hat sich Sokode bei weitem über das hinaus entwickelt, was man als eine echt innerafrikanische Station bezeichnen kann. Und zwar dies entsprechend seinen Kulturanlagen. Weit nach Süden dehnen sich Dr. Kerstings Baumplantagen aus, Sokode hat schon einen regelrechten Baumwollproduktionsbetrieb, und von der Ebene ertönt allmorgenblich zu den Felskuppen herauf, an die sich die Station anschmiegt, das Pfeifen einer Lokomobile.

Aufenthalt und Arbeit in Sokode wurden mir mit zu den fruchtbarsten dieser Reise. Von jetzt an arbeitete ich fast nur noch mit deutschem Personal. Nege und seine Trabanten waren von Bassari aus nach dem Norden zurückgekehrt. Die Mossiknaben waren bei Nansen im oberen Dahome und bei Hugershoff am Mo und später in der Tim-Ebene beschäftigt. Das deutsche Personal bewährte sich durchaus. Sehr interessant war übrigens, daß für die Tim-Monographie die Frauen mehr und bessere Stoffe lieferten als die Männer, einer der ersten Belege dafür, daß ich wieder eine wichtige Völkerscheide hinter mir und vor mir das Land der aus dem fernen Norden stammenden Joruba-Verwandten hatte, bei denen die Frauen eine angesehene Stellung einnehmen.

Die Bibliothek Dr. Kerstings hat mir neben den vielfachen Zwiegesprächen die Muße, die ich mir gönnen konnte, gewürzt; aber auch sonst gab es allerhand anregende Unterhaltung. Erst erhielt Sokode den Besuch des Regierungsbaumeisters Hoffmann, der als

Vorbote der Bahn das Land bereiste; dann traf eines Tages der bekannte Geograph Hauptmann Freiherr von Seefried, derzeit Leiter der deutschen Abteilung der deutsch-französischen Grenzkommission, ein. Meinerseits unternahm ich kleine Ausflüge in die umliegende Gegend, zumal nach Paratau, zu dem Herrscher der Tim, der, ein ganz ausgezeichneter, kluger Volkslenker, sich in großzügiger Weise angesiedelt hat. So entglitt die Zeit im Fluge. Herr Hoffbauer, der Stationsassistent von Sokode, sorgte für Träger, und am 19. April sagte ich unserem letzten großen Lagerplatze Valet.

Als abschließende, wesentliche Arbeit hatte ich mir den Besuch der sogenannten Waldstädte und eine Besichtigung der südlichen Splitterstämme vorgenommen. Erstere liegen zum großen Teile auf französischem Boden, aber einige, wie Gutjoni, Kulumi, Parampa-Balanka, Kuschuntu, Kambole, Gubi und Bagu können wir doch unser nennen. Am 20. vereinigte sich die ganze Kolonne in Ku-schuntu, deßen Bewohner, nachdem schon Teile der Grenzkommission mehrfach hier gelagert hatten, und nachdem Nansen hier schon ge-raume Zeit weilte, eine solche Anhäufung von Leuten nicht gerade gern sahen. Diese in künstlich erhaltene Waldgürtel verkrochenen Menschen gehören sowieso nicht gerade zu den liebenswürdigsten Geschöpfen. Das mag zum Teil ihre Vergangenheit erklären, denn die schnell wechselnden Kriegsgeschicke der Dahome-Wirren und der verfloßenen Sklavenjagden haben sie nie recht zur Ruhe kommen laßen, haben ihre Kultur geschädigt und die Leute selbst zu mürrischen und wenig schicksalsfrohen Menschen gestempelt. Die Zerbröckelung der alten, heute in den letzten verwischten Konturen nur noch schwer erkennbaren Kultur ist sicherlich noch dadurch beschleunigt, daß in-folge der Sklavenjagden die früher zahlreiche Bevölkerung abnahm, daß dadurch der Wildreichtum zunahm, und daß deshalb ein ansehn-licher Teil der jungen Leute, statt Feld zu bestellen und ein gutes Handwerk zu treiben, mit schlechten Flinten einem auch wieder nur jämmerlich ausgebildeten Weidwerke obliegen. Trotz aller Tuerei muß man diese Jäger schlechte Weidmänner nennen, dafür aber als desto erpichtere Tagediebe und kunstgerechte Trinker bezeichnen. Es war mir sehr bedauerlich, hier vor allem Symptome des Ver-falles studieren zu müßen.

In Bagu trafen wir mit dem Oberleutnant Heilingbrunner zusammen, und von dem gemeinsam verbrachten Abend werden wir die geteilte Freude über die letzte Wagnervorführung unseres Phono-graphen im Gedächtnis behalten. Auf wilden Buschwegen, die hie und da Spuren von Büffeln und Elefanten in den Galeriewaldungen

der Bäche aufwiesen, marschierten wir bis Kredji, wo wir die erste
europäische Straße, das erste große Baumwollverarbeitungsinstitut
und die erste Mission sahen. Gestern noch in der ungetünchten
Wildnis, heute auf breiten, scharf geschnittenen Straßen, die über
europäische Brücken führen, vorbei an Bäumen, die hie und da wie
in einem botanischen Garten ihren deutschen und lateinischen Namen
auf angehefteten Schildern zur Schau tragen; durch Dörfer, aus
deren erstem und letztem Gehöfte schwarze Missionslehrer beider
Konfessionen treten und christlichen Gruß entbieten, während die
Priester der eingeborenen Religion in des Weilers Mitte in frommer
Andacht Lehmfiguren bauen; Rasthäuser, die mit Besuchsliste und
genau geordneten Gebrauchsanweisungen versehen sind; allenthalben
reiche Ansiedlung, Arbeit und frohe Laune: das war der Bezirk
des Hauptmanns von Doering.

Ueber die Berge, durch Wald zum Gipfel empor auf einen Vorsprung: da unten liegt ein weit ausgedehntes Städtebild mit vielen
europäischen Bauten, durchzogen von breiten Straßen, die auf beiden
Seiten mit weißen Steinen eingefaßt sind: das ist Atakpame, die
Hauptstadt des Bezirkshauptmanns von Doering. — Er selbst war
nicht daheim; ihn vertrat der Oberleutnant Freude, der uns in den
Gebäuden des Bezirksamtmannes wiederum während einiger ungemein lehr- und genußreicher Tage bewirtete. Er beschaffte mir
die verschiedensten Stammesvertreter, regte die Vorführung der
interessanten Kalebassen- und anderer Industrien an, kurz, gab mir
die Möglichkeit, Dahomeer und Jorubas zu studieren, bis mir der
Mund an der Sehnsucht nach mehr fast überlief. Zum Abschiede
stiftete er mir ein Album, gefüllt mit einigen seiner schönsten Aufnahmen. Und Oberleutnant Freude ist ein glänzender Photograph.

Dann nahm der Wald uns wieder auf — fo wundervoller Wald,
wie ich ihn außer am Kongo nur in Liberia fah. Ich wollte die
große Straße vermeiden und durch das Akpossogebiet nach Palime
und Misahöhe wandern, und wir konnten das um fo behaglicher,
als wir all unser schweres Gepäck schon in Lome wußten. Der
Wald war herrlich, die Menschheit wurde wild und flüchtig, und jeder
Sonnenfleck an den zahlreichen Bächen war besetzt von Hunderten
schöner Falter. Vieles machte mir gerade nach dieser Reise die
Heimkehr fo lockend wie nur möglich, aber jene schönen, sorglosen
Tage der Küstenreise vom Aufenthalt in Atakpame bis zum Verlassen des Gouvernementshauses in Lome machten mir doch auch
wieder den Abschied von Afrika schwer.

Der Wald lichtet sich; den dunklen Menschen folgen hellere, den düsteren lachende. Kapellen, Schulhäuser, Gebetslaken und Lehmfiguren nehmen zu, die Tracht wird ganz küstenmäßig elegant; gedrängter und gedrängter liegen die Dörfer und Weiler; die Jugend spielt Telegraph und Eisenbahn, und dann: ein Pfiff! Da unten dampft das Kulturgespann! Das ist der Bezirk des Regierungsrates Dr. Gruner. Wir sind in Palime. Hier gibt es schon etwas ganz Zivilisiertes: ein Polizeiamt. Da sind meine Herren, die sich mehr oder weniger schlecht befanden, und denen Dr. Günther ein liebenswürdiger Helfer war, abgestiegen. Ich selbst begab mich am anderen Tage zu Roß auf die Wanderung nach Misahöhe, dem Bezirksamt der Gegend, das geradezu zauberhaft schön auf einem Sattel zwischen den Bergen liegt. Und wenn dies Land nicht ganz entschieden in Afrika wäre, könnte man sich in Thüringen wähnen. Aber Afrika drängt sich zu energisch auf. Da sind nicht nur die Abordnungen der zu untersuchenden Stämme, die der Bezirksamtmann in zuvorkommender Weise herangezogen hat, und die schwarzen Soldaten, sondern auch die sehr niedlichen und zierlichen Ewemädchen, die diesen Landschaftsbildern einen ganz besonderen Reiz verleihen.

Und „hinter den Bergen", auf dem „Kluto", ist etwas tragisch Ernstes: das Lager der Schlafkrankheitskommission, eine Versuchsanstalt, in der junge Recken der Wissenschaft den Kampf gegen einen der grauenvollsten Dämonen des schönen Erdteiles führen. — Bemerkenswert ist, daß Dr. Gruners Bezirk schon einen vollkommen europäischen Verwaltungsapparat hat. In der Tiefe der Polizeimeister, auf der Höhe Sekretäre! Während fast einer Woche hatte ich Gelegenheit, das Getriebe in Misahöhe mitzuerleben, die Gastfreundschaft Dr. Gruners zu genießen und in mancher tiefer schürfenden Unterhaltung historische und ethnographische Belehrung zu schöpfen.

Dann ritt ich wieder zu Tale, wo ich meine Herren in denkbar bester Verfassung antraf. Am anderen Tage bestieg ich die Eisenbahn und sauste durch Steppe, Maisfelder und immer zunehmende Oel-Palmenhaine der Küste zu.

Auf dem Bahnhof in Lome begrüßte mich Seine Exzellenz, der Graf Zech, und nahm mich in gütigster Weise mit in das Gouvernementshaus, dessen vornehme Räume mich bis zum Tage der Abfahrt gastlich bargen. Diese Tage werden mir unvergeßlich bleiben. Wenn ich in den einzelnen Bezirken Togos die typischen Physiognomien der eigenartigsten Werkmeister deutscher Kulturverbreitung studieren konnte, so gewann ich nun im Verkehr mit dem Leiter des

Tafel 45.

(Oberleutnant Freude phot.)

Deutsches Leben in Togo; Blick von Palime auf die weit im Hintergrunde inmitten der Berge
gelegene Station Misahöhe.

Ganzen einen Ueberblick über die Kolonie als solche und lernte alle einzelnen Erscheinungen in ihrem Jneinandergreifen und Zusammenfließen verstehen. Bei Diner und Spazierritt, im Einzelgespräche und Zusammensein mit den Abteilungsleitern wurde ich immer mehr in das großzügige Anschauungsleben des erfahrenen, willensstarken und nie arbeitsmüden Gouverneurs eingeführt. Als er mir beim Abschied dann ein herzliches Lebewohl und freundliche Anerkennung unserer Arbeit zurief, als ich in meinem Geiste dann nochmals alle Bilder dieser Reise an mir vorübergleiten ließ, wurde es mir klar, daß wir hier eine treue Freundesschar gewonnen hatten.

„Kurt Woermann" nahm uns auf, „Oberleutnant Gaiser" war uns bei Bewältigung der letzten Schwierigkeiten der Verpackung, Verstauung und Einschiffung behilflich, Breema, Biba und andere Knaben winkten ein Lebewohl. Als einzige Passagiere dampften wir der Heimat zu. — —

Mitte Juni traf die Expedition wohlbehalten wieder in Europa ein. — —

Abschied von Togo; Anritt zu einem vom Gouverneur veranstalteten Hindernisrennen.
Nach Photographie.

Architekturbilder am Nordrande der Sahara; der Marktplatz von Ouled Djellal.

Dreiundzwanzigstes Kapitel.

Von der Frühlingsfahrt 1910.

Wenn ich im Juli und August des Jahres 1908 in Timbuktu allabendlich auf das Dach unseres Hauses stieg, und wenn ich dann nach Süden schaute, über die Sahel, hinter der erst der Nigerstrom, dann die Steppe und jenseits von ihr die Wälder sich hinziehen, dann wußte ich: aus jener Gegend kam ich, in jene Länder würde ich zurückkehren, um den zersprengten Trümmern alter Kultur und alter untergegangener Reichsherrlichkeit nachzuspüren; das war für mich lebendig, das würde mir immer lebendiger werden. Das freute mich. — Wenn mein Blick dann aber nach Norden über die Sahara hinstrich, dann wußte ich natürlich, daß sich jenseits des Horizontes die Oasen, Wüste, Oasen und wieder Wüste und Oase und so fort hinzogen, bis die Oasen in die Talweiten des Atlas übergingen; ich wußte mir dann nach gutgebuchter Schulweisheit den erlernten Vers von Oasenkultur herzubeten, so lange, bis ich mir einbildete, jenes Land und Volk mir vorstellen zu können, so gut, daß ich in der Theorie das lebendig erkannte Wesen des Südens in seiner Abhängigkeit von dem zusammenbuchstabierten Einmaleins der Oasen= und Atlaskultur begriffen zu haben glaubte. Aber diese Vorstellungen blieben eben erlernte, schematische, tote, und deutlich erfüllte jenes Hinüberschauen und Hinüberdenken nach Norden mich mit Trauer. Ich empfand die Unebenmäßigkeit der Glieder meines Wissens und meiner Vorstellungswelt allzu deutlich, um mich über sie hinwegtäuschen zu können.

Nach meiner Rückkehr erkrankte ich 1909 noch einmal, und einige Aerzte meinten, ich müsse dem durch die letzten Strapazen geschwächten Körper durch eine winterliche Mittelmeerreise Auffrischung ver= schaffen. Riviera! Strandleben! Puuuh! Was sollte mir der Stumpfsinn!? Aber Atlas und Sahara, Africa minor lag ja auch am Mittelmeer! Ich griff mit beiden Händen zu. Einige Rücksprachen mit unserem altbewährten Freund Professor Dr. Georg Schwein= furth in Berlin schufen aus dem Gewirr der Reisemöglichkeiten eine klare Bahn. Ende Januar 1910 war ich nach Erledigung der wich= tigsten Winterarbeiten und Vortragsreisen reisefertig und bereit, die letzten Touren der zweiten Reiseperiode der Deutschen Inner=Afrikani= schen=Forschungsexpedition anzutreten. Die Reisegesellschaft war die denkbar liebenswürdigste: meine Frau entschloß sich, mit von der Kompagnie zu sein, und zu meiner großen Freude gelang es mir, meinen Bruder, den Kunstmaler Herman Frobenius, zum Mitarbeiter für diese Fahrt zu gewinnen, so daß die Studien= und Gemälde= sammlung der Expedition durch eine Reihe von ihm geschaffener kleiner Werke eine wertvolle Bereicherung erfahren konnte.

Durch gütige Fügung entgingen wir einem herben Schicksal: der „Général Chanzy", auf dem uns unsere Angehörigen wähnten, und den wir beinahe zur Ueberfahrt benutzt hätten, versank hinter uns mit Mann und Maus. Lange nachher erst hörten wir von dem schweren Unglück. — In Algier trafen wir mit Professor Schweinfurth zusammen, der mich mit Professor Flammand, dem Kenner der nordafrikanischen prähistorischen Felsmalerei, bekannt machte, und dieser tat seinerseits bei dem Gouvernement die notwendigen Schritte zur Ermöglichung und Erleichterung unserer Reiseabsichten. Der Kommandant Herr Lacroix gab in aller Eile die telegraphischen An= weisungen. Wir besuchten die alten Stadtteile Algiers und das

Museum, bestiegen die Eisenbahn und blieben dann auf der Paß=
höhe ein wenig im Schnee stecken — ein wunderliches Symptom
für den, der wenige Stunden später die Sahara vor sich entfaltet
sieht. Dann tauchte das Felsentor von El Kantara, dann die Oase
Biskra vor uns auf. — Aussteigen!

□   □

Von den drei Sieblungs= und Lebensformen, die ich im Ver=
laufe dieser Reise kennen lernte, fordert zunächst der Oasenthpus
sein Recht. Ein deutscher Ingenieur, Herr Bernhard, schloß sich
uns an, und wir beschafften ein eigenes Gefährt. Der Wagen rollte
und schleifte nach Südwesten hin durch die Oasen Litschina (oder
Lichana), Tolga, El=Amri und Doussen bis nach Ouled Djellal und
später auf gleicher Straße heimwärts — ein wohl schon oft be=
gangener Weg und doch für mich überreich an allenthalben auf=
tauchenden neuen Eindrücken und Einblicken.

In Litschina empfing uns ein freundlicher alter Scheich, bot
zum Frühstück leckere Datteln und führte uns dann in seine Be=
hausung, wo wir den landesüblichen Kaffee schlürften. Welche Ueber=
raschung bot mir dann die Wanderung durch die Stadt! Auf Hunderte
von Metern hin waren die Straßen überbaut, so daß wir, besonders
an Biegungen, vollkommen im Dunkeln tappten. Sicherlich war
solche maulwurfsartige Anlage, insonderheit mit Berücksichtigung
der mangelhaften Reinlichkeitsbedürfnisse der Einwohner, keine allzu
angenehme. Aber dem wandernden Ethnologen enthüllte sich hier
eine Eigenart dieser uralten Stadt= oder Siedlungsanlagen, die
heute noch vielfach erhalten ist. In östlicher Richtung ist das Bild
der überdeckten Straßen bis zur Oase Siwa, in westlicher Richtung
bis ins marokko=algerische Grenzgebiet als Residuum aus alter
Zeit für mich durch gutes Material erwiesen. Alte Reste fand ich
im Aures; bei den Kabhlen dagegen sah ich nichts Derartiges. Der
Kenner europäischer Sieblungsform denkt dabei unwillkürlich an
gleiche Erscheinungen im südöstlichen Frankreich und andernorts.
Wir aber, die wir zunächst nicht rückwärts, sondern vorwärts schauen,
werden bei diesem Anblick an die wunderlichen, archaistischen Bauten
der Burgbauern im Norden der Guineaküste erinnert, an die „unter=
irdischen" dunklen Gänge der Bobodörfer, an die in völliges
Dunkel gehüllten Untergeschosse der Ssolagehöfte in Nordtogo.

Und der nächste Rastplatz, der uns die Nacht über bergen sollte,
brachte uns eine Erscheinung, die noch viel energischer auf die Stamm=

Tafel 46.

Architekturbilder vom Nordrande der Sahara; überdeckte Straße in Litchina.

(L. Frobenius phot.)

verwandtschaft solcher Sudankultur mit der am Nordrande der
Sahara hinweist. Aus dem Häusergewirr ragt hier ein vierstöckiger
Turm auf. Er ist nicht bestimmt, den Menschen Wohnung zu bieten,
sondern ist ein Vorratsspeicher. Eine hübsch geschnitzte Tür mit
hölzernem Schloß ist eingelassen. Der Turm begrüßte mich wie
ein alter Bekannter des Südens. Bis zu der Form des Schlüssels
stimmt er mit seinen Epigonen im Suban noch überein. Verdeckte
Gänge und Räume und diese Speichertürme zusammengeschmolzen
riefen, wie wir wissen, dort den Burgbau ins Leben.

So wie in diesen charakteristischen Sondererscheinungen und
Wesenszügen herrscht aber auch in allen anderen Architekturelementen
Uebereinstimmung der Merkmale im Süden wie im Norden der
Sahara. Jeder Luftziegel der Bammanabauten könnte in Doussen
oder Biskra geformt sein; die eigenartige Deckenlagerung Djennes
fand ich in einem Torgebäude Ouled Djellals wieder; und die
ganze Anlage des Oasenhauses mit tragenden Mauern, stützenden
Säulen und Impluvien ist ein Mittelding zwischen dem (wer kann
sagen, von wo übernommenen) späteren Hause der Römer einerseits
und dem Mabugu, dem alten Palastbau der Sudanfürsten anderseits.
So liegt in der Mitte eines von Südeuropa bis nach Westafrika
ausgedehnten Gebietes das alte Quellmaterial noch greifbar zutage,
ein Material, das uns als Mittelschicht gelten kann zwischen dem,
was in Europa unter dem Wechsel der Zeitstürme längst weggespült
wurde, und dem, was eine vernegerte Menschheit in die Tropen
schleppte, damit es dort, konservativ nachgeahmt, verkleinert und
verwuchert, ein stil- und konstruktionsschwaches Dasein friste.
Klassische Zeugen, altrömische, aus Afrika stammende Mosaiken im
Londoner Museum beweisen aber, daß das Altertum in diesem
eurafrikanischen Kulturspeicher gleiche Formen aufwies.

Der bei weitem großartigste und imposanteste Eindruck, der
uns alle gleichartig und gleichzeitig packte, ward uns zuteil nach
unserer Ankunft in Ouled Djellal. Wir waren vor den Toren
der Stadt abgestiegen, hatten die Bereitung eines Abendessens besprochen und nun noch Zeit genug, zwecks einer ersten Besichtigung
einen kurzen Gang in die Stadt zu unternehmen. Die Sonne war
dem Untergang nahe; die letzten vollen Lichtwellen beleuchteten
unsere Straße, bis wir den großen Marktplatz erreichten. Durch
ein Torgebäude betraten wir ihn, und der Anblick, der sich uns
überraschend bot, erfüllte mich mit feierlichem Staunen. In den
einfachsten Formen umgaben die nur an einer Stelle gebrochenen

Faſſadenreihen, gefügt aus weißgeſtrichenen Luftziegeln, den Platz,
auf dem die würdigen Geſtalten der Stadtväter und fremder Kaufleute, in helle, wallende Wollmäntel gehüllt, auf und ab wandelten.
Das hellere Licht ſchied. Tief violett wölbte ſich das Himmelszelt
empor, und nun ragten die hellen Zinnenkrönungen der Faſſaden-
flächen graziös in die farbige Dunkelheit. Zumal die Moſchee mit
ihrem hohen, ſpitzen Minarett und ihrem Zinnenkranz über langer
Faſſadenbahn trat leuchtend hervor, ſo daß uns dieſe Formenreinheit
und Einfachheit unwillkürlich eine große Aehnlichkeit mit jenem
Platze aufdrängte, auf dem früher der alte, jetzt der neue, be-
rühmteſte Campanile Italiens aufwächſt.

Dieſe einfache Formenreinheit hatte etwas ungemein Packendes.
Wir benutzten jede freie Stunde unſeres Aufenthaltes in Ouled-
Djellal, um uns an ihr zu erfreuen, und beſonders die Wirkung
im Dämmerlichte wird niemand, dem der Anblick vergönnt war,
ſo leicht vergeſſen. Die räumliche Gruppierung dieſer Faſſadenreihen entſpricht dem, dem ganzen Stil- und Bauweſen entwachſenen
Raumgebot; die Krönung der Faſſaden aber iſt die mir bekannt
gewordene zierliche Ausgeſtaltung der Lehmziegelgruppierung, wie
wir ſie einfacher, aber im Stil gleichartig, auch anderweitig zwiſchen
Siwa und Marokko nachweiſen können. Die Ebenmäßigkeit und
Schönheit, die wir hier noch erhalten ſahen, iſt alſo nichts als
ein Reſt vorklaſſiſcher Kulturbildungen dieſer Länder. So oder
ähnlich waren demnach wohl auch die Plätze vor den Königshöfen
eines Maſſiniſſa und in den Städten eines Juba.

Und die entfernten Nachkommen aus ſo edlem Stamme lernte
ich unten in den Städten der ſogenannten „Negerherrſcher" am
Niger kennen. Gar manches ähnliche Architekturbild aus jenem
Süden hat ſich mir ja eingeprägt. Aber während es dort unten
doch immer wieder als landfremd und als edler Gaſt neben dem
kleinlichen, vulgären Rundhüttengehöft anmutet, gewinnt man in
dieſem Nordlande unbedingt das Gefühl der Zuſammengehörigkeit
von Boden, Bau, Menſchen und Kulturmilieu.

Als ich andern Tages in altgewohnter Weiſe mit einigen alten
Herren plauderte — der Sohn des Kirchenfürſten des Ortes hatte
uns mit Einführung in die Moſchee und durch freundliche Bewirtung
mit den maßgebenden Kreiſen in Berührung gebracht — da kamen
wir auch auf Bevölkerungsgeſchichte, auf Lebensgewohnheiten und
Raſſengruppierung in den umliegenden Oaſengebieten zu ſprechen.
Da wurde mir berichtet, daß beſonders in ſüdlicher Richtung noch

eine ganz reinliche Sonderung zwischen nomadisierenden, rein-
blütigen, helleren Herrenstämmen und zwischen dunkelhäutigen,
ansässigen Hörigen, Ackerbauern und Industriellen, aufrechterhalten
würde. Diese Hörigen würden Haratin genannt, die helleren,
herrschenden, nomadisierenden Berber aber Horr oder Harr. Als
ich dies Wort „Horr" oder „Harr" hörte, da zog vor meinen Augen
die Schar der alten Heldenkämpfer der Sahel und des Sudan vorbei; da mußte ich der ritterlichen Herrenkaste gedenken, die auf
den Namen „Horro" hörte. Die Horro des Sudan stammen ab
von den Horr der Sahara, und die verwandten Benennungen für
„Herr" und Mensch reichen vom Mittelmeer in flächenmäßiger Verbreitung bis zu den Westküstenländern Afrikas. In diesen sind sie noch
zerstreut bei einzelnen Stämmen in insularer Verbreitung erhalten,
so bei den Muntschi am Benue, den Bongo und Sandé im Nil-
Ubangi-Scheidegebiet, den Bateke am Kongo; — man sieht, lauter
Stämme, die durch körperliche Eigenart und kriegerischen Sinn unter
den dunklen Landesgenossen auffallen. Ein Bild der Wellenkreisungen
um die atlantische Hochburg! —

□   □

Fast noch eindruckreicher gestaltete sich die zweite Reise, die uns
mit dem Typus der alten Gebirgsbewohner und der Kultur des Süd-
atlas bekannt machen sollte. Ein würdiger Scherif, der als solcher
starken Anteil an der Blutsverwandtschaft des Propheten beanspruchte,
ward als Diener und Führer angeworben und eine Anzahl Maultiere
zum Reiten und zum Gepäcktransport gemietet. Eines Tages ward die
Nachricht von unserem Aufbruch in die Berge gesandt, und am
andern Morgen trabten wir erst die große Straße nach Sidi Okba
hin, bogen daun aber nach Nordosten ab, um über Dranh dem Oued
el Abiod zuzureiten. Unser Ziel war das Herz des Aures, unser
erstes Nachtlager in Mochounech.

Das Landschaftsbild war ungemein charaktervoll: starre, felsige
Oede. Nur an den Wasserläufen hie und da Palmenoasen, deren
Gehöfte und Bewohner einen gleich ärmlichen Eindruck machten.
Von beiden Seiten rückten die Gebirgsfalten näher heran. Lebendiger
ward aber das Bild erst am Nachmittag, bei der Annäherung an das
in reichen Palmenschmuck gehüllte Mochoumech, das auf beiden Seiten
des hier aus der Schlucht heraustretenden Flusses am Fuße des
kahlen Gebirgsstockes sich ausbreitet. Hier begann das rege Leben
des Schaujalandes uns zu umfangen. Hier kam uns der Kalifa, der

Stellvertreter und Bruder des Kaids, in altem Prunkgewande ent=
gegen, das so ganz merkwürdig von dem einfachen, groben Wollkleid
der Bevölkerung abstach. Hier meldete sich der uns entgegengesandte
und zu unserer Verfügung gestellte Spahi; hier gab es kein Handeln
mehr um Nachtquartier und Lebensbedürfnisse für Mensch und Tier;
hier waren wir zu Gast bei der reichen arabischen Fürstenfamilie,
die über die verarmten Berberbauern herrscht. Es war ein wunder=
liches Gemisch von vornehmer arabischer Gesinnung und Gesittung
und verbrauchten, stillos verwandten europäischen Kulturerzeugnissen,
das uns geboten ward. Ein altes europäisches Bett neben einem wert=
vollen, alten arabischen Teppich; ausgezeichnete Eingeborenen=
bedienung bei einem karikiert-europäischen Mahle, dem, „da wir
Deutsche seien", auch das Bier nicht fehlte. Kurz, es war ein kurioses
Symposion in einem stickigen Loche, dem der Kalifa mit denkbarstem
Ungeschick präsidierte, bis plötzlich eine effektvolle Erscheinung auftrat.

Draußen Pferdegetrappel, scharfes Parieren, Herbeilaufen von
Menschen, kurze Kommandorufe! — Wir sehen uns zwischen den
Wachskerzen fragend an. — Da klappern auch schon kurze, sprung=
hafte Schritte die enge Treppe herauf, und dann steht vor uns —
der Märchenprinz! Wirklich, der Anblick war entzückend und in der
ganzen Wucht seiner Wirkung wie aus Tausendundeiner Nacht her=
ausgegriffen! Mit einem Schlage war der karikierte Anstrich, den
das alte europäische Bett, die schäbige europäische Wandverkleidung
der traurigen Kopie eines europäischen Festmahles gegeben hatte,
vergessen. In imposanter Größe und morgenländischer Schönheit,
gekleidet in seidene, wallende Gewänder und voll Jugendkraft und
Keckheit dreinschauend, stand Prinz Ahmed, Sohn des Fürsten des
Tales, vor uns und nahm mit einer Gewandtheit, in der sich der
arabische Adel mit französischer Liebenswürdigkeit paarte, Begrüßung
und Festleitung in die Hand.

Prinz Ahmed sprudelte. Sein Vater, Si Bou Hafs, habe ihn
aus dem Bade, in dem er weile, und in dem ich ihn ja vor einiger
Zeit aufgesucht hätte, hierher gesandt, damit er uns in seiner Ver=
tretung im Lande begrüße und bewirte; er wolle uns morgen nach
seiner Residenz in Tkout begleiten; wir würden dort ja Gäste des
französischen Postens sein, aber er rechne nach den Wünschen seines
Vaters darauf, uns einmal in Si Bou Hafs Residenz begrüßen zu
dürfen. Sein Vater habe schon manchen hohen Besuch gehabt, noch
nie aber deutsche Forschungsreisende, und noch weniger eine deutsche
Dame; demnach freue er sich doppelt auf die Ehre usw. usw. —

(L. Frobenius phot.)

Architekturbilder vom Nordrande der Sahara; Speicherturm in Tolga.

Das glitt so geläufig hervor wie aus dem Munde eines geübten
Causeurs. Und in diesem Fahrwasser steuerte das arabisch-französische
Prinzlein die Unterhaltung bis tief in die Nacht hinein, und dann
lockte er uns noch auf den Hof hinaus, wo er uns seinen prächtigen
Schimmel vorführte. Der Hengst schnubberte wohlig zu dem strah-
lenden Monde empor, aus dessen Lichtkreis auch wir uns nur ungern
entfernten, um unser dumpfiges Lager aufzusuchen, dessen Reichtum
an kleinen Bewohnern wir noch nicht einmal ahnten.

Schwerfällig und mehr oder weniger gelangweilt war unser
kleiner Trupp am vorigen Tage dahingezogen. Wieviel schneller
pulsierte Lebenslust und Wanderfreudigkeit am neuen Morgen! Der
Troß schwoll an. Der Kalifa begleitete uns noch über die erste
Hügelkette. Unser Scherif hatte ein eigenes Reittier und einen bedienenden Kameraden bekommen. Vor uns trottete auf frischem
Pferde der bunte Spahi, und nach einiger Zeit schloß sich uns Prinz
Ahmed mit seinen persönlichen Dienern und Soldaten an. In
einigen Oasenweilern, die wir passierten, kamen Scheichs und andere
Würdenträger, um uns Gruß und Kaffee zu bieten, weiterhin ritten
Ahmed und seine Begleiter uns eine Fantasia vor, und so blieb
der Tag reich an wechselnden Bildern und kleinen Ereignissen,
während die Landschaft immer härteren, gebirgigeren Charakter
annahm.

Am späten Nachmittag tauchten denn endlich die Mauern und
der Moscheeturm von Tlout am Horizont auf, und bald darauf
kam uns ein größerer Reitertrupp entgegen. Dieses Bewillkommnen
ist eine der schönsten afrikanischen Sitten. Der unbekannte Gastgeber wird dem fremden Ankömmling sogleich vertraut. In diesem
Falle war es der Leutnant Blanc, der mit seiner jungen Gattin und
zwei anderen Herren die Leitung der Eingeborenen handhabte und
uns seine hübsch geschmückten Räume liebenswürdig und gastfrei zur
Verfügung stellte. Mehrfache Wanderung durch die Steinburgen von
Tlout, zu dem altrömischen Wasserbassin, dann ein Diner, das Frau
Blanc in graziöser Weise leitete, und ein zweites, das andern Tages
Prinz Ahmed uns zu Ehren veranstaltete, bildeten hauptsächlich
unsere Unterhaltung.

Dann wurde Abschied genommen, und nun begann der wichtigste Teil unserer Unternehmung: der gemächliche Talritt im Flußbett des Oued Bassira. In die Sohle des etwa 7 km breiten Tales
zwischen Djebel Zellatou und Djebel Ahmar Krabbou hat der Oued
Bassira vom Ort Bassira bis Mochouneh sein Bett in einer zwischen

100 und 200 m schwankenden Tiefe eingesägt. Die Sohlenbreite
dieses in vielen Windungen sich hinschlängelnden Einschnittes wechselt
von 80 bis 120 m. Da, wo die schroffen Wände eingestürzt sind,
haben sich Schuttkegel im Tale gebildet, auf denen die Schauja
Olivenbäume und Dattelpalmen angepflanzt haben.

Als Ergänzung für die Fantasie des Lesers gebe ich am Kopf
dieses Werkes eine Farbenstudie aus der Bilderreihe, die ich meinem
Reisebegleiter verdanke. Hier sieht man auf der Oberkante der
scharf abgesägten Talwand die Geläa, die Burgen und Speicher der
Schauja, angelegt. Das Textbild am Schlusse dieses Kapitels zeigt
fernerhin auf einem Schutthügel an einer Windung des Tales den
Ausläufer einer Schauja-Anpflanzung. An die obere Felskante geklebt, sind hier einige Bauerngehöfte gerade noch zu sehen. Was
leider auf keinem Bilde recht zu erkennen ist, weil die kümmerlichen
Reste allenthalben eingestürzt und schlecht erhalten waren, das sind
die in die Talwand eingemeißelten Bewässerungskanäle, die in alter
Zeit von vielen Stellen des Flußbettes aus das notwendige Naß
auf alle Vorsprünge und Schuttkegel führten, denn vordem wurde
jede Krume Erde vor allen Dingen für den Olivenbau ausgenützt.
Nur verhältnismäßig schwache Reste von Anpflanzungen, aber eine
Unzahl von Kanaltrümmern beweisen zur Genüge, daß die Ueberlieferung der Eingeborenen auf Wahrheit beruht: in alter Zeit soll
das ganze Bassiratal eine fast ununterbrochene Kette blühender und
fruchtreicher Olivenpflanzungen dargestellt haben. „In dieser alten
Zeit waren wir Schauja reich", sagen sie.

Hier nun will ich das Fazit ziehen, das sich auf der Bassirareise
aus meinen Beobachtungen und Erkundungen für die kulturgeschichtliche Beurteilung dieser Länder ergab. Nicht nur die überreichen
Reste von Kanälen und die weit ausgedehnten Ruinen von kunstvoll durchgeführten Terrassenbauten belegen die Wahrheit der Behauptung von früherer Wohlhabenheit, intensiver Ackerkultur und
reicher Besiedelung des Aures. An vielen Stellen stößt man auf
alte Steingräber, deren dann oft Hunderte nebeneinander liegen.
Sie sind anscheinend alle von Arabern, die nach Perlen und Schätzen
aller Art suchten, beraubt; ihre ganze Form und die Verwandtschaft mit anderen, leichter zu datierenden Gräbern in anderen
Gegenden bezeugen, daß sie vorrömisch sind. So zeigen diese Tatsachen, was schon andere Ueberlegungen und Ueberlieferungen wahrscheinlich gemacht haben, daß das Aures schon eine reiche, fleißige,
plantagenbauende Bevölkerung trug, als die römische Herrschaft und
die dritte Legion hier ihren Einzug hielten.

Wir wissen heute aus vielen Belegen, daß die Römer glänzende
Kolonisatoren waren, und als solche haben sie es auch sehr wohl
verstanden, ein inniges Zusammenleben mit den Schauja zu erreichen. Oben in Tkout ist noch heute ein mächtiges, teichartiges
Wasserreservoir die Wohltat der Ortschaft, das aus römischer Initiative entstanden sein muß, wie die dortigen echt römischen Quadern
beweisen. Wenige hundert Meter südlich derselben Ortschaft sah ich
Baureste römischer Villen, dergleichen solche auf dem Haupthügel
von Baniam; und Leutnant Blanc berichtete mir von sehr wohl-
erhaltenen Trümmern römischer Bauart, die am Djebel Ahmar
Krabbou jüngst gefunden wurden. Fragt man die Eingeborenen nach
dem Namen der Erbauer dieser Werke, so antworten sie: „Das
waren die Ruama" (Singular Rumi), d. h. die Römer.

Aber noch aus einem anderen Anzeichen kann man erkennen,
wie geschickt die alten Kolonisatoren es verstanden, diesen Eingeborenen ihre Bürgerzugehörigkeit zum Reiche der ewigen Stadt
gefühlsmäßig beizubringen. Als „wilde Urbewohner" des Aures
hießen die Eingeborenen im Gegensatz zur herrschenden arabischen
Familie Schauja. Sich selbst aber nennen sie in den Bassira-Ort-
schaften — Ruama, d. h. Römer. Das ist ein eigentümliches Spiel
der Kulturwellen. Das alte Rom, die Heimatstadt der dritten Legion,
ist schon über 1000 Jahre ein Trümmerhaufen, aus dem das Mittelalter und die Neuzeit je eine neue Blüte trieben. Der kleine, welt-
entlegene, fremden Autochthonen aufgepfropfte Ableger der Welt-
stadt des Altertums, der seitdem ganz unbeachtet der arabischen
Aussaugekunst zum Opfer fiel, dessen vielleicht uralte Kulturkraft
von diesen egoistischen Räubern bis zur absterbenden Verkümmerung
verbraucht wurde — dieses unglückliche Winkelpflänzchen trägt dankbar noch immer den Namen der nordischen Kolonisten, die ihm
vordem das fremdartige Bürgerrecht verliehen.

Sie nennen sich Ruama gleich Römer. Wenn mein Maultier
durch die seichte Flut des Oued Bassira zwischen den hochstrebenden
Wänden, vorbei an kümmerlichen Resten des alten Plantagenreich-
tums, tief unter den Mauern der am Felsrande schwebenden Berber-
burgen hintrottete, mußte ich unwillkürlich über das Schicksal der
Völker und Völkernamen nachdenken. Das Interessante ist nicht nur
die eminente Erinnerungszähigkeit, mit der die Eingeborenen an
diesem Namen der Römer — für den sie doch keinerlei sonstige
historische Anknüpfung mehr besitzen — hängen, indem die Ruama
als städtegründende Könige in Tolga, Ouled Djellal und anderen

Ortschaften heute noch gerühmt werden, indem das Grab des Juba, der mächtigste Tumulus des Africa minor, als Kbour-er-Rumia benannt wird. Für den aus dem Suban kommenden Forscher ist mit diesem Römernamen noch eine andere Erscheinung verbunden.

Im Mittelalter sandte der Kaiser Marokkos ein Heer gegen das Kaiserreich Songai; das eroberte Timbuktu und breitete sich über die Länder längs beider Schenkel des Nigerbogens aus. Die Nachkommen der so dem Suban erwachsenen neuen Herren aus marokkanischem Berberursprung führen im Suban heute noch den Namen Ruma und Arama. Heinrich Barth hat am Niger dem Ursprung dieses Namens nachgespürt und kam zu der Uebersetzung: „Scharfschützen". Mir selbst ward dieser Sinn von Songai, Arabern und Arama bestritten, ohne daß ich einen besseren Ersatz dafür aufzutreiben vermochte, bis ich hier in Bassira hörte, mit welcher Zähigkeit die einst von Römern beherrschten Gebirgsbewohner sich heute selbst noch als Ruma, als römische Bürger bezeichnen. — Das alte Rom verschwand, aber eine fremde Rasse trug lange nach seinem Tode seinen Namen durch die Sahara, weit hinab in die Negerländer. Wie lehrreich ist dies Beispiel für jede Namenforschung.

Aber mindestens ebenso wichtig wie solche Beobachtungen, die vor allem methodischen Wert besitzen, wurde mir der Einblick in die architektonischen Eigenarten der Bassira. Durch die Anlage aller dieser Baulichkeiten, zumal der Speicherburgen, ging ein ausgesprochener Zug: Ausnutzung aller geographischen Eigentümlichkeiten des Geländes, um möglichste Unzugänglichkeit zu erreichen. Daß hierfür die steil aufsteigenden, bald längs, bald quer gespaltenen Sandsteinwände hinlängliche Gelegenheit boten, ist verständlich. Der Eindruck, den diese Siedlungsbilder machten, war genau derselbe, den ich seinerzeit südlich Timbuktu bei Bandiagara und an der berühmten „Falaise" gewann. In der Tat stimmte der Baustil der Ruama im Bassira und der der älteren Arama (und wie die Tommo-Habé sonst heißen mögen) im Gebiete der Homburiberge bis in die kleinsten Züge überein, und somit sind wir wieder bei dem gleichen Ergebnis angelangt, das ich wenige Wochen zuvor bei dem Studium der Oasenarchitektur gewann. Daß mancherlei hier noch erhaltener Sitte, z. B. die Anwendung von Strickleitern, die Anlage von Gräbern usw., die verwischteren Erscheinungen des Südens verständlicher machten, versteht sich von selbst.

Ein kleines Beispiel wichtiger Art zeigte mir, daß umgekehrt

Tafel 48. (L. Frobenius phot.)

Architekturbilder vom Nordrande der Sahara; Fassaden am Marktplatz von Ouled Djellal.

im Süden doch manches Kulturgut nordischer Verwandtschaft noch voll erhalten ist, das hier dem Sturm der Araberinvasion erlegen ist. Wir drei Wanderkameraden hatten im Olivenwäldchen von Rufi, am Fuße der Felswand und nahe dem plätschernden Bache unser Lager bezogen und vor den Zelten das Mahl verzehrt, das der uns freundlichst mitgegebene Koch des Landesfürsten bereitet hatte. Ich plauderte mit den Leuten noch über dies und das. Der Mond stieg langsam und strahlend über der Felswand auf, oben im Schauja- weiler schlug nur dann und wann ein Huud an — sonst lagerte über Zelten, Lagerfeuer und Flußbett schweigende Nacht. Da sagte unser Scherif: „Früher bliesen die Eingeborenen um diese Stunde sich ihre Nachrichten zu." Dann kam langsam heraus, daß die Schauja früher eine Signalpfeife (Book, Plural Bokát) zu spielen gewußt hätten, auf der sie sich jede Nachricht zublasen konnten. Aber die Araber hätten es untersagt. Heute gäbe es nur noch ein nicht einmal aus Holz sondern nur aus einem Schafhorn bestehendes schlechtes Exemplar dieser Pfeife in Mohounech und einen Mann, der einiges wenige damit zu sagen verstehe. Früher sei das eine große Sache gewesen.

Der letzte Rest der Flötensprache im Atlas, am Nordrande der Sahara! Und im Süden? Als wir die Nordgrenze Togos überschritten, bliesen die Moba dem Hauptmann Mellin genaue Kunde über unsere Annäherung zu. Alle Burgbauern vom Boboschlage beherrschen noch diese altatlantische Kunst. Die Berberbrüder der Kanarischen Inseln, die Guanchen, übten sie bis zu ihrem Untergange emsig, und bis nach Kamerun können wir die Reste solcher Geschicklichkeit nach- weisen. Dort unten geht die Telegraphie per Pfiff in die Telegraphie per Trommelschlag über. — Aber während bei den versprengten Stämmen nahe der Westküste solche Sprache noch wohlerhalten ist, vermochten die Schauja in unserem Zeltlager am Nordrande der Sahara nur noch die Erinnerung an den Verlust einstigen Kultur- besitzes zu bieten. Der arabische Wachtposten, der im Mondschein am Flußufer auf und ab schritt, ward mir gewissermaßen zu einem Vertreter dieser Zerstörung.

Das war die letzte wesentliche Belehrung, die ich bei den Rnama des Bassira im Aures einheimste.

Wieder wenige Wochen später sausten wir im schnaubenden Auto- mobil durch das Medjordatal im französischen Tunesien auf die alte Römerstadt Duga zu; dann glitten wir im stampfenden Eisen-

bahnzuge nach der einst fo heiligen Araberstadt Kairuan, und endlich
pilgerten wir über die Trümmerstätte der afrikanischen Metropole
phönizischen Ursprungs. Und auf Schritt und Tritt fiel der Blick
auf alte Beziehungen und Verbindungen zwischen dem alten und
dem neuen Kulturgut. Die Ornamentik, die im Süden sich bis zu
den Bakuba in den zentralafrikanischen Wald geflüchtet hat, war
hier wohlerhalten in der Berberschnitzerei am islamitischen mittel-
alterlichen Betstuhl zu Kairuan. Der gleiche Webstuhl, an dem in
Nigeria die schwarze Dame ihre Plüschstoffe schafft, klappert in den
Hinterhöfen und im Nomadenlager vor den Toren der modernen
Städte. Auf den alten phönizischen und karthagischen Ton- und
Totenmasken sehen wir die gleichen Tätowierungsnarben, die die
heutigen Sudaner als Zeichen ihrer Rassen- und Stammeszuge-
hörigkeit tragen. Auf libyschen Grabsteinen sind die gleichen sym-
bolischen Marken eingeschnitten, die wir weit im Süden fanden,
ohne dafür den Schlüssel zu erkunden. Als ganz feine Fäden zittern
heute noch, wie durchsichtiger Altweibersommer, durch die Luft
Nordafrikas die Reste jenes Gewebes, das im Altertum am Webstuhl
der Kulturgeschichte über Atlantis gewirkt, und das dann im Mittelalter zerstört wurde. Es bedarf nur der Zeit und einer kundigen
Hand, um sie zu sammeln und sie wieder zum lebendigen Bilde zu-
sammenzulegen.

Atlantis ist nicht mehr. Die Sturzwellen der Weltgeschichte haben
die ehernen Mauerzinnen und heiligen Götterbilder eingerissen und
umgestürzt, haben mit der Wucht ihrer schäumenden Kämme die
Trümmer fortgerissen und nach den fernen Südländern gespült. —
Sicher, man wird die Fundamente noch an Ort und Stelle finden,
denn Dolmen und die Wurzeln tieferer menschlicher Kultur haften
fester am Erdboden, viel fester, als der zagende Mensch zu hoffen
wagt!

Aus dem Wesen dieser Fundamente wird man die einstigen Bau-
herren und Schöpfer und die Geschichte ihrer Herkunft erkennen
lernen.

Wenn man aber die zertrümmerte Pracht und das Wesen der Burgen
Poseidons in Atlantis kennen lernen will, wird man den Dünungen
der Völkerwanderungen und Völkerströmungen folgen müssen, die
die erhaben schönen Werke weit nach dem Süden, in die Küsten-
länder des großen Meeres trugen, wo sie heute noch aus dem sandigen
Lehm des Negerlebens aufragen, — zerschlagene Trümmer, deren

Meine Reisebegleiter im Oued-Bassira des Aures Frühling 1910.

einzelne Bruchstücke aber durch kundige Hand wieder zusammen=
gefügt werden können, so daß der Faltenwurf über seinen Gliedern
und das Mienenspiel edler Göttersprossen neu erstehen kann.

Und zu solcher Arbeit breche ich wieder auf; ich wandere weiter
auf dem Wege nach Atlantis!

Namen= und Sachverzeichnis.

A.

Abberrhaman Sabi 200, 203.
Abberrhaman ben Abballah ben Jmran ben Amir Es=sabi 301.
Abbulai Karamba 237, 239, 244, 246.
Abeokuta 349.
Adamaua 354.
Abjare 362, 371.
Ahmed, Prinz 392, 393.
Aju (Manatus Vogelii) 181.
Akklimatisation 28, 29.
Akpasso 383.
Ala (Bach) 129, 130.
Algier 287.
Alibi (Ort) 350, 363.
Aleï Sangu (Barbe) 220, 223, 224, 230, 232, 237.
L'Allemand 140—148.
Almami (Samori) 82, 98.
Ampheres 4.
Anago 350, 363.
Anciens tirailleurs 86.
Anderjen 95.
Antennengriff 12.
Araber 222, 223, 394, 395, 396, 397.
Arama (Ruma) 203, 396.
Arama Sori 203.
Arbeit und Erziehung der Neger 55—58.
Archinard 174.
Aschanti 345, 354, 357.
Askia 201.
Askia=Mohammed 301.
Atakora=Berge 348, 353, 359.
Atakpame 350, 351, 352, 383.
Atalanten, Ataranten 9.
Atlantis, 2, 3, 4, 9, 10, 11, 12, 14, 398, 399.
Atlas, Sohn Poseidons, 4, 8.
Atlas, Gebirge 386.
Aures 388, 391, 394—397.
Autochthon 4.
Azaes 4.

B.

Bafilo 379.
Bafulebe 167, 247.
Bagu 350, 363, 382.
Bakel 19, 20, 24.
Balanbugu 75.
Balangka 363.
Baltenschloß 369, 374, 378.
Balum=Naba 320.
Bamako 21, 25, 26—30, 41, 42, 46, 49, 51—63, 71, 95, 106, 112, 117, 123, 127, 149, 150, 151, 156, 158, 160—166, 188, 226, 231, 237, 295, 309, 326.
Bambara 259.
Bambuk 244, 247, 252.
Bamma (Kaiman) 72, 73, 75.
Bammana 31, 40, 47, 51, 99, 161, 190, 196, 238.
Bammanastil 283.
Ban 292, 305, 307.
Banamba 47.
Banamfulla 81.
Banankorro 290.
Banbiagara 167, 218, 236—239, 242, 250, 251, 278, 283, 286, 294, 306, 307, 309, 396.
Bani (Fluß) 178, 192, 218.
Baniam 395.
Banjeli 340, 341, 360, 369.
Bankassi 241, 251, 282, 283, 285—287.
Baobab 289, 290, 291 (als Zeugen alter Stadtanlagen), 292 (als Totenschrein), 293, 300, 308, 315.

26

Barth, Heinrich 9, 194, 195, 200, 213, 214, 343, 396.
Barungu 298.
Baschi 44, 45.
Bassari 285, 295, 340, 341, 346, 352, 359, 368, 369, 373, 374.
Bassariten 258, 274, 347, 351, 359, 360, 370, 375, 376, 377 (Liebesleben), 378.
Bassira 393; s. Queb Bassira.
Bassonge 260.
Bastian 11.
Batele 391.
Beamte, deutsche und französische, Lebensführung 336—337.
Beela 106, 109, 111, 113, 114, 121, 122, 134, 135, 148, 149.
Beledugu 31, 32—49, 51, 74, 104, 161, 164, 177.
Bendere-Naba 317, 320.
Benin 11, 12, 301, 349.
Benue (Schwertgriffe) 12, 391.
Berber 203, 258, 347, 350, 364, 391, 392, 396.
Bere 328.
Bernhard 388.
Beschneidungsfest 67, 68, 71.
Bewässerungskanäle der Schauja 394.
Biagpabe 341.
Bibola-Ko (sagenhafter Fluß bei Niamina) 170.
Biba (Unteroffizier) 380, 385.
Bibjab (Djie) 346.
Binger 69, 98, 100, 101.
Bistra 388, 389.
Bissandugu 97, 98, 99, 100, 101, 102, 226.
Biton 170, 290.
Blanc (Leutnant) 393, 395.
Bobo 165, 295, 309, 348, 362, 369, 388, 397.
Bobo Diulassu 321.
Bogda Chan 183.
Bogola, s. Boola.
Bogu (Rasthof) 335, 338.
Bololi (Bach) 242, 250.
Boma 340.
Bonbuku 227.
Bongo 391.

Boola (Bogola) 106, 109, 110—112, 114, 116, 120, 121, 122, 127, 141, 143, 148, 149, 156, 161.
Book (Signalpfeife der Schauja) 397.
Borassuspalmen 332.
Bore 173.
Boreani (Bach) 109.
Bornier (Fort in Timbuktu) 194, 204.
Borro 347.
Bosso 75, 81, 187, 188, 192, 225, 258, 259, 371.
Bourgeois 95.
Breema (Wolof) 317, 318, 319, 321, 324, 325, 377, 385.
Breina Deteba 231.
Brévié, Jules 166.
Brotfruchtbäume 35.
Bronze 10, 11.
Bronzeguß bei den Mossi 301.
Buba Traore (Capita) 94, 163, 164, 325.
Bubaside 374.
Buguni 150, 163.
Bulsi-Bulsena 314.
Burdam 278.
Burgenbau in Togo 371/72.
Buschongo 12.
Bussangsi 330, 346.
Bussabugu (Gessebugu) 135, 138, 139.

C.

Caillié, René 213.
Carrier, Kommandant von Wagabugu 308, 321, 322.
Charletville 231.
Château Sanssouci, s. Sanssouci.
Clozel, Gouverneur 165, 166, 304.

D.

Dabakoum (Dagakoum) 331, 332.
Dagomba 344, 346, 347, 348, 349, 352, 356, 357, 369.
Dahome 352, 359, 363, 364, 373, 374, 381, 383.
Dakar 16, 17/18, 19, 23, 290.
Tanamba-Ko, s. Bibola-Ko.
Danbando 126—129, 137.
Tapang 334, 335, 338.

Debi 45, 46.

Debo=See 177, 192.

Delage 236.

Delestre 236.

Dendi=Djenna 347.

Desplagnes 166, 184, 193, 240, 241, 271, 285, 286, 287.

Diá 199, 202, 227, 228.

Dia (Sa), Dynastie in Songai 202, 347.

Diabastämme 346, 347, 348, 351, 352, 354, 359.

Diafarrabé 178, 185.

Dialakorro 290.

Dialli 51, 52, 92, 101, 263.

Diamana 83.

Diani (St. Paul River) 109, 114, 125, 129, 135, 137, 139.

Diaora 226.

Diarra (Geheimbund) 189, 190, 358.

Diaprepes 4.

Diassa (Fluß) 105.

Diabarra 164.

Difalle=Losso 346.

Dikoma 48.

Dingelbeh & Werres 312.

Dingirai=Beer (Moschee in Timbuktu) 196, 198, 213.

Diodor 9, 13, 221.

Dioma 39.

Djabaja (Wegelagerer) 99.

Djallakorro 69.

Djalli=Ba (Hauptstrom des Niger) 178.

Djebel Athmar Krabbou 393, 395.

Djebel Zellatou 393.

Djegu 207.

Djegu=tu 207.

Djemma (Diema, Gemma, Tjemma, Semma) 278, 288, 289, 291, 292, 294, 300, 316, 352.

Djenne 178, 185, 200, 201, 203, 219, 220, 230, 271, 272, 275, 278, 280, 300, 389.

Djereponi 339.

Djerma 344.

Djerrabugu 99.

Djie 346.

Djolof 22.

Djosse Traore 42, 43.

Djulla (Kaufmann) 36, 111.

Dogo 251—265, 273, 280.

Dolmen 1, 13, 144, 193.

Dolmenfelder 329.

Dolo (Bier) 68.

von Doering, Hauptmann 368, 378, 383.

Doussen, Oase 388, 389.

Drauh 391.

Duala (Schiff) 15.

Duga 397.

Dubawe 340.

Dugu=Dafiri 190.

Duguruna 69.

Dugutigi (Ortsschulze) 36, 37, 47.

Dulengalla 116, 118.

Dysenterieanfall 119—122.

E.

Ecole des otages 174, 175.

Eingeborenen=Erziehung 22/23, 175/176.

Eingeborenen=Charakter 165, 296—299.

Eisenbahnen, in Senegambien 19, 20; in Togo 338, 339, 340, 382, 384.

Eisenbahnenfelder 33.

Eisengeld 111.

Eturra 350, 359, 363, 364.

El Amri, Oase 388.

Elasippos 4.

El Bekri 184, 202, 224.

El Edrisi 201.

Elefanten 75, 83, 382.

El Kantara 388.

El Ualebji 193.

Empereur 95.

Etoile du Mossi 322.

Euaimon 4.

Euenor 3.

Eumelos 4.

Eurafrika 13.

Eurasien 13.

Expedition, Organisation 161—165; Leitung 234—236.

Ewe 351, 352, 354, 359, 363.

F.

Fabala 103, 104.

Faba=Gurma 346, 352.

Faguibine (See) 178.

Faidherbe 23, 174, 175.

Fajaba (Kumangu) 346.

Falaba 67, 71, 157.
Falaba-Kurra 72, 74, 75.
Falaise 251, 252, 265, 269, 270, 282, 285, 288, 292, 396.
Fama, König von Sansanding 173, 175.
Fama Agibu Tall 236.
Farabana 99, 103.
Faraka 177—193, 202, 203, 215, 219, 237, 289, 291, 292, 316, 349.
Faransegela 84.
Fatuma Kuloballi 225—229.
Ferebuguba (Bach) 109.
Fiä (Fluß) 72, 73, 75, 76, 81, 83, 84, 85, 86, 97, 157.
Fiebererkrankung 108/109; Behandlung 309—310; Erkrankung 326—327.
Flammand, Professor 387.
Flunsch (Schimpanse) 156.
Flußpferde 181.
Fofana 355.
Fong 363.
Fongo (Berg) 126.
Freude, Oberleutnant 383.
Frobenius, Hermann 287.
Frühlingstag 84.
Fulbe 23, 40, 86, 91, 192, 196, 213, 220, 230, 237, 238, 239, 240, 242, 256, 264, 287, 289, 294, 307, 315, 329, 349, 355, 356.
Funchal 16, 18.
Futa Djallon 91, 95, 150, 161, 163, 164, 361.

G.

Gadeira 4.
Gadeiros 4.
Gaiser, Oberleutnant 385.
Gana (Reich) 167, 202.
Gana (Ritter) 183, 232.
Gando 345, 352.
Ganna 199, 201, 202.
Gao (Gabo) 199, 201, 202.
Gara (gleich Gana, Held), s. Gana.
Garanke (Garassa) 202.
Garantumma 106.
Gardecercle 236, 293.
Gabo, s. Gao.
Geheimbünde 31.
Geläa 394.

Gerise 114, 116, 120, 125, 126, 127, 149.
Geschenkszene 37.
Gessebugu, s. Bassabugu.
Gessere Mussa (Capita) 164.
Gononkoba (Fluß) 106.
Gonsonkun (Maske) 70.
Gruner, Dr. 368, 384.
Guan (Fluß) 109, 114, 120, 121, 124.
Guana-nja (Wegelagerer) 99.
Guanchen 17, 397.
Guarasso 120.
Guba 328.
Gubi 350, 352, 363, 382.
Guégebirge (Guengebirge) 106, 107, 108, 109.
Guelke 140.
Guenda 148.
Gumbauela 129—141, 147.
Gunbala 236.
Günther, Dr., Regierungsarzt in Togo 384.
Gura 192.
Gurma 346, 347, 348, 349, 352, 357.
Gurminkobe 347.
Gurunsi 309, 316, 327, 348, 362.
Gutjoni 382.
Gunotjeannin 109.

H.

Habé 237—287, 289, 292, 294.
Habé-Tombo-Togo 271; 272, 274, 275.
Habé-Tommo 239, 243, 246, 259, 396.
Hadj Omar (Palast in Segu Sikosso) 172, 239.
Hängebrücke über den Diani 139.
Hänschen (Antilope) 60.
Hansumana Kuate 93, 94, 95, 151, 237.
Harakiri bei den Mossi 315.
Haratin 391.
Harr, s. Horro 391.
Haufendörfer 356.
Haussa 179, 201, 361, 378.
Heilingbrunner, Oberleutnant 382.
Heldengesänge 221—223.
Herodot 9, 13.
Hoffbauer 382.
Hoffmann, Regierungsbaumeister 381.

Höhlen bei Fabala 103, 104.
Höhlengräber der Habé 243—256, 269 bis 282.
Homburiberge 167, 192, 270, 282, 396.
Homburi (Schimmel) 231, 250, 308, 379.
Horro (Harr, Horr) 51, 57, 391.
Hugershoff, Dr. Ing. 24, 25, 26, 29, 38, 47, 49, 54, 58, 71, 72, 77, 79, 82, 94, 149, 150, 157, 163, 164, 165, 295, 308, 327, 332, 337, 338, 339, 340, 341, 373, 381.

J.

Jbn Batutah 223, 224.
Jbubu 340.
Jnaga 371.
Jnschriften 185, 193, 243, 245.
Jnsekten 33, 34.
Jslam, Einwirkung im Suban 90—93, 358.
Jalo 308.
Jamanutu (Fluß) 105.
Jarji 321, 338, 349, 355, 358.
Jatenga 295, 298, 299, 300, 319, 347.
Jendi 340, 343, 356.
Jomba 359.
Joruba 346, 349, 350, 351, 352, 354, 359, 361, 363, 364, 381, 383.
Jouet, Dr. 306, 307, 308—311.
Joheur 95.
Juba 390, 396.
Jurischfa 381.

K.

Kabara 178, 193, 194.
Kabre, Kabora 348, 351, 361, 362, 370, 371, 373.
Kabu 340, 369, 370, 371.
Kabhlen 388.
Kaiman 153, 181.
Kaïng 188.
Kairuan 398.
Kala 199, 202.
Kalaba 66.
Kalanga 340.
Kalfa 51.
Kamara 98, 99, 100.
Kambole 363, 382.
Kamerun 354, 397.

Kangaba 31, 64, 81.
Kango, Naba von Jatenga 300.
Kani=Bambole 251.
Kani=Bonso 265—282, 286.
Kani=Kombole 271, 282—285.
Kankabá 81, 157.
Kankan 55, 64, 70, 86, 87—95, 106, 111, 113, 150, 151, 156, 157, 161, 237, 289.
Kantinbi 335.
Kara (Fluß) 369, 370.
Karawani (Keruane) 106, 107, 108, 149.
Karimacha Djaora 27, 29, 30, 38, 51, 52, 59, 114, 122, 163.
Kasimba (Bapende=Häuptling) 266.
Kassonke 99.
Kati 48, 175.
Kahes 19, 21, 24, 25, 29, 51, 99, 175, 322.
Kbour el Rumia 396.
Keblé 98, 99, 100.
Kebu 347.
Keimanna 72.
Keniera 81, 83.
Keran (Fluß) 369, 371, 373, 381.
Kersting, Dr. 335, 340, 341, 362, 365, 366, 368, 369, 370, 373, 378, 381.
Keruane, s. Karawani.
Kete=Kratschi 354, 368.
Killinga 346.
Kipirsi 308, 348, 362.
Kirango 173.
Kirri 288, 293.
Kissi 163.
Kissibugu 93.
Kita 175.
Kleito 2, 3, 5.
Kluto 384.
Koarra (Niger) 351.
Koba 86, 87.
Koborro=Kenje 288, 289, 293.
Koch Selim 30.
Kobo (Schimpanse) 85.
Kogo 328, 329.
Koloroko 69.
Kolotten als Kulturträger 21, 22.
Kolahandel 110—112.
Koledugu 124, 127, 128.
Kolonialpolitik, französische 174—176.

Kolonisation, spanische und portugiesische
16, 17.
Rom, Kaiser der Mossi 316—318.
Komma (Geheimbund) 31, 43—45, 49,
64, 358.
Kone 355.
Kong 227, 300, 345, 359.
Konkomba 340, 346, 355, 356, 357, 359,
360.
Konian 91, 93, 100, 107, 111.
Konianke 111.
Könige, innerafrikanische 296—303.
Konkuni (Bach) 239.
Kori-kori 239—242, 285.
Koriume 193.
Korongo 52, 53, 237.
Korro 288, 293.
Korrokarra 143, 144—148.
Kotokolli 350.
Kpedji 363.
Krebji 383.
Kuilineger 55, 56.
Kuka 345.
Kuka (Baobab) 289, 335.
Kulikorro 166, 170, 177.
Kulokalli 51.
Kukuba 166.
Kukumi 382.
Kumangu 346.
Kumi 29, 31, 39, 40, 41—47, 51, 52,
59, 86, 196, 235.
Kumoma 84.
Kungumbu (Bach) 339.
Kunkgi 94, 231.
Kuschuntu 350, 363, 374, 382.
Kussassi 346, 347, 352.

£.

Labreteche, de, Administrateur von Ba-
mako 28, 166.
Lacroix, Kommandant von Algier 387.
Lagam 252, 254, 257—265, 272, 286.
Laing 213.
Lakgai 328.
Lantam 374—376, 378.
Las Palmas 16, 17, 18.
Laterit 291.
Lawéa Turre 98.
Lebend begraben 253—256.

Lenz, Oskar 213.
Leo (Mossibezirk) 321.
Leo Africanus 198, 364.
Leukippe 3.
Léwe (Laéwe, Opferstätte) 293.
Liberia 13, 86, 108, 110, 111, 124
bis 148, 169.
Lieschen (Affe) 61, 62.
Limane 358, 359.
Litschina (Lichana, Oase) 388.
Liurette 109.
Lobi 228, 348, 362.
Loffa (Fluß) 107, 125, 143.
Logo (Fluß) 107, 116, 118, 120, 143,
149.
Logoja (Fluß) 114, 124, 125.
Lom 143, 148.
Lome 351, 383, 384.
Lommax 134.
Losso 349, 351, 352, 361, 362, 370, 373.
Löwe 75, 180, 232.
Lupungu 260.

M.

Ma (Manatus Vogelii) 181.
Mabo 220.
Mabosso 137, 144, 145.
Madeira 16.
Mademba (Fama von Sansanding)
173/174.
Madugu (Palastbau im Suban) 389.
Magana am Fié 83; am Logo 118—120.
Maki Tall 239—242, 285, 286.
Malariabehandlung 309/310.
Malkakassi 381.
Mali 80, 81, 91, 170, 201, 202, 203,
344.
Mali-nke 31, 53, 71, 74, 90, 91, 99.
Mallem Mohamma 379.
Malna (Mali-na, König von Dagomba)
344.
Mama (Unteroffizier) 340.
Mamabu 208.
Mampruſi 346.
Mandingo (Mandé) 31, 56, 92, 161,
187, 255, 278, 290, 292, 300, 313
bis 314, 319, 343—345, 349, 355,
357, 358, 359, 361, 378.
Mangbattu 296.
Mangu, ſ. Sanſanne-Mangu.

Maniś (arme Leute) 101.
Marabuten 197, 209.
Marées, Hans v. 169.
Marka 192.
Marokko 203, 390, 396.
Masiniffa 390.
Masken 31, 36, 70, 116/117, 120, 188, 319, 320, 321.
Maskentanz 37, 44/45, 67, 265, 304, 321, 338.
Massasi (Königsohn, Abliger) 162.
Massina 220.
Maurel & H. Prom 23, 25, 59, 150, 156, 175.
Mauren 111, 192, 196, 197, 221.
Mballa Keita (Capita) 27, 29, 51, 71, 94, 163, 192, 226, 229, 231, 294, 307, 324.
Mbarabangu 198, 203.
Medjorba 397.
Mellin, Hauptmann 326, 333, 334, 335, 337, 338, 339, 340, 343, 366, 368, 378, 397.
Merleau-Ponty (Generalgouverneur von franz. Westafrika) 165.
Messing 4, 5, 7, 10.
Mestor 4.
Meyer, Hans 343.
Milo (Fluß) 85, 86, 87, 96, 97, 103, 107, 149, 150; Milo-Nigerfahrt 151—158.
Minianblabugu 98.
Misahöhe 351, 353, 383, 384.
Mischlich, Professor 368.
Mnaseas 4.
Mo (Fluß) 381.
Moba 331, 334, 337 346, 347, 348, 349, 352, 355, 356, 357, 397.
Mochouneck 391, 393, 397.
Mogo-Naba (Kaiser der Mossi) 313, 316—318.
Mohammedaner 90; Geschichtsschreibung 200—201; Eindringen im Westsudan 201—204.
Molla 360.
Monorou 19, 24.
Monu (Fluß) 353, 363, 364.
Mopti 185, 192, 204, 215—232, 286, 295, 306, 309.

Moreau 192.
Moriba (Marabuten) 90, 91.
Moribugu 170.
Morobugu 84.
Mossi 199, 229, 237, 238, 252, 256, 264, 292, 293—322, 329, 346, 347, 350, 352, 355.
Mossi-Gurma Fürstentümer 347.
Mossi- und Mandé-Abel 313—316.
Mourot 231.
Mucke 374.
Mujansi 55.
Muluba 55.
Mumien 274, 278.
Munsa 296.
Muntschi 391.
Musa Berte 224—229.
Mussa Dierra (Capita) 163, 218, 219, 229, 294, 307, 324.
Mussabugu 107.
Mussa Kuloballi (Capita) 307.
Mussonge 55.

N.

Naasira (Mossiherrscher) 301.
Nabangbag (Bach) 335.
Naba Kango (König von Jatenga) 300.
Nabulgu 339.
Nadjako 346.
Nadjunbi 328, 331, 333, 334, 337.
Nama (Geheimbund) 31, 48, 49, 64, 69, 70, 188, 358.
Nambiri (Ort und Fluß) 339.
Nansen 24, 29, 33, 36, 37, 39, 42, 46, 48, 49, 54, 59, 60, 63, 67, 74, 75, 78, 85, 94, 103, 108, 109, 114, 116, 118, 121, 122, 125, 126, 128, 129, 131, 132, 137, 139, 140, 142, 145, 147, 150, 156, 157, 160, 173, 181, 186, 188, 189, 193, 206, 207, 219, 220, 230, 243, 252, 257, 265, 266, 284, 292, 302, 305, 307, 310, 330, 331, 332, 337, 338, 339, 341, 351, 373, 374, 382.
Napalaga 308.
Nata Tjeba (Nadjako) 346.
Nege Traore 27, 30, 36, 37, 38, 40, 42, 43, 44, 46, 51, 52, 66, 67, 117, 163, 188, 189, 208, 210, 223,

226, 229, 231, 244, 247, 252, 253, 256, 262, 263, 267, 284, 286, 304, 319, 321, 324, 325, 326, 328, 334, 377, 379, 380, 381.
Neger, s. Eingeborene.
Nene 31, 43, 44, 45.
Neugierde der Eingeborenen 87, 88.
Nogolos Palast in Segu Korro 171.
Niafunke 177.
Niamey 322.
Niamina 170.
Niani 72, 74.
Niani-mba 170.
Niger 26, 31, Ueberschreitung bei Bamako 65, 66;; 150; Milo-Nigerfahrt 151—158; Nigerfahrt 167—173, 178, 192—218.
Niogo 328.
Njamtuu 362, 370.
Njamtuu-Losso 346.
Njoro 164, 226.
Nordsalaba 71.
Numu 51, 69, 92.
Numuke Kuloballi (Capita) 164.
Nupe 346, 349.
Nymyeke 348.

O.

Oasentypus 388—391.
Ogon 259, 272, 283, 286.
Ogon von Bankassi 241, 285—287.
Organisation der Expedition 161—165.
Oti (Fluß) 339, 340, 341, 353, 354.
Oued Bassira 393—397.
Oued el Abiod 391.
Ouled Djellal (Oase) 388, 389—391, 395.
Oyaux 236.

P.

Pahelu 370.
Palime 383, 384.
Pama 346, 357.
Parampa-Balanta 382.
Paratau 374, 382.
Perrier (Kommandant von Wahiguja) 294, 303, 305—307, 309.
Pessibe 362, 370.
Phönizier 10.
Pianga (Plüschstoffe der P.) 12.
Plastische Darstellungen 283.

Plato 2.
Plüschstoffe 12, 398.
Poseidon 3, 4, 5, 7, 10, 398.
Prügelstrafe 380.

R.

Ras el Ma 179.
Regenzeit 105, 106, 215—219.
Regenzeitvogel 180.
Reibsteine (Granitplatten) der Mossi 320.
Relieffiguren 283.
Revolte des Personals der Expedition 323—328.
Rittertum im Westsudan 220—223.
Routenaufnahme 32.
Rufi 397.
Ruma 86, 396.
Rumi, Pl. Ruama 395—397.

S.

Sa (Dia Dynastie in Songai) 345.
Sako 32, 36—39.
Salaga 374.
Samaja 73, 76, 78.
Samako 348.
Samoku 30, 60, 208, 324, 327.
Samori (Samory) 57, 69, 81, 89, 98—102, 226.
Sampara (Fluß) 242.
Sandé 391.
Sanga 293, 294.
Sanguri 340.
Sankalimá-Kaba (Steinbeile) 80, 81, 82, 93, 94.
Sankarani (Fluß) 72, 73, 83, 84, 109, 149, 150, 157.
Sankore (Moschee in Timbuktu) 196, 198, 199, 213.
Sansanding 163, 173—174, 175, 177, 178, 185, 226.
Sansanne Mangu 317, 325, 334, 338, 339, 345, 352, 357, 359.
Sanssouci 28, 54—63, 159.
Sansugu 356, 369.
Sanu 66, 67—96.
Sassandra (Fluß) 109.
Sattelbachhäuser 363.
Say 359.
Schädelstätten der Habé 248—256, 269 bis 282, 283, im Baobab 292.

Schamanen 183, 258, 259, 260.
Schamba Tatu 27, 46.
Schauja 391, 394—397.
Schicklichkeit der Neger 297.
Schilderungskunst, geographische 167 bis 169.
Schimpanse 85.
Schliemann 1, 2.
Schmetterlinge 85, 118, 130—131.
Schurz, Heinrich 201, 243.
Schweinfurth, Georg 95, 296, 387.
Schwirrhölzer 70.
v. Seefried, Freiherr 382.
Segu (Sudan) 52, 53, 161, 167, 196, 199, 226, 300, 322, 358.
Segu (Dahome) 350, 373.
Segu Korro 170—171, 172, 290.
Segu Sikorro 170, 171—173.
Seïng 189—190.
Selefu 72, 73, 74.
Semu 348.
Senegal 19, 23, 26.
Sebere 232.
Si Bou Hafs 392.
Sibikila 72.
Sibi Kuloballi 225, 227, 228.
Sibi Okba 391.
Sibi Yaja (Moschee in Timbuktu) 196, 213.
Sigirri 59, 64, 71, 72, 82, 106, 156, 157.
Signalsprache mit der Pfeife 333, 397.
Sikasso 65, 66, 68, 94, 149, 163, 165, 226, 227, 280, 309.
Silla 199, 204.
Simonsche Apotheke (Arznei- und In- strumentenkasten) 312.
Sinnhof 369, 373, 374—379.
Sirakorro 38, 39.
Siramana 76, 77.
Siraninkorro 186—191.
Sirabäume (Baobab) 289.
Sirakorro 290.
Siwa (Oase) 388, 390.
Sklaverei im Westsudan 57, 58.
Sobiwa 340.
Sokobe 231, 295, 359, 366, 381.
Solon 3, 9, 10, 13.

Songai 272, 278, 301, 345, 347, 349, 351, 396.
Songo 242—250, 256, 280, 283.
Soni-nke 47, 91, 107.
Sori Ibrahim 100.
Soroko 181, 182, 185—192, 206, 207, 258.
Speichertürme 364, 389.
Sprigade (Karte) 335.
Ssanga 331.
Ssemere 373.
Ssola 346, 348, 361, 362, 370, 371, 373, 388.
Stationsleben 60—63.
Steinbeile f. Sankalima-Kaba
Steingräber 394.
Steinkreise 13.
Steinsäulen 185.
Steppe 34, 198, 293, 328, 370.
St. Louis 18, 19—23, 174, 230, 290.
St. Paul River 107, f. Diani.
Streuweiler 354.
Sudanneger, Arbeitsweise 55—58.
Südkalaba 72, 77, 78, 79.
Sugu (Sugu-Wangara) 345.
Sumanguru 167.
Sunguni-tun (Maske) 66.
Sunjattalegende 344.
Sunjikenji 45.
Susu 167.

T.

Tabalo 381.
Tagré (Wegelagerer) 99.
Tama (Frankstücke) 82.
Tamberma 308, 346, 348, 352, 361, 362, 370, 371.
Tarong 98.
Tara (Ruhebank) 162, 226.
Tarrakorro-bjon 205—207, 237.
Tara-mussu 228.
Targi 196.
Tapunte (Rasthof) 373.
Tarik-es-Sudan 200.
Tata 81.
Tatiegu 339.
Taubenit 197.
Tenbirma 228.
Tenetu 69.

Tenga (Mutter Erde) 304.
Tenguru 271.
Tenkobugu 294, 307, 321, 328, 330.
Termitenhügel 33.
Thies 19.
Tieba 69, 226.
Tierleben der Station 60—62; in Famaka 180—182.
Tigibirri 157.
Tigit 199.
Tim 281, 350, 351, 352, 354, 359, 360, 361, 362, 363, 369, 381.
Timbuktu 91, 167, 170, 177, 192, 193, 194—214, 224, 227, 309, 315, 351, 386, 396.
Tim-Kotokolli 359.
Tim-Sprache 362.
Tinezala 48, 49.
Tinti-Ule 97.
Tkout 392, 393, 395.
Tobollo (Bach) 126.
Tobé Birama 100.
Togo (Habé-Togo) 271, 272, 274, 278, 280, 286.
Togopaß 359.
Tokorro (Faraka) 202.
Tokoto 26.
Tolga (Oase) 388, 395.
Tomma 96, 108, 111, 115, 116, 123, 124—148, 163, 192.
Tommo 260.
Tonio 250, 256, 274.
Torong 91, 100, 101.
Torse (Traore-se) 344.
Totenfest 119.
Totental bei Kani-Bonso 269—282.
Transkara 348, 352, 361, 369—373.
Transkara-Stämme 329.
Troja 1, 2, 12.
Tschakossi (Tschi) 345, 355, 357—359.
Tschamba (Bassariten) 346, 359.
Tschätschau 370.
Tschi 359.
Tschiwarra 36, 37, 70.
Tschopowa 338, 339, 340.
Tu 291, 294.
Tuareg 197, 225, 351.
Tuckebugu 346.

Tuhokossi 352.
Tukorro 93, 111, 161, 226, 227.
Tumuli in Faraka 184, 193, 202, in Djemma 291.
Turru (Gebirge) 107.

U.

Uagi 225.
Uassulu 57, 70, 81, 82, 164.
Uassulu-nke 83.
Uenbe 371.
Uenso 114, 119, 124, 143, 149.
Ujamey 344.
Ulija (Bach) 144, 148.
Uokolo 39.
Uokossebugu 68, 69, 70.
Uorong (Schimpanse) 85.
Uossa (Bach) 103, 105.
Uossombugu 39.

V.

Ballet 236.
Vamphyre 259.
Versklavung 57—58.
Viehreß 236.
Birchow, Hans 249.
Vögel 34, 106, 180—181.
Volta 292, 294, 353.
Volz 95, 134—136, 138, 139, 140.

W.

Wabendörfer 35.
Wagabu 199.
Wagabugu 161, 294, 295, 306, 307, 308—322, 325, 379.
Wahiguja 251, 283, 292, 293, 294—307, 309, 313, 314, 319, 321, 323.
Walbstädte 350—351, 354 f. Ekurra.
Wallata-Biru 199.
Wango 304.
Webstuhl 350, 398.
Weihnachtsfest 1907: 63; 1908: 339.
Weiße Väter in Timbuktu 197.
Wele (Bach) 129.
Winterfest der Moba 338.
Wirtschaftsleben im Westsudan 225—229.
Wobande 377.
Wolof 292.

Z.

Zech, Graf 338, 366, 368, 378, 384.
Zeppelin, Graf 325.

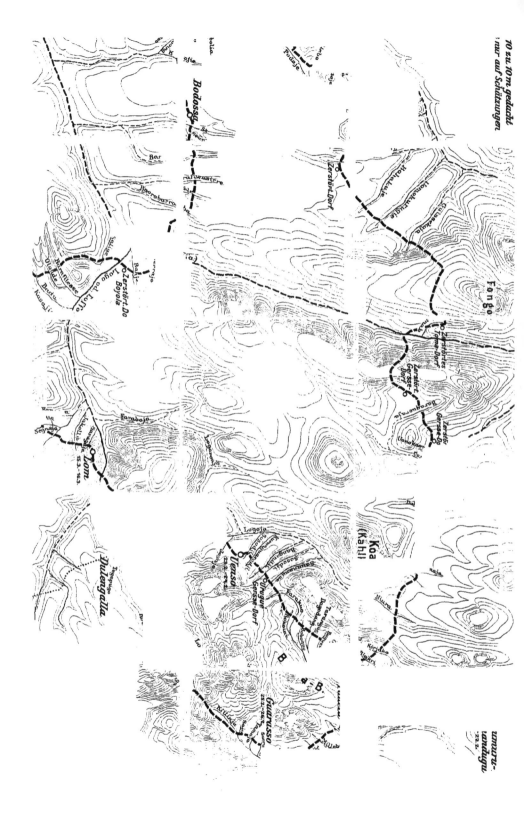

Druckfehlerberichtigung.

Seite 98, Zeile 17 von oben statt „Tamg" lies „Tarong".

Seite 100, Zeile 5 von oben statt „des Kamara" lies „der Kamara".

Seite 179, Zeile 21 von oben statt „Stromburgketten" lies „Homburiketten".

Seite 237, Zeile 21 von oben statt „Hammana" lies „Bammana".

Seite 260, Zeile 16 von oben statt „Lufungus" lies „Lupungus".

Urteile der Preſſe über
Leo Frobenius, Der ſchwarze Dekameron

◼◼◼

Die deutſche Dichtung mag im vergangenen Jahre herausgebracht haben was ſie will an **Schönheit** und **Größe**, ſo wird
ſie das ſpezifiſche Gewicht, das die unter dem obigen Titel vor-
gelegten weſtafrikaniſchen Volks- und Spielmannsgeſchichten
haben, **nicht übertreffen.**
(Jakob Schaffner in der „Neuen Rundſchau".)

Und der Leſer findet Menſchentum darin. Findet Nahver-
wandtes ... und — o, wie wohl das tut! — ein paar **ganz feine,
wunderſame Motive,** die noch nicht von hundert romaniſchen und
germaniſchen Dichtern durch Schmöker und Komödiantenhäuſer
geſchleift ſind.
(Rudolf Presber.)

Es iſt ein eigentümliches Buch, das der bekannte Afrika-
reiſende Leo Frobenius unter dem Titel „Der ſchwarze
Dekameron" hat erſcheinen laſſen. Er hat ehrlich arbeiten müſſen,
hat manche bittere Anfeindung erfahren, ehe er zum Ziel kam.
So iſt auch dieſes Werk eine tapfere Tat, die ihm neue
Freunde, aber auch neue Feinde machen wird. Manch
ſtarkes Stücklein kommt da vor. **Starke Erotik und ſtarker
Arm,** das ſind die Haupttugenden dieſer Helden. **Ebenſo er-
götzlich wie die Heldenſagen ſind die Tierfabeln,** in denen
Reineke, der bei den Negern nicht durch den Fuchs, ſondern
durch das Kaninchen verkörpert wird, die Heldenrolle ſpielt. —
Kurz, ein launiges und lehrreiches Buch, das ſeine Lieb-
haber finden wird. Von der Ausſtattung iſt nur Rühmliches
zu ſagen. Den Illuſtrationsſchmuck bilden neben einigen photo-
graphiſchen Aufnahmen Zeichnungen von Fritz Nanſen, dem
Reiſebegleiter von Herrn Frobenius.
(B. Z. am Mittag.)

Kilner, Martin. Die andere Hälfte. Roman . . . . M. 3.50
   Elegant gebunden . . . . „ 4.50

Kipling, Rudyard. Das neue Dschungelbuch. 14.—16. Tauf.
   Elegant in Ganzleinwand gebunden mit Goldschnitt . . . . . „ 5.—
— Kim. Ein Roman aus dem gegenwärtigen Indien. 9. bis
   11. Tausend . . . . „ 4.—
   Liebhaberausgabe mit Originalillustrationen. Elegant gebunden . „ 6.—
— Lange Latte und Genossen. 7. und 8. Tausend . . . . „ 4.—
   Elegant gebunden . . . . „ 5.50
— Lieder aus dem Bwat. Kartoniert . . . . „ 2.50
   Elegant gebunden . . . . „ 4.50
Kremnitz, Mite. Lant Testament. Roman . . . . „ 3.50
   Elegant gebunden . . . . „ 4.50

Krieglstein, Eugen. Aus dem Lande der Verdammnis.
   Illustrierte Erzählungen. 2. Auflage. Geh. . . . . „ 4.—
   Elegant gebunden . . . . „ 5.—
— Zwischen Weiß und Gelb. Neue Erzählungen aus dem Lande
   der Verdammnis. Illustriert. 2. Aufl. Geh. . . . . „ 4.—
   Elegant gebunden . . . . „ 5.—
Kuhls, Karl. Das Monopol. Sozialer Roman aus dem russischen
   Volksleben . . . . „ 4.—
   Elegant gebunden . . . . „ 5.—
Lothar, Rudolph. Die Fahrt ins Blaue. Roman . . . . „ 3.50
   Elegant gebunden . . . . „ 4.50
Menz, Ada. Wir höheren Töchter. Roman. Geh. . . . . . . „ 3.50
   Elegant gebunden . . . . „ 4.50

Münzer, Kurt. Abenteuer der Seele. Geh. . . . . „ 3.50
   Elegant gebunden . . . . „ 4.50
— Schweigende Bettler. Roman. Geh. . . . . „ 3.50
   Elegant geb. . . . . „ 4.50
— Der Strandläufer. Roman. Geh. . . . . „ 2.50
   Elegant gebunden . . . . „ 3.50
— Ruhm. Tragikomödie. M. 3.—. Elegant gebunden . . . . . „ 4.—
— Der gefühlvolle Baedeker. Mit Originalradierung und Zeichnungen
   von Hermann Struck. Gebunden . . . . „ 6.—
Philippi, Feltr. Pariser Schattenspiel. 2 Bände à . . . . . . „ 3.—
   Elegant gebunden. 2. Auflage 2 Bände à . . . . „ 4.—
Reuter, Otto. Hero Omkens Ausfahrt. Roman . . . . „ 4.—
   Elegant gebunden . . . . „ 5.—

Sandt, Emil. (Verfasser von „Cavete".) Im Aether. Das
   Testament eines Einsamen. Roman . . . . „ 4.—
   Elegant gebunden . . . . „ 5.50
Sittenberger, Hans. Der geheilte Vitus. Roman . . . . „ 3.50
   Elegant gebunden . . . . „ 4.50

Strobl, Karl Hans. Der brennende Berg. Roman . . . . „ 4.—
   Elegant gebunden . . . . „ 5.—
— Romantische Reise im Orient. Reich illustriert . . . . . . „ 5.—
   Elegant gebunden . . . . „ 6.—
Wallace, Alfred Russel. Des Menschen Stellung im Weltall. 3. Auflage „ 8.—
   Elegant gebunden . . . . „ 10.—